DER DEUTSCHE VEREIN
IN DER GESCHICHTE
DER DEUTSCHEN FÜRSORGE

D1722314

SCHRIFTEN DES DEUTSCHEN VEREINS
FÜR ÖFFENTLICHE UND PRIVATE FÜRSORGE

Schrift 260

Herausgegeben im Auftrag des Vereins
von dem Vorsitzenden
Otto Fichtner
Frankfurt/Main

EIGENVERLAG DES DEUTSCHEN VEREINS
FÜR ÖFFENTLICHE UND PRIVATE FÜRSORGE
Frankfurt/Main, Hans-Muthesius-Haus, Am Stockborn 1–3

DER DEUTSCHE VEREIN IN DER GESCHICHTE DER DEUTSCHEN FÜRSORGE

Zum hundertjährigen Bestehen
des Deutschen Vereins
aus Quellen erarbeitet und dargestellt
von Dr. phil. Eberhard Orthbandt

EIGENVERLAG DES DEUTSCHEN VEREINS
FÜR ÖFFENTLICHE UND PRIVATE FÜRSORGE

Die Auslieferung an Nichtmitglieder des Vereins erfolgt durch den Verlag
W. Kohlhammer GmbH Stuttgart, Berlin, Köln, Mainz

Gesamtherstellung: Druckerei Hugo Haßmüller, 6000 Frankfurt 56
Printed in Germany 1980
ISBN 3-7745-6452-3

INHALTSVERZEICHNIS

VORWORT

Zur Hundertjahrfeier des Deutschen Vereins liegt nichts näher, als seine Geschichte mitzuteilen. Sie ist untrennbar verwoben mit der Geschichte der deutschen Fürsorge überhaupt, da sich der Deutsche Verein seit seinem Beginn als deren Zentralorgan herausgebildet hat. Insofern ist seine Geschichte auch ihre Geschichte, jedenfalls im Hinblick auf Entwicklungstendenzen und Hauptereignisse.

Infolgedessen kann dieses Buch, das mit Selbstverständlichkeit auch ein Konzentrat deutscher Fürsorgegeschichte enthält, jeweils unter zwei Aspekten zugleich gelesen werden: Einerseits zeigt es den Deutschen Verein eingegliedert ins Fürsorgegeschehen, andererseits die Fürsorge-Entwicklung gesehen durch Aktivitäten des Deutschen Vereins.

Die Darstellung folgt, indem sie Chronologie und Systematik vereinigt, jenen großen Leitlinien, welche sich seit dem Freizügigkeitsgesetz und dem Unterstützungswohnsitzgesetz des Norddeutschen Bundes immer stärker herausgebildet hatten und heute, im Jahre 1980, rückblickend zu erkennen sind. Im wesentlichen handelt es sich um den Übergang von der Armenfürsorge zur sozialen Fürsorge, um deren fortschreitende Differenzierung in Sozialhilfe und Jugendhilfe, um das Miteinander von Sozialpolitik und Fürsorge, um das Zusammenwirken von öffentlicher und privater Wohlfahrtspflege, und um die sozialen Berufe.

Vorgeführt wird die Geschichte des Deutschen Vereins im Rahmen der deutschen Fürsorgegeschichte anhand von rd. 400 Auszügen aus Quellenschriften, meistens solchen des Deutschen Vereins, mit durchgängig verbindendem Text: Das ist eine Besonderheit dieses Werkes. Quellenauszüge und Verbindungstexte sind so aufeinander bezogen und ineinander gearbeitet, daß sie zusammen als einheitliches Ganzes zu lesen, aber durch verschiedene Schriftgrade stets zu unterscheiden sind.

Weil der Stoff so zubereitet werden mußte, daß er zwischen zwei Buchdeckel paßt, ist nur ein Teil dessen, was hätte hineinkommen können, tatsächlich aufgenommen worden. Aber dasjenige, was hier nun sich darbietet, legt historische Zusammenhänge dar, die folgerichtig alle Wechselfälle deutschen Schicksals der letzten 100 Jahre überdauert haben. Vom Deutschen Verein ist dabei die Rede nur, sofern er aufging in seiner Leistung. Denn er lebt allein für das allgemeine Wohl, niemals für sich selber. Diese Maxime, welcher er ganz entschieden während der ersten 100 Jahre seines Daseins gefolgt ist, steht unverändert heute, im Jahre 1980, am Beginn seines zweiten Jahrhunderts.

Der Deutsche Verein schuldet Herrn Dr. Eberhard Orthbandt, dem Leiter seiner Abteilung Eigenverlag, besonderen Dank dafür, daß er sich neben seinen umfangreichen Verpflichtungen im Hauptamt bereitgefunden hat, dieses Buch in zweijähriger Arbeit – verbunden mit umfangreichen und zeitraubenden Quellenstudien – stofflich zu gliedern, auszuarbeiten und pünktlich zu den Jubiläumsfeierlichkeiten vorzulegen. Er hat damit unter vollem Einsatz seiner Arbeitskraft ein Werk geschaffen, das über das Jubiläumsjahr hinaus Bestand haben wird.

Dem Deutschen Caritasverband in Freiburg danken wir für seine Unterstützung bei der Beschaffung des Materials, insbesondere auch dem Leiter seiner Zentralbibliothek, Herrn Dr. Hans-Josef Wollasch.

Frankfurt/Main, im Februar 1980   Otto Fichtner
                                                              Vorsitzender

ERSTER TEIL: AUS DER ZEIT VON 1867/70 BIS 1919

Die Geschichte der deutschen Fürsorge – „deutsch" im Sinne von allgemeindeutsch, nicht beschränkt auf deutsche Einzelstaaten – begann 1867 mit der Gründung des Norddeutschen Bundes. Er wurde 1870 erweitert zum Deutschen Bund; dieser erhielt 1871 den Namen „Deutsches Reich" und sein Bundespräsident den Titel „Deutscher Kaiser".

1. Zur Reichsverfassung vom 16. April 1871 (BGBl S. 63)

Im Gegensatz zum späteren Deutschen Reich der Weimarer Verfassung war dasjenige von 1871 ein Fürstenbund:

[Präambel der Reichsverfassung vom 16. April 1871] Seine Majestät der König von Preußen im Namen des Norddeutschen Bundes, Seine Majestät der König von Bayern, Seine Majestät der König von Württemberg, Seine Königliche Hoheit der Großherzog von Baden und Seine Königliche Hoheit der Großherzog von Hessen und bei Rhein für die südlich vom Main belegenen Teile des Großherzogtums Hessen, schließen einen ewigen Bund zum Schutze des Bundesgebietes und des innerhalb dessen gültigen Rechtes, sowie zur Pflege der Wohlfahrt des Deutschen Volkes. Dieser Bund wird den Namen Deutsches Reich führen...

Der Deutsche Bund, der nunmehr Deutsches Reich hieß, bestand aus 25 Einzelstaaten[1]), deren jeder seine eigene Verfassung, sein eigenes Herrscherhaus, seine eigene Legislative und Exekutive besaß. Hinzukam das Reichsland Elsaß-Lothringen, das im grundlegenden Artikel 1 der Verfassung nicht genannt ist:

[Artikel 1 RV] Das Bundesgebiet besteht aus den Staaten Preußen mit Lauenburg, Bayern, Sachsen, Württemberg, Baden, Hessen, Mecklenburg-Schwerin, Sachsen-Weimar, Mecklenburg-Strelitz, Oldenburg, Braunschweig, Sachsen-Meiningen, Sachsen-Altenburg, Sachsen-Coburg-Gotha, Anhalt, Schwarzburg-Rudolstadt, Schwarzburg-Sondershausen, Waldeck, Reuß älterer Linie, Reuß jüngerer Linie, Schaumburg-Lippe, Lippe, Lübeck, Bremen und Hamburg.

Aus Gesandten oder Bevollmächtigten der insofern souveränen Einzelstaaten bestand der Bundesrat, ein Produkt des traditionellen, zum Föderalismus gemilderten Partikularismus; das Reichsland Elsaß-Lothringen erhielt Bundesratsstimmen erst nach einer Verfassungsänderung vom 31. Mai 1911.

Hingegen die Mitglieder des Reichstags wurden von der Nation als deren Abgeordnete gewählt, und zwar nach Maßgabe der im ganzen Reich gültigen Parteiprogramme und nach Parteizugehörigkeit. Daher verkörperte der Reichstag, jedenfalls in der Mehrheit seiner Fraktionen, das deutsche Einheitsstreben.

Bundesrat und Reichstag ergänzten einander und kontrollierten sich gegenseitig:

> [Art. 5 RV] Die Reichsgesetzgebung wird ausgeübt durch den Bundesrat und den Reichstag. Die Übereinstimmung der Mehrheitsbeschlüsse beider Versammlungen ist zu einem Reichsgesetz erforderlich und ausreichend...
> [Art. 7 RV] Der Bundesrat beschließt... über die dem Reichstage zu machenden Vorlagen und die von demselben gefaßten Beschlüsse...
> [Art. 23 RV] Der Reichstag hat das Recht, innerhalb der Kompetenz des Reiches Gesetze vorzuschlagen und an ihn gerichtete Petitionen dem Bundesrate resp. Reichskanzler zu überweisen.

Zur Reichskompetenz gehörten lt. Art. 4 RV: Freizügigkeit, Heimats- und Niederlassungsverhältnisse (außer in Bayern), Gewerbebetrieb einschließlich des Versicherungswesens. Dank großzügiger Interpretation dieser Zuständigkeiten konnten aus ihnen das erste deutsche Fürsorgegesetz („Unterstützungswohnsitzgesetz") und die ersten drei Sozialversicherungsgesetze (s. u.) hervorgehen. Denn da Freizügigkeit allen Deutschen gewährt wurde, auch den mittellosen und hilfebedürftigen, so enthielt das Freizügigkeitsgesetz (s. u.) eine Bestimmung über Fürsorgepflicht; da diese Fürsorgepflicht in Heimats- und Niederlassungsverhältnisse eingriff, für welche das Reich zuständig war, wurde der Unterstützungswohnsitz resp. die Kostenerstattungsfrage zum Gegenstand eines besonderen Bundesgesetzes/Reichsgesetzes, nämlich des Unterstützungswohnsitzgesetzes (s. u.) als eines Rahmengesetzes. Damit war die äußerste Grenze der Reichskompetenz erreicht. Die Bestimmung des Inhalts und Umfangs der Fürsorge blieb der einzelstaatlichen Gesetzgebung überlassen. Die Folge war eine beträchtliche Ungleichheit der Fürsorgeleistungen nicht nur von Einzelstaat zu Einzelstaat, sondern auch der gesetzlichen Armenverbände untereinander. Um in dieser Hinsicht zu einer Einheitlichkeit deutscher Fürsorge zu gelangen, hätte die Reichsverfassung geändert, dem Reich die entsprechende Kompetenz bewilligt werden müssen (s. u. den 4. Themenkreis).

Höchster Repräsentant des Bundes war der Bundespräsident:

> [Art. 11 RV] Das Präsidium des Bundes steht dem Könige von Preußen zu, welcher den Namen Deutscher Kaiser führt...

Nur weil der Bundespräsident den Kaisertitel trug, haben wir uns daran gewöhnt, das damalige Reich als Kaiserreich zu bezeichnen. Insofern wir dabei auch ans mittelalterliche Kaiserreich denken, vor allem an die Zeit von 800 bis 1250, ist aber diese Gedankenverbindung irreal. Das alte Kaisertum war anderer Art und Herkunft. Stat nominis umbra, mehr als der Schatten des Namens war nicht geblieben.

An der Gesetzgebung des Bundes resp. des Reiches war der Bundespräsident gar nicht beteiligt (vgl. Art. 5). Aber er verkündete die Gesetze, und zwar, bezugnehmend auf seinen Kaisertitel, mit einer Gottesgnadenformel, welche dem neuzeitlichen Sachverhalt keineswegs entsprach und auch nicht aus dem Verfassungstext hervorging: „Wir Wilhelm, von Gottes Gnaden Deutscher Kaiser, König von Preußen etc. verordnen im Namen des Reichs, nach erfolgter Zustimmung des Bundesrats und des Reichstags, wie folgt:..."

Infolgedessen konnte in der Öffentlichkeit, bis heute nachwirkend, der Eindruck entstehen, mit der Neugründung des Deutschen Reiches als Bundesstaat sei ein Rückfall in den Monarchismus verbunden gewesen. Tatsächlich war die Kaiserherrlichkeit jener Standardformel nur eine pompöse Fassade. Verfassungsrechtlich sah sich der kaiserliche Bundespräsident in bestimmter Hinsicht sogar dem Reichskanzler untergeordnet:

Die Anordnungen und Verfügungen des Kaisers werden im Namen des Reiches erlassen und bedürfen zu ihrer Gültigkeit der Gegenzeichnung des Reichskanzlers, welcher dadurch die Verantwortlichkeit übernimmt (Art. 17 RV).

Allerdings besaß der kaiserliche Bundespräsident das Recht, die Reichsbeamten zu ernennen und zu entlassen (Art. 18 RV), insbesondere den Reichskanzler (Art. 15 RV). Da nun die meiste Regierungsmacht beim Reichskanzler lag, so übte der Bundespräsident dadurch, daß er nach seinem Gutdünken den oder die Reichskanzler berief oder fallenließ, *mittelbar* auf die Reichspolitik einen beträchtlichen Einfluß aus. Die starke Position des Reichskanzlers erklärt sich u. a. daraus, daß er der einzige Reichsminister war und das Reichskanzleramt alle Regierungs-Ressorts umfaßte, insbesondere die von Staatssekretären geleiteten Zentralverwaltungsstellen, z. B. das Reichsamt des Innern, das Auswärtige Amt und dergleichen mehr.

Dem Reichsamt des Innern unterstand das Bundesamt für das Heimatwesen als letzte Instanz in Streitigkeiten zwischen Armenverbänden über die öffentliche Unterstützung Hilfebedürftiger, sofern die streitenden Armenverbände verschiedenen Bundesstaaten angehörten und nicht die Organisation oder örtliche Abgrenzung der Armenverbände Gegenstand des Streites war. Auch konnte ihm landesgesetzlich die Entscheidung letzter Instanz bei Streitigkeiten zwischen Armenverbänden desselben Bundesstaates übertragen werden. Jedoch blieben davon ausgenommen das Reichsland Elsaß-Lothringen bis 1908 sowie Bayern bis 1915 (s. u.).

Zur Vorbereitung auf einige Hauptprobleme im ersten Themenkreis dieses Teils sei nun, ihnen vorweg, folgende kurze Übersicht gegeben:
1. Das Reichsgebiet umfaßte die 25 Bundesstaaten und das Reichsland Elsaß-Lothringen, das Freizügigkeitsgesetz galt im ganzen Reichsgebiet;
2. das Bundesgebiet umfaßte die 25 Bundesstaaten, nicht aber das Reichsland Elsaß-Lothringen, das, vom kaiserlichenStatthalter regiert, direkt
   der Reichsregierung unterstand;
3. der Geltungsbereich des Unterstützungswohnsitzgesetzes umfaßte
   24 Bundesstaaten, nicht aber Bayern und nicht das Reichsland Elsaß-
   Lothringen;
4. im Reichsland Elsaß-Lothringen galt bis zum 1.April 1910 französi-
   sches Fürsorgerecht;
5. in Bayern galt bis zum 1. Januar 1916 bayerisches Heimatrecht statt des
   Unterstützungswohnsitzgesetzes.

2. Zur Gründung des Deutschen Vereins und zum Gründungsnamen

Die Reichsverfassung vom 16. April 1871 entsprach, bis auf wenige Änderungen und einige Zusätze, wörtlich derjenigen des Deutschen Bundes
vom 31. Dezember 1870 (BGBl S. 627) und im wesentlichen derjenigen des
Norddeutschen Bundes vom 26. Juli 1867 (BGBl S. 1).
In Kraft blieben die Gesetze des Norddeutschen Bundes, vor allem das
grundlegende Freizügigkeitsgesetz (s. u.) vom 1. November 1867, übernommen in den Deutschen Bund lt. Verfassung vom 31. Dezember 1870
und in das Deutsche Reich lt. Gesetz vom 16. April 1871, sowie das Unterstützungswohnsitzgesetz (s. u.) vom 6. Juni 1870. Eine pragmatische Folge
beider Gesetze war der Deutsche Verein.

2.1 Gründungsbericht

Durch das Freizügigkeitsgesetz i. V. mit der Gewerbefreiheit hatte jeder
Bürger eines der 25 Bundesstaaten oder des Reichslandes Elsaß-Lothringen
das Recht erhalten, innerhalb des ganzen Bundesgebietes resp. Reichsgebietes seinen Wohnsitz beliebig zu wechseln. Für den Fall, daß er öffentlicher Unterstützung bedurfte, statuierte das Freizügigkeitsgesetz eine Fürsorgepflicht der Wohngemeinde. Das Unterstützungswohnsitzgesetz regelte in Grundzügen die Kostenerstattung zwischen Ortsarmenverbänden
und Landarmenverbänden, überließ alles weitere aber den einzelstaat-

lichen „Ausführungsgesetzen zum Unterstützungswohnsitzgesetz". Außer Rahmenvorschriften enthielten beide Gesetze unbestimmte „kognitive" Rechtsbegriffe mit sehr beträchtlichen Ermessensräumen

Wenn nun im Geltungsbereich des Unterstützungswohnsitzgesetzes, und darüber hinaus schließlich im ganzen Deutschen Reich, die Fürsorge nach einigermaßen übereinstimmenden, mindestens vergleichbaren Grundsätzen erfolgen sollte, dann mußten die Armenverbände gemeinsam mit privaten Vereinigungen die Sache selbst in die Hand nehmen. Andernfalls wäre es Aufgabe des Bundesrates und Reichstags gewesen, reichsgesetzlich eine Vereinheitlichung der Fürsorge zu bewirken. Jedoch, das Reich besaß lt. Verfassung dafür keine Kompetenz (s. o.).

Stattdessen wurde der Deutsche Verein gegründet, sozusagen als Selbsthilfe-Organisation öffentlicher und privater Fürsorgeträger. In ihm konzentrierten sich fortan die Bestrebungen, die Fürsorge nicht nur im Rahmen bestehender Staatsgesetze aufzubauen und auszugestalten, sondern sie auch gemäß ihrer Eigengesetzlichkeit zu entwickeln und sie auf neue Arbeitsfelder auszudehnen.

Der hier in gekürzter Fassung folgende Gründungsbericht von Dr. Emil Münsterberg[2]) ist zuerst 1896 veröffentlicht worden:

Nachdem das Gesetz über den Unterstützungswohnsitz vom 6. Juni 1870 als Gesetz des Norddeutschen Bundes erlassen und demnächst auf die süddeutschen Staaten mit Ausnahme von Bayern und Elsaß-Lothringen ausgedehnt worden war, ergab sich auf der einen Seite eine gemeinsame Grundlage für die Tätigkeit der öffentlichen Armenpflege in dem größten Teile des Reichsgebietes, während auf der anderen Seite der Wunsch nach solcher Gemeinschaft auch mit Bayern und Elsaß-Lothringen um so lebhafter erwachte, als die Gesetze über Freizügigkeit, Gewerbebetrieb und Doppelbesteuerung auf das ganze Reichsgebiet erstreckt worden war.

Abgesehen hiervon ist aber in Ansehung eben dieser Gesetzgebung zu beachten, daß sie doch nur die Grundzüge der öffentlich-rechtlichen Verpflichtung zur Armenpflege festsetzen konnte, ohne die Gleichmäßigkeit ihrer Ausführung, namentlich aber die Gleichartigkeit der Leistungen der Armenpflege in den zum Geltungsgebiet des Gesetzes gehörenden Bundesteilen sicherzustellen. Wenn jeder Deutsche an jeder Stelle dieses Geltungsgebietes dem anderen gleichbehandelt werden und überall ein gewisses Mindestmaß an Nahrung, Wohnung, Obdach usw. gewährleistet werden soll, so blieb noch immer für die einzelnen örtlichen Gemeinden ein ungeheurer Spielraum in Bezug auf die Ausführung.

Tatsächlich leisteten und leisten eine nicht geringe Zahl reichsländischer Gemeinden, denen eine öffentlich-rechtliche Verpflichtung zur Armenpflege nicht obliegt, sehr viel mehr als kleine, namentlich ländliche Gemeinden, welche dieser Verpflichtung zwar unterliegen, zu ihrer Erfüllung aber finanziell vielfach außerstande sind. Damit hängt dann zusammen der Widerstand gegen ortsfremde, bedürftige Personen, die Verhinderung oder Erschwerung ihres Zuzuges; es entwickelt sich ein deutlich hervortretender Interessengegensatz zwischen großen und kleinen Gemeinden, zwischen Osten und Westen, zwischen Stadt und Land, zum kleineren Teil auch zwischen Norden und Süden.

Gleichzeitig mit diesen auseinandergehenden Strömungen setzte nun aber die neue, sozialpolitische Strömung ein, deren bedeutendste Absicht man dahin ausdrücken kann, daß sie bestrebt ist, „die Armenpflege überflüssig zu machen". Sicherstellung der ärmeren Klassen gegen die Folgen von Krankheit, Alter, Unfall usw., wenn möglich auch der Witwen und Waisen gegen die Folgen des Ablebens ihres Ernährers, der Arbeitnehmer gegen Arbeitslosigkeit usw., kurz eine Fülle von Maßregeln und Plänen, die alle darauf abzielen, die wirtschaftliche Selbständigkeit wiederherzustellen oder gegen die Folgen des Verlustes der Arbeitskraft zu schützen.

Zugleich mit der in engerem Sinne sozialpolitischen Richtung machten sich eine große Zahl positiver Bestrebungen auf dem Gebiete der allgemeinen Volkswohlfahrt geltend. Die Mäßigkeitsbewegung kommt in Fluß, die Bewegung für Gesundheitspflege und Hygiene, für Fortbildung und Erziehung usw.

Unter diesen Verhältnissen entstand der Plan, auch die Fragen der Armenpflege und Wohltätigkeit sowohl nach der Seite der Gesetzgebung als auch der praktischen Ausführung genauerer Prüfung zu unterziehen, die widerstreitenden Meinungen aufzuklären, je nach dem Ergebnis der Besprechungen auf die Gesetzgebung einzuwirken, eine auf Vorbeugung gerichtete Wohltätigkeit zu befürworten und, nicht zum letzten, auch auf diesem Gebiete ein alle Glieder des Reiches umschließendes Band zu knüpfen.

Es ist das Verdienst des Senators Doell, der lange Jahre das Gothaische Armenwesen geleitet hatte, dem allgemein in Sachverständigenkreisen empfundenen Bedürfnis Ausdruck gegeben und in seiner Schrift: „Die Reform der Armenpflege" die Wichtigkeit einer solchen Zentralstelle für die Zusammenfassung und den Austausch der die Armenpflege leitenden Ideen überzeugend dargelegt zu haben. Doell versandte Anfang Oktober 1879 an eine Reihe bedeutender Armenverwaltungen und gemeinnütziger Männer ein Rundschreiben, in welchem er anfragte, ob man geneigt sein würde, bei den Vorarbeiten zur Einberufung eines Kongresses sich zu beteiligen. Dem Rundschreiben war eine Denkschrift, betreffend die Gründung eines Zentralvereins für deutsche Armenpflege, beigefügt. In einem „Motive" überschriebenen Abschnitt der Denkschrift wird die Stellung eines solchen Zentralvereins in folgenden Worten charakterisiert:

„Ein Zentralverein für deutsche Armenpflege, wie er gedacht wird, mit einem geschäftsführenden Ausschuß an der Spitze, soll Vertreter der Bedürfnisse der Armenbevölkerung bei den Oberbehörden, er soll aber auch in sozialen und namentlich die Armenpflege berührenden Fragen deren Sachverständiger sein. Der Zentralverein für deutsche Armenpflege soll ein unabhängiges, lediglich auf Grund seiner Forschung und Arbeit seine Überzeugung vertretendes Organ sein, aber er will sich in den Dienst des Staates stellen und auf dem Grunde unserer sozialen Ordnung weiter bauen; hierzu bedarf und erwartet er jedoch auch Förderung seiner Zwecke von den Staatsbehörden.

Der Zentralverein soll es sich zur Aufgabe machen, die bestehenden Einrichtungen zur Ausführung des Unterstützungsgesetzes sowie überhaupt für Armenzwecke zu prüfen, sie mit anderen zu vergleichen und die hieraus folgenden Schlüsse zum Gemeinbesten zu verwerten. Er soll darüber wachen, daß jene Einrichtungen ihrem Zwecke entsprechen; und da, wo solche fehlen oder ungenügend sind, soll er durch Wort und Tat auf Abhilfe der Mängel hinarbeiten und die zuständigen Behörden von Beschwerden und Mißständen unterrichten. Der Zentralverein soll ferner durch öffentliche Verhandlungen in jährlich wiederkehrenden Sonderversammlungen in allen Teilen des Vaterlandes das Interesse für diese heilige Pflicht der Nation wecken und für das Verständnis derselben arbeiten."

Die Doellschen Anregungen fielen auf fruchtbaren Boden. Doch wurde nicht sogleich die Gründung eines Vereins im eigentlichen Sinne des Wortes beschlossen, sondern vielmehr nur die Berufung einer Konferenz berufsgemeinsamer Besprechung der das Armenwesen betreffenden Angelegenheiten ins Auge gefaßt. Die Konferenz wurde [am 26. und 27. November 1880 im Berliner Rathaus] abgehalten und faßte den Beschluß: „Die hier in Berlin zur Besprechung von Fragen der Armenpflege und Wohltätigkeit abgehaltene Konferenz ersucht das Präsidium, unter Zuziehung von Vertretern der Kommunen, Kommunalverbänden und Wohltätigkeitsvereinen eine Kommission zu bilden, welche die Gründung eines Deutschen Vereins für Armenpflege und Wohltätigkeit vorbereitet und zu diesem Berufe ein Statut ausarbeitet."

Die nächste Versammlung wurde wiederum für den November, und zwar des folgenden Jahres und wiederum nach Berlin einberufen. Was die Satzungen anbetrifft, welche von einer durch den Vorstand gebildeten Kommission vorberaten werden sollten, so wurde der Versammlung ein kurzer Entwurf vorgelegt, dessen Hauptbestimmungen in §§ 1–3 enthalten sind und welche folgendermaßen lauten:

„Zweck des Vereins ist: Zusammenfassung der zerstreuten Reformbestrebungen, welche auf dem Gebiete der Armenpflege und Wohltätigkeit hervortreten, und fortgesetzte, gegenseitige Aufklärung der auf diesem Gebiete tätigen Personen.

Hierzu dient als wesentliches Mittel die regelmäßig in jedem Jahre wiederkehrende öffentliche Versammlung der Vereinsmitglieder. Der Ort der Versammlung wird jedesmal besonders festgesetzt.

Mitglied des Vereins kann jeder werden, der sich für Armen-Angelegenheiten interessiert... Ebenso können Kommunen, Kommunalverbände, Armenverwaltungen, milde Stiftungen, Wohltätigkeitsvereine und Wohltätigkeitsanstalten aller Art Mitglieder werden...

An die Spitze des Vereins soll ein Zentralausschuß treten, welcher aus 30 Mitgliedern besteht, der wiederum aus seiner Mitte einen Vorstand von 5 Mitgliedern zu erwählen hat, welcher die laufenden Geschäfte besorgt und die Kasse verwaltet."

Nach kurzer Debatte wurden die Satzungen en bloc angenommen; Dr. Straßmann [der damalige Vorsteher der Stadtverordneten in Berlin] gab hierauf die Erklärung ab, daß der Deutsche Verein für Armenpflege und Wohltätigkeit nunmehr konstituiert sei.

Als korporative Mitglieder waren bereits 1881: 93 Stadtgemeinden, 4 Provinzial- und Landarmenverbände, sowie 11 Wohltätigkeitsvereine vorhanden; fünf Jahre später 122 Städte, 44 Korporationen und 141 Einzelpersonen; gegenwärtig (1895) sind 182 Städte, d. h. fast ausnahmslos alle Städte über 20 000 Einwohner, aber auch eine ganze Anzahl kleinerer Gemeinden, 74 Korporationen und Vereine und 169 Privatpersonen Mitglieder des Vereins. Der Westen ist stärker vertreten als der Osten, der Norden stärker als der Süden, das Land schwächer als die Städte; von Bayern und von Elsaß-Lothringen sind einige größere Städte und Korporationen Mitglieder des Vereins, so daß man, obwohl die aktive Teilnahme der nicht zum Geltungsgebiet des Unterstützungswohnsitzes gehörigen beiden Bundesglieder nicht erheblich gewesen ist, doch in Wahrheit von einem allgemeinen deutschen Verein sprechen kann. Österreich war bis vor kurzem durch einige Privatmitglieder vertreten. Ganz neuerdings sind die Stadt Wien sowie der Landesausschuß des Erzherzogtums Österreich als Mitglieder hinzugetreten.

[Hingegen im Jahre 1917 betrug der Mitgliederbestand: 273 Stadtgemeinden, 35 Provinzial- und Kreisverbände, 18 staatliche Behörden, 91 private Vereine. – An der besonders wichtigen Vollversammlung desselben Jahres (21.–22. September 1917 in Berlin) waren vertreten: 4 Reichsbehörden (Reichsamt des Innern, Bundesamt für das Heimatwesen, Kriegsamt, Kriegsarbeitsamt), die Innenministerien von Preußen, Bayern, Sachsen, der Lübecker Senat, 18 Provinzial- und Kreisbehörden, 53 Reichs-, Landes- und Provinzialverbände und -vereine, 265 städtische Behörden und Ortsvereine, davon 130 private Vereinigungen.]

2.2 Zum Gründungsnamen

Die im Gründungsnamen des Deutschen Vereins gegebene Zweckbestimmung „für Armenpflege und Wohltätigkeit" – 1919 geändert in „für öffentliche und private Fürsorge" (s. u.) – ist aus dem damaligen Sprachgebrauch zu verstehen. Das Wort „Armenpflege" war schon aus früheren Gesetzen deutscher Einzelstaaten bekannt. Heutzutage scheint allerdings das Wort „Pflege" in diesem Zusammenhange ungewohnt.

Aufschluß über die Wortgeschichte liefern vorangegangene Gesetzestexte, aus deren Vergleich sich schließen läßt, daß „Pflege" hier eine Kurzform für „Verpflegung" ist, und Verpflegung anstelle von „Ernährung" oder – wie in Bayern – von „Alimentation" steht.

So z. B. heißt es im Allgemeinen Landrecht für die Preußischen Staaten vom 5. Februar 1794, Zweiter Teil, Neunzehnter Titel, § 10: „... Stadt- und Dorfgemeinden müssen für die *Ernährung* ihrer verarmten Mitglieder und Einwohner sorgen." Anstelle von Ernährung spricht das Preußische Gesetz über die Verpflichtung zur Armenpflege vom 31. Dezember 1842 von „Verpflegung": (§ 14) „Soweit Gemeinden zur *Verpflegung* ihrer Armen unvermögend sind, hat der Landesarmenverband ihnen Beihilfe zu gewähren."

Verpflegung = Ernährung steckt auch in „Pflegen" (Mehrzahl!), womit die begriffliche Einheit von örtlicher Unterstützungsbehörde, Hilfevollzug und Unterstützungsempfängern bezeichnet wurde, so z.b. bereits in der Bayerischen Verordnung, das Armenwesen betreffend, vom 17. November 1816, Artikel 1: „Es sollen überall eigene Armenpflegen eingerichtet und sorgfältig unterhalten werden...", und Artikel 5: „Jede Stadt-, Markt- oder Landgemeinde hat für sich eine örtliche Armenpflege, welche zunächst für die eingehörigen Armen sorgt..."

Bei bloßer Ernährung konnte es freilich nicht bleiben. Auf jeden Fall kam mindestens die Unterstützung jener kranken und alleinstehenden Alten hinzu, welche ihrer Armut wegen nicht sich selbst helfen konnten. Insofern erhielt das Wort „Pflege" eine demgemäß weitergehende Bedeutung; die örtlichen Pflegestellen wurden zu Vorläufern späterer Fürsorgestellen resp. Wohlfahrtsämter resp. Sozialämter.

So z.B. bestimmte das Bayerische Gesetz vom 29. April 1869 in Artikel 1: „Aufgabe der öffentlichen Armenpflege ist 1. hilfsbedürftige Personen zu unterstützen, 2. der Verarmung entgegenzuwirken."

Aus „den Armenpflegen" war also „die Armenpflege" mit zunehmend vergrößertem Begriffsumfang geworden. Der Deutsche Verein trieb diese Entwicklung tatkräftig und erfolgreich voran; wesentlich unter seinem Einfluß wurde aus der herkömmlichen Armenpflege die moderne Einzelfürsorge.

Wie in seinem Gründungsnamen sich das Wort „Armenpflege" auf die öffentliche – gesetzliche, behördliche – Fürsorge bezog, so das Wort „Wohltätigkeit" auf die private Fürsorge. In vielen Gemeinden, hauptsächlich in Städten, wurden – unabhängig von den Behörden oder in Verbindung mit ihnen – Hilfebedürftige durch private Vereinigungen meist nur lokaler Bedeutung unterstützt, deren Anzahl bis Ende vorigen Jahrhunderts schon einige Tausende betrug.

Wohltätigkeit, oft auch mit dem heutzutage noch mehr veralteten Ausdruck Liebestätigkeit bezeichnet, hieß also jede freiwillig erbrachte Fürsorgeleistung weitesten Sinnes und verschiedenster Art.

In dem Bestreben, öffentliche und private Fürsorge unter zeitgemäß wechselnden Bedingungen auf ebenfalls wechselnde und jedenfalls wachsende Aufgaben zusammenzuführen, hat der Deutsche Verein nicht nur die Armenpflege, sondern auch die Wohltätigkeit in dem Bestreben, beide aufeinander abzustimmen, kritisch betrachtet und untersucht (s. u.).

2.3 Zur Eigenart und Bedeutung des Deutschen Vereins

Seit Beginn hat der Deutsche Verein seine Eigenart und Bedeutung zu behaupten vermocht, seinen Einfluß z. B. auf die Sozialgesetzgebung sogar gesteigert, da er, am Fortschritt von Fürsorge und Sozialpolitik direkt beteiligt, mit seinen Stellungnahmen und Reformvorschlägen den jeweiligen Zeitbedingungen voranstrebte. Was sich für die Jahrzehnte nach seiner Gründung sagen läßt, das gilt sinngemäß auch für später:

Erstens wahrte er, vom prinzipiell überkonfessionellen Standpunkt aus, den Konfessionsfrieden schon in einer Zeit, als sonst noch konfessionelle Gegensätze oft kräftig aufeinandertrafen. Dasselbe Verhältnis stellte er – zweitens – zur Parteipolitik her.

Obwohl in seinen Ausschüssen die Mitglieder immer wieder wechselten, und obwohl jedes Mitglied eigene Weltanschauungsmaximen in sich ausgebildet hatte, blieb die Zusammenarbeit im Deutschen Verein allein den gemeinsamen Sachinteressen verpflichtet. Das ist – über nunmehr hundert Jahre voller geschichtlicher Wechselfälle hinweg – eine bemerkenswerte Gemeinschaftsleistung.

Wir können es wohl als ein Glück bezeichnen, daß es uns gelungen ist, durch alle Zeiten hindurch in unsern Versammlungen irgendwelche politische oder konfessionelle Einflüsse nicht aufkommen zu lassen. Wir haben allein dadurch es ermöglichen können, daß wir, die wir uns einen Deutschen Verein nennen, unsere Mitgliederzahl gleichmäßig über alle deutschen Länder ausbreiten und den Erfolg erzielen, unsere städtischen Verwaltungen zu einer freien und eingreifenden Reformtätigkeit anzuregen auf einem Gebiete, auf dem sowohl Reichsregierung sowie Staatsregierungen mit dem Vorbehalt einer Kontrolle nach staatlichen Gesichtspunkten den Gemeinden freie Hand lassen[3]).

Drittens war (und ist) der Deutsche Verein ein Zusammenschluß der Hilfeträger, und zwar der öffentlichen und privaten, die in seinen Beratungsgremien ihre Übereinkünfte herbeiführen.

Zugleich aber vertrat (und vertritt) er – viertens – die Belange der Hilfempfänger, gegebenenfalls auch gegenüber der Gesetzgebung, wenn durch sie – wie z. B. einst durch das Wahlrecht –, die Klienten öffentlicher Fürsorge diskriminiert wurden (s. u.).

Im Sinne dieser Interessenvereinigung von Hilfeträger und Hilfeempfänger bekannte (und bekennt) sich der Deutsche Verein – fünftens – zur individuellen Hilfe als dem Zentralprinzip und Hauptkriterium öffentlicher wie privater Fürsorge (s. u.).

So entwickelte er sich – sechstens – rasch zum Zentrum jener öffentlichen und noch mehr privaten Aktivitäten „sozialer Fürsorge", welche bereits im ersten Halbjahrhundert deutscher Fürsorgegeschichte zahlreiche neue Arbeitsfelder erschlossen (s. u.).

Wiederum erfolgreich setzte er sich – siebentens – erst für die ehrenamtliche, dann auch für die berufliche Tätigkeit der Frau im sozialen Bereich ein. Die Schaffung des Sozialberufs, zunächst als Frauenberuf, ist weitgehend sein Verdienst (s. u.).

Achtens drängte er nachdrücklich seit seinem Zustandekommen darauf, daß die Gemeinden ihre Fürsorgepflicht, unerachtet einzelstaatlicher Besonderheiten, in gleicher Art und Weise erfüllen sollten; auch in diesem Zusammenhang propagierte er das dann allgemein verbreitete Elberfelder System (s. u.).

Neuntens forderte er Vereinheitlichung des deutschen Armenrechtes und zugleich dessen Reform. Um beides herbeizuführen, wandte er sich gegen die damalige Aufteilung Deutschlands in (1.) den Geltungsbereich des Unterstützungswohnsitzgesetzes, (2.) Bayern mit eigenem Heimatrecht, (3.) Elsaß-Lothringen mit französischem, aber mittlerweile auch in Frankreich veraltetem Armenrecht (s. u.).

Vor allem haben wir dadurch, daß wir ein *Deutscher* Verein sind, an unserm Teil beigetragen, daß das verbindende Band, das zum ersten Mal 1870 um deutsche Lande geschlungen wurde, fester geknüpft worden ist durch die Berührungen der Teilnehmer aus Nord und Süd und aus Ost und West. Wir sind zum ersten Mal 1896 in Elsaß-Lothringen, zum ersten Mal 1898 in Bayern eingerückt, und damals haben wir als Frucht der Verhandlungen, die wir dort gepflogen haben, den Wunsch wieder in die Lande hinausgerufen, daß die Krönung unserer Arbeit auf diesem Gebiet sein möge: Die Einheitlichkeit der deutschen Armengesetzgebung[4]).

Nicht zuletzt dem Deutschen Verein ist zu danken, daß Elsaß-Lothringen zum Nutzen seiner Einwohner 1908 dem Geltungsbereich des Unterstützungswohnsitzes angeschlossen wurde. – Seine eigenen Richtlinien für ein Reichsarmengesetz gab, nach langen Vorarbeiten, der Deutsche Verein 1913 in Stuttgart bekannt (s. u.).

Schließlich – zehntens – vereinigte (und vereinigt) er Theorie und Praxis, wobei er einerseits theoretische Überlegungen auf die Praxis anwendet, andererseits aus der Praxis heraus eigene Theorien entwickelte (und entwickelt). So hob Münsterberg in seinem Generalbericht über die 25jährige Tätigkeit des Vereins hervor, daß die Verhandlungen des Vereins

nie zu rein theoretischen Auseinandersetzungen herabgesunken sind, daß sie auf der anderen Seite nie einen nüchternen Rationalismus zu predigen versucht haben, sondern daß es gelungen ist, in einer glücklichen Vereinigung die Gründlichkeit wissenschaftlicher Forschung mit dem lebendigen Gefühl für die Anforderungen des praktischen Lebens zu verbinden[5]). .

Erster Themenkreis: Zur Konfliktsituation der Armenfürsorge im Grenzbereich zwischen Gesetzesvorschriften und Selbstbestimmung

1. Zum Freizügigkeitsgesetz und Unterstützungswohnsitzgesetz

Allein die Elsaß-Lothringer waren Reichsdeutsche, alle anderen Deutschen innerhalb des Bundesgebietes aber Staatsbürger jeweiliger Einzelstaaten.

Nur mittelbar, weil alle Einzelstaaten dem Bund angehörten, besaßen deren Staatsbürger auch die „Bundesangehörigkeit".

Einen von der Einzelstaatlichkeit unabhängigen und ihr übergeordneten Rechtsgrundsatz führte die Verfassung (Art. 3) ein, indem sie das Bundesgebiet als Ganzes dem sogenannten „Indigenat" zugrundelegte, nämlich der Herkunft durch Geburt: „Für ganz Deutschland besteht ein gemeinsames Indigenat mit der Wirkung, daß der Angehörige – Untertan, Staatsbürger – eines jeden Bundesstaates in jedem anderen Bundesstaate als Inländer zu behandeln und demgemäß zum festen Wohnsitz, zum Gewerbebetriebe, zu öffentlichen Ämtern, zur Erwerbung von Grundstücken, zur Erlangung des Staatsbürgerrechts und zum Genusse aller sonstigen bürgerlichen Rechte unter denselben Voraussetzungen wie der Einheimische zuzulassen, auch in Betreff der Rechtsverfolgung und des Rechtsschutzes demselben gleich zu behandeln ist. Kein Deutscher darf in der Ausübung dieser Befugnis durch die Obrigkeit seiner Heimat oder durch die Obrigkeit eines anderen Bundesstaates beschränkt werden..."

Diese Bestimmung implizierte also de facto eine Bundesbürgerschaft, die explicite auf Widerstand der souveränen Einzelstaaten gestoßen wäre.

1.1 Aus den Gesetzestexten

Im weiteren Text des Verfassungsartikels 3 hieß es (Abs. 3): „Diejenigen Bestimmungen, welche die Armenversorgung und die Aufnahme in den lokalen Gemeindeverband betreffen, werden durch den im ersten Absatz ausgesprochenen Grundsatz nicht berührt." Hingegen das Gesetz über die Freizügigkeit vom 1. November 1867 (BGBl S. 55) statuierte ausdrücklich einen Zusammenhang zwischen Freizügigkeit und Armenfrage.

Das sozialpolitische Problem, welches den Gesetzgeber bedrängte, lautete kurz gesagt: Allgemeine Landflucht, gefördert durch Industrialisie-

rung, bringt jährlich Hunderttausende oder Millionen dazu, ihren Wohnsitz zu wechseln. Viele von ihnen sind unterstützungsbedürftig. Nach früherem Heimatrecht – das, einzelstaatlich verschieden, hier noch nicht zu
erörtern ist – war zur Unterstützung die Heimatgemeinde verpflichtet. Andere Gemeinden, in denen der Hilfebedürftige kein Heimatrecht besaß,
konnten ihm den Zuzug verweigern oder ihn ausweisen. Dieses Recht
schränkte nun das Freizügigkeitsgesetz ein:

§ 4. Die Gemeinde ist zur Abweisung eines neu Anziehenden nur dann befugt,
wenn sie nachweisen kann, daß derselbe nicht hinreichende Kräfte besitzt, um sich
und seinen nicht arbeitsfähigen Angehörigen den notdürftigen Lebensunterhalt zu
verschaffen, und wenn er solchen weder aus eigenem Vermögen bestreiten kann,
noch von einem dazu verpflichteten Verwandten erhält. Den Landesgesetzen bleibt
vorbehalten, diese Befugnis der Gemeinden zu beschränken.

Die Besorgnis vor künftiger Verarmung berechtigt den Gemeindevorstand nicht
zur Zurückweisung.

§ 5. Offenbart sich nach dem Anzuge die Notwendigkeit einer öffentlichen Unterstützung, bevor der neu Anziehende an dem Aufenthaltsort einen Unterstützungswohnsitz (Heimatrecht) erworben hat, und weist die Gemeinde nach, daß die
Unterstützung aus anderen Gründen, als wegen einer nur vorübergehenden Arbeitsunfähigkeit notwendig geworden, so kann die Fortsetzung des Aufenthalts
versagt werden.

§ 6. Ist in den Fällen, wo die Aufnahme oder die Fortsetzung des Aufenthalts versagt werden darf, die Pflicht zur Übernahme der Fürsorge zwischen verschiedenen
Gemeinden eines und desselben Bundesstaates streitig, so erfolgt die Entscheidung
nach den Landesgesetzen.

Die tatsächliche Ausweisung aus einem Orte darf niemals erfolgen, bevor nicht
entweder die Annahme-Erklärung der in Anspruch genommenen Gemeinde oder
eine wenigstens einstweilen vollstreckbare Entscheidung über die Fürsorgepflicht
erfolgt ist.

§ 7. ... Bis zur Übernahme seitens des verpflichteten Staates ist der Aufenthalts-
staat zur Fürsorge für den Auszuweisenden am Aufenthaltsorte nach den für die öffentliche Armenpflege in seinem Gebiete gesetzlich bestehenden Grundsätzen verpflichtet...

Das Heimatrecht, welches der Gemeinde die „Fürsorgepflicht" auferlegt, konnte also dadurch erworben werden, daß sich jemand einen „Unterstützungswohnsitz" erwirkte.

Näheres regelte das Unterstützungswohnsitzgesetz des Norddeutschen
Bundes vom 6. Juni 1870 (BGBl S. 360). Es blieb länger als ein halbes Jahrhundert in Kraft und wurde erst 1924 durch die Verordnung über die Fürsorgepflicht abgelöst. Für diesen langen Zeitraum war es das grundlegende
Gesetz deutscher Fürsorge überhaupt. Zwar enthielt es, wie sein Name
sagt, Bestimmungen über den Unterstützungswohnsitz, darüber hinaus

aber Vorschriften über Ortsarmenverbände und Landarmenverbände, woraus die heutige Unterscheidung zwischen örtlichen und überörtlichen Trägern hervorgegangen ist; und vor allem regelte es Grundzüge der Kostenerstattung.

§ 1. Jeder Norddeutsche ist in jedem Bundesstaate in Bezug a) auf die Art und das Maß der im Falle der Hilfsbedürftigkeit zu gewährenden öffentlichen Unterstützung, b) auf den Erwerb und Verlust des Unterstützungswohnsitzes als Inländer zu behandeln...

§ 2. Die öffentliche Unterstützung hilfsbedürftiger Norddeutscher wird, nach näherer Vorschrift dieses Gesetzes, durch Ortsarmenverbände und durch Landarmenverbände geübt.

§ 3. Ortsarmenverbände können aus einer oder mehreren Gemeinden... zusammengesetzt sein. Alle zu einem Ortsarmenverbande vereinigten Gemeinden... gelten in Ansehung der durch dieses Gesetz geregelten Verhältnisse als eine Einheit.

§ 5. Die öffentliche Unterstützung hilfsbedürftiger Norddeutscher, welche endgültig zu tragen kein Ortsarmenverband verpflichtet ist..., liegt den Landarmenverbänden ob. Zur Erfüllung dieser Obliegenheit hat jeder Bundesstaat... entweder unmittelbar die Funktionen des Landarmenverbandes zu übernehmen, oder besondere, räumlich abgegrenzte Landarmenverbände, wo solche noch nicht bestehen, einzurichten.

Dieselben umfassen der Regel nach eine Mehrheit von Ortsarmenverbänden, können sich aber ausnahmsweise auf den Bezirk eines einzigen Ortsarmenverbandes beschränken.

§ 6. Armenverbände, deren Mitgliedschaft an ein bestimmtes Glaubensbekenntnis geknüpft ist, gelten nicht als Armenverbände im Sinne des Gesetzes.

§ 8. Die Landesgesetze bestimmen über die Zusammensetzung und Einrichtung der Ortsarmenverbände und Landarmenverbände, über die Art und das Maß der im Falle der Hilfsbedürftigkeit zu gewährenden öffentlichen Unterstützung, über die Beschaffung der erforderlichen Mittel, darüber, in welchen Fällen und in welcher Weise den Ortsarmenverbänden von den Landarmenverbänden oder von anderen Stellen eine Beihilfe zu gewähren ist, und endlich darüber, ob und inwiefern sich die Landarmenverbände der Ortsarmenverbände als ihrer Organe behufs der öffentlichen Unterstützung Hilfsbedürftiger bedienen dürfen.

§ 9. Der Unterstützungswohnsitz wird erworben durch a) Aufenthalt, b) Verehelichung, c) Abstammung.

§ 10. Wer innerhalb eines Ortsarmenverbandes nach zurückgelegtem 24. Lebensjahre zwei Jahre lang ununterbrochen seinen gewöhnlichen Aufenthalt gehabt hat, erwirbt dadurch in demselben den Unterstützungswohnsitz. [Durch Novelle vom 12. März 1894 wurde die Altersgrenze auf das vollendete 18. Lebensjahr, durch Novelle vom 30. Mai 1908 auf das vollendete 16. Lebensjahr herabgesetzt.]

§ 28. Jeder hilfsbedürftige Norddeutsche muß vorläufig von demjenigen Ortsarmenverbande unterstützt werden, in dessen Bezirk er sich bei dem Eintritte der Hilfsbedürftigkeit befindet. Die vorläufige Unterstützung erfolgt vorbehaltlich des

Anspruches auf Erstattung der Kosten bzw. auf Übernahme des Hilfsbedürftigen gegen den hierzu verpflichteten Armenverband.

§ 60. Ausländer müssen vorläufig von demjenigen Ortsarmenverbande unterstützt werden, in dessen Bezirke sie sich bei dem Eintritte der Hilfsbedürftigkeit befinden ...

§ 62. Jeder Armenverband, welcher nach Vorschrift dieses Gesetzes einen Hilfsbedürftigen unterstützt hat, ist befugt, diejenigen Leistungen, zu deren Gewährung ein Dritter aus anderen, als den durch dieses Gesetz begründeten Titeln verpflichtet ist, von dem Verpflichteten in demselben Maße und unter denselben Voraussetzungen zu fordern, als dem Unterstützten auf jene Leistungen ein Recht zusteht.

Der Einwand, daß der unterstützende Armenverband den Ersatz von einem anderen Armenverbande zu fordern berechtigt sei, darf denselben hierbei nicht entgegengestellt werden.

Das Unterstützungswohnsitzgesetz – das ebenso wie das Freizügigkeitsgesetz auf zwei preußische Gesetze vom 31. Dezember 1842 zurückgeht – galt ursprünglich für den Norddeutschen Bund.

Sein Leitgedanke und Hauptprinzip ist die Fürsorgepflicht. Sie wird jedem Ortsarmenverband auch für den Fall verordnet, daß dort der Hilfebedürftige noch keinen Unterstützungswohnsitz hat (§§ 28 u. 30). Die rechtliche Möglichkeit, einen Hilfebedürftigen abzuschieben, kennt dieses Gesetz nur unter Hinweis auf § 5 des Freizügigkeitsgesetzes. Aber es unterwirft in seinem § 34 diese Möglichkeit genauen Bedingungen:

§ 34. Muß ein Ortsarmenverband einen hilfsbedürftigen Norddeutschen, welcher innerhalb desselben seinen Unterstützungswohnsitz nicht hat, unterstützen, so hat der Ortsarmenverband zunächst eine vollständige Vernehmung des Unterstützten über seine Heimat-, Familien- und Aufenthaltsverhältnisse zu bewirken, und sodann den Anspruch auf Erstattung der aufgewendeten bzw. aufzuwendenden Kosten bei Vermeidung des Verlustes dieses Anspruchs binnen sechs Monaten nach begonnener Unterstützung bei dem vermeintlich verpflichteten Armenverbande mit der Anfrage anzumelden, ob der Anspruch anerkannt wird.

Ist der verpflichtete Armenverband nicht zu ermitteln, so hat die Anmeldung behufs Wahrung des erhobenen Erstattungsanspruchs innerhalb der ... normierten Frist von sechs Monaten bei der zuständigen vorgesetzten Behörde (Anmerkung: Aufsichtsbehörde, nicht Spruchbehörde) des beteiligten Armenverbandes zu erfolgen.

Ist nach der Ansicht des unterstützenden Ortsarmenverbandes der Fall dazu angetan, dem Unterstützten die Fortsetzung des Aufenthalts nach § 5 des Gesetzes über die Freizügigkeit vom 1. November 1867 zu versagen, und will der Ortsarmenverband von der bezüglichen Befugnis Gebrauch machen, so ist dies in der Benachrichtigung ausdrücklich zu bemerken.

De jure wird also vom Unterstützungswohnsitzgesetz die Abschiebung nicht nur erschwert, sondern sie soll – im Prinzip – durch Vorschriften über Kostenerstattung überwunden werden.

Das Bestreben, im Bundesgebiet das Heimatrecht mit der Freizügigkeit zu vereinigen und jeden individuell gewählten Wohnsitz gegebenenfalls zum Unterstützungswohnsitz werden zu lassen, kommt auch in den §§ 55 und 56 zum Ausdruck:

§ 55. Den zur vorläufigen Unterstützung und beziehungsweise zur Übernahme eines Hilfsbedürftigen verpflichteten Armenverbänden ist es unbenommen, die tatsächliche Vollstreckung der Ausweisung (§ 5 des Gesetzes über die Freizügigkeit vom 1. November 1867) durch eine unter sich zu treffende Einigung über das Verbleiben der auszuweisenden Person oder Familie in ihrem bisherigen Aufenthaltsorte gegen Gewährung eines bestimmten Unterstützungsbetrages von Seiten des letztgedachten Armenverbandes, dauernd oder zeitweilig auszuschließen...

§ 56. Wenn mit der Ausweisung Gefahr für Leben oder Gesundheit des Auszuweisenden oder seiner Angehörigen verbunden sein würde, oder wenn die Ursache der Erwerbs- oder Arbeitsunfähigkeit des Auszuweisenden durch eine im Bundeskriegsdienste oder bei Gelegenheit einer Tat persönlicher Selbstaufopferung erlittene Verwundung oder Krankheit herbeigeführt ist, oder endlich, wenn sonst die Wegweisung vom Aufenthaltsorte mit erheblichen Härten oder Nachteilen für den Auszuweisenden verbunden sein sollte, kann auch bei nicht erreichter Einigung das Verbleiben der auszuweisenden Person oder Familie in dem Aufenthaltsorte gegen Festsetzung eines von dem verpflichteten Armenverbande zu zahlenden Unterstützungsbetrages durch die zur Entscheidung in erster Instanz zuständige Behörde des Ortsarmenverbandes des Aufenthaltsortes angeordnet werden...

1.2 *Kritische Beurteilung der Gesetze durch den Deutschen Verein*

Nach fast vierzigjähriger Erfahrung mit dem Freizügigkeitsgesetz und dem Unterstützungswohnsitzgesetz hat der Deutsche Verein auf seiner 25. Jahresversammlung 1905 die für ihn und seine Arbeit relevanten Hauptgesichtspunkte beider Gesetze kritisch dargelegt:

Indem das Freizügigkeitsgesetz grundsätzlich jedem Deutschen das Recht gab, sich allerorten innerhalb des Bundesgebietes niederzulassen, andererseits aber dieses Recht unter bestimmten Voraussetzungen, insbesondere im Falle der Hilfsbedürftigkeit, gewissen Beschränkungen unterwarf, sah sich die Reichsgesetzgebung genötigt, Normen darüber aufzustellen, nach welchem Ort der in Gemäßheit des Freizügigkeitsgesetzes wegen Hilfsbedürftigkeit Ab- oder Auszuweisende hinzuweisen ist, ferner, unter welchen Voraussetzungen trotz vorliegender Hilfsbedürftigkeit eine Ab- oder Ausweisung ausgeschlossen ist, sowie endlich, welcher Gemeinde einstweilen und welcher dauernd die Fürsorge für den Hilfsbedürftigen obliegt.

Über die Regelung dieser Fragen hinauszugehen, lag aber für die Reichsgesetzgebung ein zwingender Grund nicht vor; und so ist denn das ganze Gebiet der eigentlichen Armenversorgung ausdrücklich der landesgesetzlichen Ordnung vorbehalten. Diese Kompetenzabgrenzung ist für die einheitliche Durchführung des Gedankens der obligatorischen öffentlichen Armenpflege von weittragender Bedeutung. Durch sie wird nämlich nicht nur der Schwerpunkt der ganzen öffentlichen Armenpflege in die Sphäre des Partikularrechts verlegt, sondern es erhält damit auch das reichsgesetzliche Prinzip der unbedingten vorläufigen Unterstützungspflicht der Aufenthaltsgemeinde bis zu einem gewissen Grade den Charakter einer lex imperfecta, insofern es der Reichsgewalt an Zwangsmitteln fehlt, dieses Prinzip unter allen Umständen zur Durchführung zu bringen. Versagt die Aufenthaltsgemeinde dem Hilfsbedürftigen die Unterstützung, oder gewährt sie ihm dieselbe in unzulänglichem Maße, so steht trotz § 28 des Unterstützungswohnsitzgesetzes dem Reichskanzler nicht die Befugnis zu, bei der betreffenden Landesregierung diesbezüglich vorstellig zu werden und auf Abhilfe zu dringen. Denn die Armenversorgung unterliegt gemäß Artikel 3 der Reichsverfassung nicht der Beaufsichtigung seitens des Reiches; das Unterstützungswohnsitzgesetz ruft aber Rechtswirkungen nur in Ansehung der Verteilung der Armenlast und demgemäß – wie auch sein § 61 klar ausspricht – nur zwischen den zur Gewährung öffentlicher Unterstützung nach Vorschrift des Unterstützungswohnsitzgesetzes verpflichteten Verbänden (Orts- und Landarmenverbänden, Bundesstaaten) hervor...

So ist nach Maßgabe der Reichsgesetzgebung nicht ausgeschlossen, daß Armenverbände sich fortgesetzt der Erfüllung ihrer reichsgesetzlich begründeten Unterstützungspflicht entziehen, ohne daß dem Reiche die Möglichkeit gegeben wäre, sie zu derselben in wirksamer Weise anzuhalten...

Die Voraussetzungen der reichsgesetzlichen Unterstützungspflicht sind bekanntlich im § 28 des Unterstützungswohnsitzgesetzes dahin präzisiert, daß aus öffentlichen Mitteln jeder hilfsbedürftige (Nord-)Deutsche zu unterstützen ist. Damit ist, da die Regelung der Armenversorgung grundsätzlich der Landesgesetzgebung vorbehalten ist, nicht ausgeschlossen, daß diese die Armenverbände auch noch in anderen Fällen, also insbesondere auch, wo keine Hilfsbedürftigkeit im Sinne des Reichsgesetzes vorliegt, zur Gewährung öffentlicher Unterstützung verpflichtet. Die Bedeutung des § 28 des Unterstützungswohnsitzgesetzes ist vielmehr die, daß

1. bei vorliegender Hilfsbedürftigkeit im Sinne des Unterstützungswohnsitzgesetzes die Aufenthaltsgemeinde sich ohne Verletzung des Reichsgesetzes der Unterstützungspflicht nicht entziehen kann;

2. daher jede einem Hilfsbedürftigen aus öffentlichen Mitteln gewährte Unterstützung sich als Armenunterstützung im Sinne der Reichsgesetzgebung darstellt und demgemäß alle von derselben an die Gewährung öffentlicher Unterstützung geknüpften Rechtsfolgen (in Bezug auf Erwerb und Verlust des Unterstützungswohnsitzes, Freizügigkeit, Erstattungspflicht Dritter, Ansprüche aus der Arbeiterversicherung, Reichstagswahlrecht usw.) nach sich zieht;

3. andererseits jede nicht an das Kriterium der Hilfsbedürftigkeit geknüpfte Beihilfe aus öffentlichen Mitteln als Armenunterstützung im Sinne des Reichsrechtes nicht anzusehen ist.

Wenngleich somit der Begriff der Hilfsbedürftigkeit für die Reichsarmengesetzgebung von grundlegender Bedeutung ist, so hat es doch der Gesetzgeber unterlassen auszusprechen, was unter Hilfsbedürftigkeit zu verstehen ist. Der gemeinhin vertretenen Auffassung, daß die reichsgesetzliche Definition des Begriffs der Hilfsbedürftigkeit dem § 4 des Freizügigkeitsgesetzes zu entnehmen sei, kann wenigstens nicht ohne Einschränkung beigetreten werden. Denn der zitierte Paragraph spricht nur von der Unfähigkeit einer Person, sich und ihre Angehörigen den notdürftigen Lebensunterhalt zu beschaffen, während nach der Armengesetzgebung sämtlicher deutschen Bundesstaaten sich die öffentliche Unterstützungspflicht auch auf andere Fälle, z. B. die Pflegebedürftigkeit bei Erkrankung, erstreckt. § 4 des Freizügigkeitsgesetzes hebt also nur einen bestimmten – freilich den wichtigsten – Fall der Hilfsbedürftigkeit hervor.

Immerhin wird es angesichts des vorstehend dargelegten engen Zusammenhanges des Unterstützungswohnsitzgesetzes mit dem Freizügigkeitsgesetz ohne Bedenken zulässig sein, den genannten Paragraphen zur Auslegung des Begriffs der Hilfsbedürftigkeit heranzuziehen. Dem § 4 leg. cit. sind insbesondere drei Prinzipien zu entnehmen, welche für die an die öffentliche Armenpflege zu stellenden Anforderungen von fundamentaler Bedeutung sind. Das sind

2. die absolute Subsidiarität der öffentlichen Armenpflege,

1. die Beschränkung der Leistungen der öffentlichen Armenpflege auf das Notwendige,

3. der Ausschluß der rein präventiven Unterstützung von der öffentlichen Armenpflege.

Kommt in diesen drei Prinzipien wesentlich in der Negative zum Ausdruck, wann eine öffentliche Unterstützungspflicht im Sinne der Reichsgesetzgebung nicht vorliegt, so kann die positive Begriffsbestimmung der Hilfsbedürftigkeit nur der Gesamtheit der die öffentliche Armenunterstützung regelnden Normen entnommen werden. Vor allem aber kommt in dieser Beziehung in Betracht der § 8 des Unterstützungswohnsitzgesetzes, welcher – durchaus in Konsequenz des im Artikel 3 der Reichsverfassung ausgesprochenen Grundsatzes – die Bestimmungen über die Art und das Maß der im Falle der Hilfsbedürftigkeit zu gewährenden öffentlichen Unterstützung der Landesgesetzgebung überläßt.

Wenn nämlich die Reichsgesetzgebung von dem Grundsatz ausgeht, daß sich die öffentliche Unterstützung auf das Notwendige zu beschränken habe, während sie andererseits die Abgrenzung des Umfanges der öffentlichen Unterstützungspflicht der Landesgesetzgebung überläßt, so ist damit die Bestimmung dessen, was im Sinne des Armenrechts als zur Erhaltung der Existenz notwendig (Existenzminimum) zu gelten hat, in die Hand der Landesgesetzgebung gelegt. Hilfsbedürftig im Sinne der Armengesetzgebung ist aber, wer zur Erlangung des Existenzminimums der Hilfe im Wege der öffentlichen Unterstützung bedarf...

Wenn somit die auf die Leistungen der Armenverbände bezüglichen Bestimmungen (innerhalb des Geltungsbereichs des Unterstützungswohnsitzgesetzes) in 24 verschiedenen Landesgesetzen niedergelegt sind, so weisen diese letzteren in der hier in Frage stehenden Beziehung durchgängig eine weitgehende Übereinstimmung auf, so daß man – von Abweichungen in einzelnen Punkten abgesehen – gera-

dezu von einem gemeinsamen Rechte sprechen kann. Vorbildlich für die Armengesetzgebung der meisten deutschen Bundesstaaten ist in Ansehung des Umfangs der
Unterstützungspflicht das Preußische Ausführungsgesetz zum Unterstützungswohnsitzgesetz vom 8. März 1871 gewesen.

[§ 1 des Preußischen Ausführungsgesetzes lautet: „Jedem hilfsbedürftigen Deutschen (§ 69) ist von dem zu seiner Unterstützung verpflichteten Armenverband Obdach, der unentbehrlichste Lebensunterhalt, die erforderliche Pflege in Krankheitsfällen und im Falle seines Ablebens ein angemessenes Begräbnis zu gewähren.

Die Unterstützung kann geeignetenfalls, solange dieselbe in Anspruch genommen wird, mittels Unterbringung in einem Armen- oder Krankenhause sowie mittels Anweisung der den Kräften des Hilfsbedürftigen entsprechenden Arbeiten außerhalb oder innerhalb eines solchen Hauses gewährt werden.

Gebühren für die einem Unterstützungsbedürftigen geleisteten geistlichen
Amtshandlungen sind die Armenverbände zu entrichten nicht verpflichtet."]

Das Preußische Ausführungsgesetz zum Unterstützungswohnsitzgesetz bezeichnet im § 1 als die dem zur Unterstützung verpflichteten Armenverbände obliegenden Aufgaben die Gewährung von Obdach, des unentbehrlichen Lebensunterhalts, der erforderlichen Pflege in Krankheitsfällen und, im Falle des Ablebens, eines angemessenen Begräbnisses. Dabei ist unter Lebensunterhalt die Gesamtheit der
ökonomischen Bedingungen der physischen Existenz zu verstehen, also neben dem
Obdach, dessen besondere Hervorhebung somit überflüssig war, insbesondere
Nahrung, Kleidung, Heizung, Hausrat. Die Forderung eines angemessenen Begräbnisses beweist, daß der Gesetzgeber bei Bemessung des Existenzminimums
dem sittlichen Empfinden wie dem Gefühlsleben nicht jeden Einfluß hat versagen
wollen, und aus der Bestimmung, daß in Krankheitsfällen die erforderliche Pflege
zu gewähren ist, erhellt, daß die Leistungen der Armenpflege sich keineswegs unter
allen Umständen auf das zu beschränken haben, was die Angehörigen der wirtschaftlich zunächst sich über die eigentliche Armenbevölkerung erhebenden Klasse
sich aus eigener Kraft zu beschaffen imstande sind, daß vielmehr – unbeschadet der
Beschränkung auf den Notbedarf – das im konkreten Fall zur Wiederherstellung der
Gesundheit Erforderliche ohne Rücksicht auf die Höhe der dadurch entstehenden
Kosten zu leisten ist. Endlich kann auch die Beschränkung auf das Notwendige
nicht dahin verstanden werden, daß der Armenverband bei Erfüllung seiner Unterstützungspflicht sich unter allen Umständen von dem Gesichtspunkt soll leiten lassen, die Unterstützung in der mit den geringsten Kosten verbundenen Form zu gewähren. Die Unterstützung soll vielmehr immer in der den Umständen des Einzelfalls angemessenen Art erfolgen, wobei insbesondere auch den sozialen Anschauungen, den Forderungen der Humanität und den Geboten einer weitblickenden
Armenfürsorge genügend Rechnung zu tragen ist.

Für das Verhältnis der offenen zu der geschlossenen Armenpflege spricht das die
[preußische] Ministerialinstruktion vom 10. Oktober 1871 mit klaren Worten aus:
„Die öffentliche Armenpflege darf neben der nötigen Strenge – deren Mangel allerdings erfahrungsgemäß zur Demoralisation der Armenbevölkerung führt – auch der
auf den einzelnen Fall Rücksicht nehmenden Humanität nicht entbehren. Statt der

Gewährung von Unterstützungen in Geld, Lebensmitteln, Brennmaterialien wird daher die Unterbringung in Armenhäusern usw. auch in Zukunft keineswegs die ein für allemal zu befolgende Regel bilden dürfen. Nur das verständige Ermessen kann je nach Lage des Falles darüber die Richtschnur an die Hand geben, welcher Modus als der zweckentsprechende, beiden Rücksichten die gebührende Rücksicht tragende anzusehen ist." ...

Aufwendungen zu Erziehungszwecken gehören nach preußischer Gesetzgebung grundsätzlich nicht zu den Aufgaben der öffentlichen Armenpflege. Das gilt nicht nur von der Gewährung des Schulunterrichts, sondern auch von der Unterbringung idiotischer, blinder, taubstummer und verkrüppelter Kinder und Jugendlicher in Anstalten, deren wesentlicher Zweck die sachgemäße Ausbildung solcher Personen ist. Nur wenn und soweit die Unterbringung derselben durch das Bedürfnis nach Pflege und Wartung geboten ist, sind die Kosten derselben armenrechtlicher Natur.

Das preußische Gesetz erkennt somit überhaupt nur materielle Not als hinreichenden Grund für die Gewährung öffentlicher Unterstützung an, während die Befriedigung geistiger Bedürfnisse, mögen dieselben auch nach dem Entwicklungsstande unserer sozialen Anschauungen unabweisbar sein, zu den Aufgaben der Armenpflege nicht gehört. Unter diesen Umständen hätte es der besonderen Hervorhebung, daß die Armenverbände zur Entrichtung von Gebühren für die einem Hilfsbedürftigen geleisteten geistlichen Amtshandlungen nicht verpflichtet sind, kaum bedurft.

Die auf dem Umfang der Unterstützungspflicht bezüglichen Bestimmungen der Gesetzgebung der Bundesstaaten Hessen, Sachsen-Weimar-Eisenach, Braunschweig, Sachsen-Meiningen, Sachsen-Coburg-Gotha, Schwarzburg-Sondershausen, Schwarzburg-Rudolstadt, Waldeck, Reuß älterer Linie, Reuß jüngerer Linie und Schaumburg-Lippe stimmen, von geringfügigen Abweichungen abgesehen, wörtlich mit dem preußischen Gesetz überein.

Aber auch in denjenigen Staaten, welche sich in ihrer Armengesetzgebung weniger oder gar nicht an das preußische Vorbild angeschlossen haben, deckt sich der den Armenverbänden zugewiesene Aufgabenkreis insofern mit dem in dem § 1 des preußischen Ausführungsgesetzes vorgezeichneten, als auch nach ihrer Gesetzgebung die Gewährung des notwendigen Lebensunterhalts einschließlich des Obdaches, der erforderlichen Krankenpflege und eines angemessenen Begräbnisses zu den Obliegenheiten der öffentlichen Armenpflege gehört. Die Gesetze der Staaten Württemberg, Baden, Oldenburg, Sachsen-Altenburg, Anhalt und Lippe unterscheiden sich von dem preußischen inhaltlich im wesentlichen nur dadurch, daß sie in größerem oder geringerem Umfang die Erziehung zum Gegenstande der Armenfürsorge machen...

Wenn in einer größeren Zahl deutscher Staaten sich die Unterstützungspflicht der Armenverbände auf die Bereitstellung öffentlicher Mittel zu Zwecken der Erziehung und Ausbildung erstreckt, so liegt doch die Sorge für den Elementarschulunterricht einschließlich der Gewährung der erforderlichen Lehrmittel nach dem jetzigen Stande der Gesetzgebung in der Regel außerhalb des Aufgabenkreises der Armenpflege, insofern als auf Grund besonderer gesetzlicher Bestimmungen den

Kindern unbemittelter Eltern der Schulbesuch unentgeltlich gewährt wird. Eine Ausnahme in dieser Beziehung machen nur Württemberg, wo den Armenverbänden zwar nicht die Schulgeldzahlung, aber der sonstige Schulaufwand obliegt, beide Mecklenburg [Mecklenburg-Schwerin und Mecklenburg-Strehlitz], Altenburg und Bremen, wo im Stadtgebiet der Unterricht bei Mittellosigkeit unentgeltlich ist, also armenrechtlichen Charakter nicht trägt, dagegen im Landgebiet das Schulgeld von der Armenpflege bezahlt wird[6]).

1.3 Zur Frage nach dem Rechtsanspruch

Die Fürsorgepflicht seitens des Staates resp. der Gemeinden bedingte nicht – etwa im Sinne eines Reflexrechtes – den Rechtsanspruch auf Fürsorge seitens Hilfebedürftiger.

Auch dem Deutschen Verein ist es weder damals noch in der Weimarer Republik gelungen, einen solchen Rechtsanspruch herbeizuführen, obwohl er ihn oftmals gefordert hat, so z. B. auf seiner 25. Jahresversammlung 1905 in Mannheim:

Die Entwicklung der Zeit drängt daraufhin, dem Armen einen rechtlich gesicherten Anspruch zu geben, einen Anspruch, den er eventuell auch in Verwaltungsstreitverfahren verfechten kann[7]).

Nun noch wenige Worte zu unserer Forderung des Rechts auf Unterstützung: Ich [Dr. Schwander, Straßburg im Elsaß] halte diese Frage für die Weiterentwicklung der Armenpflege für außerordentlich wichtig; sie gehört zu denen, welche die Bevölkerungsschichten, die auf die Armenpflege angewiesen sind, mit am meisten interessieren. Meine Ansicht über das Recht auf Unterstützung ist die: Wir sehen heute in der Armenpflege eine soziale Notwendigkeit, wir erkennen in ihr die Einrichtung, welche die Lücken unserer Gesellschaftsordnung ausfüllen soll. Damit geben wir zu, daß es unter unserer Gesellschaftsordnung viele Menschen geben muß, die außerstande sind, sich selbst zu versorgen. Nun hat aber der Staat diese Gesellschaftsordnung mit schaffen helfen, er hält sie auch mit seinen Machtmitteln. Es erscheint deshalb richtig, den Menschen, die nach der ganzen Lage der Verhältnisse zu ihrem Unterhalt auf die Armenpflege, welche ja der Staat zur Ausfüllung der Lücke unserer Gesellschaftsordnung eingesetzt hat, angewiesen sind, ein Recht auf die Unterstützung der Armenpflege einzuräumen[8]).

Erst in der Bundesrepublik Deutschland ist ein solcher Rechtsanspruch durch Urteil des Bundesverwaltungsgerichts vom 24. Juni 1954 statuiert worden: „Soweit das Gesetz dem Träger der Fürsorge zugunsten des Bedürftigen Hilfe auferlegt, hat der Bedürftige entsprechende Rechte" (Leitsatz). Gesetzlich fixiert wurde dann dieser Rechtsanspruch im § 4 Bundessozialhilfegesetz vom 30. Juni 1961.

Obwohl also – in der vorhergegangenen Zeit seit 1870 – der Anspruch des Hilfebedürftigen auf Gewährleistung seiner Existenz nicht formell klagbar war, so doch durch das staatliche Aufsichtsrecht gestützt.

2. Zur Diskriminierung öffentlicher Fürsorge durch das Wahlrecht

Das Wahlgesetz für den Reichstag – ursprünglich ein Gesetz des Norddeutschen Bundes vom 31. Mai 1869 (BGBl S. 145) – nannte in § 3 die Empfänger öffentlicher Unterstützung zusammen mit Unmündigen resp. Entmündigten, Bankrotteuren, Straffälligen, und entzog ihnen allen das Wahlrecht. Hauptsächlich daher rührt das Odium, das der behördlichen Fürsorge traditionell anhaftete und viele „verschämte Arme" bewog, sich ihr fernzuhalten.

§ 3. Von der Berechtigung zum Wählen sind ausgeschlossen:
1. Personen, welche unter Vormundschaft oder Kuratel stehen;
2. Personen, über deren Vermögen Konkurs- oder Fallitzustand gerichtlich eröffnet worden ist und zwar während der Dauer dieses Konkurs- oder Fallit-Verfahrens;
3. Personen, welche eine Armenunterstützung aus öffentlichen oder Gemeindemitteln beziehen, oder im letzten der Wahl vorhergegangenen Jahre bezogen haben;
4. Personen, denen infolge rechtskräftigen Erkenntnisse der Vollgenuß der staatsbürgerlichen Rechte entzogen ist, für die Zeit der Entziehung, sofern sie nicht in diese Rechte wieder eingesetzt sind.
Ist der Vollgenuß der staatsbürgerlichen Rechte wegen politischer Vergehen oder Verbrechen entzogen, so tritt die Berechtigung zum Wählen wieder ein, sobald die außerdem erkannte Strafe vollstreckt oder durch Begnadigung erlassen ist.

Erst der Deutsche Verein nahm Anstoß an dieser Gesetzesvorschrift, sofern sie Empfänger öffentlicher Unterstützung betraf; seine Stellungnahme beriet er 1896 in Straßburg:

„Die Hauptbedeutung unserer Beratung liegt nicht in der Abstimmung. Wie auch hier entschieden wird: Aus den Fenstern dieses Saales wird es hinausgehen und dadurch wohl zum ersten Male in eine größere Öffentlichkeit bekannt werden, daß hier in unserem öffentlichen Recht eine klaffende Lücke besteht, die notwendigerweise ausgefüllt werden muß, früher oder später, so oder so"[9]).

Vorangegangen war eine Enquête des Deutschen Vereins. Sie erwies am Beispiel von 109 Städten und 87 Landgemeinden, wie willkürliche jene Gesetzesbestimmung praktiziert wurde.

Man kann sich in der Tat bei unbefangener Prüfung des gewonnenen Materials dem Schlusse nicht entziehen, daß die hervortretenden Verschiedenheiten auf reiner Willkür beruhen... Eine derartige Willkür unterliegt aber sehr schweren Bedenken. Es ist zunächst politisch gefährlich, den Verdacht aufkommen zu lassen, daß die Streichung aus der Wählerliste nicht nach festen Grundsätzen erfolgt; einem Manne, der in dem Bezirke A. trotz Empfangs einer bestimmten Art von Armenunterstützung zum Reichstagswahlrecht zugelassen worden ist und dann bei seinem Verzuge in den Bezirk B., obwohl er dort lediglich dieselbe Armenunterstützung wie früher erhält, in der Wählerliste gestrichen wird, kann man es nicht verdenken, wenn er zu der Meinung gelangt, daß seine Streichung lediglich aus persönlichen Gründen, etwa wegen seiner politischen Gesinnung, erfolgt sei...

Man wende gegen die hier angeführten Bedenken nicht ein, daß von der großen Masse der Bevölkerung auf das Wahlrecht kein zu großer Wert gelegt werde... Schon die von Jahr zu Jahr regere Teilnahme gerade der unteren Volksschichten, aus denen sich doch im wesentlichen die Empfänger von Armenunterstützung rekrutieren, an den Wahlen, spricht für das Gegenteil. Aber hiervon ganz abgesehen, liegt es im staatlichen Interesse, jede Teilnahme an staatlichen Handlungen, und so auch die Wahlberechtigung, möglichst hoch zu halten und nicht etwa als etwas Gleichgültiges zu behandeln oder behandeln zu lassen[10]).

In willkürlicher Erweiterung des Standpunktes, den der Gesetzgeber in § 3.3 des Reichstagswahlgesetzes eingenommen hatte, wurde Empfängern öffentlicher Armenunterstützung das Wahlrecht auch bei anderen Wahlen aberkannt; dazu Stadtrat Dr. Flesch, Frankfurt am Main:

Wir hatten vor wenig Jahren [1884] eine Verhandlung im Provinziallandtage zu Kassel, da wurde der Entwurf einer Städteordnung vorgelegt; da stand ganz glatt drin: es kann nicht mitwählen, wer öffentliche Armenunterstützung bezieht. Ich wies auf die Bedeutung dieser Bestimmung hin, wozu die mir vom Frankfurter Magistrat damals bereits unternommene Enquête schon genügendes Material gab, und erwähnte insbesondere auch den Fall, daß ein Mann ein diphtheriekrankes Kind hat; das Kind muß ins Hospital – wollen Sie dem Manne das Wahlrecht entziehen? Natürlich waren alle Mitglieder einig, daß das eine Ungeheuerlichkeit wäre; sie wollten zunächst gar nicht glauben, daß das geltendes Recht sei, und waren, nachdem dies festgestellt war, alle einig darüber, daß der Begriff „Armenunterstützung" entsprechend eingeschränkt werden müsse. Der Oberpräsident Magdeburg, der als Staatskommissar den Verhandlungen beiwohnte, aber erklärte, das sei zwar ein sehr krasser Fall, aber es sei nicht die Aufgabe einer einzelnen Städteordnung, ihn zu verhüten, das müsse ein allgemeines Wahlgesetz machen. Das klingt ganz gut; aber bisher scheinen sich die gesetzgebenden Kreise eben doch noch nicht mit der Sache zu beschäftigen. Wenigstens haben wir vorgestern in diesem Saale... eine andere Gesetzgebung hier beraten: die Innungsnovelle und speziell ihre Einwirkung auf die Gewerbegerichte; und in diesem jetzt erst [1896] verfaßten Entwurf steht gleichfalls wieder, daß die „Armenunterstützung" schlechtweg das Wahlrecht entzieht. Wer –

wie jener Mann – sein diphtheriekrankes Kind ins Hospital bringt, der muß aus der Innung heraus, denn er bekommt Armenunterstützung[11]).

Anscheinend war im genannten Falle – und in vielen anderen von der Enquête aufgedeckten Beispielen – die Vorschrift § 3.3 Reichstagswahlgesetz willkürlich erweitert worden. Jedoch, der wahre Grund lag tiefer: Jene Vorschrift wurde auch als moralisches Werturteil aufgefaßt und in diesem Sinne als Strafbestimmung, zugleich freilich als Abschreckungsmaßnahme:

Die Verknüpfung der Minderung der politischen Rechte mit dem Bezug von Armenunterstützung hat ihren Ursprung nicht in der durch die Armenunterstützung bewirkten Abhängigkeit des Armen von den Unterstützenden, die gerade bei der öffentlichen Armenpflege eine viel geringere ist, als bei der privaten Armenpflege oder als die durch die wirtschaftlichen Verhältnisse bedingte Abhängigkeit des Arbeiters vom Arbeitgeber.

Sie hat ebensowenig mit dem mangelnden wirtschaftlichen Äquivalent, das heißt mit der Tatsache zu tun, daß der Unterstützte vom Staat empfängt, ohne für den Staat zu leisten; denn auch der Unterstützte trägt zu den Staatslasten durch die indirekten Steuern, die Militärpflicht usw. bei.

Dagegen soll sie zweifellos die Bedeutung einer Strafe haben, insofern vielfach die Armenunterstützung lediglich oder hauptsächlich durch die Schuld des Unterstützten veranlaßt wird, und sie hat noch mehr die Bedeutung eines Abschreckungsmittels, da die tägliche Erfahrung lehrt, daß gerade die Furcht vor der Minderung der politischen Rechte von der Inanspruchnahme öffentlicher Armenpflege fernhält[12]).

Daß in dieser Hinsicht sich die diskriminierende Gesetzesvorschrift auswirkte, also ihren Zweck erfüllte und dadurch die öffentliche Fürsorge weithin in Verruf brachte, das ließ sich vielfach belegen, so z.B. berichtete Stadtrat Dr. Flesch:

Wir in Frankfurt ... waren zunächst ganz verwundert über die große Verschiedenheit, die in den einzelnen Gemeinden bezüglich einer in der Literatur so ganz unbeachteten, für den einzelnen Staatsbürger so bedeutungsvollen Materie herrscht. Aber die von uns behandelten Fälle, so schwer sie auch den Einzelnen betreffen, führen selten zu Beschwerden bei der Armenpflege und kommen selten überhaupt zur Kognition der Behörden. Gleichwohl wird die Streichung vielfach als schweres Unrecht empfunden, wie ich das selbst allerdings außerhalb meines Amtes erfahren habe ...

Wir haben in Frankfurt die Mitwirkung der Frauen in der Armenpflege durch Schaffung eines Hauspflegevereins organisiert, der sich wesentlich die Aufrechterhaltung des Haushalts bei armen Familien, wo die Frau zeitweise verhindert ist, mitzuarbeiten, zur Aufgabe stellt. Dieser Verein hat naturgemäß vielfache Berührungen mit der öffentlichen Armenpflege, und die Damen, die da mitarbeiten, luden mich eines Tages zu einer Sitzung ein, um mir eine Anzahl Fragen vorzulegen, die in der Praxis ihnen jeden Tag vorkämen.

Die erste dieser Fragen nun war: „Was sollen wir den Leuten erwidern, wenn sie uns sagen, wir wollen nichts von euch, wir wollen nicht unser Wahlrecht beschränkt wissen?" Diese Frage kam den Damen so oft vor, daß sie darüber vor allen Dingen Auskunft haben wollten.

Ganz ähnlich ging es, als ich in einer Abteilung des evangelischen Arbeitervereins in Frankfurt über das Armenwesen gesprochen hatte; auch da war die erste Frage, die mir vorgehalten wurde... die: Wie ist das mit dem Verlust des Wahlrechts – warum darf dies entzogen werden, und unter welchen Voraussetzungen?[13]).

Der Deutsche Verein sah sich vor der Notwendigkeit, ein Reichsgesetz zu beanstanden, dessen Fehlerhaftigkeit er erkannt hatte, und sogleich Verbesserungsvorschläge zu machen. Obwohl er sich prinzipiell als gesetzestreu verstand und verstehen wollte, akzeptierte er bereitwillig auch die Rolle eines Frondeurs. Insofern war dieser Vorgang für ihn eine Wegemarke seiner Entwicklung. Später, in der Weimarer Republik und in der Bundesrepublik Deutschland, war und ist er bereits an der Vorbereitung von Sozialgesetzen beteiligt; hingewiesen sei hier nur auf das Jugendwohlfahrtsgesetz, auf die Reichsgrundsätze und auf das Bundessozialhilfegesetz. Jedoch damals, 1896, stand er vor der Frage, wie ein fast dreißigjähriges Gesetz nachträglich zu ändern sei.

Zwei Antworten wurden vorgebracht. Die erste, geäußert von Privatdozent Dr. Jastrow, Berlin, lief darauf hinaus, den § 3 Nr. 3 ersatzlos zu streichen:

Ich bin der Ansicht, daß der Empfang öffentlicher Armenunterstützung überhaupt keine geeignete Grundlage für die Entziehung des Wahlrechts bietet; es gibt sehr viel andere Gründe, in denen die Entziehung sehr viel mehr geboten wäre... Die Debatte hat gezeigt, ... daß es keine ratio legis gibt... Die Abschreckung kann ganz gewiß nicht angeführt werden...

Nun besteht vielfach die Anschauung, es sei althergebracht, daß Almosenempfänger nicht an Wahlen teilnehmen. Da meine ich: das ist der Hauptirrtum; ich im Gegenteil der Ansicht, daß unsere alte deutsche Anschauung diesen Verlust des Wahlrechts aus Anlaß von Armenunterstützung überhaupt nicht gekannt hat. Unsere alte Anschauung war die: wer sich nicht erhalten kann, soll von dem Kreise erhalten werden, dem er angehört; das ist in erster Linie die Familie oder ein familienhafter Verband, dann die Gemeinde, endlich der Staat oder an seiner Stelle der Landarmenverband. Davon geht das [Preußische] Allgemeine Landrecht aus, und das hat in der... Landgemeinde- und Städteordnung, die in ihm enthalten ist, keinerlei Bestimmung darüber, daß derjenige, der von der Gemeinde Unterstützung erhält, das Wahlrecht verliert... Nach alter deutscher Anschauung gehört man gerade dazu einem Verbande an, daß man sich gegenseitig beistehe, und es hätte keinen Sinn und Verstand, das Wahlrecht zu entziehen, wenn diese Pflicht und dieses Recht des Beistandes in die Wirklichkeit übersetzt wird[14]).

In Betracht kam nach Lage derDinge eher die zweite Antwort, die aus dem Gesetzestext selbst herausgeholt wurde, und zwar durch zweckbedingte Definition des bisher gänzlich unbestimmten Rechtsbegriffes „Armenunterstützung". Darauf beharrte u. a. Landrichter Dr. Aschrott, Berlin:

Das Reichstagswahlgesetz vom 31. Mai 1869 bestimmt in § 3 unter Nr. 3: Von der Berechtigung zum Wählen sind ausgeschlossen: Personen, welche eine Armenunterstützung aus öffentlichen oder Gemeindemitteln beziehen oder im letzten der Wahl vorhergegangenen Jahre bezogen haben.

Was ist unter „Armenunterstützung" im Sinne dieses Gesetzes zu verstehen? Das Gesetz selbst gibt keine Interpretation[15]).

Nun hat man verschiedentlich die Ansicht vertreten: als Armenunterstützung, die des Wahlrechts verlustig macht, ist diejenige Unterstützung zu betrachten, die aufgrund des Unterstützungswohnsitzgesetzes geleistet worden ist. Ich halte diese Ansicht nicht für zutreffend.

Das Unterstützungswohnsitzgesetz hat den Zweck, das Verhältnis der verschiedenen Armenverbände zueinander zu regeln und festzustellen, welchem von verschiedenen Armenverbänden in dem einzelnen Falle die Verpflichtung obliegt, die Unterstützung zu leisten. Weitergehendes hat das Gesetz nicht ordnen wollen, und eine Bedeutung bezüglich des Wahlrechts hat das Gesetz keinesfalls nach der Absicht des Gesetzgebers gehabt... Also, aus dem Unterstützungswohnsitzgesetz ist der Begriff der öffentlichen Armenunterstützung, wie er für das Wahlgesetz maßgebend ist, nicht herzuleiten. Eine andere gesetzliche Unterlage aber, aus der wir eine Definition herleiten könnten, existiert nicht[16]).

Was wir also im allgemeinen öffentlichen wie im speziellen Interesse der Armenpflege fordern müssen, ist, daß die Frage: in welchen Fällen durch den Empfang von Armenunterstützung der Verlust der sonst vorhandenen Wahlberechtigung eintritt, gesetzlich so präzis beantwortet wird, daß eine verschiedenartige Auslegung von vornherein ausgeschlossen ist. Wie verhält sich nun die bestehende Gesetzgebung zu dieser Forderung?[17])

[Die Bestimmung in § 3 Nr. 3 Reichstagswahlgesetz] hat, soweit mir bekannt, in der wissenschaftlichen Literatur... bisher überhaupt keine Erörterung gefunden. Und auch der Reichstag selbst hat sich mit dieser Bestimmung niemals beschäftigt... und doch gibt die Bestimmung zu erheblichen Bedenken und Zweifeln Anlaß. Schon die Fassung läßt vermuten, daß die Bestimmung etwas schnell und ohne vorherige gründliche Beratung getroffen worden ist; denn sonst ist der Ausdruck „aus öffentlichen oder Gemeindemitteln" schwer zu erklären. Gemeindemittel sind doch auch öffentliche Mittel, was soll also ihre besondere Hervorhebung neben den öffentlichen Mitteln bedeuten?

Aber vor allem erhebt sich die Frage, was ist eine Armenunterstützung im Sinne des Reichstagswahlrechts? Die regelmäßige Antwort hierauf lautet: jede Unterstützung, die aufgrund des geltenden Armenrechts gewährt wird. Diese Antwort ist aber schon deshalb nicht befriedigend, weil wir in Deutschland ein einheitliches

Armenrecht nicht besitzen, vielmehr nur in dem größeren Teile Deutschlands das Reichsgesetz über den Unterstützungswohnsitz vom 6. Juni 1870 Gültigkeit hat, während in Bayern das Gesetz über die öffentliche Armen- und Krankenpflege vom 29. April 1869 gilt und das Armenwesen in Elsaß-Lothringen noch auf dem bekanntlich von dem deutschen Armenrechte recht verschiedenen französischen Systeme beruht. Es würde also hiernach die Frage der Wahlberechtigung für Deutschland nicht einheitlich, sondern für die verschiedenen Teile Deutschlands verschieden geregelt sein [18]).

Auf Grund aller dieser Erwägungen erfüllte die Resolution des Deutschen Vereins einen dreifachen Zweck. Erstens legte sie einschränkend fest, was überhaupt als Armenunterstützung im Sinne des Gesetzes gelten dürfe; zweitens bezeichnete sie genau, auf welche Fälle von Armenunterstützung das Gesetz nicht zutreffe; drittens regelte sie, entgegen der bisher praktizierten Willkür, generell den Wahlrechtsentzug. Mehr erreichen zu wollen, insbesondere die vollständige Abschaffung des Wahlrechtsentzugs zu fordern, wäre unrealistisch gewesen. Nun die Resolution [19]):

Der Deutsche Verein für Armenpflege und Wohltätigkeit beachtet den Erlaß eines Reichsgesetzes für erwünscht, welches die Bestimmungen im § 3 Nr. 3 des Reichstagswahlgesetzes vom 31. Mai 1869 wie folgt deklariert:

1. Für den Verlust des Wahlrechts kommt nur diejenige Armenunterstützung in Betracht, welche dem Unterstützten selbst oder einem alimentationsberechtigten Familienmitgliede desselben gewährt ist.

2. Die einem alimentationsberechtigten Familienmitgliede gewährte Unterstützung wird jedoch dem Familienhaupte dann nicht angerechnet,
a) wenn das Familienmitglied sich bereits in wirtschaftlich selbständiger Stellung außerhalb des Familienhaushaltes befindet;
b) wenn das Familienmitglied sich infolge von Siechtum oder Gebrechen in voraussichtlich dauernder Verpflegung befindet;
c) wenn die Unterstützung zu Erziehungszwecken gewährt wird.

3. Für den Verlust des Wahlrechts kommen diejenigen Unterstützungen nicht in Betracht, welche dem Unterstützten oder seinen Angehörigen, soweit sie nicht der gesetzlichen Krankenversicherung unterliegen, in Form freier ärztlicher Behandlung, freier Verabreichung von Arzneien und Heilmitteln oder der Aufnahme in eine Krankenanstalt gewährt werden, falls die Natur der Krankheit diese Aufnahme erfordert.

4. Der Verlust des Wahlrechts tritt dann nicht ein, wenn die gewährte Unterstützung vor Ausschreibung der Wahl zurückgezahlt ist.

Zwar blieb das Reichstagswahlgesetz in Kraft bis zum 30. November 1918. Trotzdem übte diese Resolution zweifellos einen beträchtlichen Einfluß aus. Denn die Städte und Landgemeinden, welche dem Deutschen Verein angehörten oder ihm noch beitraten, konnten sich künftig nach ihr

richten. Bereits 1905 wurde auf der 25. Jahresversammlung des Deutschen
Vereins in Mannheim konstatiert:

Eine Reihe von Armenverwaltungen beobachtet – zum Teil sichtlich beeinflußt
durch die von dem DeutschenVerein für Armenpflege und Wohltätigkeit 1896 in
Straßburg im Elsaß gefaßte Resolution – die Praxis, daß nicht jede aus öffentlichen
Mitteln gewährte Unterstützung als eine Unterstützung im Sinne der Wahlgesetze
angesehen wird, und nimmt hiervon insbesondere Aufwendungen, die auf dem Gebiet der Gesundheitspflege und der sozialen Fürsorge liegen, aus. So haben sich...
die Armenverwaltungen von Dessau, Frankfurt am Main, Hamburg, Mainz und
Posen ganz auf den Boden dieser Resolution gestellt[20]).

Zahlreiche andere Städte näherten sich den Grundsätzen der Resolution
dadurch, daß sie den Wahlrechtsentzug durch immer mehr Ausnahmen
einschränkten. Jedoch:

Die überwiegende Mehrzahl der Armenverwaltungen hält noch immer streng an
dem Grundsatz fest, daß jede Unterstützung aus öffentlichen Mitteln den Verlust
der politischen Rechte bewirkt. Solange aber der Zustand fortdauert, daß jeder von
der öffentlichen Armenpflege ausgehende Akt der sozialen Fürsorge eine Schmälerung der öffentlichen Rechte nach sich zieht, wird man, so bedauerlich das auch
vom Standpunkte des allgemeinen Volksinteresses ist, mit der Tatsache zu rechnen
haben, daß sich dieser Fürsorge weite Kreise der Bevölkerung, des dringenden Bedürfnisses ungeachtet, wie bisher auch in Zukunft entziehen werden[21]).

Solange also das Reichstagswahlgesetz mit § 3 Nr. 3 und andere Wahlgesetze mit gleichsinniger Bestimmung in Kraft standen, galten – ein halbes
Jahrhundert – Empfänger öffentlicher Fürsorge insofern als Außenseiter
der Gesellschaft. Dagegen blieb die trotzige Redensart „Armut schändet
nicht" wirkungslos; denn offenbar war Armut doch eine Schande. Die vom
Unterstützungswohnsitzgesetz dank seiner Kostenregelung zwar sehr ge-
milderte, aber nicht beseitigte Bestimmung des Freizügigkeitsgesetzes
(s. o.), wonach Hilfebedürftige am Zuzug gehindert oder, gegebenenfalls,
abgeschoben werden konnten, hatte selbstverständlich auch einen diskriminierenden Effekt, – ganz zu schweigen von der sozialpsychologischen
Einstellung derjenigen, die keine Unterstützung brauchten, gegenüber denen, welche sie benötigten.

Bekanntlich ist die öffentliche Meinung noch immer von der Auffassung beherrscht, daß der Empfang öffentlicher Unterstützung unter allen Umständen sozial deklassiere. Wie fest diese Ansicht eingewurzelt ist, mag daraus entnommen
werden, daß im vorigen Jahre [1904] in Hamburg nicht weniger als 1262 Personen,
welche Kinder zur Sommerpflege angemeldet hatten, die Stellung eines förmlichen
Antrages auf Armenhilfe verweigerten, obwohl ihnen bedeutet war, daß diese Fürsorge Wahlrechtsverlust nicht im Gefolge habe. Ich [Senatssekretär Dr. Buehl,

Hamburg] verkenne gewiß nicht, daß in der Armenpflege ohne ein gewisses Maß von Härte und Strenge nicht auszukommen ist, aber für das Gebiet der Krankenpflege – im weitesten Sinne – kann ich das Prinzip der Abschreckung nicht gelten lassen, halte vielmehr dafür, daß hier die Inanspruchnahme der öffentlichen Fürsorge so viel wie möglich erleichtert und vor allen Dingen von einer Schmälerung der politischen Rechte unbedingt abgesehen werden sollte; denn wie die Dinge heute liegen, läßt mancher lieber seine oder seiner Angehörigen Krankheit ihren Lauf, als daß er die Heilung mit der Preisgabe seiner politischen Rechte erkaufen will.

Dieser letztere Umstand hat eine Reihe von Städten dazu veranlaßt, die Ausübung der sogenannten sozialen Fürsorge (s. u.) gemeinnützigen Vereinen oder Stiftungen zu überlassen, die dann aus städtischen Mitteln subventioniert werden[22]).

Denn ganz anders ging es zu, sobald soziale Hilfe nicht öffentlich erfolgte, sondern privat. Klienten privater Unterstützungsvereine wahrten ihre bürgerliche Würde. Schon darin lag eines der Hauptargumente zugunsten privater Fürsorge und eine der Hauptursachen ihrer großartigen Entwicklung vor und in dem Ersten Weltkrieg.

Auch das Reichsgesetz, betreffend die Einwirkung von Armenunterstützung auf öffentliche Rechte, vom 15. März 1909 (RGBl S. 319), das nur einen einzigen Paragraphen enthielt, beseitigte die grundsätzliche Diskriminierung nicht, sondern schränkte sie nur etwas ein, folgte aber einigen Anmahnungen des Deutschen Vereins:

Soweit in Reichsgesetzen der Verlust öffentlicher Rechte von dem Bezug einer Armenunterstützung abhängig gemacht wird, sind als Armenunterstützung nicht anzusehen:
1. Die Krankenunterstützung;
2. die einem Angehörigen wegen körperlicher oder geistiger Gebrechen gewährte Anstaltspflege;
3. Unterstützung zum Zwecke der Jugendfürsorge, der Erziehung oder der Ausbildung für einen Beruf;
4. sonstige Unterstützungen, wenn sie nur in der Form vereinzelter Leistungen zur Hebung einer augenblicklichen Notlage gewährt sind;
5. Unterstützungen, die erstattet sind.

3. Heimatrecht in Bayern und fakultatives System französicher Herkunft in Elsaß-Lothringen gegenüber dem Unterstützungswohnsitzgesetz

Nicht zufällig hatte der Deutsche Verein seine Jahresversammlung 1896 in Straßburg abgehalten (s. o.) und seine Jahresversammlung 1902 in Colmar. Denn seit langem war er bemüht, einerseits zwischen dem Bundesge-

biet, in welchem das Unterstützungswohnsitzgesetz galt, und andererseits
Bayern sowie dem Reichsland Elsaß-Lothringen, wo es nicht galt, wenigstens auf Gemeinde-Ebene einen Zusammenhalt herzustellen:

In der Tat sind der Armenpflege in neuerer Zeit wichtige Arbeitszweige, namentlich auf dem Gebiet der Hygiene, neu erschlossen worden; daneben wird ein starker
Zug zu vorbeugender Tätigkeit fühlbar. Kurz, die Armenpflege ist in ein Stadium
fortschreitender sozialer Ausgestaltung eingetreten. Da mußte sich denn gerade
vom Standpunkt der unseres Vereines aus, der diese ganze Bewegung führend beeinflußt hat, die Frage aufdrängen, ob eine solche, der Zeitströmung folgende Entwicklung in den unverändert gebliebenen Rechtsnormen über Art und Umfang der
Armenpflege noch eine genügende gesetzliche Unterlage besitze; ob hier nicht etwa
die Praxis der Gesetzgebung dergestalt vorangeeilt sei, daß auf eine Anpassung der
letzteren an die Anforderungen der Neuzeit hingewirkt werden müsse.

Wo immer wir an ein im Gebiete des Armenrechts wurzelndes Problem herantreten, da haben wir uns der Tatsache zu erinnern, daß es im einigen Deutschen Reiche
ein einheitliches Armenrecht noch nicht gibt, daß das Reich vielmehr in drei Rechtsgebiete,
1. das Gebiet des Unterstützungswohnsitzgesetzes,
2. Bayern,
3. Elsaß-Lothringen
zerfällt, Gebiete, die so scharf gegeneinander abgegrenzt sind, daß jedes derselben
die Angehörigen des anderen armenrechtlich als Ausländer behandelt[23]).

Daß Deutschland noch heute mit drei verschiedenen Armenrechtssystemen zu
rechnen hat, ist lediglich aus historischen und politischen Gründen zu verstehen.
Bayern wollte das altgewohnte Heimatsystem nicht aufgeben, obwohl es in der gesetzlichen Verpflichtung der öffentlichen Armenpflege dem System des Unterstützungswohnsitzes sehr nahesteht; in Elsaß-Lothringen konnte aus politischen
Gründen nicht an die Einführung eines Systems der öffentlichen Armenpflege gedacht werden, das die bisherige Gewöhnung vollständig durchbrochen und das
Land mit großen Armenlasten beschwert haben würde.

Gleichwohl ließ sich bei dem nahen Zusammenhang von Wirtschafts- und Armengesetzgebung voraussehen, daß bei der Einheitlichkeit der deutschen Wirt-
schaftsgesetzgebung namentlich nach Einführung der allgemeinen Freizügigkeit die
Widersprüche und Schwierigkeiten aus der Verschiedenheit der Armenrechtssy-
steme sich ergeben müßten. Dennoch konnte in den ersten Jahren nach der Gründung des Deutschen Reichs nicht daran gedacht werden, diese Schwierigkeiten
durch eine auf ganz Deutschland sich erstreckende Armengesetzgebung auszugleichen. Hatte doch die öffentliche Meinung in den dem Geltungsgebiet des Unter-
stützungswohnsitzesetzes angehörigen Bundesstaaten noch genug mit der Erörterung dieser Gesetzgebung für das davon berührte Gebiet zu tun.

Als dann die Gesetzgebung sich eingelebt hatte und die Aufmerksamkeit sich
mehr auf die Form der Armenpflege im Rahmen der bestehenden Gesetzgebung zu
richten begann, fing man auch an, die Ungleichheit der Armengesetzgebung in
Bayern und Elsaß-Lothringen zu beachten, die doch zur Folge hatte, daß Reichs-

deutsche in Bayern und Elsaß-Lothringen einer Art Fremdenrecht unterlagen.

Sehr deutlich tritt das Erwachen der Aufmerksamkeit in den Berichten des Deutschen Vereins hervor, der es in den ersten fünfzehn Jahren seines Bestehens vermieden hatte, mit seiner Jahresversammlung in Städte zu gehen, die nicht dem Geltungsgebiet des Unterstützungswohnsitzgesetzes angehörten. Aber nachdem er in
sich erstarkt... und im eigenen Kreise zu fertigen Anschauungen über die geltende
Armengesetzgebung gelangt war, glaubte er die Pflicht zu erkennen, den Gedanken
der Einheit auch außerhalb jenes Gebietes zu betonen, und den Versuch machen zu
müssen, auch mit Bayern und Elsaß-Lothringen in nähere Verbindung zu treten.
Und beide Male, sowohl in Straßburg wie in Colmar, setzte er die Frage der
Rechtseinheit in der Armengesetzgebung als Hauptgegenstand auf die Tagesordnung und begegnete beide Male dem lebhaften Interesse der einheimischen an den
Gegenständen der Armenpflege interessierten Kreise...
Auch in Nürnberg [1898] sprach der Deutsche Verein seine Grundanschauung in
folgendem Leitsatz aus: „Es entspricht der durch die Reichsverfassung und Wirt-
schaftsgesetzgebung geschaffenen rechtlichen und wirtschaftlichen Einheit
Deutschlands, daß auch auf dem Gebiete der Armenpflege ein einheitlicher Zustand
geschaffen werde. Sonach ist jedem Deutschen auch im Gebiete desjenigen Staates,
in welchem er weder Gemeinde- noch Staatsangehörigkeit besitzt, unter Vermeidung der Ausweisung die zur Erhaltung des Lebens und der Gesundheit unentbehrliche Hilfe bei gesetzlicher Sicherung der erforderlichen Mittel zu gewährleisten.
Insbesondere bedarf Elsaß-Lothringen dringend der armenrechtlichen Gleichstellung mit dem übrigen Reichsgebiet." Desgleichen [1904] in Danzig: „Der Verein
spricht den dringenden Wunsch aus, daß es durch Ausbildung der Gesetzgebung
und der bestehenden Staatsverträge gelingen möge, im Verhältnis zwischen Bayern
und Elsaß-Lothringen einerseits und dem Bereich des Unterstützungswohnsitzes
andererseits eine solche Behandlung der beiderseits in Frage kommenden Armen
herbeizuführen, daß dadurch die Notwendigkeit der Ausweisung bedürftiger deutscher Staatsangehöriger aus dem einen oder anderen Gebiet auf das geringste Maß
beschränkt werde"[24]).

Nun könnten hier diese – damals ja sehr beträchtlichen – Probleme mit
der Bemerkung erledigt werden, daß in Elsaß-Lothringen am 1. April 1910
und schließlich auch in Bayern am 1. Januar 1916 das Unterstützungswohnsitzgesetz *eingeführt* worden ist. (Gesetz, betr. die Änderung des Gesetzes über den Unterstützungswohnsitz und die Einführung dieses Gesetzes in Elsaß-Lothringen, vom 30. Mai 1908, RGBl S. 377; die Einführung in
Elsaß-Lothringen erfolgte am 1. April 1910. – Verordnung, betr. Inkrafttreten des Gesetzes über den Unterstützungswohnsitz vom 30. Mai 1908 im
Königreich Bayern, vom 4. April 1915, RGBl S. 221; das Gesetz trat am 1.
Januar 1916 in Kraft.) Jedoch, bevor es dazu kam, hatte der Deutsche Verein die Gelegenheit ergriffen, mittels umfangreicher Untersuchungen die
Vorteile und Nachteile hier des nichtbayrisch-deutschen, dort des in El-

saß-Lothringen aufrechterhaltenen französischen Fürsorgesystems gegeneinander abzuwägen. Das Ergebnis rechtfertigte grundsätzlich das deutsche System. Insofern ist diese vergleichende Untersuchung weiterhin von Belang. Das deutsche System schloß die Sozialgesetzgebung ein, während das französische System auf privater Wohltätigkeit beruhte. Aber auch aus dem bayerischen Fürsorgesystem heraus lassen sich Beziehungen zur Gegenwart feststellen, insbesondere zum Verhältnis zwischen öffentlicher und privater Fürsorge.

3.1 Das Heimatrecht in Bayern

In einem historischen Augenblick hing, Ende 1870, die Entscheidungsfrage darüber, ob Bayern dem Deutschen Bund beitreten und dadurch die Neugründung des Deutschen Reiches ermöglichen werde, tatsächlich auch am Unterstützungswohnsitzgesetz. Denn Bayern hatte zur Bedingung gemacht, daß es im Falle seines Beitritts dieses Gesetz nicht übernehmen müsse.

Folglich blieb in Bayern das Heimatrecht erhalten. Grundlegend war das Gesetz über Heimat, Verehelichung und Aufenthalt vom 16. April 1868, das mehrfach novelliert worden ist. Dazu nun hier eine 1896 im Deutschen Verein vorgetragene Zusammenfassung:

Die wesentlichen Bestimmungen des Heimatgesetzes, wie es sich nach der Novelle vom 17. Juni 1896 gestellt hat, sind folgende:

Das „Heimatrecht" begreift in sich das Recht, in einem bestimmten Gemeindebezirke sich aufzuhalten und für den Fall eintretender Hilfsbedürftigkeit Anspruch auf Unterstützung durch die Gemeinde nach Maßgabe eines besonderen Gesetzes über die Armenpflege zu erheben.

Das Gesetz unterscheidet eine dreifache Art der „Heimat": Die ursprüngliche, die erworbene und die angewiesene Heimat.

Die „ursprüngliche" Heimat hat jeder Staatsangehörige in der politischen Gemeinde, in welcher seine Eltern heimatberechtigt sind oder zuletzt heimatberechtigt waren. Eheliche Kinder teilen die Heimat des Vaters, uneheliche diejenige der Mutter.

„Erworben" wird die Heimat für Beamte durch Anstellung. Männer, welche zur Zeit des Eheabschlusses noch ihre „ursprüngliche" Heimat besitzen, erwerben diese nunmehr als selbständige „Heimat", Ehefrauen erwerben die Heimat des Mannes. Ferner wird das „Heimatrecht" mit dem „Bürgerrechte" erworben. „Anspruch auf Verleihung des Heimatrechtes" haben Staatsangehörige, welche sich nach Volljährigkeit vier Jahre freiwillig und selbständig in einer Gemeinde aufgehalten, ihre Abgaben bezahlt, Armenunterstützung aber weder beansprucht noch erhalten haben ...

Die „angewiesene" Heimat entsteht nur durch obrigkeitliche Maßregel. Sie kommt für diejenigen unterstützungsbedürftigen Personen in Frage, denen sich keine „ursprüngliche" oder „erworbene" Heimat nachweisen läßt. Die Kosten der geleisteten Unterstützung sind von der Heimatgemeinde aufzubringen, nur die Pflegekosten solcher Personen, welchen eine Heimat „angewiesen" worden ist, sind nicht von der Gemeinde allein, sondern von dem Kreise zu tragen. Ausländer [z. B. Deutsche aus den anderen deutschen Einzelstaaten und aus dem Reichsland Elsaß-Lothringen], welche den gesetzlichen Vorschriften über die Einwanderung genügt haben, können auf dieselbe Weise, wie Inländer, eine „Heimat" erlangen, müssen jedoch vorher die bayerische Staatsangehörigkeit erworben haben.

Allen Notdürftigen ohne Ausnahme ist nach dem das Heimatrecht ergänzenden Gesetze über die Armenpflege vom 21. April 1869 und der Novelle vom 3. Februar 1888 sofort von derjenigen Gemeinde, innerhalb deren Bezirke die Unterstützungsbedürftigkeit eintritt, die nötige Hilfe zu leisten. Es bleibt ihr der Ersatzanspruch gegen die Heimatgemeinde, bzw. – bei Ausländern und Heimatlosen – gegen den Staat vorbehalten[25]).

Das soeben genannte Bayerische Gesetz vom 29. April 1869, die öffentliche Armen- und Krankenpflege betreffend, ähnelt zwar in mancher Hinsicht dem Unterstützungswohnsitzgesetz, weicht aber in anderer Hinsicht bemerkenswert von ihm ab, so vor allem darin, daß es einen – allerdings bedingten – Rechtsanspruch auf Unterstützung hat:

Art. 6, I. Der Anspruch auf öffentliche Armenunterstützung beschränkt sich auf die Gewährung des zur Erhaltung des Lebens oder der Gesundheit Unentbehrlichen.

II. Wer öffentliche Armenunterstützung genießt, ist verpflichtet, sich nach Anordnung der Organe der öffentlichen Armenpflege zu einer seinen Kräften angemessenen Arbeit innerhalb oder außerhalb einer Beschäftigungsanstalt verwenden zu lassen.

Art. 10, III. Arbeitsfähige Personen haben keinen Anspruch auf öffentliche Armenunterstützung, die Armenpflege hat jedoch auch solchen Personen in Fällen dringender Not die im Interesse der öffentlichen Sicherheit oder Sittlichkeit augenblicklich unentbehrliche Hilfe zu gewähren.

Hervorgehoben sei ferner, auch im Hinblick auf die spätere deutsche Sozialgesetzgebung (insbesondere § 5 Fürsorgepflichtverordnung, §§ 5 u. 7 Jugendwohlfahrtsgesetz, § 10 Bundessozialhilfegesetz) die gesetzlich geregelte Zusammenarbeit zwischen öffentlicher und privater Fürsorge:

Art. 17, III. Die Gemeinden sind befugt, die Unterstützung, Beschäftigung und Erziehung hilfsbedürftiger, sowie die Verpflegung kranker Personen im Wege freiwilligen Übereinkommens an andere Armenpflegen, Wohltätigkeitsanstalten, Vereine oder an geeignete Privatpersonen zu übertragen und zu diesem Zwecke Hilfsbedürftige vorbehaltlich der gesetzlichen Bestimmungen über den Aufenthalt auch in anderen Gemeinden des Königreichs unterzubringen.

Die relativ präzise formulierten Bestimmungen über Hilfebedürftigkeit sowie Art und Maß der Unterstützung entsprachen im Prinzip den gesetzlichen Bestimmungen anderer deutscher Einzelstaaten:

Art. 3. Als hilfsbedürftig sind nur diejenigen zu erachten, welche sich wegen Mangels eigener Mittel und Kräfte oder infolge eines besonderen Notstandes das zur Erhaltung des Lebens oder der Gesundheit Unentbehrliche nicht zu beschaffen vermögen.

Art. 4. Die öffentliche Armenpflege gewährt nur bei erwiesener Hilfsbedürftigkeit und nur dann Unterstützung, wenn die Hilfsbedürftige weder von den zu seiner Alimentation oder Unterstützung rechtlich Verpflichteten noch durch die freiwillige Armenpflege die nötige Hilfe erlangen kann.

Art. 10, II. Unter den Voraussetzungen der Art. 3 und 4 des gegenwärtigen Gesetzes ist es Aufgabe der Armenpflege:

1. den ganz oder teilweise arbeitsunfähigen Personen die zur Erhaltung des Lebens unentbehrliche Nahrung, Kleidung, Wohnung, Heizung und Pflege zu gewähren;

2. Kranken die erforderliche ärztliche Hilfe nebst Pflege und Heilmitteln zu verschaffen und insbesondere Geisteskranken, welche der notwendigen Aufsicht und Pflege entbehren, in einer Irrenanstalt unterzubringen;

3. für die einfache Beerdigung verstorbener mittelloser Personen zu sorgen, wobei jedoch eine Verpflichtung zur Bezahlung von Stolgebühren nicht besteht;

4. armen Kindern die erforderliche Erziehung und Ausbildung zu verschaffen.

Im übrigen wird, wie im Unterstützungswohnsitzgesetz, die öffentliche Armenpflege den politischen Gemeinden, den Distrikts- und Kreis-Gemeinden übertragen; die Gemeinden sind verpflichtet, die für die örtliche Armenpflege unerläßlichen Einrichtungen zu treffen (Art. 17, I); die Kostenersatzregelung ist derjenigen im Unterstützungswohnsitzgesetz vergleichbar.

3.2 „Fakultatives System" in Elsaß-Lothringen als Gegenbeispiel

Das „fakultative" Armenpflegesystem in Elsaß-Lothringen ist auch heute noch interessant, weil es das Gegenbeispiel zum „obligatorischen" System ist und eine Gegenüberstellung beider Systeme zum abschließenden Urteil darüber führt, welches das zweckmäßigere und insofern bessere ist.

Die „öffentliche" Armenpflege kann in ihrer Beziehung zum Staate nach verschiedenen Grundsätzen geregelt sein.

Zunächst kann der Staat überhaupt von jeder Fürsorge für die „Armen" absehen. Alsdann besteht innerhalb seiner Grenzen überhaupt keine „öffentliche", sondern nur „private" Armenpflege...

Erkennt der Staat die Fürsorge für die Armen als einen Teil seiner staatlichen Pflichten an, so kann er dieser Pflicht auf zwei verschiedenen Wegen genügen.

Er kann davon ausgehen, daß die Gemeinschaft aller Staatsbürger als solche die Mittel aufzubringen habe, die notwendig sind, um den einzelnen Unterstützungsbedürftigen nicht zugrunde gehen zu lassen. Alsdann hat der Staat durch besondere Verwaltungseinrichtungen in jedem Falle die „Unterstützungsbedürftigkeit", d. h. die Frage zu prüfen, welche Mittel als unentbehrlich aufzubringen sind und für Beschaffung dieser Mittel Sorge zu tragen. Entscheidend ist ausschließlich die Bedürfnisfrage.

Dieser Gesichtspunkt bildet die Grundlage der *erzwingbaren*, sogenannten „obligatorischen" Armenpflege [auch „Zwangsarmenpflege" genannt].

Der Staat kann aber auch davon ausgehen, daß zu allen Zeiten und in allen Ländern das menschliche Mitgefühl bemüht gewesen ist, freiwillig und ohne staatlichen Zwang die Not der leidenden Mitmenschen zu lindern, daß die Gemeinschaft also freiwillig bemüht gewesen ist, die Mittel zur öffentlichen Armenpflege aufzubringen.

Von diesem Gesichtspunkte aus kann sich dann der Staat darauf beschränken, Sicherungsmaßregeln dafür zu treffen, daß diese freiwillig aufgebrachten Mittel ihrem Zwecke gesichert und bestimmungsgemäß verwendet werden.

Dieses System wird als das der freiwilligen, „fakultativen" Armenpflege bezeichnet. Dasselbe geht also von den freiwillig aufgebrachten Mitteln aus und bestimmt nach ihnen die Leistung der Armenpflege. Die letztere ist eine Verteilung der freiwillig aufgebrachten Mittel. Sind diese erschöpft, so ist die Grenze der freiwilligen Armenpflege erreicht.

Beiden Systemen liegt der gemeinsame Gesichtspunkt zugrunde, daß die Armenpflege als solche eine Aufgabe des Staates sei. Verschieden sind nur die Wege, die Methoden zur Erfüllung dieser Aufgabe[26]).

In Elsaß-Lothringen hatten die Reichsbehörden, um Behutsamkeit bemüht, die 1871 von ihnen vorgefundene „fakultative" Armenpflege aus französischer Zeit fortbestehen lassen und nicht durch die „obligatorische" Armenpflege des Unterstützungswohnsitzgesetzes ersetzt. Da aber während der letzten Jahrzehnte des vorigen Jahrhunderts auch in Frankreich zunehmend die obligatorische Armenpflege gefordert wurde, so blieb insofern Elsaß-Lothringen hinter der Entwicklung zurück, und das dort weiterhin gültige System wurde immer mehr zu einem Anachronismus.

Sowohl die offene sowie die geschlossene Armenpflege waren durch französische Gesetze vom Ende des 18. Jahrhunderts geregelt worden, die offene Armenpflege durch das Gesetz vom 15. Oktober 1793 in Verbindung mit dem Gesetz vom 27. November 1796 und durch spätere ergänzende Gesetze, die geschlossene Armenpflege durch die Gesetze vom 17. April 1796 und 7. Oktober 1796, novelliert durch das Gesetz vom 7. August 1851 und Dekret vom 23. März 1852.

Die Neuerung, welche das Gesetz vom 15. Oktober 1793 brachte, war die Schaffung eines Unterstützungswohnsitzes (Art. I)... Es wurde für jeden Staatsbürger für den Fall seiner Unterstützungsbedürftigkeit derjenige Ort bestimmt, an welchem ihm öffentliche Unterstützung geboten werden sollte.

Das Gesetz gibt dem Armen sogar ein Recht auf diese Unterstützung – eine Bestimmung, welche dem deutschen Rechte des „Unterstützungswohnsitzes" bekanntlich fremd ist.

Dieser Unterstützungswohnsitz wird mit der Geburt erworben (Art. II). Der gewöhnliche Wohnort der Mutter zur Zeit der Geburt ist maßgebend. Bis zum 21. Lebensjahre behält jeder Bürger diesen „natürlichen" Unterstützungswohnsitz bei. Nach erreichtem 21. Lebensjahre ist ein Aufenthalt von einem Jahre erforderlich...

Wesentlich ist noch die Bestimmung, daß Personen die über siebenzig Jahre alt sind, Gebrechliche und Kranke, auch ohne Nachweis eines Unterstützungswohnsitzes in das nächstgelegene Hospiz aufzunehmen sind...

Die erste Organisation zur Betätigung der mit dem Unterstützungswohnsitze als notwendig anerkannten örtlichen Armenpflege schuf sodann das Gesetz vom 27. November 1796. Dasselbe verordnete, daß ein Zehntel der Einnahmen aus den Eintrittskarten zu Theatern, Bällen und sonstigen Vergnügungsveranstaltungen zum Besten derjenigen Armen zu verwenden sei, welche nicht in Spitälern verpflegt werden.

Bei Gelegenheit dieser Anordnung wurde die Einrichtung getroffen, daß in den Gemeinden die Verteilung der für die offene Armenpflege aufgebrachten Mittel durch einen Armenrat erfolgen solle. Dieser Armenrat besteht aus fünf ehrenamtlich tätigen Mitgliedern... Nach der neuen Gemeindeordnung, welche seit dem 1. April 1896 in Elsaß-Lothringen in Geltung getreten ist, sind die Mitglieder des Armenrates in Zukunft von dem Gemeinderate zu ernennen.

Die Tätigkeit des Armenrates beschränkt sich auf die Verteilung der aus den erwähnten Abgaben und aus sonstigen freiwilligen Beiträgen aufgebrachten Mittel. Sind diese Mittel erschöpft, so ist für weitergehende Bedürfnisse der offenen Armenpflege staatliche Fürsorge nicht getroffen. Auf dem Gebiete der geschlossenen Armenpflege haben die bereits erwähnten Gesetze sich darauf beschränkt, die Organisation und das Rechnungswesen der Hospitäler und Hospize zu regeln...

Schließlich ist noch zu betonen, daß die gesamten Einrichtungen der offenen und geschlossenen Armenpflege nur für die französischen Staatsbürger geschaffen sind und Ausländern keinerlei Berücksichtigung zuteil werden lassen.

Dem Reichslande gegenüber gilt aber Alt-Deutschland [nämlich das Gebiet des deutschen Bundes] als Ausland. Diese Seite der reichsländischen Gesetzgebung hat sowohl für die eingewanderte altdeutsche Bevölkerung wie für die beteiligten altdeutschen Verbände bezugsweise Heimatgemeinden große Mißstände im Gefolge...[27]).

Als schwerster Mangel dieses Systems hatte sich herausgestellt, daß der Rechtsanspruch auf Unterstützung nur soweit erfüllt werden konnte, wie jeweils Mittel vorhanden waren, und nicht nach Maßgabe aktueller Bedürfnisse.

Welcher Haushalt ist der bessere, derjenige, der von dem vorhandenen Bedürfnisse seiner Mitglieder ausgehend vorsorglich und auf lange Zeit hinaus die Mittel sichert, welche zum Unterhalte seiner Angehörigen unbedingt erforderlich sind, oder derjenige, der, von den zufällig vorhandenen Mitteln ausgehend, sich darauf beschränkt, seinen Vorrat auszuteilen und, wenn dieser erschöpft ist, seine Angehörigen auf die Unterstützung mitleidiger Wohltäter verweist?...

In dem Meinungsstreite, der sowohl im Reichstage als im reichsländischen Landesausschuß [dem Parlament von Elsaß-Lothringen] über die Frage zum Austrage gekommen ist, ob das altdeutsche System in den Reichslanden einzuführen sei, ist höchst bedauerlicherweise dieser praktische Standpunkt in einer ganz unglaublichen Weise verkannt worden. Mit schönen Phrasen über die Erfolge des fakultativen Systems und die großartige Privatwohltätigkeit haben sich die elsaß-lothringischen Redner über die bittere Wahrheit hinweggetäuscht, daß es weder in Frankreich noch in den Reichslanden dem fakultativen Systeme gelungen ist, den dringendsten Anforderungen einer zielbewußten Armenpflege zu genügen...

Wie zahlenmäßig nachgewiesen wird, muß in den Reichslanden ein erheblicher Teil der öffentlichen Armenlast, sofern er nicht durch Lotterien, Abgaben von Theatern, Bällen, Lustbarkeiten, Messen usw. gedeckt wird, auf dem Wege öffentlicher Bettelei von dem Armenrate aufgebracht werden! Die Armenräte haben also mit der menschlichen Schwäche zu rechnen, daß die Mehrzahl der Wohltäter öffentlich genannt sein will.

Mit Ausnahme weniger Städte ist die Individualisierung der Armenpflege, die genaue Prüfung der Verhältnisse einzelner Armen durch ehrenamtlich tätige Armenpfleger in den Reichslanden unbekannt!...

Wie die Verwaltungsberichte der größeren Städte zahlenmäßig beweisen, ist es längst nicht mehr möglich, die nötigen Mittel ohne direkte Beiträge der Gemeinden aufzubringen...

Man versetze sich an die Stelle eines reichsländischen Armenrates, der den Voranschlag für das kommende Jahr aufzustellen und nach demselben seine „Verwaltung" zu führen hat.

Ins Blaue hinein muß er die künftigen Einnahmen aus der Lotterie, den Bällen, Theatern, Messen usw. schätzen, auf freiwillige Zuwendungen hoffen und sich die Gnade des Gemeinderates sichern. Fällt aber die Lotterie schlecht aus, fehlt das Geld für Vergnügungen oder streicht gar der Gemeinderat – der, von wenigen Mitgliedern abgesehen, meist nicht einmal den Begriff der Armenpflege kennt – seinen „freiwilligen" Beitrag, so ist das ganze Budget und damit die ganze sogenannte Verwaltung über den Haufen geworfen...

Nun vergegenwärtige man sich die Lage des Armenrates dem einzelnen Unterstützungsfalle gegenüber!

Nicht von der Bedürfnisfrage, der einzigen Grundlage einer zielbewußten Armenpflege, darf er ausgehen! Nein! Er muß zunächst fragen, welche Mittel überhaupt verfügbar sind oder vielmehr, welche Mittel hoffentlich im Laufe des Jahres noch verfügbar werden, wenn die Lotterie gut ausfällt, Vergnügungen und Messen einträglich sind, Schenkungen und Legate einlaufen, keinerlei „Unvorhergesehenes" eintritt!

Bleiben dann nach dieser Zufallsberechnung noch Mittel verfügbar, dann erst kann der Armenrat daran denken, nach den Grundsätzen einer wirklichen „Armenpflege", nicht eines erfolglosen „Almosens" den Einzelfall zu behandeln!...

Wie aber steht es mit der reichsländischen Armenpflege in solchen Gemeinden, in welchen nicht einmal ein „Armenrat" besteht?

Elsaß-Lothringen hat 1697 Gemeinden, in 976 Gemeinden ist überhaupt kein Armenrat vorhanden! Dort walten die gewählten Ehrenbürger... ihres Amtes und handhaben die Armenpflege... Will sich der Bürgermeister mit Rücksicht auf die nächste Wahl keine Feinde machen, so darf er vor allem die geringen Mittel, die ihm günstigsten Falles zur Verfügung stehen, nicht überschreiten.

Das einfachste, und im Reichslande allgemein übliche Verfahren des Bürgermeisters besteht nun darin, die Unterstützungsbedürftigen möglichst mit einer kleinen Unterstützung nach der nächsten Stadt abzuschieben oder aber die Armen dadurch mürbe zu machen und aus der Gemeinde wegzuschaffen, daß ihnen einfach „mangels vorhandener Mittel" jede Unterstützung verweigert wird.

In den übrigen 721 Gemeinden sind zwar Armenräte ernannt, aber nur 568 Armenräte führen eine budgetmäßig eingerichtete Verwaltung, so daß tatsächlich in 1129 Gemeinden überhaupt von einer „Armenverwaltung" keine Rede ist!

Die Verteidiger dieses Systems weisen gewöhnlich darauf hin, daß die geschlossene Armenpflege hier vermittelnd eintrete und halten auch diese für „großartig entwickelt"! Leider gibt die Statistik auch hier wieder eine Widerlegung.

In den 1697 Gemeinden bestehen überhaupt nur 187 Hospitäler und Hospize! Zunächst kommen diese Anstalten den arbeitsfähigen Armen überhaupt nicht zugute, sie nehmen nur Kranke, Sieche und Greise auf! Sodann aber weiß jedes Mitglied eines reichsländischen Armenrates, daß diese Anstalten meist überfüllt sind und sich durch ihre Statuten gegen den Zudrang gesichert haben. Oft vergehen Monate, ehe es gelingt, einem Gemeinde-Eingesessenen Aufnahme zu verschaffen, von Fremden und Ausländern nicht zu reden!...

Ist es zu verwundern, wenn, von einzelnen Ausnahmen abgesehen, die gesamten Einrichtungen, der offenen und geschlossenen, im Reichslande im Vergleiche zu Alt-Deutschland geradezu kläglich sind, wenn von den Fortschritten der Neuzeit die reichsländische Armenpflege im großen und ganzen unberührt geblieben ist![28])

Der Deutsche Verein, der sich mehrmals eindringlich mit den Armenrechtsverhältnissen in Elsaß-Lothringen beschäftigt hat, faßte entsprechend dem Bericht, aus welchem soeben hier zitiert worden ist, auf seiner 16. Jahresversammlung 1896 in Straßburg im Elsaß folgenden Beschluß:

Das System der freiwilligen (fakultativen) Armenpflege ist unter den heutigen Verhältnissen nicht mehr geeignet, berechtigten Anforderungen an eine öffentliche

Armenpflege zu genügen, es erscheint daher eine weitere Entwicklung des reichsländischen Armenwesens in der Richtung einer obligatorischen staatlich geordneten
Armenpflege erwünscht[29]).

Diese Resolution wurde 1905 anläßlich der 25. Jahresversammlung des
Deutschen Vereins in Mannheim wiederholt und abermals begründet. Aus
den damaligen Verhandlungen sei hier das abschließende Urteil des Straßburger Beigeordneten Dr. Schwander zitiert:

Es ist gar kein Zweifel möglich, daß in den Zweigen, wo die fakultative Armenpflege, das System der freiwilligen Zuwendungen besteht, die Zwecke der öffentlichen Armenfürsorge nicht erfüllt werden können. Der Fall Elsaß-Lothringen ist in
dieser Beziehung ein Schulfall...
   Der Fehler liegt darin, daß es auf dem Wege der freiwilligen Zuwendungen
schlechterdings unmöglich ist, jene drei Momente: die Menge, die Ortsbestimmung
und die Zweckbestimmung in Einklang zu bringen mit Menge, Ort und Zweck des
Bedürfnisses. Das ist unmöglich und wird unmöglich bleiben. Wir müssen das mit
aller Schärfe aussprechen, ungeachtet der lebhaften Sympathien, die wir der privaten Wohltätigkeit an sich entgegenbringen[30]).

Um Mißverständnissen vorzubeugen, sei zum diskutierten Problem hier
noch angeführt: Wie die „fakultative" Armenfürsorge in Elsaß-Lothringen
ein Extremfall war, so wurde ihr die „obligatorische" Armenfürsorge ebenfalls als Extremfall gegenübergestellt, und zwar unter Bezugnahme auf das
Unterstützungswohnsitzgesetz.

Jedoch, im Gültigkeitsbereich des Unterstützungswohnsitzgesetzes,
und desgleichen in Bayern, erwies sich die obligatorische Armenfürsorge
als ebenso unzureichend wie die fakultative Armenfürsorge in Elsaß-Lothringen. Ihr kam die private Fürsorge zu Hilfe, und ohne diese Hilfestellung wäre sie in unabsehbare Schwierigkeiten geraten.

Die Lösung der Probleme lag in der fortwährenden Zusammenarbeit von
öffentlicher und privater Fürsorge. So z. B. ist heutzutage die öffentliche
und private Fürsorge in der Bundesrepublik Deutschland koordiniert
durch § 4 i. V. mit § 10 BSHG. Sinngemäß vereinigt – insofern – das gegenwärtige Sozialrecht Spezifika, von denen früher einige nur der obligatorischen, andere nur der fakultativen Armenpflege eigentümlich waren.

Zweiter Themenkreis: Sozialpolitik, Sozialversicherungsgesetze, „Soziale Fürsorge"

Ebenfalls auf die staatliche Sorgepflicht gegründet, sonst aber anderer Art und Herkunft als die öffentliche Fürsorge waren die Sozialversicherungsgesetze. Mit ihnen begann eine neue Ära gesetzlicher Sozialpolitik.

Auf einen prinzipiellen Unterschied zwischen Armenfürsorge, wie sie das Unterstützungswohnsitzgesetz vorsieht, und Sozialpolitik wurde oftmals im Deutschen Verein hingewiesen, so z. B. 1905:

Jede aus öffentlichen Mitteln fließende Leistung, welche im Rahmen des Existenzminimums liegt und zur Beseitigung individueller Hilfsbedürftigkeit gewährt wird, muß als Armenunterstützung gelten... Sobald eine Fürsorge dergestalt organisiert wird, daß sie weiteren Kreisen als den im armenrechtlichen Sinne hilfsbedürftigen Personen unterschiedslos zugänglich gemacht wird, ist sie auf das sozialpolitische Gebiet hinübergeführt. Sie hat dann den Charakter einer generell der Hilfsbedürftigkeit vorbeugenden gesellschaftlichen Institution angenommen und damit den armenrechtlichen Charakter abgestreift[31]).

Wenn die moderne Armenpflege von der Auffassung der Armut aus einer sozialen Erscheinung, das heißt einer durch die gesellschaftliche Entwicklung bedingten Tatsache, selbst da ausgeht, wo deren unmittelbare Ursachen individueller Natur sind, so ist doch der Gegenstand jeglicher Armenpflege niemals die Beseitigung der allgemeinen aus der jeweiligen Wirtschaftsordnung resultierenden Verarmungsursachen, sondern vielmehr der Ausgleich zwischen den unabweisbaren Bedürfnissen und den zur Befriedigung derselben vorhandenen Mitteln im individuellen Armutsfall. Durch ihre Bezogenheit auf individuelle, konkrete Fälle der Armut unterscheidet sich die Armenpflege grundsätzlich von den Veranstaltungen der Sozialpolitik[32]).

1. Zum Begriff von Sozialpolitik und zur Vorgeschichte der Versicherungsgesetze

Aus der Geschichte deutscher Sozialpolitik im vorigen Jahrhundert läßt sich als Erfahrungstatsache folgern: Sozialpolitik ist die gesetzliche Besserstellung oder Existenzsicherung ganzer Stände, Klassen, Schichten oder ihnen vergleichbarer Großgruppen der Bevölkerung im jeweiligen Gesellschaftsgefüge.

So gehörte zum sozialpolitischen Geschehen im vorigen Jahrhundert schon während dessen erster Hälte die Aufhebung des Vierten Standes, nämlich die Befreiung der Leibeigenen, Halbfreien und Fronbauern von Erbuntertänigkeit, Gutsuntertänigkeit, Reallasten und Patrimonialgerichten. Die später im Hinblick auf die unterdrückte Lohnarbeiterklasse formulierte „Soziale Frage" war – anders bedingt, sonst aber gleichsinnig – bereits aktuell zur Zeit der sogenannten Bauernbefreiung. In Preußen erhielten durch die Stein-Hardenbergsche Reform am 9. Oktober 1807 alle Preußen die Gleichberechtigung. Zutreffend nannte Hardenberg[33] dieses sozialpolitische Ereignis „eine Revolution im guten Sinne", hergeleitet aus „demokratischen Grundsätzen". Denn in Preußen wie in anderen deutschen Einzelstaaten begann mit der Auflösung des Vierten Standes und der Gleichberechtigung aller Staatsbürger das Ende des alten Ständesystems überhaupt.

Ebenfalls sozialpolitischen Charakter hatten insofern die von der Frankfurter Nationalversammlung am 28. Dezember 1848 als Reichsgesetz verkündigten „Grundrechte des Volkes", in denen es hieß: „Vor dem Gesetz gilt kein Unterschied der Stände. Der Adel als Stand ist aufgehoben... Die Deutschen sind vor dem Gesetze gleich... Die öffentlichen Ämter sind für alle Befähigten gleich zugänglich" (Art. II, § 7); und die preußische Verfassung vom 31. Januar 1850 bestätigte dieses Grundrecht im Art. IV: „Alle Preußen sind vor dem Gesetz gleich. Standesvorrechte finden nicht statt. Die öffentlichen Ämter sind... für alle dazu Befähigten gleich zugänglich".

Die Grundrechte des Volkes begründeten die Emanzipation des Individuums, die individuelle Freiheit. In der Folgezeit führten sie den liberalen Rechtsstaat herbei. Drei Grundsätze seien in diesem Zusammenhange hier noch eigens hervorgehoben: „Die Freiheit der Person ist unverletzlich" (Art. III, § 8), „das Eigentum ist unverletzlich" (Art. VIII, § 32), und „es steht einem jeden frei, seinen Beruf zu wählen und sich für denselben auszubilden wie und wo er will" (Art. VI, § 28).

Sobald aber diese revolutionären Errungenschaften im Industriezeitalter aufgingen, veränderte sich unerwartet ihre soziale Qualität zum Gegenteil dessen, was einst intendiert worden war. Die alternative Konsequenz lautete schließlich: Entweder eine neue Revolution, oder eine deutlich spürbare Evolution mittels einer neuen Sozialpolitik.

Die Ursachen sind bekannt. Unter rücksichtsloser Ausnutzung des liberalen Rechtsstaates, insbesondere seiner Garantie des Privateigentums, des Vertrages und der persönlichen Freiheit auch im Hinblick auf Gewerbefreiheit, gelangte das Industriekapital zu unbeschränkter Vorherrschaft. Es bewirkte eine Umgestaltung der gesamten Sozialstruktur: Das kaum überwundene Ständesystem wurde ersetzt durch ein Klassensystem; an die Stelle des früheren Vierten Standes geriet jetzt die Lohnarbeiterklasse. Sofern sie parteipolitisch organisiert war, ermöglichte ihr das allgemeine, gleiche und direkte Wahlrecht, das Bismarck durchgesetzt hatte, die Vertretung ihrer Belange im Reichstag. Der 1863 von Ferdinand Lassalle gegründete Allgemeine Deutsche Arbeiterverein, dessen Tendenz evolutionär war, forderte Sozialreformen mittels gesetzlicher Sozialpolitik; die Sozialdemokratische Arbeiterpartei Deutschlands, 1869 unter der Ägide von August Bebel und Wilhelm Liebknecht gegründet und auf Leitgedanken des Kommunistischen Manifestes von 1848 verpflichtet, bekannte sich im Prinzip zu revolutionärer Gesinnung. Aus der Vereinigung beider Parteien ging die Sozialistische Arbeiterpartei Deutschlands hervor, deren Grundsatzprogramm, am 22.–27. Mai 1875 in Gotha beschlossen, sich als Kompromiß erwies. Einerseits bestätigte es die revolutionäre Theorie, anderseits die evolutionäre Praxis; es machte deutlich, wie der bestehende Staat durch gesetzliche Sozialpolitik zugunsten der unterdrückten Arbeiterschaft zu reformieren sei.

Dennoch, die Revolutionsdrohung blieb. Sie wurde ernstgenommen und gefürchtet. Denn erstens gehörten mehr als zwei Drittel aller Deutschen zur Lohnarbeiterklasse[34]; zweitens lebten die meisten von ihnen in dauernder Not und Armut am Rande des Existenzminimums oder, falls arbeitslos, von der öffentlichen und privaten Fürsorge ohne Aussicht auf bessere Zukunft; drittens lagen die schweren, blutigen Bürgerkriegswirren von 1848 und 1849 erst wenige Jahrzehnte zurück, und die Erinnerung an sie war rege.

Um Vermittlung bemühten sich kirchliche und private Gruppen, allen damals voran die Volkswissenschaftler Adolph Wagner, Gustav Schmoller, Lujo Brentano, die, in der liberalen „Nationalzeitung" vom 7. Dezember 1871 als „Kathedersozialisten" angegriffen, auf gesetzliche Sozialpolitik drängten, um die Klassenunterschiede zu mildern und den sozialen Aufstieg der Lohnarbeiterschaft zu fördern. Gemeinsam mit dem einflußreichen „Verein für Socialpolitik" an dessen Gründung sie beteiligt waren, brachten sie die „Soziale Frage" ins deutsche Allgemeinbewußtsein.

Aber als einzelne Anarchisten durch Attentate den Umsturz herbeizwingen wollten, wurde am 21. Oktober 1878 das „Gesetz gegen die gemeingefährlichen Bestrebungen der Sozialdemokratie" (RGBl S. 351) erlassen, insbesondere gegen „sozialdemokratische, sozialistische oder kommunistische Bestrebungen, welche den Umsturz der bestehenden Staats- und Gesellschaftsordnung bezwecken" (§ 1). Dieses „Sozialistengesetz", das nach mehrmaliger Verlängerung bis zum 1. Oktober 1890 in Kraft stand, war aber nur eine – die repressive – Regierungsmaßnahme. Gleichzeitig lief als positives Komplement eine andere – die sozialpolitische –, nämlich die Herbeiführung der Sozialversicherungsgesetze.

2. Kaiserliche Botschaft. Auszüge aus den Gesetzestexten

Sozialistengesetz und Sozialversicherungsgesetze gehören, vom Ursprung her, zusammen. Auf diesen Zusammenhang wird in der „Kaiserlichen Botschaft" vom 15. Februar 1881, einer feierlich an den Reichstag gerichteten Grundsatzerklärung, ausdrücklich Bezug genommen (Verhandl. des Reichstags, 5. Legislaturperiode, I. Sess. 1881/82, Bd. 1,1):

... Schon im Februar dieses Jahres haben Wir Unsere Überzeugung aussprechen lassen, daß die Heilung der sozialen Schäden nicht ausschließlich im Wege der Repression sozialdemokratischer Ausschreitungen, sondern gleichmäßig auf dem der positiven Förderung des Wohles der Arbeiter zu suchen sein werde. Wir halten es für Unsere Kaiserliche Pflicht, dem Reichstage diese Aufgabe von neuem ans Herz zu legen, und würden Wir mit umso größerer Befriedigung auf alle Erfolge, mit denen Gott Unsere Regierung sichtlich gesegnet hat, zurückblicken, wenn es Uns gelänge, dereinst das Bewußtsein mitzunehmen, dem Vaterlande neue und dauernde Bürgschaften seines inneren Friedens und den Hilfsbedürftigen größere Sicherheit und Ergiebigkeit des Beistands, auf den sie Anspruch habe, zu hinterlassen. In Unseren darauf gerichteten Bestrebungen sind Wir der Zustimmung aller verbündeten Rgierungen [d. h. der Regierungen aller deutschen Bundesstaaten] gewiß und vertrauen auf die Unterstützung des Reichstags ohne Unterschied der Parteistellungen.

In diesem Sinne wird zunächst der von den verbündeten Regierungen in der vorigen Session vorgelegte Entwurf eines Gesetzes über die Versicherung der Arbeiter gegen Betriebsunfälle mit Rücksicht auf die im Reichstag stattgehabten Verhandlungen über denselben einer Umarbeitung unterzogen, um die erneute Beratung desselben vorzubereiten. Ergänzend wird ihm eine Vorlage zur Seite treten, welche sich eine gleichmäßige Organisation des gewerblichen Krankenkassenwesens zur Aufgabe stellt. Aber auch diejenigen, welche durch Alter oder Invalidität erwerbsunfähig werden, haben der Gesamtheit gegenüber einen begründeten Anspruch auf ein höheres Maß staatlicher Fürsorge, als ihnen bisher hat zuteil werden können.

Für diese Fürsorge die rechten Mittel und Wege zu finden, ist eine schwierige, aber auch eine der höchsten Aufgaben jedes Gemeinwesens, welches auf den sittlichen Fundamenten des christlichen Volkslebens steht. Der engere Anschluß an die realen Kräfte dieses Volkslebens und das Zusammenfassen der letzteren in der Form korporativer Genossenschaften unter staatlichem Schutz und staatlicher Förderung werden, wie Wir hoffen, die Lösung auch von Aufgaben möglich machen, denen die Staatsgewalt allein in gleichem Umfange nicht gewachsen sein würde. Immerhin aber wird auf diesem Wege das Ziel nicht ohne die Aufwendung erheblicher Mittel zu erreichen sein...

Aus der Kaiserlichen Botschaft – die zwar kaiserlich hieß, aber von Bismarck entworfen worden war und vertreten wurde – geht hervor, daß kein Bundesland sich der angekündigten Gesetzgebung fernhalten wollte, auch Bayern nicht. Anders als das Unterstützungswohnsitzgesetz waren die So-

zialversicherungsgesetze im ganzen Reichsgebiet gültig, also in allen deutschen Einzelstaaten und im Reichsland Elsaß-Lothringen. Ein weiterer Unterschied: Den „Hilfsbedürftigen" wurde schon in der Kaiserlichen Botschaft der „Anspruch auf Beistand", also der Rechtsanspruch ausdrücklich
zugebilligt; und von vorn herein ausgeschlossen blieben ihnen gegenüber
solche diskriminierenden Bestimmungen, wie das Reichstagswahlgesetz sie
gegenüber Empfängern öffentlicher Fürsorge enthielt. Die drei Sozialversicherungsgesetze der Bismarck-Ära im einzelnen:
– Gesetz betreffend die Krankenversicherung der Arbeiter, vom 15. Juni
  1883 (RGBl S. 73),
– Unfallversicherungsgesetz vom 6. Juli 1884 (RGBl S. 69),
– Gesetz, betreffend die Invaliditäts- und Altersversicherung, vom 22.
  Juni 1889 (RGBl S. 97).
Hinzukam einige Jahrzehnte später das Versicherungsgesetz für Angestellte vom 20. Dezember 1911 (RGBl S. 989).
Aus dem Krankenversicherungsgesetz der Arbeiter vom 15. Juni 1883
seien nun hier Paragraphen zitiert, von denen viele deutlich sozialpolitischen Charakter tragen. So ist bemerkenswert, daß sich die Versicherung
auf Berechtigte eigens aufgeführter Arbeitsstätten und Arbeitsbereiche bezieht, und daß generell die ausdrücklich genannten Arbeitgeber zu bestimmten Leistungen gegenüber ihren Arbeitnehmern verpflichtet werden:
§ 1. Personen, welche gegen Gehalt oder Lohn beschäftigt sind:
  1. in Bergwerken, Salinen, Aufbereitungsanstalten, Brüchen und Gruben, in Fabriken und Hüttenwerken, beim Eisenbahn- und Binnendampfschiffahrtsbetriebe,
auf Werften und bei Bauten,
  2. im Handwerk und in sonstigen stehenden Gewerbebetrieben,
  3. in Betrieben, in denen Dampfkessel oder durch elementare Kraft (Wind, Wasser, Dampf, Gas, heiße Luft etc.) bewegte Triebwerke zur Verwendung kommen,
sofern diese Verwendung nicht ausschließlich in vorübergehender Benutzung einer
nicht zur Betriebsanlage gehörenden Kraftmaschine besteht,
sind … nach Maßgabe der Vorschriften dieses Gesetzes gegen Krankheit zu versi-
chern.
§ 4. Für alle versicherungspflichtigen Personen, welche nicht
  einer Orts-Krankenkasse (§ 16),
  einer Betriebs-(Fabrik-)Krankenkasse (§ 59),
  einer Bau-Krankenkasse (§ 69),
  einer Innungs-Krankenkasse (§ 73),
  einer Knappschafts-Kasse (§ 74),
  einer eingeschriebenen oder aufgrund landesrechtlicher Vorschriften errichteten
Hilfskasse (§ 75)
angehören, tritt die Gemeinde-Krankenversicherung ein.
…

§ 5. Denjenigen Personen, für welche die Gemeinde-Krankenversicherung eintritt, ist von der Gemeinde, in deren Bezirk sie beschäftigt sind, im Falle einer Krankheit oder durch Krankheit herbeigeführten Erwerbsunfähigkeit Krankenunterstützung zu gewähren.

...

§ 6. Als Krankenunterstützung ist zu gewähren:

1. vom Beginn der Krankheit ab freie ärztliche Behandlung, Arznei, sowie Brillen, Bruchbänder und ähnliche Heilmittel;
2. im Falle der Erwerbsunfähigkeit, vom dritten Tage nach dem Tage der Erkrankung ab für jeden Arbeitstag ein Krankengeld in Höhe der Hälfte des ortsüblichen Tagelohnes gewöhnlicher Tagearbeiter.

Die Krankenunterstützung endet spätestens mit dem Ablauf der 13. Woche nach Beginn der Krankheit.

Die Gemeinden sind ermächtigt, zu beschließen, daß bei Krankheiten, welche die Beteiligten sich vorsätzlich oder durch schuldhafte Beteiligung bei Schlägereien oder Raufhändeln, durch Trunkfälligkeit oder geschlechtliche Ausschweifungen zugezogen haben, das Krankengeld gar nicht oder nur teilweise gewährt wird, sowie daß Personen, welche der Versicherungspflicht nicht unterliegen und freiwillig der Gemeinde-Kranken-Versicherung beitreten, erst nach Ablauf einer auf höchstens 6 Wochen vom Beitritte ab zu bemessenden Frist Krankenunterstützung erhalten.

Das Krankengeld ist wöchentlich postnumerando zu zahlen.

§ 7. Anstelle der in § 6 vorgeschriebenen Leistungen kann freie Kur und Verpflegung in einem Krankenhaus gewährt werden...

§ 9. Die von der Gemeinde zu erhebenden Versicherungsbeiträge sollen, solange nicht nach Maßgabe des § 10 etwas anderes festgesetzt ist, ein und ein halbes Prozent des ortsüblichen Tagelohnes (vgl. § 8) nicht übersteigen und sind mangels besonderer Beschlußnahme in dieser Höhe zu erheben.

...

§ 10. Ergibt sich aus den Jahresabschlüssen, daß die gesetzlichen Krankenversicherungsbeiträge zur Deckung der gesetzlichen Krankenunterstützungen nicht ausreichen, so können mit Genehmigung der höheren Verwaltungsbehörde die Beiträge bis zu zwei Prozent des ortsüblichen Tageslohnes (§ 8) erhöht werden.

...

§ 12. Mehrere Gemeinden können sich durch übereinstimmende Beschlüsse zu gemeinsamer Gemeinde-Krankenversicherung vereinigen.

...

§ 20. Die Orts-Krankenkassen sollen mindestens gewähren:

1. eine Krankenunterstützung, welche nach §§ 6, 7, 8 mit der Maßgabe zu bemessen ist, daß der durchschnittliche Tagelohn derjenigen Klassen der Versicherten, für welche die Kasse errichtet wird, ... an die Stelle des ortsüblichen Tagelohnes gewöhnlicher Tagearbeiter tritt;
2. eine gleiche Unterstützung an Wöchnerinnen auf die Dauer von drei Wochen nach ihrer Niederkunft;

3. für den Todesfall eines Mitgliedes ein Sterbegeld im zwanzigfachen Betrage des ortsüblichen Tagelohnes (§ 8).

...

§ 21. Eine Erhöhung und Erweiterung der Leistungen der Orts-Krankenkassen ist in folgendem Umfange zulässig:

1. Die Dauer der Krankenunterstützung kann auf einen längeren Zeitraum als dreizehn Wochen bis zu einem Jahre festgesetzt werden.

2. Das Krankengeld kann auf einen höheren Betrag und zwar bis zu drei Viertel des durchschnittlichen Tagelohnes (§ 20) festgesetzt werden; neben freier ärztlicher Behandlung und Arznei können auch andere als die im § 6 bezeichneten Heilmittel gewährt werden.

3. Neben freier Kur und Verpflegung in einem Krankenhause kann Krankengeld bis zu einem Achtel des durchschnittlichen Tagelohnes (§ 20) auch solchen bewilligt werden, welche nicht den Unterhalt von Angehörigen aus ihrem Lohne bestritten haben.

4. Wöchnerinnen kann die Krankenunterstützung bis zur Dauer von sechs Wochen nach ihrer Niederkunft gewährt werden.

5. Freie ärztliche Behandlung, freie Arznei und sonstige Heilmittel können für erkrankte Familienangehörige der Kassenmitglieder, sofern sie nicht selbst dem Krankenversicherungszwange unterliegen, gewährt werden. Unter derselben Voraussetzung kann für Ehefrauen der Kassenmitglieder im Falle der Entbindung die nach Nr. 4 zulässige Krankenunterstützung gewährt werden.

6. Das Sterbegeld kann auf einen höheren als den zwanzigfachen Betrag und zwar bis zum vierzigfachen Betrage des ortsüblichen Tagelohnes (§ 8) erhöht werden.

7. Beim Tode der Ehefrau oder eines Kindes eines Kassenmitgliedes kann, sofern diese Personen nicht selbst dem Versicherungszwange unterliegen, ein Sterbegeld und zwar für erstere im Betrage bis zu zwei Dritteln, für letztere bis zur Hälfte des für das Mitglied festgestellten Sterbegeldes gewährt werden.

...

§ 28. Kassenmitglieder, welche erwerbslos werden, erhalten für die Dauer der Erwerbslosigkeit, jedoch nicht für einen längeren Zeitraum, als sie der Kasse angehört haben, und höchstens für drei Wochen ihre Ansprüche auf die gesetzlichen Mindestleistungen der Kasse.

§ 49. Die Arbeitgeber haben jede von ihnen beschäftigte versicherungspflichtige Person, für welche die Gemeinde-Krankenversicherung eintritt, oder welche einer Orts-Krankenkasse angehört, spätestens am dritten Tage nach Beginn der Beschäftigung anzumelden und spätestens am dritten Tage nach Beendigung des Arbeitsverhältnisses wieder abzumelden.

...

§ 52. Die Arbeitgeber haben ein Drittel der Beiträge, welche auf die von ihnen beschäftigten versicherungspflichtigen Personen entfallen, aus eigenen Mitteln zu leisten.

...

Aus dem Unfallversicherungsgesetz vom 6. Juli 1884:

§ 1. Alle in Bergwerken, Salinen, Aufbereitungsanstalten, Steinbrüchen, Gräbereien (Gruben), auf Werften und Bauhöfen, sowie in Fabriken und Hüttenwerken beschäftigten Arbeiter und Betriebsbeamten... werden gegen die Folgen der bei dem Betriebe sich ereignenden Unfälle nach Maßgabe der Bestimmungen dieses Gesetzes versichert.

Dasselbe gilt von Arbeitern und Betriebsbeamten, welche von einem Gewerbetreibenden, dessen Gewerbebetrieb sich auf die Ausführung von Maurer-, Zimmer-, Dachdecker-, Steinhauer- und Brunnenarbeiten erstreckt, in diesem Betriebe beschäftigt werden, sowie in den vom Schornsteinfegergewerbe beschäftigten Arbeitern.

...

§ 5. Gegenstand der Versicherung ist der nach Maßgabe der nachfolgenden Bestimmungen zu bemessende Ersatz des Schadens, welcher durch Körperverletzung oder Tötung entsteht.

Der Schadensersatz soll im Falle der Verletzung bestehen:

1. in den Kosten des Heilverfahrens, welche vom Beginn der vierzehnten Woche nach Eintritt des Unfalls an entstehen;

2. in einer dem Verletzten vom Beginn der vierzehnten Woche nach Eintritt des Unfalls an für die Dauer der Erwerbsunfähigkeit zu gewährenden Rente.

...

§ 6. Im Falle der Tötung ist als Schadensersatz außerdem zu leisten:

1. als Ersatz der Beerdigungskosten das Zwanzigfache des nach § 5 Abs. 3–5 für den Arbeitstag ermittelten Verdienstes...;

2. eine den Hinterbliebenen des Getöteten vom Todestage an zu gewährende Rente, welche nach den Vorschriften des § 5 Abs. 3–5 zu berechnen ist.

...

§ 7. Anstelle der im § 5 vorgeschriebenen Leistungen kann bis zum beendigten Heilverfahren freie Kur und Verpflegung in einem Krankenhaus gewährt werden...

Für die Zeit der Verpflegung des Verunglückten in dem Krankenhause steht den im § 6 Ziff. 2 bezeichneten Angehörigen desselben die daselbst angegebene Rente insoweit zu, als sie auf dieselbe im Falle des Todes des Verletzten einen Anspruch haben würden.

§ 8. Die Verpflichtung der eingeschriebenen Hilfskassen, sowie der sonstigen Kranken-, Sterbe-, Invaliden- und anderen Unterstützungskassen, den von Betriebsunfällen betroffenen Arbeitern und Betriebsbeamten sowie deren Angehörigen und Hinterbliebenen Unterstützungen zu gewähren, sowie die Verpflichtung von Gemeinden oder Armenverbänden zur Unterstützung hilfsbedürftiger Personen wird durch dieses Gesetz nicht berührt.

...

§ 9. Die Versicherung erfolgt auf Gegenseitigkeit durch die Unternehmer der unter § 1 fallenden Betriebe, welche zu diesem Zweck in Berufsgenossenschaften vereinigt werden. Die Berufsgenossenschaften sind für bestimmte Bezirke zu bilden

und umfassen innerhalb derselben alle Betriebe derjenigen Industriezweige, für welche sie errichtet sind.
...
§ 87. Die Genossenschaften unterliegen in bezug auf die Befolgung dieses Gesetzes der Beaufsichtigung des Reichs-Versicherungsamts.
...

Aus dem Gesetz, betreffend die Invaliditäts- und Altersversicherung, vom 22. Juni 1889:

§ 1. Nach Maßgabe der Bestimmungen dieses Gesetzes werden vom vollendeten sechzehnten Lebensjahre ab versichert:

1. Personen, welche als Arbeiter, Gehilfen, Gesellen, Lehrlinge oder Dienstboten gegen Lohn oder Gehalt beschäftigt werden;

2. Betriebsbeamte sowie Handlungsgehilfen und -Lehrlinge..., welche Lohn oder Gehalt beziehen, deren regelmäßiger Jahresarbeitsverdienst an Lohn oder Gehalt aber 2000,– Mark nicht übersteigt sowie

3. die gegen Lohn oder Gehalt beschäftigten Personen der Schiffsbesatzung deutscher Seefahrzeuge... und von Fahrzeugen der Binnenschiffahrt.
...

§ 9. Gegenstand der Versicherung ist der Anspruch auf Gewährung einer Invaliden- bzw. Altersrente.

Invalidenrente erhält ohne Rücksicht auf das Lebensalter derjenige Versicherte, welcher dauernd erwerbsunfähig ist. Eine durch einen Unfall herbeigeführte Erwerbsunfähigkeit begründet unbeschadet der Vorschriften des § 76 den Anspruch auf Invalidenrente nur insoweit, als nicht nach den Bestimmungen der Reichsgesetze über Unfallversicherung eine Rente zu leisten ist.

Erwerbsunfähigkeit ist dann anzunehmen, wenn der Versicherte in Folge seines körperlichen oder geistigen Zustandes nicht mehr im Stande ist, durch eine seinen Kräften und Fähigkeiten entsprechende Lohnarbeit mindestens einen Betrag zu verdienen, welcher gleichkommt der Summe eines Sechstels des Durchschnitts der Lohnsätze (§ 23), nach welchen für ihn während der letzten fünf Beitragsjahre Beiträge entrichtet worden sind, und eines Sechstels des dreihundertfachen Betrages des nach § 8 des Krankenversicherungsgesetzes vom 15. Juni 1883 festgesetzten ortsüblichen Tagelohnes gewöhnlicher Tagearbeiter des letzten Beschäftigungsortes, in welchem er nicht lediglich vorübergehend beschäftigt gewesen ist.

Altersrente erhält, ohne daß es des Nachweises der Erwerbsunfähigkeit bedarf, derjenige Versicherte, welcher das siebenzigste Lebensjahr vollendet hat.

§ 10. Invalidenrente erhält auch derjenige nicht dauernd erwerbsunfähige Versicherte, welcher während eines Jahres ununterbrochen erwerbsunfähig gewesen ist, für die weitere Dauer seiner Erwerbsunfähigkeit.

§ 11. Ein Anspruch auf Invalidenrente steht denjenigen Versicherten nicht zu, welche erweislich die Erwerbsunfähigkeit sich vorsätzlich oder bei Begehung eines durch strafgerichtliches Urteil festgestellten Verbrechens zugezogen haben.

§ 15. Zur Erlangung eines Anspruchs auf Invaliden- oder Altersrente ist, außer

dem Nachweise der Erwerbsunfähigkeit bzw. des gesetzlich vorgesehenen Alters, erforderlich:
1. die Zurücklegung der vorgeschriebenen Wartezeit;
2. die Leistung von Beiträgen.
§ 19. Die Mittel zur Gewährung der Invaliden- und Altersrenten werden vom Reich, von den Arbeitgebern und von den Versicherten aufgebracht.

Die Aufbringung der Mittel erfolgt seitens des Reichs durch Zuschüsse zu den in jedem Jahre tatsächlich zu zahlenden Renten, seitens der Arbeitgeber und der Versicherten durch laufende Beiträge. Die Beiträge entfallen auf den Arbeitgeber und den Versicherten zu gleichen Teilen...

§ 41. Die Invaliditäts- und Altersversicherung erfolgt durch Versicherungsanstalten, welche nach Bestimmung der Landesregierungen für weitere Kommunalverbände ihres Gebiets oder für das Gebiet des Bundesstaates errichtet werden.

Auch kann für mehrere Bundesstaaten oder Gebietsteile derselben, sowie für mehrere Kommunalverbände eines Bundesstaates eine gemeinsame Versicherungsanstalt errichtet werden.

Die Sozialversicherungen traten also neben die Armenfürsorge und entlasteten sie. Nun war durch Erfahrung ein dauerhaftes Verhältnis zwischen beiden Sozialfürsorgesystemen herauszufinden und auszugestalten. Darin lag eine neue Aufgabe für den Deutschen Verein.

3. Zum Verhältnis von Sozialversicherung und Armenfürsorge im Urteil des Deutschen Vereins

Heutzutage ist aus dem Nebeneinander von Fürsorge und Sozialpolitik längst ein vielfältiges Miteinander geworden. Der Deutsche Verein war ein Wegbereiter dieser Entwicklung. Für ihn begann sie 1891, als er zum ersten Mal sich einen Überblick über die neue Situation verschaffte:

Die neue Arbeiterversicherungsgesetzgebung bezweckt die wirtschaftliche Sicherstellung der Arbeiter gegen die Folgen von Krankheit, Unfall, Invalidität und Alter. Mit dieser Verbesserung der wirtschaftlichen Lage mußte und sollte Hand in Hand gehen die Erleichterung der öffentlichen Armenlast, wie das auch ausdrücklich in der Begründung zum Krankenversicherungsgesetz hervorgehoben wurde. Ob dieses Ziel nun auch erreicht ist, welche Einwirkung auf die Armenpflege durch die Arbeiterversicherungsgesetzgebung tatsächlich hervorgerufen worden ist – wer wollte die Bedeutung dieser Feststellung verkennen und wer erscheint berufener zur Durchführung dieser schwierigen Aufgabe, als der Deutsche Verein für Armenpflege?

Diese Feststellung, die Lösung dieser Aufgabe muß aber vorangehen, um die gestellte weitergehende Frage: in welcher Weise die neuere sozialpolitische Gesetzge-

bung auf die Aufgaben der Armengesetzgebung und Armenpflege einwirkt, prüfen zu können... Eine erschöpfende Klarstellung der Frage ist sicherlich zur Zeit nicht möglich und wird auch in absehbarer Zeit nicht möglich sein; indes wird man sich jedenfalls schon jetzt mit der Vorbereitung für die künftige Beantwortung beschäftigen können, man wird untersuchen können, in welcher Weise und nach welcher Richtung hin Beobachtungen anzustellen sind über die Wechselwirkung der neugeschaffenen sozialen Institutionen und der Armenpflege[35]).
Welche Einwirkungen haben auf die Aufgaben der Armenpflege und der Armengesetzgebung stattgefunden?... Daß eine Einwirkung stattgefunden hat, das möchte ich [Magistratsassessor Dr. Freund, Berlin] als unzweifelhaft hinstellen; denn das ist ja nichts weiter als ein einfaches Rechenexempel. Wenn Hunderttausende aus derjenigen Klasse der Bevölkerung, welche erfahrungsgemäß am ehesten der Armenpflege zur Last fällt, wirtschaftlich sichergestellt werden gegen Zufälle, welche erfahrungsgemäß am ehesten das Eingreifen der öffentlichen Armenpflege notwendig machen, so ist klar, daß hierdurch eine Entlastung der Armenpflege stattgefunden haben muß. Unter den Hunderttausenden haben sich eine große Anzahl solcher befunden, welche die Armenpflege hätten in Anspruch nehmen müssen, wenn sie nicht versichert gewesen wären, und es sind seither eine große Anzahl von Unterstützungsfällen eingetreten, welche die Armenpflege hätte übernehmen müssen, wenn nicht die Versicherung sie übernommen hätte.
Es fragt sich, in welcher Richtung und in welchem Maße hat die Einwirkung stattgefunden?... Das Gebiet, auf welchem die Einwirkung stattgefunden hat, ergibt sich aus dem Inhalt der Gesetze von selbst. Auf die offene und geschlossene Krankenpflege wirkt insbesondere das Krankenversicherungsgesetz, auf die Witwen- und Waisenpflege das Unfallversicherungsgesetz, auf die Almosenspende das Invaliditäts- und Altersversicherungsgesetz... Das Gebiet ist also klar zu erkennen, es ist das gesamte Gebiet der Armenpflege.
Die weitere Frage ist die Quantitätsfrage – und ich nenne es eben nur eine Quantitätsfrage – über die man streiten kann. Da ist es denn nun sicher, daß die volle Einwirkung nur dann stattfinden kann, wenn die Leistungen aus der Versicherung genügend sind, und wenn auch die Versicherungsorganisation eine derartige ist, daß sie schnell und sicher funktioniert... In beiden Beziehungen sind Mängel vorhanden. Nehmen wir die Krankenversicherung: ja, ärztliche Hilfe und Arznei wird wohl regelmäßig in genügendem Maße vorhanden sein; aber anders steht es mit dem Krankengeld. Die Hälfte des durchschnittlichen Tagelohns ist für den Unverheirateten vielleicht genügend, aber nicht für den Kranken, welcher Frau und Kinder hat. Ist der Kranke im Krankenhaus untergebracht, so bekommt die Familie gar bloß den vierten Teil des Tagelohnes; da muß natürlich öfter die Armenpflege einspringen; ebenso steht es mit der Dauer der Unterstützung; in vielen Fällen reicht die Mindestdauer von 13 Wochen nicht aus, und da muß ebenfalls die Armenpflege eintreten.
Ich gehe weiter zu der Invaliditäts- und Altersversicherung; in vielen Fällen sind die Altersrentenempfänger in der Armenpflege ganz oder teilweise verblieben, weil die Renten nicht ausreichend waren...

Aber nicht bloß neben der Versicherung muß die Armenpflege eintreten, sondern auch anstelle der Versicherung und zwar wegen der unvollkommenen Organisation der Versicherung. Ganz besonders die Unfallversicherungs-Organisation ist viel zu schwerfällig, als daß sie prompt funktionieren könnte. Denken Sie sich den Fall: Ein Mann, der morgens gesund zur Arbeit geht, wird mittags tot nach Hause gebracht. Die Familie ist in der größten Notlage und braucht sofortige Unterstützung. Ehe aber hier die Versicherung eintritt, ehe die notwendigen Formalitäten erfüllt sind, das dauert viel zu lange, da muß in sehr vielen Fällen die Armenpflege vorerst einspringen. Ich glaube, daß das Übelstände sind, welche die sozialpolitische Wirkung der Gesetze bedeutend beeinträchtigen. Was nützt es dem Arbeiter, wenn er gezwungen ist, die entwürdigenden Schritte zur Erlangung der Armenunterstützung zu tun, und erst hinterher die Versicherung die Armenverwaltung befriedigt!...

Ungleich höher als die direkte Einwirkung schätze ich die indirekte Einwirkung der sozialpolitischen Gesetzgebung, durch welche verhütet wird, daß Unterstützungsfälle überhaupt zur Entstehung gelangen oder eine längere Dauer annehmen. Der nichtversicherte Arbeiter arbeitet mit dem Aufgebot aller Kräfte, bis er nicht weiter kann, bis er zusammenbricht. Die Folgen liegen zutage: Er wird entweder inkurabel, oder die Heilung nimmt einen längeren Zeitraum in Anspruch, als sie in Anspruch genommen hätte, wenn er sich rechtzeitig in ärztliche Behandlung begeben hätte. Ähnlich ist es mit dem zu frühzeitigen Wiederaufnehmen der Arbeit nach einer Krankheit. Auch hier liegen die Folgen klar zutage, denn man hat beobachtet, daß das Nichtauskurieren inkurable Fälle schafft...

Alle diese Fälle werden durch die sozialpolitische Gesetzgebung – ich will nicht sagen, beseitigt, aber – in erheblicher Weise herabgemindert; denn wenn der Arbeiter Aussicht hat, Krankengeld zu bekommen, ist er viel eher geneigt, sich gleich krank zu melden; und wir haben diese Erfahrung gemacht. In dieser Beziehung ist aber unsere Gesetzgebung noch der Vervollkommnung sehr fähig. Es hat mich sehr gefreut, daß eine Berliner Anregung in der Novelle zum Krankenversicherungsgesetz Anklang gefunden hat, nämlich die Rekonvaleszentenpflege, welche notwendig ist, um Schwerkranke vollständig auszukurieren... Des weiteren enthält auch das Invaliditäts- und Altersversicherungsgesetz eine Bestimmung, welche den Versicherungsanstalten eine Handhabe bietet, im weitesten Umfange vorbeugend einzuwirken. Wenn nämlich die Krankheit eines Versicherten, welcher der gesetzlichen Krankenfürsorge nicht mehr unterliegt, zu der Befürchtung Anlaß gibt, daß der betreffende Versicherte invalide werden könnte, so soll die Anstalt ermächtigt sein, die Krankenfürsorge zu übernehmen...

Auch hier, gerade für diesen präventiven Charakter der Versicherung, ist die Organisation äußerst wichtig. Je leistungsfähiger die Organisation ist, desto mehr kann sie vorsorgen. Aber in welchem Maße diese vorbeugende Einwirkung stattfindet, das ist ungeheuer schwer festzustellen, das wird sich erst nach einer sehr langen Reihe von Jahren, erst nach Generationen feststellen lassen.

Ja, ich glaube, wenn man von diesem großen Gesichtspunkte die Einwirkung der sozialen Gesetzgebung auffaßt, so kommt man zu weit günstigeren Resultaten. Ein ganz anderes Arbeitergeschlecht wird heranwachsen, die Lebensbedingungen wer-

den sehr viel günstiger, die Leute werden widerstandsfähiger werden, und das muß
natürlich auf die Armenpflege in ganz anderer und viel mächtigerer Weise zurück-
wirken, als die positive Entlastung, welche sich in Mark und Pfennigen ausdrücken
läßt.

Obwohl ich hier die indirekte Einwirkung als zweifellos hingestellt habe, habe ich
trotzdem wenigstens für Berlin feststellen können, daß tatsächlich eine pekuniäre
Entlastung nicht eingetreten ist; im Gegenteil, die Ausgaben sind gestiegen. Diese
Erscheinung kann auf die verschiedensten Ursachen zurückzuführen sein; eine davon ist aber wohl jedenfalls die, daß die Armenpflege, die gegenwärtig sich nur auf
die Gewährung des Allernotwendigsten beschränkt, die Entlastung, die sie durch
die soziale Gesetzgebung auf der einen Seite erhält, benutzt, um nach der anderen
Seite hin intensiver wirken zu können. Und dies findet eine kräftige Unterstützung
noch dadurch, daß überhaupt durch unsere sozialpolitische Gesetzgebung, welche
doch die wirtschaftliche Hebung der arbeitenden Klassen bezweckt, die gesamte
Lebenshaltung der breiten Masse des Volkes auf ein höheres Niveau gehoben
wird[36]).

Zwei Hinweise in diesem Quellenzitat bezeichnen – als Orientierungs-
punkte – präzise den weiteren Verlauf der Entwicklung. Erstens genügten
die generellen Sozialversicherungsgesetze in vielen Einzelfällen den tatsächlichen Notwendigkeiten nicht, und die Fürsorge mußte individuell aushel-
fen. Das ist auch heutzutage noch so, unerachtet aller großen Fortschritte,
welche inzwischen die sozialpolitische Gesetzgebung gemacht hat.

Zweitens wandten sich die Träger öffentlicher und privater Fürsorge,
nachdem sie durch die Sozialversicherungsgesetze zunehmend von bloßer
Armenversorgung entlastet wurden, umsomehr jenen neuen Arbeitsfeldern
zu, von denen viele erst jetzt entwickelt und ausgestaltet werden konnten:
Die individuelle Hilfe der Fürsorge verschwisterte sich mit der generellen
Hilfe der Sozialpolitik.

4. Die erste Wendung zum sozialen Rechtsstaat

Der geradezu welthistorische Rang der Sozialversicherungsgesetze ergibt
sich nicht nur aus ihnen selbst, sondern noch mehr daraus, wie Bismarck sie
im Reichstag begründet hat. Tatsächlich begann mit ihnen der dann allerdings noch langdauernde Abschied vom liberalen Rechtsstaat und die Hin-
wendung zum sozialen Rechtsstaat.

Drei kurze Zitate mögen hier genügen:

Deutschland, voranschreitend auf der Bahn der sozialen Reform... Wahrlich, ein
Gedanke, des Schweißes der Edlen wert![37])

Der Staat muß die Sache in die Hand nehmen. Nicht als Almosen, sondern als Recht auf Versorgung, wo der gute Wille zur Arbeit nicht mehr kann. Wozu soll nur der, welcher im Kriege erwerbsunfähig geworden ist oder als Beamter durch Alter, Pension haben und nicht auch der Soldat der Arbeit? Diese Sache wird sich durchdrücken. Sie hat ihre Zukunft. Es ist möglich, daß unsere Politik einmal zugrunde geht, wenn ich tot bin. Aber der Staats-Sozialismus paukt sich durch. Jeder, der diesen Gedanken wieder aufnimmt, wird ans Ruder kommen[38]).

Ausdrücklich bezog Bismarck sich auf die frühere Stein-Hardenberg'sche Reform mit ihrer Aufhebung des damaligen Vierten Standes, der sogenannten Bauernbefreiung, in Preußen:

Auch das war Sozialismus...; wir haben dadurch einen sehr wohlhabenden, freien Bauernstand erhalten, und ich hoffe, wir werden mit der Zeit Ähnliches für die Arbeiter erreichen. Ob ich es erlebe, kann ich bei dem allgemeinen, prinzipiellen Widerstande, der mir auf allen Seiten entgegentritt und mich ermüdet, nicht wissen.

Wenn Sie [die widerspenstigen Abgeordneten im Reichstage] glauben, mit dem Worte „Sozialismus" jemandem Schrecken einflößen zu können oder Gespenster zu zitieren, so stehen Sie auf einem Standpunkte, den ich längst überwunden habe und dessen Überwindung für die ganze Reichsgesetzgebung durchaus notwendig ist[39]).

Eine nur individuelle Armenfürsorge vertrug sich noch mit dem liberalen Rechtsstaat und seinem Grundsatz individueller Freiheit. Hingegen jede Sozialreform, die ausdrücklich und generell zugunsten der Arbeiterklasse erfolgte, mußte im liberalen Rechtsstaat sich als Ansatz zum sozialen Rechtsstaat auswirken.

Zwar das Klassensystem verschuldet hatte der liberale Rechtsstaat keineswegs, er hätte es sogar verhindern sollen; jedoch, im Zeitalter der Industrialisierung ermöglichte, ja begünstigte er es. Denn der liberale Rechtsstaat schützte zugleich mit der individuellen Freiheit auch das Eigentum sowie den Gebrauch, den jedermann nach seinem Belieben davon machte.

Eigentum z. B. des Fabrikanten war und ist sein Produktionskapital; Eigentum des Lohnarbeiters war und ist seine Arbeitskraft. Wenn er sie dem Arbeitgeber verkauft, aber nur für einen Teil seiner Arbeitsleistung bezahlt wird, während der andere Teil seiner Arbeitsleistung, der vielberufene Mehrwert, allein dem Arbeitgeber zugute kommt und dessen Kapitalkraft vermehrt, dann ist insofern seine Situation dieselbe wie einst diejenige eines erbuntertänigen Dorfmannes, dessen Gutsherr seinen Reichtum aus lebenslänglich erbrachtem Mehrwert seiner Dorfleute bezog.

Im Hinblick auf den Mehrwert ließ sich sozialpolitisch jener Vertragsgrundsatz des liberalen Rechtsstaates angreifen, der ausschließlich die Arbeitgeber begünstigte: Nur der individuelle Vertrag zwischen Arbeitgeber und Arbeitnehmer war staatlich geschützt, nicht hingegen ein Zusammenschluß (eine „Koalition") der Arbeiter zu dem Zweck, ihre eigenen Interessen gemeinsam zu vertreten und Gesamtverträge („Tarifverträge") mit jeweils besseren Bedingungen auszuhandeln, als ihnen durch Einzelverträge gewährt wurden.

Ohne Tarifverträge setzten gemäß der üblichen Formel „Geld = Macht" die Unternehmer gegenüber den isolierten Arbeitern ihre Ansprüche durch. Ganz allgemein läßt sich sagen, daß Arbeiter als bloße Arbeitsinstrumente benutzt, ihre Löhne so niedrig wie irgend möglich festgelegt, die Arbeitszeit nach Gutdünken des Arbeitgebers ohne Rücksicht auf Gesundheit der Arbeiter ausgedehnt, kurz, die Arbeiter sich der Willkür ihrer Arbeitgeber ausgeliefert sahen, und die Arbeiterklasse insgesamt als geringwertig eingestuft wurde.

Demgegenüber konnten die Sozialversicherungsgesetze nur am Anfang einer Entwicklung stehen, die erst heute, in der Bundesrepublik Deutschland, zum sozialen Rechtsstaat geführt hat. Nachdrücklich unterstützt und eigens begründet wurde diese Entwicklung damals durch die Enzyklika „Rerum novarum", die Papst Leo XIII. am 15. Mai 1891 erlassen hat. Insofern sich der soziale Rechtsstaat aus ihr ableiten läßt, könnte sie als dessen Charta bezeichnet werden.

Hingegen die zehn Jahre früher an den Reichstag gerichtete „Kaiserliche Botschaft" hatte dort nur einen jahrelangen Streit der Reichstagsparteien hervorgerufen. Die geschichtliche Chance, aus dem Widerstreit der Argumente heraus eine zukunftsträchtige Konzeption des sozialen Rechtsstaates wenigstens als theoretische Möglichkeit zu entwickeln, ist nicht genutzt worden.

5. Forderungen des Deutschen Vereins im Hinblick auf die sozialen Zeitverhältnisse

Unmittelbar am fortschreitenden Zustandekommen des sozialen Rechtsstaates beteiligt wurde der Deutsche Verein durch Einflußnahme auf die Sozialgesetzgebung erst in der Weimarer Republik und mit gleichem Gewicht in der Bundesrepublik Deutschland; jedoch, grundsätzlich diesem Thema gewidmet hatte er sich schon vor und nach der Jahrhundertwende, und 1905 machte er für seine 25. Jahresversammlung es zum Hauptthema, das er – seinem Selbstverständnis gemäß – im Ergebnis auf die Fürsorgepraxis bezog. Aber de facto forderte er unmißverständlich aus der Wendung zum – damals noch nicht so genannten – sozialen Rechtsstaat konkrete Konsequenzen; und er begründete, was er forderte, mit einer kritischen Übersicht über die sozialen Zeitverhältnisse:

Zur Herrschaft gelangt fast im gesamten Wirtschaftsleben das moderne Lohnsystem, das die Hergabe von Arbeitskraft gegen Entgelt zur Basis der Wirtschaft macht... Jeder wird auf sich selbst gestellt, sowohl der bisher abhängige Bauer... als auch der Handwerker, der die feste Stütze seiner Zunftverbindung verliert gegen das Recht, zu produzieren, was er will, zu arbeiten wo er will.

Unverkennbar sind die Fortschritte dieser Entwicklung. Das Wirtschaftsleben hat einen großen Aufschwung erfahren; Millionen von Kräften, die früher in der Gebundenheit waren, sind frei geworden und haben sich nachdrücklicher betätigen können als jemals unter früheren Verhältnissen.

Aber mit der persönlichen Freiheit wuchsen auch die Anforderungen an das Selbständigkeits- und Selbstverantwortungsgefühl des einzelnen... Die Armenrechtsphilosophie, die in dieser etwas krankhaft sich vollziehenden Wirtschaftsneuordnung aufkam, erschien ebenso einleuchtend wie sie in Wahrheit unzulänglich war. Ihre dürren Syllogismen basierten darauf, daß ein weiteres Eingehen auf die Existenzfrage des Unbemittelten nicht erforderlich wäre, da ja ein jeder die Freiheit hätte, seine Arbeitskraft am zweckmäßigsten Platz und unter den günstigsten Bedingungen an den Mann zu bringen, und zwar in irgendwelcher Verwendungsform, wie es ihm beliebte. Es sei für ihn auf die beste Weise dadurch gesorgt, daß er unbegrenzte Möglichkeiten bekommen hätte, für sich selbst zu sorgen [„Manchester-Doktrin“!].

Die Ereignisse aber sorgten bald genug dafür, diese falscheste aller Theorien zu widerlegen. Die Theorie... begründete sich nicht auf Wirklichkeiten, sondern auf Möglichkeiten. Soviel ist klar: die Selbstsicherung wäre für den einzelnen durchführbar gewesen, wenn er immer die Möglichkeit zu bezahlter Arbeit gehabt hätte, und wenn er zweitens für seine Arbeit immer einen Lohn bezogen hätte, der groß genug war, um nicht nur in gesunden und kranken Tagen ihn und seine Familie zu ernähren, sondern auch Rücklagen zu machen für arbeitslose Zeit, Erpsarnisse zu sammeln für die erwerbsunfähigen Hinterbliebenen... So klar diese Rechnung aber ist, armentechnisch ist sie wertlos, da ihre Voraussetzungen eben nur in solchen Fällen zutreffen, die ohnehin mit der Armenfürsorge nicht in Berührung kommen.

Für den weitaus größten Teil der Arbeiterschaft gelten aber diese Voraussetzungen nicht. Zunächst besteht durchaus nicht die Möglichkeit, immer zu arbeiten, sondern der Arbeitsfähige sieht sich nur allzu oft vergebens nach Arbeit um. Von der Möglichkeit, Auswahl zu treffen zwischen mehr oder minder guten Arbeitsstellen, kann nur ganz selten die Rede sein. Wir müssen uns erinnern an die dem Industriezeitalter entsprechende Volksvermehrung und an die industriellen Produktionszwecke... Der sehr gesteigerte Bevölkerungszuwachs sorgt dafür, daß an unbesetzten Arbeitsstellen kein Überfluß entsteht, und daß die Arbeitslöhne nicht eben weit über den Minimalbedarf der Arbeiterfamilie hinaus steigen. Der moderne

Produktionszweck seinerseits, der auf die Erzielung von Mehrwert hinausläuft und fast immer dem tatsächlichen Bedarf vorauseilt, kann Stockungen im Produktionsprozeß und damit verbundene Arbeiterentlassungen umso weniger vermeiden, da... die zeitweise Sättigung des Weltmarktes nach langer Überproduktion ein irresistibles Übel ist.

Vergleicht man diese aus dem Industrialismus folgenden Tatsachen, so ergibt sich für die Lohnfrage und damit auch für die Armenfrage ein Zustand, von dem die oben zitierten Wirtschaftsphilosophen des früheren Liberalismus schwerlich eine annähernd genaue Vorstellung hatten. Die Lohnarbeiterschaft ist an Zahl enorm gestiegen; ihr Lohnertrag entspricht im Durchschnitt gerade nur den laufenden Lebensanforderungen. Ausfall an Lohn durch Krankheit, Arbeitslosigkeit usw. bringt also das Wirtschaftsleben des besitzlosen Lohnarbeiters in Gefahr...

So steht denn der besitzlose Arbeiter unseres freien Arbeitsvertrages alsbald dem Nichts gegenüber, wenn es ihm an Arbeit fehlt. Auch zeigt sich sein Einkommen als unzureichend, sobald böse Vorfälle, Erkrankung von Familienmitgliedern usw. einen Aufwand über die gewöhnlichen Lebensbedürfnisse hinaus nötig machen.

Dieser Zustand ist für unsere gesamte Wirtschaftspolitik von einschneidender Bedeutung. Machen wir ihn uns einmal in seiner tatsächlichen Beschaffenheit klar, und rechnen wir dabei mit den Ergebnissen der Volkszählung von 1895. Da finden wir unter 22 Millionen Erwerbstätigen in Deutschland 16,5 Millionen, die ihren Lebensunterhalt durch Arbeitslohn gewinnen. Der größte Teil davon ist besitzlos, und der überwiegend größte Teil bezieht jenen normalen Arbeitslohn, der sich nicht über das laufende Durchschnittsbedürfnis erhebt...

Da diese Wirtschaftsbedingungen in vielen Fällen, deren Eintreten unausbleiblich ist, sich als nicht genügende Existenzsicherung für den Arbeiter und seine Familie erweisen, so sind wir nunmehr vor die Frage gestellt, wer die Verpflichtung zu tragen hat, in all solchen Fällen die Kosten zu erstellen, die zu einer genügenden Existenzsicherung fehlen, und wie ferner das Unterstützungswesen beschaffen sein muß, um den eben dargestellten wirtschaftlichen Gefahren des einzelnen nachdrücklich zu begegnen...

Die wirtschaftlichen Umwälzungen haben auch selbständige Gewerbetreibende in den Stand der Bedürftigkeit gebracht. Normalerweise rekrutiert sich jedoch aus den Arbeiterschichten die Hauptmenge der Bedürftigen...

Indem wir uns der eben gestellten Frage zuwenden, müssen wir zunächst die allgemein umfassende Forderung festlegen...: das Unterstützungswesen soll die Lücken in unserer Wirtschaftsordnung ausfüllen. Es soll die Existenzsicherung der einzelnen schaffen, insofern die reguläre Wirkung der jetzigen Wirtschaftsform das nicht vermag...

Die noch nicht ganz verschwundene Ansicht, als könnte der Staat diese Aufgabe auf die private Wohltätigkeit abwälzen, hat nicht die geringste Hoffnung auf Durchführbarkeit... Der Staat muß selber diese Aufgabe durchführen, die zur Basis seines Bestehens ebenso notwendig gehört wie irgendeine seiner sonstigen Aufgaben. Er muß also in die staatliche Ordnung Institutionen aufnehmen, deren Wirkung es ist, die Existenz der Staatsangehörigen zu sichern...

Es scheint also auf alle Weise einleuchtend, daß der moderne Staat ... selber der natürliche Träger der Fürsorge ist, die er als staatliche Tätigkeit zu organisieren hat, und für die er durch seine Gesetzgebung die Mittel zu sichern gar nicht umhin kann. Die einzig natürliche Konsequenz aus der heutigen Wirtschaftsverfassung ist das staatlich geordnete Fürsorgewesen, das in allen Fällen eintritt, wo Besitz, Familie und Arbeitsvertrag die Existenz des Einzelnen nicht sichern...

Nachdem einmal der Staat als der gegebene Träger der Armenpflege anerkannt ist, haben wir die erste Forderung zu stellen: daß der Staat Behörden schafft, die zur Ausübung des Armenwesens angewiesen und mit den dazu erforderlichen Amtsgewalten ausgestattet sind...

Die öffentliche Armenpflege ist das Institut für die Existenzsicherung in Notfällen. Diese Funktion hat sie nach ihrem vollen Umfange zu erfüllen, so daß unsere zweite Hauptforderung lautet: Der Staat solle Vorsorge treffen für die Sicherung der Mittel, die notwendig sind, um die Bestehensmöglichkeit der einzelnen aufrecht zu erhalten, wo sie bedroht ist.

Gibt man nun auch fast von allen Seiten zu, daß die Existenzsicherung des Bedürftigen von der öffentlichen Armenpflege gefordert werden muß, so pflegt man doch nur äußerst selten diese Forderung dahin auszudehnen, daß man dem Bedürftigen ein Recht auf die öffentliche Unterstützung zuerkennt. Auf den ersten Blick scheint ein solches Recht zwar die natürliche Konsequenz aus der zugestandenen Forderung zu sein, aber in praxi wurde diese Konsequenz fast nie gezogen. Man setzte den Armen nicht in die Lage, daß er... einen ihm verweigerten Unterstützungsanspruch bei einer richterlichen Instanz weiterverfolgen konnte; die Unterstützung wurde immer mehr oder weniger als ein Gnadenakt behandelt.

Ohne Zweifel beruht diese Gepflogenheit hauptsächlich darauf, daß man meistens die Fürsorge nicht im sozialen Zusammenhange sah, in dem sie sich befindet. Wenn wir jedoch die meisten Bedürftigkeitsfälle ihrem Ursprunge nach auf die Mängel der Wirtschaftsordnung zurückführen und die Armenpflege als die offizielle Institution ansehen, die diese Mängel auszugleichen bestimmt ist, so können wir uns der Notwendigkeit kaum verschließen, daß in all diesen Bedürftigkeitsfällen ein Recht auf Unterstützung zugestanden werden muß...

Der Staat als Gesamtverwalter der öffentlichen Armenpflege hätte Maßnahmen zu treffen, diesem Recht eine nachdrückliche Realität zu geben und sich selbst durch Kontrolleinrichtungen zu überzeugen, daß der Betrieb der Fürsorge nach den von ihm dekretierten Bestimmungen gehandhabt wird... Als Spitze dieser Aufsichtsbehörden dürfte eine Zentralinstanz, die beratend, mahnend, aufsichtführend, schlichtend den ganzen staatlichen Fürsorgeapparat überwacht, nicht zu entbehren sein. Unsere dritte Hauptforderung lautet demnach: *Allen Bedürftigen, die außerstande sind, durch Privatmittel, durch Arbeitseinkommen oder Familienbeihilfe sich zu erhalten, soll ein Recht auf Existenzsicherung durch die öffentliche Armenpflege zugestanden werden, und der Staat soll durch Ernennung von geeigneten Behörden und durch Gründung einer Zentralaufsichtsstelle die Möglichkeit einer dauernden Kontrolle des Armenwesens schaffen...*

Die Tatsache, daß der Arme aufgrund der Unterstützung das Wahlrecht zum

Reichstag und zu den Landtagen verliert, steht nicht im Einklang mit unserer Ge-
samtauffassung des Unterstützungswesens. Diese Gepflogenheit soll, wie man
meint, dem öffentlichen Interesse insofern dienen, als ihre strafende Tendenz viele
Arme von der Inanspruchnahme der öffentlichen Hilfe zurückschreckt. Man will
also durch Entziehung des Wahlrechts abschreckend wirken. Dadurch stellt man
den sozialen Charakter des Unterstützungswesens... in Frage[40]).

Mit anderen Worten: Der Deutsche Verein forderte, daß die öffentliche
Fürsorge eine Rechtsposition analog derjenigen der Sozialversicherung erhalte; und er stützte seine Forderung auf Argumente, mit denen, nur anders
gewendet, in der Bismarck-Ära schon die Sozialversicherung begründet
worden war, nämlich mit der Abhängigkeit des Lohnarbeiters vom Arbeitgeber im liberalen Rechtsstaat und in dessen kapitalistischem Wirtschaftssystem.

Die Besonderheit der vom Deutschen Verein erhobenen Forderungen
liegt vor allem darin, daß er sie im Prinzip zwar zugunsten der Arbeiterklasse vorbringt, aber eine generell für das ganze Reichsgebiet nötige Regelung der individuellen Hilfe erstrebt, insofern also auf ein Sozialgesetz entsprechend etwa dem heutigen Bundessozialhilfegesetz abzielt. Der Angelpunkt liegt im Rechtsanspruch.

6. Grundsätzliche Einstellung des Deutschen Vereins zur Fürsorge-Er-
ziehung. Inkrafttreten des BGB (§§ 1666 und 1838)

Sozialpolitisch relevantes Kriterium der Versicherungsgesetze war nicht,
daß durch sie der größte Teil des deutschen Volkes einigermaßen vor bestimmten Folgen der Armut bewahrt werden sollte. Sonst hätte es auch genügt, das Unterstützungswohnsitzgesetz durch eine Novelle zulänglich zu
erweitern und die Kostenerstattung entsprechend neu zu regeln; und die
jahrelangen heftigen Reichstagsdebatten, die ihretwegen geführt wurden,
hätten sich dann wohl erübrigt.

Ihr sozialpolitischer Wert lag vielmehr darin, daß die Reichsregierung einer der Geldherrschaft unterworfenen und legal ausgebeuteten Groß-
gruppe gesetzlich zu Hilfe kam. Das Prinzip der Hilfeleistung überwog hier
deren Umfang.

Sozialpolitik zugunsten einer jeweils bestimmten Bevölkerungsgruppe
setzt nicht nur spezifische Übel voraus, die es zu beheben gilt, sondern sie
richtet sich – in der Regel – gegen Urheber und Ursachen solcher Übel, im
Falle der Arbeiterklasse also unmittelbar gegen kapitalmächtige Arbeitge-

ber, mittelbar gegen deren Egoismus und somit gegen die bekannte Manchester-Doktrin.

Zwar ihr jeweiliges Nahziel ist die Verbesserung allgemeiner oder besonderer Existenzverhältnisse; aber die ihr immanente Gesinnung geht darüber hinaus: Sie hat moralische Qualität. Gelänge es ihr, alle sie hervorrufenden Übelstände abzuschaffen, dann hätte sie dadurch die negativen Merkmale der von ihr unterstützten Gruppe zum Verschwinden gebracht.

Sobald Sozialpolitik in diesem Sinne aufgefaßt wurde – was der Fall war –, gab es viele Gruppen verschiedener Art und Größe, die ihrer Hilfe bedurften, so – als Definitionsgruppe verstanden – auch diejenige der vernachlässigten, mißhandelten und verwahrlosten Kinder.

Das Eingreifen des Staates zugunsten dieser Kinder ist vom Deutschen Verein oftmals gefordert und ausdrücklich zu einer „sozialpolitischen Notwendigkeit"[41]) deklariert worden:

Es unterliegt heute keinem Zweifel mehr, daß der Staat berechtigt und verpflichtet ist, auch in das von der Natur geschaffene Band der Familie einzugreifen, und die Erziehung der Kinder den Eltern fortzunehmen und selbst auszuüben, wenn es die Interessen des Staatswohls erfordern.

Der Zweck dieses Eingriffs ist, in den Fällen, in welchen die Familie nicht genügende Garantien für eine Erziehung der heranwachsenden Generation zu ordentlichen Staatsbürgern bietet, durch zwangsweise Erziehung außerhalb der Familie das Fehlende zu ersetzen...

Der wichtigste Beweggrund aber des Staates, für eine geordnete vorbeugende Erziehung der gefährdeten Jugend zu sorgen, besteht in der Pflicht des Staates den gefährdeten Kindern selbst gegenüber. Es ist Aufgabe des Staates, nicht nur für die geistige und körperliche Ausbildung des Volkes durch Schaffung von Schulen, Gymnasien, Universitäten und sonstigen Lehranstalten zu sorgen, sondern auch für die sittliche im Interesse der einzelnen selbst. Das Recht des Vaters bezugsweise der Mutter, auf die körperliche und geistige Erziehung der Kinder bestimmend einzuwirken, findet seine Grenze an dem Rechte des Staates, die Erziehung der Jugend zu überwachen und dafür zu sorgen, daß jeder einzelne dereinst auch diejenige moralische Qualifikation besitzt, die das Leben von ihm verlangt.

Wo die sittliche Entwicklung Schaden leidet, da muß der Staat Vorkehrungen treffen, um die Gefahr des Verderbens zu beseitigen. Das geschieht durch die Zwangserziehung, deren zweckentsprechende Ausführung vom Staate getragen oder wenigstens garantiert werde[42]).

Der Ausdruck „Zwangserziehung" wurde aber sogleich verdrängt durch den besseren Ausdruck „Fürsorgeerziehung (FE)" nach dem preußischen Gesetz über die Fürsorgeerziehung Minderjähriger vom 2. Juli 1900, „weil man damit... die vorbeugende, sozialethische Tendenz des Gesetzes bezeichnen wollte"[43]):

Das abstoßende Wort „Zwangserziehung" drückte den ihr überwiesenen Kindern einen Makel auf, der sich im späteren Leben selten ganz verwischte und oft zu einer peinlich berührenden Erinnerung führte. Ethische und pädagogische Gründe nötigten daher ein solches auch sprachlich kaum zu rechtfertigendes Wort um so mehr zu vermeiden, als das vorliegende Gesetz weniger gegen die schon eingetretene Straffälligkeit einschreiten, als die Straffälligkeit selbst durch eine entsprechende Erziehung verhüten will" (Schmitz: Die Fürsorgeerziehung Minderjähriger, 3. Auflage S. 33)[44]).

Zwei Gründe bewogen den Deutschen Verein, sich auf seiner 23. Jahresversammlung in Elberfeld u. a. mit der Fürsorge-Erziehung eingehend zu befassen: Das am 1. Januar 1900 für das ganze Reich in Kraft getretene Bürgerliche Gesetzbuch (BGB) mit seinen §§ 1666, 1838, und die Befriedigung, daß damit endlich die vom Deutschen Verein schon 1885 geforderte Fürsorgeerziehung gesetzliche Wirklichkeit geworden war:

Was im Jahre 1885 der Deutsche Verein für Armenpflege und Wohltätigkeit als Notwendigkeit bezeichnet hat, das ist jetzt in allen Bundesstaaten Deutschlands Wirklichkeit geworden[45]).

Damals hatte der Deutsche Verein nach Verhandlungen 1884, in denen sich über jene Forderung noch „ein heftiger Kampf entspann", und nach Verhandlungen 1885, in denen „sich wiederum die Meinungen schroff gegenüberstanden", schließlich mit Mehrheit folgende These zum Beschluß erhoben:

Es bedarf überall, wo Landesgesetze noch nicht bestehen, oder dieselben nicht ausreichen, entsprechender Vorschriften, nach denen Kinder und jugendliche Personen, welchen zwar noch keine Übertretung von Strafgesetzen zur Last fällt, deren bereits zu Tage tretende Verwahrlosung aber die Zuchtmittel der Eltern und der Schule als unzureichend erscheinen läßt, und deren Eltern ihre Pflege- und Erziehungspflicht gröblich versäumen, nach gehöriger Feststellung der betreffenden Verhältnisse auch gegen den Willen der Eltern resp. deren Stellvertreter auf eine vom Grade der Besserung abhängende Dauer der Zwangserziehung in anderen Familien oder in Erziehungs- oder Besserungsanstalten überwiesen werden können.
Eine besondere Aufgabe der Landesgesetzgebung ist es hierbei, durch geeignete, vorzugsweise in der Wahl und Zusammensetzung der mit der Entscheidung zu betreuenden Organe und in einem zweckentsprechenden Verfahren zu suchenden Kautelen eine mißbräuchliche und über die Fälle dringender Notwendigkeit hinausgehende Anwendung zu verhüten[46]).

Nur an Gesetze der Einzelstaaten („Landesgesetze") hatte damals der Deutsche Verein denken können, weil eine reichsgesetzliche Regelung noch nicht zu erwarten war. Sie brachte erst das BGB, allerdings lt. Artikel 135 des Einführungsgesetzes zum BGB mit der Möglichkeit, daß alle deutschen Bundesstaaten die Bestimmungen der §§ 1666 und 1838 in ihre Landesgesetze übernähmen. Das schon zitierte preußische Gesetz über die Fürsorgeerziehung Minderjähriger vom 2. Juli 1900 ist in ganz Preußen mit Jubel begrüßt worden. Überall wurde es als eine soziale Tat ersten Ranges gepriesen, ja man ging sogar so weit, es als „die größte unter allen denen zu bezeichnen, welche uns die Geschichte der Staaten und Völker nachweist". Eine Fülle eingehender und erklärender Literatur entstand; in allen Vereinen, die sich mit ethischen und sozialen Angelegenheiten beschäftigen, wurden Vorträge über das Gesetz gehalten; und Erziehungsvereine, die sich der Ausführung des Gesetzes helfend widmen wollten, wurden gegründet[47]).

Die gesetzlichen Bestimmungen über die Fürsorgeerziehung lauten im BGB:

§ 1666. Wird das geistige oder leibliche Wohl des Kindes dadurch gefährdet, daß der Vater das Recht der Sorge für die Person des Kindes mißbraucht, das Kind vernachlässigt oder sich eines ehrlosen oder unsittlichen Verhaltens schuldig macht, so hat das Vormundschaftsgericht die zur Abwendung der Gefahr erforderlichen Maßregeln zu treffen. Das Vormundschaftsgericht kann insbesondere anordnen, daß das Kind zum Zwecke der Erziehung in einer geeigneten Familie oder in einer Erziehungsanstalt oder einer Besserungsanstalt untergebracht wird.

Hat der Vater das Recht des Kindes auf Gewährung des Unterhalts verletzt und ist für die Zukunft eine erhebliche Gefährdung des Unterhalts zu besorgen, so kann dem Vater auch die Vermögensverwaltung, sowie die Nutznießung entzogen werden.

§ 1838. Das Vormundschaftsgericht kann anordnen, daß der Mündel zum Zwecke der Erziehung in einer geeigneten Familie oder in einer Erziehungsanstalt oder einer Besserungsanstalt untergebracht wird. Steht dem Vater oder der Mutter die Sorge für die Person des Mündels zu, so ist eine solche Anordnung nur unter den Voraussetzungen des § 1666 zulässig.

Im preußischen Gesetz über die Fürsorgeerziehung Minderjähriger vom 2. Juli 1900 lautet § 1:

Ein Minderjähriger, welcher das 18. Lebensjahr noch nicht vollendet hat, kann der Fürsorgeerziehung überwiesen werden:

1. wenn die Voraussetzungen des § 1666 oder des § 1838 des Bürgerlichen Gesetzbuches vorliegen und die Fürsorgeerziehung erforderlich ist, und die Verwahrlosung des Minderjährigen zu verhüten;

2. wenn der Minderjährige eine strafbare Handlung begangen hat, wegen der er in Anbetracht seines jugendlichen Alters strafrechtlich nicht verfolgt werden kann, und die Fürsorgeerziehung mit Rücksicht auf die Beschaffenheit der Handlung, der Persönlichkeit der Eltern oder sonstigen Erzieher und die übrigen Lebensverhältnisse zur Verhütung weiterer sittlicher Verwahrlosung des Minderjährigen erforderlich ist;

3. wenn die Fürsorgeerziehung außer diesen Fällen wegen Unzulänglichkeit der erziehlichen Einwirkung der Eltern oder sonstiger Erzieher oder der Schule zur Verhütung des völligen sittlichen Verderbens des Minderjährigen notwendig ist.

Die Fürsorge-Erziehung brachte einen Komplex neuer Aufgaben mit sich. Sie betrafen nicht nur das Vormundschaftswesen, die Pflegeeltern, die Heime und die gesetzlich sanktionierten Erziehungs-Ziele, an denen die Erziehungs-Verfahren sich orientieren sollten, sondern ebenso diejenigen Familienverhältnisse, welche der Fürsorge-Erziehung vorangingen oder von ihr vorausgesetzt werden mußten, insofern also die Familienfürsorge.

7. „Soziale Fürsorge"

Von der gesetzlichen Armenfürsorge herkömmlicher Art hatten sich – im Prinzip – die neuen Formen der Fürsorge weit entfernt; sie wurden deshalb zusammengefaßt unter dem ebenfalls neuen Namen „Soziale Fürsorge" (auch im Sinne von „vorbeugender Armenpflege"):

Bis zum vorigen Jahrhundert [gemeint ist hier das 18. Jahrhundert] war unsere Fürsorgetätigkeit vorwiegend repressiv, sie suchte die Schäden zu unterdrücken, ohne etwas Positives an die Stelle zu setzen; die Aufklärungsepoche brachte uns die sogenannte philanthropische Bewegung, die zwar im Wohltun und in den freundlichen Gesinnungen der Menschen für die Menschen sehr viel leistet, aber eigentlich die wirtschaftliche Bedeutung dieser Frage zurückstellt; wir sind in die Epoche der sozialen Fürsorgetätigkeit getreten, d. h. in die Bewegung, den sozialen Zusammenhang der Dinge zu erkennen und vor allem der Armut vorzubeugen[48].

Besonders tritt hervor – und das entspricht der sozialen Auffassung unserer Zeit – die Fürsorge für Kinder, die Fürsorge für Kranke; d. h. sozial in dem Sinne, daß man sich darüber klar geworden ist, daß keine Armenpflege, die ein verkommenes Kind nachher auf Staatskosten durchfüttert, keine Armenpflege, die den krank gewordenen Menschen hinterher bis an sein Lebensende unterhält, ihre wahre Pflicht tut; daß die wahre Pflicht vielmehr darin besteht, den jungen Menschen, das Kind, zur rechten Zeit so hinzustellen, so zu pflegen, so zu erziehen, daß, wenn es anfangen kann, in die eigene wirtschaftliche Existenz zu treten, es unabhängig, frei und wohlerzogen wird und nie wieder mit der Armenpflege zu tun hat; und daß es in der Krankenpflege die vornehmste Aufgabe sein muß, den, der durch Krankheit gehindert ist, seinem Beruf nachzugehen, nicht künstlich in diesem leidenden Zustande zu erhalten, sondern ihn dem Zustande zu entreißen und, soweit es möglich ist, wieder gesund zu machen[49]).

Im Grunde genommen ist die vorbeugende Armenpflege in ihrem Ziele identisch mit der sozialen Fürsorge, und die Aufgaben der ersteren können von denen der letzteren ihrem Wesen nach nicht verschieden sein. Aber der Umfang der Aufgaben änderte sich gewaltig. Hielt man es zuerst für ausreichend, den örtlichen Armenpflegen ganz allgemein die Aufgabe zu stellen, die ihnen zweckdienlich erscheinenden Maßnahmen gegen Verarmung zu treffen, so wuchs diese Aufgabe zu einer ungeheueren heran, sobald die Erkenntnis der sozialen Fürsorge als Pflicht der Allgemeinheit gewonnen und in die Tat umgesetzt war. Ganz von selbst und stillschweigend entglitt den Armenpflegen das Gebiet der von der Versicherungsgesetzgebung des Reiches übernommenen Vorbeugung durch soziale Fürsorge im großen. Es brauchte nicht erwiesen zu werden, daß die örtlichen Armenpflegen für solche Aufgaben viel zu schwach waren[50]).

Und nun noch ein Wort über eine Reihe von neuzeitlichen, teilweise sozusagen erst entdeckten Aufgaben der Armenpflege. Die beste Übersicht über dieselben gibt die stattliche Reihe der Abhandlungen des Deutschen Vereins für Armenpflege und Wohltätigkeit. Die wichtigsten seien hier aufgezählt:

– Fürsorge für Obdachlose, besonders weibliche;
– Fürsorge für ungefährliche Irre;
– Fürsorge für Wöchnerinnen und deren Angehörige;
– Fürsorge für die schulentlassene Jugend;
– Fürsorge für Genesende;
– Fürsorge für Kostkinder und Kinder überhaupt;
– Fürsorge für Epileptische;
– die häusliche Gesundheitspflege;
– Bekämpfung der Trunksucht;
– Bekämpfung der Tuberkulose;
– die Wohnungsfrage; Mietsbeiträge;
– der hauswirtschaftliche Unterricht;
– Arbeitslosenkolonien; Arbeiterkolonien; Ferienkolonien;
– Arbeitsnachweise;
– Zwangserziehung (Fürsorgeerziehung); Rettungshäuser;
– Armen- und Arbeitshäuser; Armenbeschäftigung überhaupt;
– Volks- und Krankenküchen;
– Haushaltpflege;
– Hilfe in außerordentlichen Notständen.

Alle diese Forderungen sind sozialpolitische Probleme und gehören der Hauptsache nach dem Gebiete der Vorbeugung an[51]).

Im allmählich entstehenden, aber noch nicht so genannten System der sozialen Sicherung vermittelte die soziale Fürsorge zwischen Sozialpolitik und gesetzlicher Armenfürsorge. Entstanden war sie dadurch, daß Leitmotive der Sozialpolitik – insbesondere: generelle Hilfe für jeweils bestimmte Bevölkerungsgruppen, Vorbeugungsprinzip, Versorgungsanspruch – von Städten im Zusammenwirken mit privaten Vereinigungen aufgegriffen und auf die kommunale Fürsorge übertragen worden waren. Aber gesetzlich abgesichert und zur Pflichtaufgabe gemacht war nur die öffentliche Armenfürsorge. Sie trat erst ein, wenn ein Notfall schon vorlag und kein anderer Unterhaltspflichtiger dem Hilfebedürftigen die nötige Unterstützung gewähren konnte. Hingegen die soziale Fürsorge, vorbeugend und nicht-subsidiär, wurde seitens derjenigen Kommunen, die sich ihrer annahmen, freiwillig geleistet. „Kommunale Fürsorge" bestand insofern aus erstens der gesetzlichen Fürsorge (Armenfürsorge) und zweitens der freiwilligen Fürsorge (sozialen Fürsorge).

Insofern hatte, streng genommen, die soziale Fürsorge nichts zu tun mit der gesetzlichen Armenfürsorge. Vielmehr verwirklichte sich in ihr die Eigengesetzlichkeit moderner Fürsorge überhaupt (s. u.); und da die soziale Fürsorge auf Freiwilligkeit beruhte, so begründete vor allem sie die Fürsorge-Gemeinschaft von Kommunen und privaten Vereinigungen:

Die Aufgabe, auf dem Gebiet der sozialen Fürsorge sich zu betätigen, ohne daß den diesbezüglichen Leistungen der Charakter der öffentlichen Unterstützung anhaftet, haben einige Verwaltungen in der Weise zu lösen versucht, daß die hierfür erforderlichen Beträge zwar in größerem oder geringerem Umfang aus öffentlichen Mitteln zur Verfügung gestellt werden, die unmittelbare Ausübung dieser Fürsorge dagegen gemeinnützigen Vereinen oder Stiftungen überlassen bleibt. So subventioniert z. B. die Stadt Berlin die dortige Armenspeisungsanstalt, den Verein für Kinderheilstätten und eine Reihe gemeinnütziger, auf dem Gebiet der Armenpflege arbeitender Vereine und Stiftungen… Der Hamburger Staat (der, als Rechtspersönlichkeit betrachtet, bekanntlich mit dem Armenverband identisch ist) subventioniert eine aus Stiftungsmitteln erbaute Lungenheilstätte… Eine Reihe von Städten gewährt Vereinen und Stiftungen, die sich mit der Unterbringung von Kindern in Heilstätten und Ferienkolonien befassen, Beihilfen; andere wenden in dieser Form Beträge zum Zweck der Bekleidung oder Speisung von Schulkindern auf…

Die… Versuche der Stadtverwaltungen, eine den Bedürfnissen der Zeit entsprechende soziale Fürsorge außerhalb des Rahmens der Armenpflege auszuüben, haben alle das gemeinsam, daß sie gewissermaßen nur einen Notbehelf darstellen. Hier werden Mittel der Privatwohltätigkeit oder doch Mittel, die zu rein prophylaktischen Zwecken bestimmt sind, zur Befriedigung solcher Bedürfnisse verwandt, die nach der modernen Auffassung innerhalb des Notbedarfs liegen, dort bedient sich die Armenpflege der Vermittlung privater Organisationen, um mit ihren öffentlichen Mitteln ihre Aufgaben zu erfüllen. Im einen wie im anderen Falle wird eine prinzipielle Stellungnahme zu der Frage, ob sich die öffentliche Armenpflege dieser neu entwickelten Fürsorgezweige annehmen, oder ob sie sich streng auf ihr altes Arbeitsgebiet beschränken soll, vermieden. Und darin liegt gerade das Unbefriedigende und auf die Dauer Unzulängliche dieser Versuche, welche die Entfaltung einer Fürsorgetätigkeit auf breiterer Basis nicht oder doch nur vereinzelt zulassen.

Prinzipiell wird dagegen die aufgeworfene Frage entschieden, wenn, wie das seitens mehrerer Stadtverwaltungen geschehen ist, die Aufwendungen für Zwecke der sozialen Fürsorge aus dem Armenbudget ausgesondert, evtl. auch für die letztere besondere Organe bestellt werden und damit unzweideutig zum Ausdruck gebracht wird, daß Aufwendungen dieser Art als Armenunterstützung im Sinne des Unterstützungswohnsitzgesetzes nicht angesehen werden sollen.

So haben mehrere Städte Beträge von verschiedener Größe außerhalb des Armenbudgets ausgeworfen zur Unterbringung Lungenkranker in Heilstätten, zur Kurausrüstung, zur Entsendung von Kindern in Heilstätten und Ferienkolonien, zur Verpflegung von Rekonvaleszenten... In Krefeld stehen der Verwaltung zur Bekleidung von Schulkindern nicht unterstützter Eltern außerhalb des Armenbudgets Mittel zur Verfügung... Die Schulspeisung in Charlottenburg, Halle und Stolp wird nicht aus Armenmitteln, sondern auf Kosten der Schulverwaltung, in Mainz aus der Etatposition „Unterstützung in besonderen Fällen" bestritten...

Zeigen sich somit in einer Reihe von Städten, wenn auch bisher fast durchgehends nur in bescheidenen Grenzen, Ansätze zu einer sozialen Wohlfahrtspflege der Stadtverwaltungen, welche selbständig neben die aufgrund des Unterstützungswohnsitzgesetzes ausgeübte Armenpflege gestellt sein soll, so erhebt sich die für die Weiterentwicklung der gesamten Armenpflege grundsätzlich wichtige Frage, ob es sich empfiehlt, diese Ansätze weiter auszubauen und eine möglichst allgemeine Durchführung des ihnen zugrunde liegenden Gedankens anzustreben, mit anderen Worten, ob prinzipiell vor der Erweiterung des Aufgabenkreises der Armenpflege im Sinne der bundesamtlichen Judikatur... die Zusammenfassung der über die Zwangsarmenpflege im Sinne der alten Praxis hinausgehenden Fürsorgebestrebungen in einer außerhalb der Armenpflege stehenden und einen gesonderten Zweck kommunaler Tätigkeit bildenden sozialen Wohlfahrtspflege den Vorzug verdient. Daß mancherlei in hohem Maße beachtliche Gründe hierfür sprechen, läßt sich nicht verkennen.

Zu beachten ist, daß die modernen Wohlfahrtsbestrebungen, namentlich soweit sie auf Bekämpfung der allgemeinen Armutsursachen gerichtet sind, sich vielfach mit den Maßnahmen der Sozialpolitik berühren, und daß ihnen insofern ein Moment innewohnt, welches der auf dem Gebiet der individuellen Hilfe aufgebauten Armenpflege fremd ist und welches daher in der Verbindung mit der letzteren nicht immer zur vollen Entfaltung kommt.

Endlich ist auch der Tendenz unserer gesamten gesellschaftlichen Entwicklung, das Verhältnis von Armenpflege und Sozialpolitik mehr und mehr zugunsten der letzteren zu verschieben, Rechnung zu tragen...

Darin liegt der Schlüssel zu dem Problem, ob und in welchem Umfange es möglich ist, die hier in Frage stehende Fürsorge auch soweit sie vorwiegend im individuellen Interesse ausgeübt wird, außerhalb der öffentlichen Armenpflege zu organisieren. Soweit nämlich ihre Leistungen noch von anderen Voraussetzungen, als der Tatsache der Hilfsbedürftigkeit abhängig gemacht werden, soweit sie mit anderen Worten weiteren Kreisen als bloß den im armenrechtlichen Sinne hilfsbedürftigen Personen unterschiedslos zugängig gemacht werden und auf diese Weise durch generelle Maßnahmen der Hilfsbedürftigkeit vorgebeugt wird, so daß es für ein Eingreifen der öffentlichen Armenpflege überall an der rechtlichen Voraussetzung fehlt, insoweit steht diese Fürsorge außerhalb der öffentlichen Armenpflege und haften daher ihren Leistungen auch nicht die Rechtswirkungen jener an.

Dahin gehört z. B. das fakultativ freie Begräbnis für jedermann..., ferner die Gewährung freien Unterrichts in Rechtsgebieten, in denen an sich Erziehungsaufwand zu den Armenkosten gehört, die Gewährung von Schulspeisung an alle Volksschulkinder oder doch an alle Kinder notorisch unbemittelter Eltern, ohne daß im konkreten Falle armenrechtliche Hilfsbedürftigkeit im strengen Sinne festgestellt würde. In der gleichen Richtung bewegt sich die oft gehörte Forderung nach allgemein freier ärztlicher Behandlung und Pflege in Krankheitsfällen, welche... die Gewährung von Heilstättenbehandlung, Badekuren, Krankenkost usw. mitumfassen würde, die Forderung allgemein freier Entbindung, Kinderpflege und dergleichen mehr.

Um diese Maßnahmen zu „sozialpolitischen" zu machen, d. h. um sie außerhalb der Armenpflege zu stellen, ist es sogar nicht erforderlich, daß die fraglichen Leistungen jedermann gewährt werden; es wäre vielmehr auch eine Beschränkung auf bestimmte, aber generell begrenzte Personenkreise, z. B. Individuen bis zu einem gewissen Höchsteinkommen, Angehörige gewisser Berufsklassen, Personen in bestimmtem Lebensalter usw. denkbar.

Endlich bildet auch die Unentgeltlichkeit der Leistung kein wesentliches Begriffsmerkmal, es ist vielmehr, wie die in so hohem Maße zur Ablösung der Armenpflege berufene Sozialversicherung beweist, sehr wohl denkbar, die Leistungen von gewissen Gegenleistungen abhängig zu machen... Es genügt, an dieser Stelle auf die Berührungspunkte einerseits, andererseits auf den prinzipiellen Gegensatz zwischen Armenpflege und Sozialpolitik hingewiesen zu haben.

Es ist schon... der in der neuzeitlichen Entwicklung sich geltendmachenden Tendenz, das Verhältnis zwischen Armenpflege und Sozialpolitik mehr und mehr zugunsten der letzteren zu verschieben, Erwähnung getan, und es darf daher mit einiger Wahrscheinlichkeit angenommen werden, daß noch manchen Bedürfnissen, deren Befriedigung zur Zeit noch Sache der Armenpflege ist, in Zukunft im Wege genereller sozialpolitischer Maßnahmen genügt werden wird. Auf der anderen Seite darf aber nicht übersehen werden zum ersten, daß, wenn nicht alle Wirtschaft (einschließlich des Güterverbrauchs) in Gemeinwirtschaft aufgelöst werden soll, die sozialpolitischen Fürsorgeeinrichtungen stets ein bestimmtes individuelles Verhältnis des Leistungsempfängers zum Träger der Fürsorge voraussetzen, die Fälle der durch jene Einrichtungen zu befriedigenden Lebensbedürfnisse sich aber niemals restlos unter diese Voraussetzungen werden subsumieren lassen, und zum anderen, daß, je mehr das Maß der menschlichen Bedürfnisse überhaupt steigt, in gleicher Weise auch der Kreis der zum Existenzminimum gehörenden Bedürfnisse eine Erweiterung erfährt.

Individuelle Hilfsbedürftigkeit im einen oder anderen Falle wird also immer eine Begleiterscheinung der menschlichen Kultur sein und daher die Ablösung *aller* Armenpflege durch Sozialpolitik wohl dauernd eine Utopie bleiben...

Soll die Armenpflege nicht im Laufe der Zeit zu schwer belastet werden, so ist darauf Bedacht zu nehmen, die schon bestehenden sozialpolitischen Einrichtungen weiter auszubauen und das System derselben den neuen Bedürfnissen der Zeit entsprechend zu ergänzen, vor allem in der Richtung einer umfassenden kommunalen

Sozialpolitik. Denn bei aller Anerkennung der sozialpolitischen Schöpfungen des Reiches und ihrer Bedeutung für die Bekämpfung der allgemeinen Armutsursachen darf das nicht vergessen werden, daß eine Ablösung der Armenpflege durch die Sozialpolitik vorwiegend nur auf der Grundlage einer gemeindlichen, neben der Armenversorgung stehenden Fürsorge wird stattfinden können.

Die Basis der vom Reich inaugurierten Sozialpolitik ist zu breit, die sie beherrschenden Gesichtspunkte sind zu allgemein, ihre Organisation ist zu schwerfällig, als daß sie den außerordentlich mannigfachen, nach Ort und Zeit wechselnden Bedürfnissen des Lebens allseitig entsprechen könnte. Eine Reihe wichtiger sozialpolitischer Maßnahmen – und gerade unter ihnen befinden sich solche, die besonders geeignet sind, ein Eingreifen der Armenpflege entbehrlich zu machen – können in befriedigender Weise gar nicht anders als auf begrenzterer Grundlage in Angriff genommen werden. Damit ist selbstverständlich nicht gesagt, daß von dem hier fraglichen Gesichtspunkte aus nicht auch die sozialpolitischen Einrichtungen des Reiches eines weiteren Ausbaues dringend bedürfen...

Aber nicht nur im Rahmen der eigentlichen Sozialpolitik lassen sich manche Aufgaben erfüllen, die augenblicklich der Armenpflege obliegen, auch darüber hinaus wird die künftige Gesetzgebung darauf Bedacht zu nehmen haben, gewisse Fürsorgeveranstaltungen aus dem Pflichtenkreis der Armenverbände auszuscheiden. Das gilt vor allem für diejenigen Veranstaltungen, welche, weil erheblich im öffentlichen Interesse gelegen, auf staatlicher Zwangsvorschrift beruhen... Vor allem aber werden Aufwendungen zu Erziehungszwecken jeder Art aus der Armenpflege auszuscheiden und die hierfür erforderlichen Mittel in anderer Weise seitens der öffentlichen Körperschaften bereitzustellen sein... Das gilt namentlich von dem Schulunterricht, dessen unentgeltliche Gewährung in einigen Staaten [des Deutschen Bundes] noch heute als Armenunterstützung behandelt wird, sowie von der Verabfolgung von Schulutensilien, aber auch von der Ausbildung geistig und körperlich anormaler Kinder und Jugendlicher und von der Erziehung gefährdeter oder verwahrloster minderjähriger Personen[52]).

Dritter Themenkreis: Zur Entwicklung der Fürsorge gemäß ihrer Eigengesetzlichkeit

Leitmotiv des Deutschen Vereins seit seiner Gründung war und ist, dahin zu wirken, daß die Fürsorge sich gemäß ihrer Eigengesetzlichkeit entwickelt; sein Kardinalprinzip und Hauptkriterium: Fürsorge = individuelle Hilfe. Eine Dauerfrage, die er sich stellte und auf die er im Lauf der Zeit viele zusammenhängende Antworten fand, lautet kurz gesagt, wie individuelle Hilfe sich nicht nur am besten, sondern auch einheitlich praktizieren lasse.

Als er seine Tätigkeit aufnahm, war im Reichsgebiet die Fürsorgepraxis unübersichtlich, vielfach unzulänglich und alles andere als einheitlich. Unmittelbaren Einfluß erlangte er, aus guten Gründen, zuerst auf die Organisation öffentlicher Fürsorge.

Das Unterstützungswohnsitzgesetz forderte, als Rahmengesetz, die einzelstaatlichen Ausführungsgesetze; aber auch sie überließen die Fürsorgepraxis den Gemeinden, von denen die sich selbst verwaltenden Städte, insbesondere die Großstädte und Mittelstädte, sich am ehesten für Organisationsprobleme aufgeschlossen zeigten. Ihnen, seinen Mitgliedern, empfahl der Deutsche Verein nachdrücklich und maßgebend das „Elberfelder System" (s. u.).

Von der öffentlichen Fürsorge unterschied sich die private Fürsorge schon dadurch, daß sie unabhängig war von der Sorgepflicht und insofern „frei". Es gab Tausende privater Ortsvereinigungen und Stiftungen jeweils mit Sonderzwecken. Da jeder Staat seine Staatskirche hatte, standen deren Gemeinden mit ihren Einrichtungen und Arbeitskreisen der öffentlichen Fürsorge grundsätzlich nahe. Hinzu kamen als Spitzenverbände der Zentralausschuß für die Innere Mission der Deutschen Evangelischen Kirchen (gegründet 1848), das Deutsche Rote Kreuz (gegründet 1869) und der Deutsche Caritasverband (gegründet 1896). Besonders eng und ergiebig gestalteten sich die Beziehungen zwischen dem Deutschen Verein und dem 1890 von Wilhelm Merton in Frankfurt am Main gegründeten Institut für Gemeinwohl nebst der Gesellschaft für Wohlfahrtseinrichtungen und der Centrale für private Fürsorge.

Eine Spezialaufgabe des Deutschen Vereins war und ist, öffentliche und private Fürsorge zentral so zusammenzubringen, daß sich aus ihrer fortschreitenden Zusammenarbeit neue – von ihm dann untersuchte, kommentierte und allgemein bekannt gemachte – Arbeitsfelder ergeben. So wurde die deutsche Fürsorge vor und nach der Jahrhundertwende durch zahlreiche neue Arbeitsfelder erweitert und ausgestaltet (s. o. „Soziale Fürsorge").

Ebenfalls um die Jahrhundertwende war es der Deutsche Verein, der mit wachsendem Erfolg darauf drängte, daß Frauen in die soziale Arbeit einträten und dort auch Berufsaufgaben fänden (s. u.); desgleichen forderte er – im folgenden Jahrzehnt – mit demselben Erfolg sowohl den Sozialberuf als auch die Sozialberufs-Schulen (s. u.).

1. Das „Elberfelder System"

Das Elberfelder System war dem Hamburger System verwandt. Einleitend sei hier aus einer Publikation der Stadt Elberfeld von 1953 anläßlich der Hundertjahrfeier des Elberfelder Armenpflege-Systems zitiert[53]):

Auf dem Reformierten Kirchplatz in Elberfeld stand früher inmitten grüner Anlagen ein... Denkmal, das im Jahre 1903 errichtet worden war... Als es eingeweiht wurde, geschah es auf der 23. Jahresversammlung des Deutschen Vereins für Armenpflege und Wohltätigkeit, die auf Einladung der Stadt Elberfeld am 24. und 25. September 1903 hier stattfand. „Sie haben", begann der Oberpräsident der Rheinprovinz Dr. Nasse als Vertreter der Königlichen Staatsregierung seine Begrüßungsansprache, „sich für Ihre Tagung einen Ort gewählt, der sich auszeichnet vor vielen anderen durch seine zahlreichen Wohlfahrtseinrichtungen, ganz besonders aber durch seine Armenpflege-Organisationen". ... Der Hauptreferent des Tages, Stadtrat Dr. Münsterberg, Berlin, aber feierte das Elberfelder System als „eine Art Zauberformel", es sei „nicht nur das System der Stadt Elberfeld, sondern das System der Armenpflege, das eine System, das man haben muß, wenn man eine gute und zielbewußte Armenpflege treiben will".

1.1 Das ursprüngliche „Elberfelder System"[53a])

Das vom Deutschen Verein propagierte Elberfelder System war, ausgearbeitet von Daniel v. d. Heydt, am 2. Juli 1852 mit beigefügten erklärenden Bemerkungen dem Stadtrat vorgelegt und, nach einigen Änderungen, i. d. F. vom 9. Juli 1852 in Kraft getreten am 1. Januar 1853.

Leitender Grundsatz: Es soll „dem Armenpfleger (Provisor) möglich gemacht werden, auf die Verhältnisse der Hilfesuchenden fortgesetzt und sorgfältig einzugehen, jeden einzelnen Fall nach seiner besonderen Lage zu erforschen und zu behandeln". Deshalb wurden so viele Armenpfleger benötigt, „daß jedem derselben die Fürsorge für höchstens 10 Familien und Einzelnen obliegen wird". Bei den Hilfebedürftigen handelte es sich um Klienten der offenen Fürsorge, sogenannte „Außenarme".

Die Stadt war – nach Hamburger Vorbild – eingeteilt in 10 Bezirke mit jeweils einem ehrenamtlichen Bezirksvorsteher; jeder Bezirk hatte 15, später 14 „Quartiere" mit jeweils einem ehrenamtlichen Armenpfleger. Jeder Bürger war im Falle seiner Ernennung zu einem dieser Ämter verpflichtet, es anzunehmen.

Armenhilfe wurde vom Hilfebedürftigen beim Armenpfleger seines Quartiers beantragt. Daraufhin überzeugte sich der Armenpfleger „durch sorgfältige persönliche Untersuchung" von den Verhältnissen des Antragstellers. Kam er zu der Überzeugung, daß gesetzlicher Anspruch auf Armenhilfe vorlag, dann stellte und begründete er den entsprechenden Antrag in der nächsten Bezirksversammlung.

Die mindestens alle 14 Tage stattfindende Bezirksversammlung umfaßte die Armenpfleger eines Bezirkes unter Vorsitz des Bezirksvorstehers; die Versammlung entschied über die vorgebrachten Gesuche und Anträge mit Mehrheitsbeschluß.

Ebenfalls alle 14 Tage trat die übergeordnete städtische Armenverwaltung zusammen. Sie bestand unter Vorsitz des Oberbürgermeisters aus vier zu ihr gewählten Gemeindeverordneten. An ihren Tagungen beteiligten sich die Bezirksvorsteher.

Die Gründe, warum der Deutsche Verein dieses System erfolgreich propagiert hatte und weiterhin empfahl, und die Erfahrungen, die inzwischen mit diesem System in vielen Städten gemacht worden waren, trug Dr. Emil Münsterberg auf der 23. Jahresversammlung in Elberfeld vor. Er bezeichnete es als Mustersystem:

Das Elberfelder System beruht auf den Grundlagen der Individualisierung und der Dezentralisation, Worte, für die uns leider angemessene deutsche Ausdrücke nicht zur Verfügung stehen. Vielleicht kommt dem Sinn beider Worte am nächsten das Wort: „Hilfe von Mensch zu Mensch."

Wie immer sich Armenpflege gestalten mag, ob sie in kleinen oder großen Verhältnissen geübt werde, ob mit geringen, ob mit beträchtlichen Mitteln, wesentlich ist ihr, daß der Helfende dem Bedürftigen ganz nahe tritt, seine Verhältnisse bis ins einzelne durchdringt und diesen Verhältnissen seine Hilfe anpaßt. Anders ist Arbeitsfähigen als Arbeitsunfähigen, anders der Ehefrau als der Witwe, anders dem Kind als dem Greise zu helfen. Ob ein Mensch von allen Hilfsmitteln entblößt ist, ob ihm in seinen Kindern, seinen sonstigen Angehörigen, in den Verpflichtungen dritter Personen, in dem Besitz von Vermögen, in dem Bezug von Renten, Pensionen und dergleichen Hilfsquellen zu Gebote stehen, die ganz oder teilweise seinen notdürftigen Lebensunterhalt decken, dies alles ist zu wissen nötig, um das Maß der Hilfsbedürftigkeit richtig beurteilen zu können.

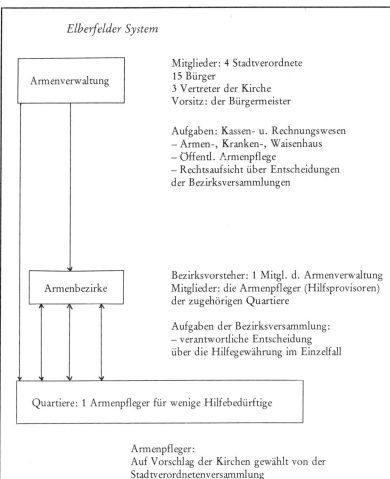

Elberfelder System

Armenverwaltung	Mitglieder: 4 Stadtverordnete 15 Bürger 3 Vertreter der Kirche Vorsitz: der Bürgermeister Aufgaben: Kassen- u. Rechnungswesen – Armen-, Kranken-, Waisenhaus – Öffentl. Armenpflege – Rechtsaufsicht über Entscheidungen der Bezirksversammlungen
Armenbezirke	Bezirksvorsteher: 1 Mitgl. d. Armenverwaltung Mitglieder: die Armenpfleger (Hilfsprovisoren) der zugehörigen Quartiere Aufgaben der Bezirksversammlung: – verantwortliche Entscheidung über die Hilfegewährung im Einzelfall

Quartiere: 1 Armenpfleger für wenige Hilfebedürftige

Armenpfleger:
Auf Vorschlag der Kirchen gewählt von der
Stadtverordnetenversammlung

Aufgaben:
– Entgegennahme von Hilfeanträgen durch Bedürftige
– Prüfung der Verhältnisse
– Einbringung in die Bezirksversammlung
– deren Beschluß dem Armen bekanntgeben und ihn
durchführen.

– regelmäßige Kontrollbesuche
– Führung von „Abhörbögen"
– erzieherischen Einfluß auf Lebensführung der Armen.

Aber dieses Urteil wird nicht durch schriftlichen Bericht, durch Erzählung von dritter Seite gewonnen; es kann nur geschöpft werden aus unmittelbarer Erforschung der Umstände, in denen der Bedürftige lebt, durch Erkundigungen, die seine häuslichen Verhältnisse, seinen Leumund betreffen, durch Feststellungen, die die Größe seiner Familie, die Beschaffenheit seiner Wohnung usw. ermitteln, und vor allem muß der, der helfen will, den Bedürftigen Auge in Auge gesehen, er muß den unmittelbaren persönlichen Eindruck des Bedürftigen und seiner Familie gewonnen haben und die Erkundigungen an anderen Stellen durch diesen unmittelbaren persönlichen Eindruck ergänzen, um ein Gesamtbild aus allen diesen Eindrücken sich schaffen zu können.

Und wenn dies Bild gewonnen, wenn ein Urteil gebildet ist, ob und wie dem Bedürftigen zu helfen ist, welche besonderen Mittel anzuwenden sind, dann hat der Helfer die Hilfe wiederum in unmittelbarer Beziehung zu dem, dem geholfen werden soll, zu gewähren. Dann soll er dem Bedürftigen mit den richtigen Mitteln beratend und helfend, als ein Freund und Pfleger, ihm zur Seite stehen. Dies ist, was wir „Hilfe von Mensch zu Mensch" nennen, nicht etwa eine der Arten, wie man in der Armenpflege dem Bedürftigen helfen kann, sondern die einzige Art[54]).

Der heutzutage übliche Ausdruck lautet bekanntlich „Persönliche Hilfe". Sie also wurde durch das Elberfelder System institutionalisiert und allein mit ehrenamtlichen Helfern durchgeführt. Der individuellen Hilfe wegen entschieden im Elberfelder System über alle Hilfe-Anträge die Mitarbeiter im Außendienst.

Die Dezentralisierung... bedeutet, daß die Entscheidung über die Führung der Geschäfte und namentlich über die einzelnen Fälle nicht an der oberen Stelle liegt, sondern daß den Armenpflegern selbst, denjenigen, die sich mit dem Fall von Anfang an beschäftigen, die Entscheidung in die Hand gegeben wird. Sie sollen prüfen, sie sollen vorschlagen, und wenn sie dann in ihrer Bezirksversammlung alle 14 Tage zusammentreten, dann sollen sie gemeinschaftlich darüber entscheiden, in welcher Art, in welcher Form, in welcher Höhe die Unterstützung gewährt wird. Und in dieser Entscheidung, in diesem nahen Zusammenhang liegt ein so wichtiges und vorbildliches Moment wirklicher Hilfstätigkeit, weil es die alten nachbarlichen Beziehungen zwischen denen, die helfen, und denen, denen geholfen werden soll, wieder belebt, und weil auf diese Weise neben der Verfolgung ihrer unmittelbaren Interessen die Arbeitsfreudigkeit der Pfleger, der Helfer geweckt wird[55]).

Wenn der leitenden Behörde, der Armenverwaltung, die Festsetzung der einzelnen Unterstützungen abgenommen wurde, so hatte das nicht allein Bedeutung dafür, daß die Arbeitsfreudigkeit der Pfleger gestärkt wurde, sondern es hatte auch sehr entscheidende Bedeutung für die Tätigkeit der Behörde selbst. Entlastet wurde sie von dem Detail, von der täglichen Kleinarbeit, und konnte den Blick frei machen für die größere Arbeit der Leitung, der Überwachung, vor allem der Neuanregung von Ideen und der Festhaltung der großen und leitenden Gedanken... Und so ist eine zielbewußte Zentralisation in der leitenden Behörde gegenüber der dezentralisierten Armenpflege in den Bezirken ein wesentliches Stück des Systems geworden[56]).

Auch die heutzutage unter Mitwirkung des Deutschen Verein errechneten, an die Stelle der früheren Richtsätze getretenen Regelsätze haben ihren ersten Vorläufer im Elberfelder System:

Die Höhe der Unterstützung richtet sich in Elberfeld nach dem sogenannten Tarifsystem. Es ist ebenfalls von Elberfeld zum erstenmal eingeführt und von allen Städten, die das Elberfelder System in seinem ganzen Umfange nachgebildet haben, übernommen worden.

Das Tarifsystem hat zur Grundlage das sogenannte Existenzminimum, d. h. denjenigen durch Berechnung festzustellenden Mindestbetrag, mit dem bedürftige Personen oder Familien das zum Lebensunterhalt unabweisbar Notwendige bestreiten müssen und können. Dieses Minimum setzt sich aus einem Grundbetrage für das Familienhaupt und entsprechenden Beträgen für die Familienangehörigen nach Altersklassen zusammen...

Für den Zusammenhang unserer Betrachtung handelt es sich um die Frage, ob die Anwendung eines auf Grundlage des Existenzminimums aufgestellten Tarifes zu den wesentlichen Stücken des Elberfelder Systems gehört, das unter keinen Umständen entbehrt werden kann. Theoretisch läßt sich dafür namentlich sagen, daß eine im höchsten Sinne individualisierende Armenpflege ihre Hilfe den Verhältnissen genau anpassen muß, und daß sie das nur kann, wenn sie denjenigen Bedarf kennt, der zum notwendigen Lebensunterhalt erforderlich ist, und nach ihm den Fehlbetrag bemißt, der dem Einkommen des Hilfesuchenden zugelegt werden muß, damit er den nach dem Gesetz ihm zukommenden notwendigen Lebensunterhalt genieße.

Allerdings setzt auch die Elberfelder Ordnung voraus, daß der nach dem Tarif sich ergebende Fehlbetrag nicht notwendig gewährt werden muß, sondern nur gewährt werden darf, worüber die Bezirksversammlungen nach den besonderen Verhältnissen entscheiden sollen. Der wesentlichste Einwand, der gegen das Tarifsystem vorgebracht werden kann, ist nicht aus einer theoretischen Unrichtigkeit des Systems zu entnehmen, sondern aus praktischen Bedenken, weil nur da, wo das Elberfelder System vollständig durchgeführt werden kann, auch die Durchführung des Tarifs möglich ist. Nur da, wo eine absolut zulängliche Zahl von Pflegeorganen die allergenaueste und immer wiederholte Prüfung des Einzelfalles ermöglicht, kann auch damit gerechnet werden, daß die Prüfung des Verhältnisses des vorhandenen Einkommens zu dem notwendigen Lebensbedarf fortgesetzt erneut und richtiggestellt wird.

Wo dies nicht der Fall ist, bringt die Feststellung eines Tarifes die Gefahr mit sich, daß ohne genauere Prüfung die den Tarifsätzen entsprechenden Unterstützungen gewährt, oder die Tarifsätze, weil undurchführbar und unkontrollierbar, überhaupt nicht durchgeführt werden...

Diese Bedenken haben die Berliner und die Hamburger Armenpflege bestimmt, bei der Reorganisation nicht das Tarifsystem durchzuführen, sondern unter sorgfältiger Angabe der für die Beurteilung der Unterstützungsbedürftigkeit maßgebenden Gesichtspunkte den Pflegeorganen und der Bezirksversammlung die Entscheidung von Fall zu Fall zu überlassen und nur Beträge, die eine gewisse Höhe überschrei-

ten, an die Genehmigung der höheren Instanz zu binden. Mit dieser Maßgabe ist
dann die Höhe der Gesamtunterstützung nach oben hin überhaupt unbe-
schränkt[57]).

Die Vorzüge des Elberfelder Systems sind unbestritten; aber seine Aus-
breitung über ganz Deutschland hatte es allein dem Deutschen Verein zu
verdanken:

Die Vorsitzenden der Elberfelder Armenverwaltung sind von Anfang an hervorragende Mitglieder des Deutschen Vereins gewesen,... und darin liegt die Beziehung, die unseren Verein mit Elberfeld verknüpft, daß keine andere Stelle in solchem Maße wie die unsere Trägerin und Verbreiterin der Ideen geworden ist, die
von Elberfeld ausgegangen sind; von keiner Stelle ist eindringlicher als von uns aus
die Bedeutung des Systems durch Berichte, durch Schriften, durch Verhandlungen
weitergetragen worden, und die Persönlichkeiten, die sich in Deutschland um die
Verbreitung des Elberfelder Systems und seine Belebung Verdienste erworben haben, sind durchweg Angehörige unseres Vereins gewesen[58]).
        Heute gibt es keine größere deutsche Stadt, die nicht das Elberfelder System ein-
geführt hat oder wenigstens der Frage seiner Einführung nähergetreten wäre... Es
steht zu erwarten, daß nach und nach alle Armenverwaltungen sich zu dem Grundgedanken des Elberfelder Systems bekennen werden[59]).

1.2. Wandel im Elberfelder System

Ursprünglich kannte das Elberfelder System nur *ehrenamtliche* Mitarbeiter. Sein Kardinalprinzip hieß *Freiwilligkeit*. Die ehrenamtlichen Armenpfleger stellten Hilfebedürftigkeit fest und entschieden selbst über Art
und Ausmaß der Hilfe.
        Nun wurde dieses „reine" Elberfelder System verändert in der Weise,
daß immer mehr Städte ihre ehrenamtlichen Armenpfleger kontrollieren
ließen durch neu eingesetzte Berufsbeamte. Damit begann eine Entwicklung, die in ihrem weiteren Verlauf zur organisatorischen Gliederung der
Armenverwaltung in Außendienst und Innendienst geführt hat, wobei die
Entscheidungsbefugnis vom Außendienst auf den Innendienst und somit
auf Verwaltungsfachkräfte überging, während im Außendienst eigens ausgebildete Fachkräfte – staatlich geprüfte Wohlfahrtspfleger resp. Sozialarbeiter und Sozialpädagogen – an die Stelle ehrenamtlicher Mitarbeiter traten.
        Der Wandel im Elberfelder System wurde zu einer Zeit, als er sich eben
erst bemerkbar machte, vom Deutschen Verein ausführlich auf seiner 14.
Jahresversammlung am 25.–26. September 1894 in Köln behandelt und mit
einer Entschließung bedacht, die ihm entgegenwirken, ihn mindestens ein-

schränken und an Regeln binden sollte; denn gänzlich zu verhindern war er nicht mehr. Besonders aufschlußreich darüber, wie und warum es zu solchem Wandel kommen konnte, ist ein offenherziger Diskussionsbeitrag des Bochumer Bürgermeisters Lange:

Ich meine, daß die Hinzuziehung von Armenkontrolleuren oder von Aufsehern sich nicht schablonenartig behandeln läßt, daß man nicht im allgemeinen sagen darf und sagen kann: wir wollen Armenaufseher und Armenkontrolleure nicht haben, daß es vielmehr in jeder Stadt von den örtlichen Verhältnissen abhängig zu machen sein wird, ob es nötig ist, derartige Aufsichtsbeamte anzunehmen oder nicht...

In Bochum habe ich seit langer Zeit auch das Elberfelder System durchgeführt, und ich muß gestehen, daß es mir unfänglich schwer wurde, diejenigen Bezirksvorsteher oder diejenigen Armenpfleger zu finden, die für meine Armen erforderlich waren, wenn das Elberfelder System jetzt pure durchgeführt werden sollte. Sie können wohl ermessen, daß in einer Stadt, die so industriereich ist wie die unsrige, Tag für Tag jeder einzelne, von dem Geheimen Kommerzienrat bis herunter zum gewöhnlichen Arbeiter, nach der Gelegenheit sucht, recht viel zu erwerben und daß es deshalb recht schwer ist, Leute zu finden, die bei uns den Beruf als Armenpfleger oder als Armenbezirksvorsteher in der Weise ausfüllen sollen, wie dies das Elberfelder System vorschreibt...

Es ist mir endlich nach vielen Mühen gelungen, derartige Personen zu finden, indem ich persönlich anhand der Steuerlisten diejenigen Personen aussuchte, die nach meiner Auffassung mir geeignet erschienen, eine derartige Tätigkeit zu entwickeln. Ich habe mich der Mühe unterzogen, zu vielen dieser Personen hinzugehen, sie zu überzeugen, daß eine solche ehrenamtliche Tätigkeit ja eine verantwortungsvolle, aber auch eine ebenso ehrende ist. Und so ist es mir gelungen, die Leute in genügender Anzahl zu bewegen, diese ehrenamtlichen Funktionen auszuüben. Ich habe einen Stand ganz besonders dazu heranziehen müssen: das ist der Stand der Schullehrer und derjenigen Personen, die gewissermaßen von Renten leben. So ist es mir gelungen, eine vollständig genügende Zahl zu finden, um eben das Elberfelder System durchzuführen.

Ja, meine Herren, ich habe mich oft gewundert über die Beschlüsse, die in den Bezirksversammlungen gefaßt wurden. Und gerade der eine Stand, der hochehrenwerte Lehrerstand, ging von so weichherzigen Gefühlen aus, daß das Armenbudget aufschnellte; und wenn dann gesagt wurde, sie müßten etwas zurückhaltender und sparsamer sein, dann hieß es: „Wir können nicht, es ist unsere Überzeugung, wir müssen nach dem Elberfelder System durchführen." Ja, meine Herren, das ist leicht gesagt, ... daß das ganze System lediglich nur der Armen wegen da ist. Ich fasse es doch etwas anders auf. Auf der einen Seite allerdings ist es so, es soll helfen, unterstützen, man soll die Not zu steuern suchen; auf der anderen Seite aber sind wir es doch unseren Mitbürgern gegenüber schuldig, über jeden Pfennig Rechenschaft zu legen...

Da wurde mir in der Finanzausschußsitzung der Stadtverordnetenversammlung gesagt, daß, wenn das so weiterginge, die Armenverwaltung uns auffesse. Es wurde alles mögliche versucht, um irgendwie eine Einschränkung herbeizuführen... Wir kamen aber nicht anders aus, als daß wir zwei Armenaufseher anstellten. Zwei als tüchtig, zuverlässig, wahrheitsliebend bekannte Männer. Es wurde jedem dieser Beamten ein Kontrollbezirk von sechs städtischen Bezirken übertragen – die Stadt ist in zwölf Bezirke eingeteilt – und da, gestehe ich Ihnen ganz offen, meine Herren, habe ich in der ersten Zeit... sehr viel Unannehmlichkeiten gehabt. Die betreffenden Herren in der Armenpflege, namentlich die weichherzigen, fühlten sich in ihren Rechten beeinträchtigt; sie meinten: „Wenn Sie die Armenaufseher haben, dann brauchen Sie uns nicht mehr." Nun,... es gelang mir, diese widerstreitenden Stimmen zu beruhigen und gerade diesen Armenpflegern zu eröffnen, daß die betreffenden Armenaufseher ja nicht zu ihrer Kontrolle, sondern zu ihrer Unterstützung, zu ihrer Entlastung in ihrer Tätigkeit angestellt seien. Da trat Ruhe ein, und seit den sieben Jahren, seit welcher Zeit die Armenaufseher angestellt sind, ist nur ein einziger Konfliktfall entstanden... Was habe ich nun durch die Armenaufseher für ein Resultat für meine Stadt erzielt! Das Armenbudget für die offene Armenpflege ist [um etwa die Hälfte] zurückgegangen... Ein solches Resultat ist doch etwas ganz wesentliches; das ist die Tätigkeit der Armenaufseher.

Nun werden Sie mich fragen: wie hast du die Armenaufseher eingeschult? Was sollen sie eigentlich tun? Meine Herren, ich glaube, jeder einzelne von Ihnen, der in der Praxis der Armenverwaltung steht, wird wissen, wie oft der Armenbezirksvorsteher, wie oft der Armenpfleger in der bittersten Weise getäuscht wird; und daß man sich ja wirklich ein verhärtetes Herz anschaffen muß, so schwer dies auch ist, das liegt ja auf der Hand. Denn Sie wollen doch nicht sich betrügerisch anführen lassen von Leuten, die nicht mehr Lust haben zu arbeiten... Haben wir denn nicht Säufer von Profession, haben wir nicht Personen, die in der nichtsnutzigsten Weise das, was ihnen der Armenpfleger gibt, verschwenden? Heute haben sie ihre Unterstützung empfangen, und am nächsten Tag ist sie schon versoffen! Und sollte es da der Verwaltung verdacht werden, irgendwie durch Kontrollbeamte derartiges feststellen zu lassen?[60])

Sofort erfolgte eine Replik von Dr. theol. Dreydorff, Jena:

Es ist richtig, daß nach einer Schablone eine so große Frage sich nicht endgültig entscheiden läßt; aber über ein *Prinzip* müssen wir uns schlüssig zu machen suchen. Für mich ist dieser Verhandlungsgegenstand einer der wichtigsten, über die unser Verein bisher beraten hat...

Aufsichtsbeamte und Armenpfleger, deren Amt ein Ehrenamt sein soll, vertragen sich wie Wasser und Feuer. Es ist ja auch in der Hauptsache [während der vorangegangenen Aussprache] zugegeben worden, daß die Aufseher weder beigeordnet noch übergeordnet seien dürfen... Welche Rolle sollen sie dann spielen? Glauben Sie denn überhaupt, daß Leute, die mit dem Herzen ein Ehrenamt übernommen haben, durchweg gebildete Männer, sich einem... Aufseher unterordnen werden?...

Lassen sie uns die Sache so eingehend wie möglich behandeln; denn es ist eine Lebensfrage des Vereins. Das Elberfelder System hat sich bisher bewährt, man hört keine Klage; gerade in größeren Städten haben wir durchaus keinen Mangel an Männern, die gern das Ehrenamt übernehmen...

Wir haben nicht bloß darauf zu sehen, wie der einen oder anderen Kommune ihre Ausgaben für die Armenverwaltung erleichtert werden können, sondern auch Rücksicht zu nehmen auf die Armen. Es ist wahr, es gibt eine Humanitätsduselei; jede Lichtseite hat ihre Schattenseite; aber es gibt auch viele Arme, bei denen es nicht bloß darauf ankommt, *daß* sie etwas bekommen, sondern auch darauf, *wie* es ihnen gereicht wird. Nur ein Mann, der das Ehrenamt bekleidet seit Jahren, wird nach und nach in eine persönliche Gemeinschaft mit den Armen kommen, er wird ein Herz für sie gewinnen, aber durchaus nicht der Aufseher, der umhergeht und da und da notiert und nur dahin trachtet, daß die Kommune Ersparnisse macht. Ich schätze die Ersparnisse auch, aber durchaus nicht so wie der Herr Vorredner. Ich kann ihn durchaus nicht beglückwünschen, daß er [mit den Ausgaben] heruntergekommen ist; da müssen viele etwas eingebüßt haben. Ich hoffe, er kommt auch wieder in die Höhe![61])

Anschließend Stadtrat Ludwig-Wolf, Leipzig:

Ich glaube, es leidet die Frage einigermaßen unter der etwas extrem gewordenen Auffassung der Tätigkeit des Berufsbeamten nach der Richtung, daß man in dem Berufsbeamten, wenn er in der Armenpflege tätig wird, immer nur den Aufpasser, ich möchte sagen, den Korporal mit dem Stocke sieht. Wir in Leipzig haben unsere Distrikte vollständig selbständig gestellt, wie es auch in Köln geschehen ist, und sie nur durch die Instruktion nach der Höhe der Unterstützungen gebunden, daß sie, wenn die Unterstützung eine gewisse Höhe überschreitet, genötigt sind, die Zustimmung des Armendirektorii einzuholen.

Aber auch wir haben uns genötigt gesehen, eine gewisse Kontrolle der Distrikte herbeizuführen, haben dabei freilich gemeint, daß wir die ehrenamtliche Tätigkeit nicht in der Weise einer berufsmäßigen Kontrolle unterstellen sollen, daß der Berufsbeamte mit dem Ehrenbeamten in eine direkte Verbindung, in ein direktes Zusammenwirken tritt. Infolgedessen haben wir die Kontrolle, um die es sich doch hier hauptsächlich handelt – denn über den Punkt, daß der Berufsbeamte den Ehrenbeamten unterstützen soll in seiner Tätigkeit, darüber sind ja alle Meinungen einverstanden – dahin geordnet, daß wir uns einen besoldeten Revisor im Armenamte selbst angestellt haben. Es werden in jedem Jahre in verschiedenen Distrikten die Personalbücher und die Protokollbücher angefordert, und nun prüft zunächst dieser Kontrollbeamte die Unterstützungen auf ihre Rechtmäßigkeit, er prüft auch die Personalbücher auf ihren Inhalt, anhand der vom Armenamte selbst geführten Akten, ob auch nach dieser Richtung hin die Herren ihre Tätigkeit zur Genüge erfüllen...

Diesen schriftlich niedergelegten Befund des Revisors gibt dann das Armenamt mit sämtlichen Unterlagen... an ein Mitglied des Armendirektorii, und dieses Mitglied des Armendirektorii überprüft nun nochmals den ihm vorgelegten Befund, notiert alle diejenigen Punkte die es für so wichtig erachtet, daß es dieselben in der betreffenden Distriktversammlung zur Sprache bringen kann, und begibt sich dann in die Versammlung selbst. Ich mache es so, daß ich als Deputierter des Armendirektorii einem jeden der Herren Pfleger eine Abschrift seines größeren oder kleine-

ren „Sündenregisters" zustelle, damit er daraufhin die nötigen Verbesserungen in
seinen Büchern anbringen kann, ich sage ihnen aber von vornherein, daß ich mich
darauf beschränken würde, nur die wichtigsten Punkte – denn Verstöße kommen ja
in jeder Verwaltung vor – in der Versammlung hervorzuheben... Auf diese Weise
haben die Herren selbst nach und nach empfunden, daß der Bericht des Revisors,
der ihnen alle diese einzelnen Verstöße aufführt, für sie eine ganz wesentliche Unterstützung, ja eine Fundgrube ist zur Berichtigung der Unterlagen, die sie selbst in
Händen haben...

Wir können uns ja nicht selbst davon dispensieren, wie schon Herr Bürgermeister
Lange, Bochum, bemerkt hat, daß wir verantwortlich sind für die Verwendung der
Gelder, die die Gemeinde in unsere Hand legt; und ebenso gut, wie das Ratsmit-
glied, das ja auch eine ehrenamtliche Tätigkeit ausübt, einer gewissen Kontrolle sei-
tens der Stadt unterstehen muß und untersteht, können wir diese Kontrolle dem
Armenpfleger nicht ersparen[62]).

Einen vermittelnden Standpunkt nahm Bürgermeister Dr. Würmeling,
Münster in Westfalen, ein:

Mein Herr Kollege aus Bochum hat die Frage mehr vom Gemeindefinanzstand-
punkt betrachtet als der Herr Pfarrer von Leipzig, welcher letztere mehr den Standpunkt der Wohltätigkeit, Nächstenliebe und Humanität vertrat. Meine Herren,
auch in dieser Beziehung wird wohl, wie das ja vielfach der Fall ist, die Wahrheit in
der Mitte liegen... Was nun die Frage, die hier direkt zur Debatte steht, anlangt, so
interessiert sie jeden, der in der Kommunalverwaltung tätig ist. Die Frage ist in ganz
eminenter Weise brennend, und so hat man auch bei uns bei der Reorganisation der
Armenpflege die Frage genau erwogen.

Man hat aber bei uns geglaubt, daß es durchaus zulässig und dem Grundgedanken
des sogenannten Elberfelder Systems in seiner richtigen Auffassung durchaus nicht
widersprechend wäre, wenn man neben den ehrenamtlichen Pflegern auch noch Berufsbeamte anstellte. Es ist ja nun wünschenswert, daß der Name möglichst die Sache bezeichnet, und ich habe aus den bisherigen Äußerungen entnommen, daß man
diese Beamten zum Teil Armenaufseher oder Armenbeamte nennt... Wir haben bei
uns den Ausdruck „Armenwart" gewählt, um diese Beamten zu kennzeichnen; wir
haben damit eine gewisse persönliche Fürsorge für die Armen in den Ausdruck hin-
einlegen wollen. Im übrigen..., nach den allerdings kurzen Erfahrungen, die wir
mit unseren Armenwarten gemacht haben..., sind wir mit der Einrichtung der Armenwarte recht zufrieden... Es ist ganz wesentlich mit eine Personenfrage...

Man müßte gegenüber dem Mißtrauen... den Gesichtspunkt zunächst betonen,
daß diese Armenbeamten in erster Linie dasein sollen zur Entlastung der Armenpfleger und der ehrenamtlichen Organe überhaupt... Wir müssen das ehrenamtliche Organ tunlichst von dem bürokratischen Beiwerk entlasten... Wenn Sie diese
Ehrenbeamten mit den umständlichen bürokratischen Sachen... belasten wollen,
da wird den Leuten vielfach die Sache leid. Man hat es darum bei uns gerade aus dem
Gesichtspunkte der Entlastung mit Freuden begrüßt, als wir die Armenwarte ein-
führten. Es ist das ja auch ganz natürlich bei diesen ehrenamtlichen Herren, die den

ganzen Tag in der Arbeit stehen, [und es ist ihnen] damit durchaus gedient, wenn wir ihnen die Ermittlungen bei den Behörden, das Einziehen von Auskünften von Krankenkassen usw. abnehmen.

Nun liegt ja eine Gefahr darin, die Entlastung zu weit zu treiben, wenn nämlich denjenigen, die entlastet werden sollen, damit schließlich die genaue Prüfung der Fällle unmöglich gemacht oder doch tatsächlich entzogen wird. Man wird dieses Bedenken gewiß nicht als hinfällig bezeichnen können, und es wird mit Rücksicht hierauf im einzelnen wohl überlegt werden müssen, wie weit man in der Entlastung gehen darf[63]).

Tatsächlich war das Elberfelder System zwar in ganz Deutschland eingeführt, von vielen Gemeinden aber zugleich auch verändert worden; in dieser Hinsicht wurden auf jener Versammlung des Deutschen Vereins „zwei Tatsachen unabweislich festgestellt":

Die eine ist..., daß der Name „Elberfelder System" bei Verwaltungen angewendet wird, die in der Art und Weise der Konstruktion ihres Armenwesens auf das äußerste von dem ursprünglichen Elberfelder System abweichen, es dürfte also bei dem Ausdruck „Elberfelder System" eine größere Vorsicht anzuwenden sein, als bisher.

Die zweite Tatsache ist die, daß durchweg bei fast allen Verwaltungen das Erfordernis hervorgetreten ist, Berufsbeamte, besoldete Beamte, anzustellen; ein Bestreben, das sich in den größeren Kommunen in stärkerem Maße geltend macht, aber auch schon in mittleren Kommunen hervorgetreten ist. Diese Tatsache ist sehr leicht zu erklären: Die Verhältnisse liegen bei uns jetzt vielfach anders, als sie in früherer Zeit, besonders zu der Zeit, wo in Elberfeld selbst das System begründet worden ist, gelegen haben. Die Verhältnisse sind schwieriger geworden, weil wir besonders in den Großstädten, aber auch in den Mittelstädten, es mit einer meist mehr fluktuierenden Gesellschaft zu tun haben, als es damals der Fall war. Darauf muß Rücksicht genommen werden, und das ist der eine Punkt, der die ausschließliche Anstellung von unbesoldeten Ehrenbeamten aufs äußerste erschwert.

Sodann hat unsere Gesetzgebung eine ganze Reihe von rechtlichen Verhältnissen, die für das Armenwesen von Bedeutung sind, ausgebildet, vor allen Dingen durch unsere Versicherungsgesetzgebung, und dadurch werden wiederum Kenntnisse erfordert, die wir von einem großen Teil der unbesoldeten Armenpfleger nicht erwarten können, und die tatsächlich auch nicht vorhanden sind...

Wie können wir... besoldete Beamte verwenden, ohne daß die Berufsfreudigkeit der Ehrenbeamten, an denen überhaupt festzuhalten ist, geschädigt wird? Und da möchte ich [Landrichter Dr. Aschrott, Berlin] vor allen Dingen den Ausdruck „Aufsichtsbeamte" vermieden sehen, darin liegt so etwas Feldwebelmäßiges; es ist ein Ausdruck, der unwillkürlich den Ehrenbeamten den Gedanken nahelegt: das ist ein Mann der uns beaufsichtigt – wenn Sie ihnen auch zehnmal sagen, er beaufsichtige nicht die Beamten, sondern die Armen. Der Ausdruck, der hier... angeführt ist, „Armenwart", ist mir viel sympathischer, weil er das nicht wünschenswerte Moment, was in dem Ausdruck „Aufseher" enthalten ist, beseitigt und dagegen ein anderes Moment hinzufügt. „Armenwart" besagt gleichzeitig: der betreffende Beamte hat auch dafür zu sorgen, daß wirklich jeder Unterstützungsbedürftige und Unterstützungsberechtigte die Unterstützung findet, auf die er Anspruch hat... Sie werden sagen: ja, wer einen Anspruch hat, wird ihn schon geltend machen. Das ist richtig bezüglich der Erwachsenen, ist aber unzutreffend bezüglich der Nicht-Erwachsenen. Wer sich mit der Frage der verwahrlosten Jugend einigermaßen befaßt hat, wird wissen, wie häufig die Fälle vorliegen, wo es Pflicht der Armenpflege gewesen wäre, zur rechten Zeit einzugreifen, wo aber erst nachher eingegriffen wurde...

Wie weit soll nun der Armenwart tätig sein? Zwar hat der [Berichterstatter] Herr Beigeordneter Zimmermann [Köln]... unterschieden: a) *allgemeine* Ausnahmen von der Regel, daß ehrenamtliche Kräfte örtliche Armenpflege besorgen, und b) *besondere* Fälle.

Die *allgemeine* Ausnahme tritt... in den Großstädten, wo sich Schwierigkeiten ergeben, ein. Nun, der Ausdruck „Großstädte" ist vielleicht angreifbar, man kann besser vielleicht von Städten mit fluktuierender Bevölkerung sprechen. Ich würde jedenfalls vorschlagen, zu „Großstädten" hinzuzusetzen „und Fabrikstädte", weil auch hier die Verhältnisse besonders schwierige sind. Das ist die allgemeine Ausnahme; in diesen Städten kommen Sie ohne Berufsbeamte nicht durch...

Dann heißt es weiter...: „Falls in *besonderen* Fällen auch eine sonstige Mitwirkung von Berufsbeamten bei der örtlichen Armenpflege zweckmäßig erscheint,... ist diese nur insoweit und nach Prüfung jedes einzelnen Falles zuzulassen, als dadurch eine Gefährdung der Berufsfreudigkeit und des Verantwortlichkeitsgefühls der ehrenamtlichen Organe nicht entstehen kann..."[64]).

Darauf, daß infolge fortschreitender Industrialisierung, andauernden Wachstums der Städte, insbesondere der Großstädte, und entsprechender Mobilität der Bevölkerung eine andere Lebenswirklichkeit herbeigeführt worden war, wals sie noch Mitte des 19. Jahrhunderts bei Einführung des Elberfelder Systems bestand, wurde besonders bei den Großstädten hingewiesen:

Zur Voraussetzung hat allerdings das Elberfelder System, daß eine gewisse nachbarliche Beziehung stattfindet zwischen dem Armenpfleger und den Armen, daß sie voneinander nicht durch übermäßige Entfernung getrennt sind, welche es dem Armenpfleger schwer macht, sich über die Bedürfnisse der Armen auf dem laufenden zu erhalten. Diese Voraussetzung war ja im großen und ganzen auch bisher bei unseren Großstädten gegeben. Aber mit der fortschreitenden Entwicklung fangen... unsere Großstädte an, die einzelnen Berufsstände voneinander zu sondern; man trennt mehr und mehr die industriellen Viertel, die Arbeiterviertel, die Handelsviertel, Luxus- und Villenviertel usw. Wenn diese Entwicklung einen weiteren Umfang erreicht, dann erwachsen allerdings unserem Elberfelder System ganz außerordentliche Schwierigkeiten, dann wird es Stadtviertel geben, wo zwar viele zum Armenpflegeramte befähigte Personen, aber keine Armen wohnen, und umgekehrt Viertel, die von sehr zahlreichen Armen bewohnt werden, in denen aber keine, oder nur

wenige zur Ausübung des Armenpflegeramtes geeignete Personen vorhanden sind...
Einigen Einfluß können allerdings die städtischen Verwaltungen üben, wenn sie die Einwirkung, die ihnen auf die Feststellung der Bebauungspläne zusteht, nach Maßgabe der sozialpolitischen Gesichtspunkte ausnutzen, wenn sie nach Kräften dazu beitragen, daß jener, in sozialer Hinsicht verderblichen Trennung der Wohnbezirke nach Berufsständen vorgebeugt wird[65]).

Der Deutsche Verein faßte folgende Entschließung:

1. Die örtliche Armenpflege ist in der Regel lediglich durch ehrenamtliche Kräfte auszuüben.

2. Eine allgemeine Ausnahme von dieser Regel ist nur bei den in Groß- und Fabrikstädten sich für die Ausübung der Armenpflege ergebenden Schwierigkeiten und auch nur insoweit zuzulassen, als den dann neben den Ehrenbeamten zu verwendenden Berufsbeamten eine Unterstützung der ehrenamtlichen örtlichen Organe aufzutragen ist.

3. Falls in besonderen Fällen auch eine sonstige Mitwirkung von Berufsbeamten bei der örtlichen Armenpflege zweckmäßig erscheint, ist diese nur insoweit und nach Prüfung jedes einzelnen Falles zuzulassen, als dadurch eine Gefährdung der Berufsfreudigkeit und des Verantwortlichkeitsgefühles der ehrenamtlichen Organe nicht entstehen kann. Auch ist diese Tätigkeit der Berufsbeamten auf tatsächliche Feststellungen zu beschränken und sind letztere vor weiterer Benutzung den ehrenamtlichen Organen zur Nachprüfung mitzuteilen[66]).

Mit Argumenten verschiedener Art und Herkunft war also das Berufsbeamtentum in die Armenfürsorge hineingebracht worden. Berufsbeamte sollten
– einerseits und gegebenenfalls die Ausgabenfreudigkeit der Ehrenbeamten fiskalisch zügeln,
– andererseits darauf achten, daß jeder Hilfebedürftige erhielt, was ihm Gesetz und Ortssatzung zubilligten,
– die seitens ehrenamtlicher Armenpfleger jeweils für angemessen erachtete Hilfe im Einzelfall überprüfen,
– die Verwaltungsarbeiten erledigen, die infolge der Sozialversicherungsgesetze, aber auch im Hinblick auf soziale Fürsorge umfangreich und vielfältig wurden und, vor allem, entsprechende Spezialkenntnisse voraussetzen mußten.

1.3 Vom „Elberfelder System" zum „Straßburger System"[66a])

Je mehr die Entscheidungsbefugnis vom Außendienst in den Innendienst
verlagert und hier von Berufsbeamten wahrgenommen wurde, desto mehr
verlor das Elberfelder System seinen ursprünglichen Charakter. Eben deshalb war im Deutschen Verein die Frage aufgeworfen worden, ob das Elberfelder System überhaupt noch so heißen dürfe, wenn die Verantwortlichkeit ehrenamtlicher Mitarbeiter grundlegend eingeschränkt und im wesentlichen auf ein nunmehr institutionalisiertes Berufsbeamtentum übertragen werde. An die Stelle des Elberfelder Systems trat insofern das
„Straßburger System" von 1907, das Christian Jasper Klumker folgendermaßen beschrieben hat[67]):

Wenn man es dem Zufall der räumlichen Gliederung überläßt, welche und wie-
viele Armenfälle der einzelne Pfleger bekommt, so werden oft wertvolle erzieherische Kräfte zu Aufgaben verwandt, die mehr äußerlicher Natur sind und pflegerisch
wenig oder gar nicht behandelt werden können; ebenso fallen Bedürftige, die eine
besondere pflegerische Behandlung brauchen, einem Armenpfleger zu, der bei aller
sonstigen Tüchtigkeit diesen Fall nicht zu nehmen weiß. Die Verwickeltheit des gesellschaftlichen und wirtschaftlichen Lebens unserer Zeit bringt der Armenpflege so
vielerlei und so schwierige Probleme, daß sie nicht einfach jeder wohlgesinnte Bürger lösen kann, sondern daß besondere Anlagen oder Schulung und Ausbildung dafür unerläßlich sind ... So erwächst die Forderung, mit den ehrenamtlichen Kräften
haushälterisch umzugehen und in besonderem sie durch planmäßige Verwendung in
höchstem Maße nutzbar zu machen. Das führt im Leben dann zu dem Verlangen,
jeden Fall dem geeigneten Pfleger zuzuweisen und die beruflichen Pfleger neben den
ehrenamtlichen zweckmäßig einzugliedern. Damit werden aber Grundstücke des
Elberfelder Systems beiseite geschoben, als erstes das Quartiersystem ... Straßburg
hat ... bewußt und planmäßig diesen Schritt getan und mit ihm noch andere Teile
des alten Systems beseitigt ...
Der Bedürftige wird hier nicht in erster Linie an einen ehrenamtlichen Pfleger ge-
wiesen, sondern entweder an die Zentralstelle der Verwaltung oder an die Kreisleitung, in der mehrere Pflegerversammlungen (Bezirke) zusammengefaßt sind. Hier
wird durch geschulte Organe der Fall geprüft; ein Teil der Fälle (Einweisungen in
Krankenhäuser, Unterbringung verlassener Kinder u. ä.) wird ohne Heranziehung
der Pfleger erledigt. Die übrigen Fälle werden je nach ihrer Art einem Pfleger oder
einer Pflegerin zugewiesen. So kann jeder Pfleger nach seinen Anlagen und Fähigkeiten verwandt werden.
Freilich die unbedingte Selbständigkeit der Pfleger ist dadurch wesentlich abgeändert worden, wenn auch jeder einzelne in seiner Pflegetätigkeit in keiner Weise

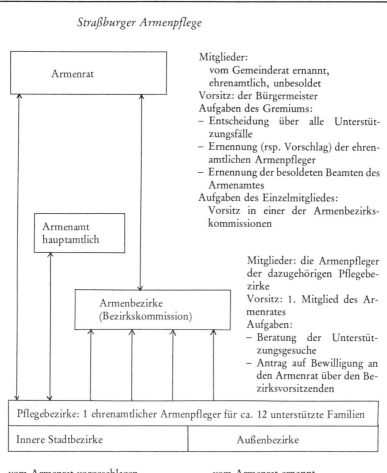

Straßburger Armenpflege

Armenrat	Mitglieder: vom Gemeinderat ernannt, ehrenamtlich, unbesoldet Vorsitz: der Bürgermeister Aufgaben des Gremiums: – Entscheidung über alle Unterstützungsfälle – Ernennung (rsp. Vorschlag) der ehrenamtlichen Armenpfleger – Ernennung der besoldeten Beamten des Armenamtes Aufgaben des Einzelmitgliedes: Vorsitz in einer der Armenbezirkskommissionen
Armenamt hauptamtlich	
Armenbezirke (Bezirkskommission)	Mitglieder: die Armenpfleger der dazugehörigen Pflegebezirke Vorsitz: 1. Mitglied des Armenrates Aufgaben: – Beratung der Unterstützungsgesuche – Antrag auf Bewilligung an den Armenrat über den Bezirksvorsitzenden

Pflegebezirke: 1 ehrenamtlicher Armenpfleger für ca. 12 unterstützte Familien

Innere Stadtbezirke	Außenbezirke
vom Armenrat vorgeschlagen, vom Bürgermeister ernannt.	vom Armenrat ernannt vom Bürgermeister bestätigt.

Aufgaben:

| – Auskunft an das Armenamt über Würdigkeit und Bedürftigkeit der Hilfesuchenden, die sich direkt an das Amt zu wenden hatten;
– „Abhörbogen" – | – Entgegennahme von Unterstützungsanträgen Hilfesuchender und
– Einbringen in die Bezirkskommission
– in dringenden Fällen Auszahlung von Unterstützungsvorschüssen. |

gehindert wird. Indem die Zentralstelle die Verteilung der Fälle übernimmt, muß sie die pflegerische Seite schon deshalb in ihre Betrachtungen hineinziehen, um die richtige Auswahl der Pfleger treffen zu können. Ihre Organe werden hierfür wie die von der Verwaltung selbst erledigten Fälle sich mit der Erziehung der Armen auch ohne Vermittlung der Ehrenbeamten befassen müssen und für diese Tätigkeit sich beruflicher Pfleger bedienen. Diese treten dann gleichberechtigt neben die ehrenamtlichen...

Diese sachlich durchaus berechtigte Gleichstellung besoldeter und freiwilliger Pflegetätigkeit ist ein wesentliches Kennzeichen des Straßburger Systems; ebenso die planmäßige Verwendung der Ehrenbeamten, da es mit diesen Organen sorgsam wirtschaftet und die hohe Wertschätzung gerade dadurch zum Ausdruck bringt, daß sie sie möglichst fruchtbringend zu verwerten sucht... Man darf sagen, daß erst das Straßburger System zu einer durchdachten, wohlbegründeten Würdigung und Anerkennung der freiwilligen Mitarbeit in der Armenpflege durchgedrungen ist.

Daß mit diesen beiden Änderungen zugleich eine raschere Erledigung von Eilfällen, eine stärkere Rücksicht auf manche Fälle vorübergehender Bedürftigkeit gewonnen wird, ist weniger wichtig als daß das Straßburger System den Anspruch der privaten Fürsorge auf Selbständigkeit und Unabhängigkeit rückhaltlos anerkennt. Dies zeigt sich in dem Grundsatz, daß Gaben von Vereinen bei Festsetzung der städtischen Unterstützung einfach unberücksichtigt bleiben müssen, also bei den Ausschlußsätzen nicht mit eingerechnet werden...

Man darf nicht verkennen, daß hiermit der privaten Fürsorge keineswegs wesentlich neue Befugnisse gegeben werden. Auch bei diesem System bleibt die gegenseitige Kenntnis über Bedürftige und deren Unterstützungen ein wichtiges Ziel organisatorischer Einrichtungen, und die Unterstützungen werden im gegenseitigen Einvernehmen in einer Art bemessen, die übermäßige, schädliche Unterstützung ausschließt. Der große Wert jener Bestimmung liegt nicht darin, daß sie die Höhe der Gesamtunterstützung bei den einzelnen Armenfällen wesentlich änderte gegenüber dem System der Anrechnung, sondern ihre größte Bedeutung hat sie dadurch, daß sie jenem Mißtrauen der freien Liebestätigkeit gegen die Verwaltung, das im Schatten des Elberfelder Systems wucherte, seine Unterlagen entzog und den Weg ebnete für ein offenes vertrauensvolles Zusammenarbeiten.

Dies ist nur möglich, wenn man geradezu anerkennt, daß beide Formen der Fürsorge eigene Aufgaben haben und nach selbständigen Gesichtspunkten urteilen, also auch in vielen Fällen zu ganz verschiedenen Anschauungen über die Höhe der Unterstützung wie die Art der pflegerischen Behandlung gelangen können. Diese Unterschiede können sehr wohl sachlich begründet sein, nicht bloß auf anderem persönlichem Urteil beruhen. Sie in letzter Linie zu entscheiden, ist keiner von beiden Teilen berufen; sie müssen entweder durch eine höhere, gemeinsame Instanz entschieden werden, die schwer zu beschaffen ist, oder die drohenden Zwiste müssen durch gegenseitiges Nachgeben und Achtung vor der Meinung des anderen vermieden werden. Der alte Elberfelder Standpunkt, daß der ausschließlich ehrenamtlich geleiteten öffentlichen Armenpflege diese Entscheidung zustehe, war logisch richtig, hat aber praktisch sich nicht durchführen lassen...

Der Wandel der Verwaltungsformen und der Art der Armen führt neue Probleme ihrer Behandlung und Versorgung herauf; sie sind es dann, die in den Armenpflegesystemen ihren organisatorischen, verwaltungsmäßigen Niederschlag finden.

2. Frauen in der kommunalen Fürsorge mit voller Gleichberechtigung

Zweifellos hätten die Frauen auch ohne Zutun des Deutschen Vereins ihren Einzug in die kommunale Fürsorge gehalten; aber so, wie die Dinge nun einmal lagen, verdanken sie diesen Einzug ihm.

Die Tätigkeit der Frauen wurde sogleich in der ersten Tagung des Vereins besprochen..., indem er die Notwendigkeit darlegte, die Frauentätigkeit mit der öffentlichen Armenpflege in enge Fühlung zu setzen und die Frauen an der öffentlichen Armenpflege direkt zu beteiligen. Im ganzen wurde in den hieran sich anschließenden sehr eingehenden Verhandlungen der Wert der Frauentätigkeit allgemein anerkannt... Ein förmlicher Beschluß wurde nicht gefaßt. Dies geschah jedoch 1881 aus Anlaß eines Berichts... über die Gestaltung der Verbindung zwischen der behördlichen Armenpflege und der Tätigkeit der Frauenvereine, der ohne umfangreichere Erörterungen durch Annahme des Antrages erledigt wurde, daß die anwesenden Vertreter öffentlicher Armenpflege und freier Wohltätigkeitsvereine ersucht wurden, dazu beizutragen, daß eine regere Beteiligung der Frauen an der öffentlichen Armenpflege erreicht werde und sämtliche Gemeinden, Verbände, Vereine, welche dem Deutschen Verein angehören, in gleichem Sinne ersucht werden. Demnächst wurde die Frage mannigfach gestreift... und erneut in großer Ausführlichkeit behandelt 1885 in einem Bericht von Chuchul, der die Tätigkeit der Frauen, insbesondere des Vaterländischen Frauenvereins, in der öffentlichen Armenpflege zum Gegenstande hat[68]).

Nicht schon 1885, wohl aber 1896 konnte der soeben erwähnte [Landesgerichtspräsident] P. Chuchul aus Frankfurt an der Oder als ein anerkannter Wortführer der Frauenbewegung feststellen:

Die Herren der Kommunen ließen sich fast überall die Erleichterung der Armenlast durch Frauenhilfe in zielbewußter Privatwohltätigkeit gefallen, hüteten sich aber vielfach ängstlich, den „Sport" ihrer Damen zu fördern, räumten noch seltener den Frauen eine gewisse Gleichberechtigung zu bewußt gemeinsamer ernster Arbeit ein.
Heute liegt die Sache ganz anders! Der „Deutsche Verein für Armenpflege und Wohltätigkeit" hat mit seinen Druckschriften, Kongressen, Berichten inzwischen die Männer nicht bloß in großen vorangehenden Städten sondern im ganzen Lande bekehrt zur Wertschätzung der Frauen bei der Armenpflege[69]).

Der Widerstand der Männer gegen Mitarbeit der Frauen ergab sich aus den damals gültigen Verhaltensmustern geradezu mit Selbstverständlichkeit; er war zu erwarten gewesen:

> Übereinstimmend wird aus fast allen Armenverwaltungen berichtet, daß die männlichen Pflegeorgane mit Mißtrauen, ja mit Widerwillen der Einführung von Frauen in die Armenpflege gegenübergestanden hätten und zum Teil noch stehen. Dieser Widerwille hat seine Ursache zum größeren Teil in ganz anderen Erwägungen als in denen armenpflegerischer Art.
>
> Die Befürchtung, daß die Frau mit dem Schritt in die öffentliche Armenpflege den ersten Schritt in die Gemeindeverwaltung mache, daß die Mitwirkung der Frau die gewohnte Freiheit der Männer in ihren Versammlungen und Besprechungen beeinträchtigen werde und endlich jene bekannte Abneigung gegen alles Neue sind in erster Linie maßgebend gewesen[70]).

Demgegenüber der Deutsche Verein, welcher die Mitarbeit der Frauen in der kommunalen Fürsorge sozusagen zum Bestandteil seiner Gründungsformel gemacht hatte:

> Was nun die Stellung der Armenverwaltung zu der ganzen Frage betrifft, so darf ich [Dr. Emil Münsterberg, Berlin] sagen, daß mit der Anschauung, die in männlichen Kreisen noch sehr sehr vielfach herrscht, daß die Frau sich lediglich auf ihr Hauswesen beschränken solle, doch gebrochen werden muß...
>
> Was wir wollen, und was wir mit ganzer Kraft anstreben, das ist, daß einmal die Frauen und Mädchen, die häufig nicht so gänzlich durch den häuslichen Beruf in Anspruch genommen werden, wirklich in der Lage sind, einen Beruf auszuüben, der ihren Kräften, ihren Fähigkeiten und ihren Neigungen entspricht, und zweitens, daß die Armenpflege, die Hilfstätigkeit, überhaupt die gesamte Wohlfahrtspflege von dem ungehobenen Schatz Gebrauch macht, der unser aller Überzeugung nach in der Begabung des Herzens und auch des Verstandes der Frau gerade auf diesem Gebiet liegt...
>
> Aus diesen Gesichtspunkten möchte ich die ganz allgemeine Behauptung aufstellen: Die Frau ist die geborene Helferin der Armen, und auf den Gebieten, die das Haus und das Hauswesen des Armen betreffen, hat nicht die männliche Tätigkeit zunächst einzusetzen, sondern es wäre wünschenswert, daß sie durch die Frauentätigkeit in der geeigneten Weise ergänzt wird[71]).

Jedoch, nicht allein um Mitarbeit der Frau ging es dem Deutschen Verein, und nicht nur, in diesem Zusammenhange, um die Schaffung eines neuen Frauenberufes (s. u.), sondern auch – und vor allem – um die Gleichberechtigung der Frau, ein damals aufsehenerregendes, gegen die gewohnte Lebensordnung gerichtetes Verlangen:

> Hat sich... die Einführung der Frauen in die öffentliche Armenpflege vollzogen, so ist der innere Ausbau der neuen Einrichtung zu erledigen, die Regelung des Verhältnisses zwischen den Armenpflegern und Armenpflegerinnen und die Verteilung der Arbeit unter ihnen.

Beide Gattungen der Pfleger haben gleiche Pflichten und Sorgen, es müssen ihnen deshalb auch gleiche Rechte eingeräumt werden. Ein gedeihliches Zusammenwirken beider Geschlechter in der Armenpflege kann nur auf der Basis vollständiger Gleichberechtigung aufgebaut werden.

Diese Gleichberechtigung darf aber nicht nur auf dem Papier stehen, sie muß ehrlich und redlich durchgeführt werden, was bei einigem gutem Willen nicht schwierig ist. Nun kann nicht verhehlt werden, daß in den Männerkreisen, wenn auch uneingestanden, sich vielfach ein starkes Widerstreben gegen eine solche Gleichstellung geltend macht, und daß das alte mulier taceat in ecclesia [„Das Weib schweige in der Versammlung"] noch so fest sitzt, daß es für viele Männer heute noch wenig anmutend ist, mit Frauen im öffentlichen Leben gemeinsam zu arbeiten, obwohl doch sonst die Frau als gleichberechtigte Gehilfin und Mitarbeiterin angesehen wird... Will man... in den Sitzungen die Frauen unbeachtet lassen, sie bei Verteilung der Arbeit hintenan setzen und übergehen, dann lasse man lieber die ganze Heranziehung derselben.

Die Frau soll mitraten und mittaten, aber nicht ein bloßer Dekorationsgegenstand, ein geduldetes Wesen sein. Ist der gute Wille vorhanden, sie als gleichberechtigte Mitarbeiterin zu behandeln, und dieser gute Wille wird ja wohl in der Mehrheit der Fälle nicht fehlen, dann werden alle jetzt vielleicht noch gefürchteten Unzuträglichkeiten sich bald als bloße Phantasien herausstellen.

Aber die vollständige Gleichheit der Stellung der Armenpflegerin mit der des Armenpflegers ist unbedingte Voraussetzung des Gelingens. Eine bloße Beiordnung der Frau als gelegentliche Gehilfin des Armenpflegers wird ebensowenig ein dauerndes gedeihliches Zusammenwirken erzielen, als wenn man den Bezirkskommissionen solche Frauen zu gelegentlicher beliebiger Verwendung bei einzelnen Pflegefällen zur Verfügung stellt. Die Frauen würden sehr rasch zurücktreten, weil dann die nötige Arbeitsfreudigkeit fehlte[72]).

Anlaß zur Mitarbeit gleichberechtigter Frauen in der kommunalen Fürsorge war zunächst die individuelle Hilfe im Elberfelder System:

Als die sogenannte individualisierte Armenpflege zuerst eingeführt wurde, ergab sich sofort, daß die bisher auf diesem Gebiete beschäftigten Personen auch nicht entfernt ausreichen würden, den neuen Anforderungen gerecht zu werden, daß eine große Anzahl von Helfern notwendig und es ebenso zweckmäßig wie erforderlich sei, diese aus dem Laienelemente zu entnehmen. Zunächst beschäftigte man mit den neuen Aufgaben eine Reihe von Männern, die, im Vollbesitze des Vertrauens und des Ansehens ihrer Mitbürger, die frischgeschaffenen Ämter in der Armenpflege als Ehrenämter übernahmen und verwalteten. Die Frage, ob nicht auch Frauen hier ebenso nutzbringend wie die Männer verwendet werden könnten, wurde damals gar nicht aufgeworfen.

Und das ist leicht erklärlich, denn in der Zeit, als sich auf diesem Gebiete die neuen Anschauungen Bahn brachen, wurde überhaupt erst der Anfang einer Beteiligung des weiblichen Geschlechtes an der öffentlichen Tätigkeit gemacht, der nicht ohne die lebhafteste Bekämpfung in Männer- wie in Frauenkreisen blieb.

Jetzt liegt aber die Sache ganz anders. Die Frauen haben eine andere Stellung im öffentlichen Leben, als sie in der ersten Hälfte des Jahrhunderts inne hatten, sich errungen; sie haben sich eine Reihe von Berufszweigen eröffnet, die bisher ausschließliches Recht der Männerwelt waren; sie haben sich in lebhafter Weise an allen Bestrebungen auf dem Gebiete der Gemeinnützigkeit und Wohltätigkeit beteiligt und haben sich in ihrer Tätigkeit auch bewährt[73]).

Ehe wir darzulegen versuchen, wie nun die Frau in den Organismus der öffentlichen Armenpflege einzuführen ist, sind noch ein paar Einwendungen genereller Natur gegen diese Einführung zu besprechen.

Es heißt, der Mann bewähre sich und zeige seine Arbeitstätigkeit in seinem Beruf und seinem öffentlichen Wirken; bei der Frau hätten wir keine Gewährleistung dafür, daß sie konsequent und stetig genug sein werde, ein ihr übertragenes öffentliches Amt auch richtig zu bekleiden, daß sie sich willig den notwendigen Anordnungen unterwerfe, sich unterordne, wie dies bei einem großen Geschäftsbetrieb notwendig ist, daß sie eine bequeme Kollegin sei, und was derartige Befürchtungen mehr sind...

Nach den Erfahrungen der beiden letzten Jahrzehnte können wir diese Zweifel mit gutem Gewissen als unbegründet zurückweisen. Die Frauen haben in dieser Zeit so manche großartige Anstalt geschaffen und geleitet, so zweckmäßig teils unter sich, teils mit den Herren gemeinschaftlich, sogar auch mit Behörden gearbeitet, daß wir ihnen auch diese Tätigkeit anvertrauen können...

Die Frau bringt sehr schätzenswerte Eigenschaften mit, ihre große Beharrlichkeit und Geduld, die unermüdliche auf dasselbe zurückkommt, bis der Zweck erreicht ist, ihr Wohlwollen und ihre Freundlichkeit gegen die Leidenden, dann eine Pflichttreue und Ausdauer, die mindestens der der Männer gleichkommt. Es fehlt ihnen weder an der nötigen Festigkeit, unberechtigten Ansprüchen entgegenzutreten, noch an der Gabe, sich besserer Ansicht oder Majoritätsbeschlüssen ruhig unterzuordnen. Das haben die Frauen zur Genüge in den Frauenvereinen vom Roten Kreuze und anderen Vereinigungen bewiesen...

Endlich aber beschäftigen sich die Frauen in der Regel mit den ihnen anvertrauten Aufgaben intensiver und hingebender als die Männer...

Ich [Dr. Rudolf Osius, Kassel] glaube..., daß die Einführung der Frauen in die öffentliche Armenpflege nach ihrer ganzen Veranlagung nur von Nutzen... ist. Erkennt man die Richtigkeit dieses Satzes an, dann muß man notwendig zu dem Schlusse kommen: diese Heranziehung der Frauen muß durchgeführt werden. Wie jeder, der der Allgemeinheit nutzen kann, auch die Pflicht hat, es zu tun, so hat auch die Frau da, wo sie helfen kann und nützen, die Pflicht, einzugreifen, und ein Recht darauf, daß ihr bei Ausübung dieser Pflicht keine Hindernisse in den Weg gelegt werden[74]).

Demgemäß faßte der Deutsche Verein auf seiner 16. Jahresversammlung am 24.–25. September 1896 in Straßburg im Elsaß folgenden Beschluß[75]):

1. Die Heranziehung der Frauen zur öffentlichen Armenpflege ist als dringende Notwendigkeit zu bezeichnen.

2. Sie ist nach den örtlichen Verhältnissen durchzuführen
- in erster Linie durch Eingliederung der Frauen in die öffentliche Armenpflege mit gleichen Pflichten und Rechten wie die Männer;
- in zweiter Linie durch Ermöglichung einer ergänzenden, mit der öffentlichen Armenpflege eng verbundenen Tätigkeit, überall aber durch Herstellung geordneter Verbindung zwischen der öffentlichen Armenpflege und den Vertretern weiblicher Hilfstätigkeit.

Wie aus dem individualisierenden Elberfelder System die Forderung nach Mitarbeit der Frauen in der kommunalen Fürsorge hervorging, so aus dieser Forderung die weitergehende,

daß einmal die Frauen und Mädchen, die häufig nicht so gänzlich durch den häuslichen Beruf in Anspruch genommen werden, wirklich in der Lage sind, einen Beruf auszuüben, der ihren Kräften, ihren Fähigkeiten und ihren Neigungen entspricht[76]).

Folgerichtig lautete die nächste Forderung, daß die Mädchen und Frauen für ihre soziale Tätigkeit eigens ausgebildet werden müßten. Konsequenz dieser Forderung: der neue Sozialberuf, zunächst für Frauen. Wieder war es der Deutsche Verein, der maßgeblich diese Konsequenz zog und aus ihr sofort sein Grundlagenprogramm für die Soziale Frauenschule entwickelte. Dazu Dr. Alice Salomon:

Ein wesentlicher Schritt vorwärts geschah in der ganzen Sache, als der Deutsche Verein für Armenpflege und Wohltätigkeit die Frage „Die fachliche und berufliche Ausbildung in der Armenpflege" auf die Tagesordnung seiner Generalversammlung im Jahre 1907 setzte. Sie wurde auf Grund einer umfassenden Arbeit von Dr. Albert Levy und Stadtrat v. Frankenberg behandelt, und als Ergebnis wurde die fachliche Ausbildung für berufliche und ehrenamtliche Arbeit in der Armenpflege gefordert (s. u.).

Ehe über den Fortgang der Bewegung berichtet werden kann, muß wenigstens die Frage gestreift werden, warum diese Schulen als Frauenschulen ins Leben traten, und warum diese Bewegung in Deutschland so lange eine Angelegenheit der Frauen blieb. Schließlich brauchen die Männer, die sich der Wohlfahrtspflege zuwenden, dafür dieselben Kenntnisse wie die Frauen. Aber die Tatsache überhaupt, daß diese Arbeitsgebiete kraft ihrer Eigenart spezifische Kenntnisse verlangen, wurde zunächst den Männern weniger bewußt. Lange Zeit wurde selbst die Leitung wichtiger sozialer Dezernate in den städtischen Verwaltungen an Beamte vergeben, die ausschließlich juristische oder verwaltungstechnische Kenntnisse vorwiesen. Daß die Frauen, die dem öffentlichen Leben fremder, unerfahrener gegenüberstanden, den Mangel an Kenntnissen stärker ampfanden, lag vielleicht daran, daß sie frischer, unbefangener, noch nicht durch Überlieferung innerlich gebunden an diese Aufgaben herantraten.

Wesentlicher waren aber wohl für die Entwicklung der Schulen als einer weiblichen Bildungsstätte die inneren Gründe: der Zusammenhang der fürsorgenden, pflegenden, erziehenden Arbeit und der besonderen mütterlichen Anlagen der Frau. Hinzu kam die verschiedenartige Berufsauffassung von Mann und Frau. Das soziale Arbeitsfeld bietet verhältnismäßig wenig Posten, die den beruflichen Anforderungen und Wünschen begabter Männer verlockend erscheinen, die ihren Ehrgeiz, ihre Ansprüche an „Karriere" befriedigen können...

Sofern die Frauen den Beruf nur als Provisorium ansehen, wählen sie ihn unter Umständen stärker im Hinblick auf ihre Neigungen, als auf die Aufstiegsmöglichkeiten und eine vorteilhafte Lebensstellung. Soweit sie den Beruf im Glauben an eine dauernde Lebenserfüllung ergreifen, muß er für sie mehr bedeuten als für den Mann. Die Frau, die nicht zur Ehe gelangt, sucht im Berufe den ganzen Inhalt ihres Daseins. Das ist wiederum ein Grund, den Beruf nach persönlichen Anlagen zu wählen...

Schließlich sprechen bestimmte Tatsachen mit, um die Wohlfahrtspflege zu einem vorwiegend weiblichen Beruf zu machen. Die überwiegende Zahl der Personen, mit denen die Wohlfahrtspflege es zu tun, auf die sie in irgendeiner Form einzuwirken hat, sind Frauen und Kinder, die leichter durch die Frau erreicht, deren Bedürfnisse besser von ihr erfaßt werden[77]).

Ganz unabhängig von diesen Gründen, die ohne Anspruch auf differenzierende Psychologie in einer bestimmten Vorstellung vom Wesen der Frau liegen, gab es eben damals auch schichtenspezifische Argumente für die Schaffung des sozialen Frauenberufes. Anschaulich beschreibt Dr. Alice Salomon aus eigener Erfahrung, warum 1893 in Berlin ein Aufruf, den neugegründeten „Mädchen- und Frauengruppen für soziale Hilfsarbeit" beizutreten, vielen Mädchen der mittleren Schichten „Rettung aus tiefer geistiger und seelischer Not brachte":

Es muß deshalb auf diese Dinge kurz eingegangen werden, schon weil sie angesichts der außerordentlichen Umwälzung, die das Leben der jungen Mädchen weiter Schichten in den letzten Jahrzehnten erfahren hat – eine größere und stärkere Wandlung, als sie je vorher eine Gruppe von Menschen durchlebte – der heutigen [1913!] Jugend kaum noch begreiflich sind.

Der Mädchengeneration, die vor 20 Jahren heranwuchs, war in den wohlhabenden und gebildeten Schichten bis tief in die Kreise des Mittelstands hinein die Verpflichtung zu nützlicher Arbeit und selbst die Möglichkeit dazu verloren gegangen. Es ist heute eine Alltagsweisheit, die schon von Schulbuben und -mädchen in ihren Aufsätzen behandelt wird, daß durch die industrielle Entwicklung und die moderne Technik das Haus an wirtschaftlichen Aufgaben ärmer geworden ist, und daß die Haustöchter in vielen Fällen keinen ausreichenden Wirkungskreis mehr in der Familie finden.

Heute sind die Töchter des Mittelstandes auf dem Weg gefolgt, den die Mädchen der handarbeitenden Schichten längst gegangen waren. Sie sind in den Beruf, in die Erwerbstätigkeit abgewandert. Vor 20 Jahren galt das noch – keineswegs nur in

wohlhabenden Kreisen – als etwas ganz Außergewöhnliches, meist als etwas Unpassendes...
Und ebenso wie Erwerbsarbeit in weiten Kreisen für die Töchter nicht als standesgemäß angesehen wurde, so galt das Verlangen nach höherer Bildung nicht als „mädchenhaft". Wer erheblich mehr lernen wollte, als in der Höheren Mädchenschule alten Stils gelehrt wurde, galt als Blaustrumpf, und das war kein Ehrentitel. Man hielt auch vieles Lernen der jungen Mädchen nicht für gesund. Aber vor allem: es gab überhaupt keinerlei Gelegenheit dazu... Wenn ich zwischen meinem 16. und 20. Jahr von einer studierten Frau gehört hätte, so wäre mir das sicherlich nicht als nachstrebendswertes Ideal, sondern als eine Art Naturwunder erschienen.

Die Mädchen blieben daher eben zu Hause und lagen brach. Man fütterte Kanarienvögel, begoß Blumentöpfe, stickte Tablettdecken, spielte Klavier und „wartete". Für die Mädchen jener Zeit ist es unbedingt wahr, was eine moderne Dichterin von den Frauen überhaupt gesagt hat, daß „sie immer dasitzen und warten, ob die Tür aufgeht und jemand hereinkommt".

Es war ein so unerträglicher Zustand für tätige wie nachdenkliche Naturen, daß vielen dabei langsam der Glaube an einen Sinn des Lebens verlorenging... Der Mangel an wirklichen Aufgaben führte so leicht zu einem Versagen jeglichen Pflichtgefühls; die Schattenhaftigkeit des ganzen Daseins zu Oberflächlichkeit und Flachheit, die auf Äußerlichkeiten eingestellten Energien zu einem Verkennen wahrer Lebenswerte, zur Verwechslung von Schein und Sein; die Gewöhnung an Untätigkeit zur Unlust auch für die kleinsten Leistungen und Liebesdienste, die Entbehrlichkeit für andere schließlich zu krassem Egoismus. Es war die denkbar schlechteste Vorbereitung für das Leben der Frauen, das in irgendeiner Form doch Pflichten zu bringen pflegt. Es war ein Vergeuden lebendiger Kräfte, das ein Unrecht an der Gesellschaft wie an den Betroffenen selbst bedeutete.

Aus dieser Not riß uns die Gründung der „Mädchen- und Frauengruppen für soziale Hilfsarbeit". Sie brachte den Mädchen den Ruf zur Arbeit, der ihnen so bitter Not tat; zu einer Arbeit, bei der sie gebraucht wurden, bei der auf sie gewartet wurde, bei der sie sich nötig fühlen konnten. Sie brachte ihnen damit einen Lebenszweck und einen Lebensinhalt.

Die Gruppen gaben den Mädchen aber auch eine neue Bildung, weitere und tiefere Kenntnisse, Wissen auf einem Gebiet, das für sie bis dahin gar nicht vorhanden war; ein Wissen, das über die kleine Welt, in der sie lebten, hinausreichte in jene wirkliche Welt, in der die ganze Menschheit lebt; das sie über ihre subjektiven Nöte und Kümmernisse hinaus in die materielle Not des Hungers... blicken ließ. Sie schufen ihnen damit eine Beziehung zwischen dem Ich und der Gesamtheit, zwischen der eigenen Lebenskraft und der Menschheitsarbeit, zwischen persönlichen und überpersönlichen Idealen und Zielen. Sie führten sie auf den Weg, auf dem sie zu einer Weltanschauung gelangen, den Glauben an einen Sinn des Lebens und seine Aufgaben zurückgewinnen konnten.

Indem man die Mädchen zu einer objektiven Aufgabe rief, an sich notwendige Leistungen von ihnen forderte, wirkte das für unzählige Mädchen als Eröffnung subjektiver Möglichkeiten von Glück und Lebensfreude[78]).

Zeitbedingt ermöglichte das Zusammentreffen verschiedener Lebens-
tendenzen und Gegebenheiten den Einzug der Frauen in die Fürsorge und
den Sozialen Frauenberuf um und nach der Jahrhundertwende.

3. Schaffung des Sozialberufs und der Sozialen Frauenschulen

Ein Hauptfaktor der zum Sozialberuf hindrängenden Entwicklung war,
daß sich die Fürsorge in zahlreiche neue Arbeitsfelder aufgegliedert hatte,
auf welche der alte Ausdruck „Armenfürsorge" nur noch in fernem Zusammenhange zutraf. Insofern wurde in dem grundlegenden Bericht über
„die berufliche und fachliche Ausbildung in der Armenpflege" anläßlich der
27. Jahresversammlung des Deutschen Vereins am 19.–20. September 1907
in Eisenach der tradierte Armutsbegriff einer aufschlußreichen Kritik unterzogen:

Unser Zeitalter hat das Bewußtsein von der Verpflichtung einer ausgiebigen Fürsorge für die Schwachen in einem solchen Maße zum Gemeingut aller Kulturvölker
gemacht, ja es hat diese Verpflichtung so sehr geradezu in den Mittelpunkt des inneren politischen Lebens der Staaten gerückt – am allermeisten vielleicht in unserem
deutschen Vaterlande –, daß jegliche aus diesem Verpflichtungsbewußtsein erwach-
sende Arbeit im Dienste der Schwachen auf volle Anerkennung ihrer Wichtigkeit
rechnen darf, handele es sich nun um das große Werk sozialer Reformen zur Herbeiführung besserer Zustände im allgemeinen, handele es sich auch nur um die mü-
hevolle Kleinarbeit der Armenpflege, die sich dem Einzelfall zuwendet...
Das Entstehen der benachbarten, bedeutsamen sozialen Fürsorgegebiete wie z. B.
der Versicherungsgesetzgebung hat allerdings eine sorgame Abgrenzung zwischen
den verschiedenen Zweigen der Arbeit nötig gemacht, eine Abgrenzung, die um so
wichtiger ist, je mehr andererseits die wechselseitige Verbindung und Ergänzung
der Arbeitsgebiete angezeigt erscheint. Aber diese Abgrenzung hat nicht etwa dahin
führen sollen, das eine Gebiet der Fürsorge als wichtig, bedeutsam und schwierig zu
stempeln, das andere hingegen nur als eine minderwichtige, gewissermaßen als unvermeidlich allenfalls noch zugelassene Ergänzung anzusehen... Der Tieferblik-
kende wird erkennen, daß auch die Armenpflege voll von Problemen ist, deren Lösung die größten Schwierigkeiten bietet...
Unter dem Einfluß der Anschauung, daß alle staatlichen sozialen Maßnahmen aus
der Auffassung entstehen, daß es sich um eine staatliche Verpflichtung handelt,
nicht mehr allein aus dem Trieb einer patriarchalisch wohlwollenden Fürsorge, wie
in früheren Zeiten, ist auch die Armenpflege an innerer Bedeutung erheblich gewachsen... Ihr rein caritativer Charakter der alten Zeit... ist ersetzt durch die Forderung des planmäßigen und systematischen Vorgehens..., welches den einzelnen
Fall in seiner Besonderheit erst dadurch begreifen und richtig beurteilen lernt, daß er

in Zusammenhang mit der Gesamtheit der sozialen Verhältnisse unserer Zeit gebracht wird...

Die Armenpflege ist ein selbständiges Gebiet, und zwar ein Gebiet von erheblichem Umfang, wenn man eine planmäßige und überlegte Fürsorgearbeit in all den Einzelfällen, wo irgendeine Art von Not und Elend vorliegt, als Armenpflege bezeichnen darf.

Ohne an dieser Stelle tiefgründige Betrachtungen über das Wesen der Armut anstellen oder mich an Definitionen des Begriffs Armut versuchen zu wollen, möchte ich [Dr. Albert Levy, Berlin] doch darauf hinweisen, daß nach den landläufigen Begriffen meines Erachtens das Wesen der Armut viel zu eng aufgefaßt wird.

Um den Begriff erschöpfend zu fassen, sollte man sich weniger an einer mehr oder minder zutreffenden theoretischen Konstruktion versuchen, als vielmehr die lebendige Vorstellung von der unendlichen Mannigfaltigkeit all der Fälle menschlicher Not und Hilfsbedürftigkeit auf sich einwirken zu lassen, welche man im Dienst der öffentlichen Armenpflege und der so viel verzweigten freiwilligen Liebestätigkeit kennenzulernen Gelegenheit hat...

Auch deckt sich noch immer nach oberflächlicher Begriffsbestimmung und Umgrenzung das Wesen der Armut allzusehr mit der Vorstellung: Mangel an Geld, Mangel an materiellen Gütern, wie es ja auch diese Vorstellung ist, aus der die nicht nur naive, sondern geradezu schädliche und vielfach verderbliche Vorstellung erwächst, daß die einfache Aufwendung von Geld eine Beseitigung fast jeglichen Notstandes ermögliche.

Es kann nicht genug betont werden, daß diese Auffassung geradezu der Tod einer wirksamen und segensreichen Armenpflege ist. Daß das Fehlen von Existenzmitteln jeglichen aus anderen Ursachen herrührenden Notstand erheblich verschärft, ist selbstverständlich. In wie zahlreichen Fällen aber ist dieses Fehlen so wenig das eigentlich charakteristische Moment des traurigen Gesamtzustandes, wie er sich der Fürsorge darbietet, daß trotz seiner Beseitigung durch die Beschaffung der fehlenden Mittel das ganze Bild nur sehr unwesentlich verändert erscheint, und daß all die Momente und Tatsachen bestehen bleiben, die den eigentlichen Notstand ausmachen.

Hier wäre es ganz falsch anzunehmen, daß die Armenpflege vor allem mit Beseitigung des rein materiellen Notstandes einzusetzen hätte, denn die Ursachen, durch die er herbeigeführt wurde, als da sind Krankheit, Arbeitslosigkeit, Trunksucht, moralischer Tiefstand, Untüchtigkeit, pädagogische Unzulänglichkeit, tiefgehende Disharmonien zwischen den Ehegatten oder den anderen in einer Familiengemeinschaft Zusammenlebenden und noch vieles andere, diese Ursachen würden nicht etwa zugleich mit dem Verschwinden des eigentlichen Geldmangels beseitigt werden, ... sind doch diese Notstände zum überwiegenden Teil schon längst nicht mehr leicht erklärbare Einzelerscheinungen, sondern Produkte einer höchst komplizierten wirtschaftlichen Entwicklung und einer Fülle von anderen Vorgängen und Erscheinungen, wie sie aus dem modernen Kulturleben herauswachsen. Für das Verständnis dieser Art von Notständen bringt der Durchschnittsbürger so gut wie nichts mit[79]).

So wurde im Hinblick auf den Sozialberuf, dessen Voraussetzungen und
Möglichkeiten der Deutsche Verein 1907 maßgebend diskutierte, ausdrücklich gefordert, er möge sich nicht allein an der Armenpflege orientieren, so weitläufig diese inzwischen auch geworden war, sondern die gesamte „soziale Arbeit" umfassen:

> Ich [Dr. Singer, München, Direktor des Statistischen Amts] möchte Ihnen be-
> sonders empfehlen, die Ausbildung von vornherein nicht auf die Armenpflege zu
> beschränken, sondern auf das Gebiet der sozialen Fürsorge im allgemeinen auszu-
> dehnen... Ich glaube auch darauf hinweisen zu sollen, daß, soweit Anfänge in die-
> ser Ausbildungsmöglichkeit vorliegen, sie sich im wesentlichen nicht auf das Gebiet
> der Armenpflege beschränken, sondern das Gebiet der sozialen Arbeit einbezogen
> haben... Ich darf auch darauf hinweisen, daß die Armenpflege als solche nie allein
> fertig werden wird, sondern daß sie eine große Reihe anderer Gebiete der sozialen
> Fürsorge, die Wohnungsfürsorge usw. zur unbedingten Voraussetzung hat, wenn
> sie zu einer wirklichen oder wenigstens bestmöglichen Lösung des Problems kom-
> men will. Ich möchte also empfehlen, nicht die Armenpflege in den Vordergrund zu
> stellen, sondern das Gebiet der sozialen Arbeit im allgemeinen zu umfassen. (Zurufe
> aus dem Plenum: Bravo!)[80])

Tatsächlich begann mit der 27. Jahresversammlung des Deutschen Vereins am 19.–20. September 1907 in Eisenach die eigentliche Geschichte des
sozialen Berufes. Bahnbrechend und grundlegend war der dort vorgelegte
und zustimmend diskutierte Bericht von Albert Levy:

> Die Forderung einer fachlichen oder gar beruflichen Ausbildung für unsere ar-
> menpflegerische Arbeit ist in der Tat eine relativ sehr neue Forderung. Sie wurde,
> soweit mir bekannt ist, erst in den letzten Jahren in den Kreisen des Zentralaus-
> schusses unseres Deutschen Vereins für Armenpflege und Wohltätigkeit erhoben,
> und ich habe auch bei näherem Zusehen in der ganzen Literatur kaum an einer einzi-
> gen Stelle auch nur eine Andeutung dafür gefunden, daß in den Köpfen derjenigen,
> welche sich mit der armenpflegerischen Theorie beschäftigten, der Gedanke daran,
> daß eine Vorbildung oder auch nur Vorbereitung für die Tätigkeit der Armenpflege
> dringend wünschenswert oder gar notwendig sei, auch nur ein einziges Mal aufge-
> taucht wäre[81]).
> Die Tatsache, daß sich neben der alten Armenpflege zahlreiche andere soziale
> Fürsorgegebiete entwickelt haben, bedingt nun aber, um jedes einzelne Gebiet in
> seiner Wirksamkeit zu der wünschenswerten Entfaltung kommen zu lassen, eine
> sorgfältige Abgrenzung zwischen ihnen...
> Wichtiger als dieses Ansehen, welches der Armenpflege durch die Schätzung er-
> wachsen ist, welche ihre sozialen Nachbargebiete genießen, ist nun vor allem die
> Bedeutung, die die Armenpflege sich selbst dadurch erworben hat, daß sie früherer
> Zeit gegenüber ihren Grundcharakter verändert hat, indem sie ihre rein caritative
> Basis verließ und sich zu einer Arbeit entwickelte, einer Arbeit, die an Stelle der
> mehr instinktartigen Regung des guten Herzens die Forderung eines planmäßigen

und systematischen Vorgehens setzte. Indem sie mehr und mehr die Forderung in den Vordergrund rückte, daß der einzelne Armutsfall nicht mehr als etwas Vereinzeltes, sondern nur im Zusammenhang mit den wirtschaftlichen und sozialen Gesamterscheinungen betrachtet und behandelt werden müßte, wurde sie aus einer Übung, für welche nichts mehr als der gute Wille und evtl. die nötigen materiellen Mittel erforderlich waren, zu einer *überlegten,* zu einer vielfach *schwierigen,* zu einer Kenntnisse und Erfahrung in reichem Maße in Anspruch nehmenden Aktion.

Für dies also zu charakterisierende selbständige *soziale Arbeitsgebiet,* welches, ungeachtet des neuen Entstehens zahlreicher anderer Arbeitsgebiete, noch immer von erheblichem Umfange ist, wird nun aber – ich muß sagen, unbegreiflicherweise – nicht der Anspruch erhoben, daß die in ihm Wirkenden sich durch die Erwerbung irgendwelcher spezieller Vorkenntnisse und Erfahrungen *vorbereiten* müßten.

Ich habe mir erlaubt, ... auf eine Stelle hinzuweisen, an welcher Herr Stadtrat Flesch in seiner Schrift „Soziale Ausgestaltung der Armenpflege" im 54. Heft der Schriften unseres Vereins die Ansicht ausspricht, die Armenpflege verhalte sich zur Sozialpolitik wie die Hygiene zur Medizin; dabei falle der Armenpflege die Beseitigung oder Linderung des einzelnen Armutfalles zu, so wie ja der Medizin die Heilung oder Erleichterung des einzelnen Krankheitsfalles, während die Sozialpolitik sich den großen und allgemeinen Ursachen zuzuwenden habe, welche die Grundlage der einzelnen Armutsfälle bilden, dagegen die Hygiene die Besserung der gesamten Gesundheitsverhältnisse zur Aufgabe hat, welche vielfach den Nährboden für die einzelnen Krankheitsfälle bilden. Mich hat diese Stelle des ... Aufsatzes besonders deshalb interessiert, weil der angeführte Vergleich, wie mir scheint, in besonderer Weise geeignet ist, den Mangel zu charakterisieren, den darzustellen ich mir zur Aufgabe gemacht habe.

Wir würden gar nicht auf die Idee kommen, von dem den einzelnen Krankheitsfall behandelnden Arzt weniger Kenntnisse und Erfahrungen zu erwarten, als von dem die großen Maßnahmen der Hygiene vorbereitenden und durchführenden Hygieniker. Im Gegensatz hierzu aber wird von dem Sozialpolitiker, ganz besonders von dem, welcher im Dienst der sozialen Gesetzgebung oder irgendeiner großen, bedeutsamen sozialen Veranstaltung steht, ein großes Maß von Kenntnissen, welches er sich im systematischen Studium angeeignet haben muß, als selbstverständlich vorausgesetzt, während man glaubt, daß der Armenpfleger dieser gänzlich oder fast gänzlich entraten könne, und daß es jedenfalls nicht notwendig sei, ihn mit Kenntnissen und Erfahrungen sich ausrüsten zu lassen, bevor er an die armenpflegerische Arbeit herangehe.

Ich lege Wert darauf, daß man das nicht fordert gerade, *bevor* er an die armenpflegerische Arbeit herangeht, an diese armenpflegerische Arbeit, die doch den unendlich mannigfach in die Erscheinung tretenden Fällen von Not und Elend gegenüber eine so sehr schwierige und besonders verantwortungsreiche Arbeit bedeutet – eine Arbeit, welche nicht sowohl ein scharfes kritisches Erkennen und Beurteilen des einzelnen Falles, als auch ein gut disponierendes, alle Möglichkeiten der Hilfe kennendes und vor allen Dingen unter diesen Möglichkeiten die richtigen auswählendes Vorgehen bedingt.

Diese bedeutsame Arbeit, welche doch wahrlich auch nicht deshalb etwa gering geachtet werden darf, weil sie sich dem Leben nur eines einzelnen Menschen oder dem Schicksal auch nur einer einzelnen Familie zuwendet, soll nun nach den landläufigen Anschauungen in ausreichender Weise von jedem geleistet werden können, der mit dem nötigen guten Willen an die Sache herantritt, ohne mit Kenntnissen und Erfahrungen ausgerüstet zu sein. Wie hart beurteilt man dagegen – und meines Erachtens nicht mit Unrecht – die Laien z. B., welche ohne wissenschaftliche und praktische Vorbildung körperlich kranken Menschen ihre Behandlung zuwenden, indem sie vorgeben, imstande zu sein, sie zu kurieren![82])

Man könnte sich nun auf den Standpunkt stellen, daß man sich angesichts der relativ doch wenigstens befriedigenden Ergebnisse, wie sie auf Grund des bisherigen Zustandes erzielt worden sind, damit abfinden könnte, wenn es auch in bezug auf die Frage der Vorbildung und Schulung im großen und ganzen so bleiben würde wie es bisher gewesen ist, zumal durch eine Änderung ganz neue Einrichtungen erforderlich würden, für die bisher ja kaum die Ansätze vorhanden sind. Eine solche Resignation aber würde auch den völligen Verzicht darauf bedeuten, daß die Leistungen der Armenpfleger an innerem Wert und vor allem an Einfluß auf die Besserung und Hebung der Lage der Volkskreise, denen sie sich zuwendet, irgendwie *gesteigert* werden könnten. Aber nicht umsonst wollen wir *sozial* denken gelernt haben! Dieses unser soziales Denken würde uns einen solchen Verzicht als Pflichtvergessenheit erscheinen lassen[83]).

Die *berufliche Ausbildung*, die zu fordern wäre, würde zur Voraussetzung haben, daß im Gegensatz zu heute die Übung der Armenpflege in irgendeiner Form *zu einem Beruf* überhaupt würde[84]).

Mit der Forderung, den sozialen Beruf zu schaffen, war sogleich die Frage verknüpft, wie sich künftig die hauptberuflich Tätigen zu den ehrenamtlichen Mitarbeitern verhalten sollten:

Für die Betätigung der öffentlichen Armenpflege muß eine eigentlich berufliche Ausbildung von vornherein allerdings deshalb ausgeschlossen werden, weil sie im Widerspruch zu dem hochbedeutsamen und nicht anzutastenden Grundgedanken stehen würde, daß die Arbeit von unabhängigen, nur in Erfüllung ihrer Bürgerpflicht handelnden Ehrenbeamten ausgeführt werden soll. Die Verwandlung dieser Schichten ehrenamtlich arbeitender Männer und Frauen in Berufsarbeiter würde so sehr über das Ziel hinausschießen, daß mit ihr die erfreulichen und ansprechenden Impulse und Motive, die gerade auch in der öffentlichen Armenpflege hervortreten, fast ganz verschwinden würden.

Unberührt aber bleibt meines Erachtens das charakteristische Wesen der öffentlichen Armenpflege, wenn den ehrenamtlichen Organen zu ihrer Ergänzung und Hilfe *Berufsarbeiter zur Seite gestellt werden*[85]).

Die nächste Frage richtete sich auf die „sozialen Beamten" und deren Ausbildung:

Die Zahl der „sozialen Beamten" ist, wie ich meine, aller Orten bedeutend im

Wachsen begriffen. Bis jetzt ist sie allerdings nicht so groß, daß sich diese Kategorie von Beamten als eine große, selbständige heraushebe, ich glaube aber, daß es nicht mehr lange dauert, bis das der Fall sein wird, und damit wird dann auch das Bedürfnis für eine selbständige, geschlossene Ausbildung dieser Beamtenkategorie sich mehr geltend machen, als bisher.

Die Ausbildung der speziell der Armenpflege zuzuführenden Berufsbeamten möchte ich dann aber nicht zu einseitig armenpflegerisch gestaltet wissen; je umfassender die Vorbildung sich auf das ganze große *Gesamtgebiet der sozialen Fürsorge* erstrecken wird, um so gründlicher wird jeder nachher auf sein Spezialgebiet sich vorbereitet fühlen[86]).

Was für die öffentliche Fürsorge galt, und zwar für die Armenfürsorge wie für die soziale Fürsorge, das konnte auch auf die private Fürsorge zutreffen:

Daß auch das Wesen der freien Liebestätigkeit es grundsätzlich ausschließt, etwa *nur* von Berufsarbeitern ausgeübt zu werden, bedarf kaum einer ausführlicheren Erörterung. Um das klar und deutlich hervortreten zu lassen, bedarf es nur des Hinweises darauf, daß ja bei einer großen Anzahl von Menschen die Möglichkeit der Pflege und Weiterentwicklung der altruistischen Instinkte und Triebe, in welchen man vielfach geradezu die Hauptbedeutung armenpflegerischer und sozialer Betätigung erblicken möchte, von vornherein abgeschnitten wäre, wenn die freiwillige, nur gelegentliche Liebestätigkeit ihnen verschlossen bliebe.

Aber auch hier ist nicht nur Platz für beruflich arbeitende, wenn sich etwa solche finden sollten; es ist vielmehr dringend geboten, sie neben den anderen in die Arbeitsorganisation einzustellen...

Es ist zu hoffen, daß auch in den freien Organisationen das Bedürfnis nach der Einstellung von Berufsarbeitern sich mehr und mehr geltend machen wird; die Ausgestaltung mancher dieser Organisationen, die früher reine Wohltätigkeitsvereine alten Stils waren zu Wohlfahrtsinstitutionen höherer Ordnung, die an strenger Geschlossenheit ihrer Arbeit und an zielbewußter klarer Erkenntnis des Zweckes keiner öffentlichen Armenverwaltung nachstehend, führt mit Notwendigkeit zu diesem Ziel hin. Ist aber erst das Bedürfnis voll anerkannt und kann eine große Anzahl von Personen erst jetzt darauf rechnen, als „*soziale Arbeiter*" eine feste Lebensstellung zu finden, dann wird man auch nicht länger säumen, sich für solche Stellungen eine solide Vorbildung anzueignen und sich einer Vorbereitung zu unterwerfen, wie sie bei allen anderen Berufen selbstverständlich ist[87]).

Schließlich die Frage nach den Ausbildungs-Inhalten:

Diese Ausbildung für die berufliche Arbeit in der freien Liebestätigkeit wird natürlich der für die gesetzliche Armenpflege notwendigen sehr verwandt sein müssen.

Beide werden sich aufzubauen haben auf einer möglichst breit gehaltenen, allgemeinen Information über die wirtschaftlichen und sozialen Verhältnisse, wobei aber die mehr theoretisch-wirtschaftliche Beschäftigung mit den nationalökonomischen

Grundfragen des Gemeinschaftslebens, welche bei den wissenschaftlichen Studien selbstverständlich in den Vordergrund gestellt werden müssen, nicht gefordert zu werden braucht. Auf dieser Grundlage hätte sich die Darstellung und kurze Systematisierung der verschiedenen sozialen Arbeitsgebiete aufzubauen, um dann erst das Spezialgebiet, dem die Ausbildung gelten soll, selbständig und zwar mit aller Gründlichkeit in allen seinen Teilen zu behandeln.

Hier würde man sich nicht etwa mit einer Einführung in die eigentlich praktischen Gebiete der Armenpflege begnügen können; um dasjenige Verständnis für die Arbeit herbeizuführen, welches dann später auch als ausreichend bezeichnet werden dürfte, kann die eingehende Beschäftigung mit den theoretischen Grundbegriffen und besonders auch die Kenntnis der historischen Zusammenhänge nicht entbehrt werden.

Dann hätte die so wichtige Einführung in die rechtlichen Gebiete zu erfolgen, welche für die Fürsorgearbeit in Betracht kommen, sowohl in die des bürgerlichen Rechts, welche von der Unterhaltungspflicht gegenüber Familienangehörigen, von den Ansprüchen der unehelichen Kinder, dem Vormundschaftsrecht, der Fürsorgeerziehung, dem Kinderschutz usw. handeln, als auch die des großen Gebiets der Arbeiterversicherungs-Gesetzgebung mit der Krankenversicherung, der Unfallversicherung, der Invaliden- und Alters-Versicherung...

Mehr vielleicht als auf irgendeinem anderen Gebiet darf auf dem der Armenpflege die Ausbildung sich nur in einer organischen Verbindung von Theorie und Praxis vollziehen. Hat der zum Armenpfleger sich Heranbildende noch so viele Vorlesungen und Kurse gehört, ist er in alle Wissensgebiete der sozialen Arbeit mit Fleiß eingedrungen und hat er sich auch eine ausgiebige Kenntnis der armenpflegerischen Methoden und Theorien angeeignet, so wird er doch den später an ihn herantretenden Aufgaben nur ganz unzulänglich ausgerüstet gegenüberstehen, wenn er nicht außerdem reichliche Gelegenheit hatte, die Armut gewissermaßen in natura zu sehen, die Hilfsbedürftigen persönlich kennenzulernen, in ihre innere Not sich zu vertiefen und ihre äußere Bedrängnis zu studieren.

Die Hilfe von Mensch zu Mensch, die wahre Hilfe, in der Herz und Verstand, Intelligenz und Erfahrung, tiefe, warme Anteilnahme und reifes soziales Verständnis miteinander wetteifern, um den armen, bedrängten Menschenbruder in wirksamer Weise beizustehen, diese ideale Hilfe, wie unsere heutigen Begriffe von Armenpflege sie uns als das hohe Ziel im Kampfe gegen Not und Elend aufzeigen, sie kann nur von solchen gebracht werden, welche sich nicht weniger durch praktische Übung und Schulung als durch theoretische Vorbereitung zum Kampfe gerüstet haben[88]).

Die letzte in diesem Zusammenhang erörterte Frage betraf das Lehrpersonal; dazu Dr. Alice Salomon bei der Jahresversammlung des Deutschen Vereins 1907 als Diskussionsrednerin:

Ich spreche aus einer 14jährigen Erfahrung [mit den sozialwissenschaftlichen Kursen des Berliner Vereins „Mädchen- und Frauengruppen für soziale Hilfsarbeit"], in der alljährlich eine Reihe von Unterrichtskursen arrangiert wurden. Wir

haben auch den kleinsten Raum nicht mit Hörern füllen können, so lange die Herren „Akademiker schlechthin" bei uns gesprochen haben, die keine Beziehungen mit der Praxis hatten. Erst nachdem sich ein Stamm von Lehrern herangebildet hatte, die wohl theoretische Kenntnisse hatten, auch akademische Bildung, die aber dabei ihre theoretischen Kenntnisse im Leben zu verwerten gesucht hatten, haben wir Lehrer gefunden, die eben die Bedürfnisfrage unserer Kurse richtig erkannt haben, eine Bedürfnisfrage, die darin gipfelt, daß die Armenpfleger und Armenpflegerinnen nicht zu einer wissenschaftlichen Beherrschung der Probleme der Armenpflege erzogen werden sollen, sondern daß sie das aufnehmen sollen, was ihre praktische Arbeit vertieft und durchgeistigt und in Zusammenhang mit den großen sozialen Problemen setzt. (Zurufe aus dem Plenum: Sehr gut!)
Diese Lehrkräfte zu gewinnen, ist ganz besonders eine Aufgabe Ihres Vereins [des Deutschen Vereins]. Ich möchte sagen, das ist etwas, was Ihr Verein ohne große Mühe tun kann. Sie alle, die Sie hier anwesend sind, sind die Lehrer, die wir dafür brauchen; Sie sind hierfür die geborenen Lehrer[89]).

Die Zeitverhältnisse brachten es mit sich, daß die Sozialschulen, die nunmehr gegründet wurden, Soziale Frauenschulen waren. Von 1908 bis 1913 entstanden:
- die Soziale Frauenschule Berlin (1908),
- die Frauenschule der Inneren Mission zu Berlin (1909),
- die Soziale und Caritative Frauenschule des Bayerischen Landesverbandes des Katholischen Frauenbundes Deutschlands als Sozialcaritative Frauenschulung in München (1909),
- das Evangelisch-Soziale Frauenseminar Elberfeld (1910),
- die Hochschule für Frauen, mit einer sozialen Abteilung, Leipzig (1911),
- die Katholische Soziale Frauenschule Heidelberg (1911),
- das Frauenseminar für soziale Berufsarbeit in Frankfurt am Main (1913),
- die Sozialen Frauenkurse Dresden (1913).

Beispielgebend war das Programm der Sozialen Frauenschule Berlin:

Es ist Zweck der Schule, die Mädchen und Frauen für die berufsmäßige und freiwillige Arbeit auf sozialem Gebiet auszubilden. Der Lehrplan verteilt sich auf die Unterstufe (Vorbereitungsklasse), die Oberstufe (Fachklasse) und den Fortbildungskursus mit Praktikantenjahr.
Die Unterstufe soll die Grundlage für eine Ausbildung von besoldeten und freiwilligen Kräften zur sozialen Hilfsarbeit bieten. Sie bereitet auf die fachliche und soziale Ausbildung vor, indem sie einerseits Verständnis der sozialen Probleme vermittelt, andererseits ein gewisses Maß hauswirtschaftlicher und pädagogischer Kenntnisse gibt, die in der sozialen Arbeit nicht entbehrt werden können. Die Unterstufe kann auch solchen Schülerinnen dienen, die sich zunächst nur für den Wirkungskreis in der Familie vorbereiten wollen. Die pädagogischen Fächer sind in den Mittelpunkt des Unterrichts gestellt und werden durch praktische Unterweisung im Kindergarten, durch Unterricht in Handarbeit, in Handfertigkeit, Hauswirtschaft

ergänzt. Der Unterricht umfaßt: Erziehungslehre, Hygiene, Volkswirtschaftslehre, Bürgerkunde, Einführung in die soziale Literatur, Kochen, Übungen in Hauswirtschaft und Kinderpflege.

Die Oberstufe soll den Schülerinnen eine fachliche Ausbildung für soziale Arbeit vermitteln und Berufsarbeiterinnen und Helferinnen für alle Gebiete sozialer Arbeit ausbilden. Dem Lehrziel entsprechend, zerfällt die Ausbildung in einen theoretischen und einen praktischen Teil.

Der theoretische Unterricht ist für alle Schülerinnen gleich. Es werden die sozial-wissenschaftlichen Fächer gelehrt, die allen sozial Arbeitenden für ihre Tätigkeit nötig sind. Der Unterricht, der ebenso wie in der Unterstufe auf ein Jahr berechnet ist, umfaßt: Volkswirtschaftslehre, Bürgerkunde, Familienrecht, Pädagogik, soziale Hygiene, Einführung in die Probleme der sozialen Arbeit, Theorie und Geschichte des Armenwesens und der Armenpflege, Theorie der Jugendfürsorge, Buchführung und Stenographie.

Die praktische Ausbildung wird nach den Interessen und Zielen der Schülerinnen spezialisiert, derart, daß jede Schülerin sich beim Eintritt in die Oberstufe für ein Spezialgebiet der sozialen Fürsorge zu entscheiden hat. Die Ausbildung erfolgt nur in Anstalten und Vereinen, deren Leitung, Organisation und Arbeitsmethoden für die Ausbildung der Schülerinnen geeignet und die als Ausbildungsstätten von der Leitung der Sozialen Frauenschule anerkannt sind.

Praktikantenjahre mit Fortbildungskursus sollen das in der Oberstufe vermittelte Wissen erweitern und vertiefen. Der theoretische Kursus umfaßt: Volkswirtschaftslehre, Pädagogik, Fragen der sozialen Praxis, Sozialethik. Im Zusammenhang hiermit wird die weitere praktische Ausbildung der Schülerinnen geleitet[90]).

Der Erste Weltkrieg „unterbrach die Bewegung nicht", berichtet Dr. Alice Salomon, „er trug vielmehr den sozialen Beruf empor. Das Bedürfnis nach geschulten Kräften konnte nicht annähernd befriedigt werden, und so entstand eine für die Gründung von Sozialen Schulen günstige Stimmung. In den Jahren 1916–1918 wurden allein 13 Schulen gegründet"[91]).

4. Pflicht und Freiwilligkeit als leitende Kriterien im Verhältnis zwischen öffentlicher und privater Fürsorge

Die Ausdrücke „öffentlich" und „privat" signalisieren bekannte Positionen im Fürsorgebereich und erleichtern deshalb die Verständigung. Jedoch, sie genügen nicht, um die vielfältigen, verschiedenartigen, unübersichtlichen Beziehungen zwischen gesetzlichen, freiwilligen und beruflichen Hilfeträgern, Helfern und Leistungen während der Jahrzehnte nach 1870 zulänglich einzuordnen. Sobald damals die Hauptprobleme im Fürsorgebereich aus ihren Ursachen herzuleiten waren, verschwammen die Begriffe, und der Deutsche Verein hatte eine Daueraufgabe, auf die komplizierten Verhältnisse – bei fortschreitender Entwicklung – klärend einzuwirken. Definierte Begriffe sind einfach, so auch die empirischen Begriffe von öffentlicher resp. privater Fürsorge; denn induktiv werden ja von den Gegenständen, von deren Gesamtheit sie abstrahiert worden sind, die Besonderheiten hinweggedacht, bis für die Definition nur noch das Gemeinsame übrig bleibt. Wird dann in umgekehrter Richtung derselbe Name deduktiv auf die einzelnen Sachverhalte und Tatbestände angewandt, deren Zusammenfassung er sein Dasein verdankt, dann versagt er vor ihren Besonderheiten. Ob diese oder jene Gemeinde, ob dieser oder jener Wohltätigkeitsverein, stets hieß es „öffentlich" oder „privat". Insofern täuscht, wie üblich, der Name eine Einheitlichkeit vor, die zwar Grundzüge betrifft, jedoch im übrigen an der Wirklichkeit mit ihren zahlreichen Unterschieden vorbeigeht.

In Wirklichkeit hatte jede Gemeinde *ihre* öffentliche Fürsorge – „Armenpflege, Armenfürsorge" –; und die private Fürsorge – „private Wohltätigkeit, Privatarmenpflege" – war zersplittert in viele Tausende meist lokale Vereinigungen unterschiedlichster Art und Herkunft mit jeweils eigener Zweckbestimmung. Schon auf der ersten Armenpfleger-Konferenz am 26.–27. November 1880, auf welcher die Gründung des Deutschen Vereins für Armenpflege und Wohltätigkeit beschlossen wurde, betraf ein Hauptthema das Verhältnis zwischen öffentlicher – „gesetzlicher" – Armenpflege und privater – „freier" – Wohltätigkeit; und der Referent Stadtrat Roestel aus Landsberg an der Warthe erklärte: „Ich denke, daß wir heute nur Dinge besprechen können, die allen diesen Vereinen *gemeinsam* sind, die also in der *allgemeinen* Organisation beruhen." Indem er eine Anlehnung dieser freien Wohltätigkeit an die „Kommunal-Armenpflege" empfahl, fragte er sofort, was nun der Kommunal-Armenpflege gemeinsam sei:

Sie wissen, daß nach dem Gesetz über den Unterstützungswohnsitz und nach den damit zusammenhängenden Ausführungsgesetzen den Kommunen ein außerordentlich weiter Spielraum gelassen worden ist. Es sind ja nur wenige Paragraphen, die Positives, Bestimmtes fordern und die den Kommunen aufgeben, daß sie den in ihrem Bezirke befindlichen hilfsbedürftigen Deutschen Obdach, den unentbehrlichen Lebensunterhalt, in Krankheitsfällen Pflege und nach dem Ableben ein angemessenes Begräbnis zu gewähren haben. Wie nun aber dieser gesetzlichen Pflicht genügt werden soll, darüber ist nichts bestimmt worden – das ist dem Pflichtgefühl, dem Wohlwollen und dem Gemeinsinn der Kommunalvertretungen überlassen worden. Ich muß sagen, ich habe es immer sehr interessant gefunden, zu sehen, wie nun diese Pflicht in den einzelnen Kommunen aufgefaßt worden ist, und habe schließlich gefunden, daß die Arbeit der Pflicht eine Art Gradmesser ist für die Summe von Gemeinsinn, welche in einer Gemeinde herrschen[92]).

Was nun die von ihm empfohlene Anlehnung der privaten Vereine an die Kommunal-Armenpflege betraf, so sollte darunter auf keinen Fall die Selbständigkeit der Vereine leiden:

Meine Ansicht ist die, daß eine möglichst große Selbständigkeit den Vereinen bewahrt bleiben muß. Ich habe wenigstens immer die Erfahrung gemacht, daß, je weniger Selbständigkeit so ein Verein hatte, desto schneller ging er schlafen, weil das Interesse dafür erkaltete und ermattete. Nun sieht man ja, daß gerade die energischsten Naturen die Entfaltung einer gewissen Eigenart verlangen. Die energischsten Naturen sind aber zumeist diejenigen, die die wirkliche Arbeit in diesen Vereinen machen, und darum, meine ich, muß... darauf Rücksicht genommen werden[93]).

Im Grunde bestand das Gemeinsame der öffentlichen Armenpflege nur in der gesetzlichen Sorgepflicht, weshalb sie auch als „Zwangsarmenpflege" bezeichnet wurde. Mit dem Wort „Zwang" war das gesetzliche Muß gemeint. Gleicherweise hatten alle privaten Vereinigungen gemeinsam nur die Absicht, zu helfen. Wie aber jeweils geholfen wurde, das hing in den Gemeinden ab von den einzelstaatlichen Ausführungsgesetzen zum Unterstützungswohnsitzgesetz, von Ortssatzungen, von finanziellen Möglichkeiten, von lokalen Imponderabilien, und bei den privaten Vereinigungen von deren jeweils besonderen Intentionen, Statuten, Kassenbeständen und ebenfalls Imponderabilien.

Andauernde Hauptaufgabe des Deutschen Vereins war es deshalb, auf zunehmende Vereinheitlichung der öffentlichen Fürsorge und auf fortschreitende Übereinstimmung mit der privaten Fürsorge hinzuwirken. Dabei kam ihm das Begriffsdenken zugute, und selbstverständlich nutzte er es; machten doch immerfort die Begriffe bewußt, daß es Gemeinsames gab, mochte es zunächst auch noch so abstrakt sein. Nun war aber die abstrakte Einheit allmählich in der Wirklichkeit zu konkretisieren. Anders gesagt: Theoretische Wünschbarkeiten sollten Praxis werden. Darauf liefen, im wesentlichen, hier die Bemühungen des Deutschen Vereins hinaus.

So ist es zu verstehen, daß er von öffentlicher Armenpflege und privater Wohltätigkeit so sprach, *als ob* es sie bereits einheitlich gäbe. Es gab sie nicht, aber sie sollte herbeigeführt werden; und wenn dieses Ziel zwar nicht erreicht wurde, es aber im Lauf der Zeit immer näher rückte, dann infolge der unablässigen Bemühungen des Deutschen Vereins. Dasselbe gilt hinsichtlich seines Bestrebens, für das Zusammenwirken öffentlicher und privater Fürsorge dauerhafte Grundsätze zu entwickeln und ihnen allgemeine Anerkennung zu verschaffen.

Ein besonderes Verdienst erwarb er sich, indem er die Begriffsinhalte auf der Höhe der Zeit hielt. Das war nicht leicht. Waren aber auf den Jahresversammlungen divergente Ansichten vorgetragen und gegeneinander abgewogen worden, dann kam fast immer ein zunächst abschließendes Urteil zustande.

Die Hauptschwierigkeit lag wie üblich darin, daß empirische Begriffe der Realität nicht vorangehen, sondern ihr folgen. Der Begriffsinhalt ist nichts weiter als ein Stück kritisch aufbereiteter Erfahrung. Wenn sich nun die Realität rasch verändert, dann kann es geschehen und dann geschieht es sehr oft, daß manche mittlerweile gewohnten Begriffsinhalte hinter ihr zurückgeblieben sind, ihr sozusagen hinterdreinhinken: Sie stützen sich dann auf Erfahrungen von Gestern, indes die Realität von Heute schon wieder andere Erfahrungen mit sich bringt.

Der Rückständigkeit entging der Deutsche Verein schon deshalb, weil alle seine Mitglieder aus der Fürsorgepraxis kamen und deren Entwicklung nicht nur Tag für Tag beobachteten, sondern auch beeinflußten. Vor allem veränderte – und erweiterte – sich die Praxis öffentlicher Fürsorge. Gleichzeitig veränderte und erweiterte sich der Begriffsinhalt von „öffentlich".

Ursprünglich war, in diesem Zusammenhange, das Wort „öffentlich" nur ein Synonym für „gesetzlich". Die abwechselnd aber gleichsinnig gebrauchten Ausdrücke „gesetzliche Armenpflege, obligatorische Armenpflege, Zwangsarmenpflege, amtliche Armenpflege" bedeuteten dasselbe wie „öffentliche Armenpflege". Deren Kardinalprinzip und Hauptkriterium war die gesetzliche Sorgepflicht.

Dagegen nun als Kardinalprinzip und Hauptkriterium privater Armenpflege nicht nur Freiwilligkeit, sondern auch – insofern sie „frei" war von gesetzlichen Vorschriften – die Freiheit. Mit den verschiedenen Namen „private Wohltätigkeit, private Armenpflege, private Fürsorge und freie Wohlfahrtspflege resp. freie Liebestätigkeit" wurde übereinstimmend als gemeinsames Leitmotiv die Freiwilligkeit im Unterschied zur gesetzlichen Pflicht öffentlicher Armenpflege angesprochen.

Unter diesen Voraussetzungen konnte noch 1891 Dr. Emil Münsterberg, damals Bürgermeister in Iserlohn, sein Referat über die „Verbindung der öffentlichen und der privaten Armenpflege" mit der Vorbemerkung beginnen, „daß der Begriff der öffentlichen Armenpflege – Zwangsarmenpflege – und der privaten Armenpflege – freiwillige Liebestätigkeit – an dieser Stelle als bekannt vorausgesetzt" sei[94]).

Was als bekannt vorausgesetzt wurde, das führte 1896 Dr. Osius, Kassel, aus:

Die öffentliche Armenpflege ist die amtliche, zu der der Staat, die Gemeinde oder sonstige Verbände durch gesetzliche Bestimmungen verpflichtet sind. Es werden ihre Kosten aus öffentlichen Mitteln bestritten. Die Privatwohltätigkeit wird freiwillig aus Privatmitteln ausgeübt. Unter die letztere fällt nicht nur die Wohltätigkeitsausübung einzelner Personen und der Vereine, die sich damit beschäftigen, sondern auch die der kirchlichen Gemeinden, selbst die, welche aus dem städtischen Stiftungsfonds geübt wird. Privatwohltätigkeit ist also jede Wohltätigkeit, die nicht zu der öffentlichen gehört, und zwar ohne Rücksicht darauf, von wem, in welchem Umfange und mit welchen Nebenzwecken sie ausgeübt wird.

Beide, die öffentliche und die private Wohltätigkeit, haben den Zweck, Bedürftige zu unterstützen und Not und Elend zu lindern. Die Aufgaben der öffentlichen sind aber genau begrenzt, was bei der privaten nicht der Fall ist.

Die erste muß die ihr durch Gesetze bestimmt bezeichneten Gebiete bearbeiten, und von ihr Unterstützung zu fordern sind die Bedürftigen innerhalb jener Grenzen geradezu berechtigt; sie ist dadurch gezwungen, da jeder Bedürftige ihr gegenüber auf gleiche Behandlung Anspruch macht, überall, wo es not tut, in gleichmäßiger Weise zu helfen. Sie muß bei dem bedeutenden Umfange und den Schwierigkeiten ihrer Aufgaben sich auf Gewährung des unbedingt Notwendigen, eines Obdaches, des unentbehrlichen Lebensunterhaltes und der Pflege in Krankheitsfällen, beschränken. Sie muß dabei vollständig planmäßig vorgehen, sorgfältigst die Grundsätze feststellen, nach denen sie zu wirken hat, dann aber eine gut und sicher arbeitende Einrichtung schaffen, für geschulte Kräfte sorgen und mit den zur Verfügung gestellten Mitteln so haushalten, daß sie damit allen Anforderungen gerecht wird.

Das hat die private Armenpflege nicht nötig. Sie kann sich ihr Arbeitsfeld nach Belieben aussuchen und nach Belieben ausdehnen oder beschränken, ihr nicht zusagende Tätigkeit einfach unterlassen. Die Rücksichten, die die öffentliche Armenverwaltung auf die Gleichmäßigkeit der Unterstützung zu nehmen hat, kennt sie nicht; sie unterstützt, so lange sie die Mittel dazu hat, wo und wie sie will, und hört damit auf, wenn die Mittel zu Ende sind. Sie kann das machen wie sie will, da niemand ihr gegenüber einen Rechtsanspruch hat[95]).

Die übersichtliche Bipolarität war also wesentlich hergeleitet aus den Zentralbegriffen von „Gesetz und Pflicht" einerseits, „Freiwilligkeit und Freiheit" andererseits. Dieser lange Zeit fundamentale Unterschied wurde nun aber in Frage gestellt und vielfach aufgehoben durch die „soziale Fürsorge" (s. o.). Je mehr sich in Deutschland die soziale Gesinnung verbreitete, und je mehr Städte sich zu „kommunaler Sozialpolitik" (s. u.) entschlossen, desto mehr wurde auch soziale Fürsorge geleistet.

Zur sozialen Fürsorge mit ihren neuen Arbeitsfeldern waren die Städte und die Armenverbände aber nicht gesetzlich verpflichtet. Leistungen im Sinne kommunaler Sozialpolitik erbrachten sie freiwillig. Auch diese Leistungen waren insofern „öffentlich", als sie finanziert wurden von der öffentlichen Hand und – wie z. B. Schulspeisung – eingerichtet und verwaltet von städtischen Ämtern. In diesem Zusammenhange seien hier, exemplarisch, die Grundsätze zitiert, die – mit weitreichender Wirkung – der Deutsche Verein 1899 auf seiner 29. Jahresversammlung in Breslau über die Familienpflege aufgestellt hat[96]):

1. Die Familienpflege ist die naturmäßige Art der Unterbringung und erzieherischen Beeinflussung der der öffentlichen Fürsorge anheimgefallenen Unmündigen, bedarf aber – wenigstens in größeren Verbänden – einer wohlorganisierten Erziehungsanstalt als Ergänzung.
2. Zur Erzielung einer möglichst erfolgreichen Wirksamheit der Familienpflege ist eine Beaufsichtigung derselben erforderlich, welche a) organisiert und geleitet wird durch die Armen- und Weisenpflege, welche, soweit möglich, mit den Pflichten und Rechten gesetzlicher Vormünder und Pfleger ausgestattet sein soll, und b) ausgeübt wird durch ehrenamtliche Pflegeorgane und unter Zuhilfenahme von Frauen, amtlich für die Überwachung der Säuglingspflege und der Mädchenerziehung und c) unterstützt wird durch bereitwillig von der Behörde zur Verfügung gestellte ärztliche Hilfe.
3. Die Beaufsichtigung umfaßt: a) die sorgfältige Prüfung der angebotenen Pflegestellen, b) die Mitwirkung bei der Auswahl und Bestimmung derselben für die einzelnen Pfleglinge, c) die sachgemäße Anleitung und Unterstützung der Familien in der Pflege und Erziehung der ihnen anvertrauten Zöglinge.
4. Die Familienpflege und die Beaufsichtigung derselben findet ihren Abschluß nicht schon mit der Entlassung der Zöglinge aus der Schule, sondern erstreckt sich noch weiterhin auf die Überwachung der durch die Armen- und Waisenbehörde als Lehrlinge oder Gehilfen bei Handwerksmeistern oder als Dienstboten, bzw. jugendliche Arbeiter bei Dienstherrschaften oder Arbeitgebern untergebrachten Unmündigen.

Es konnte also keine Rede mehr davon sein, daß die öffentliche Fürsorge sich nur auf „gesetzliche Pflicht" beschränkte. Vielmehr hatte sie – zusätzlich – auch das Leitmotiv der privaten Fürsorge, nämlich die Freiwilligkeit, in sich aufgenommen. Die ursprüngliche Begriffsvorstellung von öffentlicher Fürsorge entsprach nicht länger der neuen Realität; sie war von der Entwicklung überholt worden. Folglich mußte der Begriff neu bestimmt werden. Das geschah, indem der inzwischen zu umfangreiche Begriffsinhalt aufgegliedert wurde in einen Teil mit dem Pflichtprinzip und in einen anderen Teil mit dem Freiwilligkeitsprinzip.

Erleichtert wurde diese Aufgliederung durch Hinzunahme zweier ganz anderer Gesichtspunkte. Die Pflichtfürsorge hatte in den weitaus meisten Einzelstaaten zur Voraussetzung, daß Hilfebedürftigkeit schon eingetreten war. Hingegen die öffentlich-freiwillige Fürsorge ließ sich dahingehend interpretieren, daß sie – im weitesten Sinne aufgefaßt – einer in Zukunft vielleicht möglichen Hilfebedürftigkeit oder Existenzgefährdung vorbeugen solle; sie wurde deshalb auch als „vorbeugende Fürsorge" bezeichnet und, ihrer Herkunft entsprechend, der Sozialpolitik zugewiesen.

Somit bezog die Diskussion zwei weitere Prinzipien ein, um sie entweder endgültig zusammenzubringen oder voneinander abzugrenzen: dasjenige der ursprünglichen Armenfürsorge als Ausdrucksform gesetzlicher Fürsorgepflicht, und dasjenige der sozialen Fürsorge als Ausdrucksform der Sozialpolitik. Grundlegend führte dazu Bürgermeister Dr. Thode, Stettin, 1912 aus:

So zutreffend der Satz ist, daß „die obligatorische öffentliche Armenpflege, wie sie sich geschichtlich entwickelt (und in den zur Zeit geltenden Gesetzen ihren Niederschlag gefunden) hat, der rechtliche Ausdruck der *sozialen* Auffassung der Armenversorgung ist" (Buehl[97]), so falsch wäre es, schlechthin die grundlegenden Unterschiede zwischen Armenpflege und sozialer Fürsorge zu verwischen. Es ist das Verdienst von Flesch[98]), diese Unterschiede klar herausgestellt zu haben:
„Armenpflege und Sozialpolitik sind den Arbeitsgebieten, den Arbeitsmethoden und dem Ziele nach verschieden... Die Notwendigkeit der Armenpflege tritt ein, wenn der Unterstützte weder aus seinem Privateigentum, noch aus seiner Arbeit, noch durch seine Familie die Existenzmittel erhalten kann. Aufgabe der Armenpflege ist, die Unterstützung den Ursachen und dem Umfang der Not, aber auch den besonderen Verhältnissen der Verarmten anzupassen. Im Gegensatz hierzu will die Sozialpolitik die durch die Besitzunterschiede hervorgerufenen Klassengegensätze durch solche generellen Maßnahmen tunlichst ausgleichen, welche auf die bessere Befriedigung der materiellen, kulturellen und öffentlich-rechtlichen Anforderungen der unbemittelten Klassen hinzielen. Die Wirkungskreise beider Aufgabengebiete schneiden sich also dann, wenn durch sozialpolitische Maßnahmen einzelnen Bedürfnissen der unteren Klassen Genüge geleistet werden soll, zu deren Befriedigung Privateigentum, Arbeitsgewinn oder Familienhilfe nicht nur im einzelnen Fall, sondern regelmäßig oder vielfach nicht ausreichen."
Es bleibt dabei, daß die öffentliche Armenpflege in subsidiärer Fürsorge für den einzelnen Hilfsbedürftigen den Notbedarf zu beschaffen hat, und sicherlich ist der hierin sich ausdrückende Gedanke, daß die Gesellschaft für die Wirkungen der von ihr gebilligten Wirtschaftsordnung dem einzelnen Notleidenden im Sinne einer Nothilfe verantwortlich sei, ein sozialer... Wie die Menschheit der Medizin dankbar ist, daß sie uns die Hygiene geboren hat, so wollen wir auch der Armenpflege lebhaften Dank wissen, weil sie die Anregung zu so zahlreichen Maßnahmen vorbeugender Fürsorge gegeben hat.
Größeren Dank aber werden wir ihr zollen müssen, wenn sie der Erkenntnis sich nicht verschließt, daß es... auf die Dauer „nicht gut ist, neuen Most in alte Schläuche zu füllen" und wenn sie aus dieser Erkenntnis heraus die neuen Fürsorgebestrebungen zur eigenen Entwicklung freigibt. Vollkommen zutreffend sagt meines Erachtens Flesch[99]): „Die öffentliche Armenpflege ist nur der Untergrund, von dem alle diese Bestrebungen der modernen Sozialpolitik ihren Ausgang nehmen, der Punkt, den sie aber so schnell wie möglich verlassen müssen, wenn sie nicht geradezu ausarten sollen"... In der Tat sollte man die Gefahr der Zersplitterung der Kräfte der Armenpflege nicht geringschätzen: der Strom, der sich in ein allzu breites

Bett ergießt, wird verflachen und versanden. Auch daran ist zu denken, daß die Überlast der Aufgaben manchen Armenverband einfach erdrücken würde.
Nicht minder ist andererseits die reinliche Scheidung der Gebiete im Interesse der sozialen Fürsorge geboten. Werden die vorbeugenden Maßnahmen in das enge Gewand der Armenpflege gezwängt, so ist ihre freie Entwicklung behindert. Buehl[100]) glaubt verneinen zu müssen, daß die sozialen Wohlfahrtsbestrebungen leiden durch ihre Ausübung im Rahmen der Armenpflege. Er meint, „daß beide Fürsorgezweige unter den Begriff der Armenpflege fallen und doch eine unter Umständen durchaus verschiedenartige Behandlung verlangen, wird in seiner Bedeutung wohl… nur von einer Minderheit ganz erfaßt werden"…

Ich darf mich… nicht zu der erwähnten Minderheit rechnen, denn daß zwei Fürsorgezweige, die nach ihren Arbeitsgebieten, ihrer Methode, ihrem Ziele, wie auch zum erheblichen Teile ihren Objekten nach weit verschieden voneinander sind, trotzdem in einer begrifflichen Einheit aufgehen sollen, mit anderen Worten, wenn a von b dermaßen unterschieden ist, daß dann doch b dem Begriff a unterfallen soll, will mir nicht in den Kopf.

Viel richtiger als hier künstlich eine Einheit suchen zu wollen, scheint es mir, auf eben die grundlegenden Unterschiede hinzuweisen, die einer Einzwängung der vorbeugenden Fürsorge in den Rahmen der Armenpflege widerstreiten. Nur auf diese Weise werden wir der Entwicklung der sozialen Wohlfahrtspflege wirklich dienen.

Während die Armenpflege mit vollem Recht den Charakter ihrer Subsidiarität betont und in die letzte Reihe der Hilfsfaktoren tritt, ihre Hilfe auch nur auf ausdrückliches Ansuchen des Bedürftigen leiht, muß die vorbeugende Fürsorge für sich anders verfahren. Ihr muß daran liegen, möglichst rechtzeitig einzugreifen, sie hat deshalb das verständliche Bestreben, möglichst die Frühfälle zu ermitteln und zu behandeln, bei denen die Aussicht auf Erfolg die günstigste ist…

Aus gewichtigen Gründen beschränkt die Armenpflege ihre Zuwendungen auf ein möglichst geringes Maß; bei der vorbeugenden Fürsorge tritt der Gesichtspunkt ausgiebiger Hilfe in den Vordergrund: nur durch gründlichstes Auskurieren der Wunden erreicht sie ihr Ziel und muß deshalb die Gaben oft sehr reichlich bemessen, insbesondere da, wo das Elend aus mehreren Quellen fließt oder zu fließen droht, sie alle zu verstopfen suchen, denn eine halbe Arbeit wäre wertlos. Sie wird ferner auch solchen Kreisen sich zuwenden müssen, die als hilfsbedürftig im armenrechtlichen Sinne nicht angesehen werden können, weil ohne sie hier oftmals Fälle nicht zur Behandlung kommen würden, deren Behandlung im öffentlichen Interesse liegt[101]).

Selbstverständlich aber steht den Gemeinden das Recht zu, der Armenpflege gewisse Aufgaben und Tätigkeitsgebiete dadurch zu entziehen, daß sie Maßregeln der kommunalen Sozialpolitik ergreifen, welche die Armenpflege entlasten und ihr Eingreifen im einzelnen Falle entbehrlich machen[102]).

So war schließlich im Hinblick auf gesetzliche Armenfürsorge eine Rückbesinnung auf ihren Ursprung erfolgt, die soziale Fürsorge von ihr abgegrenzt. Allerdings forderte der Deutsche Verein eine grundsätzliche

Erweiterung der gesetzlichen Pflicht. Darüber wird hier ausführlich im folgenden „vierten Themenkreis" (s. u.) berichtet. Aber es blieb nun dabei, daß als *öffentlich* nur die *gesetzliche* Armenpflege galt. Was Gemeinden *darüber hinaus freiwillig* leisten konnten und wollten, war ihnen anheimgestellt.

Diese Rückbesinnung auf den Ursprung öffentlicher Fürsorge war nicht nur möglich, sondern auch berechtigt in Anbetracht der privaten Fürsorge; sie hatte seit den achtziger, neunziger Jahren die soziale Fürsorge zum weitaus größten Teil übernommen, sich geradezu mit ihr identifiziert.

Tatsächlich war es in ganz Deutschland zu einer gleichsam radikalen Zweiteilung gekommen. Deren Hauptursache lag darin, daß alle einzelstaatlichen Ausführungsgesetze zum Unterstützungswohnsitzgesetz die öffentliche Armenpflege auf den bloßen Notbedarf festgelegt hatten zu einer Zeit, als an soziale Fürsorge noch gar nicht zu denken war. Deshalb stellten sich die gesetzlichen Vorschriften als restriktiv heraus, ja gleichsam als ein Zwangskorsett, sobald die soziale Fürsorge aufkam. Hingegen die privaten Vereinigungen einschließlich der kirchlichen Organisationen konnten sich frei entfalten, und da außerhalb der Sozialversicherungen die soziale Fürsorge nicht gesetzlich geregelt, sondern der Freiwilligkeit überlassen war, so widmeten hauptsächlich sie sich diesem neuen Fürsorgegebiet.

Sie ergriffen die Initiative, vor allem sie entwickelten die Arbeitsfelder der sozialen Fürsorge, schufen die weitaus meisten Einrichtungen und stellten deren Personal. Es wäre jetzt wünschenswert, auf diese Vereinigungen und ihre Leistung näher einzugehen. Jedoch, ihre Vielzahl und Vielfalt ließe ein solches Vorhaben scheitern (s. aber im II. Teil die Spitzenverbände der freien Wohlfahrtspflege!).

Dadurch, daß einerseits die gesetzliche Fürsorge auf den Notbedarf beschränkt blieb, andererseits die soziale Fürsorge größtenteils Domäne privater Vereinigungen war, entstand zwischen „öffentlich" und „privat" eine Doppelbeziehung.

Einerseits wurde die gesetzliche Armenpflege ergänzt durch private Armenpflege, u. a. deshalb, weil „verschämte Arme", um nicht als Empfänger öffentlicher Unterstützung diskriminiert zu werden (s. o.), sich lieber der privaten Wohltätigkeit anvertrauten. Aber selbstverständlich hatte in dieser Beziehung die öffentliche Sorgepflicht stets Vorrang.

Anders in der sozialen Fürsorge! Hier konnten auch die fortschrittlichsten Gemeinden und größten Städte, selbst wenn sie gewollt hätten, den Vorsprung der privaten Vereinigungen nicht aufholen. Folglich anerkannten sie in dieser Beziehung einen Vorrang der privaten Fürsorge:

Vor allem sei daran erinnert, daß eine Armenunterstützung überhaupt nur in Frage kommen kann, wenn und soweit Mittel des Armenverbandes auf derartige Einrichtungen verwendet werden. Wenn Krippen und Erholungsheime aus Mitteln der Privatwohltätigkeit, von Vereinen oder Stiftungen unterhalten werden, so kommt eine Armenunterstützung unter keinen Umständen in Frage, und zwar auch dann nicht, wenn den betreffenden Vereinen zur Unterhaltung der gemeinnützigen Anstalt aus den Mitteln der Gemeinde eine bestimmte jährliche Summe gezahlt wird.

In solchen Fällen kann gar nicht festgestellt werden, wie hoch die auf den einzelnen etwa entfallende Unterstützung aus den Mitteln der Gemeinde sich beläuft. Dieser Feststellung bedarf es aber bei jeder Armenunterstützung schon wegen des Erstattungsanspruchs an den endgültig verpflichteten Armenverband und wegen der eventuellen Ansprüche gegen den Unterstützten selbst und die zu seinem Unterhalte verpflichteten Personen[103]).

Die kommunale Sozialpolitik richtete sich u. a. darauf ein, private Einrichtungen zu subventionieren, ohne deren Selbständigkeit anzutasten:

Man hat in einer starken Subventionierung der privaten Wohltätigkeit durch öffentliche Körperschaften die Gefahr einer Verminderung und Entkräftung der ersteren gesehen. Man meinte, daß die private Initiative dadurch gelähmt würde, daß öffentliche Körperschaften einen wesentlichen Teil der ihr zufallenden Aufgaben übernehmen. Wenn man nun auch unbedingt wünschen muß, daß der privaten Initiative jeder starke Antrieb erhalten bleibe und daß er bei jeder Gelegenheit nachhaltig gestärkt werde, so braucht deshalb doch eine besondere Gefährdung in dem finanziellen Zuhilfekommen mächtiger öffentlicher Faktoren nicht erblickt zu werden...

In diesem Zuhilfekommen ist ja keineswegs etwa die Absicht der öffentlichen Körperschaften zu erblicken, *statt* der privaten Wohltätigkeit einzutreten, sondern lediglich der Wunsch, dem Allgemeinwohl dienende private Einrichtungen auch da zu ermöglichen, wo die finanzielle Kraft der Träger diese Einrichtungen nicht völlig auszureichen scheint. Und dann ist doch auch nicht zu vergessen, daß, wenn auch in den Beiträgen der öffentlichen Körperschaften nicht geradezu Gegenleistungen für erfolgte Dienste zu sehen sind, die öffentlichen Körperschaften auch vom Standpunkte der eigenen Interessen, nicht nur von dem der Allgemeinheit aus, an dem Wirken der privaten auf das lebhafteste interessiert sein können. Sie werden ja oft genug durch die Arbeit der privaten Anstalten und Vereine auf das erheblichste *entlastet...*

Vielfach hat man in einer zu starken Subventionierung durch öffentliche Körperschaften auch die Gefahr einer unliebsamen Verwischung der Grenzen zwischen der öffentlichen Fürsorge und der freien Liebestätigkeit erblickt. Dieser Befürchtung ist entgegenzustellen, daß die Subventionierung gewisser Zweige der freien Liebestätigkeit, zum Beispiel durch städtische Gemeinden, noch keineswegs etwa die Anerkennung bedeutet, daß es Aufgabe der Städte sei, die bisher von den freien Organisationen übernommenen sozialen Funktionen selbst zu übernehmen...

Dagegen sollten aber im wohlverstandenen Interesse der Allgemeinheit die allseitig anerkannten Vorzüge der freiwilligen Wohlfahrtspflege, ihre schnellere Initiative, ihre freiere Beweglichkeit, die Möglichkeit rascherer Ausführung, seitens der öffentlichen Körperschaften richtig eingeschätzt werden, und demgemäß sollte man gern dazu helfen, an all den zahlreichen Stellen, an welchen... ein Eintreten der freien Liebestätigkeit... dringend wünschenswert erscheint, deren volle Entfaltung durch nachhaltige finanzielle Unterstützung zu ermöglichen... Die freie Liebestätigkeit wird sich auch bei den öffentlichen Körperschaften mehr und mehr die finanzielle Unterstützung erringen, die sie erwarten kann...

Daß aber die unterstützten Organisationen sich durch die Subventionierung in einer gewissen Abhängigkeit *fühlen*, daß sie unter dem Bewußtsein stehen, eine Unterstützung aus öffentlichen Mitteln nur dann erwarten zu können, wenn ihre Leistungen vor der öffentlichen Kritik standhalten können und wenn insbesondere auch ihre finanzielle Geschäftsführung als tadellos betrachtet werden kann, damit wird auch jene oben erwähnte, der öffentlichen Subventionierung so skeptisch gegenüberstehende Richtung gewiß völlig einverstanden sein[104].

Denn:

Namentlich alle die vielen Veranstaltungen, das Los der ärmeren Stände zu verbessern, die Erwerbsfähigkeit und Erwerbsmöglichkeit zu erhöhen, die Wohnverhältnisse günstiger zu gestalten, auf ihre körperliche und geistige Gesundung und Ausbildung einzuwirken, ihre sittlichen Anschauungen zu erhöhen usw.... müssen zunächst von der Privatwohltätigkeit bearbeitet und erprobt werden... Die behördliche Armenpflege kann das nicht[105].

Um erstmals festzustellen, in welchem Umfange die private Fürsorge subventioniert werde, richtete 1912 der Deutsche Verein an 89 Städte eine Umfrage mit insgesamt 1468 Fragebogen; über das Ergebnis sagte der Hauptberichterstatter Dr. Albert Levy auf der 32. Jahresversammlung des Deutschen Vereins am 17.–18. September 1912 in Braunschweig u. a.:

Wie unsere Umfrage ergeben hat, machen in den Einnahmen der befragten Organisationen der freien Liebestätigkeit die durch Beitragsleistungen öffentlicher Körperschaften erzielten Summen 10 % aus, also einen recht beachtenswerten Teil der Gesamteinnahmen.

Unter diesen Beitragsleistungen sind... natürlich nicht die von den betreffenden Körperschaften erstatteten Kosten für die von ihnen überwiesenen Pfleglinge, nicht also die z. B. an Waisenhäuser, Fürsorgeanstalten u. a. gezahlten Summen, die sich als Pflegesätze pro Tag und Kopf nach Maßgabe der in Anspruch genommenen Plätze, darstellen, verstanden.

Es handelt sich vielmehr um direkte Subventionen, die zum Teil zwar mit Rücksicht darauf gewährt sein mögen, daß der betreffende Verein oder die betreffende Anstalt der privaten Wohltätigkeit mit dazu dient, den subventionierenden öffentlichen Körperschaften die Erfüllung ihrer Wohlfahrtsfunktionen zu ermöglichen, zum Teil aber auch ohne derartigen Grund, lediglich als Folge des Ersuchens der betreffenden Veranstaltung an die zuständige Gemeinde oder Provinzialverwaltung, ihr zur Erfüllung ihrer Zwecke durch Gewährung von Geldmitteln zur Hilfe zu kommen. Diese Beitragsleistungen öffentlicher Körperschaften sind also im großen und ganzen nicht als solche anzusehen, welche aus dem Prinzip von Leistung und Gegenleistung beruhen, sondern als auf freier Entschließung beruhende Hilfen der finanziell kräftigeren Faktoren für die minder kräftigen unter Anerkennung der Nützlichkeit und Bedeutung des sozialen Wirkens dieser letzteren[106]).

Die öffentliche Armenpflege empfing ihrerseits regelmäßige Zuwendungen von privater Seite, insbesondere durch Stiftungen. In jeder Hinsicht war also die Verbindung zwischen „öffentlich" und „privat" so eng, und zweckbedingt waren die Träger öffentlicher Fürsorge und die Träger privater Fürsorge so unerläßlich aufeinander angewiesen, daß allgemeine Regeln für ihr Zusammenwirken ratsam schienen. Nur allgemein konnten diese Regeln deshalb ausfallen, weil innerhalb jeder Gemeinde jeweils andere Verhältnisse zu berücksichtigen waren. Die vom Deutschen Verein empfohlenen Regeln sind am 25. September 1891 in Hamburg auf seiner 12. Jahresversammlung erörtert und als „Thesen" beschlossen worden:

Zusammenwirken zwischen öffentlicher Armenpflege und organisierter Privatwohltätigkeit.
1. Die im Wege freier Verständigung zu vollziehende Regelung eines ständigen Benehmens zwischen den Organen der öffentlichen und der privaten Armenpflege ist, zumal für größere Gemeinwesen, als ein Bedürfnis zu bezeichnen.
2. Die Zentralisation der gesamten öffentlichen und privaten Armenpflege oder der letzteren allein ist nicht nur als ungeeignetes Mittel zur Herstellung solcher Verbindung zu erachten, sondern auch im Hinblick auf den Anlaß und die Zwecke der Armenpflege als schädlich zu verwerfen.
3. Es ist dagegen anzustreben:
a) eine Zusammenfassung durchaus gleichartiger Wohltätigkeitsbestrebungen durch Verschmelzung nicht gleichartiger, aber verwandter Bestrebungen durch Herstellung einer gemeinsamen Oberleitung,
b) die wechselseitige Vertretung der Organe der öffentlichen und privaten Armenpflege in der Leitung der öffentlichen und privaten Armenpflege-Einrichtungen,
c) die Herstellung eines geregelten Meinungsaustausches zwischen den sämtlichen Organen der öffentlichen und privaten Armenpflege, insbesondere durch gegenseitige Kenntnisgabe der Zwecke der einzelnen Veranstaltung, durch Zusammenkünfte behufs Besprechung über Erfahrungen und wichtige Fragen aus dem Gebiete des Armenwesens, durch gegenseitige Bekanntgabe der gewährten Unterstützungen. Als ein geeignetes Mittel zur Förderung eines Meinungsaustausches im vorberegten Sinn ist eine übereinstimmende Bezirkseinteilung der beiderseitigen Organisationen zu bezeichnen;
d) die Herstellung einer allen Organen der Armenpflege und Wohltätigkeit zugänglichen Auskunftsstelle;

e) eine Zusammenfassung der privaten Armenpflege in Betreff der Beschaffung der Mittel für dieselbe;

f) daß sich die öffentliche Armenpflege in geeigneten Fällen der Privatarmenpflege bedient.

4. Es ist auf den Erlaß gesetzlicher Bestimmungen Bedacht zu nehmen, welche eine genügende Aufsicht über die Armenstiftungen sicherstellen und vorbehaltlich der erforderlichen Garantien gegen willkürliche Handhabung der bezüglichen Befugnisse zur Umwandlung zweckwidrig gewordener Stiftungen ermächtigen[107]).

Obwohl diese Thesen schon 1891 vorgelegt wurden, als die soziale Fürsorge erst begonnen hatte sich zu entfalten, blieben sie als ganz allgemeine Richtlinien aktuell und brauchten später nicht durch neuere Thesen ersetzt zu werden.

Eigens hervorgehoben sei hier nur die These 2 – „Zentralisation" – und die These 3 d) – „Auskunftsstelle" (anderswo auch „Zentralstelle" genannt) –. Die Zentralisation wurde wiederholt abgelehnt, so 1896 mit folgender Begründung:

Man könnte das Ideal darin suchen, daß von einer Stelle aus die ganze Wohltätigkeitsausübung beherrscht und geleitet würde. Einen solchen Zustand halte ich [Dr. Osius, Kassel] nicht für wünschenswert, obwohl dadurch eine wesentliche Ersparung an Arbeitskräften und Mitteln eintreten würde. Es würde damit die frische warme Initiative wegfallen, die nicht nur direkt in der Privatwohltätigkeit wirkt, sondern durch sie auch mittelbar in der öffentlichen Armenpflege. Die Gefahr würde entstehen, daß die gesamte Armenpflege eine schablonenmäßige, kühle und dürftige würde und ihr der wohltuende Charakter der aus eigener freier Entschließung tätigen Menschenliebe genommen würde. Diese Eigenschaften wollen wir aber sorgfältig bewahren, und es ist deshalb vor allem jede Maßregel zu vermeiden, durch welche die Privatwohltätigkeit gestört wird, wie man ja überhaupt jedes Arbeiten auf dem Gebiete der Gemeinnützigkeit und Wohltätigkeit grundsätzlich unbelästigt sich entwickeln lassen... soll[108]).

Zugunsten einer zentralen Auskunftsstelle wurde angeführt:

Eine Auskunftsstelle muß geschaffen werden, und es muß ein regelmäßiger Austausch und eine Form der Verständigung über die Tätigkeit der einen und der anderen Art der Armenpflege eingerichtet werden. Es wird freilich dieses Ziel nur nach langer Arbeit und nicht schon auf Grund von äußeren Anregungen erreicht werden können...

Die Auskunftsstelle sollte man... für die Verwaltung selbst einzurichten beginnen, indem man nach dem Kartensystem eine Registratur über alle der öffentlichen Verwaltung bekanntgewordenen Unterstützung anregt... Wird nun solche Kartenregistratur nach zweckmäßigem Formular angelegt, so wird sie sich zunächst für die Verwaltung selbst schon wegen der leichten Auffindbarkeit und Übersichtlichkeit belohnt machen, sie wird aber auch oft mit Dank da benutzt werden, wo die Tätigkeit der Privatarmenpflege auf fremdes Material angewiesen ist[109]). Tatsächlich haben sich in verschiedenen Städten diese Auskunftsstellen als das erste Mittel eines fortlaufenden und geregelten Meinungsaustausches außerordentlich bewährt. Ich [Dr. Münsterberg] erwähne namentlich Dresden, Frankfurt, Lübeck, Hamburg... ; die genannten sind die hauptsächlichsten und diejenigen, die mit besonderem Erfolg das System eingeführt haben[110]).

Prinzipien des Zusammenwirkens zwischen öffentlicher und privater Fürsorge, wie der Deutsche Verein sie schon um die Jahrhundertwende grundlegend abgeklärt hatte, wurden nach dem Ersten Weltkrieg aufgenommen ins Reichsjugendwohlfahrtsgesetz vom 9. Juli 1922 und in die Fürsorgepflichtverordnung vom 13. Februar 1924 (vgl. II. Teil, 1. Themenkreis); desgleichen erfolgte die ebenfalls zuerst vom Deutschen Verein untersuchte und von ihm befürwortete Subventionierung öffentlicher Fürsorge in der Weimarer Republik nun auch seitens des Reiches (vgl. II. Teil, 2. Themenkreis).

Vierter Themenkreis: Grundzüge einer einheitlichen Reichsarmengesetzgebung

Alle Bundesgesetze mit Fürsorge-Bestimmungen stammten noch aus der Bismarck-Ära. Kurz vor dem Ersten Weltkrieg waren sie fast ein halbes Jahrhundert alt, und während dieser langen Zeit war seitens der gesetzgebenden Körperschaften – Bundesrat und Reichstag – ein gründlicher Fortschritt, der über jene Gesetze hinausgeführt hätte, niemals getan, nicht einmal erwogen worden. Er war von ihnen auch künftig nicht zu erwarten, da er eine Verfassungsänderung vorausgesetzt hätte.

1. Der Deutsche Verein erstrebt eine Änderung der Reichsverfassung oder eine Koordination einzelstaatlicher Sozialgesetze

So nahm schließlich 1912/1913 der Deutsche Verein diese Sache unter dem Stichwort „Reichsarmengesetz" in seine Hand. Willkommener Anlaß war, daß der Geltungsbereich des Unterstützungswohnsitzgesetzes nunmehr auf Elsaß-Lothringen ausgedehnt worden war und demnächst auch Bayern sich ihm anschließen wollte:

Der Gedanke eines für das ganze Gebiet des Deutschen Reiches zu erlassenden Armengesetzes ist neu und in der Öffentlichkeit noch wenig erörtert. Die Organe der Gesetzgebung haben sich mit ihm noch niemals beschäftigt. Das ist nicht auffallend, da die Voraussetzung für ein Reichsarmengesetz: die einheitliche Regelung der grundlegenden Fragen der Freizügigkeit, des Heimatwesens und des Unterstützungswohnsitzes, bisher nicht gegeben war. Wohl aber hat der Deutsche Verein für Armenpflege und Wohltätigkeit es nicht unterlassen, mit seiner wiederholt aufgestellten Forderung, das Unterstützungswohnsitzgesetz auf das gesamte Reichsgebiet auszudehnen, im Jahre 1905 in Mannheim die Forderung zu verbinden, daß als letztes Ziel aller Reformen eine einheitliche deutsche Armengesetzgebung ins Auge zu fassen sei.

Diesem letzten Ziel sind wir heute ein beträchtliches Stück nähergerückt: die Ausdehnung des Unterstützungswohnsitzgesetzes auf das gesamte Reich ist gesichert... Infolge des Reichsgesetzes vom 30. Mai 1908 ist das Unterstützungswohnsitzgesetz am 1. April 1910 auch in Elsaß-Lothringen in Kraft getreten, und zur freudigen Überraschung der beteiligten Kreise sind nunmehr auch in Bayern Land, Stände und Regierung darüber einig geworden, anstelle des bisherigen Heimatrechts in Übereinstimmung mit dem übrigen Reichsgebiet den Unterstützungswohnsitz als Grundlage der öffentlichen Armenpflege einzuführen.

Der Umstand, daß in Bayern zur Abfassung eines Armengesetzes auf der neuen Grundlage geschritten werden muß, läßt es als besonders zeitgemäß erscheinen, von seiten der in der Armenpflege tätigen Fachmänner die Forderungen aufzustellen und zu begründen, die an ein Reichsarmengesetz zu stellen sind[111].

Mit der Einführung des Unterstützungswohnsitzgesetzes in Bayern gelangt die Bewegung, die sich seit einer langen Reihe von Jahren auf die Vereinheitlichung des Rechts auf diesem Gebiete gerichtet hat, zum Abschluß. Der Deutsche Verein für Armenpflege und Wohltätigkeit kann mit Befriedigung auf diese von ihm eingeleitete und durchgeführte Bewegung zurückblicken. Das Werk ist aber damit nicht abgeschlossen. Neue Aufgaben von nicht geringerer Wichtigkeit stehen bevor. Unter diesen wird an erster Stelle eine weitere Vereinheitlichung des deutschen Armenrechts zu stehen haben: dem einheitlichen formellen Armenrecht wird ein einheitliches materielles Armenrecht folgen müssen, das heißt die Leistungen der öffentlichen Armenpflege werden in höherem Grade einheitlich geregelt werden müssen, als dies bisher geschah...

Wir sind nicht so optimistisch, darauf zu rechnen, daß diese Vereinheitlichung in raschem Siegeslauf in kurzer Zeit zu erreichen sein wird. Auch eine derartige Saat bedarf der Zeit, bis sie zur Ernte reif wird. Der Deutsche Verein für Armenpflege und Wohltätigkeit aber ist nach der Natur seiner Aufgabe dazu berufen, das Feld zu bestellen und die Saat auszustreuen[112].

Die Frage lautete nun, wie eine reichseinheitliche Armengesetzgebung überhaupt zu erreichen sei:

Über die Zuständigkeit der Reichs- und Landesgesetzgebung in bezug auf das Armenwesen herrscht vielfach Unklarheit. Diese Unklarheit ist dadurch hervorgerufen, daß das Reichsgesetz über den Unterstützungswohnsitz (UGW) wichtige Gebiete des Armenrechts in grundlegender Weise regelt, und daß im § 8 UWG die durch das Reichsgesetz nicht geregelten wichtigsten Fragen des Armenwesens – Zusammensetzung und Einrichtung der Ortsarmenverbände und Landarmenverbände, Art und Maß der im Falle der Hilfsbedürftigkeit zu gewährenden öffentlichen Unterstützung, die Beschaffung der erforderlichen Mittel usw. – ausdrücklich der Landesgesetzgebung überwiesen worden sind, woraus man den Schluß gezogen hat, daß diese Überweisung auf einem freiwilligen Verzicht der Reichsgesetzgebung zugunsten der Landesgesetzgebung beruhe...

Es muß demgegenüber festgestellt werden, daß die Reichsgesetzgebung auf dem Gebiete des Armenwesens überhaupt nicht zuständig ist, wie ihr beispielsweise auch das Gebiet des Schulwesens nicht untersteht. Im Artikel 4 der Reichsverfassung sind diejenigen Angelegenheiten einzeln aufgezählt, die der Beaufsichtigung seitens des Reiches und der Gesetzgebung desselben unterliegen: das Armenwesen findet sich nicht darunter...

Hiernach erscheint außer Zweifel gestellt, daß die Beaufsichtigung und die Gesetzgebung in bezug auf das gesamte Armenwesen den einzelnen Bundesstaaten zusteht und das einzig und allein die Frage des Unterstützungswohnsitzes wegen ihres untrennbaren Zusammenhanges mit der Freizügigkeit der Regelung durch das Reich auf dem Wege der Gesetzgebung unterliegt. Auf diesen Standpunkt hat sich das Unterstützungswohnsitzgesetz gestellt. Der § 8 des UWG, der die Gebiete angibt, auf denen die Landesgesetzgebung zuständig ist, hat keinen rechtsbegründenden Charakter. Wenn die Bestimmung des § 8 im UWG fehlen würde, so wäre die Rechtslage genau die gleiche. Es handelt sich dabei um Kompetenzen, die nach der Reichsverfassung den Einzelstaaten zustehen und die ohne Änderung der Reichsverfassung durch kein Gesetz auf das Reich übertragen werden können. Eine Erweiterung der Zuständigkeit der Reichsgesetzgebung auf diesem Gebiet ist nur durch eine Änderung der Reichsverfassung möglich[113]).

Würde sich aber eine Verfassungsänderung erreichen lassen nur zu dem Zwecke, die öffentliche Fürsorge reichseinheitlich zu regeln? –:

Die Reichsregierung ist... im allgemeinen... nicht geneigt, dem Reichstage Anträge auf Abänderung der Verfassung vorzulegen, zumal es nicht leicht ist, über solche Anträge eine Einigung im Bundesrat herbeizuführen. Veränderungen der Verfassung gelten als abgelehnt, wenn sie von den jetzt im Bundesrat vorhandenen 61 Stimmen [durch Einführung der Verfassung in Elsaß-Lothringen sind zu den bisher vorhandenen 58 Stimmen drei Stimmen hinzugekommen] nur 14 Stimmen gegen sich haben (Artikel 78 Abs. 1 RV). In den mehr als 40 Jahren seit Einführung der Reichsverfassung sind im ganzen nur zehn Abänderungen auf dem Wege der Gesetzgebung erfolgt, und die Zuständigkeit der Reichsgesetzgebung ist bisher überhaupt nur zweimal erweitert worden [betreffs Seeschiffahrtszeichen, Gesetz vom 3. März 1873, und gemeinsame Gesetzgebung über das gesamte Bürgerliche Recht, Gesetz vom 20. Dezember 1873].

Seit dem Jahre 1873 ist eine Erweiterung der Zuständigkeit des Reiches in bezug auf die Beaufsichtigung und Gesetzgebung überhaupt nicht mehr erfolgt, so oft und so dringend auch von verschiedenen Seiten eine solche Erweiterung gefordert wurde. Es sei hier nur an das vielbesprochene Reichsschulamt erinnert, dem die gegenwärtige Reichsverfassung den Boden für eine Wirksamkeit nicht zu bieten vermag[114]).

Nun suchte der Deutsche Verein nach einem Ausweg aus dieser Verfassungskomplikation:

Wenngleich seit dem September 1905 nunmehr sieben Jahre verflossen sind, so wird das damals in Aussicht genommene „letzte Ziel" immer noch sehr lange auf sich warten lassen, wenn dieses Ziel auf dem Wege der Reichsgesetzgebung erreicht werden soll.

Es gibt noch einen anderen Weg, um zu diesem Ziele zu gelangen, einen freilich anscheinend weiteren und komplizierteren Weg, der aber dafür ein allmähliches, schrittweises Näherkommen gestattet: den Weg der übereinstimmenden Landesgesetzgebung in den einzelnen Bundesstaaten, ein Weg, der gerade auf dem Gebiete der von dem Deutschen Verein für Armenpflege und Wohltätigkeit geförderten Bestrebungen schon mehrfach mit Erfolg beschritten worden ist.

Es sei hier nur an die vielfach übereinstimmenden Bestimmungen der Landesgesetze über die Fürsorge-Erziehung und über die Berufsvormundschaft erinnert. Vor allem aber bilden die einzelnen sogenannten „Ausführungsgesetze" zum Unterstützungswohnsitzgesetz das beste Vorbild für die Ausführbarkeit eines solchen Vorgehens. Wenn, wie das in der Tat der Fall ist, sich in bezug auf die Abgrenzung der Aufgaben der Armenpflege nicht weniger als 13 Bundesstaaten dem Wortlaut des Preußischen Gesetzes angeschlossen haben, so steht nichts dem im Wege, daß sämtliche 26 Landesgesetzgebungen sich mit der Zeit auf die gleichen Bestimmungen einigen. Das kann und wird nicht im Laufe eines Jahres oder weniger Jahre geschehen, aber es kann auf dem Wege der allmählichen Entwicklung und Überwindung der Widerstrebenden mit der Zeit erreicht werden, wenn von berufener Seite der Weg, den die Entwicklung zu nehmen hat, klar vorgezeichnet wird.

Das wäre eine Aufgabe, die bei uns vor allem dem Deutschen Verein für Armenpflege und Wohltätigkeit zukäme und bei der er keine Konkurrenz zu fürchten hat[115]).

Da eine Verfassungsänderung zwar wünschenswert war, dieser Wunsch aber zunächst noch unerfüllbar anmuten mußte, so stellte der Deutsche Verein ihn vorläufig zurück und wandte sich demjenigen Thema zu, für das er kompetent war:

Es ist... erforderlich, daß zunächst die Vertreter der Armenverbände sich darüber klar werden und unter sich eine Vereinbarung darüber herbeiführen, was auf dem Wege der gesetzlichen Regelung erstrebt werden soll, daß ein Programm entwickelt und Richtlinien aufgestellt werden, für deren Vertretung in den einzelnen Bundesstaaten durch Wort und Schrift gesorgt werden muß...
Der Weg durch die Landesgesetzgebung erscheint aber auch deshalb als der zunächst in Aussicht zu nehmende, weil die so dringend notwendige Zentralisation der Aufsicht über die Armenpflege doch in jedem Falle durch die Organe der Einzelstaaten erfolgen würde. Es ist nicht zu erwarten, daß das Reich, wenn die Ge-

setzgebung und Beaufsichtigung auf dem Gebiete der Armenpflege der Kompetenz des Reiches zugewiesen werden sollte, die unmittelbare Durchführung durch eigene Organe übernehmen würde, wie das auf dem Gebiete der Marine, der auswärtigen Angelegenheiten, der Post- und Telegraphenverwaltung, des Zollwesens usw. der Fall ist. Vielmehr würde ebenso wie beispielsweise beim Gewerbewesen und bei der Handhabung der Rechtspflege die praktische Durchführung und die unmittelbare Beaufsichtigung den Organen der Einzelstaaten überlassen bleiben.

Es steht aber auch nichts dem im Wege, daß die Reichsgesetzgebung auf dem Gebiete der Armenpflege jederzeit regulierend eingreifen kann, sobald sich die Geneigtheit zu einer Verfassungsänderung gezeigt hat, wenn auch zunächst die Einzelstaaten auf dem Wege der Landesgesetzgebung der Rechtseinheit näherzukommen gesucht haben[116]).

Zur Erörterung stand also der Inhalt eines angestrebten Reichsfürsorgegesetzes, und der Deutsche Verein unternahm es, diesen Inhalt zu erarbeiten und in Leitsätzen festzuhalten.

Die im Auftrage des Deutschen Vereins erstellten Berichte, Kommissions-Gutachten und Verhandlungen verteilten sich über zwei Jahre bis zum Ausbruch des Ersten Weltkrieges. Niemand wußte, als sie begannen, daß sie am Ende einer Periode deutscher Geschichte stehen würden. Trotzdem war die Arbeit nicht vergeblich. Sie leitete jene Entwicklung ein, die einige Jahre später in der Weimarer Verfassung zur Zuständigkeit des Reiches für alle Gebiete sozialer Gesetzgebung einschließlich der Fürsorgezweige und dann zum Reichsjugendwohlfahrtsgesetz von 1922, zur Verordnung über die Fürsorgepflicht von 1924 und zu den Reichsgrundsätzen über Voraussetzung, Art und Maß der öffentlichen Fürsorge von 1924 führte.

In den Jahren 1912/1913 nötigte die selbstgewählte Aufgabe, ein Reichsfürsorgegesetz zu entwerfen, den Deutschen Verein erstens zu einer kritischen Übersicht über seine bisherige Erfahrung mit der Fürsorge, zweitens zu einer Bestandsaufnahme im damaligen Zeitpunkt, und drittens zu Leitgedanken und Grundsätzen künftiger Fürsorgetätigkeit. Die Zusammenfassung aller dieser Gesichtspunkte und die zunächst oft kontroversen Antworten auf offene Fragen nach praktischer Erfüllung theoretischer Wünschbarkeiten macht die vom Deutschen Verein damals geleistete Arbeit zu einem Schlüssel-Ereignis deutscher Fürsorgegeschichte.

2. Zum Begriff der „Hilfsbedürftigkeit"

Als erstes war zu untersuchen, ob die aller Fürsorge vorauszusetzende
Hilfebedürftigkeit – damals: „Hilfsbedürftigkeit" –, eine komplexe Erfahrungstatsache, wenn nicht fürsorgetheoretisch so doch reichsgesetzlich mit
triftigen Argumenten zulänglich zu definieren sei:

> Der Begriff der „Hilfsbedürftigkeit" [ist] einzig und allein durch die Landesge-
> setze bestimmt... Eine reichsgesetzliche Definition des Begriffes der „Hilfsbedürf-
> tigkeit" ist unmöglich.

Was Hilfsbedürftigkeit ist, entscheidet sich vielfach nach der Art und dem Maß
der zu gewährenden Unterstützung... Der aus dem § 4 des Freizügigkeitsgesetzes
hergeleitete Begriff der Hilfsbedürftigkeit ist für die armenrechtliche Hilfsbedürftigkeit nicht maßgebend. Der § 4 des Freizügigkeitsgesetzes spricht nur von dem
Mangel des „notdürftigen Lebensunterhalts". Das ist der engste Begriff der Hilfsbedürftigkeit, der überhaupt denkbar ist.

Wie man diesen Begriff auch definieren will: der Mangel des „notdürftigen Lebensunterhalts" wird immer unter ihn fallen. Der nach den Landesgesetzen zu be-
stimmende Begriff der Hilfsbedürftigkeit ist in allen Einzelstaaten ein weiterer...

Wie hat nun die Landesgesetzgebung in den einzelnen Bundesstaaten den Um-
fang der Leistungen der öffentlichen Armenpflege und demgemäß den Begriff der
Hilfsbedürftigkeit geregelt? Es lassen sich in dieser Beziehung im wesentlichen zwei
Gruppen von Bundesstaaten unterscheiden.

Die eine größere Gruppe beschränkt nach dem Vorgang von Preußen die Aufgaben der öffentlichen Armenpflege auf die Gewährung von Obdach, dem unentbehrlichen Lebensunterhalt, der erforderlichen Pflege in Krankheitsfällen und auf ein
angemessenes Begräbnis.

Die andere, hauptsächlich durch die Mittelstaaten Sachsen, Württemberg und
Baden (und außerdem Bayern) vertretene Gruppe erweitert diese Aufgaben durch
Einbeziehung der Erziehung und des Unterrichts der Kinder, wenngleich die Ab-
grenzung in den einzelnen Staaten eine sehr verschiedene ist...

Wenn wir zunächst die Bestimmung des § 1 Abs. 1 des preußischen Ausführungsgesetzes zum Unterstützungswohnsitzgesetz näher ins Auge fassen, so werden wir
erkennen, daß sie keine unter allen Verhältnissen und zu allen Zeiten gleichmäßig
geltende Norm aufstellt. Da das Obdach auch zum notwendigen Lebensunterhalt
gehört, werden drei Pflichtleistungen der Armenverbände aufgezählt. Sie haben zu
gewähren: 1. den unentbehrlichen Lebensunterhalt, 2. die erforderliche Krankenpflege, 3. ein angemessenes Begräbnis.

Es wird nicht gesagt, was zum „unentbehrlichen" Lebensunterhalt gehört, worin
die „erforderliche" Krankenpflege besteht und was wir unter einem „angemessenen" Begräbnis zu verstehen haben. Alle diese Begriffe sind relativer Natur und
werden nach den Umständen des Falles, nach den Ortsgewohnheiten und nach den
jeweiligen Zeitverhältnissen sehr verschieden aufgefaßt werden[117]).

Offenbar war der mit dem Wort „Hilfsbedürftigkeit" bezeichnete Begriff so umfangreich und deshalb so vielfältig, daß jede Interpretation zutreffen konnte. Im Hinblick auf ein einheitliches Fürsorgerecht bevorzugte der Deutsche Verein darum anstatt der Bezeichnung „Hilfsbedürftigkeit" den Ausdruck „Notbedarf", der sogleich bestimmt, erläutert und in Zusammenhang mit der „sozialen Fürsorge" gebracht wurde:

> Bei Untersuchung der Frage, welche Aufgaben der öffentlichen Armenpflege von einem Reichsgesetz zuzuweisen sind, erscheint es notwendig, zunächst den Begriff der Armenpflege genauer festzustellen. Die Armenpflege ist die ursprünglichste Form der Fürsorge für die wirtschaftlich Schwachen oder besser für die wirtschaftlich schwächste Schicht der Bevölkerung ... Die neuere Zeit hat uns nun aber neben dieser ursprünglichsten Form sozialer Fürsorge noch so viele weitere Maßnahmen der Fürsorge für die wirtschaftlich Schwachen gebracht, daß man geradezu von einem sozialen Zeitalter sprechen kann. Als ein Teil des heute so großen Gebiets der sozialen Fürsorge wird also die Armenpflege angesehen werden müssen, da sie ganz zweifellos aus einem Gemeinschaftsgefühl – d. i. einem sozialen Gefühl – heraus entspringt.
>
> Damit ist aber für den Begriff der Armenpflege zunächst wenig gewonnen; denn das Wesentlichste ist eben die Abgrenzung zu dem übrigen großen Gebiete sozialer Fürsorge ... Ein unterscheidendes Begriffsmoment der Armenpflege dürfte ... ihre absolute Subsidiarität sein; denn wesentlich ist der Armenpflege, daß sie nur als letztes Hilfsmittel, das heißt nur im Falle der Hilfsbedürftigkeit eintreten darf, wenn der Arme sich das, was die Armenpflege leisten soll, nicht auf andere Weise verschaffen kann ...
>
> Schon hieraus ergibt sich aber auch ein weiteres Begriffsmoment der Armenpflege, nämlich die Beschränkungen ihrer Leistungen auf den Notbedarf.
>
> Die Notwendigkeit der Beschränkung auf den Notbedarf ergibt sich noch deutlicher, wenn man bedenkt, daß die Armenpflege nicht nur keine Rücksicht auf eine etwaige Gegenleistung des Bedachten nimmt, sondern auch die Würdigkeit oder Unwürdigkeit des Bedachten gänzlich außer acht läßt. Aus dem Gemeinschaftsgefühl und aus dem Gebot der Nächstenliebe heraus will und soll die Armenpflege jeden Menschen vor dem Untergang und vor der Not bewahren ...
>
> Aus dieser Beschränkung auf den Notbedarf ergibt sich übrigens erst die Notwendigkeit für die Armenpflege, sich stets mit dem einzelnen Fall besonders zu beschäftigen (Individualisierungsprinzip). An und für sich stünde sicher nichts im Wege, der Not der Armen durch generalisierende Maßnahmen abzuhelfen. Die notwendige Beschränkung auf den Notbedarf aber läßt dies unmöglich erscheinen, sie macht eine genauere Prüfung und besondere Behandlung des Einzelfalles erforderlich.
>
> Der Begriff der gesetzlichen Armenpflege dürfte hiernach zu bestimmen sein *als öffentliche Fürsorge zur subsidiären Sicherstellung des Notbedarfs*[118]).
>
> Der Begriff des Notbedarfs ist also bestimmend für die der gesetzlichen Armenpflege zuzuweisenden Aufgaben. Es erscheint daher nötig, diesen Begriff etwas näher festzulegen ...

Der Umfang des Notbedarfs wird sich immer nach den örtlichen und zeitlichen Lebensverhältnissen bestimmen... Was heute noch als genügend angesehen wird, wird vielleicht später, wenn sich die sozialen Anschauungen fortentwickelt haben, nicht mehr als ein menschenwürdiges Dasein angesehen werden. So muß zweifellos bei Festlegung dessen, was die Armenpflege gewähren soll, eine Fassung gewählt werden, die eine Anpassung an die örtlichen und zeitlichen Verhältnisse und an die kulturelle und soziale Entwicklung offen läßt.

Immerhin [werden] die Lebensgüter, die die Armenpflege garantieren soll, wenigstens einigermaßen zu bestimmen sein. Einigkeit herrscht darüber, daß zum Notbedarf der unentbehrliche Lebensunterhalt, die erforderliche Pflege in Krankheitsfällen und die Gewährung eines angemessenen Begräbnisses gehören. Hierbei ist in den unentbehrlichen Lebensunterhalt auch das Obdach einbegriffen...

Der Notbedarf ist aber mit vorstehendem nicht erschöpft. Gedeckt ist dadurch wohl der Bedarf in körperlicher Beziehung. Der Mensch besteht aber nun einmal aus Körper und Geist, und es ergibt sich daher die Notwendigkeit, auch auf den Notbedarf in geistiger Beziehung Rücksicht zu nehmen[119]).

Welcher geistige Notbedarf sollte aber kraft Gesetzes der öffentlichen Fürsorge überantwortet werden? –:

In dieser Hinsicht besteht zweifellos für jeden Menschen das Bedürfnis nach einer ein normales Maß erreichenden *Erziehung.* Ohne ein gewisses Maß von Erziehung ist der Mensch ein ganz untaugliches, hilfloses Mitglied der menschlichen Gesellschaft... Da nun aber die Erziehung normalerweise allmählich erfolgt und im Kindesalter beginnt, so entbehrt das Kind, welchem die normale Erziehung nicht rechtzeitig zuteil wird, schon dann einer Lebensnotwendigkeit...

Ein gewisses Maß von Erziehung ist eines der zum Notbedarf gehörenden Lebensgüter, das die Armenpflege dem Menschen ebenso nach Möglichkeit sicherstellen muß, wie die Gesundheit...

Ähnliches wie für die Erziehung gilt auch für die *Erwerbsbefähigung,* denn derjenige, der der Erwerbsbefähigung entbehrt, ist fast ebenso hilflos wie ein ohne Erziehung gebliebener Mensch. Wo also die normale Erziehung nicht genügt, um ein Kind erwerbsfähig zu machen, wird die nötige Ausbildung zur Erziehung der Erwerbsfähigkeit ebenso als im Rahmen des Notbedarfs liegend anzuerkennen sein wie eine zur Beseitigung vorhandener Erwerbsunfähigkeit nötige Operation[120]).

Damit waren die beiden Aufgabengebiete genannt, um welche der Deutsche Verein reichsgesetzlich die obligate Fürsorge erweitert wissen wollte. Um seine Forderung zu unterstützen, berief er sich auf einzelne Landesgesetze:

Die Einbeziehung der Erziehung und Erwerbsfähigung in den Notbedarf findet... durchaus ihre Stütze in der bisherigen Gesetzgebung. Man kann sogar sagen, daß alle Armengesetze, die die Erziehung und Erwerbsbefähigung unter die Aufgaben der Armenpflege einreihen, sie auch zum Notbedarf rechnen. Ganz deutlich

. geht dies aus den Armengesetzen von Baden und Württemberg hervor. § 18 des badischen Gesetzes vom 5. Mai 1870 lautet:

„Der verpflichtete Armenverband hat dem Unterstützungsbedürftigen den unentbehrlichen Unterhalt nach Maßgabe des Bedürfnisses und unter Verwendung der etwa vorhandenen Arbeitskraft zu gewähren, insbesondere Sorge zu tragen für Erziehung, Unterricht und Erwerbsbefähigung der Kinder..."

... Auch das sächsische und das bayerische Gesetz sehen die Kindererziehung als im Rahmen des Notbedarfs liegend an... Aber nicht nur die Armengesetze rechnen die Erziehung und Ausbildung der Kinder zum unentbehrlichen Lebensbedarf. Das gleiche tut auch das BGB. Nach § 1610 BGB umfaßt der Unterhalt, soweit die gesetzliche Unterhaltspflicht in Frage kommt, den gesamten Lebensbedarf, bei einer der Erziehung bedürftigen Person auch die Kosten der Erziehung und der Vorbildung zu einem Beruf...

Die Reichsarmengesetzgebung würde also nur der bisherigen Reichsgesetzgebung entsprechen, wenn sie zum unentbehrlichen Lebensbedarf auch die Erziehung und Erwerbsbefähigung hinzurechnen würde[121]).

Die geforderte Zuständigkeit öffentlicher Armenhilfe auch für Erziehung und Erwerbsbefähigung, aber für sonst kein weiteres neues Aufgabengebiet, führte zu grundsätzlichen Erwägungen darüber, wie (1.) Armenfürsorge und soziale Fürsorge sowie (2.) Armenfürsorge und Jugendfürsorge zweckmäßig abzugrenzen seien.

3. Zur Abgrenzung gesetzlicher Armenfürsorge von sozialer Fürsorge resp. „vorbeugender Armenpflege"

Nach der Kaiserlichen Botschaft, den Sozialversicherungsgesetzen und der Enzyklika „Rerum novarum" hatte um 1900 die soziale Fürsorge mit ihren Arbeitsfeldern sich bereits so entfaltet, daß ihr Zusammengehen mit der herkömmlichen Armenfürsorge möglich schien und auch angestrebt wurde. Aber eine Vereinigung lag fern, solange die Gemeinden nur zur Armenfürsorge gesetzlich verpflichtet waren, hingegen ihre soziale Fürsorge freiwillig erbrachten. Den Freiwilligkeits-Standpunkt schränkten die Finanzmittel ein.

Immerhin hatten Großstädte und viele Mittelstädte, oft Hand in Hand mit privaten Vereinigungen, zahlreiche Leistungen sozialer Fürsorge zum festen Bestandteil ihres Hilfeprogramms und ihres Etats gemacht. Eine kaum noch überschaubare Vielfalt und Unterschiedlichkeit solcher Maßnahmen war die Folge.

Da nun alle diese Maßnahmen ebenfalls Armen zugute kamen, wurde insofern die soziale Fürsorge allmählich umbenannt in „vorbeugende Armenpflege". Um 1912 war dieser Name schon weit verbreitet.

Der Deutsche Verein stand vor der Frage, ob und wie wenigstens ein Teil der vorbeugenden Armenpflege eingegliedert werden könne in die gesetzliche Armenfürsorge. Deutlich erkennbar folgte er auch strategischen Überlegungen, als er „Erziehung und Berufsbefähigung" auswählte. Denn dafür konnte er die soeben zitierten Landesgesetze als Präzedenzfälle anführen, und sie sollten ihn seinem Endziel – dem Reichsarmengesetz – näherbringen. Da er es auf dem Umweg über einzelstaatliche Gesetzgebung zu erreichen hoffte, so hatte er mittels jener Präzedenzfälle schon einige Staaten und – im Hinblick auf das Bürgerliche Gesetzbuch – sogar reichsgesetzliche Bestimmungen für sich. Daß er seine Auswahl auch sachlich zu begründen vermochte, das war selbstverständlich.

Darüber hinaus bedingte sein Vorhaben unerläßlich eine Überprüfung des gesamten Fürsorgewesens zu jenem Zeitpunkt. Zweifellos wäre sein kritisches Instrumentarium anders gewesen, wenn er die bloße Möglichkeit geahnt hätte, daß eines Tages öffentliche und private Fürsorge-Träger sozialgesetzlich zusammengeführt würden. Aber an solche Möglichkeit, die ein halbes Jahrhundert später in der Bundesrepublik Deutschland durch § 10 BSHG realisiert worden ist, war damals noch gar nicht zu denken.

Vielmehr war der Deutsche Verein darauf bedacht, eine Grenze zwischen Pflicht und Freiwilligkeit zu ziehen. Die soziale Gesinnung wurde vorausgesetzt, die kommunale Sozialpolitik in ihrem Vorrange ausdrücklich bestätigt:

Die gemeindliche Sozialpolitik gehört zu den allerwichtigsten Aufgaben der Selbstverwaltung und bedarf dringend eines umfassenden weiteren Ausbaus. Wie der Staat für seinen Bereich, so hat für ihr engeres Gebiet auch die Gemeinde die Pflicht, das Wohl ihrer minderbemittelten Angehörigen zu schützen und zu fördern. Lange hat es gedauert, bis man in Deutschland erkannte, wie notwendig die kommunale Sozialpolitik ist. Erst um die Jahrhundertwende hat sich die Erkenntnis kräftig durchgerungen; jetzt aber gibt sich unverkennbar von Jahr zu Jahr lebhafter das Bestreben der Gemeinden kund, ihre sozialen Aufgaben zu erfüllen...
Die gemeindliche Sozialpolitik ist in der Tat die notwendige Ergänzung der sozialpolitischen Bestrebungen von Reich und Staat, ganz besonders auf den der Armenpflege benachbarten Gebieten. Gewiß ist die Wirkung der sozialpolitischen Schöpfungen des Reiches im Sinne der Beseitigung von allerlei Not, aus der Armut sonst hätte entstehen können, ja entstehen müssen, sehr hoch einzuschätzen – doch ist ihr Wirkungsfeld zu weit, ihre Arbeit zu starr und unpersönlich, sind ihre Leitgedanken zu allgemein, ihr ganzer Apparat zu schwerfällig, um mit der Armenpflege auf deren ureigenem Gebiete der individuellen Erfassung des einzelnen Falles in Wettbewerb treten zu können. Auf vielen Gebieten ist aber eine wirksame soziale

Fürsorge nur möglich, wenn den besonderen Umständen des einzelnen Falles, den örtlichen und persönlichen Besonderheiten, Rechnung getragen wird. Hier kann naturgemäß die soziale Fürsorge nur von engeren Verbänden mit Erfolg geübt werden.

Dies gilt insbesondere von den Fürsorgezweigen, durch deren Arbeit das Eintreten der Armenpflege verhindert werden soll; man denke an die Jugendfürsorge, die Fürsorge für Tuberkulöse, für Trinker. Eine sogenannte „vorbeugende Armenpflege" ist regelmäßig nur dann ausführbar, wenn nach genauer Erfassung der besonderen Umstände des Falles die gerade für seine Behandlung angezeigten Hilfsmaßnahmen sorgfältig ausgewählt und ins Werk gesetzt werden und gleichzeitig eine erziehliche Einwirkung auf den Pflegling, oft auf seine Angehörigen ausgeübt wird. Die gewährte Hilfe muß eine „Hilfe zur Selbsthilfe" sein. (Daß die sozialpolitischen Schöpfungen des Reiches in diesem Sinne gewirkt hätten, wird man im allgemeinen kaum behaupten können.)

Daß die Gemeinden – was die organisatorische Seite angeht – an sich in der Lage sind, in ihrem engeren Bezirke soziale Fürsorge in dem angedeuteten Sinne zu betreiben, wird nicht bezweifelt werden. Sie werden um so eher dazu in der Lage sein, je engere Zusammenarbeit mit den Organen der privaten Wohltätigkeit sie herzustellen verstehen[122]).

Drohender Armut vorzubeugen, sie nach Möglichkeit zu verhindern, war in einigen Landesgesetzen der Armenpflege aufgegeben. Darauf hatte sich der Deutsche Verein schon am 22. September 1905 in Mannheim ausdrücklich in einer Entschließung bezogen, deren erster Absatz lautete:

Die öffentliche Armenpflege hat die Fürsorge für alle armenrechtlich hilfsbedürftigen Personen unter Berücksichtigung der gesundheitlichen und *der Verarmung vorbeugenden* Anforderungn sicherzustellen. Diese Fürsorge ist sowohl im Gesetz über den Unterstützungswohnsitz als auch im Bayerischen Armenrecht begründet und tatsächlich durchführbar[123]).

Eine Begriffsprüfung der damals noch ganz zuversichtlich für durchführbar gehaltenen „vorbeugenden Armenpflege" legte der Deutsche Verein nun 1913 vor:

Der Begriff der vorbeugenden Armenpflege ist kein feststehender. Es wird sogar Grundverschiedenes darunter verstanden, und gerade dieser Umstand dürfte zu großen Mißverständnissen geführt haben.
Unter vorbeugender Armenpflege werden zunächst solche Maßnahmen verstanden, in denen es sich streng genommen gar nicht um eine Vorbeugung der Verarmung, sondern um eine gründliche Beseitigung einer schon bestehenden Hilfsbedürftigkeit handelt. Diese Art der Armenpflege würde man vielleicht besser *durchgreifende Hilfe* nennen. Von Vorbeugung kann man jedenfalls nur in dem Sinne sprechen, daß einer langandauernden Unterstützung vorgebeugt werden soll. Diese durchgreifende Hilfe kann nicht nur Aufnahme in die öffentliche Armen-

pflege finden, sondern sie ist sogar heute schon mehr oder weniger darin aufgenommen...
Unter vorbeugender Armenpflege werden nun aber auch Maßnahmen verstanden, die tatsächlich der Verarmung vorbeugen sollen, sei es, daß es sich um Maßnahmen in einem Einzelfalle handelt..., oder aber um allgemeine Vorbeugungsmaßregeln (Säuglingsfürsorge, Lungenfürsorge, Wohnungsfürsorge und dergleichen mehr). Derartiger Vorbeugungsmaßregeln gibt es zahllose der verschiedensten Art...
Die vorbeugende Armenpflege in diesem Sinne geht zweifellos meist über die Gewährung des Notbedarfs hinaus. Sie wird im allgemeinen Personen zuteil, deren Notbedarf noch sichergestellt ist. Nicht armenpflegerische Gesichtspunkte und Beweggründe sind für diese Maßnahmen im allgemeinen bestimmend, sondern anderweitige Gründe des öffentlichen Wohles, wie z.B. die Sorge für die Bevölkerungsvermehrung bei der Säuglingsfürsorge, die Hebung der Volksgesundheit bei der Lungenfürsorge usw.[124]).

Die Einsicht, daß „vorbeugende Armenpflege" sich begrifflich gar nicht präzisieren ließ, betraf aber nur eines der zu klärenden Hauptprobleme. Ein anderes lautete, ob überhaupt von der öffentlichen Fürsorge gefordert werden könne, daß sie der Armut *vorbeuge,* sich also auf *Ursachen* der Verarmung richte, und ob sie dadurch nicht überfordert werde.

Mit diesem Hauptproblem hing ein weiteres zusammen: Wenn eine reichseinheitliche Regelung der öffentlichen Fürsorge noch nicht durch Reichsgesetz zu erlangen war, sondern auf dem Umweg über eine Vereinheitlichung der Landesgesetze angestrebt wurde, dann mußten nicht nur ihre Gemeinsamkeiten festgestellt, sondern auch ihre Besonderheiten berücksichtigt werden; und da gab es nun als Besonderheiten bei immerhin elf Einzelstaaten mit zusammen 12,5 Millionen Einwohnern diejenigen Bestimmungen, die sich mehr oder minder auf vorbeugende Armenpflege bezogen, so z.B. im Königreich Sachsen die Ausführungsverordnung zum Unterstützungswohnsitzgesetz vom 6. Juni 1871 im § 25:

Um den Entstehungsursachen der Verarmung so viel wie möglich *vorzubeugen,* ist denjenigen, welche durch häusliche oder persönliche Umstände in vorübergehenden Notstand versetzt werden, unter solchen Umständen *zeitiger* Beistand zu leisten[125]).

Unter „Verarmung" resp. „Armut" ist hier wie in anderen Landesgesetzen zu verstehen: Hilfsbedürftigkeit im Sinne der Fürsorgepflicht. Nicht von ungefähr war in Ausführungsgesetze zum Unterstützungswohnsitzgesetz das Vorbeugungsprinzip hineingekommen; es stammte aus dem früheren Heimatrecht, und das Heimatrecht ging zurück auf eine Zeit, als in den meisten deutschen Staaten die Hauptstädte noch Kleinstädte, allenfalls

Mittelstädte waren, und das Industriezeitalter noch ebenso fern lag wie Freizügigkeit und Binnenwanderung. Solange die Bevölkerung in kleinen Ortschaften festsaß, wo jeder jeden kannte, war es relativ leicht, Verarmungsprozesse rechtzeitig wahrzunehmen und der sich ankündigenden Hilfebedürftigkeit vorzubeugen.

Wie geht es zu, daß gerade Sachsen, Bayern usw. die vorbeugende Armenpflege haben? Weil dort die Armengesetze auf dem alten Heimatrecht aufgebaut sind; und eine Heimatsgemeinde, die dauernd jemanden zu unterhalten hat, weiß ganz genau, daß es billiger ist, ihm rechtzeitig und ordentlich zu helfen, daß es billiger ist, vorbeugende Armenpflege zu treiben, als dauernd den Notbedarf zu gewähren. Die kurze Frist von einem Jahr, nach der der Unterstützungswohnsitz verlorengehen kann, führt lediglich dazu, um zu sparen, zu sagen: wir kommen dieses Jahr schon aus, geben wir nicht so viel; wer weiß, wo im nächsten Jahre der Empfänger ist. Und daher kommt es, daß eine Heimatgemeinde, die *dauernd* jemanden zu versorgen hat, ohne weiteres vorbeugende Armenpflege treiben wird[126]).

Inzwischen aber hatte sich die deutsche Lebenswirklichkeit ja grundlegend verändert; „vorbeugende Armenpflege" war gleichsinnig geworden mit „sozialer Fürsorge". Daher nun das Problem: Sollte auch die soziale Fürsorge den Armenverbänden, de facto also den Gemeinden, zur gesetzlichen Pflicht gemacht werden? Diese Frage war nicht leichthin mit Ja oder Nein zu beantworten.

Denn das wahre Problem lag tiefer und hatte seinen Ursprung außerhalb des Fürsorgewesens dort, wo es unlösbar blieb: in der Schwerfälligkeit der Reichsregierung, die einst von Bismarck begonnene Sozialpolitik folgerichtig voranzutreiben und zeitgemäß auszudehnen. Daß die Sozialversicherung erweitert und verbessert worden war, bestätigte nur deren Notwendigkeit und brachte im Prinzip nichts Neues.

Wenn trotzdem die sozialpolitische Bewegung nicht zum Stillstand kam, dann u. a. dank derjenigen Gemeinden, insbesondere finanzkräftiger Großstädte und Mittelstädte, die ihre eigene „kommunale Sozialpolitik" entwickelt und sie – meistens Hand in Hand mit privaten Vereinigungen – zunehmend systematisiert hatten. Reichs-Sozialpolitik wurde, nach Möglichkeit, ersetzt durch kommunale Sozialpolitik, und deren Leistung war eben „soziale Fürsorge".

Nicht anders als von privaten Vereinigungen wurde soziale Fürsorge auch von Kommunen *freiwillig* geleistet. Sollten sie künftig diese Fürsorge, nunmehr unter dem Namen „vorbeugende Armenpflege", als ihnen gesetzlich übertragene Pflicht leisten müssen, so wäre vollends die deutsche Sozialpolitik aufgegangen in der kommunalen Sozialpolitik. Wie auch immer die Kostenregelung erfolgt wäre: Sobald die soziale Fürsorge mit allen ihren

Arbeitsfeldern zum Aufgabenkreis gesetzlicher Fürsorgepflicht gehört hätte, würde sie den Armenverbänden überantwortet worden sein – ohne Einbezug der privaten Vereinigungen.

Sofort drängte sich mit der Frage, wer die dann erforderlichen Finanzmittel aufbringen könne, die grundsätzliche Überlegung auf, ob überhaupt von den Gemeinden erwartet werden dürfe, mittels „vorbeugender Armenpflege" – und gar noch im Umfange der sozialen Fürsorge! – schließlich allen *Ursachen* der Hilfebedürftigkeit entgegenzuwirken, oder ob nicht vielmehr Armenfürsorge, verbunden mit gesetzlicher Sorgepflicht, und soziale Fürsorge, verbunden mit dem Freiwilligkeitsprinzip, gegeneinander abgegrenzt werden müßten, wobei die obligate Armenfürsorge aber grundsätzlich zu erweitern sei.

Die soziale Gesetzgebung [der Bismarck-Ära] hat eben auch außerhalb ihres eigenen Gebietes den sozialen Geist geweckt und fortschreitend vertieft. Die Arbeiterversicherung hat sich mehr und mehr als eine soziale Schule für die Gesamtheit erwiesen und ihre Früchte auf vielen Feldern menschlicher Daseinsbetätigung gezeitigt.

Auch die Armenpflege ist „sozial ausgestaltet" worden und ist damit, wie ich [Bürgermeister Dr. Thode, Stettin, als Berichterstatter] sagen möchte, über ihre Ufer getreten. Sie hat vergessen, daß sie ihrer Herkunft nach nur den Notbedarf zu gewähren hat und auch das nur hilfsweise und in letzter Linie, wenn der Bedürftige ihn von keiner Seite erhalten kann [Subsidiaritätsprinzip].

Als das sozial geschulte Auge tieferen Einblick in die Grundursachen der Verarmung gewann, entwickelte sich der Gedanke der vorbeugenden Armenpflege – ein Widerspruch in sich, wenn anders man an dem geschichtlich überlieferten Begriffe der Armenpflege festhalten will... Auch hat... das Bundesamt für das Heimatwesen, obwohl hart bedrängt, in folgerichtiger Rechtsprechung an dem geschichtlich gewordenen Begriffe der Armenpflege festgehalten. In einer neueren Entscheidung (vom 14. Dezember 1910; 43, 26) heißt es: „Das Bundesamt hat in zahlreichen Entscheidungen dargelegt, daß die Hilfsbedürftigkeit, um die Gewährung der Armenunterstützung zu rechtfertigen, eine gegenwärtige oder doch unmittelbar bevorstehende sein muß... Es folgt daraus..., daß es nicht Sache der Armenpflege ist, vorbeugend einzugreifen, wenn nur gewisse Tatsachen vorliegen, die den Eintritt der Hilfsbedürftigkeit in einer mehr oder minder entfernten Zeit lediglich als *möglich* erscheinen lassen."

Betrachtet man die Entwicklung, die unter dem Leitstern der „vorbeugenden Armenpflege" eingesetzt hat, so wird man, auch wenn man kein Theoretiker ist, sondern durchaus Praktiker zu sein sich bewußt ist, feststellen müssen, daß hier eine bedenkliche Verwischung der begrifflichen Grenzen eingetreten ist...

Aus der Praxis insbesondere großstädtischer Armenverwaltungen heraus sind die Bestrebungen erwachsen, „vorbeugende Armenpflege" zu treiben, und man hat in immer ausgedehnterem Umfange derartige der Verarmung vorbeugende Maßnahmen als in den Aufgabenkreis der Armenpflege ohne weiteres hineinfallend darzustellen sich bemüht... Hier wäre es meines Erachtens verdienstlich gewesen, wenn die Theorie ihre Stimme lauter erhoben hätte, um darauf hinzuweisen, daß man mit den Maßnahmen der vorbeugenden Armenpflege über die Grenzen des geschichtlich gewordenen Begriffs der öffentlichen Armenpflege weit hinausgehe – die auf die soziale Ausgestaltung der Armenpflege drängende Richtung war aber so stark, daß Bedenken aus der Theorie kaum laut geworden sind ...

Man wird nun einwenden: wenn auch nach der geschichtlichen Entwicklung der Armenpflege und nach der Wortfassung der zur Zeit geltenden landesgesetzlichen Vorschriften eine Hineinbeziehung der vorbeugenden Fürsorge nicht gerechtfertigt erscheine, so müsse doch in Würdigung der Fortschritte sozialen Geistes eine künftige gesetzliche Neuregelung die Grenzen der Armenpflege weiterziehen. Dagegen sind aber meines Erachtens sehr gewichtige Bedenken geltend zu machen.

Wenn man die klare Grenzlinie aufgibt, nach der die vorbeugende Pflege außerhalb der Aufgaben der Armenpflege liegt, so ist es sehr schwer, eine anderweitige Grenzlinie zu setzen. Man wird folgerichtig verlangen, daß dann *alle* Maßnahmen, die geeignet sind, der Armut vorzubeugen, einbegriffen werden. Das ist aber finanziell völlig unmöglich.

Die fortschreitende soziale Einsicht hat uns die eigentlichen Ursachen der Armut, ihre „Quellen" immer klarer und tiefer erkennen lassen. Das folgende Aufgestell gibt einen Überblick, aber nur in den gröbsten Zügen:

Armutsursachen:

A. fehlendes oder unzureichendes Einkommen:
  1. Willensschwäche (Arbeitsscheu, Wandertrieb, Trunksucht);
  2. volle oder teilweise Arbeitsunfähigkeit (Schwächlichkeit, körperliche oder geistige Fehler, Wochenbett, Unentbehrlichkeit der Mutter im Haushalt, abstoßende Eigenschaften, sittliche Mängel);
  3. fehlende Arbeitsgelegenheit

B. zu hohe Ausgaben:
  1. zahlreiche Familie (erhebliche Zahl unselbständiger Kinder, alte Eltern oder Schwiegereltern, kränkliche Geschwister usw.);
  2. Verschwendungs-, Vergnügungs- und Trunksucht;
  3. mangelhafte Führung des Haushalts.

Betrachten wir demgegenüber die Maßnahmen vorbeugender Pflege, wie sie sich bis heute entwickelt haben, so haben wir zu beginnen mit der großen Gruppe der Bestrebungen, die die jetzt heranwachsende Jugend davor bewahren sollen, der Armut zu verfallen. Die Jugendfürsorge unternimmt es, die Mängel zu beseitigen oder ihrem Entstehen vorzubeugen, die nach der Beobachtung an vielen Erwachsenen oftmals zu Quellen der Armut werden. Ein weitverzweigtes System von Maßnahmen kommt hier in Betracht:

Jugendfürsorge:
– Fürsorge für Schwangere,
– Mütter- und Säuglingsheime,
– Säuglingspflege, Mütterberatung,
– Krippen, Bewahranstalten, Kinderasyle,
– Schulgesundheitspflege, insbesondere auch Zahnpflege,

- Schulspeisung,
- Gewährung von Erholungsaufenthalt auf dem Lande, an der See, in den Bergen,
- Ferienkolonien,
- Kinderhorte,
- Fürsorge für Uneheliche, für Halte- und Kostkinder,
- Fürsorge für nicht vollsinnige Kinder, Krüppel, Epileptiker,
- Kinderkrankenhäuser,
- Jugendgerichtshilfe,
- Rettungshäuser,
- Fürsorge für die schulentlassene Jugend,
- Jugendheime,
- Fortbildungsschulwesen, hauswirtschaftlicher Unterricht,
- Berufsberatung,
- Erwerbsbefähigung,
- Zufluchtsheime für weibliche Obdachlose (gefallene Mädchen usw.).

Daneben stehen dann die auf die Erwachsenen oder auf ganze Familien sich beziehende Maßnahmen vorbeugender Pflege, die hier dem obigen Aufgestell über die Armutsursachen entsprechend aufgeführt seien:

Maßnahmen vorbeugender Pflege:

A.
1. Wanderarbeitsstätten,
   Arbeiterkolonien,
   Trinkerfürsorge;
2. Fürsorge für Wöchnerinnen,
   Hauspflege,
   Fürsorge für Genesende, Genesungsheime,
   Bekämpfung der Tuberkulose,
   Erwerbsbefähigung nicht Vollsinniger,
   Volks- und Krankenküche,
   Arbeitsstätten zur Beschäftigung armer (erwerbsbeschränkter) Männer und Frauen,
   Wohnungspflege,
   Förderung des Kleinwohnungsbaues;
3. Arbeitsnachweise,
   Arbeitslosenfürsorge,
   Arbeitslosenversicherung.

B.
1. wie oben A 2, ferner Kinderheime usw.;
2. erzieherische Maßnahmen,
   Haushaltungsunterricht,
   Koch- und Wirtschaftskurse,
   Belehrung über häusliche Gesundheitspflege,
   Förderung des Sparsinns,
   Trinkerfürsorge.

Ein Blick auf die ungeheuer umfangreiche und dennoch keineswegs vollständige Liste tut dar, daß es finanziell ganz unmöglich sein würde, den Armenverbänden diese ganzen Aufgaben oder auch nur einen wesentlichen Teil als Pflichtleistungen gesetzlich aufbürden zu wollen...
Es ist mir sehr erfreulich, daß auf der Mannheimer Tagung 1905 der Vertreter einer der reichsten Städte Deutschlands, Stadtrat Flesch aus Frankfurt am Main, sich mit aller Entschiedenheit dahin ausgesprochen hat, daß die Einbeziehung der vorbeugenden Fürsorge in den Aufgabenkreis der öffentlichen Armenpflege finanziell undurchführbar sei. Flesch sagt: „Nach dem Unterstützungswohnsitzgesetz erkläre ich es aber für praktisch nicht durchführbar, die Armenfürsorge in dem Sinne zu nehmen, wie Herr Kollege Buehl [Senatssekretär in Hamburg] es in seinem Referat gewünscht hat... Buehl hat Anforderungen an die Armenpflege gestellt, die insofern richtig sind, als er lauter Dinge gefordert hat, von denen man wünschen könnte, daß sie jeder Bedürftige erlangen könnte. Erfüllen kann man sie vielleicht in Hamburg; aber schon wir in Frankfurt, mit Hamburg eine der reichsten Städte Deutschlands, würden es nicht können – und ich bin beinahe sicher, daß er es in Hamburg auch nicht kann... Wenn die Armenpflege in der Weise verallgemeinert würde, würde sie nicht nur begrifflich aufhören, Armenpflege im Sinne des Unterstützungswohnsitzgesetzes zu sein; es würde auch nicht möglich sein, sie weiterzuführen"[127]).

Keinen Augenblick war strittig, daß die vorbeugende Sozialfürsorge ebenso wichtig und notwendig sei wie die subsidiäre Armenfürsorge. Die Grenzlinie wurde, im Hinblick auf die Kosten, zwischen kommunaler Freiwilligkeit und gesetzlicher Sorgepflicht gezogen:

Daß die Gemeinden – was die organisatorische Seite angeht – an sich in der Lage sind, in ihrem engeren Bezirke soziale Fürsorge in dem angedeuteten Sinne zu betreiben, wird nicht bezweifelt werden. Sie werden um so eher dazu in der Lage sein, je engere Zusammenarbeit mit den Organen der privaten Wohltätigkeit sie herzustellen verstehen.
Oberster Grundsatz sollte es deshalb sein, den Gemeinden die vorbeugende Pflege zur freiwilligen Ausübung zu überlassen. Der Selbstverwaltung bester Teil ist die Befugnis zu freier Betätigung der Kräfte zum Wohle der Bürgerschaft, und die deutschen Städte haben diese Befugnis stets als ernste Pflicht aufgefaßt.
Während durch Einbeziehung der vorbeugenden Fürsorge in den Pflichtenkreis der Armenpflege den Gemeinden unbegrenzte Verantwortlichkeiten aufgebürdet werden würden, die sie einfach nicht tragen können, werden bei Belassung der Freiwilligkeit die Verwaltungen nach sorgsamer Prüfung der örtlichen Bedürfnisse und gewissenhafter Abwägung der Finanzkraft ihrer Gemeinwesen diejenigen Fürsorgemaßnahmen durchführen, die für ihren Bereich in erster Linie wichtig erscheinen und deren Kosten mit ihrer Leistungsfähigkeit in Einklang zu bringen sind. So wird sich das Netz der Fürsorge schrittweise immer mehr und mehr ausgestalten[128]).

Der Freiwilligkeits-Standpunkt, dem die soziale Fürsorge resp. vorbeugende Armenpflege unterstellt wurde, sollte aber nicht in jeder Hinsicht gelten:

Freiwilligkeit der Leistung beherrsche als oberster Grundsatz das Gebiet der vorbeugenden Fürsorge. Doch dieser Grundsatz muß Ausnahme bleiben! Es gibt Fürsorgezweige, auf deren Feld die Betätigung nicht in das Ermessen der Gemeinden gestellt werden kann, bei denen vielmehr ein gewichtiges öffentliches Interesse fordert, daß die Fürsorge in jedem Falle sichergestellt werde.
Hierher gehört in erster Linie die Fürsorge für die Jugend als die lebendige Zukunft des Staates. Auf diesem Gebiete, auf dem es so gewaltig gärt, ist eine gesetzliche Regelung dringend geboten[129]).

Die Entscheidung darüber, welche Arbeitsfelder der Jugendfürsorge gesetzlich geregelt werden sollten, war bereits anläßlich der Frage nach dem Notbedarf gefallen: „Erziehung" und „Berufsbefähigung". Aber darüber hinaus bot diese Frage, die ja unterschiedlich beantwortet werden konnte, dem Deutschen Verein bei seinen Verhandlungen 1912/1913 eine Gelegenheit, die damalige Situation der Jugendfürsorge und deren künftige Entwicklung sowie das Verhältnis zwischen Armenfürsorge und Jugendfürsorge grundsätzlich zu erörtern.

4. Zur Situation und Entwicklung der Jugendfürsorge

Schon aus den damaligen Erfahrungen heraus drängte sich die Erkenntnis auf, daß grundsätzlich die Jugendfürsorge – mit nur wenigen, bestimmten Ausnahmen – unabhängig von der Armenpflege ein besonderes Fürsorgegebiet sei und einer eigenen gesetzlichen Regelung bedürfe:

Es war unserer Zeit vorbehalten, den Gedanken klar herauszustellen, daß die Gesamtheit verantwortlich ist für das Wohl der Kinder, hinsichtlich deren Erziehung das Elternhaus aus irgendwelchen Gründen versagt. Die Gesichtspunkte, die diese Fürsorge beherrschen, weichen von den armenpflegerischen sehr erheblich ab, ja stehen mit ihnen oft in Widerspruch. Man wird die Jugendfürsorge um so weniger durch die Organe der Armenpflege ausüben lassen dürfen, als deren Träger vielfach nicht leistungskräftig genug sind, um eine gedeihliche Jugendfürsorge zu betreiben. Hier bedarf es dringend einer verständnisvollen Gesetzgebung, die die Jugendfürsorge vollkommen von der Armenpflege trennt und sie zur eigenen Wahrnehmung leistungsfähigen Verbänden auferlegt[130]).
Die letzten Jahrzehnte haben immer klarer die Erkenntnis wachsen lassen, daß wir es in der Jugendfürsorge mit einer gewaltigen besonderen Aufgabe zu tun ha-

ben. Armenpflege und Jugendfürsorge verhalten sich ihrem Arbeitsfelde nach wie zwei sich schneidende Kreise, und es besteht heutzutage, und zwar mit vollem Recht, die lebhafte Tendenz, diese Kreise immer weiter auseinanderzuschieben... Eine vollkommene Trennung von Armenpflege und Jugendfürsorge wird nicht tunlich sein, eine gewisse Fühlung werden sie stets miteinander halten müssen, aber es heißt der Jugendfürsorge Gewalt antun, wenn man es unternimmt, sie zum wesentlichen Teile in den Rahmen der Armenpflege hineinzuzwängen... Es ist eben eine falsche Betrachtung, daß es sich bei der Jugendfürsorge nur um vorbeugende Armenpflege handele.

Nicht in der Vermeidung eines Anheimfalls an die Armenpflege erschöpft sich die Aufgabe der Jugendfürsorge, sondern sie hat den positiven Inhalt, den ihrer Sorge zufallenden Minderjährigen Erziehung, Unterricht und Ausbildung so angedeihen zu lassen, daß sie zu möglichst tüchtigen, brauchbaren Gliedern der Gemeinschaft werden und nach ihren Gaben befähigt werden, ihren Lebensweg zu gehen. Die Schutz- und Erziehungsfürsorge darf deshalb nicht mit der Beendigung der Schulpflicht aufhören, sondern muß sich – und zwar nicht nur bei schwächlichen und nicht vollsinnigen Minderjährigen – auf den dem Schulaustritt folgenden, für den späteren Lebensgang so wichtigen Abschnitt mit erstrecken...

Das Gebiet der Jugendfürsorge, der Fürsorge also für die lebendige Zukunft des Volkes, ist für den Staat von so einschneidender Wichtigkeit, daß hier ein klarer sicherer Rechtszustand, mit anderen Worten eine gesetzliche Regelung nicht entbehrt werden kann. Eine solche Regelung wird meines Erachtens [Bürgermeister Dr. Thode, Stettin] nur dann das Richtige treffen, wenn sie Jugendfürsorge von der Armenpflege loszulösen sich entschließt.

Es braucht Männern der Praxis gegenüber kaum erneut hervorgehoben zu werden, wie sehr die armenpflegerischen mit den erzieherischen Gesichtspunkten oft in Widerstreit stehen und wie wenig die Organe der Armenpflege geeignet erscheinen, Jugendfürsorge im erzieherischen Sinne zu betreiben. Der Armenpfleger verhält sich gegen die Inanspruchnahme des Armensäckels naturgemäß im allgemeinen zunächst mehr oder weniger ablehnend. Er rührt sich überhaupt erst, wenn seine Hilfe ausdrücklich angerufen wird und bewilligt, wenn der Anruf begründet war, nur den Notbedarf.

Ganz anders der Jugendfürsorger! Er darf nicht abwarten und ablehnen, sondern er muß die Objekte der Fürsorge aufsuchen und sie in starker Aktivität betreuen. Das würdigt auch der Kollege v. Hollander [Bürgermeister, Mannheim], wenn er in der Einleitung seines Vorberichts vorgelegt 1912 sagt: „Wenn die Sorge für Unterricht, Erziehung und Erwerbsbefähigung der Kinder auch eine gesetzliche Aufgabe der öffentlichen Armenpflege ist, so bekommt diese einen ganz anderen Charakter, als wenn ihr nur die Beseitigung eines schon eingetretenen dringenden materiellen Notstandes auferlegt ist"[131]).

Da es ein Reichsgesetz über Jugendfürsorge nicht gab – es kam ja erst in der Weimarer Republik unter dem Namen Reichsjugendwohlfahrtsgesetz zustande –, so blieb weitgehend den Gemeinden überlassen, zu tun, was sie für richtig hielten; und fortschrittlich gesinnte Städte hatten bereits die ersten Jugendämter geschaffen:

> Es ist kein Zufall, daß in mancher Großstadt bereits besondere Jugendfürsorge-
> ämter errichtet worden sind und daß in ihrer Praxis sich mehr und mehr die Tendenz
> geltend macht, sie den Organen der Armenpflege gegenüber immer selbständiger zu
> gestalten, ja sie völlig von der Armenpflege loszulösen[132]).
> Die Organisation der Jugendfürsorge ist überhaupt nicht gesetzlich geregelt. Es
> steht den einzelnen Gemeinden durchaus frei, den die gesetzliche Armenpflege aus-
> übenden Organen auch andere Gebiete der Jugendfürsorge zu übertragen, die an
> sich mit der öffentlichen Armenpflege nichts zu tun haben, z. B. die Berufsvor-
> mundschaft, die Ziehkinderfürsorge, die Säuglingsfürsorge, die Geschäfte des Ge-
> meindewaisenrats usw. Sie können aber auch, wie das z. B. in Berlin und in anderen
> großen Städten der Fall ist, für einzelne Zweige der Jugendfürsorge oder für die ge-
> samte Jugendfürsorge besondere Ämter errichten, wie sie als Waisendeputationen,
> Jugendämter, Direktionen der öffentlichen Jugendfürsorge und dergleichen viel-
> fach schon bestehen... In Mannheim ist soeben eine Neuorganisation durchgeführt
> worden, durch die unter der Oberleitung der städtischen Armenkommission ein be-
> sonderes Armen- und Fürsorgeamt und ein besonderes Jugendamt errichtet worden
> sind. Dem letzteren sind sowohl die Sorge für die der Armenpflege anheimgefalle-
> nen Kinder als auch die Geschäfte des Gemeindewaisenrats, die Berufsvormund-
> schaft, die Aufsicht über die Ziehkinder, die Mütterberatungsstelle und die Vertei-
> lung der Stillprämien übertragen worden[133]).

Gefordert wurden also zwei Reichsgesetze, ein Armenfürsorgegesetz und ein Jugendfürsorgegesetz; aber im Hinblick auf den Notbedarf (s. o.) sollten Fürsorgeerziehung und Berufsbefähigung der gesetzlichen Armenfürsorge vorbehalten bleiben:

> Wenn Sie in den letzten Jahren die Verhandlungen derjenigen Kongresse, die sich
> mit Gegenständen der Jugendfürsorge beschäftigen, verfolgt haben, so wird Ihnen
> aufgefallen sein, daß vielfach von einem Versagen der öffentlichen Armenpflege auf
> dem Gebiete des Jugendschutzes die Rede war... Zu den meisten Unzuträglichkei-
> ten hat die landesrechtliche Beschränkung der Armenpflege auf die materielle Not
> insbesondere in Preußen in den Fällen geführt, in denen die Vormundschaftsge-
> richte anstelle der Anordnung der Fürsorgeerziehung die Trennung vermögensloser
> Kinder von den Erziehungsberechtigten aufgrund der Bestimmungen der §§ 1666,
> 1838 BGB ausgesprochen haben. Ich [Stadtrechtsrat Dr. Sperling, Mannheim] darf
> davon absehen, Ihnen den unerquicklichen und für die praktische Kinderfürsorge
> so verhängnisvollen Streit zwischen Bundesamt und Kammergericht einerseits und
> Preußischem Oberverwaltungsgericht andererseits in den Einzelheiten vorzufüh-
> ren. Nur so viel lassen Sie mich darüber sagen:
> Die Armenpflege hat ein finanzielles Interesse daran, daß Kinder, denen Ver-
> wahrlosung, sei es durch eigene Verderbtheit, sei es wegen Verschuldens ihrer El-
> tern, droht, im Wege der Fürsorgeerziehung untergebracht werden, und daß nicht

Maßnahmen aufgrund der §§ 1666, 1838 BGB – also vor allem die Trennung der Kinder von den Eltern außerhalb der Fürsorgeerziehung – von den Gerichten angeordnet wird. Denn die Armenverbände haben fast durchweg zu den Kosten der Fürsorgeerziehung nur einen mehr oder weniger erheblichen Zuschuß zu leisten, während sie die Durchführung der erwähnten vormundschaftsgerichtlichen Beschlüsse bei Vermögenslosigkeit der Kinder vollständig auf eigene Kosten zu bewirken hätten.

Nun hat aber die Erfahrung gezeigt, ... daß in allen Bundesstaaten, und nicht nur in denjenigen wo, wie z. B. in Preußen, die Fürsorgeerziehung als eine lediglich subsidiäre Maßnahme erst beim Versagen aller anderen Möglichkeiten verfügt werden kann, sondern auch da, wo der Richter die freie Wahl hat, ob er die Fürsorgeerziehung aussprechen oder vormundschaftsgerichtliche Anordnungen treffen will, bei den Gerichten die Neigung besteht, nicht in allen Fällen der Verwahrlosungsgefahr, insbesondere nicht bei den sogenannten guten Kindern schlechter Eltern, Fürsorgeerziehung anzuordnen.

Die Gerichte gehen dabei von der Erwägung aus, daß es nicht verantwortet werden kann, unverdorbene Kinder schon im jugendlichen Alter in Fürsorgeerziehung zu nehmen und so den Kreis der Fürsorgezöglinge ins Ungemessene zu vergrößern. Und in der Tat läßt sich diesen Erwägungen eine gewisse Berechtigung nicht absprechen. Wenn auch der Gesetzgeber nicht beabsichtigt hat, mit der Fürsorgeerziehung gegenüber dem Zögling irgendeinen Nachteil zu verknüpfen, so zeigt doch die Erfahrung, daß dieselbe dem Kinde vielfach einen Makel aufdrückt, der ihm lange anhaftet und ihm das spätere Fortkommen außerordentlich erschwert.

Die Frage, ob nun die Armenpflege in den Bundesstaaten, wo Erziehung nicht Armenaufgabe ist, die Kosten für die Unterbringung dieser außerhalb der Fürsorgeerziehung von den Eltern zu trennenden Kinder zu tragen hat, bildet den Gegenstand des Streites zwischen den höchsten Gerichten. Während Bundesamt und Kammergericht sich auf den Standpunkt stellen, daß die Armenverbände bei Vermögenslosigkeit der Kinder den Gerichtsbeschluß ohne weiteres hinzunehmen haben und ihre Mitwirkung bei der Unterbringung nicht versagen dürfen, da es sich hierbei immer in erster Linie um die Beschaffung des Unterhalts der hilfsbedürftig gewordenen Kinder und nur nebenbei um deren Erziehung handele, vertritt das Preußische Oberverwaltungsgericht die entgegengesetzte Anschauung und hält eine Verpflichtung der Armenverbände zum Eintreten nicht für begründet...

Da die preußischen Armenverbände sich vielfach auf den für sie finanziell günstigeren Standpunkt des Oberverwaltungsgerichts gestellt haben, ist die Folge die, daß in zahlreichen Fällen die anderweitige Unterbringung gefährdeter Kinder erst nach langer Zeit und nach Erschöpfung des ganzen Instanzenzugs gelingt, und daß in anderen überhaupt nichts geschieht und ergangene Gerichtsbeschlüsse unausgeführt bleiben, wenn sich nicht die Privatwohltätigkeit der Kinder annimmt... Ein besonders gravierender Fall wurde in den „Mitteilungen des Waisen- und Armenamts Frankfurt" kürzlich besprochen, wo nicht weniger als dreizehn zivil- und verwaltungsgerichtliche Entscheidungen... in der Zeit vom September 1909 bis zum Januar 1912 ergingen, bevor ein Kind ordnungsgemäß untergebracht werden konnte!

Daß ein derartiger Zustand ein unhaltbarer und eines Kulturvolkes nicht würdig ist, darin werden Sie wohl mit mir einer Meinung sein. Es fragt sich nur, auf welchem Wege kann hier die notwendige Abhilfe geschaffen werden... Wir bedürfen einer schleunigen Beseitigung der zutage getretenen Mißstände, damit nicht der Kampf zwischen den verschiedenen Rechtsauffassungen zum Nachteil für die schutzbedürftige Jugend weitergeht. Diese läßt sich schaffen durch Aufnahme der Erziehung unter die Gegenstände der öffentlichen Armenpflege.

Denn die im vorhergehenden besprochenen Mißstände haben ihren Ursprung darin, daß es, sowie die Armenpflege auf die Linderung der materiellen Not beschränkt ist, an einer Finanzierung der ergangenen gerichtlichen Anordnungen fehlt: Die Armenpflege ist zu Erziehungsleistungen, und solche kommen doch in erster Linie in Frage, nicht verpflichtet. Eine andere Institution, die zu den Kosten herangezogen werden könnte, ist außer der naturgemäß nur in verhältnismäßig wenigen Fällen in Betracht kommenden Privatwohltätigkeit nicht vorhanden.

Nehmen wir die Erziehung unter die Gegenstände der Armenfürsorge auf, so ist die bestehende Lücke ausgefüllt; denn die Armenpflege wird sich dann nicht mehr dagegen sträuben können, Aufwendungen zu machen, die im Interesse einer geordneten Versorgung der unterzubringenden Kinder unbedingt notwendig erscheinen, wenn die Gerichte sich nach Sachlage außerstande sehen, die Fürsorgeerziehung auszusprechen. Die Gerichte haben in diesen Fällen den Armenverwaltungen keine Direktiven über die Art der Versorgung der Kinder zu geben; eine etwaige Anordnung der Gerichte, die abzunehmenden Kinder in einer bestimmten Weise unterzubringen, ist zweifellos für die Armenverwaltungen nicht verbindlich. Der Armenverband hat vielmehr die Wahl, auf welche Weise er die seiner Fürsorge überlassenen Kinder, unter Berücksichtigung der ihm zu Gebote stehenden Unterbringungsmöglichkeiten, am zweckmäßigsten versorgen will...

Die Aufnahme der Erziehung unter die Armenaufgaben wäre aber nicht nur geeignet, auf diesem Gebiet, sondern auch auf anderen Gebieten der Jugendfürsorge bestehende Mißstände zu beseitigen. Ich kann die Fälle nur kurz streifen, ... wo mangels Verschuldens, also insbesondere bei geistiger Erkrankung der Erziehungsberechtigten, Anordnungen nach § 1666 BGB nicht erlassen werden können, und wo doch die Armenpflege in die Lage kommen kann, in ihrem eigenen Interesse aus Gründen der Vorbeugung einzuschreiten und äußerstenfalls gefährdete Kinder auf ihre Kosten zu versorgen. Dieses Einschreiten wird sich aber auch hier häufig nur rechtfertigen lassen unter dem Gesichtspunkte von Erziehungsmaßnahmen, z.B. dann, wenn der geistesschwache Vater, unter dessen unheilvollem Einfluß das Kind zugrundezugehen droht, in der Lage ist, dem Kinde den notdürftigen Unterhalt in seinem Haushalt, aber nicht außerhalb desselben zu gewähren.

Ich wende mich nun dem für die Gesetzgebung mancher Bundesstaaten keinen Ruhmestitel bildenden Kapitel der Ausbildung nicht vollsinniger Kinder zu. Ich rechne hierher die blinden, taubstummen, geistesschwachen, epileptischen und verkrüppelten Kinder. Bedarf ein solches Kind, das nicht mehr bildungsfähig ist, lediglich der Bewahrung in einer Anstalt, so ist in allen Bundesstaaten die Armenpflege zum Eintreten verpflichtet. Ist das Kind aber bildungsfähig, so fehlt es in ei-

ner Reihe von Bundesstaaten an einem Organ, welches die Ausbildung in die Wege
zu leiten und deren Kosten zu tragen hat. Abgesehen von den wenigen Staaten, wo
besondere Gesetze diesen Zweig der Fürsorge regeln, z. b. Braunschweig und neuerdings wenigstens hinsichtlich der blinden und taubstummen Kinder Preußen, ist
überall da, wo Erziehung nicht Armenaufgabe ist, eine zweckmäßige Ausbildung
dieser Kinder nicht gewährleistet... Auch heute noch ist in Preußen wie in anderen
Bundesstaaten für eine zweckmäßige Ausbildung der geistesschwachen, verkrüppelten und epileptischen Kinder nicht gesorgt! Und doch ist es ein Gebot der
Menschlichkeit und der sozialpolitischen Einsicht, diesen unglücklichen Kindern
eine sachverständige Erziehung und Ausbildung angedeihen zu lassen...

Ich möchte dem nur hinzufügen, daß auch die Armenpflege das größte und vor allem ein finanzielles Interesse daran hat, diese Kinder so auszubilden, daß sie später
in die Lage kommen, ihren Unterhalt oder doch einen Teil desselben selbst zu verdienen, ohne der Allgemeinheit zur Last zu fallen. Wohl nirgends gerade so sehr wie
hier bietet sich der vorbeugenden Armenpflege ein außerordentlich dankbares und
erfolgversprechendes Feld der Tätigkeit.

Mit der Aufnahme der Erziehung unter die gesetzlichen Aufgaben der Armenpflege wird auch auf diesem Gebiet die klaffende Lücke geschlossen; denn wo nach
Landesrecht die Pflichtleistungen der Armenpflege in dieser Weise umgrenzt sind,
ist nach der bundesamtlichen Rechtsprechung auch die Ausbildung der nicht vollsinnigen Kinder in Anstalten auf Kosten der Armenpflege zu bewirken, soweit nicht
durch Spezialgesetze eine andere Regelung erfolgt ist...

Der Armenverband, der dem Kinde bis zur Schulentlassung unter Mitwirkung
des Vormunds, der Schule und Kirche und unter Aufsicht seiner Organe in einer
ausgewählten Pflegestelle oder in einer Anstalt die im Einzelfall notwendige Erziehung angedeihen läßt, vermittelt ihm dieselbe Erziehung, auf die es seinen Eltern
gegenüber Anspruch hätte... Die armenrechtliche Erziehung [wird in] besonderen
Fällen aber noch weitergehen müssen, namentlich bei nicht vollsinnigen Kindern,
die über das 14. Jahr der Anstaltsbehandlung zu ihrer Ausbildung bedürfen, und bei
schwächlichen und körperlich zurückgebliebenen Kindern, die bei ihrer Schulentlassung noch nicht fähig sind, ihr Brot selbst zu verdienen, und die deshalb auf Armenkosten in Lehr- oder Dienststellen unterzubringen sein werden.

Der Begriff der Erziehung umfaßt nach dem Bürgerlichen Gesetzbuch auch die
Ausbildung. Um aber klarzustellen, daß die Armenverwaltung in den zuletzt erwähnten Ausnahmefällen befugt und verpflichtet ist, weitergehende Aufwendungen zu machen, empfiehlt es sich nach dem Vorgang des badischen Armengesetzes
die *Erwerbsbefähigung* neben der Erziehung unter die Aufgaben der Armenpflege
ausdrücklich aufzunehmen...

Es handelt sich bei der von uns vorgeschlagenen Regelung um eine bedeutsame
Angelegenheit der praktischen Jugendfürsorge. Zu den vielen Faktoren, die heute
daran arbeiten, die heranwachsende Generation zu tüchtigen, innerlich gefestigten
und gesunden Menschen zu erziehen und sie mit dem Rüstzeug auszustatten, das sie
befähigt, den Kampf ums Dasein zu bestehen, sollte allgemein die öffentliche Armenpflege treten. Es kann dahingestellt bleiben, ob vom Standpunkt jener vergan-

genen Zeit, in der die Armengesetze der einzelnen Staaten großenteils erlassen wurden, die Armenpflege mit Recht aus der Reihe dieser Faktoren ausgeschaltet wurde. Bei dem Gange, den die Entwicklung unseres wirtschaftlichen und kulturellen Lebens in den letzten Jahrzehnten genommen hat, bei den Gefahren, welche infolge des Anwachsens der großen Städte, der Ansammlung vieler unbemittelter Menschen auf engem Gebiet und der Lockerung der Familienbande heute der Jugend drohen, sollte die Armenpflege nicht gezwungen sein, hier untätig beiseite zu stehen[134]).

Nur in bestimmten Fällen soll der Erziehungsnotstand eines Kindes im Wege der Armenpflege behoben werden, und zwar handelt es sich... um folgende zwei Gruppen von Fällen. Wenn ein Kind armenrechtlich hilfsbedürftig ist, soll bei Bemessung der armenrechtlichen Hilfe auch auf die Erziehungsbedürftigkeit Rücksicht genommen werden; zum anderen aber, wenn der Erziehungsnotstand eines Kindes auf Armut des Kindes und seiner Anverwandten beruht, dann muß es Aufgabe der Armenpflege sein, ihn zu beseitigen...

Wie sind wir denn zu dieser Forderung gelangt? Doch wohl meistens aufgrund der praktischen Erfahrung, daß die herrschende Anschauung in den Bundesstaaten, in denen die Armenerziehung nicht zu den gesetzlichen Aufgaben der öffentlichen Armenpflege zählt, die Sicherstellung der leiblichen Notdurft eines Kindes für eine ausreichende armenrechtliche Hilfe ansieht und nicht darüber eine Sicherstellung der notdürftigen Erziehung fordert. Ich [Dr. Polligkeit, Frankfurt am Main] als ein Vertreter der privaten Jugendfürsorge jedenfalls aus dem Gefühl heraus, daß wir in der öffentlichen und privaten Jugendfürsorge zum großen Teil die Kosten für Fehler bezahlen, die hier in der Armenpflege begangen werden.

Ich sehe den Krebsschaden darin, daß, abstrakt gesprochen, das Unterstützungswohnsitzgesetz nur Deutsche kennt und keine Kinder, denn es behandelt Erwachsene und Kinder gleich und sichert ein Existenzminimum, in das das Erziehungsminimum nicht einbezogen ist. Das Erziehungsminimum aber, die Sicherstellung eines Mindestmaßes an Erziehung, muß das Leitmotiv für unsere gesamte Kinderfürsorge sein, und unter die Instanzen und Mittel, welche dieses Erziehungsminimum sicherzustellen haben, muß zweifellos auch die öffentliche Armenpflege einbegriffen sein...

Nun noch ein letztes Wort zur Frage der Dringlichkeit der angestrebten Reform... Wer in der Praxis steht, muß unter dem traurigen Eindruck stehen, daß die Mängel unserer Armengesetzgebung auf dem Gebiete der Erziehung in so erschreckender Form uns gegenübertreten, daß wir für einzelne Teilgebiete eine baldige Abhilfe im Wege der gesetzlichen Reform erwarten dürfen. Ich denke vor allen Dingen an den unheilvollen Streit zwischen Oberverwaltungs- und Kammergericht... Es ist ein unglaublicher Zustand, daß zwei höchstinstanzliche Gerichte verschiedener Meinung sein können und diese Divergenz, die unsere gesamte Fürsorge für gefährdete Kinder lahmgelegt hat, nicht beseitigt wird... Ich bin Pfleger des Knaben in dem schon wiederholt heute angeführten Falle gewesen, in dem dreizehn gerichtliche Entscheidungen nötig waren, ehe die Entfernung des Kindes aus seiner gefährdenden Umgebung durchgesetzt werden konnte, und könnte Ihnen Einzelheiten erzählen, die diesen Fall noch krasser erscheinen lassen, als der vom Armenamte veröffentlichte Bericht.

Wir haben es bisher vermieden, um keine Beunruhigung in weitere Kreise hineinzutragen, in der Öffentlichkeit viel von den trostlosen Zuständen zu berichten, die durch den unglückseligen Streit zwischen Kammergericht und Oberverwaltungsgericht hervorgerufen sind. Zwingen Sie uns aber nicht dazu, erlösen Sie uns aus dem unerträglichen Zustande, daß man mit offenen Augen zusehen muß, wie Kinder schutzlos dem Verderben preisgegeben sind[135]).

Es handelt sich darum, ob und in welchen Fällen die Armenpflege die Jugendfürsorge sich zur Aufgabe zu machen hat; diese Aufgabe ist für sie immer nur eine subsidiäre, sie hat einzutreten, wenn andere Maßregeln für die Jugendfürsorge nicht getroffen sind. Wenn wir ein Jugendgesetz bekommen, nach dem gewisse Maßregeln von anderer Seite einzutreten haben, so ist die Armenpflege dafür dankbar. Die Armenpflege hat die Aufgabe, nur dann einzutreten, wenn von anderen nicht gesorgt wird, die Armenpflege hat dafür zu sorgen, daß nicht ein einzelnes Kind zugrunde geht, weil in dem betreffenden Falle sich keine Instanz gefunden hat, die die Sorge für das Kind übernimmt. Ich [Bürgermeister v. Hollander, Mannheim] denke nicht daran, der Armenpflege die Aufgabe zuzuweisen, die gesamte Jugendfürsorge unter ihre Fittiche zu nehmen[136]).

5. Weitere Hauptthemen für ein Reichsarmengesetz

Weitere Themen für das angestrebte Reichsarmengesetz waren: Organe der öffentlichen Armenpflege; polizeilicher Arbeitszwang; Wandererfürsorge; die Tariffrage; Aufsicht über öffentliche Armenpflege und Rechtsprechung.

5.1 Organe der öffentlichen Armenpflege

Als andauernde Schwierigkeit, ja als Behinderung der Armenfürsorge hatte sich seit Inkrafttreten des Unterstützungswohnsitzgesetzes die unterschiedliche Leistungsfähigkeit der Armenverbände erwiesen:

Seit der Begründung des Deutschen Vereins für Armenpflege und Wohltätigkeit sind in ihm die Klagen über die mangelnde Leistungsfähigkeit zahlreicher Armenverbände, die unzureichende Armenpflege in vielen ländlichen Gemeinden, die trotzdem vorhandene finanzielle Überlastung dieser Gemeinden und die ungleichmäßige Ausübung der Armenpflege nicht verstummt. Sie sind auch, wie wiederholt nachgewiesen worden ist, durchaus begründet... In der Tat sind die Verhältnisse in manchen Gegenden weit schlimmer, als die meisten ahnen...

Eine durchgreifende Hilfe ist bisher nicht erfolgt. Sie ist nur von der Gesetzgebung zu erwarten. Der Herr Berichterstatter [Schatzrat Dr. W. Drechsler, Hannover] hat aufgrund der ihm genau bekannten Verhältnisse der Provinz Hannover die dortigen Zustände geschildert und hat die Mittel zur Abhilfe in der Richtung gesucht, daß überbürdeten Armenverbänden Zuschüsse gewährt werden sollen und daß sie zwangsweise mit benachbarten Ortsarmenverbänden vereinigt werden können... Ich [Bürgermeister E. v. Hollander, Mannheim] glaube nur, daß sie noch eine Erweiterung nach der Richtung hin bedürfen, daß auch allzu kleine und darum leistungsunfähige Armenverbände zwangsweise mit anderen Armenverbänden vereinigt werden müssen, auch wenn eine Überbürdung bisher nicht zutage getreten ist... Der § 3 des Unterstützungswohnsitzgesetzes gewährt die Möglichkeit, kleine Gemeinden zu *einem* Ortsarmenverband zu vereinigen; es kommt nur darauf an, daß gewisse Regeln darüber aufgestellt werden, wann von dieser Befugnis Gebrauch zu machen ist. Meiner Ansicht nach sind unter den heutigen Verhältnissen Armenverbände, die nicht wenigstens 1000 Einwohner haben, immer leistungsunfähig.

In das Reichsarmengesetz wird daher eine Bestimmung aufzunehmen sein, nach der kleine und wegen ihrer Kleinheit unfähige Armenverbände mit benachbarten Gemeinden zu einem Ortsarmenverbande vereinigt werden *müssen*. Diese Anordnung müßte auch ohne Antrag der beteiligten Gemeinden durch die Landeszentralbehörde unter gewissen Voraussetzungen zu erfolgen haben. Zu einem Antrag würden die Gemeinden voraussichtlich nicht zu bewegen sein, so lange sie keine Armenlasten haben. Es kommt aber gerade darauf an, daß die Zusammenlegung schon erfolgt ist, bevor ein kritischer Fall eintritt, damit die Leistungsfähigkeit des Armenverbandes im Interesse der Hilfsbedürftigen unter allen Umständen garantiert ist[137]).

5.2 Polizeilicher Arbeitszwang

Der polizeiliche Arbeitszwang, ein schon damals umstrittenes Korrelat zur Arbeitslosenfürsorge für Arbeitswillige, hatte erst im Laufe der Zeit solche Bedeutung erhalten und solchen Umfang angenommen, daß er eigens in einem Reichsarmengesetz berücksichtigt werden sollte:

Die Erkenntnis, daß im Wege des strafrichterlichen Verfahrens der namentlich in größeren Städten in erschreckender Zunahme begriffenen Zahl der Müßiggänger, Trunkenbolde und Nährpflichtverletzern nicht beizukommen ist, hat in einer Reihe von Bundesstaaten dahin geführt, den Armenverwaltungen eine schärfere Waffe im Kampf mit diesen Personen in die Hand zu geben, und das ist der polizeiliche Arbeitszwang. Man versteht darunter die Befugnis, Arbeitsscheue und säumige Nährpflichtige ohne strafrichterliches Verfahren im Verwaltungswege in einer Arbeitsanstalt zwangsweise unterzubringen.

Erfreulicherweise ist die Anzahl der Bundesstaaten, welche den polizeilichen Arbeitszwang aufgrund landesgesetzlicher Bestimmungen eingeführt haben, im ständigen Wachsen begriffen. Im Jahre 1909, als wir [auf der 29. Jahresversammlung des Deutschen Vereins am 23.–24. September in München] zuletzt über das Thema verhandelt haben, gehörten hierzu nur die Bundesstaaten Sachsen, Württemberg, Mecklenburg-Schwerin, Oldenburg, Anhalt und Hamburg. Es wird wohl jenen Verhandlungen und der damals gefaßten Resolution ein großer Teil des Verdienstes daran zugesprochen werden dürfen, daß sich in den letzten drei Jahren Elsaß-Lothringen, Bremen, Lübeck und zuletzt auch Preußen zur Einführung des Arbeitszwangsverfahrens verstanden haben; auch in Baden ist ein dementsprechender Gesetzentwurf ausgearbeitet, der den nächsten Landtag beschäftigen wird. Sicher werden auch noch andere Bundesstaaten alsbald auf der hier betretenen Bahn folgen...

Bekanntlich ist das Hauptargument, das die Gegner des polizeilichen Arbeitszwangs immer wieder vorbringen, die Erwägung, die Zwangseinweisung in ein Arbeitshaus sei im Grunde genommen nichts anderes als eine Strafe, deren Statuierung im Wege der Landesgesetzgebung aber unzulässig, da die Pflichtverletzungen, deren Bekämpfung durch den Arbeitszwang bezweckt werde und deren Bestrafung im Reichsstrafgesetzbuch bereits erschöpfend geregelt seien; das Reichsstrafrecht hindere an der Einführung des Arbeitszwangs durch die Landesgesetzgebung. Ich [Stadtrechtsrat Dr. Sperling, Mannheim] möchte zu dieser Streitfrage hier nicht Stellung nehmen; sicher ist jedenfalls, daß demjenigen, der die Frage mit vorurteilslosen Blicken prüft, diese Bedenken sehr wohl kommen können...; übrigens wurde auch die auf der Jahresversammlung in München [1909] angenommene Resolution... dahin formuliert, daß der polizeiliche Arbeitszwang in erster Linie reichsgesetzlich eingeführt werden sollte.

Wenn dem polizeilichen Arbeitszwang eine reichsgesetzliche Grundlage gegeben wird, so ist damit zweifellos der Haupteinwand, der bisher gegen seine Einführung vorgebracht wurde, aus dem Wege geräumt; man wird dann auch in der Lage sein, es klar auszusprechen, daß der Arbeitszwang nur denjenigen gegenüber zur Anwendung kommen soll, die *schuldhafterweise* der Arbeit aus dem Wege gehen oder die *schuldhafterweise* es unterlassen, ihrer Alimentationspflicht nachzukommen...

Das Reichsgesetz wird... nur in zweifacher Hinsicht eine Grundlage für die Landesgesetze geben müssen: Es wird die *Voraussetzungen* für die Einleitung des Verwaltungszwangsverfahrens und den *Personenkreis*, gegen den sich dieses äußerstenfalls richten darf, klar zu umschreiben und die nötigen *Rechtsgarantien* festzusetzen haben gegen eine mißbräuchliche Anwendung des Arbeitszwangs.

Was die Personen, gegen die der Arbeitszwang zugelassen werden soll, anbelangt, so empfiehlt die Münchner Resolution unseres Vereins denselben gegen Arbeitsscheu und Versäumnis der Nährpflicht von Eltern gegenüber ihren Kindern unter 16 Jahren und von Ehemännern gegenüber ihren Ehefrauen. Es ist aber gerechtfertigt, den Rahmen etwas weiter zu nehmen und insbesondere die Möglichkeit von Zwangsmaßregeln auch gegen volljährige Kinder, deren Väter oder Mütter unterstützt werden müssen, und gegen uneheliche Väter vorzusehen... In einer Zeit, in welcher namentlich in den großen Städten die Zahl der frivolen Nährpflichtverletzungen von Kindern gegenüber ihren Eltern ständig zunimmt, und in der in immer steigendem Umfange öffentliche Mittel für die Versorgung der von ihren Vä-

tern im Stiche gelassenen unehelichen Kinder aufgewendet werden, würde es jeder
Begründung entbehren, wollte man diese beiden Personengruppen von vornherein
von dem Arbeitszwange ausnehmen[138]).

Die Heranziehung Unterhaltspflichtiger mittels des Arbeitszwangsverfahrens sollte auf keinen Fall willkürlich erfolgen:

Gerade weil der Arbeitszwang ohne förmliches Verfahren im Wege eines beschleunigten Verwaltungsverfahrens verhängt werden muß, wenn er wirksam sein
soll, sind weitgehende Garantien nötig, damit er nicht zu willkürlicher und mißbräuchlicher Anwendung führt. Diese Garantien müssen als bindend für die Landesgesetze in seinem künftigen Reichsarmengesetz aufgenommen werden.

Das Verwaltungszwangsverfahren darf nicht eine „prompte Justiz" in dem Sinne
ermöglichen, daß vom grünen Tisch weg durch einen Federstrich jemand ohne weiteres auf Jahre hinaus in ein Arbeitshaus gesperrt werden kann.

Zunächst darf nur bei schuldhaftem Verhalten und nur bei dauernder Unterstützungsbedürftigkeit des Betreffenden der Arbeitszwang zulässig sein. Das Verwaltungszwangsverfahren soll nicht der öffentlichen Armenpflege die Handhabe bieten,
um in die Lohnkämpfe einzugreifen; denn wer im Kampfe um bessere Arbeitsbedin-
gungen, durch Streiks und Aussperrungen, seine Arbeitsstelle verliert, kann nicht
dem Müßiggänger und Trunkenbold gleichgeachtet und gleich behandelt werden...

Als weitere Kautele wird man in dem Gesetz vorsehen müssen, daß die Unterbringung nicht erfolgen soll, wenn sie mit erheblichen, den Umständen nach nicht
gerechtfertigten Härten oder Nachteilen für den Unterzubringenden verbunden
sein würde. Der Arbeitszwang kann aber auch nicht ein Mittel zur dauernden Frei-
heitsbeschränkung des Unterzubringenden sein. Das Reichsgesetz wird deshalb die
Höchstdauer der Unterbringung vorzusehen haben; mit den neueren Gesetzen von
Hamburg, Bremen, Lübeck und Preußen wird zweckmäßigerweise als Höchstdauer ein Jahr angenommen werden können[139]).

5.3 Wandererfürsorge (Nichtseßhaftenfürsorge, Obdachlosenfürsorge)

Jahrzehntelang war darüber geklagt worden, daß der § 28 Unterstützungswohnsitzgesetz eine ausreichende Versorgung der Wanderarmen
unmöglich mache:

Diese Klagen sind in unserem Verein zuletzt am 3. März 1906 auf der 26. Jahresversammlung in Berlin laut geworden... Der Berichterstatter Münsterberg ... hat
damals in entschiedener Weise darauf hingewiesen, daß an eine Besserung auf dem
Gebiete der Versorgung der Wanderarmen nicht früher zu denken sei, als bis dieser
§ 28 eine neue Gestaltung erfahren habe oder für diese Kategorie von Bedürftigen
überhaupt ausgeschaltet und durch eine Ordnung ersetzt sei, die auf der organisierten Mitwirkung der großen Verbände beruhe, und der das Prinzip der Unterstützung gegen Arbeitsleistung und aufgrund der Wanderordnungen zugrundeliege.

[§ 28 UWG lautet: Jeder hilfsbedürftige Norddeutsche muß vorläufig von demjenigen Ortsarmenverbande unterstützt werden, in dessen Bezirk er sich bei dem Eintritte der Hilfsbedürftigkeit befindet. Die vorläufige Unterstützung erfolgt vorbehaltlich des Anspruches auf Erstattung der Kosten bzw. auf Übernahme des Hilfsbedürftigen gegen den hierzu verpflichteten Armenverband.]

Die Versammlung hat damals im Bezug auf diesen Punkt folgenden Leitsatz[140]) einstimmig angenommen:

„§ 28 UWG versagt vollständig für die Versorgung der nichtseßhaften wandernden Bevölkerung. Es ist eine gesetzliche Regelung durch Schaffung von Zweckverbänden zu fordern, die die Fürsorge durch Herstellung von Einrichtungen übernehmen, in denen Naturalverpflegung gegen Leistung von Arbeit aufgrund von Wanderordnungen geboten wird."

Den Teilnehmern an der Berliner Versammlung wird es unvergeßlich sein, wie der Mann, der bei uns die meiste und segensreichste praktische Arbeit in der Wandererfürsorge geleistet hat, der mittlerweile heimgegangene Pastor von Bodelschwingh, damals – vielleicht zum letzten Male vor der großen Öffentlichkeit – in seiner rührend warmherzigen und warm zu Herzen gehenden Weise für seine „lieben Brüder von der Landstraße" eingetreten ist[141])…

Das uns ans Herz gelegte Vermächtnis Bodelschwinghs aber haben wir noch zu erfüllen… Bodelschwingh führte auf dem Berliner Kongreß aus, daß der § 28 UWG zwar gut gemeint gewesen sei und recht schön klinge, daß er aber tatsächlich höchst ungünstig gewirkt, ungezählte Vagabunden gezüchtet, aber auch ungezählte unschuldige Menschen an den Schandpfahl gebracht, ja grausam verurteilt habe. Der Fehler des Gesetzes sei, daß der landfremde Wanderer mit den Ortsarmen in einen Topf geworfen werde. Das Gesetz fordere zu viel von den kleinen Gemeinden, sei darum unausführbar und werde täglich übertreten. Man suche sich der Wanderer möglichst schnell zu entledigen und treibe sie dadurch dem Bettel- und dem Vagabundentum in die Arme.

Da diese Mängel auch heute noch in ungeschwächtem Maße bestehen, so muß Abhilfe geschaffen werden. Das kann nur durch eine Abänderung des § 28 UWG geschehen. Ob im übrigen die Frage der Fürsorge für die Wanderarmen durch besonders zu diesem Zweck zu erlassende Reichsgesetze oder durch das in Aussicht zu nehmende Reichsarmengesetz geregelt werden soll, ist dabei von sekundärer Bedeutung[142]).

Die Frage war, auf welche Weise den Wanderarmen durch gesetzliche Fürsorge zu helfen sei:

Die Frage der Wanderarmenfürsorge umfaßt in der augenblicklichen Diskussion zwei ganz verschiedene Gebiete, einmal die Fürsorge für denjenigen Wanderer, der arbeitswillig ist, der aus der augenblicklichen Lage des Arbeitsmarktes oder sonst aus ungünstigen Situationen der Arbeitsgelegenheit außerstande ist, sofort Arbeit zu finden und daher Arbeit im Wandern sucht, aber aus irgendwelchen Gründen ohne Mittel ist, ohne daß er deshalb im allgemeinen als armenunterstützungsberechtigt anzusehen wäre. Auf Armenunterstützung hat er selbstverständlich Anspruch, sobald er wirklich in Not ist. Aber die gesamte Klasse dieser Leute scheint noch in der Lage zu sein, sich durch Verwertung ihrer Kräfte den Unterhalt zu verdienen... Ich [Professor Dr. Klumker, Frankfurt am Main] kann diesen Kreis... aus meinen [hier auf der 33. Jahresversammlung des Deutschen Vereins am 25.–26. September 1913 in Stuttgart vorgebrachten] Erörterungen ausschließen...

Die große Masse der Wanderer, die für die Armenfürsorge in Betracht kommen, scheidet man gewöhnlich in die beiden Gruppen der arbeitsscheuen und der ganz arbeitsunfähigen, eine Unterscheidung, die ich für die bequemere Verständigung beibehalten möchte. Gerade in der Beurteilung dieser beiden Gruppen ändern sich unsere Anschauungen vollständig...

Woher kommt das Gros der die Landstraße bevölkernden Leute? Sie kommen aus den Korrektionsanstalten, den Arbeitshäusern, den Gefängnissen, sie kommen aus einer Fürsorge, die sich ihrer bereits angenommen hat, und diese Fürsorge ist derart beschaffen, daß sie ständig der Landstraße einen Stamm von Wanderarmen liefert. Sicher ist, daß, wenn wir das Problem so lösen, daß wir erst die gutwilligen, die arbeitswilligen Wanderarmen versorgen und dann den Rest wie bisher behandeln, die Sache nicht erledigt ist; dann sind wir nicht weiter als heute...

In den Korrektionsanstalten ist noch niemand gebessert worden. Wenn wir Leute in Korrektionsanstalten schicken zu dem Zweck, sie sollen dort gebessert und als arbeitsfähige Leute in die Gesellschaft zurückkehren, so müssen wir sagen, daß das Arbeitshaus ein vollkommenes débacle erlebt hat... Das Arbeitshaus ist einmal eine Versorgungseinrichtung für die Elemente, die darin aufgenommen werden, und zweitens eine Einrichtung, um die Arbeitskräfte dieser Elemente nutzbar zu machen. Das sind die beiden großen Aufgaben des Arbeitshauses, und daraus folgt, daß das Arbeitshaus völlig unerfüllbare Aufgaben hat, wenn diese nach strafrechtlicher Überlieferung wie oben bestimmt werden. Es erreicht dann nur, daß es die Leute auf die Landstraße wieder hinauswirft...

Wir müssen uns theoretisch zu der Überzeugung durchringen, zu der schon die Praxis gekommen ist, daß diese Leute im Leben draußen nicht existieren können, daß sie auf die Landstraße kommen, weil für sie in unserer Gesellschaft und Wirtschaftsordnung kein Platz ist. Das haben wir noch von einer anderen Seite einsehen gelernt, nämlich durch die Untersuchungen einzelner Psychiater, wie Wilmanns. Aber das Problem ist längst noch nicht gelöst, wenn wir feststellen, daß ein beträchtlicher Teil der Arbeitshausgäste mehr oder minder geisteskrank sind und als solche wohl entmündigt werden könnten.

Diese Geisteskranken sind nur ein Teil; die Gesamtheit muß in ihrer gesellschaftlichen Sonderart gewürdigt werden. Sie charakterisiert sich dadurch, daß sie selbständig im Leben nicht brauchbar ist; ob durch ungenügende Anpassungsfähigkeit oder durch ungenügende wirtschaftliche Verhältnisse, das ist für die Behandlung der Leute nicht entscheidend, sie sind eben unverwertbar im freien Verkehr. Wir brauchen, wenn wir nach dieser Seite die Landstraße von ihren Stammgästen säubern wollen, gesetzliche Grundlagen, die es ermöglichen, diese Elemente entsprechend dem Wesen des Arbeitshauses, in Wirklichkeit dauernd zu versorgen und ihre Arbeitskraft nutzbar zu machen. Das letzte Ziel dieser Entwicklung geht darauf hinaus, daß man sagt: es sind hier Leute, die ihre Angelegenheiten nicht selbst besorgen können, freilich nicht aus Geistesschwäche und Geisteskrankheit, sondern aus irgendwelchen anderen, im einzelnen noch nicht gefundenen Gründen. Wir müssen dahin kommen auch für sie, wie für Geisteskranke und Geistesschwache, eine Entmündigungsmöglichkeit aufgrund dieser sozialen Unfähigkeit zu schaffen und sie in die anderen unmündigen Elemente einzureihen und dann dauernd dadurch zu versorgen...

Während über diesen Punkt die Anschauungen noch vielfach differieren, sind sie sich über einen anderen Punkt mehr einig. Neben diesen meist als arbeitsscheu bezeichneten Elementen stehen solche, die halb oder ganz arbeitsunfähig sind und die auf der Landstraße zum Teil erscheinen, weil sie die Armenpflege ungenügend versorgt. Das sind die, die den berühmten § 28 des Unterstützungswohnsitzgesetzes zum Opfer fallen, die nicht versorgt werden, weil die kleinen Ortsarmenverbände die Pflicht der Versorgung jedes hilfsbedürftigen Wanderers naturgemäß von sich abzuwälzen suchen. Ihnen wird durch eine Änderung des § 28 zu helfen sein...

Es wird natürlich nicht einfach genügen, diese Leute definitiv auf die Landarmenverbände abzuschieben; dann drehen Sie das Unglück nur um. Jetzt tut der kleine Verband gar nichts für den Wanderarmen; später bekommt er sein Geld vom Landarmenverbande mühelos wieder und würde vielleicht sagen: Was werde ich mich mit ihm herumplagen; ich unterstütze ihn und bekomme dann mein Geld wieder zurück. Das bedeutete eine neue Art des Wanderbettels schaffen. Es wird nur dadurch gelingen, wenn mit der Unterstützungspflicht der Landarmenverbände die Möglichkeit geschaffen wird, die Unterstützungsart zu regeln, sie selbst zu übernehmen und die einzelnen Ortsarmenverbände nach der Richtung mit bindenden Anweisungen über die Ausführung der vorläufigen Unterstützung zu versehen. Wer endgültig diese Last trägt, kann gleichgültig sein, wenn nur der Landarmenverband sie vorläufig trägt. Wollten wir die endgültige Tragung dieser Last einfach den Ortsarmenverbänden abnehmen, dann würde ein großer Teil kleiner Verbände ihre Leute auf die Wanderschaft schicken, damit sie hilfsbedürftig werden und dem Landarmenverband anheimfallen. Wir würden eine neue Form der Abschiebung ins Leben rufen[143]).

Die von Prof. Dr. Christian Klumker angeregte Entmündigung kranker Wanderarmer (s. o.) stieß sofort auf Widerspruch:

Was nun die kranken Wanderer anlangt, so stimme ich [Magistrat Syndikus Langer, Frankfurt am Main] in dieser Beziehung mit dem Herrn Referenten nicht überein. Der Herr Referent hat die Absicht, gegen die kranken Wanderer, soweit es irgend angängig ist, ein Entmündigungsverfahren einzuleiten und alle diese Leute im Wege der Entmündigung von der Landstraße verschwinden zu lassen, indem er sie zwangsweise in gewissen Anstalten einweist. Ich erblicke darin eine große Härte, die dadurch nicht gemildert wird, daß der Herr Referent insbesondere in seinen Leitsätzen die Entmündigung als einen Akt der Fürsorge bezeichnet, auf die, wie er sagt, die davon Betroffenen einen Anspruch hätten.

Nun bin ich allerdings davon überzeugt, daß, wenn wir einen einer solchen Fürsorge bedürftigen Mann fragen: Was ziehst du vor, diese Art der Fürsorge oder den Verzicht auf jede Fürsorge? – die Antwort darauf lauten wird: Ich bitte euch, von jeder Fürsorge für mich Abstand zu nehmen.

Und ich glaube, daß diese Leute auch recht hätten; denn es heißt nichts mehr und nichts weniger, als diese armseligen Existenzen dauernd der Freiheit zu berauben, und darüber, was das bedeutet, brauche ich mich nicht näher auszulassen...

Vergessen Sie das eine nicht, daß wir Verbrechern, wenn sie ihre Strafe verbüßt haben, ihre Freiheit wider zurückgeben. Weswegen wir nun die armseligen Leute, die vom Freiheitsdrang überwältigt werden und sich gelegentlich wieder auf die Landstraße begeben, dauernd festlegen sollen, vermag ich nicht einzusehen[144]).

Gegenüber der zuerst erörterten Dreiteilung der Wanderarmen in Arbeitswillige, Arbeitsscheue und Arbeitsunfähige ließ sich auch einer andersartige Dreiteilung vertreten:

Die Schwierigkeiten, die einer befriedigenden Lösung der Wanderarmenfrage entgegenstehen, sehe ich [Dr. Wilhelm Polligkeit, Frankfurt am Main] darin, daß, wie die ganze Binnenwanderungserscheinung nebeneinander auf wirtschaftlichen, sozialen und persönlichen Momenten beruht, so auch die Schutz- und Fürsorgeeinrichtungen so gestaltet sein müssen, daß sie diesen verschiedenen Ursachen gleichmäßig im allgemeinen wie im Einzelfall gerecht werden. Das bedeutet, daß niemals diese Frage allein im Armenwesen, ebensowenig aber allein auf dem Gebiete der Regelung des Arbeitsvertrages gelöst werden kann, sondern daß dazu auf den verschiedenen Gebieten eine einheitliche Gesetzgebung sowohl wie ein einheitliches Zusammenarbeiten der Verwaltung nötig ist.

Um nun für diese anzustrebende Einheitlichkeit der Gesetzgebung und Verwaltung auf diesen Gebieten allgemeine orientierende Gesichtspunkte zu geben, scheint es mir angebracht, doch eine andere Gruppierung vorzunehmen, als sie Herr Professor Klumker gegeben hat, und zwar abgestuft nach dem Maße der wirtschaftlichen und sozialen Selbständigkeit der Bedürftigen.

Sie werden Einrichtungen haben müssen für solche, die an sich im Wirtschaftsleben vollkommen selbständig sind, die nur Hilfseinrichtungen brauchen, um sich *besser* forthelfen zu können. Sie brauchen für die zweite Gruppe im wahren Sinne des Wortes eine Unterstützung, Einrichtungen, die diesen Leuten mit fremder Hilfe wieder die Fähigkeit zu einer selbständigen Lebensführung geben, und Sie haben dann die dritte Gruppe, auf die Herr Professor Klumker ja hauptsächlich eingegangen ist, diejenigen, denen das Mindestmaß an Selbständigkeit fehlt oder die von ihrer Selbständigkeit einen Gebrauch machen, der für sie selbst oder für die Gemeinschaft gefährlich wird.

Für alle drei Gruppen brauchen Sie Einrichtungen auf den verschiedenen Gebieten, die ich erwähnt habe. Für die erste Gruppe zu sorgen, wird Aufgabe eines sozialpolitischen Ausbaus der Einrichtungen für wandernde Arbeitsuchende sein. Die zweite Gruppe fällt der öffentlichen und privaten Armenpflege anheim, die auch an der dritten Gruppe interessiert ist... Wenn wir an die letzte Gruppe der

Unselbständigen denken, so ist auch nicht nur wieder das Armenwesen berufen, diese Leute zu versorgen..., sondern daneben wird auch das Strafrecht, das Polizeirecht, das Vormundschaftsrecht mit hinzugezogen werden müssen[145].

Hinzu kam die Ausländerfrage:

In Ergänzung des... Berichts des Herrn Prof. Dr. Klumker über die Wandererfürsorge möchte ich [Rabiner Dr. Tänzer, Göppingen]... Ihre Aufmerksamkeit auf einen besonderen Zweig der organisierten Wanderarmenfürsorge im Reiche zu lenken, der zwar in seinen Prinzipien durchaus mit den von Herrn Professor Klumker dargelegten Grundsätzen übereinstimmt, dessen Besonderheit aber darin besteht, daß er konfessionellen Charakter trägt. Ich meine die organisierte jüdische Wanderarmenfürsorge im Deutschen Reiche... Ich weiß, daß das Thema neu ist, es ist noch auf keinem Kongresse behandelt worden... Freilich, Not und Armut sind interkonfessionell, und ihre Bekämpfung ist selbstverständlich allgemeine Menschenpflicht ohne irgendeinen Unterschied der Konfession. Das ist ja auch jüdischerseits von jeher anerkannt und bestätigt worden. Dennoch aber hat sich die deutsche Judenschaft veranlaßt gesehen, im Anschluß an die bereits bestehenden allgemeinen Fürsorgeeinrichtungen für Wanderarme auch ihrerseits eine besondere Organisation für jüdische Wanderarme zu schaffen..., vor allem deshalb..., weil es sich hier um etwa nur 30 % Deutsche, dagegen um nahezu 70 % Ausländer handelt, die bei einer Unterbringung zu dauernder Beschäftigung ganz besonders schwierigen Bestimmungen und oft Willkürlichkeiten unterworfen sind.

Ich komme damit auf einen Punkt, ... daß nämlich in dem vorgesehenen oder bereits ausgearbeiteten Entwurf zu einem künftigen Reichswanderer-Fürsorgegesetz auch die Ausländerfrage eine besondere Berücksichtigung finden möge... Wenn der verewigte Pastor von Bodelschwingh von den Wanderarbeitern als von seinen lieben Brüdern auf der Landstraße gesprochen hat, dann trifft das mit um so größerem Rechte für die deutsche Judenschaft wenigstens bei all den Hunderttausenden von schuldlosen Glaubensbrüdern zu, die eine fanatische Verfolgungswut in Rußland und Rumänien leider Jahr für Jahr in die übrigen Kulturländer wirft... [Es] handelt sich nicht um arbeitsscheue und arbeitsunfähige Menschen, sondern im Gegenteil zumeist um durchaus fähige und arbeitswillige Menschen, die mit Freuden jede sich ihnen darbietende Gelegenheit zu einer wenn auch noch so kümmerlichen Existenz ergreifen... Es wäre das ein Thema, das verdiente, als Notschrei des verletzten Menschenrechts auf einem Kongreß der deutschen Menschenliebe, wie er heute stattfindet, eingehend behandelt zu werden[146]).

5.4 Zur Tariffrage (Ersatzleistungen)

Eine reichseinheitliche Regelung der Armenfürsorge auf dem Weg über die Landesgesetzgebung mußte auch die Tarif-Frage nach den §§ 29 und 30 Unterstützungswohnsitzgesetz berücksichtigen:

Wir haben das Unterstützungswohnsitzgesetz, welches außer in Bayern jetzt im ganzen Deutschen Reiche gilt. Es hat hinsichtlich des Tarifes in den §§ 29 und 30 Bestimmungen getroffen, welche, wenn meinen [Berichterstatter Rechtsrat Fleischmann, Nürnberg,] Vorschlägen entsprochen werden soll, einer gewissen Änderung unterzogen werden müssen...

Es handelt sich im wesentlichen um die Bestimmungen darüber, nach welchen Grundsätzen zwischen einzelnen Armenverbänden die Ersatzleistungen hinsichtlich ihrer Höhe zu erfolgen haben. Es ist insofern der Sachverhalt auch ein ganz einfacher, als die Höhe der Tarifsätze im wesentlichen durch den preußischen Tarif bestimmt ist, der so ziemlich für das ganze Reich, soweit überhaupt Tarifbestimmungen erlassen sind, Geltung hat. Ich habe mir... die Bemerkung erlaubt, daß im Vergleiche zu dem anderen System, das auf diesem Gebiete noch gilt, die preußischen Bestimmungen wohl die komplizierteren und in der Praxis schwerer anwendbaren sein dürften.

Das zweite System, nach welchem gearbeitet wird, ist das bayerische System. Wir haben im bayerischen Armengesetz eine einzige Bestimmung, welche sich auf die Regelung der Ersatzleistungen bezieht, und das ist die Bestimmung, daß bei einer Behandlung in gemeindlichen oder in distriktiven Krankenhäusern diese Sätze durch Tarife zu regeln sind. Die Tarife sind von den Aufsichtsbehörden der einzelnen Armenverwaltungen für jede Anstalt gesondert zu genehmigen und öffentlich bekannt zu machen. Zur Ausführung sind in einer ausführlichen Ministerialbekanntmachung allgemeingültige Bestimmungen getroffen, die den wesentlichen Inhalt haben, daß nur die wirklichen Selbstkosten und daß besondere Ansätze für Verwaltungskosten... – es ist das mit dem anderen Systeme vollständig gleich – nicht berechnet werden dürfen. Es sind aber neben dem Tarife noch besondere, außerordentliche Aufwendungen erstattungsfähig. Das muß aber im Tarif ausgesprochen sein. Es ist also über den von der Aufsichtsbehörde festgesetzten runden Tarifsatz hinaus eine Mehrforderung durchaus unzulässig. In dieser Bestimmung, glaube ich, liegt schon ein ganz wesentlicher Vorzug gegenüber dem anderen Tarife, der mit viel zu vielen Einzelberechnungen vorgeht.

Die Verschiedenheiten in der Tariffrage werden sich nun – darüber ist gar kein Zweifel – im Verkehr zwischen dem Gebiete des Unterstützungswohnsitzes, mit dem preußischen Tarife in der Hauptsache, und den bayerischen Armenbehörden recht unangenehm fühlbar machen. Da die bayerischen Sätze erheblich höher sind als die anderen, werden künftighin, was ja bisher vermöge des bestehenden Rechtszustandes nicht der Fall war, bayerische Rechnungen bei den [nichtbayerischen] Armenverbänden... verschiedentlich starkes Kopfschütteln erregen,... und es wird sicher eine recht wenig erquickliche und umständliche Hin- und Herschreiberei in dieser Sache zu erwarten sein. Gerade dieser Umstand ist es, der es unter allen Umständen erfordert, daß auf dem Tarifgebiete eine einheitliche Regelung vorgenommen wird[147]).

5.5 Zur Aufsicht über die öffentliche Armenpflege und Rechtsprechung

Falls sich dadurch, daß die Landesgesetze zur Übereinstimmung gebracht würden, ein einheitliches Armenrecht herbeiführen ließe, dann war noch eine ihnen übergeordnete Instanz nötig, um diese Einheitlichkeit weiterhin zu gewährleisten:

Wird künftig anstelle der bisher bestehenden Vielfalt und Mannigfaltigkeit landesgesetzlicher Bestimmungen ein einheitliches materielles Armenrecht für das ganze deutsche Reich geschaffen, so ist damit noch nicht ohne weiteres gewährleistet, daß die öffentliche Armenpflege nun auch tatsächlich überall gleichwertig geübt werde. Wir wissen, daß heute gewaltige Unterschiede bestehen und daß vor allem von den kleineren Armenverbänden vielfach aus Leistungsschwäche, oft aber auch aus Unverstand oder gar Böswilligkeit unzureichendes geleistet wird..., und zwar führt der Weg zunächst unmittelbar dahin, das Bundesamt für das Heimatwesen zu einem Reichsarmenamt auszugestalten[148]).

Die Zentralisation der Aufsicht ist... schon in den letzten Jahren in unserem Verein schon mehrfach besprochen und gefordert worden... Als oberste Aufsichtsinstanz kann... nur eine zentrale Reichsbehörde in Frage kommen. Es liegt daher nichts näher, als das bisherige Bundesamt für das Heimatwesen zu einem Reichsarmenamt umzugestalten, das zugleich oberste Spruchbehörde und oberste Aufsichtsbehörde zu sein hätte, wie es das Reichsversicherungsamt in Angelegenheiten der Reichsversicherung ist. Die unmittelbare lokale Aufsicht müßte natürlich nach wie vor den Landesbehörden zustehen, wie das ja auch z.B. auf dem durch das Reichsrecht geordneten Gebiete der Gewerbeordnung der Fall ist.

Das Reichsarmenamt hätte auch außerhalb eines Streitverfahrens bindende Normen für die aufgrund des Gesetzes auszuübende Armenpflege zu erlassen und hätte ferner als oberste sachverständige Zentralbehörde aufklärend und anregend zu wirken...

Dieser Zentralbehörde wäre dann auch die bisher vom Bundesamt für das Heimatwesen ausgeübte oberste Rechtsprechung zu übertragen. Bisher haben die meisten Bundesstaaten – darunter auch Preußen – von der ihnen durch § 52 UWG eingeräumten Befugnis Gebrauch gemacht und haben die letztinstanzliche Entscheidung in Streitsachen zwischen Armenverbänden des betreffenden Bundesstaates gleichfalls dem Bundesamt übertragen, dem sonst nur die Entscheidung in den sogenannten interterritorialen Streitsachen zustehen würde[149]).

6. Die vom Deutschen Verein ausgearbeiteten Richtlinien für ein künftiges Reichsarmengesetz

In seinen Richtlinien für ein künftiges Reichsarmengesetz, denen umfangreiche Untersuchungen vorangegangen waren, faßte der Deutsche Verein alle seine Erfahrungen, Empfehlungen und Entschließungen aus den reichlich vier Jahrzehnten seiner bisherigen Tätigkeit zusammen. Sie wurden, ausgearbeitet von einer Sonderkommission, am 25.–26. September 1913 in Stuttgart der 33. Jahresversammlung und somit auch der Öffentlichkeit vorgelegt. Es folgt nun ihr Wortlaut:

[Allgemeine Richtlinien]
1. Nachdem im Deutschen Reiche die Rechtseinheit auf dem Gebiete des Armenwesens, soweit der Unterstützungswohnsitz in Frage kommt, in Aussicht steht, ist es geboten, die Rechtseinheit auch auf dem Gebiete des materiellen Armenrechts herbeizuführen. Dieses Ziel wird am besten durch ein einheitliches deutsches Armengesetz gewährleistet. So lange ein solches nicht erlassen, ist die Rechtseinheit in den einzelnen Bundesstaaten durch eine möglichst übereinstimmende Landesgesetzgebung vorzubereiten.
2. Prinzipiell wäre es durchaus richtig, ein einheitliches Reichsarmengesetz in dem Sinne zu schaffen, daß auch das Reichsgsetz über den Unterstützungswohnsitz als ein Teil des Armenrechts in das neue Gesetz hineingearbeitet wird. Allein aus praktischen und historischen Gründen sollte man zunächst von diesem Gedanken absehen und an dem Unterstützungswohnsitzgesetz, nachdem es auch von Bayern angenommen ist, festhalten.
3. Der Inhalt eines Reichsarmengesetzes wird sich daher zu beschränken haben auf den Stoff, der in den zur Zeit geltenden sogenannten „Ausführungsgesetzen" zum Unterstützungswohnsitzgesetz enthalten ist; es wird sich deshalb, wenn man an dieser Terminologie festhalten will, um ein Reichsausführungsgesetz zum Unterstützungswohnsitzgesetz handeln.
4. Wenn ein praktisches Resultat erzielt werden soll, so muß in dem Entwurf eines Reichsarmengesetzes auf die zur Zeit in den einzelnen Bundesstaaten bestehenden Verhältnisse, insbesondere aber auf die größten Bundesstaaten Preußen und Bayern, weitgehend Rücksicht genommen werden. Es empfiehlt sich daher, nur diejenigen Punkte durch ein Reichsgesetz zu regeln, in denen eine Rechtseinheit im Interesse einer geordneten Armenfürsorge unbedingt herbeigeführt werden muß, im übrigen aber den Ausführungsvorschriften der einzelnen Bundesstaaten – dabei wird es sich wirklich nur um Ausführungsgesetze oder Verordnungen zum Reichsarmengesetz handeln – einen weiten Spielraum zu belassen, so daß den mannigfachen Besonderheiten der Verhältnisse Rechnung getragen werden kann.

[Aufgaben der öffentlichen Armenpflege]
1. Die Leistungen der öffentlichen Armenpflege sind auf die subsidiäre Gewährung des Notbedarfs zu beschränken.

2. Außer dem unentbehrlichen Lebensunterhalt, der erforderlichen Pflege in Krankheitsfällen und einem angemessenen Begräbnis ist auch die Erziehung und Erwerbsbefähigung als im Rahmen des Notbedarfs anzuerkennen.

3. Es ist wünschenswert, daß in einem künftigen Gesetz die Bestimmungen über die Aufgaben der öffentlichen Armenpflege sich im Wortlaut möglichst dem § 1 des jetzigen preußischen Ausführungsgesetzes anschließen. [Im § 1 des preußischen Ausführungsgesetzes zum UWG werden als Pflichtleistungen der Armenverbände aufgezählt: der unentbehrliche Lebensunterhalt, die erforderliche Krankenpflege, ein angemessenes Begräbnis.]

[Organe der öffentlichen Armenpflege]

1. Die Landarmenverbände müssen verpflichtet werden, den überbürdeten Ortsarmenverbänden ihres Bezirks eine nach Prozenten der Ausgabe bemessene Beihilfe zu gewähren. Streitigkeiten darüber unterliegen der Entscheidung der armenrechtlichen Spruchbehörden.

2. Überbürdete Ortsarmenverbände können mit benachbarten Ortsamenverbänden desselben Bundesstaates zwangsweise vereinigt werden. Antragsberechtigt muß außer dem überbürdeten Ortsarmenverband derjenige Landarmenverband sein, der im Falle der Überbürdung beihilfepflichtig wäre. Die Entscheidung und die Festsetzung der Anschlußbedingungen wird in erster Instanz der armenrechtlichen Spruchbehörde, in zweiter Instanz dem höchsten Verwaltungsgerichtshof oder dem Gesamtministerium des Bundesstaates zu überlassen sein.

3. Allzu kleine und deshalb leistungsunfähige Armenverbände müssen – auch wenn eine Überbürdung bisher nicht zutage getreten ist – mit benachbarten Ortsamenverbänden desselben Bundesstaates zu einem leistungsfähigen Verbande vereinigt werden. Diese Vereinigung erfolgt entweder aufgrund der Landesgesetzgebung in der durch diese vorgeschriebenen Weise oder durch Anordnung der Landeszentralbehörde ohne Antrag der beteiligten Verbände.

4. Den Landarmenverbänden wird die Fürsorge für Geisteskranke, Blöde, Epileptische, Taubstumme und Blinde zu übertragen sein, soweit diese der Pflege oder der Ausbildung in einer Anstalt bedürfen. Ebenso sind die Landarmenverbände zur Fürsorge für bildungsfähige Krüppel und Wanderarme zu verpflichten. Sieche oder sonst anstaltspflegebedürftige Personen sind von den Landarmenverbänden zu übernehmen, soweit der Raum in ihren Anstalten es gestattet. – Die Pflegesätze werden nach Maßgabe eines Tarifs vom Ortsarmenverband ersetzt. – Den Landesgesetzen bleibt es vorbehalten, die Fürsorge für die genannten Personen auf größere Verbände zu übertragen, sowie andere Verbände an den Kosten zu beteiligen. – Die Landarmenverbände erhalten die Befugnis, die ihnen gesetzlich anheimfallenden, aber nicht anstaltspflegebedürftigen Personen demjenigen Ortsarmenverband des Deutschen Reiches zur Pflege zu überweisen, in dessen Bezirk die Hilfsbedürftigkeit hervortrat.

[Polizeilicher Arbeitszwang]

1. Ein künftiges Reichsarmengesetz hat dem in zahlreichen Einzelstaaten schon bestehenden polizeilichen Arbeitszwang die bisher mangelnde reichsgesetzliche Grundlage zu geben. Es hat den Personenkreis zu bezeichnen, auf dem der Arbeits-

zwang durch die einzelstaatliche Gesetzgebung erstreckt werden *kann*, und hat die Rechtsgarantien aufzustellen, die bei Ausübung des Zwangs eingehalten werden *müssen*. Im übrigen ist der einzelstaatlichen Gesetzgebung ein möglichst weiter Spielraum zu belassen.

2. Die wichtigsten Bestimmungen eines Reichsarmengesetzes wären etwa folgende:

a) Personen, welche in eigener Person unterstützt werden oder deren Ehegatten oder Kinder unter 16 Jahren Armenunterstützung empfangen, können, wenn die Hilfsbedürftigkeit durch Arbeitsscheu oder durch schuldhafte Versäumnis der Unterhaltspflicht herbeigeführt ist, auch gegen ihren Willen auf Antrag des Unterstützenden oder des erstattungspflichtigen Armenverbandes für die Dauer der Unterstützungsbedürftigkeit, aber längstens auf die Dauer eines Jahres, in einer öffentlichen Anstalt oder in einer staatlich als geeignet anerkannten Privatanstalt untergebracht werden. Der Untergebrachte ist verpflichtet, für Rechnung des Armenverbandes die ihm angewiesene Arbeit nach dem Maße seiner Kräfte zu leisten.

b) Diese Bestimmungen finden entsprechende Anwendung auf volljährige Kinder, deren Vater oder Mutter unterstützt werden müssen, sowie auf den Vater eines unterstützten unehelichen Kindes, in diesem Falle jedoch nur, wenn die Unterhaltspflicht durch ein vollstreckbares Urteil oder durch eine vollstreckbare öffentliche Urkunde festgestellt ist.

c) Im Fall der Scheidung der Ehe ist der Arbeitszwang nur gegen den Ehegatten zulässig, der nach den Bestimmungen des BGB dem anderen Ehegatten gegenüber unterhaltspflichtig ist.

d) Von der Unterbringung ist abzusehen, wenn sie mit erheblichen, den Umständen nach nicht gerechtfertigten Härten oder Nachteilen für den Unterzubringenden verbunden sein würde, oder wenn die Unterstützungsbedürftigkeit nur durch vorübergehende Umstände verursacht ist.

e) Die Entscheidung über die Unterbringung muß aufgrund mündlicher Verhandlungen erfolgen; der Unterzubringende ist zu hören, soweit dies ohne erhebliche Schwierigkeiten geschehen kann. Gegen die Entscheidung muß dem Unterzubringenden entweder die Klage bei den ordentlichen Gerichten oder die Anrufung der Verwaltungsgerichte offenstehen. Eine aufschiebende Wirkung braucht mit diesen Rechtsmitteln nicht verbunden zu sein.

f) Der das Verfahren betreibende Armenverband kann aufgrund einer vollstreckbaren Entscheidung über die Unterbringung die Überführung des Unterzubringenden in seine unmittelbare Fürsorge durch Inanspruchnahme der Polizeibehörde des Aufenthaltsorts verlangen. Die Kosten der Überführung fallen dem Armenverband zur Last.

g) Den Landesgesetzen bleibt es überlassen, den Personenkreis, auf den sich die Unterbringung erstrecken kann, enger zu begrenzen, und das Nähere über die Einführung und Regelung des polizeilichen Arbeitszwangs unter Beachtung der im vorstehenden gegebenen Vorschriften zu bestimmen.

[Wandererfürsorge]

1. Gegenüber den Mißerfolgen, die alle strafrechtliche und polizeiliche Bekämp-

fung von Landstreicherei und Bettel aufzuweisen haben, gilt es als Grundlage jeder Besserung, ein System der Versorgung dieser gesellschaftsfremden Wesen durchzuführen, das diese Ärmsten nicht durch allerlei Versorgungs- und Strafeinrichtungen hindurch jagt, sondern ihnen dauernde Versorgung ermöglicht. Für die Art dieser Versorgung finden sich zahlreich Vorbilder in der bestehenden Fürsorge; für ihre Rechtsform wird, soweit die bisherigen Entmündigungsformen nicht ausreichen, ein neuer Begriff der Entmündigung wegen Unfähigkeit zu einem geordneten Leben parallel zur Entmündigung wegen Verschwendung sich ausbilden müssen. Erst hierdurch wird es möglich sein, für den Teil der mittellosen Wanderer, die man gewöhnlich als Arbeitsscheue bezeichnet, nachhaltig zu sorgen. Ihre Unterbringung wird im Wege der Armenpflege durch leistungsfähige Verbände mit staatlicher Unterstützung zu erfolgen haben.

2. Dieselben Verbände werden sich der gutwilligen halb und ganz arbeitsunfähigen Wanderer anzunehmen haben, die ebenfalls zum freien Leben unbrauchbar sind. Nur soweit diese sich freiwillig einer Versorgung nicht fügen, werden sie gleich jener ersten Gruppe zu behandeln sein.

Bei beiden Gruppen wird man den Versorgten die Rückkehr in das freie Leben in der einen oder anderen Form soweit wie möglich offenhalten. So wird hier für ein Zusammenwirken öffentlicher und privater Hilfseinrichtungen ein weites Feld bleiben.

3. Für die mittellosen Wanderer, die nur durch Arbeitslosigkeit zum Wandern getrieben werden, muß in erster Linie durch den Ausbau aller Schutzeinrichtungen, die auf der Selbsttätigkeit der Arbeiter beruhen (Herbergswesen, Unterstützungskassen, Versicherung) gesorgt werden.

4. Soweit das nicht ausreicht, werden entsprechend der Arbeitsbeschaffung für seßhafte Arbeitslose (Notstandsarbeiten) auch Arbeitsstätten für wandernde Arbeitslose zu schaffen sein, die in engster Verbindung mit den vorher erwähnten Maßnahmen ausgestattet werden müssen, also den Abschluß der Wandererfürsorge bilden sollten. Auch hierbei ist die Mitwirkung der Arbeiter nicht zu entbehren.

Soweit das Problem aber die Armengesetzgebung berührt, muß es in einem Reichsgesetz gelöst werden, da alle bisherigen Versuche, von anderen abgesehen, schon durch die Verschiedenheit in Gesetzgebung und Verwaltung der Einzelstaaten in weitem Umfange wirkungslos gemacht werden.

5. Die Voraussetzung zur Durchführung aller dieser Maßnahmen ist eine Abänderung des § 28 UWG, der in bezug auf die Versorgung der nicht seßhaften wandernden Bevölkerung vollständig versagt hat und der nur, soweit die ortsansässige Bevölkerung in Betracht kommt, in Kraft bleiben kann.

[Die Tarife]

1. Ein Reichsarmengesetz sollte mit Bezug auf die Tarife folgende Bestimmungen enthalten:

a) daß dem vorläufig Hilfeleistenden vom endgültig verpflichteten Armenverband alle für die Unterstützung eines armen Deutschen erwachsenden notwendigen Kosten zu ersetzen sind;

b) daß dieser Ersatz in allen Fällen, in welchen ein Armer volle Verpflegung innerhalb oder außerhalb einer Anstalt genossen hat, oder in einer Krankenanstalt aufgenommen war, nach bestimmten Tarifsätzen erfolgen muß, welche für die Verpflegung und für die Krankenanstaltsbehandlung gesondert festzusetzen sind, und welche jede Mehrforderung ausschließen;

c) daß die Tarifsätze nur die notwendigen Selbstkosten enthalten dürfen, in welche nach billigem Ermessen ein entsprechender Ansatz für die allgemeinen Unkosten einer Anstalt eingerechnet werden darf, die aber alles in sich schließen müssen, was außer für die Verpflegung zur Bewährung von Obdach, für Bedienung, ärztliche Behandlung, Heilmittel und Arzneien aufzuwenden ist;

d) daß alle zum dauernden Gebrauche eines Kranken außerhalb einer Anstalt angeschafften und notwendigen Apparate und dergleichen besonders zu ersetzen sind;

e) daß der Ein- und Austrittstag in einer Armen- oder Krankenanstalt zusammen als ein Tag zu berechnen ist;

f) daß für die Beerdigung verstorbener Armer bestimmte, durch die Altersstufe von 14 Jahren abzugrenzende Beträge unter Ausschluß von Stolgebühren zu ersetzen sind, welche nach den gleichen Grundsätzen bestimmt werden, wie die Tarifsätze nach b) und c).

2. Der § 30, Abs. 3 und 4 UWG bedarf einer Abänderung dahin, daß auch für das gesamte Reichsgebiet die Tarife aufgestellt werden dürfen, und daß bei Ersatzansprüchen für die Verpflegung in Krankenanstalten auch die allgemeinen Verwaltungskosten und nicht nur die durch das individuelle Bedürfnis des Verpflegten entstandenen Kosten nach billigem Ermessen eine Berücksichtigung finden dürfen.

[Aufsicht über die öffentliche Armenpflege]

1. Das Bundesamt für das Heimatwesen ist zu einem Reichsarmenamt auszugestalten mit der Befugnis, auch außerhalb eines Streitverfahrens rechtliche Zweifelsfragen von Amts wegen durch seinen Spruch mit verbindlicher Kraft für sämtliche deutschen Armenverbände zu entscheiden.

Dem Reichsarmenamte würde ferner die sammelnde, sichtende, aufklärende und belehrende Tätigkeit der obersten sachverständigen Zentralbehörde zuzuweisen sein. Um sie erfüllen zu können, müßte ihm das gesetzliche Recht gegeben werden, von sämtlichen deutschen Armenverbänden Berichte in den allgemeinen Angelegenheiten ihrer Verwaltung einzufordern.

2. Im übrigen bewendet es bei der unmittelbaren Beaufsichtigung der Armenverbände durch die Landesbehörden, also bei der allgemeinen Kommunalaufsicht.

3. Besondere Aufsichtsorgane (Reichs- oder staatliche Armeninspektoren) sind abzulehnen.

4. Es wird nicht erforderlich sein, daß das künftige Reichsarmengesetz für die Beaufsichtigung der Armenpflege durch die Landesbehörden besondere Richtlinien aufstelle.

5. Dagegen erscheint es wünschenswert, durch das Reichsgesetz festzulegen, daß die der Armenpflege dienenden Anstalten durch die Amtsärzte zu überwachen sind.

6. Die Landarmenverbände werden allgemein ermächtigt, sich der Ortsarmenverbände als ihrer Organe behufs der öffentlichen Unterstützung Hilfsbedürftiger zu bedienen. Wenn ein Landarmenverband von diesem Recht Gebrauch macht,

oder wenn er einem überbürdeten Ortsarmenverband eine Beihilfe gewährt, so ist er befugt, jederzeit Einsicht von den Einrichtungen und Maßnahmen der öffentlichen Armenpflege des Ortsarmenverbandes zu nehmen oder durch bevollmächtigte Abgesandte nehmen zu lassen und bei der staatlichen Aufsichtsbehörde auf Abstellung vorgefundener Mißstände anzutragen.

[Rechtsprechung]

1. Es ist zu erstreben, daß das zum Reichsarmenamt umzugestaltende Bundesamt für das Heimatwesen unter Abänderung der §§ 37 und 56 Abs. 2, Satz 2 UWG Berufungsinstanz für *sämtliche* Streitigkeiten unter den deutschen Armenverbänden über die öffentliche Unterstützung Hilfsbedürftiger werde.

2. Die Bestellung des Reichsarmenamts zur zweiten Instanz für Beschwerden über verweigerte oder unzureichend gewährte Armenunterstützung ist abzulehnen.

3. Der Armenverband, der sich einer Abschiebung schuldig macht, soll durch das Reichsgesetz verpflichtet werden, dem die Fürsorge übernehmenden Armenverbande alle Aufwendungen in voller nicht nur in tarifmäßiger Höhe zu erstatten.

4. Durch das Reichsgesetz sind ferner folgende Bestimmungen zu treffen:

a) Wer für sich, seine Ehefrau oder seine Kinder eine Unterstützung empfangen hat, ist verpflichtet, deren Wert mit gesetzlichen Zinsen zu erstatten. Die Erstattung kann auch aus dem Nachlasse des Unterstützten gefordert werden.

Die gleiche Verpflichtung trifft die Angehörigen des Unterstützten in Höhe der für sie verwendeten Beträge.

Der Anspruch darf erst geltend gemacht werden, wenn der Erstattungspflichtige ohne Beeinträchtigung des für sich und seine unterhaltsberechtigten Angehörigen nach billigem Ermessen erforderlichen Unterhalts zur Erstattung imstande ist.

Unterstützungen, die Kinder und jugendlichen Personen unter 18 Jahren gewährt sind, sind von diesen selbst nicht zurückzufordern.

b) Auf den Antrag des Armenverbands, der einen Hilfsbedürftigen unterstützen muß, können durch einen mit Gründen versehenen Beschluß der Verwaltungsbehörde, nach Anhörung der Beteiligten, die nach den Vorschriften des Bürgerlichen Gesetzbuchs Unterhaltspflichtigen angehalten werden, dem Hilfsbedürftigen nach Maßgabe ihrer gesetzlichen Verpflichtung die erforderliche laufende Unterstützung zu gewähren. Der ordentliche Rechtsweg bleibt vorbehalten und hat aufschiebende Wirkung.

c) Dritten, die ohne Auftrag einen Hilfsbedürftigen unterstützen, steht gegen den unterstützungspflichtigen Armenverband ein Anspruch nicht zu. Ärzte, Apotheken und Hebammen haben dagegen einen Anspruch in Höhe der Mindestsätze der Gebührenordnung, wenn sie in einem dringenden Falle die erforderliche Hilfe leisten und dieses dem Armenverband unverzüglich anzeigen.

d) Der unterstützende Armenverband darf von dem anderweit Unterhaltspflichtigen Ersatz seiner Aufwendungen für die Vergangenheit fordern, ohne daß der Pflichtige in Verzug gesetzt worden ist[150]).

Diese Richtlinien für ein Reichsarmengesetz stehen am Ende der langen, in Mitteleuropa seit 1871 andauernden Friedenszeit; denn im nächsten Jahr

begann der Erste Weltkrieg. Sofort nach dessen Beendigung zeigte sich, daß
die Vorarbeiten des Deutschen Vereins für eine nach Armenfürsorge und
Jugendfürsorge getrennte Reichssozialgesetzgebung tatsächlich eine neue
Entwicklung eingeleitet hatten. Schon die Weimarer Verfassung berücksichtigte ausgiebig, was zuerst der Deutsche Verein kurz vor dem Krieg gefordert und begründet hatte: Die Zuständigkeit des Reichs für die gesamte
Sozialgesetzgebung einschließlich der Sozialfürsorge. Das Reichsjugendwohlfahrtsgesetz von 1922 sowie die Fürsorgepflichtverordnung i. V. mit
den Reichsgrundsätzen über Voraussetzung, Art und Maß der öffentlichen
Fürsorge von 1924 sind wesentlich aus dem Deutschen Verein hervorgegangen.

Fünfter Themenkreis: Zur dauerhaften Entscheidung für die soziale Fürsorge im Ersten Weltkrieg

Das vor dem Krieg jahrzehntelang erwogene Verhältnis zwischen herkömmlicher Armenfürsorge und sozialer Fürsorge stand schon 1916 nicht
mehr zur Diskussion: Der Deutsche Verein hatte sich endgültig für die soziale Fürsorge entschieden. Grundsätzlich befürwortete er das Zusammenwirken von individueller Fürsorge und genereller Sozialpolitik. In dieser Hinsicht ergriff nun er auch die Initiative. Ihm ist die soziale Fürsorge
für die Kriegerwitwen und Kriegerwaisen zu verdanken.

1. Der Deutsche Verein bewirkt die Kriegerwitwen- und -waisenfürsorge

Daß die soziale Fürsorge für die Kriegerwitwen und Kriegerwaisen auf
den Deutschen Verein zurückgeht, ist heutzutage wohl wenig bekannt.
Dazu nun zusammenfassende Berichte aus der 34. Jahresversammlung des
Deutschen Vereins am 15.–16. September 1916 in Leipzig:

> Erst verhältnismäßig spät ist in der öffentlichen Meinung die Erkenntnis von der
> Notwendigkeit einer Fürsorge für die Hinterbliebenen der im Kriege Gefallenen
> hervorgetreten, während die Kriegsbeschädigtenfürsorge gleich von Anfang an sehr
> stark betont worden ist...

Die entscheidende Wendung in der Öffentlichkeit wurde durch die Allgemeine Tagung, die Mitte April 1915 im Reichstage zu Berlin stattfand, hervorgerufen. Sie folgte... dem Rufe des Deutschen Vereins für Armenpflege und Wohltätigkeit. Viele von Ihnen werden diese Tagung mitgemacht haben, und der Eindruck wird allen, die anwesend waren, unvergessen bleiben. Nicht nur die große Zahl der Teilnehmer, der Behörden, der Vereine, die Fülle der Referate, der vorzüglichen Berichte, die umfangreiche Erörterung, sondern der Gesamteindruck war es hauptsächlich, der sich tief eingeprägt hat, daß von diesem Orte und von dieser Stunde an ein neuer Geist durch die Lande ging, der Geist der sozialen Fürsorge für die Hinterbliebenen der im Kriege Gefallenen.

Dieser neue Geist hat sich dann weiter verbreitet und hat – das kann man heute sagen – alle Stellen, Körperschaften und die ganze öffentliche Meinung ergriffen und beherrscht sie jetzt völlig[151]).

Aufschlußreich ist die Vorgeschichte dieser Allgemeinen Tagung:

In der Sitzung des Zentralausschusses [des Deutschen Vereins] vom 22. und 23. Januar 1915 hat Herr Professor Dr. Klumker einen Bericht über die Fürsorge für die Hinterbliebenen der Kriegsteilnehmer abgestattet, der den Anlaß dazu gab, daß unser Verein die Frage der sozialen Fürsorge für die Hinterbliebenen in Angriff nahm und nach Verständigung mit zahlreichen anderen Wohlfahrtsorganisationen auf den 15. und 16. April 1915 eine große Versammlung nach Berlin zusammenberief, die im Plenarsitzungssaale des Reichstags tagte...

Man hat es von manchen Seiten bemängelt, daß unser Verein in dieser Frage die Anregung gegeben hat, da doch die Hinterbliebenenfürsorge mit der Armenpflege gar nichts zu tun habe. Sie wissen..., daß dieser Standpunkt auf einer mangelnden Kenntnis der Zwecke und der Tätigkeit unseres Vereins beruht. Wir haben uns niemals auf das Gebiet der öffentlichen Armenpflege im engeren Sinne beschränkt, sondern haben unsere Tätigkeit auf die gesamte Fürsorge für die Bedürftigen erstreckt. Die Hinterbliebenenfürsorge hängt außerdem auch mit der öffentlichen Armenpflege insofern eng zusammen, als letztere bei dem Nichtausreichen der Hinterbliebenenfürsorge eintreten muß. Unser Verein als der älteste der auf dem Gebiete der sozialen Fürsorge wirkenden Organisationen hat es für eine Ehrenpflicht gehalten, in dieser Frage nicht zurückzubleiben, und der Erfolg hat gezeigt, daß er daran Recht getan hat[152]).

Die Allgemeine Tagung hat damit geendet, daß sie den Hauptausschuß eingesetzt hat. Dieser Hauptausschuß besteht aus 31 großen, das Reich umfassenden Verbänden. Ich [Bürgermeister v. Hollander als Zweiter Vorsitzender des Deutschen Vereins] will... einzelne nennen. An der Spitze steht, wie sich gebührt, der Deutsche Verein für Armenpflege und Wohltätigkeit, der Vater dieses ganzen Werkes. Die Nationalstiftung für die Hinterbliebenen der im Kriege Gefallenen schließt sich an, ebenso das Zentralkomitee der deutschen Vereine vom Roten Kreuz, der Vaterländische Frauenverein, der Zentralausschuß für die Innere Mission der Deutschen Evangelischen Kirche, der Caritasverband für das katholische Deutschland, ferner der Volksverein für das katholische Deutschland, die Gesellschaft für soziale Reform, die sämtlichen großen Arbeitergewerkschaften, der Bund der Landwirte, der Hansabund, die großen Frauenverbände, ebenso der deutsch-israelitische Gemeindebund, der ständige Ausschuß der Landesversicherungsanstalten, die Reichsverbände der deutschen Städte und großen Gemeinden... Sie sehen eine große Zahl starker Organisationen, die sich in diesem Hauptausschuß zusammenfinden.

Dieser Hauptausschuß bleibt das oberste Organ der sozialen Fürsorge für die Hinterbliebenen. Von ihm gehen die Weisungen aus, ihm wird von dem Arbeitsausschuß, den der Hauptausschuß eingesetzt hat, Rechenschaft erstattet... Die erste Aufgabe des Arbeitsausschusses war, aus dem umfangreichen Verhandlungsbericht der Allgemeinen Tagung einen Auszug und ein Flugblatt herzustellen... Es lautet:

I.

Das deutsche Volk will die Kriegerwitwen und -waisen vor Not und Niedergang schützen, will ihnen den Weg zu wirtschaftlicher und seelischer Selbständigkeit bahnen. Renten und Geldspenden allein vermögen dies nicht. Erst in Verbindung mit sozialer Fürsorge können jene ihren Zweck erfüllen.

Soziale Fürsorge muß Renten und Geldspenden zu guten Anlagen in Menschenwerten machen. Dies Werk erheischt Zusammenschluß der zuständigen amtlichen und freiwilligen Organe zu Hilfsausschüssen für Kriegshinterbliebene. Vor Neugründungen ist zu warnen. Jede Zersplitterung birgt Gefahr.

II.

Die soziale Kriegswitwen- und -waisenfürsorge umfaßt Gesundheitsfürsorge, Wirtschaftsfürsorge, Arbeitsfürsorge, Erziehung.

Körperliche und seelische Gesundung von durch Kummer und Sorge erschöpften Kriegswitwen ist erstes Erfordernis. Ihre Wirtschaftslage ist zu ordnen. Sie sind bei Beschaffung und Verwendung von Renten und Geldbewilligungen zu beraten. Zur Weiterführung des Erwerbsberufs des Mannes ist geeignetenfalls sachkundige Hilfe zu stellen.

Arbeitstaugliche Frauen sind durch Arbeitsvermittlung, Berufsberatung und Berufsausbildung angemessenen Erwerbstätigkeiten zuzuführen. Die Rente darf nicht Mittel des Lohndrucks werden. Minderwertige Heimarbeit ist zu meiden. Der Heimarbeitsschutz ist auszubauen.

Voll erwerbsfähige Frauen entlaste man bei ihren häuslichen und mütterlichen Aufgaben durch Speiseanstalten und Einrichtungen für Kinderpflege.

Mütter von Säuglingen oder mehreren kleinen Kindern erhalte man bis zu deren Schulantritt den mütterlichen Aufgaben, gegebenenfalls durch Pflegschaftsgelder.

Arbeitsuntaugliche bedürftige Kriegerwitwen sind vor aussichtsloser Arbeitsuche zu bewahren und entsprechend zu versorgen.

Der Abwanderung der Kriegswitwen vom Lande ist zu steuern. Zuzug aufs Land ist zu fördern. Nicht Kriegswitwensiedelungen empfehlen sich hierzu, sondern Hebung von Landleben und Landarbeit.

III.

Keine Kriegswaisenhäuser! Die vorhandenen Anlagen decken den Bedarf! Adoption von Kriegsvollwaisen ist vaterländischer Dienst. Bei Unterbringung der

Kriegswaisen ist die Konfession zu berücksichtigen. Halbwaisen belasse man möglichst bei der Mutter.

Unehelichen Kindern ist, in Ersatz von Alimenten und Kriegsunterstützung, eine geordnete Versorgung zu erwirken. Gute Schulung und Berufsausbildung der Kriegswaisen, gemäß ihren Anlagen, ist nicht nur Dankespflicht gegen die gefallenen Väter, sondern Gebot nationalwirtschaftlicher Selbsterhaltung.

IV.

Oberster Grundsatz der Kriegswitwen- und -waisenfürsorge sei: Die Witwen und Waisen in der bisherigen Lebensstellung zu erhalten...[153]).

Dieses Programm wurde in den Einzelstaaten und von den Kommunen realisiert. Beispielgebend bewährte sich die zum ersten Mal so weitläufig erprobte Gemeinsamkeit von genereller Versorgung, einer Aufgabe der Sozialpolitik, und individueller Fürsorge:

Nun aber galt es, auf diesen allgemeinen Grundsätzen die praktischen Folgerungen zu ziehen und sie an Ort und Stelle zur Anwendung zu bringen. Dazu war eine umfassende Organisation im ganzen Reiche notwendig.

Es läßt sich selbstverständlich die soziale Fürsorge und die Pflegetätigkeit für die sehr, sehr große Zahl der Witwen und Waisen... nicht von einer Zentralstelle ausüben, es ist durchaus notwendig, daß jeder einzelne Fall nach seinen besonderen Bedürfnissen und seinen besonderen Umständen in die Hand genommen und pfleglich behandelt wird...

Dazu sind, wie dies auch die Allgemeine Tagung schon verkündet hat, örtliche *Fürsorgestellen* notwendig, und ein Netz solcher Fürsorgestellen lückenlos über das ganze Reich auszubreiten, war unsere Forderung...

Überall bilden sich örtliche Fürsorgestellen. In den Städten wird in den meisten Fällen der Bürgermeister oder ein anderes Mitglied des Magistrats an die Spitze treten; es kann aber ebensogut ein Beauftragter des Magistrats die Leitung übernehmen. Unter ihm schließen sich dann die Vertreter der Vereine und der in Betracht kommen Körperschaften, der Arzt, der Geistliche, der Lehrer und wer eben an diesem Fürsorgewerk mitzuarbeiten guten Willens und befähigt ist, zusammen. Auf dem flachen Lande wird es der Landrat oder der Kreisausschuß sein, der die örtliche Fürsorgestelle leitet.

Diese Bildung der örtlichen Fürsorgestellen hat schon in nennenswertem Maße zugenommen. Wir haben bis zum 1. Juli [1916] in unserem Verzeichnis gegen 500 solcher Fürsorgestellen gehabt. Die Zahl wird wahrscheinlich, wenn alles in Ordnung und durchorganisiert ist, auf 1200 im Reiche steigen... In diesen örtlichen Fürsorgestellen soll nun der Geist, der von der Allgemeinen Tagung ausging, seine Wirksamkeit und seine Pflege finden[154]).

Hatte der Deutsche Verein sich bei seinen Richtlinien für ein künftiges Reichsarmengesetz noch an Prinzipien obligater Fürsorge orientiert, so verweigerte er jetzt diese Rücksichtnahme:

Kein Zufall, kein blindes Ungefähr ließ den Deutschen Verein für das Gebiet der Kriegshinterbliebenenfürsorge ein nachdrückliches Sonderbündnis mit der befreundeten Macht der Sozialreform eingehen. Aus den tiefsten Gründen der Erkenntnis stieg es, der Erkenntnis, daß bei *aller* Hinterbliebenenfürsorge Staat und Gesellschaft in weit umfassenderer Weise als bisher den Ernährer und Beschützer da ersetzen müssen, wo elementare Verhältnisse ihn jenen rauben, die zur Selbsthilfe noch zu jung, schon zu alt oder körperlich und geistig zu schwach sind...
Bei unserem Bauwerk ist die Verschmelzung von Amtsstelle und Organen der freiwilligen Hilfe von außerordentlicher Bedeutung. Die Bürokratie gewinnt dabei eine ihr sonst fremde Beweglichkeit und Biegsamkeit, die freie Fürsorge eine sonst seltene oder nie vorhandene Weite der Befugnisse, Sicherheit der geldlichen Grundlage und Wirkungsmöglichkeiten [155]).

2. Erweiterung gesetzlicher Armenfürsorge durch gesetzliche Versorgungsansprüche

Mit der Mobilmachung war 1914 kurz vor Kriegsbeginn ein Gesetz bedeutungsvoll geworden, das – mittelbar – die obligate Armenfürsorge nachhaltig und zu ihren Gunsten beeinflußt hat. Dieses „Gesetz, betreffend die Unterstützung von Familien in den Dienst eingetretener Mannschaften" vom 28. Februar 1888 (RGBl S. 59) enthält u. a. folgende Vorschriften:

§ 1. Die Familien der Mannschaften... erhalten, sobald diese Mannschaften bei Mobilmachungen... in den Dienst eintreten, im Falle der Bedürftigkeit Unterstützungen...
§ 2. Auf die nach § 1 zu gewährenden Unterstützungen haben Anspruch:
a) die Ehefrau des Eingetretenen und dessen eheliche und den ehelichen gesetzlich gleichstehenden Kinder unter 15 Jahren, sowie
b) dessen Kinder über 15 Jahre, Verwandte in aufsteigender Linie und Geschwister, insofern sie von ihm unterhalten wurden oder das Unterhaltungsbedürfnis erst nach erfolgtem Diensteintritt desselben hervorgetreten ist...
§ 3. Die Verpflichtung zur Unterstützung liegt den nach § 17 des Gesetzes über die Kriegsleistungen vom 13. Juni 1873 (RGBl S. 129) gebildeten Lieferungsverbänden ob...
§ 4. Zur Unterstützung ist derjenige Lieferungsverband verpflichtet, innerhalb dessen der Unterstützungsbedürftige zur Zeit des Beginns des Unterstützungsanspruchs... seinen *gewöhnlichen Aufenthalt* hat.

Hinsichtlich der „Lieferungsverbände" besagt das Gesetz über die Kriegsleistungen vom 13. Juni 1873:

§ 16. Durch Beschluß des Bundesrates kann... die Lieferung des Bedarfs an Vieh, Brotmaterial... angeordnet werden.

§ 17. Die Verpflichtung zu den im § 16 bezeichneten Leistungen liegt Lieferungsverbänden ob, welche von den einzelnen Bundesstaaten unter Rücksichtnahme auf angemessene Leistungsfähigkeit und tunlichst im Anschluß an die bestehende Bezirkseinteilung zu bilden sind.

Auch diese im weiteren Sinn sozialpolitisch motivierte Unterstützung von Familienangehörigen – nicht: Hinterbliebenen! – der zum Wehrdienst einberufenen Mannschaften erweiterte die soziale Fürsorge. Gegenüber der obligaten Armenfürsorge brachte sie vor allem zwei Besonderheiten mit sich: Erstens setzte sie nicht einen Unterstützungswohnsitz voraus, sondern nur den „gewöhnlichen Aufenthalt" ohne einschränkende Bedingungen, und zweitens überstiegen ihre Pflegesätze diejenigen der gesetzlichen Armenfürsorge.

Wenn die Armenpflege bisher ihren Pfleglingen nur den Notbedarf gewährt hat, ... ist sie jetzt genötigt, einen anderen Maßstab anzulegen. Durch das Gesetz über die Kriegerfamilienunterstützung ist für die Bemessung der Unterstützung die Bedürftigkeit zum Maßstab gemacht worden. Diese Bedürftigkeit ist ... etwas anderes als der armenrechtliche Notbedarf: Die Unterstützung der Kriegerfamilien muß weit reichlicher ausfallen als die der Armen.

Da nun die Armenpflege häufig in Kriegsunterstützung übergeht, so muß naturgemäß derjenige, der sich bisher mit dem Notbedarf zufrieden geben mußte, nunmehr nach dem Maßstabe der Kriegsfürsorge unterstützt werden. Das kann natürlich nicht ohne Folgen für diejenigen bleiben, die, ohne daß sie einen Anspruch auf Kriegsunterstützung haben, sich doch in derselben Lage befinden wie die bisher Unterstützten und nunmehr an die Armenpflege herantreten und ihrerseits Erhöhung ihrer Unterstützung beanspruchen.

Umgekehrt wird, wenn die Kriegsunterstützung dadurch zum Erlöschen kommt, daß entweder der Angehörige fällt oder aus dem Heeresdienst entlassen wird, die Kriegsunterstützung nicht mehr gewährt werden können, und die Armenpflege wird nicht mehr in der Lage sein, ihre Sätze ohne weiteres wieder auf den früheren Notbedarf herabzumindern ...

Endlich kommt hinzu, daß infolge dieser Kriegsunterstützung der Unterstützungswohnsitz in vielen Gemeinden von Personen erworben wird, die auf keinen Fall sonst jemals einen Unterstützungswohnsitz erlangt hätten ...

Da ist es denn eigentlich kein Wunder, daß die Ausgaben für Armenpflege trotz aller Entlastung durch die Kriegsfürsorge ganz gewaltig steigen ... Man geht gewiß nicht fehl, wenn man annimmt, daß, obwohl Kriegsfürsorge unter ganz anderen Umständen gegeben wird als Armenpflege, immerhin die Hälfte derjenigen, die Kriegsunterstützung erhalten, ohne das Kriegsfürsorgegesetz Armenunterstützung bekommen müßten. Das sind also bei unseren 50000 Unterstützten in Leipzig 25000 Personen. [Der Berichterstatter Dr. Weber ist Bürgermeister in Leipzig.] Man kann mithin ermessen, was für eine ungeheure Last das sein würde; denn an und für sich würden ja alle aufgrund des Kriegsfürsorgegesetzes unterstützten Per-

sonen auf Armenpflege Anspruch haben, da sie ja, ihres Ernährers beraubt, nicht in der Lage sind, sich den nötigen Unterhalt selbst zu beschaffen...
    An und für sich ist ja diese Kriegsfürsorge auf keinen Fall Armenpflege... Es war deshalb von Anfang an kein Wunder, daß die Lieferungsverbände in der Überzeugung, es handele sich nicht um Armenpflege,... die Unterstützungen auffaßten als einen zwar nach örtlichen Grundsätzen und örtlicher Lage des bewilligenden Lieferungsverbandes verschiedenen, aber im allgemeinen jedem Bedürftigen gleichmäßig zu gewährenden Lohn oder Soll[156]).

Jedoch, wie bei der Hinterbliebenenfürsorge mit ihren „Fürsorgestellen" (s. o.) kam es auch bei der Kriegsfürsorge zu einem Zusammenwirken von genereller Versorgung und individueller Fürsorge:

    Erst nach und nach trat... die Überzeugung auf, daß auch bei der Bemessung und Bewilligung dieser Kriegsunterstützung armenpflegerische Grundsätze angewendet werden müssen, obgleich die Unterstützung ja nicht Armenpflege sein soll, daß also in jedem einzelnen Falle das vorhandene Bedürfnis ermittelt und durch eine ihm genaue angepaßte Unterstützung beseitigt werden müßte und daß der Lieferungsverband sich nicht darauf beschränken dürfe, seine Unterstützung nach gewissen Regelsätzen zu bemessen. Die Entwicklung hat dazu geführt, daß jetzt, genau wie bei einer gut geordneten Armenpflege, bei den Lieferungsverbänden in jedem einzelnen Falle sorgfältig festgestellt wird, welches Bedürfnis tatsächlich vorhanden ist und auf welchem Wege ihm am besten abgeholfen werden kann.
    So hat sich denn die eigentümliche Entwicklung ergeben, daß diese Armenpflege, die doch keine Armenpflege ist, all das erreicht hat, was für die eigentliche Armenpflege wir heute noch erhoffen und erstreben: Nach einheitlichem Reichsrecht werden die Unterstützungen genau dem sorgfältig ermittelten Bedürfnis angepaßt bemessen; leistungsfähige Verbände sind die Träger der Unterstützungslast; Reich und Staat tragen verhältnismäßig einen Teil dieser Last; und nach einheitlichen Grundsätzen wird von der Obersten Landesbehörde, im Einvernehmen mit dem Bundesrat als der übergeordneten Stelle, eine scharfe Aufsicht geführt und auf eine gleichmäßige Durchführung der Unterstützung hingewirkt.
    Alles das, was der Deutsche Verein für Armenpflege und Wohltätigkeit als seine Armenpflege erstrebt, ist also hier Wirklichkeit geworden[157]).

Trotzdem blieben tiefgreifende Unterschiede zwischen Kriegsfürsorge und Armenfürsorge: Erstens war mit der Kriegsfürsorge keine Diskriminierung des Hilfeempfängers verbunden, und zweitens gab es keinen öffentlichen Erstattungsanspruch an private Unterhaltspflichtige oder an den Unterstützten selber.

3. Entwicklungstendenzen, Grundsatzprogramm und Zukunftsaufgaben der sozialen Fürsorge: Der Deutsche Verein entwirft ein System sozialer Sicherung

Mitten im Kriege gab der Deutsche Verein, seiner Zeit wieder vorausdenkend, ein Grundsatzprogramm künftiger Fürsorge bekannt. Unter „Fürsorge" verstand er, jeden Zweifel ausschließend, nur noch „soziale Fürsorge".

Nur dann kann die Überleitung von der Kriegsfürsorge zur Friedensfürsorge ohne schwere Störungen des sozialen Lebens erfolgen, wenn rechtzeitig dafür Sorge getragen wird, daß die *sozialpolitischen Forderungen* in der Übergangszeit unserer deutschen Volkswirtschaft *sachgemäß und nachdrücklich* zur Geltung kommen[158]).

Rückblickend wurde die bisherige Entwicklung sozialer Fürsorge angeführt:

An einem Wendepunkt... war die öffentliche Armenpflege in den Jahren kurz vor diesem Kriege angelangt. Ihre Stellung in der gesamten öffentlichen Fürsorge hatte sich durch die Entwicklung der sozialpolitischen Gesetzgebung des Reichs und der kommunalen Wohlfahrtspflege verschoben. Die Frage der Abgrenzung ihrer Tätigkeit gegen die jüngeren Zweige der öffentlichen Fürsorge bot immer neue Zweifel: Sie suchte und forschte nach der richtigen Stellung, die sie einzunehmen hatte, nachdem einmal die Gesamtheit sich durch den Ausbau großer sozialer Fürsorgeeinrichtungen über sie aus dem Gesamtinhalt der öffentlichen Unterstützung früherer Jahrhunderte hinaus erhoben hatte.

Die Kaiserliche Botschaft des Jahres 1881 ist die Anfangsstunde gewesen für diese Änderung der Stellung der öffentlichen Armenpflege; seitdem ist in drei großen Zweigen seitens des Reiches, in zahlreichen bedeutungsvollen Einrichtungen seitens der Gemeinden und großen Städte die soziale Fürsorge in Deutschland derart ausgebaut worden, daß ihrem Umfange nach die vorher alleinige öffentliche Fürsorge der Gemeindearmenpflege ganz außerordentlich zurückgetreten ist. Immer mehr einzelne Fürsorgegebiete wurden durch Ausbau schon vorhandener oder Einrichtungen neuer Fürsorgen von der öffentlichen Armenpflege ganz oder teilweise losgelöst und auf eigene Füße gestellt.

Vor dem Kriege erhoben sich eine ganze Reihe von Forderungen, die weitere derartige besondere Fürsorgezweige verlangten. Ich [Verwaltungsdirektor Dr. Blaum, Straßburg] erwähne nur den Kinderschutz, die Jugendfürsorge, den Mutterschutz, die Wanderarmenfürsorge usw. Der Krieg hat uns nun gezwungen, uns endgültig Klarheit zu verschaffen über die Stellung der öffentlichen Armenpflege, damit wir zielbewußt die Weiterentwicklung herbeiführen können[159]).

Zentralprinzip aller weiterführenden Überlegungen war, daß die soziale Fürsorge – im Gegensatz zur obligaten Armenfürsorge herkömmlicher Art – nicht gleichsam am Rande der Gesellschaft dort einzugreifen habe, wo in-

dividuelle Existenzgefährdung bereits Leben bedrohe, sondern daß sie als
Organisationsform gesellschaftlicher Selbsthilfe notwendig dem gesamten
Sozialgefüge zu integrieren sei. Alle Unterschiede zwischen genereller Sozialpolitik und individueller Fürsorge konnten, diesem Zentralprinzip folgend, aufgehoben werden in einer umfassenden Sozialgesetzgebung. Insofern enthielt das neue Fürsorgeprogramm des Deutschen Vereins schon
Grundzüge des sozialen Rechtsstaates:

> Die soziale Fürsorge hat ihr Ziel und ihre Aufgaben zu schöpfen aus dem heutigen
> Wirtschafts- und Gesellschaftssystem. Dies beruht auf dem Privateigentum, der
> Familie und dem Arbeitsvertrag. Durch diese drei Grundpfeiler wird der einzelne
> im heutigen Volkswirtschaftsleben in die Lage versetzt, sein Leben zu fristen. Klei-
> ner wird nur ständig die Zahl der Personen, denen Privateigentum oder Familie den
> Lebensunterhalt gewähren.
> Ständig im Wachsen und schon heute weitaus den größten Teil der erwachsenen
> Bevölkerung umfassend ist die Zahl derer, die auf den Arbeitsvertrag angewiesen
> sind. Er wird immer mehr die ausschließliche Grundlage der heutigen Gesell-
> schaftsordnung. Seine Ausgestaltung ist deshalb der Brennpunkt des wirtschaftli-
> chen und sozialen Interesses jedes einzelnen. Er wird heute abgeschlossen als Tarif-
> vertrag zwischen der Organisation der Arbeitgeber und der der Arbeitnehmer.
> Dieser Massenarbeitsvertrag kann aber nur Arbeit und Lohn regeln. Ihm mußte
> daher die Gesellschaft eine allgemeine Fürsorge für diejenigen ihrer Mitglieder, die
> durch den Lohn aus diesem Arbeitsvertrag nicht ihr Leben erhalten können, an die
> Seite stellen. So hat der Staat die soziale Fürsorge schaffen müssen aus der Erkennt-
> nis heraus, daß die überwiegende Zahl seiner Bürger unter dem herrschenden Wirt-
> schafts- und Gesellschaftssystem nicht mehr in der Lage ist, aus eigener Kraft in al-
> len Notfällen des Lebens sich selbst zu erhalten, ohne wirtschaftlich zu sinken...
> Grundsätzlich hat die soziale Fürsorge die verschiedenen Erscheinungen dieses
> Unterstützungsbedürfnisses durch einzelne Sonderfürsorgezweige zu bekämpfen,
> ihre Schäden zu heilen versucht. So entstand das deutsche Krankenkassenwesen,
> entstanden die Unfallberufsgenossenschaften, die Landesversicherungsanstalten,
> die öffentlichen Arbeitsnachweise, die Fürsorgestellen für Lungenkranke, die Säug-
> lingsfürsorge, die Gemeindewaisenpflege, die Berufsvormundschaft usw.
> Durch Reichs- und Landesgesetze, durch kommunale Verordnungen sind die
> Voraussetzungen dieser sozialen Fürsorge gesetzlich festgelegt. Ihr Umfang richtet
> sich nach der bisherigen Lebensstellung des Fürsorgebedürftigen... So gibt die Ar-
> beitslosenfürsorge ohne Beiträge dem ihr Anheimgefallenen ihre geldlichen Unter-
> stützungen und mutet ihm nur solche Arbeit zu, die seinem bisherigen Lebensstand
> gemäß ist, die ihm nicht in seiner Lebensstellung herabsetzt. So richten sich die Ren-
> ten der Unfallversicherungen nach der Lohnhöhe und der Erwerbsbeschränkung.
> Es bleiben aber natürlich viele Personen, deren Unterstützungsbedürfnis durch
> diese einzelnen Fürsorgezweige nicht behoben wird. Sie alle fallen unter bestimm-
> ten gesetzlichen Voraussetzungen der öffentlichen Armenpflege anheim. Wer das
> zum notwendigen Lebensunterhalt unbedingt Erforderliche nicht aufbringen kann,

der hat an die öffentliche Armenpflege den Anspruch auf Gewährung des Notbedarfs. Die öffentliche Armenpflege ergreift also alle diejenigen, die nicht durch irgendeinen der anderen Sonderfürsorgezweige der sozialen Fürsorge versorgt werden. Der durch das Netz ihrer aller hindurchgleitet, der fällt der öffentlichen Armenpflege anheim...

So ist die öffentliche Armenpflege, die früher die einzige öffentliche Unterstützungseinrichtung war, heute nur noch ein Zweig der gesamten sozialen Fürsorge des Deutschen Reiches. Sie hat durchaus subsidiären Charakter und bildet den letzten Sonderfürsorgezweig der gesamten öffentlichen sozialen Fürsorge. Dieser Weg ist einmal beschritten. Es wäre falsch, sich gegen die Entwicklung zu stemmen, etwa der Armenpflege weitere Aufgaben zu übertragen, oder etwa eine scharfe Trennungslinie zu ziehen: hie Armenpflege, hie soziale Fürsorge!

Im Gegenteil, die Entwicklung muß danach streben, die soziale Fürsorge immer weiter auszubauen durch Einrichtung neuer und intensivere Ausgestaltung bestehender Sonderfürsorgezweige. Dadurch werden der öffentlichen Armenpflege immer weitere Hilfsbedürftige abgenommen, immer mehr wird sie im Laufe der Zeit eingeschränkt werden[160].

Was hier mit wenigen Sätzen dargestellt worden ist, das entspricht im wesentlichen unserem heutigen System der sozialen Sicherung! Bis in Einzelheiten hätte es sich schon damals – 1916 – aus dem Grundsatzprogramm des Deutschen Vereins herleiten lassen:

Unter den Unterstützungsfällen, die nach der heutigen gesetzlichen Lage der sozialen Fürsorge die Armenpflege berühren, lassen sich verschiedene Gruppierungen vornehmen. Wenn wir sie von dem dargelegten Gesichtspunkt aus betrachten, daß die öffentliche Armenpflege der letzte Zweig der sozialen Fürsorge ist, so wird von überragender Bedeutung das Moment des Verschuldens in der Bedürftigkeit. Die soziale Fürsorge geht von dem Gesichtspunkt aus, daß alle Bedürftigkeit, die sie durch ihre Fürsorgezweige erfaßt, im allgemeinen ohne eigenes Verschulden des Unterstützten entstanden ist. Auch in der öffentlichen Armenpflege befinden sich der Mehrzahl nach solche Unterstützungsfälle, in denen diese gleiche Voraussetzung zutrifft. In diesen Fällen muß daher die sozialgestaltete Armenpflege nach den gleichen Grundsätzen Unterstützung gewähren, wie die bereits ausgebauten übrigen Sonderzweige der sozialen Fürsorge. Handelt es sich hier doch nur um solche Gruppen der Unterstützungsfälle, für die eine Sonderfürsorge noch nicht eingerichtet oder noch nicht vollständig ausgebaut ist, um Fälle „in der Entwicklung"[161].

Solche Unterstützungsfälle werden nun *gruppenweise*, also nach Maßgabe *sozialpolitischer Hilfestellung* eigens vorgestellt:

[Zuerst] diejenigen Personen, die von der Reichversicherungsordnung und dem Angestelltenversicherungsgesetz noch nicht ergriffen werden. Da die Gesetzgebung mit Rücksicht auf die finanziellen Wirkungen und wegen der Unerprobtheit dieser Einrichtungen nur schrittweise ausgebaut werden kann, verbleibt immer ein Rest von Personen, auf den die Fürsorge noch nicht ausgedehnt ist, obwohl die gleichen

Ursachen vorliegen wie bei den anderen. Das beste Beispiel hierfür ist die Entwicklung des deutschen Krankenversicherungswesens, das immer weitere Kreise in seine Fürsorge wegen Krankheit hineingezogen hat. Es ist keine Frage, daß dieser Rest von Personen im Laufe der nächsten Jahrzehnte in die bereits vorhandene Sonderfürsorge einbezogen wird...

Eine weitere Gruppe bilden diejenigen Personen, die dauernd der Anstaltsfürsorge in geschlossenen Anstalten bedürfen. Die Blinden, Blöden, Taubstummen, Epileptischen, Geisteskranken, Krüppel, Gebrechlichen, Siechen und andere Unheilbare und die Alten, die heute den festen Stand der Armenpfleglinge ausmachen, sind durchweg ohne eigenes Verschulden auf die öffentliche Fürsorge angewiesen. Unter dem Wirtschaftssystem des Arbeitsvertrages können sie sich nicht aus eigener Kraft erhalten. Sie gilt es der öffentlichen Armenpflege abzunehmen und durch Sonderzweige zu versorgen.

Ähnliche Gründe liegen auch bei dem Mutterschutz und der Wöchnerinnenfürsorge vor. Die Reichswochenhilfe ist bereits der erste Schritt gewesen für die Abtrennung und selbständige Einrichtung einer Mütterfürsorge auf reichsgesetzlichem Wege.

Handelt es sich hier im wesentlichen um Bedürftigkeitserscheinungen, die in körperlichen Krankheiten oder Zuständen ihren Grund haben, so treten bei der Kinder- und Jugendfürsorge ethische Gründe in erster Linie auf... Vom Verschulden der Kinder, der Jugendlichen selbst kann bei diesem Zweig der öffentlichen Armenpflege fast niemals die Rede sein; ganz besonders eignet er sich daher als Sonderzweig der Fürsorge eingerichtet und ausgebaut zu werden. Eine ganze Reihe deutscher Städte sind auch bereits mit der Abtrennung der Armenkinderpflege von der öffentlichen Armenpflege vorgegangen und haben sie mit den anderen Gebieten der Jugendfürsorge, dem Gemeindewaisenrat, der Berufsvormundschaft, dem Säuglingsschutz usw. in Form von Jugendämtern vereinigt.

Der Arbeitsnachweis und die Arbeitslosenfürsorge und mit ihnen zusammenhängend Wanderarmen- und Obdachlosenfürsorge drängen gerade so wie die Jugendfürsorge... zu einer baldmöglichen Regelung. Auch hier kann im allgemeinen von Verschulden nicht mehr die Rede sein, wenn die Arbeitslosigkeit im Zeitalter des Arbeitsvertrages auf der augenblicklichen Lage des Arbeitsmarktes beruht. Wenn es einmal gelingt, auf reichsgesetzlichem Wege die soziale Sonderfürsorge des Arbeitsnachweises einheitlich auszubauen, werden der öffentlichen Armenpflege die meisten der vorübergehend Hilfsbedürftigen abgenommen sein.

Eine ganze Reihe weiterer Gruppen von Unterstützungszweigen lassen sich hier noch anführen, bei denen ebenfalls im allgemeinen von einem Verschulden nicht die Rede sein kann. Ich erwähne nur die Wohnungsfürsorge, die Hauspflege, die Fürsorge für Erwerbsbeschränkte, für Heimarbeiterinnen usw. usw. Immer handelt es sich um Gebiete, von denen wir mit Sicherheit sagen können, daß sie im Laufe der nächsten Jahrzehnte als einzelne Zweige der sozialen Fürsorge ausgebaut werden müssen.

Bei allen diesen erwähnten Gruppen tritt die öffentliche Armenpflege bei der Unterstützungsgewährung anstelle noch nicht eingetretener Sonderfürsorge. Ihre Unterstützung muß daher nach Maß und Art sich nach diesem Moment richten. Wie die bereits ausgebauten Fürsorgezweige das Bestreben haben, durch ihre Unterstützung die einzelnen Personen gemäß ihrer Lebensstellung zu unterstützen, so muß auch die öffentliche Armenpflege bei all diesen Gruppen ohne eigenes Verschulden hilfsbedürftig Gewordener das Maß der Unterstützung nach der bisherigen Lebensstellung bemessen. Der notdürftige Lebensunterhalt, den die heutigen Armengesetze gewährleisten, ist durchaus ungenügend für diese Fälle der Bedürftigkeit. Die sozial gestaltete Armenpflege muß auch sozial unterstützen. Die Art der Fürsorge, ob reine Geldunterstützung, reine Naturalunterstützung oder eine Mischung von beiden, richtet sich nach der Erscheinung des Unterstützungsbedürfnisses, d. h. der besonderen Art des Falles, ob Krankheit, Arbeitslosigkeit usw. vorliegt. Die Entscheidung, bei welchen Gruppen von Hilfsbedürftigen kein eigenes Verschulden in Frage kommt, muß natürlich einem Reichsgesetz überlassen werden… Dieses Gesetz kann nur in einzelnen Stichworten die in Rede stehenden Bedürftigkeitsgruppen bezeichnen[162]).

Mußten schon die bisher genannten Fürsorgezweige künftig die soziale Arbeit vor jeweils verschiedenartige Aufgaben stellen, so erforderten weitere Gruppen zweifellos spezielle Formen von Sozialtherapie:

Dieser großen Gruppe der ohne eigenes Verschulden hilfsbedürftig Gewordenen steht eine kleine Gruppe gegenüber, diejenigen, die aus eigenem Verschulden die öffentliche Armenpflege um Hilfe bitten müssen. Bei ihnen handelt es sich um ethische Mängel wie Unwirtschaftlichkeit, Liederlichkeit, Trunksucht, Arbeitsscheu usw. Ebenso gehört hierher die Bedürftigkeitsursache Gefängnis.

Bei diesen Bedürftigen hat die öffentliche Armenpflege die Aufgabe, sie durch sittlich-erzieherische Beeinflussung wieder zu brauchbaren Mitgliedern der menschlichen Gesellschaft heranzubilden. Da eigenes Verschulden vorwiegend der Grund ihrer Hilfsbedürftigkeit ist, kann ihnen nicht der Anspruch eingeräumt werden, ihrer bisherigen Lebensstellung angemessen unterstützt zu werden… Deshalb darf in diesen Fällen nur der „Notbedarf", wie bisher, gewährt werden.

Auch hier verlangt die Festsetzung der Gruppen der Hilfsbedürftigkeit ein Reichsgesetz… Im Einzelfall aber muß hier durch ein einfaches verwaltungsrechtliches Streitverfahren die Sicherheit gegeben werden, daß durch Schiedsspruch festgestellt werden kann, ob die Beschränkung der Unterstützung auf den Notbedarf berechtigt war. Im gleichen Streitverfahren muß auch angefochten werden der Verlust der bürgerlichen Ehrenrechte. Es bedarf keiner Begründung, daß dieser Verlust niemals eintreten darf bei all der Bedürftigkeit, die ohne eigenes Verschulden entstand. Hier ist in der geltenden Gesetzgebung, vor allem der Bundesstaaten, der Entzug des Wahlrechts ein trauriges Überbleibsel der Zeiten vor dem Jahre 1881[163]).

Ebenfalls in die soziale Fürsorge einbezogen wurden die allgemeinen Notstände:

Die allgemeinen Notstände… können ihrer Natur nach nicht vorausgesehen werden, denn es handelt sich um wirtschaftliche oder politische Ereignisse. Überschwemmungen, Mißernten, Teuerungen, Finanzkrisen, Kriege usw. sind Ereignisse, die eine allgemeine Notlage für örtlich oder wirtschaftlich begrenzte Bevölkerungsteile herbeiführen. Für sie kann ein ständiger Sonderfürsorgezweig der sozialen Fürsorge niemals errichtet werden. Daher muß folgerichtig bei ihnen in Zukunft immer die öffentliche Armenpflege als der letzte Zweig der sozialen Fürsorge eintreten[164]).

Um aus der sozialen Fürsorge ein System sozialer Sicherung hervorgehen zu lassen, war für sie eine angemessene Organisation zu bedenken:

Wir haben in Deutschland das System des Unterstützungswohnsitzes und das Elberfelder System der offenen Armenpflege. Es entsteht die Frage, ob diese beiden Grundlagen in ihrer jetzigen Form auch in Zukunft für die Organisation... genügen werden. Tatsächlich hat sich heute das Unterstützungswohnsitzprinzip bereits überlebt. In der Zeit vollster Freizügigkeit, wo der Arbeitsvertrag als wirtschaftliche Lebensgrundlage den raschen Wechsel des Wohnorts mit der Arbeitsstelle notwendig macht, ist das Wichtigste der Ort des Aufenthalts. Nicht der im Laufe der Zeiten mit Fristen und Unterbrechungen erworbene Unterstützungswohnsitz. Anstelle des Unterstützungswohnsitzrechts muß... der Grundsatz des Aufenthaltsortes für alle Inländer eintreten... Die große Frage, wie den kleinen Gemeinden, den leistungsschwachen Ortsarmenverbänden zu helfen sei, läßt sich nur lösen durch geldliche Unterstützung seitens der Kreise und Bezirke...

Die innere Organisation der Armenverbände, das System vor allem der offenen Armenpflege, muß ebenfalls unter dem Gesichtspunkt des Zweiges der sozialen Fürsorge betrachtet werden. Das heute in Deutschland vorherrschende System der ehrenamtlichen Einzelfürsorge für jeden Armen durch ehrenamtliche Armenpfleger und -pflegerinnen führt schon jetzt in größeren Städten ein Scheindasein. In ihnen ist eine weitgehende amtliche Armenpflege die notwendige Folge der Bevölkerungsentwicklung geworden. Alle Zweige der sozialen Fürsorge, die heute bereits als Sonderfürsorge eingerichtet sind, bedienen sich grundsätzlich amtlicher Organe und ziehen nur in wenigen besonderen Fällen und zur Leitung ehrenamtlich tätige Personen heran. So insbesondere die Krankenkassen und die Berufsgenossenschaften. Will man die öffentliche Armenpflege sozialisieren, so muß man diesen Weg beschreiten...

Es erhebt sich noch die Frage, wie die Organisation der sozialen Fürsorge eingerichtet werden soll, um ein gutes Zusammenwirken der verschiedenen Sonderfürsorgezweige zu gewährleisten. Es ist ja heute eine vielgehörte Klage, daß die verschiedenen Zweige der sozialen Fürsorge nicht nur nebeneinander her, sondern auch gegeneinander arbeiten... Die Fragen der Ersparung von Doppelunterstützungen, der rechtzeitigen zweckdienlichen Fürsorge, der Ersparnis von doppelter und dreifacher Arbeit durch die Beamten und Angestellten der einzelnen Fürsorgezweige, der Schonung des Unterstützten gegenüber einem Zuvielhineinreden der Organe verschiedenster Fürsorgeeinrichtungen, kurz des ganzen Zusammenwirkens der öffentlichen sozialen Fürsorge fordern eine Lösung durch Verknüpfung der verschiedenen Sonderfürsorgezweige einer Stadt oder eines Landkreises durch Einrichtung eines Vorstandes der sozialen Fürsorge.

Während die fachliche Gliederung der einzelnen Fürsorgezweige, also der Krankenkassenversicherung, der Unfallversicherung, des Arbeitsnachweiswesens usw. als solche unberührt bestehen bleibt, muß die örtliche Tätigkeit zusammengefaßt werden, soweit sie eine gegenseitige Ergänzung erfordert oder ermöglicht durch eine an die Selbstverwaltungsbehörde angegliederte, ihr übertragene Tätigkeit.

Zu dieser Tätigkeit gehören eine ganze Reihe rein verwaltungstechnischer Einrichtungen, wie Zentralmelde- und Auskunftsstelle, amtliche Publikationen, regelmäßige Besprechungen usw. Vor allem aber gehört hierzu die Gemeinsamkeit der ehrenamtlichen als Pfleger oder Fürsorger im einzelnen Falle tätigen Personen. Die vornehmste Aufgabe des Vorstandes der sozialen Fürsorge am Orte bezugsweise im Landkreise muß darin bestehen, dafür Sorge zu tragen, daß im Einzelfall nur *eine* Person ehrenamtlich tätig ist, *ein* Pfleger oder *eine* Pflegerin. Nur dann kann eine erzieherisch folgerichtige und erfolgreiche Beeinflussung des Unterstützten erreicht werden. Als Gegenstück dazu liegt ihm natürlich die Pflicht auch ob, für die Ausbildung und Befähigung der ehrenamtlichen Kräfte fortgesetzt eingehend Sorge zu tragen, damit sie für ihre hohe Aufgabe gerüstet sind[165]).

Eine Korrektur erfuhr dieses von Dr. Blaum [Armendirektor in Straßburg] vorgetragene Grundsatzprogramm sogleich in der anschließenden Diskussion hinsichtlich der Schuldfrage:

Bezüglich der Schuldfrage war ich [Dr. Wilhelm Polligkeit, Direktor der Zentrale für private Fürsorge in Frankfurt am Main] eigentlich überrascht, bei Herrn Direktor Blaum die künftige Lösung in der Form vorzufinden, daß er für bestimmte Klienten der öffentlichen Armenpflege die Schuldfrage außer acht lassen, für andere dagegen unter allen Umständen berücksichtigen will. Nun scheint mir gerade... eine unbestreitbare Folge des Krieges zu sein, indem er breite Volkskreise aller Schichten wirtschaftlich in Mitleidenschaft zieht, daß man die Schuldfrage in der Armenpflege künftig praktisch kaum noch aufrollen kann... Ich glaube, bei der Schwierigkeit, ja der Unmöglichkeit der Feststellung der Schuldfrage im Einzelfall werden wir sie künftig in der öffentlichen Armenpflege ganz außer acht lassen müssen[166]).

Desgleichen Bürgermeister Dr. Luppe, Frankfurt am Main:

Ich muß mich ebenfalls absolut gegen das Hineinziehen der Schuldfrage aussprechen. Die Schuldfrage ist weder theoretisch noch praktisch zu lösen. Ich halte es für gänzlich unmöglich, im einzelnen Falle zu entscheiden, ob Schuld vorliegt oder nicht... Die Schuldfrage kann nur da in Betracht kommen, wo die *Hilfe* an der *Schuld* der Beteiligten scheitert. Das sind aber die Fälle der sogenannten unheilbaren Unwirtschaftlichkeit, während in allen anderen unheilbaren Fällen und in denen vorübergehenden Notstandes das Schuldproblem ausgeschaltet werden muß[167]).

Offenbar paßte die Frage nach „Schuld" oder, wie in der privaten Wohlfahrtspflege, nach „Würdigkeit" des Hilfebedürftigen nicht ins moderne
Konzept der sozialen Fürsorge, sondern gehörte zu einer zurückliegenden
Zeit, als solche moralischen Werturteile noch üblich waren. Tatsächlich ließ
sich aber der Ausdruck „Schuld", wo er im hier zitierten Text steht, sinngemäß ersetzen durch Bezeichnungen wie „Unfähigkeit (z. B. zu wirtschaftlich vernünftiger Lebensführung)" oder „Suchtkrankheit" oder
überhaupt nur „Bedürftigkeit". Im übrigen brachte die allgemeine Not,
welcher in Krieg und Nachkrieg viele Millionen Deutscher vor allem während der Inflation anheimfielen, die soziale Schuldfrage vollends zum Verschwinden.

Schon die weitere Ausgestaltung des Grundsatzprogramms sozialer Fürsorge, die 1917 erfolgte, ließ die Schuldfrage außer Betracht. Nahezu alle
konkreten Vorschläge, welche der Deutsche Verein in seiner von Dr.
Blaum verfaßten Schrift über „Die Übergangsfürsorge vom Krieg zum
Frieden" (München und Leipzig 1917) veröffentlichte, sind verwirklicht
worden und deshalb hier einzeln, wenn auch kurz, anzugeben:

[Schaffung und Organisation der Arbeitsämter]
Als grundlegende Forderungen des Aufbaues des Arbeitsnachweisnetzes müssen
folgende aufgestellt werden:

1. In allen Städten von mehr als 5000 Einwohnern muß ein öffentliches *Arbeits-*
amt als Gemeindeeinrichtung errichtet werden, soweit sich das Bedürfnis hierfür
ergibt. Dieses ist zugleich auch Zentrale der übrigen öffentlichen und nicht öffentlichen, gewerbsmäßigen und nicht gewerbsmäßigen Stellenvermittlungs-Einrichtun-
gen der betreffenden Gemeinde und des dazugehörigen Umlandes... In Gemeinden
unter 5000 Einwohnern, die als Industrieorte anzusehen sind, vor allem aber in denen, die als Übergangsstellen von einem wirtschaftlichen oder staatlichen Gebiet in
ein anderes eine erhöhte Bedeutung für den Arbeitsmarkt, besonders auch die Wan-
derarbeiter, haben, sind ebenfalls öffentliche Arbeitsämter als Gemeinde-Einrich-
tungen zu errichten...

2. Die örtlichen Arbeitsnachweise sind nach wirtschaftlichen Gebieten zusammenzufassen unter *Hauptarbeitsämtern* oder Zentralausgleichsstellen eines bestimmten Landesteiles...

3. Über den Hauptarbeitsämtern müssen *Landeszentralen* für große Wirt-
schaftsgebiete und eine *Reichsstelle für Arbeitsnachweis* in Berlin... eingesetzt werden. Ihre Aufgabe ist es, aufgrund allwöchentlicher Meldungen der Hauptämter bei
großer Zahl unausgeglichenen Arbeiter- und Stellenangebotes einen Ausgleich zwischen den einzelnen Regierungsbezirken, Provinzen, Bundesstaaten zu versuchen.
Entsprechend den Stellenlisten hat der *Reichs-Arbeitsmarkt-Anzeiger* allwöchent-
lich die offenen Stellen und die Stellengesuche, die die einzelnen Hauptämter nicht
ausgleichen können, aufzuführen[168]).

[Arbeitsplatzsicherung]
Bei allen Kriegsentlassenen, die eine Arbeitsstelle gefunden oder wieder angenommen haben, muß... Sicherung gegen eine baldige grundlose Entlassung eingeführt werden... Wenigstens auf die Dauer eines Jahres nach der Entlassung muß der willkürlichen Entlassung des früheren Wehrpflichtigen aus seinem Arbeitsverhältnis vorgebeugt werden... Es bedeutet diese Regelung unzweifelhaft einen starken Eingriff in bisherige Arbeitgeberrechte...[169]).

[Arbeitslosenfürsorge, Berufliche Umschulung]
Es erhebt sich die Frage, ob in derselben Weise, wie während des Krieges durch besondere Arbeitslosengeldunterstützungen des Reiches... auch nach dem Kriege für diese Arbeitslosen gesorgt werden soll. Es bedarf keiner Begründung, daß das Reich als solches der Träger der Fürsorge für diese gewerblichen Arbeitslosen sein muß... Die Art der Arbeitslosenunterstützung wird bei der langen Dauer, auf die voraussichtlich sich diese Arbeitslosigkeit erstrecken wird, nicht wesentlich in einer geldlichen Unterstützung bestehen dürfen... Hier wird die Arbeitslosenfürsorge nun in starkem Maße auf die Ergreifung eines anderen Berufes durch die Arbeitslosen dieser unter dem Rohstoffmangel leidenden Industrien hinzuwirken haben durch geeignete Umschulungs-Einrichtungen und Ausbildungskurse, durch richtige Bemessung der Arbeitslosenunterstützung...[170]).

[Notstandsarbeiten]
Allein die Meldepflicht gibt den Arbeitsämtern und den Landeszentralen der Arbeitsämter wohl die Gewähr der Übersicht über die vorhandenen Stellen. Nicht aber wird sie genügen, das Angebot von Arbeitskräften vollständig mit Arbeit zu versorgen. Hier müssen die öffentlichen Behörden unmittelbar nach dem Kriege... in großem Umfange mit der Ausführung von öffentlichen Arbeiten als Notstandsarbeiten einsetzen. Der Krieg hat ja eine Reihe von großen, öffentlichen Arbeiten allerorten zum Stillstand gebracht. Ihre Fortführung, darüber hinaus aber die Inangriffnahme neuer, großer Arbeiten... muß von dem Staat und den Gemeinden erwartet werden...[171]).

[Übergangsfürsorge]
Alle die unmittelbar als Kriegsteilnehmer oder Angehörige von Kriegsteilnehmern und die mittelbar durch den Krieg in ihrer wirtschaftlichen und sozialen Lage betroffenen Personen bedürfen in dieser Übergangzeit einer weiteren Fürsorge. Bis einmal die Wirkungen des Krieges durch Hebung der wirtschaftlichen Lage beseitigt sind, werden sie alle eine mehr oder weniger langdauernde Unterstützung erfordern, die ihnen über diese durch den Krieg selbst noch herbeigeführten sozialen Notstände hinweghelfen soll[172]).

[Jugendfürsorge]
Zu fordern ist, daß das Reich möglichst bald in Form eines Rahmengesetzes die Bundesstaaten dazu verpflichte, für jeden Landkreis und für jede kreisfreie Stadt eine Behörde einzusetzen oder zu beauftragen, die sich der gesamten Kinder- und

Jugendfürsorge vom Säuglingsalter bis zur Volljährigkeit anzunehmen hat und die
die Einrichtungen treffen muß, daß jeder Fall der Notwendigkeit einer Ersatzerzie-
hung oder Erziehungsfürsorge eines Kindes tatsächlich zur Übernahme durch öffentliche oder private Fürsorge geführt wird ... Sehr wesentlich ist hierbei, daß die
zahlreichen Einrichtungen der Kinderfürsorge, wie Kinderkrippen, Horte, Tagesheime, Säuglingsfürsorgestellen usw. nicht mit dem Ende des Krieges verschwinden[173]).

[Wohlfahrtsämter]
  Mir [Prof. Dr. Altmann, Mannheim, als Berichterstatter] scheint es wichtig zu
sein, daß wir an dieser Stelle wenigstens die Forderung aussprechen, daß die Städte... zu Bildung von Wohlfahrtsämtern übergehen. Für diese halte ich den gemischten Betrieb, d. h. eine Verbindung von öffentlicher Organisation einschließlich der
Armenpflege und privater Organisationen für die geeignetste Form, um die zahlreichen Fürsorgemittel und -maßnahmen zu überschauen und zusammenzuführen. In
solchen Betrieben läßt sich auch das Problem der Anrechnung gewisser Leistungen
dieser oder jener Gruppe der Wohlfahrtätigkeit oder anderer Einkünfte am leich-
testen lösen... Das kann... an keiner anderen Stelle geschehen, als in diesen Wohlfahrtsämtern, die das Bestehende aus der Tradition der Armenämter mit der Lebendigkeit der großen aufgekommenen und noch entstehenden Organisationen verbinden. An der Spitze dieser Behörden stelle ich mir allerdings stets den Leiter der großen Armenbehörde vor[174]).

  Sobald jetzt die soziale Fürsorge aufgefaßt wurde als Gemeinsamkeit von
Fürsorge und Sozialpolitik, ließ sie sich nur noch teilweise vergleichen mit
derjenigen sozialen Fürsorge, die vor dem Krieg entwickelt worden war.
Damals hatte allein das Freiwilligkeits-Prinzip gegolten, jetzt dominierte –
schon durch Einbezug aller Versorgungsmaßnahmen – das Pflicht-Prinzip;
damals hatten sich ihr hauptsächlich private Vereinigungen gewidmet, jetzt
trugen auch Behörden für sie die Verantwortung. Folglich mußte das Verhältnis zwischen öffentlicher und privater Fürsorge neu bestimmt werden.
Da erwies sich, wie seit alters, als Schwierigkeit, daß die private Fürsorge
unübersehbar in eine Vielzahl verschiedenartigster Vereinigungen zersplittert war.
  Um diese Schwierigkeit zu beheben, faßte der Deutsche Verein am 22.
September 1917 folgende Resolution:

  Die Versammlung beauftragt den Vorstand, einen Ausschuß zur Prüfung und Beantwortung folgender Fragen zu ernennen:
  1. wie eine freiwillige Zusammenfassung der freien Liebestätigkeit zu erreichen
ist, um ihre Wirksamkeit zu vervollkommen, schädliche Zersplitterung zu vermeiden, unlautere, eigennützige und zweckwidrige Bestrebungen auszuschließen,
  2. wie eine wohlwollende Mitwirkung der Behörden zu diesen Zielen zu gestalten ist[175]).

Mit dieser Entschließung kam der Deutsche Verein denjenigen Bestrebungen entgegen, die innerhalb der privaten Fürsorge ebenfalls auf Zusammenschlüsse hindrängten (s. II. Teil).

Abschlußthema: Der Deutsche Verein sucht und gibt sich für seinen Namen eine neu formulierte Zweckbestimmung

Mit seinem neuen Programm sozialer Fürsorge, und mit seinem Bekenntnis zu ihr, vertrug sich nicht mehr die alte Zweckbestimmung des Deutschen Vereins „für Armenpflege und Wohltätigkeit". Der Ausdruck „Wohltätigkeit" war, obwohl gut gemeint, ohnehin schon suspekt geworden; und was die „Armenpflege" betraf, so sollte sie jetzt und künftig ja nur noch als ein Fürsorgezweig gelten, mit dem allein sich der Deutsche Verein nicht identifizieren konnte. Die Notwendigkeit einer Namensänderung kam 1917 zur Sprache:

Der Name des Vereins lautet seit seiner Gründung. „Deutscher Verein für Armenpflege und Wohltätigkeit". Dieser Name war damals nach Ansicht des Vorstandes ein durchaus richtiger und entsprechender. Die Verhältnisse haben sich aber geändert.

Der Verein hat schon seit langer Zeit seine Wirksamkeit auf viele Fragen ausgedehnt, die mit Armenpflege und Wohltätigkeit eigentlich nur in einem bloßen Zusammenhang stehen. Er hat sich in immer steigendem Maße mit Sozialpolitik, mit sozialen Fragen beschäftigt, und der Verein hat sich dann von sehr autoritativer Seite sagen lassen müssen: Kümmert euch doch nicht um Dinge, die euch nichts angehen...

Dann noch ein anderer Umstand. Damals hat man „Armenpflege und Wohltätigkeit" gesagt, offenbar in dem Gedanken, daß man zwischen gesetzlicher Armenpflege und freiwilliger Armenpflege, die man Wohltätigkeit nannte, unterscheiden wollte... Heute faßt man Armenpflege weiter. Was man Wohltätigkeit nennt und freiwillige Armenpflege, ist ein Teil der Armenpflege, untrennbar mit ihr verbunden. Also Armenpflege und Wohltätigkeit fallen zusammen. Der Ausdruck der Wohltätigkeit ist aber auch etwas anrüchig geworden, und wir haben nach dieser Richtung auch Schwierigkeiten mit einem großen Teil der Bevölkerung[176]).

Noch sollte, der Tradition und Pietät wegen, am Ausdruck „Armenpflege" festgehalten werden. Zu Diskussion standen: Deutscher Verein „für Armenpflege und Volkswohl" oder „... für Armenpflege und Wohlfahrt". Widerspruch wurde laut. Es kam, wie sich aus einem Protokoll-Vergleich ersehen läßt, zur hitzigsten Debatte innerhalb des Deutschen Vereins seit dessen Bestehen. Der Vorsitzende Dr. Ruland berief sich auf den früheren Vorsitzenden (1901–1911) Stadtrat Ludwig-Wolf, Leipzig, und zugleich auf die Gründer des Deutschen Vereins:

> Von diesen Gründern des Vereins, die doch wohl, was Pietät gegen den Verein und seine Ziele angeht, das beste Urteil haben dürften, lebt nur noch einer, unser ehrwürdiger und lieber Freund Ludwig-Wolf. Er hat mich gebeten, heute in seinem Namen zu sprechen... Wenn die Frage zu prüfen ist, ob es eine Verletzung der Pietät gegen den Verein ist, wenn eine derartige Änderung vorgeschlagen wird, so ist er wohl der erste, der darüber zu urteilen hat, und... gerade er ist der Antragsteller! In einem Schreiben, das ich von ihm vor wenigen Monaten erhalten habe, hat er angeregt, bei Gelegenheit unseres heutigen Kongresses endlich der Welt ein klares und ein wahres Bild unseres Vereins zu geben und nicht unter *falscher* Flagge weiterzusegeln!... Was die Ansicht von Wolf angeht, so haben sie dieselbe gehört, was die Ansicht von Dr. Emil Münsterberg [des kürzlich verstorbenen Vorsitzenden] angeht, so kann ich Ihnen heute versichern, daß auch er schon damals gesagt hat: „Unsere Bezeichnung ist leider eine unrichtige, sie ist aber einmal da!“[177])

Dem Wortführer der Traditionalisten, Prof. Dr. Klumker, wurde entgegengehalten, daß er, wie es scheine, keine Kenntnis habe von den sachlichen Gründen, welche für die Namensänderung sprächen. („Er hat uns auch nicht danach gefragt,... und ich will sie ihm jetzt sagen"):

> An erster Stelle schlagen wir Ihnen diese Änderung vor, weil die *Wahrheit* es verlangt! Unsere Bezeichnung ist eine innerlich *unwahre,* und deshalb ist die erste Gelegenheit wahrzunehmen, um der Wahrheit die Ehre zu geben... Der Verein hat im ganzen bis jetzt in seinen Schriften 106 Bücher veröffentlicht. Wenn Sie diese durchlesen, so werden Sie finden: 25 davon sind stenographische Berichte. Es bleiben 81 wissenschaftliche Schriften übrig. Von diesen 81 beschäftigten sich 47 mit der Armenpflege. 34, also mehr als ein Drittel, nicht ganz die Hälfte, beziehen sich auf die Frage der „sozialen" Fürsorge... Wir wollten Ihnen deshalb heute vorschlagen, dem Verein den Namen zu geben: „Verein für Armenpflege und soziale Fürsorge"... aber wir wollten das Fremdwort „sozial" vermeiden und wollten das Wort „Wohlfahrt" nehmen, weil dieses heute schon in Deutschland denselben Begriff vollkommen richtig darstellt, wenn das Wort in diesem Sinne auch ein verhältnismäßig neu entstandener Begriff ist... Die Bezeichnung des Vereins ist für die *Öffentlichkeit* bestimmt!...
> Das ist der erste Grund. Der zweite Grund ist folgender: ... Nur wenn wir den Namen berichtigen, sind wir dagegen geschützt, daß in der nächsten Zeit irgendein anderer Verein sich auftut und sich „Deutscher Verein für Wohlfahrt" nennt, oder „Deutscher Verein für soziale Fürsorge"... Das ist ein *praktischer* Grund, den ich deshalb besonders betone, weil er für das Ansehen, für die Vergangenheit unseres Vereins wichtig ist.
> Der dritte Grund beruht auf unseren und speziell auf meinen persönlichen Erfah-

rungen! Als wir im Frühjahr 1915 die Tagung für die Kriegerwitwen und -waisen
hierher beriefen, bin ich in peinlicher Lage gewesen... Wie waren denn wir, die wir
uns „Verein für Armenpflege und Wohltätigkeit" nannten, *berufen*, eine Versammlung hierher zu bitten, bei der wir ja gerade die Worte „Armenpflege und Wohltätigkeit" *vermeiden* mußten? Wir wollten ja etwas ganz anderes: Die Fürsorge für
unsere Kriegerwitwen und Kriegerwaisen. Diese *soziale Pflicht* in einem Atem mit
der Armenpflege und der freien Liebestätigkeit zusammenzubringen, ist ja eine
Herabsetzung... Ich hatte das persönliche Empfinden, und der Vorstand hat es geteilt, daß wir uns, gerade weil wir unter dieser falschen Flagge bisher gesegelt sind,
dadurch den weiteren Weg erschwert, wenn nicht abgeschnitten haben[178]).

Da keine Einigung herbeizuführen war, wurde die Angelegenheit auf
Antrag von Prof. Dr. Wilhelm Polligkeit [dem späteren Vorsitzenden des
Deutschen Vereins] erst einmal vertagt. Sie kam zum Abschluß am 16. Oktober 1919. Der neue Name sollte jetzt lauten: „Deutscher Verein für öffentliche und private Fürsorge." Zu seiner Begründung wurde dasselbe wie
bereits 1917 angeführt:

Der Name des Vereins entspricht schon seit langen Jahren nicht mehr der neuzeitlichen Entwicklung seines Arbeitsgebietes. Er bietet für die Vereinsleitung eine stete
Erschwerung ihrer Tätigkeit und zwingt sie überall, das Eingreifen des Vereins gewissermaßen zu entschuldigen und besonders zu rechtfertigen, wo es sich nicht ausschließlich um Fragen der „Armenpflege und Wohltätigkeit" handelt! Bei dem der
„Armenpflege" als solcher ohnehin anhaftenden Makel – mag er berechtigt sein oder
nicht – hat der Name auch noch weitere Nachteile zur Folge:
Da der Verein das gesamte Fürsorgewesen zum Arbeitsgebiete hat, segelt er mit
einem Worte unter falscher Flagge. Er erscheint seinem Namen nach nicht berechtigt, über das Gebiet des Armenwesens hinaus eine führende Stellung einzunehmen.
Unter den vielfachen Vorschlägen zur Namensverbesserung scheint dem Vorstande
die Bezeichnung als „Deutscher Verein für öffentliche und private Fürsorge"... die
beste Lösung zu bieten[179]).

Bei diesem Namen blieb es nun. Ihm gemäß hieß die Jahresversammlung,
vorher auch als „Deutscher Armenpflegekongreß" bezeichnet, fortan
„Deutscher Fürsorgetag". Zugleich erhielt § 2 der Vereinssatzung folgenden Wortlaut:

Der Zweck des Vereins ist, einen Mittelpunkt für alle in Deutschland auf dem
Gebiet der öffentlichen und privaten Fürsorge hervortretenden Bestrebungen zu
bilden. Fortgesetzte gegenseitige Aufklärung der auf diesen Gebieten tätigen Personen, Anbahnung und Beeinflussung von Reformbestrebungen, Förderung der Wissenschaft des Fürsorgewesens, Verbreitung gesunder Grundsätze in der Praxis der
öffentlichen und privaten Fürsorge sind seine Hauptaufgaben. Zur Verfolgung dieses Vereinszweckes dienen als wesentliche Mittel die alljährliche öffentliche Versammlung der Vereinsmitglieder (Deutscher Fürsorgetag) und die Herausgabe von
Druckschriften.

ZWEITER TEIL: AUS DER ZEIT VON 1919 BIS 1933

Am Ende des verlorenen Krieges wurden alle 25 Einzelstaaten sowie das Reich als Ganzes umgewandelt in Republiken. Die vom Rat der Volksbeauftragten als Übergangsregierung am 30. November erlassene Verordnung über die Wahlen zur Verfassungsgebenden Deutschen Nationalversammlung (Reichswahlgesetz, RGBl 1345) unterschied sich vom früheren Reichstagswahlgesetz (vgl. I. Teil, 1. Themenkreis) vor allem dadurch, daß es auch den Frauen das Wahlrecht gewährte und nicht mehr die Empfänger öffentlicher Unterstützung ausschloß:

§ 2. Wahlberechtigt sind alle deutschen Männer und Frauen, die am Wahltag das 20. Lebensjahr vollendet haben.
§ 4. Ausgeschlossen vom Wahlrecht ist,
1. wer entmündigt ist oder unter vorläufiger Vormundschaft steht,
2. wer infolge eines rechtskräftigen Urteils der bürgerlichen Ehrenrechte ermangelt.

Die am 19. Januar 1919 gewählte Nationalversammlung nahm am 31. Juli in Weimar die neue („Weimarer") Reichsverfassung (WRV) an, die am 11. August 1919, am Tage ihrer Verkündigung, in Kraft trat (RGBl 1383).

Wegen der sozialpolitischen Komponente ihrer Verfassung und wegen der entsprechenden Sozialgesetzgebung wurde die Weimarer Republik in der deutschen Fürsorgeliteratur allgemein als „Wohlfahrtsstaat" aufgefaßt und bezeichnet.

Zur Weimarer Verfassung und ihrer sozialpolitischen Komponente

Mit Inkrafttreten der Weimarer Verfassung wurde die vorangegangene Reichsverfassung vom 16. April 1871 aufgehoben (Art. 178 WRV). Aber deren Hauptfaktoren und Grundzüge hatten sich dank Bismarcks genialem Pragmatismus während der zurückliegenden Jahrzehnte als so tauglich erwiesen, daß sie jetzt, republikanisch modifiziert und jeweils anders gewichtet, auch in der Weimarer Verfassung erhalten blieben. An die Stelle des Bundespräsidenten mit Kaisertitel trat der Reichspräsident; aus dem Bundesrat wurde der Reichsrat; der Reichstag blieb Reichstag, und dasselbe galt für den Reichskanzler. Indem jedoch die Unterschiede weit jene genannten Gemeinsamkeiten überwogen, bezeugte die Weimarer Verfassung gegenüber ihrem Vorgänger, wie sich Volk und Reich vom 19. zum 20. Jahrhundert fortschrittlich entwickelt hatten.

War 1870 der deutsche Bundesstaat noch als Fürstenbund zustandegekommen, und war 1871 diesem Bundesstaat der Name „Deutsches Reich"
noch als geschichtsträchtige Einigungsformel beigelegt worden, so besagte
jetzt die Präambel der Weimarer Verfassung:

Das Deutsche Volk, einig in seinen Stämmen und von dem Willen beseelt, sein
Reich in Freiheit und Gerechtigkeit zu erneuern und zu festigen, dem inneren und
dem äußeren Frieden zu dienen und den gesellschaftlichen Fortschritt zu fördern,
hat sich diese Verfassung gegeben. [Dazu Artikel 1:] Das Deutsche Reich ist eine
Republik. Die Staatsgewalt geht vom Volke aus.

Eine Hinterlassenschaft der inzwischen ins Privatleben verschwundenen
letzten 25 deutschen Dynastien waren deren 25 Einzelstaaten. Die Nationalversammlung fand sich mit ihnen ab und nannte sie „Länder": „Das
Reichsgebiet besteht aus den Gebieten der deutschen Länder" (Art. 2), „Jedes Land muß eine freistaatliche Verfassung haben" (Art. 17). Im übrigen
war es den jeweiligen Einwohnern überlassen, durch Volksabstimmung
über Gebietsreformen zu entscheiden (Art. 18); so entstand 1920 aus thü-
ringischen Kleinstaaten das Land Thüringen als Freistaat[180]).

Auch die Weimarer Verfassung wahrte einen bundesstaatlichen Charakter. Sie behielt in freilich abgeschwächter Form das Indigenat bei: „Jeder
Angehörige eines Landes ist zugleich Reichsangehöriger" (Art. 110), und
sie statuierte ausdrücklich die Freizügigkeit: „Alle Deutschen genießen
Freizügigkeit im ganzen Reiche. Jeder hat das Recht, sich an beliebigem
Orte des Reiches aufzuhalten und niederzulassen, Grundstücke zu erwerben und jeden Nahrungszweig zu betreiben" (Art. 111). Die Gesetzgebung
des Reiches war, wie in der Verfassung von 1870/1871, nach Zuständigkeiten eigens spezifiziert (s. u.); zwar „Reichsrecht bricht Landrecht" (Art.
13), aber „solange und soweit das Reich von seinem Gesetzgebungsrechte
keinen Gebrauch macht, behalten die Länder das Recht der Gesetzgebung"
(Art. 12), und über Streitigkeiten zwischen Ländern oder zwischen dem
Reiche und einem Lande entscheidet der Staatsgerichtshof (Art. 19).

Im Verhältnis zwischen Reichsrat (anstelle des früheren Bundesrates)
und Reichstag lag der Vorrang nunmehr beim Reichstag:

Art. 68. Die Gesetzesvorlagen werden von der Reichsregierung oder aus der
Mitte des Reichstags eingebracht. Die Reichsgesetze werden vom Reichstag be-
schlossen.
Art. 69. Die Einbringung von Gesetzesvorlagen der Reichsregierung bedarf der
Zustimmung des Reichsrates. Kommt eine Übereinstimmung zwischen der Reichs-
regierung und dem Reichsrat nicht zustande, so kann die Reichsregierung die Vor-
lage gleichwohl einbringen, hat aber hierbei die abweichende Auffassung des
Reichsrats darzulegen.

Beschließt der Reichsrat eine Gesetzesvorlage, welcher die Reichsregierung nicht zustimmt, so hat diese die Vorlage unter Darlegung ihres Standpunkts beim Reichstag einzubringen.

Art. 33. ... Die Länder sind berechtigt, in diese Sitzungen [des Reichstags und seiner Ausschüsse] Bevollmächtigte zu entsenden, die den Standpunkt ihrer Regierung zu dem Gegenstande der Verhandlung darlegen.

Höchster Repräsentant der Reichseinheit war der Reichspräsident. Im grundlegenden Unterschied zum früheren Bundespräsidenten, dessen Amt im Erbgange mit der Krone von Preußen verbunden gewesen war, wurde der Reichspräsident „vom ganzen deutschen Volke gewählt" (Art. 41), und zwar auf sieben Jahre (Art. 43). Der Reichspräsident ernannte und entließ den Reichskanzler sowie, auf dessen Vorschlag hin, die Reichsminister (Art. 53); notfalls konnte der Reichspräsident auch ohne Reichstag nur mit dem Reichskanzler durch Notverordnungen regieren (Art. 48).

Die Bestimmung, daß der Reichskanzler zu ernennen und zu entlassen sei vom Reichspräsidenten, wurde relativiert durch Art. 54:

Art. 54. Der Reichskanzler und die Reichsminister bedürfen zu ihrer Amtsführung des Vertrauens des Reichstags. Jeder von ihnen muß zurücktreten, wenn ihn der Reichstag durch ausdrücklichen Beschluß sein Vertrauen entzieht.

Anders als in der früheren Verfassung mit nur einem Reichsminister, nämlich dem Reichskanzler, und dessen Staatssekretären gab es jetzt, dem Reichskanzler nur halbwegs untergeordnet, eigene Reichsministerien:

Art. 52. Die Reichsregierung besteht aus dem Reichskanzler und den Reichsministern.

Art. 55. Der Reichskanzler führt den Vorsitz in der Reichsregierung...

Art. 56. Der Reichskanzler bestimmt die Richtlinien der Politik und trägt dafür gegenüber dem Reichstag die Verantwortung. Innerhalb dieser Richtlinien leitet jeder Reichsminister den ihm anvertrauten Geschäftszweig selbständig und unter eigener Verantwortung gegenüber dem Reichstag.

Art. 57. Die Reichsminister haben der Reichsregierung alle Gesetzentwürfe, ferner Angelegenheiten, für welche Verfassung und Gesetz dieses vorschreiben, sowie Meinungsverschiedenheiten über Fragen, die den Geschäftsbereich mehrerer Reichsminister berühren, zur Beratung und Beschlußfassung zu unterbreiten.

Art. 58. Die Reichsregierung faßt ihre Beschlüsse mit Stimmenmehrheit. Bei Stimmengleichheit entscheidet die Stimme des Vorsitzenden.

Zu den Besonderheiten der Weimarer Verfassung gehörte deren sozialpolitische Komponente. Sie beseitigte jene Schwierigkeit, mit welcher der Deutsche Verein nur wenige Jahre zuvor noch bei seinen Beratungen eines neuen Reichsarmengesetzes gerungen hatte (s. o.). Damals, in den Jahren 1912/1913, hatte er öffentlich dargelegt, daß zum Zwecke eines solchen

Reichsgesetzes erst die Verfassung geändert werden müsse, weil sie ein entsprechendes Gesetzgebungsrecht für das Reich nicht vorsah. Dieses Recht gewährte nunmehr die Weimarer Verfassung dem Reich ausdrücklich und ausführlich:

Art. 7. Das Reich hat die Gesetzgebung über:
5. das Armenwesen und die Wandererfürsorge;
7. die Bevölkerungspolitik, die Mutterschafts-, Säuglings-, Kinder- und Jugendfürsorge;
8. das Gesundheitswesen...;
9. das Arbeitsrecht, die Versicherung und den Schutz der Arbeiter und Angestellten sowie den Arbeitsnachweis;
11. die Fürsorge für die Kriegsteilnehmer und ihre Hinterbliebenen
Art. 9. Soweit ein Bedürfnis für den Erlaß einheitlicher Vorschriften vorhanden ist, hat das Reich die Gesetzgebung über:
1. die Wohlfahrtspflege
...
Art. 119. Die Ehe steht als Grundlage des Familienlebens und der Haltung und Vermehrung der Nation unter dem besonderen Schutz der Verfassung. Sie beruht auf der Gleichberechtigung der beiden Geschlechter.
Die Reinerhaltung, Gesundung und soziale Förderung der Familie ist Aufgabe des Staates und der Gemeinden. Kinderreiche Familien haben Anspruch auf ausgleichende Fürsorge. Die Mutterschaft hat Anspruch auf den Schutz und die Fürsorge des Staates.
Art. 120. Die Erziehung des Nachwuchses zur leiblichen, seelischen und gesellschaftlichen Tüchtigkeit ist oberste Pflicht und natürliches Recht der Eltern, über deren Betätigung die staatliche Gemeinschaft wacht.
Art. 121. Den unehelichen Kindern sind durch die Gesetzgebung die gleichen Bedingungen für ihre leibliche, seelische und gesellschaftliche Entwicklung zu schaffen wie den ehelichen Kindern.
Art. 122. Die Jugend ist gegen Ausbeutung sowie gegen sittliche, geistige oder körperliche Verwahrlosung zu schützen. Staat und Gemeinde haben die erforderlichen Einrichtungen zu treffen. Fürsorgemaßregeln im Wege des Zwanges können nur aufgrund des Gesetzes angeordnet werden.
Art. 161. Zur Erhaltung der Gesundheit und Arbeitsfähigkeit, zum Schutz der Mutterschaft und zur Vorsorge gegen die wirtschaftlichen Folgen von Alter, Schwäche und Wechselfällen des Lebens schafft das Reich ein umfassendes Versicherungswesen unter maßgebender Mitwirkung der Versicherten.
Art. 163. Jeder Deutsche hat unbeschadet seiner persönlichen Freiheit die sittliche Pflicht, seine geistigen und körperlichen Kräfte so zu betätigen, wie es das Wohl der Gesamtheit erfordert. Jedem Deutschen soll die Möglichkeit gegeben werden, durch wirtschaftliche Arbeit seinen Unterhalt zu erwerben. Soweit ihm angemessene Arbeitsgelegenheit nicht nachgewiesen werden kann, wird für seinen notwendigen Unterhalt gesorgt. Das Nähere wird durch besondere Reichsgesetze bestimmt.

Infolge dieser nunmehr dem Reich übertragenen Zuständigkeit kamen während der nächsten Jahre u. a. das Reichsjugendwohlfahrtsgesetz (s. u.), die Fürsorgepflichtverordnung (s. u.) mit den Reichsgrundsätzen über Voraussetzung, Art und Maß der öffentlichen Fürsorge (s. u.) sowie das Gesetz über Arbeitsvermittlung und Arbeitslosenversicherung (s. u.) als Reichsgesetze zustande. Sowohl das Reichsjugendwohlfahrtsgesetz als auch die Reichsgrundsätze erfüllten alte Forderungen des Deutschen Vereins. Nicht nur gingen beide Gesetze auf seine Vorarbeiten zurück, sondern auch an ihrer unmittelbaren Vorbereitung war er maßgeblich beteiligt.

Erster Themenkreis: Die großen Sozialgesetze der Weimarer Republik

Dank der Weimarer Verfassung war das Reich zuständig für die gesamte, schon im Verfassungstext differenzierte Sozialgesetzgebung, insbesondere für die Sozialfürsorge; und was der Deutsche Verein noch 1913 von der Zukunft mehr erhofft als erwartet hatte, daß nämlich er an der Vorbereitung dringlich geforderter Reichsfürsorgegesetze direkt beteiligt werde, das wurde jetzt, wenige Jahre später, zur Wirklichkeit. Bei allen grundlegenden Reichsfürsorgegesetzen der Weimarer Republik hat die Reichsregierung mit ihm intensiv zusammengearbeitet: beim Reichsjugendwohlfahrtsgesetz vom 9. Juli 1922, bei der Fürsorgepflichtverordnung vom 13. Februar 1924 und bei den Reichsgrundsätzen über Voraussetzung, Art und Maß der öffentlichen Fürsorge vom 4. Dezember desselben Jahres.

1. Zum Reichsgesetz für Jugendwohlfahrt vom 9. Juli 1922 (RGBl S. 633)

1.1 Aus der Vorgeschichte des RJWG

Über die Vorgeschichte des RJWG hat Dr. Wilhelm Polligkeit, damals Vorsitzender und Geschäftsführer des Deutschen Vereins, 1923 in seinem Gesetzeskommentar zusammenfassend berichtet[181]):

In eingehender Weise wurde diese Frage [= die Jugendfürsorge-Reform] zum ersten Male im Jahre 1910 auf der Königsberger Tagung des Deutschen Vereins... behandelt. Dort wurde die Einrichtung städtischer Zentralen für Jugendfürsorge gefordert, deren Hauptaufgaben... folgende sein sollten: 1. die Sorge für die armenrechtlich hilfsbedürftigen Kinder, 2. die Sorge für die unehelichen sowie diejenigen ehelichen Kinder, die entgeltlich in fremder Pflege untergebracht sind, 3. die Sorge für aufsichtslose Kinder durch Errichtung von Krippen, Kinderhorten, Kindergärten, 4. die Sorge für die Schulkinder durch Ferienkolonien, Schulspeisung, sowie für die körperlich oder geistig Behinderten, d.h. blinde, blödsinnige, taubstumme, epileptische und verkrüppelte Kinder, 5. die Berufsberatung der aus der Volksschule zur Entlassung kommenden Kinder, sowie erforderlichen Falles Gewährung von städtischen Beihilfen zur Berufsausbildung, 6. die Beaufsichtigung der erwerbstätigen Kinder und Jugendliche, 7. die Mitwirkung im Zwangserziehungsverfahren durch Antragsstellung, Unterbringung und Überwachung, 8. die Jugendgerichtshilfe, insbesondere Schutzaufsicht bei straffälligen Kindern...

In dem vorstehenden Programm war zuerst der Weg vorgezeichnet, den die Gesetzgebung zu beschreiten hatte. Die Weiterbearbeitung der Fragen erfolgte durch einen gemischten, aus den führenden Vereinen, insbesondere dem Deutschen Verein für Armenpflege und Wohltätigkeit, jetzigen Deutschen Verein für öffentliche und private Fürsorge, dem Archiv Deutscher Berufsvormünder und der Deutschen Zentrale für Jugendfürsorge zusammengesetzten Ausschuß... Weitere Konferenzen über Einzelfragen förderten die Vorarbeiten. Zu erwähnen ist hier insbesondere die Tagung des Allgemeinen Deutschen Fürsorgeerziehungstages von 1912 zu Dresden, auf welcher der Direktor der öffentlichen Jugendfürsorge in Hamburg, Dr. Johannes Petersen, zuerst die allgemeine Anerkennung öffentlich-rechtlichen Anspruches des Kindes auf Erziehung aufstellte und damit die materiell-rechtliche Grundlage für diejenigen Forderungen schuf, die bisher nur nach der organisatorischen Seite aufgestellt waren...

Angesichts der großen Schwierigkeiten, welche während des Krieges einer reichsgesetzlichen Regelung entgegenstanden, entschloß sich die Preußische Staatsregierung im Jahre 1918 zu einer einstweiligen landesgesetzlichen Regelung. Sie legte im Juli 1918 dem Landtage den Entwurf eines Jugendfürsorgegesetzes vor, welcher die Errichtung von Jugendämtern für jeden Stadt- und Landkreis vorsah und im übrigen die Berufsvormundschaft, das Haltekinderwesen und die Unterstützung hilfsbedürftiger Minderjähriger im Anschluß an die Organisation neu regelt. Der Entwurf... wurde vom Abgeordnetenhaus einem Ausschuß... überwiesen, ... er änderte die Überschrift des Jugend*fürsorge*-Gesetzes in „Jugend-*Wohlfahrts*-Gesetz" und fügte in den Entwurf die Schaffung von Landesjugendämtern ein, welche bei den preußischen Provinzen gebildet werden sollten...

In den Fachkreisen war unterdessen die Bewegung für eine reichsgesetzliche Neuordnung immer stärker geworden und so kam es, daß die Antwort auf die Einbringung des preußischen Entwurfs keine restlose Begrüßung der Vorlage darstellte...

Kurz vor Kriegsende veranstaltete der Deutsche Verein – gemeinsam mit
dem Archiv Deutscher Berufsvormünder, der Deutschen Zentrale für Jugendfürsorge, der Zentralstelle für Volkswohlfahrt, dem Allgemeinen Für-
sorgeerziehungstag und dem Deutschen Kinderschutzbund – den Deutschen Jugendfürsorgetag in Berlin unter dem Hauptthema „Jugendämter
als Träger der öffentlichen Jugendfürsorge im Reich", der am 21. September 1918 folgende Entschließung faßte:

Der Deutsche Jugendfürsorgetag hält die Errichtung von Jugendämtern in Stadt
und Land als Träger der öffentlichen Jugendfürsorge (Fürsorge für Armenkinder,
Waisenkinder, Kost- und Haltekinder, uneheliche Kinder, Fürsorgezöglinge) für
unerläßlich. Ihre verwaltungsmäßige Organisation muß unter Ermöglichung weit-
gehender Mitarbeit der auf den gleichen Gebieten arbeitenden Körperschaften der
freien Liebestätigkeit einheitlich durchgeführt werden. In Verbindung damit ist die
Übertragung der Berufsvormundschaft an die Jugendämter und die Übernahme der
Kosten für hilfsbedürftige Kinder auf größere Gemeindeverbände vorzusehen.
Der Deutsche Jugendfürsorgetag beauftragt seinen Vorstand:
1. bei den Reichsbehörden und dem Reichstag dahin zu wirken, daß eine solche
   verwaltungsmäßige Organisation der öffentlichen Jugendfürsorge so weit wie
   möglich in die Wege geleitet und die Errichtung von Jugendämtern in Stadt und
   Land den Bundesstaaten durch Reichsgesetz zur Pflicht gemacht wird;
2. alle weiteren Schritte zu tun, um das Verständnis für die Notwendigkeit einer
   reichsgesetzlichen Regelung der Errichtung von Jugendämtern in allen Volks-
   kreisen zu wecken[182]).

Mit seinem Verlangen nach einem Reichsgesetz zur Einführung von Jugendämtern stieß – 1918! – freilich der Deutsche Jugendfürsorgetag auf dieselben Verfassungsschwierigkeiten wie fünf Jahre vorher der Deutsche
Verein mit seinen Richtlinien für ein Reichsarmengesetz. Dann aber ermöglichte die Weimarer Verfassung nicht allein die Errichtung von Jugendämtern, sondern die reichsgesetzliche Regelung der gesamten Jugendfürsorge.
Der erste Regierungsentwurf eines Reichsjugendwohlfahrtsgesetzes
wurde am 25. Februar 1920 dem Reichsrat vorgelegt, der zweite Regierungsentwurf am 19. März 1921 dem zuständigen (29.) Reichstagsausschuß. Mit diesem Reichstagsausschuß wirkte aufs engste die vom Deutschen Verein am 15. März 1921 einberufene Sachverständigenkommission
zusammen.
Unter Leitung von Prof. Dr. Wilhelm Polligkeit überarbeitete die vom
Deutschen Verein gemeinsam mit der Deutschen Zentrale für Jugendfürsorge und dem Archiv Deutscher Berufsvormünder gebildete Kommission,
insgesamt 50 Mitglieder, den zweiten Regierungsentwurf; aus mehrmaligen
Beratungen des Reichstagsausschusses mit Polligkeit als Wortführer der
Kommission ergab sich eine von Polligkeit und Dr. Hilde Eiserhardt, da-

maliger Referentin des Deutschen Vereins, verfaßte Denkschrift für den Reichstagsausschuß; und so kam das säkulare Gesetzeswerk zustande als Gemeinschaftsleistung von Regierung, Reichstagsausschuß und Sachverständigenkommission. Seine sozialgeschichtliche Bedeutung hat Polligkeit in der Einleitung seines Kommentars zum RJWG charakterisiert[183]):

> Der Erlaß eines Reichsgesetzes für Jugendwohlfahrt ist ein Markstein nicht nur in der Entwicklungsgeschichte der Jugendfürsorge und Jugendpflege, sondern auch für die soziale und kulturelle Entwicklung unseres Volkes. Erst spätere Geschlechter werden es in vollem Umfange würdigen können, was es bedeutet, daß ein Volk, das aus einem mehrjährigen verlorenen Kriege mit schweren Schädigungen seiner wirtschaftlichen Kraft, seiner gesundheitlichen und kulturellen Lebensbedingungen hervorgegangen ist, den entschlossenen Willen bekundet, durch die Sorge für die heranwachsende Jugend den Grundstein für eine bessere Zukunft zu legen.

In mancher Hinsicht eilte das Reichsjugendwohlfahrtsgesetz (RJWG) den finanziellen Möglichkeiten seiner Zeit voraus (s. u.); erst nach dem Zweiten Weltkrieg erwies in der Bundesrepublik Deutschland, deren Gesetz für Jugendwohlfahrt (JWG) vom 11. August 1961 (BGBl. I S. 1205) größtenteils wörtlich aus dem RJWG hervorgegangen ist, seine nunmehr in vollem Umfang realisierte Fortschrittlichkeit.

1.2 Aus dem Wortlaut des Gesetzes
1.2.1 Zum § 1 RJWG

Grundlegend ist § 1 RJWG. Er stützt sich in Abs. 1 und 2 auf die Art. 120 und 122 Weimarer Verfassung (s. o.) und präzisiert diese Verfassungsartikel. In Abs. 3 berücksichtigt er – unausgesprochen – § 1666 BGB. Der ganze § 1 ist, unverkennbar, sozialpolitisch motiviert. Während der Gesetzesvorbereitung war er umstritten. Daß er im Gesetzestext erhalten blieb, ist ebenso wie zum größten Teil sein Wortlaut der Sachverständigenkommission zu danken.

§ 1. Jedes deutsche Kind hat ein Recht auf Erziehung zur leiblichen, seelischen und gesellschaftlichen Tüchtigkeit.
Das Recht und die Pflicht der Eltern zur Erziehung werden durch dieses Gesetz nicht berührt. Gegen den Willen des Erziehungsberechtigten ist ein Eingreifen nur zulässig, wenn ein Gesetz es erlaubt.
Insoweit der Anspruch des Kindes auf Erziehung von der Familie nicht erfüllt wird, tritt, unbeschadet der Mitarbeit freiwilliger Tätigkeit, öffentliche Jugendhilfe ein.

Dieser Paragraph, der vom RJWG (resp. JWG) her ins ganze Sozialgefüge unserer Gesellschaft eingreift, hat gewissermaßen selbst das Gewicht eines Verfassungsgrundsatzes. Dazu sei hier aus der Beurteilung eines seiner Urheber, nämlich Dr. Polligkeit, zitiert[184]:

Programmatisch betrachtet, bringt § 1 Grundlage und Ziel des Gesetzes zum Ausdruck. Zum ersten Mal in der deutschen Gesetzgebung wird hier das Verhältnis zwischen Staat und Familie in der Erziehung unter den Gesichtspunkt gestellt, wie es auf die Förderung oder Beeinträchtigung der Rechte des Kindes wirkt. Die Anerkennung des Rechtes des Kindes auf Erziehung in Verbindung mit der gleichzeitigen Zusicherung öffentlicher Jugendhilfe für den Fall, daß der Erziehungsanspruch Not leidet, bedeutet einen erheblichen Fortschritt in der Rechtsauffassung über die Pflichten des Staates in der Erziehung. Darin, daß § 1 die staatliche Bürgschaft für das Recht des Kindes auf Erziehung proklamiert, und zwar nicht nur für die schutz- und fürsorgebedürftigen Minderjährigen, für die in den weiteren Bestimmungen des Gesetzes eine besonders geregelte Jugendhilfe vorgesehen ist, sondern für die deutschen Kinder überhaupt, verkörpert sich eine leitende Staatsidee, deren grundsätzlicher Gehalt den Inhalt der Art. 120 und 122 der Reichsverfassung zwar beachtet, aber doch wertvoll ergänzt...

Unausgesprochen liegt sowohl Art. 120 wie Art. 122 Reichsverfassung die Vorstellung zugrunde, daß die Eltern ihrer Person und ihren Verhältnissen nach fähig sind, dem Kinde die ihm gebührende Erziehung zu geben, so daß es nur Aufgabe der staatlichen Gemeinschaft bleiben würde, darüber zu wachen, daß die Eltern ihrer Erziehungspflicht genügen, und einzugreifen, wenn sie ihre Rechte mißbrauchen oder ihre Pflichten vernachlässigen. Diese Vorstellung ist aber eine Fiktion, deren Berechtigung durch die tatsächlichen Verhältnisse widerlegt wird.

Je mehr die kulturelle und zivilisatorische Entwicklung unseres Volkes die Anforderungen an die Erziehung steigert, und je mehr die Gestaltung unserer wirtschaftlichen und sozialen Verhältnisse die Erziehungskraft der Familie gefährdet, um so deutlicher wird das Zurückbleiben der tatsächlichen im Verhältnis zu der als Norm angenommenen Erziehungsleistung der Familie. Es wäre ungenügend, zum Ausgleich der daraus herrührenden Erziehungsnotstände von Kindern auf die Schutz- und Fürsorgemaßnahmen hinzuweisen, die eine Verwahrlosung verbieten oder beseitigen sollen...

Alle Grade minderer Abweichung von der Norm der Erziehungsleistung, deren Folgen wir nicht nur als Verwahrlosung, wohl aber als Verkümmerung in der Entwicklung der kindlichen Persönlichkeit bezeichnen, würden, wenn allein die in Art. 120 und 122 Reichsverfassung enthaltenen Grundsätze für das Verhältnis zwischen Staat und Familie maßgebend wären, keine besonderen Schutz- und Fürsorgemaßnahmen des Staates begründen können. Diese Lücke soll nach dem in § 1 RJWG aufgestellten Grundsatz in Zukunft dadurch geschlossen werden, daß der Staat sich für verpflichtet erklärt, die Erziehung der Jugend auch positiv zu fördern, indem schon dann öffentliche Jugendhilfe eintreten soll, wenn der Erziehungsanspruch des Kindes durch die Familie nicht erfüllt wird.

Die Grenzen der Art. 120 und 122 Reichsverfassung werden dabei durchaus geachtet... Ohne den kraft Naturrechts gegebenen Vorrang der Familie anzutasten, wird die von ihr zu leistende Erziehung des Nachwuchses als Leistung im Dienste des Gemeinwohls gefördert. Daher behält sich die staatliche Gemeinschaft grundsätzlich das Recht der Überwachung der elterlichen Erziehung vor, übernimmt aber gleichzeitig die Verpflichtung, mit den Mitteln der öffentlichen Jugendhilfe die Familie in der Erziehung zu unterstützen, falls ohne eine solche Hilfe das Kind nicht zu seinem Rechte kommen würde. Auch der staatliche Eingriff in die elterlichen Erziehungsrechte in Fällen der Verhütung oder Beseitigung einer Verwahrlosung erlangt dadurch in verstärktem Maße den Charakter einer dem Minderjährigen geleisteten Erziehungshilfe. Diese öffentliche Jugendhilfe, welche die Erfüllung des notleidenden Erziehungsanspruches sicherstellen soll, dient daher in erster Linie der Stärkung der Leistungsfähigkeit der Eltern, um ihnen die Möglichkeit zu geben, selbst die dem Kinde gebührende Erziehung durchzuführen.

Daß eine Änderung der Anschauungen sich hierin gegenüber der noch im letzten Menschenalter vertretenen Auffassung vollzogen hat, zeigt am deutlichsten die wechselvolle Entstehungsgeschichte des § 1666 BGB und des Artikels 135 Einführungsgesetz zum BGB (EGBGB). Bei den Erörterungen der vorberatenden Kommission, des Bundesrats, der Reichstagskommission und des Plenums des Reichstags tauchte immer wieder die Frage auf, ob dem Staate in öffentlichem Interesse ein mit den Rechten der Eltern konkurrierendes Erziehungsrecht zustehe. Mehrfach trat dabei die Anschauung zutage, daß die Elternrechte an den Kindern eine unantastbare Rechtssphäre darstellen, in die kein anderer, am wenigsten der Staat eingreifen dürfe. Wenn wir heute die Beratungen darüber in den Materialien zum BGB nachlesen, so muten sie uns als nicht mehr zeitgemäß an.

Sie sind nur erklärlich aus den Anschauungen eines von den Gedankengängen des Liberalismus erfüllten Zeitalters, dem als Staatsideal der Rechtsstaat vorschwebt. Wir finden im BGB zwar die Auffassung der elterlichen Gewalt als einer Schutzgewalt, ähnlich der vormundschaftlichen Gewalt, so daß nunmehr der Staat zur Wahrung des staatlichen Rechtes am Kinde als „Obervormund" übergeordnet erscheint. Aber die Eltern bleiben bei Ausübung ihrer Erziehungsrechte und Erziehungspflichten selbständig und selbst verantwortlich und sind der Möglichkeit staatlichen Eingreifens in die Erziehungsgewalt nur soweit unterworfen, als sie schuldhaft ihre Rechte mißbrauchen oder ihre Pflichten vernachlässigen (§ 1666 BGB) oder unabhängig von ihrem Verschulden das *völlige* sittliche Verderben des Kindes droht (Art. 135 EGBGB). Bei dieser Rechtsauffassung des BGB trägt das Kind das Risiko der Leistungsfähigkeit seiner Eltern in der Erziehung...

Das Risiko, das dem relativen Erziehungsanspruches des Kindes nach bürgerlichem Recht anhaftet, soll nun nach dem in § 1 RJWG aufgestellten Grundsatze dadurch herabgemindert werden, daß zu der Einzelverantwortlichkeit der Eltern die Gesamtverantwortlichkeit von Staat und Gesellschaft hinzutritt und die Erziehungsleistungen der Eltern unter Umständen mit den Mitteln der öffentlichen Jugendhilfe verstärkt werden. Während also der Gesetzgeber im BGB das Zurückbleiben der Erziehungsleistung hinter der Norm gewissermaßen als eine vom Kinde hinzunehmende und vom Staate aus nicht zu beeinflussende Äußerung einer Schicksalsgewalt auffaßt, sofern nicht ein Verschulden oder das drohende sittliche Verderben des Kindes das Eintreten staatlichen Schutzes auslöst, läßt sich der Gesetzgeber des RJWG, *entsprechend dem Übergang vom [liberalen] Rechtsstaat zum Wohl-fahrtsstaat*, von dem Gedanken leiten, nach Möglichkeit dem Kinde normale Erziehungsbedingungen zu schaffen...

Ziel dieser staatspolitischen Idee ist es, dem Kind eine Erziehung zu verbürgen, wie sie vom Standpunkt der Jugendwohlfahrt, d. h. im wohlverstandenen Interresse des Staates an einer leiblich, seelisch und gesellschaftlich tüchtigen Jugend für notwendig erachtet wird. Nicht mit Unrecht hat man dem § 1 die gleiche Bedeutung beigemessen, wie sie Art. 120 und 122 Reichsverfassung für die Abgrenzung der beiderseitigen Rechte von Staat und Familie haben. Es hätte sich auch durchaus rechtfertigen lassen, wenn man einen dem § 1 entsprechenden Artikel in die Reichsverfassung eingebracht hätte.

Daß er als Einleitung des RJWG dient, schmälert nicht seine Bedeutung für die gegenwärtige und künftige Gesetzgebung auf allen Gebieten der Jugendwohlfahrtspflege, für die er, ähnlich wie die bezüglichen Grundrechte und Grundpflichten in der Weimarer Verfassung, ein Programm aufstellt. Fortan sollen alle gesetzlichen Bestimmungen in Erziehungsfragen nicht allein aus dem Verhältnis zwischen Staat und Familie, sondern auch unter dem Gesichtspunkt des privatrechtlichen und öffentlich-rechtlichen Erziehungsanspruches des Kindes beurteilt werden, wobei der Staat subsidiär die Bürgschaft für die Erfüllung des notleidenden Erziehungsanspruches in der Form der öffentlichen Jugendhilfe übernimmt. Wenn diese stärkere Betonung der Gesamtverantwortlichkeit des Staates als ein Akt der Sozialisierung der Erziehung bezeichnet worden ist, so ist dies nur zutreffend, wenn man mit dieser Bezeichnung die Neuabgrenzung der beiderseitigen Rechte und Pflichten von Staat und Familie nach sozialen Erfordernissen ausdrücken will und damit dem Recht des RJWG den Charakter des Sozialrechtes verleiht.

Nicht zutreffend wäre es, wenn diese Bezeichnung zum Ausdruck bringen sollte, daß das Gesetz einen Schritt weiter in der Richtung bedeute, Erziehungsfunktionen der Familie auf den Staat überzuleiten. Im Gegenteil zeigt das Gesetz in seinen weiteren Bestimmungen eine starke Zurückhaltung in dieser Beziehung... Man hat in dieser Zurückhaltung des Gesetzes gegenüber dem Erziehungswillen der Familie, wie überhaupt in der Betonung der Subsidiarität der öffentlichen Jugendhilfe eine Abschwächung des Rechtes des Kindes und der Bedeutung der staatlichen Bürgschaft erblicken wollen... Aber man muß doch wohl unterscheiden, was der Gesetzgeber als sein ideales Ziel und damit als Prinzip aufstellt, und welche Abstriche er von seinem Programm vornimmt, um auf dem Boden realer Möglichkeiten zu bleiben... Es ist nicht nur die Achtung für die natürliche Vorrangstellung der Eltern, die den Gesetzgeber zu einer weisen Zurückhaltung veranlaßt, ebensosehr ist es die Einsicht, daß jede öffentliche Jugendhilfe, gebunden an eine Behörde und ihre Organe in Gefahr steht, zu einer Institution zu erstarren, und damit jene Lebensnähe und blutwarme Verbundenheit vermissen läßt, die Lebenselement jeder Erziehung ist und die von Pestalozzi so treffend als Wohnstubenkraft der Familie bezeichnet wurde. Man möchte es deshalb eher als einen Vorzug des Gesetzes bezeichnen, daß es nicht nur in § 1, sondern auch in seinen weiteren Bestimmungen sich auf die Rolle des Helfers und Beraters der elterlichen Familie beschränkt.

1.2.2 Zum Inhalt des Gesetzes

Kann § 1 gleichsam als Präambel bezeichnet werden, dann beginnen mit § 2 die gesetzlichen Vorschriften über die Organisation öffentlicher Jugendhilfe. Außerdem bringt er eine allerdings lapidare Begriffsbestimmung der „Jugendwohlfahrt", indem er sie als „Jugendpflege" und „Jugendfürsorge" bestehen läßt:

§ 2. Organe der öffentlichen Jugendhilfe sind die Jugendwohlfahrtsbehörden (Jugendämter, Landesjugendämter, Reichsjugendamt), soweit nicht gesetzlich die Zuständigkeit anderer öffentlicher Körperschaften oder Einrichtungen, insbesondere der Schule gegeben ist.
Die öffentliche Jugendhilfe umfaßt alle behördlichen Maßnahmen zur Förderung der Jugendwohlfahrt (Jugendpflege und Jugendfürsorge) und regelt sich, unbeschadet der bestehenden Gesetze, nach den folgenden Vorschriften.

Von den folgenden Vorschriften seien hier diejenigen hervorgehoben, welche die nunmehr gesetzlichen Jugendämter und deren Aufgaben betreffen:

§ 3. Aufgaben des Jugendamtes sind:
1. der Schutz der Pflegekinder gemäß §§ 19–31;
2. die Mitwirkung im Vormundschaftswesen, insbesondere die Tätigkeit des Gemeindewaisenrats, gemäß §§ 32–48;
3. die Fürsorge für hilfsbedürftige Minderjährige gemäß §§ 49–55;
4. die Mitwirkung bei der Schutzaufsicht und der Fürsorgeerziehung gemäß §§ 56–76;
5. die Jugendgerichtshilfe gemäß reichsgesetzlicher Regelung;
6. die Mitwirkung bei der Beaufsichtigung der Arbeit von Kindern und jugendlichen Arbeitern nach näherer landesrechtlicher Vorschrift;
7. die Mitwirkung bei der Fürsorge für Kriegerwaisen und Kindern von Kriegsbeschädigten;
8. die Mitwirkung in der Jugendhilfe bei den Polizeibehörden, insbesondere bei der Unterbringung zur vorbeugenden Verwahrung, gemäß näherer landesrechtlicher Vorschrift.

Am folgenden § 4 wäre, unvorhergesehen, das Inkrafttreten des RJWG zum 1. April 1924 beinahe gescheitert. Er lautet:

§ 4. Aufgabe des Jugendamts ist ferner, Einrichtungen und Veranstaltungen anzuregen, zu fördern und gegebenenfalls zu schaffen für:
1. Beratung in Angelegenheiten der Jugendlichen;
2. Mutterschutz vor und nach der Geburt;
3. Wohlfahrt der Säuglinge;
4. Wohlfahrt der Kleinkinder;

5. Wohlfahrt der im schulpflichtigen Alter stehenden Jugend außerhalb des Unterrichts;
6. Wohlfahrt der schulentlassenen Jugend.
Das Nähere kann durch die Oberste Landesbehörde bestimmt werden.

Nach der Verabschiedung des RJWG durch den Reichstag am 14. Juni 1922 bis zum Herbst 1923 hatte die Große Inflation sich in einer Weise entwickelt und ausgewirkt, wie vorher niemand es für möglich gehalten hätte. Binnen weniger Monate war nahezu das ganze Volk völlig verarmt und jede Gemeindekasse nur mit Papiergeld gefüllt, das von Tag zu Tag, zuletzt von Stunde zu Stunde seine Kaufkraft verlor. Unter diesen Umständen sahen sich die Gemeinden und die ihnen übergeordneten Behörden vom § 4 JWG überfordert. Und nicht allein durch ihn, sondern bereits durch die im § 8 enthaltene Vorschrift, daß Jugendämter zu errichten seien:

§ 8. Die Jugendämter sind als Einrichtungen von Gemeinden oder Gemeindeverbänden für das Gebiet des deutschen Reichs zu errichten. Die Oberste Landesbehörde bestimmt die Abgrenzung der Bezirke, für welche die Jugendämter zuständig sind.

1.2.3 Der Deutsche Verein verhindert, daß die Inkraftsetzung des RJWG am § 4 scheitert

Die Gefahr, daß wegen des § 4 das RJWG überhaupt nicht in Kraft gesetzt werde, konnte der Deutsche Verein abwehren. Dazu Dr. Polligkeit:

Längere Zeit schien es so, als ob der Zeitpunkt des Inkrafttretens des ganzen Gesetzes auf mehrere Jahre oder unbestimmte Zeit hinausgeschoben werden sollte, oder als ob unter dem Gesichtspunkt der Kostenersparnis nur einzelne Teile des Gesetzes sofort zur Durchführung gebracht werden sollten[185]).

Dem Deutschen Verein gelang es, diese Gefahr abzuwenden; dazu wieder Polligkeit:

Unter dem 8. Dezember 1923 hatte der Deutsche Verein eine Konferenz nach Berlin einberufen, auf welcher unter Beteiligung von Vertretern der Ministerien des Reichs und der Länder, der Spitzenverbände der Selbstverwaltungskörperschaften und der freien Wohlfahrtsverbände sowie von Vorstandsmitgliedern des erstgenannten Vereins eingehend die Frage geprüft wurde, ob und unter welchen Voraussetzungen angesichts der ungünstigen Finanzlage in Reich, Ländern und Gemeinden sich die Durchführung des RJWG verwirklichen lasse[186]).

Sofort nach dieser Konferenz, am 10. Dezember 1923, arbeitete der Deutsche Verein einen der Reichsregierung und den Konferenzteilnehmern übersandten Vermittlungsvorschlag aus[187]), in welchem es u. a. hieß:

Den angesichts der Lage der öffentlichen Finanzen in zahlreichen Eingaben geltend gemachten Bedenken gegen eine unveränderte Inkraftsetzung des Gesetzes zum 1. April 1924 verschließt sich auch unser Verein keineswegs. Andererseits hält es unser Verein für ebenso unmöglich, das Inkrafttreten des Gesetzes auf bestimmte oder unbestimmte Zeit hinauszuschieben. Zunächst ist zu beachten, daß das Gesetz in Württemberg, Oldenburg, Thüringen und Lübeck bereits in Kraft gesetzt ist und in anderen Ländern die Absicht besteht, die öffentliche Jugendhilfe nach den Bedürfnissen des betreffenden Landes selbständig zu regeln, sofern das Reichsgesetz sistiert werden sollte. Es kann nicht nachdrücklich genug auf die dadurch entstehende Gefahr einer neuen Zersplitterung der Gesetzgebung über die öffentliche Jugendhilfe hingewiesen werden...

Unter diesen Umständen hält es unser Verein für die gegebene Lösung, zwar an dem Zeitpunkt des 1. April 1924 für das Inkrafttreten des Gesetzes festzuhalten, jedoch für eine Übergangszeit von etwa drei Jahren Bestimmungen zu erlassen, die in erweitertem Umfange eine Befreiung von der Errichtung von Jugendämtern, die Übertragung ihrer Aufgaben auf bestehende Behörden und die Einschränkung ihres Aufgabenkreises zulassen... Um die den Trägern der Jugendämter entstehenden Ausgaben auf ein erträgliches Maß zurückzuführen, wird man für etwa drei Jahre wahlweise eine Einschränkung des Kreises der Pflichtaufgaben vorsehen müssen...

Mit Rücksicht auf die Finanzlage wird es unvermeidlich sein, daß man für eine Übergangszeit von der Errichtung besonderer Behörden als Landesjugendämter absieht und die ihnen durch das Gesetz zugewiesenen Aufgaben anderen geeigneten Behörden überträgt...

Die Durchführung der in § 4 des Gesetzes bezeichneten Aufgaben ist schon nach der jetzigen Fassung nur als eine bedingte Pflicht der Träger des Jugendamtes anzusehen. Um aber die Grenze der Verpflichtung deutlicher zu machen, kann man sich damit einverstanden erklären, daß – einer schon im Reichstagsausschuß gegebenen Anregung folgend – besonders zum Ausdruck gebracht wird, daß die Durchführung „nach Maßgabe der verfügbaren Mittel" zu erfolgen hat.

Drei Wochen vor dem Zeitpunkt, als der Deutsche Verein – schweren Herzens – seine Einsparungs-Vorschläge machte, um das RJWG zu retten, war am 15. November 1923 die Große Inflation beendet und die relativ stabile Währung der Rentenmark hergestellt worden (eine Rentenmark = eine Billion Reichsmark); im Dezember 1923 wurde die RM durch eine neue Gold-Währung gefestigt. Hatten vorher die Gemeinden infolge der Inflation zu viel Geld ohne Kaufkraft, so jetzt infolge der Neuwährung zu wenig Geld mit Kaufkraft. Das Einsparungs-Prinzip behielt also seine Gültigkeit. Zwar trat das RJWG am 1. April 1924 in Kraft, aber mit einer Verordnung, welche den § 4 sistierte: „Eine Verpflichtung zur Durchführung des § 4 besteht nicht." Und entgegen den Vorschlägen des Deutschen Vereins wurden die Einschränkungen und Befreiungsmöglichkeiten nicht auf drei Jahre befristet. Aber diese Nachteile wurden weit übertroffen dadurch, daß das RJWG überhaupt in Kraft trat.

1.2.4 Bestimmungen des RJWG über das Zusammenwirken öffentlicher und privater Jugendfürsorge

Unter den weiteren Paragraphen nimmt eine Sonderstellung ein der § 6. Er regelt das Zusammenwirken von öffentlicher und privater – gesetzespflichtiger und freiwilliger – Jugendfürsorge:

§ 6. Das Jugendamt hat die freiwillige Tätigkeit zur Forderung der Jugendwohlfahrt unter Wahrung ihrer Selbständigkeit und ihres satzungsmäßigen Charakters zu unterstützen, anzuregen und zur Mitarbeit heranzuziehen, um mit ihr zum Zwecke eines planvollen Ineinandergreifens aller Organe und Einrichtungen der öffentlichen und privaten Jugendhilfe und der Jugendbewegung zusammenzuwirken.

Ergänzt wird § 6 durch § 11:

§ 11. Das Jugendamt kann die Erledigung einzelner Geschäfte oder Gruppen von Geschäften besonderen Ausschüssen, in welche auch andere Personen als seine Mitglieder berufen werden, sowie Vereinigungen für Jugendhilfe und für Jugendbewegung oder einzelnen in der Jugendwohlfahrt erfahrenen und bewährten Männern und Frauen widerruflich übertragen... Die Verpflichtung des Jugendamtes, für die sachgemäße Erledigung der ihm obliegenden Aufgaben Sorge zu tragen, wird hierdurch nicht berührt.

Auch § 9 bezieht die Zusammenarbeit zwischen öffentlicher und privater Jugendwohlfahrt ein:

§ 9. ... Als stimmberechtigte Mitglieder des Jugendamts sind neben den leitenden Beamten in der Jugendwohlfahrt erfahrene und bewährte Männer und Frauen aller Bevölkerungskreise, insbesondere aus den im Bezirke des Jugendamts wirkenden freien Vereinigungen für Jugendwohlfahrt und Jugendbewegung auf deren Vorschlag, zu berufen. Diese Vereinigungen haben Anspruch auf zwei Fünftel der Zahl der nichtbeamteten Mitglieder.

Derselbe § 9 verknüpfte mit dem Jugendamt auch die Ausbildungsfrage:

§ 9. ... In das Jugendamt sollen hauptamtlich in der Regel nur Personen berufen werden, die eine für die Betätigung in der Jugendwohlfahrt hinreichende Ausbildung besitzen, die insbesondere durch eine mindestens einjährige praktische Arbeit in der Jugendwohlfahrt erworben ist.

Im übrigen bestimmte das Gesetz:

– Errichtung und Aufgaben von Landesjugendämtern (§§ 12–14)
– Bildung eines Reichsjugendamtes (§ 15–17)
– Schutz der Pflegekinder (§§ 19–31)
– Amtsvormundschaft (§§ 32–41)

– Stellung des Jugendamts zum Vormundschaftsgericht und zur Einzelvormundschaft (§§ 42–48)
– öffentliche Unterstützung hilfsbedürftiger Minderjähriger (§§ 49–52)
– Schutzaufsicht und Fürsorgeerziehung (§§ 56–76)

1.3 Zur Begründung und Rechtfertigung des RJWG im Reichstag

Im Reichstag, der das RJWG am 13. und 14. Juni 1922 abschließend beriet und am 14. Juni verabschiedete, wurde es u. a. von zwei Vorstandsmitgliedern des Deutschen Vereins jeweils als Sprecher ihrer Parteien vertreten: Von Frau Agnes Neuhaus, MdR, Zentrumspartei, und von Frau Marie Juchacz, MdR, Sozialdemokratische Partei. Berichterstatterin im Reichstag war Frau Dr. Elisabeth Lüders, MdR, Deutsche Demokratische Partei; ebenso wie Frau Neuhaus und Frau Juchacz hatte sie der Sachverständigenkommission angehört. Aus den *Reichstagsprotokollen der 225. und 226. Sitzung* seien hier einige Stellungnahmen zitiert, die unter jeweils anderer Betrachtungsweise bestimmte Einzelheiten deutlich hervortreten lassen:

Agnes Neuhaus [Zentrumspartei; Vorstandsmitglied des Deutschen Vereins]: Ich kann nicht verhehlen, daß in den Kreisen, die uns nahestehen, noch große Bedenken gegen dieses Gesetz bestanden und noch heute bestehen. Vor allen Dingen sind es zwei Punkte, die in der Hinsicht in Frage kommen. Das erste Bedenken ist sehr leicht mit dem Wort „Verstaatlichung der freien Liebestätigkeit" zu charakterisieren.
Der Staat übernimmt mit diesem Gesetz die gesamte Jugendfürsorge, auch diejenige, die bisher ausschließlich von der freien Wohlfahrtspflege geleistet wurde. Ich erinnere an die Jugendgerichtshilfe, an die Schutzaufsicht, die bisher noch in keinem Gesetz fundiert, noch nirgendwo gesetzlich legalisiert waren und doch bislang ausgezeichnet geführt worden sind. Man fürchtet nun ein großes Beamtenheer, eine starke Bürokratisierung und damit eine Verdrängung der freien Liebestätigkeit.
Diese Auffassung liegt aber in keiner Weise im Gesetz selbst begründet. Wenn das Gesetz die Jugendfürsorge in ihrem ganzen Umfange auf behördlichen Boden stellt, so doch keineswegs in der Art, daß es die freie Wohlfahrtspflege verdrängt. Im Gegenteil, es verbindet vielmehr Behörden und freie Wohlfahrtspflege zu einem Ganzen und stellt sie vereint und geschlossen und darum voller Wirkungsmöglichkeiten in den Dienst unserer Jugend...
Zweitens wird in unseren Kreisen befürchtet eine Politisierung der Jugendfürsorge. Diese Befürchtung... ist darin begründet, daß das Jugendamt sich auf dem Deputationssystem aufbaut, und mit der Deputation der Stadtverordneten ist die Politisierung ohne weiteres gegeben. Damit kommt auch ganz von selbst die bange Frage, die Sorge, ob nicht der so verschiedenen Lebensauffassung und Weltanschauung der verschiedenen Parteien ein gedeihliches Zusammenarbeiten fast unmöglich sei. Aber... diejenigen von uns, die jetzt schon längere Jahre hindurch mit Menschen-

kindern verschiedener Weltanschauung und verschiedenen Parteien zusammengearbeitet haben, werden mir darin Recht geben, daß die Gefahr mehr theoretisch als praktisch ist, eine Sache vorausgesetzt, daß man mit Menschen zu tun hat, die erstens Sachkenntnis und Erfahrung haben und zweitens gar nichts anderes wollen als das Wohl unserer Jugend. Freilich, wenn die Jugendfürsorge nicht mehr Selbstzweck bleibt, wenn sie Mittel zum Zwecke der politischen Agitation wird, wofür sie viel zu schade ist, dann sieht es böse aus. Wenn wir aber nur unsere Jugend fassen, ihre Nöte kennenlernen und ihr helfen wollen, kann man mit den verschiedensten Parteien weite Wegstrecken zusammen gehen.

Marie Juchacz [SPD; Vorstandsmitglied des Deutschen Vereins]: Wir sehen in dem Reichsgesetz für Jugendwohlfahrt einen Anfang. Wir hoffen, daß diesem Gesetze noch eine ganze Reihe gesetzlicher Bestimmungen folgen werden, die in das große Gebiet der Jugendwohlfahrt hineingehören. Wenn nach § 1 jedes Kind ein Recht auf Erziehung zur Tüchtigkeit haben soll, so schließt das ganz logischerweise mehr ein, als in dem Gesetz selbst enthalten ist, zum Beispiel Schutz der Pflegekinder, der Waisen, Fürsorge für hilfsbedürftige Minderjährige, Schutzaufsicht, Fürsorgeerziehung, Jugendgerichtshilfe und was Sie sonst noch unter dem § 3 finden. Es verlangt auch, daß die Bestimmungen des § 4 die subsidiär sind, also erst in zweiter Linie in Betracht kommen, von den leistungsfähigen Jugendämtern mindestens freiwillig so bald wie irgend möglich in Angriff genommen werden und ausgebaut werden. Es verlangt auch das Hineinbeziehen weiterer Gebiete der Jugendwohlfahrt, das einer späteren Gesetzgebung überlassen sein muß...

Der Mensch, der gern für die Jugend schaffen möchte, wird dadurch gestört, daß dieses Gesetz, wie es ja leider nicht anders sein kann, den Charakter eines Rahmengesetzes trägt. Es sind mir Befürchtungen laut geworden von Kommunalpolitikern, die sehr stark zu uns herüberneigen oder mit auf unserem Boden stehen, daß die Länder vielleicht bei ihren Ausführungsgesetzen zu diesem Gesetz oder bei den Ausführungsbestimmungen etwas anderes daraus machen könnten als wir es uns hier vorgestellt haben... Ich möchte diesen Mitarbeitern von außen, die auf eine langjährige Praxis zurückschauen... sagen, daß auch sie in der Politik die Kunst des Möglichen erblicken müssen, genau wie auch wir uns hier diesem Zwang unterwerfen mußten.

Frau Neuhaus hat darauf hingewiesen, daß in ihren Kreisen die Furcht vor der Politisierung der Jugendfürsorge vorhanden sei. Auch ich hatte mir vorgenommen, hier zu diesem Thema einiges zu sagen. Ich sehe keine Politisierung der Jugendfürsorge durch das Heranziehen weiterer Volkskreise zur praktischen Arbeit, sondern sehe vielmehr in der Beteiligung aller Kreise zur Mitarbeit die Entpolitisierung, die Neutralisierung der Arbeit, die ja ihrem ganzen Charakter gemäß auch neutral bleiben muß...

Wir begrüßen es, daß im Gesetz der Begriff des Pflegekindes endlich einmal fest umrissen ist und daß feste Bestimmungen im Gesetz enthalten sind für die Erlaubnis zur Aufnahme von Pflegekindern, für ihre Anmeldung bei der Aufnahme, für alle die Formalitäten, die erfüllt werden müssen, wenn wir zu einer geregelten Aufsicht der Pflegekinder kommen wollen...

Wir begrüßen es als einen Fortschritt, daß das Jugendamt des Geburtsortes eines unehelichen Kindes zuerst die Vormundschaft übernimmt. Auch hier ist das Recht und das Wohl des Kindes an die erste Stelle gestellt worden... Wir hoffen, daß durch die Schutzaufsicht eine ganze Anzahl von Kindern von der Fürsorgeerziehung befreit bleiben werden. Das Wesentliche sehen wir nicht in der Befreiung von der Fürsorgeerziehung an sich, sondern in dem größeren Spielraum, der den Jugendwohlfahrtsbehörden für ihre Erziehungsmaßnahmen überhaupt bleibt. Es handelt sich bei den zu betreuenden Jugendlichen, die in irgendeiner Form mit den Gesetzen in Konflikt kommen, sehr oft um Kinder mit mangelhafter intellektueller oder seelischer Verfassung, und es ist deshalb sehr zu begrüßen, daß nach diesem Gesetz auch darauf in Zukunft bei der Unterbringung von Kindern Rücksicht genommen werden soll...

Frau Neuhaus wies darauf hin, daß im Ausschuß in langem, treuem und zähem Miteinander-Arbeiten sich ganz deutlich gezeigt hat, daß bei gutem Willen sehr wohl etwas für die Jugendwohlfahrt zustande kommen kann, wenn alle Beteiligten es wollen und keiner dabei aus der Reihe tanzt; und ich möchte sagen, daß das noch in sehr viel stärkerem Maße bei der Ausführung der Fall sein wird, ganz besonders bei der Ausführung der direkten Jugendfürsorge, bei der Ausführung der Jugendfürsorgeerziehung, wenn sie von den Vormundschaftsgerichten ausgesprochen wird. Hier haben wir die Pflicht, in die Seelenart des Kindes einzudringen. Hier haben wir auf seine erblichen Veranlagungen Rücksicht zu nehmen. Hier haben wir Rücksicht zu nehmen auf das, was an dem Kinde krank ist. Deshalb ist es... gut, daß das Gesetz uns die Vorschrift bringt, daß bei der Unterbringung von Kindern auf ihre psychopathische Veranlagung Rücksicht zu nehmen ist... Jedes gefährdete Kind, dem deutschen Volke zurückgerettet, ist Gewinn für die Zukunft.

Frau Neuhaus [s. o.]: Der Antrag Nummer 4463 Ziffer 4 will, daß die Anführung des § 1801 BGB im § 33 nicht bestehen bleibt. Der § 1801 des Bürgerlichen Gesetzbuches hat nur drei Zeilen; ich darf ihn also vorlesen: „Die Sorge für die religiöse Erziehung des Mündels kann dem Vormund von dem Vormundschaftsgericht entzogen werden, wenn der Vormund nicht dem Bekenntnis angehört, in dem der Mündel zu erziehen ist." Der Paragraph soll also die religiöse Erziehung der Kinder sichern.

Ich brauche wohl kein Wort darüber zu verlieren, daß das Zentrum durchaus auf dem Boden steht, daß die religiöse Erziehung der Kinder gesichert werden müsse. Insofern müßten wir uns dem Antrage ja anschließen. Wenn uns die Kräfte, die in der Religion liegen, das Wertvollste für unsere eigene Persönlichkeit sind, so wollen wir sie gewiß den Kindern vermitteln und erhalten, die unserer Fürsorge anvertraut sind, denn wir möchten ihnen das beste geben, das, was uns selbst das beste ist. Aber nun kann doch dieser Paragraph nur auf den Einzelvormund angewandt werden. Er kann gar nicht anders angewandt werden. Jetzt haben wir aber als Vormund das Jugendamt, und das Jugendamt kann keine Konfession haben. Man kann aber dem Kinde nicht deshalb einen religiösen Pfleger bestellen, weil der Vormund eine andere Konfession hat, wenn er gar keine Konfession hat. Das geht nicht. Nun hat es geheißen: Der Paragraph soll sinngemäß Anwendung finden. Meine

Damen und Herren, das Zentrum ist im Ausschuß auch für sinngemäße Anwendung dieses Paragraphen gewesen. Wir haben uns aber davon überzeugen lassen müssen, daß tatsächlich hinter diesem Wort keine greifbare Ausführungsmöglichkeit besteht. Was durch die sinngemäße Anwendung des § 1801 BGB scheinbar erreicht werden soll, haben wir in viel besserer Form an anderer Stelle des Gesetzes festgelegt. Wir müssen darum diesen Antrag ablehnen. Wir dürfen aber nicht den Anschein erwecken, als ob wir den Sinn des Antrages ablehnten. Ich glaube, daß ich das hiermit genügend klar ausgedrückt habe.

Frau Dr. Lüders [DDP]: Wir halten es für einen Fortschritt, daß das Gesetz endlich versucht, aus der Jugendwohlfahrt alles fern zu halten, was ihr armenrechtlichen Charakter geben könnte. Dieses Bestreben, dem eben eine grundsätzliche neue Einstellung gegenüber den Problemen der Sozialfürsorge zugrundeliegt, die wir bisher so vermißt... haben, kommt am meisten im 5. Abschnitt [Die öffentliche Unterstützung hilfsbedürftiger Minderjähriger, §§ 40–55] zum Ausdruck...

Wir wissen ja alle, daß dauernde und gründliche, vor allem aber rechtzeitige Hilfe gegenüber Hilfsbedürftigen nur allzuoft an der rein armenrechtlichen Einstellung der Hilfsverpflichteten gescheitert ist. Dadurch werden die Jugendlichen selber und durch sie die Gesellschaft schwer geschädigt, moralisch sowohl wie materiell. Ganz besonders ist dieser Übelstand zutage getreten bei der Versorgung der unehelichen Kinder, deren Unzulänglichkeit nur zu oft auch die Mutter unaufhaltsam in das Elend hineingezogen hat und ziehen muß, solange die meines Erachtens menschlich ebenso grausamen wie gesellschaftlich unzweckmäßigen Bestimmungen des Bürgerlichen Gesetzbuches unverändert sind...

Wir halten die Bestimmungen über die gesetzliche Amtsvormundschaft, wonach die Jugendämter ex officio Vormund über alle unehelichen Kinder werden, für einen ganz wesentlichen Fortschritt der Gesetzgebung, und ebenfalls die Möglichkeit der Einsetzung eines Pflegers vor der Geburt des Kindes. Alle Vorschriften dürfen nur unter dem Gesichtspunkte des Wohles des Kindes betrachtet werden. Deshalb sind wir auch angetreten für die Aufrechterhaltung der Einzelvormundschaft. So große Vorteile auch die Berufsvormundschaft mit sich bringt, und so erfreulich es ist, daß die Bemühungen der Berufsvormundschaft in diesem Gesetz zu ihrem Rechte gekommen sind, so unentbehrlich ist auch die Einzelvormundschaft, und es scheint uns gut, daß auch Außenstehende einen Antrag auf Einsetzung eines Einzelvormundes an das Jugendamt stellen können. Ein wesentlicher Fortschritt ist unseres Erachtens auch die Einführung der Schutzaufsicht in das Gesetz. Die Bestrebungen der aufopfernden Nächstenliebe, die jahraus, jahrein versucht hat, strauchelnde oder mißleitete Jugendliche beizeiten zu stützen, um sie vor der ultima ratio der Fürsorgeerziehung zu bewahren, haben jetzt festen Rechtsboden erhalten... Wir stehen vor dem Abschluß eines Gesetzes von höchster sozialer, sittlicher und hygienischer Bedeutung. Verbesserungen werden in dieses Gesetz mit der Zeit eingeführt werden und eingefügt werden müssen. Wir sind aber der Auffassung, daß hier das Bessere nicht der Feind des Guten sein darf.

Mit den von Frau Neuhaus, Frau Juchacz und Frau Dr. Lüders vertretenen Parteien – Zentrum, SPD, DDP –, sind zugleich diejenigen genannt, die als Koalition einst die Weimarer Verfassung bewirkt hatten und nunmehr auch das Reichsjugendwohlfahrtsgesetz als dessen Hauptbefürworter zustande brachten. Es wurde vom Reichstag *einstimmig* angenommen.

1.4 Organisationsprobleme und Aufgabenverteilung im Jugendamt

Die fortschreitende Trennung von Innendienst und Außendienst hatte vor der Jahrhundertwende begonnen, als Armenbehörden, Vorläufer von Wohlfahrtsämtern, berufsmäßige Verwaltungsbeamte einsetzten, um ehrenamtliche Armenpfleger zu unterstützen und zu kontrollieren (vgl. I. Teil, 3. Themenkreis). Dann folgte seit etwa 1907 die zunehmende Professionalisierung auch der Mitarbeiter im Außendienst. Nun wurden Mitte der zwanziger Jahre, nach Inkrafttreten des RJWG, die meisten Jugendämter neu errichtet. Sollten sie jene Organisationsgliederung übernehmen? Oder die Chance ihres Neuanfangs nützen, eigene Organisationsformen entwickkeln und zu diesem Zweck auf das – allerdings abgewandelte, großenteils auf Berufsfürsorger umgestellte – Elberfelder System zurückgreifen? Das RJWG ging auf solche Fragen nicht ein, es überließ den Jugendämtern die Freiheit, sich nach ihrem Gutdünken zu entscheiden. Wegweisend wurden Überlegungen, wie sie Dr. Hanna Hellinger, 1930 in den Hauptausschuß des Deutschen Vereins berufen, nach vierjähriger Erfahrung mit dem RJWG zusammengefaßt und 1928 veröffentlicht hat[188]):

Nach einer Zeit des Kampfes um die gesetzliche Regelung der Jugendwohlfahrt wird jetzt nach Formen ihrer lebensvollen Gestaltung gesucht. Das RJWG enthält nichts über die Gestaltung der Jugendämter... Die Organisation der Jugendämter ist mehr oder minder stark dem Zufall überlassen worden, sie hängt ab von historischen und lokalen Gegebenheiten, von Überlieferungen, von Machtpositionen der Ämter und Organisationen, von der Stärke und Energie der leitenden Persönlichkeiten...
In den praktischen Gestaltungsfragen des Jugendamtes spielen die Probleme, die sich mit dem Zusammenarbeiten der Organe des Außen- und Innendienstes befassen, eine Rolle von grundlegender Bedeutung für die Lebendigkeit fürsorgerischer Arbeit... Unter „Innendienst" im Jugendamt wird gemeinhin verstanden die „Sachbearbeitung" der Einzelfälle eines bestimmten Gebietes, etwa des Pflegekinderschutzes, der Wochenfürsorge, der Gemeindewaisenratsangelegenheiten, der Jugendgerichtshilfe, Fürsorgeerziehung usw., d.h. die Aktenbearbeitung und die Vorverfügung der Entscheidung. Die Aufnahme von Anträgen Rat- und Hilfesuchender gehört allgemein auch zum Gebiet des „Innendienstes".
„Außendienst" bedeutet die „Ermittlung" und die „Berichterstattung", d.h. also

die notwendigen Hausbesuche und Erkundigungen. Daß Sprechstunden der
Außenorgane in der Amtsstelle notwendig sind, wird allgemein anerkannt.
Es wird
dann in diesem Zusammenhang der Außendienst öfter mit fürsorgerischer, der Innendienst mit verwaltungsmäßiger Arbeit gleichgesetzt. Diese Gleichsetzung ist
unhaltbar ... Rein verwaltungsmäßige Arbeit gibt es im Jugendamt überhaupt nur ganz begrenzt. Kostenregelungen mit anderen Bezirksfürsorgeverbänden, mit den Heimen, Wiedereinziehungen von den Unterstützten nach fürsorgerischer Prüfung,
Führung der Karteien (Zentralkartei) und Registratur – mit Einschränkungen die
Statistik – sind wohl die einzigen als rein verwaltungsmäßig anzusehenden Arbeiten. Wenn man organisatorisch einen Schnitt zwischen der sozialpädagogischen
Arbeit und der verwaltungsmäßigen machen will, muß es hier geschehen ... Abgesehen von diesen Aufgaben rechnerischer und formeller Art sind alle anderen Arbeiten des Jugendamtes fürsorgerisch-pädagogischen Inhaltes, soweit es sich nicht um
technische Handlangerdienste handelt.

Die Sachbearbeitung, deren vornehmste Aufgabe bei den Einzelfällen des Jugendamts die Auffindung und Auswertung der Erziehungseinflüsse ist, die auf das
Kind einwirken, kann im eigentlichen Sinn nur durchgeführt werden, wenn der Bearbeiter das Leben des Kindes außerhalb seines Büros kennt, mindestens um alle die
möglichen Einflüsse weiß, denen es unterliegt. Die Aufnahme der ersten Anträge,
mag sie Kind oder Erziehungsberechtigter stellen, ist oftmals von grundlegender
Wichtigkeit für die weiteren Beziehungen des einzelnen zum Amt, legt den Grund-
stein des Vertrauens oder erschüttert es. Es ist in diesem Sinne also falsch, von einer
Trennung des Innen- und Außendienstes innerhalb der Sachbearbeitung des Einzelfalles zu sprechen. Die Sachbearbeitung umfaßt Innen- und Außendienst, die
Kenntnis der häuslichen Verhältnisse und der außerhäuslichen Erziehungseinflüsse,
die daraus folgende „Diagnose" und die notwendige Aktenbearbeitung.

Ist es theoretisch möglich und praktisch durchführbar, daß der einzelne Fürsorger seine Fälle vom ersten Anfang an bis zur letzten Durchführung der Maßnahme
selbst in der Hand behält? ... Grundsätzlich ist eine fast restlose Durchführung der
Sachbearbeitung – unter Herauslassung der angedeuteten verwaltungsmäßigen „Belange" – in einer Hand mit Außen- und Innendienst bei der Bearbeitung des Einzelfalles nicht nur möglich, sondern die sogar beste Lösung. Herauszuschälen sind
selbstverständlich die Gebiete, die eine Zentralisation in einer Hand bedingen, wie
z.B. der Pflegestellennachweis und die Adoptionsvermittlung. Sie erfordern,
ebenso wie die Bearbeitung der Sachgebiete allgemeiner Natur, wie z.B. Kinder-
speisung und Verschickung, Hort- und Heimangelegenheiten, vorwiegend im Innendienst tätige Fachkräfte.

Eine Bearbeitung des Einzelfalles durch eine Person schafft die geringsten Rei-
bungsflächen. Sie unterbindet ein Ausspielen des einen Organs gegen das andere;
Ratschläge, von zwei Seiten gegeben, können allzu leicht mißverstanden werden.
Sie verhindert auch, daß zwei Ansichten sich allzu starr gegenüberstehen, und daß
das Objekt darunter leiden könnte. Nirgends ist eine Atmosphäre der Arbeitsgemeinschaft und der Harmonie notwendiger als in Erziehungsbehörden und Erzie-

hungsgemeinschaften. Sie allein wirkt erziehlicher als Beeinflussungsversuche vom grünen Tisch. *Vom organisatorischen Standpunkt aus gesehen ist die Vereinigung von Außen- und Innendienst die sparsamste.* Es braucht kein Zweiter in die Akten einzudringen, aus Berichten mühsam, ohne persönliche Kenntnis der Beteiligten, einen Bericht zur Weitergabe etwa an das Gericht zu formulieren. Unter diesem Gesichtspunkt wird neuerdings auch aus Verwaltungskreisen eine Vereinheitlichung von Innen- und Außendienst begrüßt [Köhler: Bemerkungen zur Organisation des Innen- und Außendienstes. In: Zeitschrift für Heimatwesen, Jg. 33, Nr. 18]...

Der grundsätzliche Einwand, der sich gegen eine volle Bearbeitung des Einzelfalles in einer Hand richtet, ist folgender: Es sei nicht denkbar, daß *ein* Mensch, *ein* Fürsorger, der nur die *eine* Seite der Sache sieht, eine sachgemäße Entscheidung treffen könne. Es müsse daher eine Trennung der Bearbeitungen einsetzen. Der Einwand hat eine falsche und eine richtige Prämisse und eine falsche Schlußfolgerung.

Falsch ist die Voraussetzung, daß der Fürsorger nur eine Seite der Sache sieht. Sie beruht auf der Auffassung, daß der Fürsorger ein „Anwalt" des Hilfsbedürftigen gegenüber der Gesellschaft ist [vgl. W. Haagen: Die Stellung von Arzt und Erzieher im großen Wohlfahrtsamt. In: Zentralblatt für Jugendrecht und Jugendwohlfahrt, Juli 1928], und mithin seine Interessen gegenüber dem Amt (stillschweigend wird dabei eine gewisse Animosität zwischen Amt und Schützling vorausgesetzt) vertritt. Der gute Fürsorger hat alle Tatsachen zu sammeln und für die Beurteilung des Einzelfalles auszuwerten, frei von vorgefaßten Meinungen und bereits bestimmten Zielen, wie sie in dem Wort „Anwalt" von vornherein gegeben sind.

Richtig ist dagegen, daß bei der Zusammentragung des Materials und seiner Auswertung andere Personen außer dem Fürsorger ausschlaggebend mitzureden haben, so viel mehr als bisher der Arzt und der Pädagoge. *So sollte auch in schwierigen Fällen die Aufstellung des Heilplans nicht einem einzelnen sondern einem Kollegium überlassen werden.* Bei den Methoden des social case work in den Vereinigten Staaten – wohl den ausgebildetsten Methoden individualisierender Fürsorge, die bekannt sind – stellt die staff-conference [vgl. Hans Scherpner: Formen persönlicher Fürsorge in den Vereinigten Staaten. Widmungen des Fürsorgeseminars der Universität Frankfurt am Main, Heft 2], die Arbeitsbesprechung der Mitarbeiter einer Fürsorgestelle, die exakte Diagnose und gibt zugleich die Prognose für die weitere Fallbehandlung... Kollektiventscheidungen dieser Art würden die Aufstellung eines vernünftigen Heilplanes fördern, jedoch ist es nicht sinngemäß, einen Querschnitt durch den Einzelfall zu legen, der dem Bearbeiter des Innendienstes einen Teil der Entscheidung überläßt.

Grundsätzliche Voraussetzung der Vereinigung der Sachbearbeitung in einer Hand ist nach oben eine Fachleitung, mit der jederzeit Zweifelsfragen besprochen werden können, nach unten eine weitestgehende Entlastung von technischen Arbeiten, wie Ausfüllen von Vordrucken, Akten anlegen, heften, Karteinotierungen, Registratur. Die „Sparverfügungen" gewisser Verwaltungen, die Hilfskräfte für diese Arbeiten untersagen und sie jedem Sachbearbeiter selbst zuweisen, sind vom

Standpunkt der Jugendfürsorge aus eine Menschen- und Mittelverschwendung...

Ist so grundsätzlich – ausgehend von der Zielsetzung des Jugendamts – eine Verbindung von „Innen- und Außendienst" bei einer Person sehr wohl möglich, so sind praktisch-organisatorisch recht erhebliche Schwierigkeiten gegeben, die viele gutarbeitende Jugendämter veranlassen, die Sachbearbeitung verschiedener Gebiete in Innen- und Außendienst zu trennen.

Der eine immer wieder angeführte Grund dafür ist der, daß die Belastung des Fürsorgepersonals zu stark wird. Ein Hilfsmittel dagegen bietet eine vernünftige technische Entlastung. Viele Fürsorger seien zwar gute Fürsorger, jedoch nicht in der Lage, die einfachsten verwaltungsmäßigen Arbeiten auszuführen, wobei unter „verwaltungsmäßig" das Anfertigen von Verfügungen usw. verstanden wird. Unsere Ausbildungsstätten für Fürsorge beginnen immer stärker damit, diesen zweifellos vorhandenen Mangel zu beseitigen...

Bieten diese beiden Einwände keine wirklichen Schwierigkeiten, so sind ernsthafte Fragen der Verknüpfung von Innen- und Außendienst in einer Hand dort gegeben, wo großstädtische Verhältnisse eine Dezentralisierung des Außendienstes erfordern, oder wo dem Jugendamt eigene berufliche Kräfte kaum oder gar nicht zur Verfügung stehen, also dort, wo die Familienfürsorge in ihren Wirkungen auf jugendfürsorgerische Aufgaben betrachtet wird...

Es ist grundsätzlich sehr wohl möglich, daß bei einer dem Jugendamt angeschlossenen und vorwiegend sozialpädagogisch orientierten Familienfürsorge die volle jugendfürsorgerische Bearbeitung des Falles in einer Hand liegt, ohne daß die eigentlichen Ziele der Jugendfürsorge dabei gefährdet sind. Selbstverständlich gilt das nicht für die gesundheitlichen Organen übertragenen Aufgaben der Mündel- und Pflegekinderaufsicht, die dann lediglich Hilfsorgane des eigentlichen Sachbearbeiters sein können.

Nicht möglich und dem Sinne der Jugendamtsarbeit widersprechend wäre es, auch bei Organen der Familienfürsorge, die einem anderen wie dem Jugendamte angeschlossen sind oder außerhalb der Ämter stehen, die jugendfürsorgerische Sachbearbeitung den Organen des Außendienstes zu übertragen, weil diese nicht in erster Linie Gesichtspunkte der Jugendfürsorge berücksichtigen können. Sie brauchen bei der Bearbeitung des Falles eine Ergänzung durch besondere Fachkräfte im Jugendamt, die dann am zweckmäßigsten im Innendienst bei bestimmten Sachgebieten, wie Jugendgerichtshilfe, Fürsorgeerziehung, Aufgaben des Gemeindewaisenrates usw. Verwendung finden...

Die Zentralisation des Innendienstes des Jugendamtes bei bestehender Dezentralisation des Außendienstes erschwert fraglos im allgemeinen den persönlichen Kontakt zwischen Sachbearbeiter und Fürsorgerin. Ist gar... der gesamte Innendienst des Jugendamtes ohne eine Fachkraft als Sachbearbeiter, ohne systematische Schulung und Umschulung der Verwaltungsbeamten zentralisiert, so müssen Reibungen und Mißverständnisse sehr zum Schaden der Jugendfürsorge unausbleiblich sein...

Wird dann der „Sachbearbeiter" nicht einmal zwingend an die Diagnose des Fürsorgers gebunden, so müssen die Ergebnisse, die dabei herauskommen, von zweifelhaftem Wert sein... *Die Durchsetzung des Innendienstes mit Fachkräften ist bisher, von ganz wenigen Ausnahmen... abgesehen, recht gering. Das Verständnis des Verwaltungsbeamten für soziale Aufgaben wird vielfach von der Leitung nicht genug gefördert... Allgemein muß, wo der Innendienst abgetrennt ist, der Sachbearbeiter an die Sozialdiagnose des Fürsorgers gebunden werden...*

War bisher nur von beruflichen Kräften die Rede, so muß noch *das Zusammenwirken mit den ehrenamtlichen Organen* betrachtet werden. Als Hauptorganisationstypen lassen sich vier Formen von ehrenamtlicher Mitarbeit unterscheiden:
1. die vollkommene Übertragung eines Aufgabengebietes an eine Organisation der freien Wohlfahrtspflege (Delegation);
2. die Übertragung von Einzelfällen eines bestimmten Aufgabengebietes an die Organisation unter Aufsicht des Jugendamtes;
3. die Übertragung von Einzelaufgaben auf die Wohlfahrts- und Jugendkommissionen;
4. die Heranziehung freiwilliger Helfer in unmittelbarem Kontakt mit dem Amt.

... Ist grundsätzlich die weiteste Mitarbeit freiwilliger Kräfte auch in der Jugendfürsorge durchaus notwendig, so verträgt sich die prinzipielle Abgabe aller Fälle eines bestimmten Gebietes nicht mit dem Wesen individueller Fürsorge, noch weniger mit den Grundsätzen der Erziehungsberatung und Erziehungsauswahl. Nur das Fachorgan, das den Fall kennt und sein wesentliches erfaßt hat, ist in der Lage zu beurteilen, ob sich die Weiterbehandlung für einen freiwilligen Helfer eignet... Für das enge Zusammenarbeiten zwischen Fachkraft und freiwilligem Helfer ist es besser, wenn die Abgabe der Einzelfälle nicht an eine Organisation erfolgt..., sondern Helfer aus den Organisationen im Amt direkt in Vorschlag gebracht werden... Soll die freiwillige Helferarbeit für die Jugendfürsorge nutzbar gemacht werden, so ist das engste Zusammenarbeiten zwischen Fachkraft und ehrenamtlichen Organ im Einzelfall *und die ständige fortlaufende Schulung der Hilfsorgane zu fordern...*

Die Praxis bietet... ein buntes und uneinheitliches Bild, und vieles läßt allerorten zu wünschen übrig. Die Gefahr der Bürokratisierung lebendiger Arbeit durch ein Verkennen ihres Wesens droht allenthalben... Nur, wenn die Bedeutung der Jugendamtsarbeit und ihr Hauptgedanke viel stärker als heute Gemeingut weiter Kreise geworden sind und nur, wenn es glückt um des sachlichen Zieles willen, Geltungs-, Macht- und Ausdehnungsbedürfnisse der Ämter und der einzelnen einzudämmen, wird einmal das Jugendamt zum Erziehungsamt werden können.

Alle diese damals aufgezeigten Probleme bestehen auch heute und betreffen den sozialen Dienst insgesamt. Vor allem das Verhältnis zwischen Außendienst und Innendienst macht immer dann die größten Schwierigkeiten, wenn Sozialarbeiter resp. Sozialpädagogen sich mit Verwaltungsfachkräften verständigen müssen und jeder Partner eine ganz andere Ausbildung hat. Weniger in der organisatorischen Gliederung als vielmehr in der verschiedenartigen Ausbildung liegt eine Hauptursache möglicher Sachkonflikte. Davon, wie heutzutage Fort- und Weiterbildung dem jeweiligen Ausbildungsdefizit entgegenwirkt, wird noch im IV. Teil zu sprechen sein.

2. Verordnung über die Fürsorgepflicht vom 13. Februar 1924 (RGBl S. 100)

Bis zum 31. März 1924 stand das Unterstützungswohnsitzgesetz in Kraft. Erst am 1. April 1924 wurde es, nachdem es länger als ein halbes Jahrhundert die Grundlage obligater Armenfürsorge gewesen war, abgelöst durch die Fürsorgepflichtverordnung (FV) vom 13. Februar 1924, meistens zitiert als „Reichsfürsorgepflichtverordnung (RFV)".

Am Unterstützungswohnsitzgesetz hatte der Deutsche Verein ja noch nicht mitwirken können, vielmehr war er infolge dieses Gesetzes gegründet worden. Ganz anders sein Verhältnis zur Fürsorgepflichtverordnung sowie zu den mit ihr verbundenen Reichsgrundsätzen über Voraussetzung, Art und Maß der öffentlichen Fürsorgeleistungen (s. u.). Nicht nur sind beide Gesetze von ihm veranlaßt worden, er hat auch – in Zusammenarbeit mit der Reichsregierung – den Inhalt beider Gesetze so weitgehend bestimmt oder beeinflußt, daß sie insofern als sein Werk zu betrachten sind.

2.1 Zur Vorgeschichte der Fürsorgepflichtverordnung

Die Vorarbeiten des Deutschen Vereins für ein Reichsgesetz über die Armenfürsorge, die bis 1912 und noch weiter zurückreichen, wurden nach dem Ersten Weltkrieg, jetzt auf die Weimarer Verfassung gestützt, unter neuen Gesichtspunkten energisch fortgesetzt. Kaum war die Weimarer Verfassung in Kraft getreten, beriet er am 16. Oktober 1919 auf seiner Mitgliederversammlung in Berlin die Grundzüge eines künftigen Reichsfürsorgegesetzes. Aus der (im Archiv des Deutschen Vereins erhaltenen)[189] Niederschrift über diese Beratung sei hier zitiert:

Ausgehend von der Erwägung, daß mit dem Abbau der Kriegswohlfahrtspflege eine baldige Reform des Armenwesens im Wege der reichsgesetzlichen Regelung erforderlich sein würde, hat der Geschäftsführende Ausschuß vor etwa einem halben Jahre dem Mitgliede unseres Hauptausschusses Herrn Geheimen Justizrat Diefenbach den Auftrag zur Ausarbeitung eines Werkes „Die Mängel des Unterstützungswohnsitzgesetzes und ein Reichsarmengesetz" erteilt... Über den Inhalt soll folgendes kurz gesagt werden:
Während noch die Stuttgarter Tagung des deutschen Vereins im Jahre 1913 ein außerordentlich vorsichtiges gesetzgeberisches Vorgehen empfahl, aus praktischen Gründen von einer Abänderung des Unterstützungswohnsitzgesetzes absehen wollte und den Inhalt eines Reichsarmengesetzes nur auf den Stoff beschränken wollte, welcher in den zur Zeit geltenden bundesstaatlichen Ausführungsgesetzen zum Unterstützungswohnsitzgesetz enthalten ist, will Diefenbach eine Kodifika-

tion des formellen wie des materiellen Rechts auf dem Wege der Reichsgesetzgebung herbeiführen. Dazu gibt ihm der Arikel 9 der Reichsverfassung die Handhabe, welcher dem Reiche die fakultative Zuständigkeit auf dem Gebiete des Armenwesens zuweist...

Diefenbach macht sich die Forderung des neuen Geistes: Soziale Ausgestaltung der Armenpflege zu eigen und stellt sie in den Vordergrund. Er untersucht zunächst die Grenzlinie zwischen Sozialpolitik und Armenpflege und kommt zu dem Schlusse, daß ein Gegensatz nicht besteht, sondern die Armenpflege nur ein Zweig der Sozialpolitik ist, der sich nur dadurch von den anderen Zweigen unterscheidet, daß er nur individuelle und subsidiäre Maßnahmen in sich begreift. Die dergestalt charakterisierte Armenpflege teilt er ein in Zwangsarmenpflege, welche im wesentlichen heilender, und die freiwillige Armenpflege, welche vorbeugender Natur ist. Was die Unterschiede der öffentlichen und privaten Armenpflege betrifft, so lassen sich diese beiden nicht nach bestimmten Arbeitsgebieten trennen, sondern nur nach Funktionen, und zwar nach Gesetzen der Zweckmäßigkeit, wobei die private Armenpflege einerseits Pioniertätigkeit zu leisten hat, andererseits verfeinernd und ergänzend zu den Maßnahmen der öffentlichen Armenpflege hinzutreten soll.

Entsprechend seiner Grundforderung der sozialen Ausgestaltung der Armenpflege und seiner Auffassung, daß die Armenpflege auf dem gleichen Rechtsboden erwachsen ist wie die soziale Gesetzgebung, will Diefenbach den Hilfsbedürftigen einen Rechtsanspruch auf Unterstützung geben und seine Verwirklichung in ähnlicher Weise gestalten wie etwa die Durchführung der Ansprüche aus der Reichsversicherungsordnung.

Als notwendigen, von der Reichsgesetzgebung aus festzusetzenden Inhalt der öffentlichen Zwangsarmenpflege wird der notwendige Lebensunterhalt bezeichnet, bei einer der Erziehung bedürftigen Person die Kosten der Erziehung und Ausbildung zu einem Berufe.

Was die Kostentragung anbelangt, so geht Diefenbach in dem Bestreben, sie auf leistungsfähige Schultern zu legen, sehr weit. Die Kosten sollen nämlich dem eigentlichen Träger grundsätzlich vom Staate (Reiche) erstattet werden. Nur soll diesem wieder ein Teil der Kosten vom Armenverband zurückzuerstatten sein, und zwar bei den Kosten der geschlossenen Armenpflege die Pflegegelder nach einem bestimmten Tarif für diejenigen Armen, welche in der Gemeinde der letzten fünf Jahre seit ihrer Volljährigkeit gewohnt haben; bei der offenen Armenpflege sollen die Kosten derjenigen, welche mehr als fünf Jahre in der Gemeinde ansässig waren, nach einer bestimmten Quote erstattet werden, welche nach dem Grade der Steuerkraft und der Leistungsfähigkeit des Armenverbandes zu bemessen ist. Das Reich (der Staat) soll in der Lage sein, einen Teil der Lasten auf andere staatliche Gebilde (Provinzen u. dgl.) zu legen.

Träger der Armenpflege sollen Orts- und Kreisarmenverbände sein, welche als Zweckverbände nicht unter 10 000 Einwohnern, und zwar unter eigener Rechtspersönlichkeit und Selbstverwaltung zu bilden sind. Die Ausübung soll durch Bezirkswohlfahrtsämter mit ähnlicher Organisation wie die Jugendämter erfolgen und in Verbindung mit der freiwilligen öffentlichen und der privaten Fürsorge gebracht werden.

Was endlich die Zuständigkeit der Armenverbände betrifft, so geht Diefenbach von dem Prinzip des Unterstützungswohnsitzes völlig auf das Aufenthaltsprinzip über und stellt den Grundsatz auf, daß die Ausübung der Armenpflege stets in die Hände des Armenverbandes des Aufenthaltsortes zu legen ist, sofern nicht Sondergesetze z. B. für Jugend- und Wandererfürsorge etwas anderes bestimmen. Der § 5 des Freizügigkeitsgesetzes, welcher die Ausweisung aus armenrechtlichen Gründen gestattet, ist aufzuheben. Die gegenseitigen Ansprüche der Armenverbände untereinander fallen weg, da eine Abrechnung nur noch mit dem Staatsarmenverband stattfindet.

Diese Leitgedanken wurden aufgegriffen u. a. von den Fachausschüssen für städtisches und ländliches Fürsorgewesen des Deutschen Vereins und von ihnen am 13.–14. Februar 1920 in Berlin unter drei Hauptpunkten zusammengefaßt:

1. Voraussetzungen, Art und Maß der öffentlichen Unterstützung.
2. Ersetzung des Unterstützungswohnsitzes durch das Aufenthaltsprinzip.
3. Verteilung der Armenlasten, Schaffung und Organisation leistungsfähiger Verbände[190]).

Keine dieser Forderungen war gänzlich neu, der Deutsche Verein hatte sie oftmals erhoben; neu war jedoch, daß nun endlich Aussicht bestand, sie zu verwirklichen. Die größte Schwierigkeit bereitete, wie zu erwarten, das Aufenthaltsprinzip.

2.2 „Gewöhnlicher Aufenthalt" anstatt „Unterstützungswohnsitz"

Um rasch voranzukommen, beabsichtigte der Deutsche Verein zunächst nur eine Novellierung des Unterstützungswohnsitzgesetzes. Allerdings mußte dessen Name verschwinden, sobald der „Unterstützungswohnsitz" ersetzt wurde durch den „gewöhnlichen Aufenthaltsort". In seinen „Vorschlägen für ein Notgesetz zum Reichsgesetz über den Unterstützungswohnsitz", welche der Deutsche Verein am 11. September 1922 dem Reichsinnenministerium unterbreitete, hieß es denn auch: „Der Titel des Reichsgesetzes über den Unterstützungswohnsitz ist abzuändern in: Gesetz über die öffentliche Unterstützung Hilfsbedürftiger."[191])

Diesen Vorschlägen war u. a. vorangegangen eine Umfrage des Deutschen Vereins vom 16. Oktober 1920 an die 30 größten deutschen Städte:

Am 24. und 25. September 1920 hat der Deutsche Fürsorgetag in Jena die „gesetzliche Reform der öffentlichen Armenpflege" erörtert und hierbei auch zu der Frage des Aufenthaltsprinzips Stellung genommen. Der Deutsche Verein hat es übernommen, die weiteren Vorarbeiten zu einem künftigen Reichsarmengesetz auszuführen und dem Reichsministerium des Innern im Laufe der nächsten Monate eine eingehende Denkschrift zu erstatten. Eine der wichtigsten Fragen in den Reformvorschlägen bildet die Ersetzung des Unterstützungswohnsitzprinzips durch das Aufenthaltsprinzip. Um jedoch feststellen zu können, in welcher Weise die Verteilung der Armenlasten durch die Einführung des Aufenthaltsprinzips geändert wird und um der Gefahr der Abwanderung nach der Stadt und der Abschiebung in geeigneter Weise begegnen zu können, bedürfen wir bei den vorbereitenden Arbeiten der Mitwirkung der Städte[192]).

Eine der Fragen, welche an die deutschen Städte gerichtet worden waren, lautete:

Würde nach den dortigen Erfahrungen die Ersetzung des Unterstützungswohnsitzes durch das Aufenthaltsprinzip zu begrüßen sein? (Selbstverständlich würde die Einführung des Aufenthaltsprinzips verbunden sein mit geeigneten Maßnahmen für gerechtere Verteilung der Armenlasten sowie zur Bekämpfung mißbräuchlicher Ausnutzung des Aufenthaltsprinzips)[193]).

Die Städte stimmten dem Aufenthaltsprinzip zu[194]). Probleme, welche die Umstellung auf den „gewöhnlichen Aufenthaltsort" mit sich brachte, werden in einer vom Deutschen Verein veröffentlichten Begriffsbestimmung deutlich:

Der Begriff des gewöhnlichen Aufenthaltsortes ... ist schon in früheren Gesetzen vorhanden. Das Unterstützungswohnsitzgesetz knüpft den Erwerb des Unterstützungswohnsitzes daran, daß man nach zurückgelegtem 16. Lebensjahre ein Jahr lang an einem Orte seinen „gewöhnlichen Aufenthalt" gehabt hat (§ 10 UWG). Dadurch daß § 12 desselben Gesetzes den Erwerb des Unterstützungswohnsitzes davon abhängig macht, ob der Aufenthalt nicht unter Umständen begonnen wird, welche die Annahme der freien Selbstbestimmung bei der Wahl des Ortes ausschließen, kommt der gewöhnliche Aufenthalt nach dem Unterstützungswohnsitzgesetz nur dann in Frage, wenn er unter freier Willensbildung gewählt wird. Dies bedeutet jedoch nicht, daß nur der Mensch, der einer freien Willensbildung fähig ist, einen gewöhnlichen Aufenthalt haben kann.
Im Gegensatz zu dem Erwerb des Unterstützungswohnsitzes, der gemäß §§ 12, 24 und 26 UWG eine Rechtshandlung ist, die Willensfähigkeit voraussetzt, ist der Erwerb eines gewöhnlichen Aufenthalts von der Willensfähigkeit und Geschäftsfähigkeit ganz unabhängig. Auch Geisteskranke und Kinder unter sieben Jahren können einen gewöhnlichen Aufenthalt haben; dies schließt auch das UWG nicht aus, es sagt vielmehr nur, daß der gewöhnliche Aufenthalt dieser Personen nicht ausreicht, um einen Unterstützungswohnsitz zu begründen ...
Ob der Aufenthalt ein gewöhnlicher ist, hängt auch nach dem UWG von den tatsächlichen Verhältnissen des einzelnen Falles ab. Daß auch geschäftsunfähige Personen selbständig einen gewöhnlichen Aufenthalt haben können, zeigt das Reichs-

jugendwohlfahrtsgesetz, das in § 7 die Zuständigkeit des Jugendamtes nach dem gewöhnlichen Aufenthalt des Minderjährigen regelt... Das RJWG setzt... die Willensbildung nicht voraus, weil sonst für Minderjährige, die ohne oder gegen den Willen ihres gesetzlichen Vertreters untergebracht sind, die Begründung eines gewöhnlichen Aufenthalts und damit die Zuständigkeit eines Jugendamtes wegfiele... Wird z. b. ein Kind in einer Pflegestelle untergebracht mit der Absicht, es jahrelang dort zu lassen, so hat das Kind vom ersten Tage an dort seinen gewöhnlichen Aufenthalt, ohne daß von einer „Gewohnheit" die Rede sein kann.

Andererseits liegt aber das Kriterium auch nicht ausschließlich in der Absicht des dauernden Verbleibens. Ein Aufenthaltsort, der zunächst als vorübergehender beabsichtigt war, kann unter irgendeinem Zwang sehr wohl zum gewöhnlichen werden[195]).

2.3 Ein neues Reichsfürsorgegesetz anstatt bloßer Novellierung des UWG

Bald zeigte sich, daß eine Novellierung des Unterstützungswohnsitzgesetzes (UWG) zwar vordringlich war, aber nur als Notbehelf, und daß sie die gesetzliche Neuregelung der gesamten Fürsorge einleiten müsse. In diesem Sinne beschloß der Hauptausschuß des Deutschen Vereins am 22.–23. März 1922 in Frankfurt am Main:

Der Hauptausschuß erkennt die Notwendigkeit und Dringlichkeit einer reichsgesetzlichen Neuregelung der öffentlichen Wohlfahrtspflege an und... beauftragt den Vorstand, Vorarbeiten in dieser Richtung unverzüglich in die Wege zu leiten und mit den zuständigen Stellen der Reichsregierung und der Landesregierungen sowie mit den beteiligten Körperschaften der öffentlichen und privaten Wohlfahrtspflege in Verbindung zu treten.

Unabhängig von der reichsgesetzlichen Neuregelung der gesamten öffentlichen Wohlfahrtspflege ist mit möglichster Beschleunigung ein Notgesetz zum Unterstützungswohnsitzgesetz zu erlassen, das die schlimmsten Mißstände, die sich heute aus der Anwendung des Unterstützungswohnsitz-Prinzips ergeben, beseitigt. Als ebenfalls dringlich betrachtet der Hauptausschuß gesetzgeberische Maßnahmen, welche die Schaffung leistungsfähiger Verbände als Träger der öffentlichen Fürsorge und tunlichst eine einheitliche Regelung der Zuständigkeit vorsehen[196]).

Der Hauptausschuß setzte unter Vorsitz von Landeshauptmann Horion, Düsseldorf, eine Kommission ein, welche die Vorarbeiten für ein Notgesetz zum Unterstützungswohnsitzgesetz in Verbindung mit dem Reichsministerium des Innern sofort beginnen sollte. Auf derselben Hauptausschußtagung trug Dr. Polligkeit als Vorsitzender des Deutschen Vereins ausführlich begründete Leitsätze für eine einheitliche reichsgesetzliche Neuregelung der öffentlichen Wohlfahrtspflege vor:

Leitsatz I. [Notwendigkeit und Dringlichkeit der Vereinheitlichung.] Die seit langem erhobene Forderung, die Grundsätze über Voraussetzungen, Art und Maß der öffentlichen Hilfsmaßnahmen, ihre finanzielle Lastenverteilung und organisatorische Durchführung erneut zu prüfen, erweist sich bei der gegenwärtigen Gesamtlage unseres Volkes besonders dringlich. Die Zersplitterung des materiellen und formellen Rechts der öffentlichen Wohlfahrtspflege in Reichs- und Landesgesetzgebung hat zur Folge, daß den Notleidenden eine rechtzeitige und durchgreifende Hilfe nicht gesichert wird, und daß durch den Mangel an Einheitlichkeit und Zusammenwirken der Träger der Hilfsmaßnahmen die vorhandenen Kräfte und Geldmittel nicht in einer den Zeitumständen entsprechenden Weise wirksam gemacht werden.

Leitsatz II a. [Ziel und Grenzen einer einheitlichen reichsgesetzlichen Regelung.] Ziel ist die Zusammenfassung der gesamten in verschiedenen Gesetzen geregelten Materien der öffentlichen Wohlfahrtspflege in einem einheitlichen Gesetzgebungswerk. Die nächste Aufgabe ist die Reform der verschiedenen Gesetze nach einheitlichen Gesichtspunkten. Ihre Verschmelzung muß späterer Zeit vorbehalten bleiben.

Leitsatz II b. Grenzen sind in einer reichsgesetzlichen Regelung der öffentlichen Wohlfahrtspflege sowohl dem Inhalt nach wie aufgrund der finanziellen Leistungsfähigkeit unseres Volkes wie schließlich hinsichtlich der Rücksichtnahme auf die Gesetzgebungskompetenz der Länder gezogen.

Leitsatz III. [Aufgabengebiet] Die Gebiete der öffentlichen Wohlfahrtspflege sind nach Möglichkeit auf ein einheitliches öffentliches Versicherungswesen einerseits, ein einheitliches öffentliches Fürsorgewesen andererseits aufzuteilen.

Leitsatz IV a. [Forderungen für die einheitliche Neuregelung des Versicherungswesens nach Inhalt und Aufbau.] Die bereits bestehenden Zweige einer Versicherung gegen Folgen von Mutterschaft, Krankheit, Unfall, Invalidität, Alter und Tod sind im Sinne des Artikels 161 der Reichsverfassung auszubauen. *Neu ist eine Versicherung gegen die Folgen von Arbeitslosigkeit zu schaffen.*

Leitsatz IV b. Die Anpassung an den allgemeinen Grundsatz der Wohlfahrtspflege, daß ihre Aufgabe in Schadenverhütung, Schadenausgleich und Versorgung Hilfloser besteht, zwingt dazu, daß im Versicherungswesen gegenüber der unter Zugrundelegung der gezahlten Prämien erfolgenden gewissen Schematisierung der Leistungen eine stärkere Anlehnung der Leistungen an das individuelle Bedürfnis erfolgt.

Leitsatz IV c. Für die Bestimmung des Maßes der Versicherungsleistung muß der Grad der Erwerbsbeschränkung maßgebend sein, die den Eintritt des Versicherungsfalles auslöst. Die Art der Leistung muß sich danach richten, welches Mittel zur Beseitigung oder Milderung der Erwerbsbeschränkung geeignet erscheint.

Leitsatz IV d. Außer den Lohn- nd Gehaltsempfängern, bei denen als Gruppen Arbeiter, Angestellte und leitende Angestellte zu unterscheiden sind, müssen in den Kreis der Versicherten Hausgewerbetreibende und Heimarbeiter in vollem Umfange aufgenommen werden. *Selbständig Erwerbstätige sind insoweit in den Kreis der Versicherungsberechtigten einzubeziehen, als ihr Jahreseinkommen eine bestimmte oberste Grenze nicht erreicht.* In gleicher Weise sind öffentliche Beamte insoweit einzubeziehen, als ihnen nicht aufgrund ihres Beamtenverhältnisses Anspruch auf Versorgung zusteht.

Leitsatz IV e. Für den Aufbau der Versicherungsträger ist es zu fordern, daß ihr territorialer Wirkungskreis sich möglichst an die gleichen räumlichen Grenzen hält, wie die verschiedenen Träger des Fürsorgewesens...

Leitsatz IV f. Das Zusammenwirken der Versicherungsträger mit den Trägern des öffentlichen Fürsorgewesens ist so zu gestalten, daß für gleiche Tätigkeitsgebiete nach Bedarf Zweckverbände auf der Grundlage der Arbeitsgemeinschaft sowohl für örtliche wie für darüber hinausgehende Aufgaben geschaffen werden. Die Träger des privaten Fürsorgewesens sind, unter Wahrung ihrer Selbständigkeit im übrigen, an solchen Arbeitsgemeinschaften zu beteiligen.

Leitsatz V a. [Forderungen für die einheitliche Neuregelung des Fürsorgewesens nach Inhalt und Aufbau.] Gegenstand einer vorläufigen reichsgesetzlichen Neuregelung muß sein

1. die Schaffung leistungsfähiger Träger und Organe, denen die verschiedenen Zweige des öffentlichen Fürsorgewesens zum Vollzug übertragen werden;

2. die Neuordnung des öffentlichen Unterstützungswesens;

3. nach Möglichkeit die Eingliederung der in Sondergesetzen geregelten Zweige des Fürsorgewesens, sonst die Angleichung bestehender oder noch zu schaffender Sondergesetze.

Leitsatz V b. Als Einheitsträger des Fürsorgewesens sind Fürsorgeverbände zu schaffen: bei Gemeinden oder Gesamtgemeinden von einer bestimmten Mindestgröße, bei den niederen Kommunalverbänden und bei den höheren Kommunalverbänden. Die Aufteilung der Aufgaben unter die verschiedenen Träger muß danach erfolgen, ob sie sich besser zentralisiert oder dezentralisiert lösen lassen. Die Entscheidung muß sowohl die finanzielle Leistungsfähigkeit des Trägers als auch seine Eignung in fürsorgerischer Hinsicht berücksichtigen.

Leitsatz V c. An Aufgabengebieten, welche auf die vorgenannten Fürsorgeverbände vereinigt und verteilt werden sollten, kommen in Betracht: öffentliches Unterstützungswesen, öffentliche Jugendhilfe gemäß dem Reichsjugendwohlfahrtsgesetz, soziale Kriegsbeschädigten- und Kriegshinterbliebenenfürsorge, Gesundheitsfürsorge, soweit sie nicht den Trägern des Versicherungswesens zufällt. Zu prüfen ist, inwieweit die Erwerbslosenfürsorge den gleichen Fürsorgeverbänden übertragen werden kann.

Leitsatz V d. Für die Lastenverteilung unter den Fürsorgeverbänden müssen folgende Gesichtspunkte maßgebend sein:

1. Für Aufgaben, die offensichtlich Folgen des Krieges sind, haben in erster Linie das Reich, gegebenenfalls auch die Länder aufzukommen. Den beteiligten Fürsorgeverbänden sind hierbei auch die entstehenden Verwaltungsunkosten zu ersetzen.

2. Statt des bisherigen Dotationssystems und der damit zusammenhängenden Bruchteilsverrechnung ist auf der Grundlage des Landessteuergesetzes für erweiterte oder neue Aufgaben den Ländern, Gemeindeverbänden und Gemein-

den ein entsprechend erhöhter Anteil an dem Aufkommen der Reichssteuern zuzuweisen...

3. Im übrigen ist die Lastenverteilung so vorzunehmen, daß die Regelung der örtlichen Zuständigkeit eines Fürsorgeverbandes nach dem Aufenthaltsprinzip möglich ist.

4. Ist der zuständige Fürsorgeverband überbürdet, so ist er durch subsidiäres Eintreten des Fürsorgeverbandes einer höheren Stufe entlasten.

5. Zur Verbilligung der Verwaltungskosten ist soweit irgend möglich bei der Beteiligung mehrerer Fürsorgeverbände von einer Individualverrechnung abzusehen und statt dessen eine Pauschalverrechnung durchzuführen.

Leitsatz V e. *Als Einheitsorgane sind bei den verschiedenen Stufen von Fürsorgeverbänden Wohlfahrtsämter zu schaffen.* Nach Bedarf und gemäß dem Verfassungsrecht der Gemeinden und Gemeindeverbände können bei diesen Wohlfahrtsämtern für einzelne Zweige des Fürsorgewesens besondere Amtsstellen errichtet werden (Gesundheitsämter, Jugendämter, Unterstützungsfürsorgeämter, Fürsorgeämter für Kriegsbeschädigte und Kriegshinterbliebene). Die Zusammensetzung des leitenden Kollegiums solcher Wohlfahrtsämter erfolgt nach Maßgabe des geltenden Verfassungsrechtes der Gemeinden und Gemeindeverbände, jedoch mit der Einschränkung, daß den Vertretern der freien Wohlfahrtspflege ein bestimmter Bruchteil der Sitze gesichert ist und die Berufung aufgrund besonderer von den Vereinigungen der freien Wohlfahrtspflege einzureichenden Vorschlagslisten erfolgt. Im übrigen ist bei der Zusammensetzung der leitenden Kollegien darauf zu achten, daß die Kreise, aus denen die Hilfsbedürftigen stammen, durch fachkundige Vertreter beteiligt werden.

Leitsatz V f. Zur Sicherung einer gleichmäßigen Duchführung ist außer dem Verfahren, in welchem der Hilfsbedürftige gegen Entscheidungen des Fürsorgeverbandes ein Rechtsmittel einlegen kann, die Aufsichtsbefugnis der zuständigen Dienststellen neu zu regeln...

Leitsatz V g. Für die Neuregelung des öffentlichen Unterstützungswesens ist auf die Vorarbeiten des Deutschen Vereins für öffentliche und private Fürsorge, insbesondere auf die Veröffentlichungen im Zusammenhange mit seinen Jahresversammlungen 1905 (Mannheim), 1912 (Braunschweig), 1913 (Stuttgart), 1915 (Berlin), 1916 (Leipzig) und 1920 (Jena) hinzuweisen...

Leitsatz VI a. [Die Art des gesetzgeberischen Vorgehens.] Die Vorarbeiten für die gesetzliche Neuregelung des Versicherungs- und des Fürsorgewesens sind gleichzeitig und beschleunigt in Angriff zu nehmen. Sollte sich bei den Vorarbeiten herausstellen, daß nicht beide Gesetzeswerke innerhalb einer kurz bemessenen Frist gleichzeitig in Kraft treten können, so ist jedenfalls auf eine beschleunigte Behandlung der Vorarbeiten zur gesetzlichen Regelung des Fürsorgewesens hinzuwirken, damit einstweilen die Mängel und Lücken des Versicherungswesens subsidiär durch ein verbessertes Fürsorgewesen ausgefüllt werden.

Leitsatz VI b. Um die dringendsten Mißstände des Unterstützungswohnsitzgesetzes schon vor dem Inkrafttreten eines neuen Reichsgesetzes über das öffentliche Unterstützungswesen abzustellen, ist sofort ein Notgesetz zu erlassen. Gegenstand eines solchen Notgesetzes ist in erster Linie die Revision des Begriffes der Hilfsbedürftigkeit, des Kreises der Pflichtaufgaben, die Herabminderung der Fälle, in denen ein Armenverband Erstattung verlangen kann, Entlastung der überbürdeten Ortsarmenverbände durch Übertragung eines Teiles der Kosten auf größere Verbände sowie Reform des Tarifwesens auf der Grundlage der vollen Erstattung der vorgelegten Kosten[197]).

2.4 Gesetzesvorschläge des Deutschen Vereins werden vom Reichsinnenministerium aufgegriffen

Die vom Deutschen Verein gebildete Kommission zur Vorbereitung eines Notgesetzes zum Unterstützungswohnsitzgesetz legte, nachdem sie sich auf ihrer Sitzung im Reichsinnenministerium am 6. Mai 1922 mit Vertretern dieses Ministeriums sowie des Bundesamtes für das Heimatwesen grundlegend verständigt hatte, am 11. September 1922 jenen Gesetzesentwurf vor, in welchem (s. o.) es hieß: „Der Titel des Reichsgesetzes über den Unterstützungswohnsitz ist abzuändern in: Gesetz über die öffentliche Unterstützung Hilfsbedürftiger."

Diesen Entwurf übersandte der Reichsinnenminister am 28. Dezember 1922 als eilige Dienstsache den Ländern, dem Bundesamt für das Heimatwesen, dem Deutschen Städtetag und dem Deutschen Landgemeindetag zur Stellungnahme; in seinem Begleitschreiben führte er u. a. aus:

Der Deutsche Verein für öffentliche und private Fürsorge, der unter den der wissenschaftlichen Erforschung des Armenwesens und der Vorbereitung gesetzgeberischer Maßnahmen sich widmenden privaten Organisationen eine führende Stellung einnimmt, hat sich seit längerer Zeit damit beschäftigt, für die Behebung der Mißstände, die sich aus der Anwendung des Grundsatzes des Unterstützungswohnsitzes ergeben, Mittel und Wege zu finden. Er hat mir nunmehr als Ergebnis seine Arbeiten die aus der Anlage ersichtlichen Vorschläge unterbreitet. Diese sind in Fühlungnahme mit meinem Ministerium von einer Kommission des Vereins ausgearbeitet worden, die aus namhaften Vertretern verschiedener, unmittelbar mit der praktischen Armenpflege befaßter Verbände (Stadt- und Landgemeinden, Provinzen) besteht und die somit eine Gewähr dafür bietet, daß die Vorschläge aufgrund praktischer Erfahrungen gemacht worden sind.

Wenn ich auch nicht verkenne, daß die Vorschläge noch nach verschiedener Richtung auf ihre praktischen Auswirkungen hin nachgeprüft werden müssen, so habe ich mich gleichwohl, um die Vorbereitung eines Gesetzentwurfs tunlichst zu beschleunigen, entschlossen, sie hiermit schon jetzt den Landesregierungen zur Stellungnahme zu unterbreiten ... In der Hauptsache wäre es mir erwünscht, baldmöglichst darüber unterrichtet zu werden, ob dem Grundgedanken der Vorschläge des Vereins, den Unterstützungswohnsitz durch den gewöhnlichen Aufenthalt zu ersetzen, dortseits zugestimmt werden kann.

Ich selbst sehe in den Vorschlägen des Vereins nach vorläufiger Prüfung und vorbehaltlich der dortigen Stellungnahme einen gangbaren Weg zu dem erstrebten Ziele, auch auf dem Gebiete des Armenwesens die Verwaltung nach Möglichkeit zu vereinfachen und von vermeidbaren Kosten zu entlasten... Wie ich im einzelnen noch bemerken darf, wäre bei Annahme der Vorschläge des Vereins der Ersatz des Unterstützungswohnsitzes durch den gewöhnlichen Aufenthalt auch in der Bekanntmachung, betreffend Einwirkungen der Flüchtlingsfürsorge auf das Armenrecht, vom 16. Mai 1918 (RGBl S. 409) durchzuführen. Weiterhin müßte auch eine Änderung des § 5 des Freizügigkeitsgesetzes in die Wege geleitet werden[198]).

Fast alle Länder äußerten sich, unerachtet mancher Bedenken, grundsätzlich einverstanden, desgleichen das Reichsarbeitsministerium und der Deutsche Städtetag sowie, wenn auch mit Einschränkungen, der Deutsche Landgemeindetag; Baden antwortete zurückhaltend; Hessen und Mecklenburg-Strelitz winkten ab. Das Bundesamt für das Heimatwesen vermochte in seinem Schreiben vom 2. Februar 1923 „nicht anzuerkennen, daß die Ausführung des Unterstützungswohnsitzgesetzes zu solchen Mißständen geführt hat, daß dessen Aufhebung – denn darum handelt es sich – gerechtfertigt wäre"; es schloß seine Stellungnahme mit dem Hinweis,

daß der Name „Reichsgesetz über den Unterstützungswohnsitz" nicht wird beibehalten werden können, wenn der Grundsatz des Unterstützungswohnsitzes aufgegeben wird. Als anderweitige Bezeichnungen kämen etwa in Betracht: „Reichsgesetz betreffend die Unterstützung Hilfsbedürftiger", oder „Reichsgesetz betreffend die Unterstützungspflicht der Armenverbände".

Zugleich schlug es vor, den Namen „Bundesamt für das Heimatwesen" zu verändern in „Reichsverwaltungsgericht":

Auch der Name „Bundesamt für das Heimatwesen", der nicht erkennen läßt, daß es sich um eine lediglich rechtsprechende Behörde handelt, und der deshalb von jeher und bis in die Gegenwart zu zahlreichen Verwechselungen und irrtümlichen Annahmen Veranlassung gegeben hat, dürfte nicht beibehalten werden können. Es wäre zu erwägen, ob nicht dem Bundesamt, das ohnehin den Grundstock für das Reichsverwaltungsgericht bilden soll und dem bereits in Artikel 9 des Einführungsgesetzes für das am 1. April 1924 in Kraft tretende Reichsgesetz für Jugendwohlfahrt (RGBl 1922, S. 648) weitere Befugnisse zugewiesen worden sind, schon jetzt die Bezeichnung „Reichsverwaltungsgericht" beigelegt werden könnte, was ja zunächst ohne finanzielle Mehrbelastung des Reiches möglich sein und die spätere Angliederung verwandter Gebiete (z. B. aus dem Freizügigkeits- und dem Reichs- und Staatsangehörigkeits-Gesetz) ohne weiteres zulassen würde[199]).

Bemerkenswert war das Antwortschreiben des Bayerischen Außenministeriums vom 14. April 1923. Aus ihm seien hier zwei Passagen zitiert, eine zustimmende und eine ablehnende. Zuerst die zustimmende:

Der Hauptausschuß des Bayerischen Städtebundes hat folgende Stellungnahme beschlossen: „Der Bayerische Städtebund stimmt dem Entwurf zu. Er erklärt sich insbesondere im Interesse der Verwaltungsvereinfachung damit einverstanden, daß der einjährige Unterstützungswohnsitz in der öffentlichen Armenfürsorge durch den gewöhnlichen Aufenthalt ersetzt wird. Da durch die Gesetzesänderung hinsichtlich der Zweckaufwendungen eine Mehrbelastung der Städte gegenüber dem flachen Lande vorauszusehen ist, erscheint es dringend erwünscht, daß die gesamten Kosten für die geschlossene Armenfürsorge durch Landarmenverband oder Staat übernommen werden."

Auch der Verband der Landgemeinden Bayerns stimmt der Ersetzung des Grundsatzes des Unterstützungswohnsitzes durch den des Aufenthaltes grundsätzlich zu. Im Hinblick auf die Finanzverhältnisse der Gemeinden und auf die unbedingte Notwendigkeit, die Lastenverteilung in einer die Gemeinden befriedigenden Weise zu lösen, hält er es aber für zweckmäßiger, gleich ganze Arbeit zu leisten, als aus dem großen Reformwerk einen, wenn auch wichtigen Teil, vorwegzunehmen. Eine zufriedenstellende Lösung der Lastenverteilung erachte er als die unbedingte Voraussetzung für den Übergang zu der neuen gesetzlichen Grundlage.

Auch vom Verwaltungsgerichtshof und vom Standpunkte der Landarmenverbände ist gegen die Absicht, den Unterstützungswohnsitz durch den gewöhnlichen Aufenthalt zu ersetzen, kein grundsätzliches Bedenken erhoben worden.

Dagegen am Schlusse des Antwortschreibens die folgende Zurechtweisung:

Schließlich möchte ich nicht verfehlen, noch einen Punkt mehr unwägbarer Art zu erwähnen: Bayern ist erst vor wenigen Jahren nach fast jahrhundertlanger Heimatgesetzgebung nicht ohne Widerspruch in das Rechtsgebiet des Unterstützungswohnsitzes eingetreten. An die Stelle des festen Bandes zwischen Mensch und Gemeinde ist das lose Verhältnis einer Person zu einem Ortsarmenverband getreten. Die Wirkungen dieser Umwälzung sind noch nicht überwunden. Es sollte vermieden werden, den Vernarbungsvorgang ohne zwingenden Grund durch einen unvermittelten neuen Eingriff zu stören, der zwar von dem nüchternen Beurteiler nur als ein weiterer Schritt in der Entwicklung des Unterstützungswohnsitzes und als eine Angleichung an die Kriegs- und Nachkriegsfürsorge erkannt werden mag, der aber geeignet wäre, die ohnehin durch die gegenwärtige Lage empfindlich gemachte Volksseele neuerdings zu beunruhigen[200]).

Konnte schon als bezeichnend gelten, daß dieses Schreiben vom Außenministerium des Freistaates Bayern – und nicht z. B. vom Innenministerium – verfaßt worden war, so deuteten noch mehr die Ausdrücke „gegenwärtige Lage" und „empfindlich gemachte Volksseele" auf das damals höchst gespannte Verhältnis zwischen einerseits der Bayerischen Staatsregierung und andererseits der Reichsregierung hin.

Die Weimarer Republik befand sich 1923 in ihrer bis dahin schwersten Krise. Nicht nur hatte die französische Regierung, um für ihre Reparations-

forderungen ein „produktives Pfand" zu erhalten, im Januar das Ruhrge-
biet besetzen lassen und daraufhin die Reichsregierung zum „passiven Widerstand" aufgerufen, sondern es zeigten sich auch partikularistische oder,
wie es jetzt hieß, separatistische Bestrebungen innerhalb des Reiches; insbesondere beanspruchte Bayern eine Sonderstellung und widersetzte sich Beschlüssen der Reichsregierung, während gleichzeit die deutsche Wirtschaft und Währung vollends zusammenbrach und die Große Inflation
ihrem Höhepunkt entgegeneilte. Alle früheren Vorstellungen von Armut
waren erledigt, da jetzt nahezu das ganze Volk verarmte und für fast jeden
Deutschen das Existenzminimum zum Tagesproblem wurde. (Nur ein Beispiel: Der Verkaufspreis des Oktoberheftes 1923 des Nachrichtendienstes
des Deutschen Vereins wurde pro Exemplar bei Redaktionsschluß festgesetzt auf 550 Millionen Mark für Mitglieder, auf 660 Millionen Mark für
Nichtmitglieder; wenige Tage später hätte er mehr als eine Milliarde betragen müssen.)

2.5 Denkschrift des Reichsarbeitsministeriums über die Notwendigkeit ei- nes Reichswohlfahrtsgesetzes

Unabhängig von der beabsichtigten Novellierung des Unterstützungswohnsitzgesetzes wurde weiterhin an ein umfassendes Reichswohlfahrtsgesetz gedacht. Im Februar 1923 gab das Reichsarbeitsministerium seine
Denkschrift über die Vorarbeiten zu einem Reichswohlfahrtsgesetz heraus.
In ihr hieß es u. a.:

[I. Die Notwendigkeit eines Reichswohlfahrtsgesetzes]... Der steigenden Not,
dem wachsenden Kreise der Bedürftigen und der Vermehrung der Fürsorgeaufgaben stehen ein verarmter Staat und eine notleidende freie Wohlfahrtspflege gegenüber. So viele Kräfte, die sich bisher aufopfernd in den freiwilligen Dienst der
Menschheit gestellt haben, sind aus Helfern Hilfesuchende geworden. So manche
Anstalt und Einrichtung, die bisher die öffentliche Fürsorge unterstützt und ergänzt
hat, ist jetzt selbst so notleidend, daß nur staatliche Unterstützung sie vor dem Zusammenbruch retten kann.
Trotzdem ist die öffentliche Wohlfahrtspflege noch immer in solchem Grade
zersplittert, daß ihre Leistungsfähigkeit auf das schwerste gelähmt und bedroht ist.
Zersplittert ist die Gesetzgebung, zersplittert der Vollzug.
Für einzelne Gebiete der Wohlfahrtspflege, wie Armenwesen und Wandererfürsorge, Mutterschafts-, Säuglings-, Kinder- und Jugendfürsorge sowie die Fürsorge
für Kriegsteilnehmer und deren Hinterbliebene hat das Reich die Gesetzgebung
ganz, für andere Gebiete der Wohlfahrtspflege nur insoweit, als ein Bedürfnis für
den Erlaß einheitlicher Vorschriften vorhanden ist; im übrigen steht die Gesetzge-

bung den Ländern zu. Den Gesetzen, die das Reich erlassen hat, mangeln ebenso wie denen der Länder der einheitliche Aufbau und die zielbewußte, gegenseitige Abstimmung. Die Gesetze sind so zahlreich, daß sie selbst der Fachmann kaum übersehen kann, die grundlegenden Gedanken so schwer zu erfassen, daß sich viele davon weder in der Verwaltung, noch im Volksbewußtsein durchsetzen können...

Die Stunde gebietet dringend, die Kräfte und Mittel der öffentlichen Wohlfahrtspflege zu einheitlichem Handeln und erhöhten Leistungen zusammenzufassen... Dieses Ziel läßt sich aber nicht durch Stückwerk, nicht dadurch erreichen, daß man weiterhin Teilgesetz an Teilgesetz reiht... Die Lösung kann auch nicht von einseitigem Standpunkt aus gefunden werden, sei es von dem des Reiches oder dem der Länder oder Gemeinden; denn die verschiedenartigen Regeln und Einrichtungen müssen zielbewußt aufeinander eingestellt werden. Sie darf auch nicht gesucht werden durch Erweiterung des reichsgesetzlichen Zwangs oder durch Ausdehnung der Reichsverwaltung; denn die Wohlfahrtspflege ist vorwiegend Sache der Länder und muß es bleiben. Die Lösung soll durch eine freiwillige Zusammenarbeit erstrebt werden, zu der sich Reich und Länder mit den Gemeinden zusammenfinden im Geiste der Gemeinschaft und der Zusammengehörigkeit des ganzen Volkes...

[II. Grundgedanken des Reichswohlfahrtsgesetzes] Klare und einfache Regeln, mehr Hilfe, weniger Verwaltung müssen die Grundsätze sein, auf denen sich das Reichswohlfahrtsgesetz aufbaut. Es soll die öffentliche Fürsorge für die Leidenden und Gefährdeten tunlichst zusammenfassen, insbesondere die soziale Fürsorge für Kriegsopfer, Sozialrentner, Kleinrentner, Erwerbsbeschränkte, Erwerbslose und Erwerbsunfähige, die Fürsorge für Mutter und Kind sowie für alle die, die bisher nicht durch Sondergesetze gegen Not und Elend geschützt sind, die Armen; es hätte auch zu versuchen, die bereits reichsgesetzlich geregelte Jugendfürsorge in die Gesamtfürsorge einzugliedern und diese im engeren Zusammenhang mit der Rentenversorgung zu bringen, die kraft Gesetzes oder kraft gebotener Versicherung aus öffentlichen Mitteln gewährt wird.

Die Fürsorge darf das selbstverantwortete Schaffen nicht lähmen, vor allem nicht die Erfüllung der Pflichten gegen die eigene Familie... Auch in der Form soll sie die Menschenwürde achten... Die Fürsorge muß rechtzeitig und ausreichend einsetzen und, wo es Not tut, auch vorbeugend zugreifen... Die Fürsorge darf nicht einförmig helfen; sie muß die Eigenart der Notstände ergründen und aus ihr heraus die Mittel zur Abhilfe wählen. Sie wird die Hingabe von Geld nicht mehr in den Mittelpunkt stellen, sondern die Hilfe von Mensch zu Mensch...

Art und Umfang der Fürsorge müssen sich im Einzelfall nach Person, Zeit, Ort und Mittel verschieden gestalten. Es wird aber zu prüfen sein, ob und in wieweit ein Rechtsanspruch auf die Fürsorge und Richtmaße für deren Eintritt, Art und Umfang gesetzlich festgelegt werden können...

Staat und Gemeinden bleiben daher in der Fürsorge und der Auswahl der Helfer auf die unterstützende und ergänzende Hilfe der freiwilligen Wohlfahrtspflege angewiesen. Das Gesetz muß versuchen, diese Beziehungen zwischen der öffentlichen und freiwilligen Wohlfahrtspflege in einer Weise zu regeln, die den beiderseitigen Bedürfnissen und Werten gerecht wird...[201]).

2.6 Der Dringlichkeitsantrag des Deutschen Vereins an die Reichsregierung

Als im Spätsommer 1923 die allgemeine Not unerträglich wurde, richtete der Deutsche Verein, der fortgesetzt eng mit dem Reichsinnenministerium und Reichsarbeitsministerium zusammenwirkte, an die Reichsregierung seinen „Dringlichkeitsantrag betreffend Notgesetz über allgemeine Fürsorge" vom 26. September 1923[202]):

Der Vorstand des Deutschen Vereins für öffentliche und private Fürsorge hält sich für verpflichtet, an die Regierungen und Parlamente im Reich und in den Ländern den Dringlichkeitsantrag zu richten, mit Rücksicht auf den wirtschaftlichen Zusammenbruch sofort durchgreifende Maßnahmen zu treffen, um die wirtschaftliche, gesundheitliche und erzieherische Versorgung der hilfsbedürftigen Bevölkerungskreise sicherzustellen. Der Vorstand ist sich dessen bewußt, daß, wie alle anderen Zweige unseres öffentlichen Lebens, so auch die Wohlfahrtspflege sich den Einschränkungen nicht entziehen kann, die eine unvermeidliche Folge der Zerrüttung unserer Wirtschaft und der geschwächten Finanzkraft unseres Volkes sind. Andererseits ist der Vorstand von der Überzeugung getragen, daß in Notzeiten, wie wir sie jetzt erleben und in noch größerem Ausmaß für die nächste Zukunft zu gewärtigen haben, eine Wohlfahrtspflege, die den Notleidenden wenigstens ein Mindestmaß an Lebensmöglichkeiten sichert, unerläßlich ist... Die größte Gefahr für die Wohlfahrtspflege liegt darin, daß wir der kommenden Entwicklung unvorbereitet gegenüberstehen, denn dann wird sich die unvermeidliche Umwälzung chaotisch vollziehen und zum Untergang zahlreicher Einrichtungen und Anstalten führen, die wir auch bei einer eingeschränkten Wohlfahrtspflege nicht entbehren können. Da uns das Gefühl für den unlösbaren Zusammenhang zwischen Wohlfahrtspolitik, Lohnpolitik und Wirtschaftspolitik in den letzten Jahren immer mehr verloren gegangen ist, ist zu befürchten, daß bei Aufstellung eines Sanierungsprogrammes für unsere öffentlichen Finanzen die Auffassung vertreten wird, die Wohlfahrtspflege sei ein Gebiet, bei dem man mehr oder minder mechanische Abstriche vornehmen könne. Außerhalb der Fachkreise, namentlich in den Kreisen der Wirtschaft, herrscht vielfach die Vorstellung, daß die Wohlfahrtspflege ausschließlich caritativen Beweggründen entstammt und nur humanitären Bedürfnissen diene. Daß sie zugleich ein notwendiges Korrektiv einer unvollkommenen Wirtschaftsordnung ist und auch als ein Mittel zur Steigerung der Produktivität unserer Wirtschaft nicht entbehrt werden kann, wird zu wenig gewürdigt. Ein geordnetes Staatswesen kann aus Gerechtigkeitsgründen ebensowenig auf die Wohlfahrtspflege verzichten, wie eine gesunde Wirtschaft aus Gründen der Wirtschaftlichkeit...

Nachdem der Dringlichkeitsantrag einzelne Mißstände angeführt hat, insbesondere den „verhängnisvollen Fehler, daß wir, statt die öffentliche Armenpflege den veränderten Zeitverhältnissen entsprechend umzugestalten, für jede nach dem Kriege neu auftretende Gruppe von Hilfsbedürftigen besondere Fürsorgemaßnahmen getroffen haben", heißt es weiter:

Zur Überwindung dieser Mißstände ist seit langem in Fachkreisen, insbesondere auch innerhalb des Deutschen Vereins für öffentliche und private Fürsorge, die einheitliche Neuregelung der gesamten öffentlichen Wohlfahrtspflege gefordert worden. Auf den gleichen Gedankengängen aufbauend ist in einer Denkschrift des Reichsarbeitsministeriums [s. o.] der Erlaß eines Reichswohlfahrtsgesetzes vorgeschlagen worden. Dieser Plan kann als Ziel für die Entwicklung in der weiteren Zukunft durchaus beibehalten werden. Die Ungeklärtheit unserer wirtschaftlichen und politischen Lage läßt es aber ausgeschlossen erscheinen, ein so umfassendes Gesetzgebungswerk gegenwärtig mit der Beschleunigung zu schaffen und durchzuführen, wie sie erforderlich ist, um den auftretenden Notständen rechtzeitig und wirksam entgegenzutreten.

Für den einzig möglichen Weg erachtet unser Vorstand den Erlaß eines Reichsgesetzes, durch welches die Reichsregierung *ermächtigt* wird, mit Zustimmung des Reichsrates und eines Reichstagsausschusses einen bestimmten Kreis von Gesetzen der öffentlichen Wohlfahrtspflege nach Bedarf ganz oder teilweise für eine... Übergangszeit außer Kraft zu setzen und durch Notstandsmaßnahmen zu ersetzen, welche eine allgemeine Fürsorge für die bisher aufgrund von Sondergesetzen versorgten Gruppen von Hilfsbedürftigen nach einheitlichen Grundsätzen vorsieht.

Es folgen dann dezidierte Vorschläge für ein solches Notstandsgesetz, u. a.:

Seit langem besteht Übereinstimmung in Fachkreisen, daß die auf dem Unterstützungswohnsitzgesetz beruhende Armenpflege durch die Zeitverhältnisse überholt ist und unter Berücksichtigung der in neueren Sondergesetzen des Fürsorgewesens erreichten Verbesserungen auf eine Grundlage gestellt werden muß, welche die Einbeziehung der nach dem Kriege im Wege der Sondergesetzgebung unterstützten Personenkreise gestattet. Es versteht sich von selbst, daß dabei gewisse Rückständigkeiten und Härten der bisherigen Armenpflege beseitigt werden müssen. Abgesehen von einer möglichst weitgehenden Einschränkung der Erstattungs- und Übernahmepflicht zwischen den Verbänden wird es sich im wesentlichen um Beseitigung der Erstattungspflicht gegenüber dem Unterstützten selbst handeln, soweit dieser eine Erstattung aus seinem Arbeitseinkommen leisten sollte; aufrecht zu halten ist die Erstattungspflicht des Unterstützten, insoweit sie sich ohne Härten gegen unterhaltpflichtige Angehörige aus später anfallendem Vermögen oder aus dem Nachlaß bewirken läßt. Unberührt bleibt die Möglichkeit, in besonders gelagerten Fällen Unterstützung in Form von Darlehen zu geben...

Die Überleitung der Sozialrentnerfürsorge in eine allgemeine Fürsorge begegnet keinen Schwierigkeiten, ebensowenig die Eingliederung der Kleinrentnerfürsorge... Bei der sozialen Fürsorge für Kriegsbeschädigte und Kriegshinterbliebene vertritt unser Vorstand den Standpunkt, daß ihre Eingliederung in eine allgemeine Fürsorge ohne Beeinträchtigung der berechtigten Interessen dieser Gruppe möglich ist, wenn die gewährten Grundsätze der sozialen Fürsorge für Kriegsbeschädigte und Kriegshinterbliebene namentlich hinsichtlich der Berufsfürsorge und der Familienfürsorge auch in der allgemeinen Fürsorge sich durchsetzen werden...

Bezüglich der Erwerbslosenfürsorge vertritt unser Vorstand die Ansicht, daß die allgemeine Fürsorge subsidiär in den Fällen einzutreten hat, in denen ein Anspruch auf Erwerbslosenfürsorge nicht gegeben ist, nicht ausreicht oder bereits abgelaufen ist. Im übrigen enthält sich der Vorstand zur Zeit eines Urteils darüber, ob die geltende Arbeitslosenfürsorge fortzuführen oder durch eine Arbeitslosenversicherung abzulösen ist [s. u.].

Eine zusätzliche, nämlich notwirtschaftliche Bedeutung wurde der individuellen Hilfeleistung zugesprochen:

Nicht nur aus Gründen der Ersparnis auch um der besseren Versorgung der Bedürftigen willen, ist für die allgemeine Fürsorge die Unterstützung nach den erblichen Verhältnissen und nach den Bedürfnissen des Einzelfalles zu bemessen. In einem verarmten Deutschland bedeutet die Anwendung schematischer Unterstützungsmaßstäbe eine Vergeudung öffentlicher Mittel.

Zum Begriff der Hilfsbedürftigkeit:

Fürsorgebedürftig ist, wer für sich und seine Familie weder selbst noch mit Hilfe anderer den notwendigen Lebensbedarf zu beschaffen vermag. Vorbeugende Hilfe kann gewährt werden, wenn sie zur Erhaltung der Gesundheit oder Arbeitsfähigkeit oder aus anderen Gründen nötig ist, um der Verarmung vorzubeugen. Die Hilfe ist nicht auf das augenblickliche Bedürfnis zu beschränken, sondern es sind nach Möglichkeit die zur Beseitigung der Hilfsbedürftigkeit erforderlichen Maßnahmen zu treffen. Den Maßstab für den Umfang der Fürsorge gibt die Art des Notstandes und seine Bekämpfung ab.

Das vom Deutschen Verein vorgeschlagene Ermächtigungsgesetz (gestützt auf Artikel 48 WRV) erwies sich als unumgänglich; es war eines von mehreren Ermächtigungsgesetzen. Regiert wurde das Reich während einiger Monate durch Notverordnungen. In dieser Zeit sich überstürzender Ereignisse kam es am 15. November 1923 zur gleichsam erlösenden Währungsreform (s. o.). Anfang 1924 war die Reichskrise einigermaßen überwunden. Jetzt kam die Verordnung über die Fürsorgepflicht vom 13. Februar 1924 zustande.

2.7 Die Fürsorgepflichtverordnung

Die Reichsfürsorgepflichtverordnung, erlassen aufgrund des Ermächtigungsgesetzes vom 8. Dezember 1923, berücksichtigte sinngemäß alle Vorschläge des Deutschen Vereins. Was vorher einerseits für eine Novellierung des Unterstützungswohnsitzgesetzes geleistet worden war und andererseits für ein Reichswohlfahrtsgesetz, das kam nun in der Fürsorgepflichtverordnung zusammen. Zwar löste sie das Unterstützungswohnsitzgesetz ab

(§ 29) und ersetzte den § 5 des Freizügigkeitsgesetzes von 1867 durch neue Bestimmungen (§ 30); jedoch, tatsächlich stellte sie – in Verbindung mit den Reichsgrundsätzen (s. u.) – das umfassende Reichsfürsorgegesetz dar. Insofern stand die Reichsfürsorgepflichtverordnung am Ende eines reichlichen halben Jahrhunderts deutscher Fürsorgegeschichte und am Anfang eines neuen Entwicklungsabschnittes.

Die Fürsorgepflicht dieser Verordnung bezog sich auf soziale Fürsorge (§ 1). Als Rahmengesetz überließ die Verordnung zahlreiche Einzelbestimmungen den Ländern (§§ 2–5). Ausdrücklich sah sie das Zusammenwirken zwischen öffentlicher und freier Wohlfahrtspflege vor (§ 5). Der Unterstützungswohnsitz wurde abgeschafft, an seine Stelle trat der gewöhnliche Aufenthalt (§§ 7–10, dazu § 38). Der außerordentlichen Bedeutung dieses Gesetzes wegen sei es hier größtenteils wörtlich wiedergegeben:

§ 1. Die nachstehenden öffentlich-rechtlichen Fürsorgeaufgaben sind, soweit Reichsgesetze nichts anderes bestimmen, von den Landesfürsorgeverbänden und den Bezirksfürsorgeverbänden zu erfüllen:
a) die soziale Fürsorge für Kriegsbeschädigte und Kriegshinterbliebene und die ihnen auf Grund der Versorgungsgesetze Gleichstehenden,
b) die Fürsorge für Rentenempfänger der Invaliden- und Angestelltenversicherung, soweit sie nicht den Versicherungsträgern obliegt,
c) die Fürsorge für die Kleinrentner und die ihnen Gleichstehenden,
d) die Fürsorge für Schwerbeschädigte und Schwererwerbsbeschränkte durch Arbeitsbeschaffung,
e) die Fürsorge für hilfsbedürftige Minderjährige,
f) die Wochenfürsorge.
Den Fürsorgeverbänden liegt auch weiterhin die Armenfürsorge ob; das Land kann ihnen weitere Fürsorgeaufgaben übertragen.
§ 2. Das Land bestimmt, wer Landesfürsorgeverband und wer Bezirksfürsorgeverband ist, sowie welche der Aufgaben die Landesfürsorgeverbände und welche davon die Bezirksfürsorgeverbände zu erfüllen haben.
§ 3. Welche Behörden oder sonstige Stellen die Aufgaben der Landes- und Bezirksfürsorgeverbände durchzuführen haben, bestimmt das Land; die Fürsorgeaufgaben desselben örtlichen Bereichs sollen tunlichst von der gleichen Stelle durchgeführt werden.
Das Land regelt im Rahmen der reichsrechtlichen Vorschriften Verfahren, Beschwerde und Aufsicht. Es bestimmt, in welcher Weise Personen aus dem Kreise der Hilfsbedürftigen bei der Durchführung der Fürsorge zu beteiligen sind; es bestimmt ferner, inwieweit die Gemeinden von den Fürsorgeverbänden und die Bezirksfürsorgeverbände von den Landesfürsorgeverbänden zur Durchführung ihrer Aufgaben herangezogen werden können.
Das Land kann Aufgaben, die diese Verordnung den Fürsorgeverbänden überträgt, auch Versicherungsträgern unter deren Verantwortung widerruflich übertragen, sofern sie damit einverstanden sind.

§ 5. Das Land kann einzelne der Aufgaben, die diese Verordnung den Fürsorge-verbänden überträgt, unter seiner Verantwortung auch Verbänden oder Einrich-tungen der freien Wohlfahrtspflege übertragen, sofern sie damit einverstanden sind.

Der Fürsorgeverband kann einzelne seiner Aufgaben unter seiner Verantwortung derartigen Verbänden oder Einrichtungen übertragen, sofern sie damit einverstanden sind. Das Land kann sich die Zustimmung dazu vorbehalten; es kann die Über-tragung nach Anhörung des Fürsorgeverbandes und der Vertretung der beteiligten freien Wohlfahrtspflege zurücknehmen, wenn ein wichtiger Grund dazu vorliegt.

Die Fürsorgeverbände sollen eigene Einrichtungen nicht neu schaffen, soweit ge-eignete Einrichtungen der freien Wohlfahrtspflege ausreichend vorhanden sind.

Die Fürsorgestellen (§ 3) sollen für ihren Bereich Mittelpunkt der öffentlichen Wohlfahrtspflege und zugleich Bindeglied zwischen öffentlicher und freier Wohl-fahrtspflege sein; sie sollen darauf hinwirken, daß öffentliche und freie Wohlfahrts-pflege sich zweckmäßig ergänzen und in Formen zusammenarbeiten, die der Selb-ständigkeit beider gerecht werden...

§ 6. Voraussetzung, Art und Maß der zu gewährenden Fürsorge bestimmt im Rahmen der reichsrechtlichen Vorschriften das Land.

Mit Zustimmung des Reichsrats kann die Reichsregierung Grundsätze hierüber aufstellen.

§ 7. Jeder hilfsbedürftige Deutsche muß vorläufig von demjenigen Bezirksfürsor-geverband unterstützt werden, in dessen Bezirk er sich bei Eintritt der Hilfsbedürf-tigkeit befindet.

Zur Fürsorge endgültig verpflichtet ist derjenige Bezirksfürsorgeverband, in des-sen Bezirk der Hilfsbedürftige bei Eintritt der Hilfsbedürftigkeit den gewöhnlichen Aufenthalt hat; ist ein solcher nicht vorhanden oder zu ermitteln, so ist derjenige Landesfürsorgeverband endgültig verpflichtet, dem der vorläufig verpflichtete Be-zirksfürsorgeverband angehört.

Der Bezirksfürsorgeverband des Ortes, an dem die Familie Wohnung und Haus-halt hat, ist zur Fürsorge für die Mitglieder der Familie endgültig verpflichtet, auch wenn sie bei Eintritt der Hilfsbedürftigkeit ihren Aufenthalt an einem anderen Orte hatten.

Zur Familie im Sinne dieser Vorschrift gehören Ehegatten und Verwandte auf- und absteigender Linie.

§ 8. Wird ein uneheliches Kind innerhalb von sechs Monaten nach der Geburt hilfsbedürftig, so ist derjenige Bezirksfürsorgeverband endgültig verpflichtet, in dessen Bezirk die Mutter im zehnten Monat vor der Geburt zuletzt ihren gewöhnli-chen Aufenthalt gehabt hat, oder in Ermangelung eines solchen der Landesfürsor-geverband, in dessen Bezirk sie sich in diesem Monat zuletzt aufgehalten hat. Ist ein solcher Bezirks- oder Landesfürsorgeverband nicht vorhanden oder nicht zu ermit-teln, so ist der Landesfürsorgeverband zuständig, dem der vorläufig verpflichtete Bezirksfürsorgeverband angehört.

Das gleiche gilt für die uneheliche Mutter hinsichtlich der innerhalb von sechs Monaten nach der Geburt des Kindes notwendig werdenden Fürsorgemaßnahmen, auch wenn die Hilfsbedürftigkeit vor der Geburt eingetreten ist, es sei denn, daß

die Hilfsbedürftigkeit offensichtlich außer Zusammenhang mit der Geburt
steht.

§ 9. Durch den Eintritt oder die Einlieferung in eine Kranken-, Entbindungs-,
Heil-, Pflege- oder sonstige Fürsorgeanstalt, in eine Erziehungsanstalt oder eine
Straf-, Arbeits- oder sonstige Zwangsanstalt wird an dem Anstaltsort ein gewöhnli-
cher Aufenthalt nicht begründet...

§ 10. Der Einwand, daß ein Aufenthalt wegen Mangels der Geschäftsfähigkeit
oder der Willenserklärung nicht habe begründet oder aufgehoben werden können,
ist unzulässig.

§ 11. Erkrankt eine Person, die an einem Orte mindestens eine Woche hindurch
gegen Lohn oder Gehalt in einem und demselben Dienst- oder Arbeitsverhältnis gestanden hat, während der Fortdauer dieses Dienst- oder Arbeitsverhältnisses oder
innerhalb einer Woche nach seiner Beendigung, so hat der Bezirksfürsorgeverband
des Dienst- oder Arbeitsorts die Kosten der erforderlichen Kur und Verpflegung für
die ersten 26 Wochen nach dem Beginne der Krankenpflege endgültig zu tragen
oder, wenn die Krankenpflege von einem anderen Fürsorgeverband gewährt worden ist, diesem zu erstatten...

§ 12. Sind Deutsche, staatlose ehemalige Deutsche oder staatlose Personen deutscher Abkunft beim freiwilligen oder erzwungenen Übertritt aus dem Ausland
hilfsbedürftig oder werden sie es binnen eines Monats nachher, so ist endgültig verpflichtet der Bezirksfürsorgeverband, in dem der Hilfsbedürftige innerhalb des letzten Jahres vor dem Austritt aus dem Reichsgebiete zuletzt seinen gewöhnlichen
Aufenthalt gehabt hat...

Das Land bestimmt, welcher seiner Fürsorgeverbände die ihm obliegende Fürsorgepflicht endgültig zu erfüllen hat. Soweit die Reichsregierung oder die von ihr
bestimmte Stelle ein Land für endgültig verpflichtet erklärt, erstattet das Reich diesem Lande die Kosten der Fürsorge...

§ 13. Ein Ausländer muß vorläufig von dem Bezirksfürsorgeverband unterstützt
werden, in dessen Bezirk er sich bei Eintritt der Hilfsbedürftigkeit befindet...

§ 14. Der vorläufig Fürsorge gewährende Fürsorgeverband kann von dem endgültig verpflichteten Fürsorgeverband Ersatz der Kosten und Übernahme des
Hilfsbedürftigen in eigene Fürsorge verlangen...

§ 15. Die Pflicht zur endgültigen Fürsorge dauert, soweit nichts anderes bestimmt
ist, bis zur Beendigung der Hilfsbedürftigkeit.

§ 16. Die Höhe der zu ersetzenden Kosten richtet sich nach den Grundsätzen, die
am Unterstützungsorte für die Unterstützung Hilfsbedürftiger gleicher Art gelten.
Allgemeine Verwaltungskosten des Fürsorgeverbandes dürfen nicht angerechnet
werden.

Für den Kostenersatz können Tarife aufgestellt werden, und zwar für den Kostenersatz zwischen den Fürsorgeverbänden desselben Landes durch die Landesregierung, sonst durch die Reichsregierung mit Zustimmung des Reichsrats...

§ 17. Ist die Unterstützungspflicht eines Fürsorgeverbandes durch eine pflicht-
widrige oder gegen Treu und Glauben verstoßende Handlung entstanden, die ein
anderer Fürsorgeverband zu vertreten hat (Abschiebung), so kann der dadurch be-

lastete Fürsorgeverband von dem anderen außer der Übernahme Ersatz der Fürsorgekosten und Vergütung für seinen Verwaltungsmehraufwand verlangen; er kann dabei, auch wenn für den Ersatz Tarife bestehen, die tatsächlichen Aufwendungen und als Vergütung für Mehrarbeit ohne weiteren Nachweis 25 vom Hundert des Tarifsatzes oder der tatsächlichen Aufwendungen ansetzen.

Das gleiche gilt, wenn ein Fürsorgeverband die verlangte Übernahme eines Hilfsbedürftigen (§ 14) schuldhaft verzögert oder unterläßt, von dem Zeitpunkt ab, in dem er die Übernahme hätte vollziehen können...

§ 19. Die Unterstützung Arbeitsfähiger kann in geeigneten Fällen durch Anweisung angemessener Arbeit gemeinnütziger Art gewährt oder von der Leistung solcher Arbeit abhängig gemacht werden, es sei denn, daß dies eine offensichtliche Härte bedeuten würde oder ein Gesetz dem entgegensteht.

§ 20. Wer obwohl arbeitsfähig infolge seines sittlichen Verschuldens der öffentlichen Fürsorge selbst anheimfällt oder einen Unterhaltsberechtigten anheimfallen läßt, kann von der Verwaltungsbehörde auf Antrag des vorläufig oder endgültig verpflichteten Fürsorgeverbandes oder desjenigen, der dem Fürsorgeverbande die Kosten der Unterstützung zu ersetzen hat, in einer vom Lande als geeignet anerkannten Anstalt oder sonstigen Arbeitseinrichtung zur Arbeit untergebracht werden, wenn er Arbeit beharrlich ablehnt oder sich der Unterhaltspflicht beharrlich entzieht.

Als unterhaltsberechtigt im Sinne dieser Vorschrift gilt auch ein uneheliches Kind demjenigen gegenüber, der in öffentlicher Urkunde sich zur Unterhaltszahlung verpflichtet hat oder rechtskräftig dazu verurteilt ist.

Die Unterbringung ist unzulässig, wenn sie eine außergewöhnliche Härte bedeuten würde; sie darf nicht in einer Strafanstalt erfolgen...

§ 21. Die Verpflichtungen Dritter, einen Hilfsbedürftigen zu unterstützen, werden durch diese Verordnung nicht berührt.

Der Fürsorgeverband, der auf Grund dieser Verordnung einen Hilfsbedürftigen unterstützt hat, kann zum Ersatze Rechtsansprüche, die der Hilfsbedürftige einem Dritten gegenüber hat, in dem Maße und unter denselben Voraussetzungen geltend machen, wie der Hilfsbedürftige selbst. Das gilt auch dann, wenn er einen Ersatzanspruch gegenüber einem anderen Fürsorgeverbande hat.

§ 22. Der Fürsorgeverband kann in den Grenzen des notdürftigen Unterhalts Ersatz seiner Aufwendungen von den Kindern des Hilfsbedürftigen auch dann verlangen, wenn sie nach den Vorschriften des Bürgerlichen Rechtes (§ 1603 BGB) lediglich deshalb nicht unterhaltungspflichtig sind, weil sie sonst ihren standesmäßigen Unterhalt gefährden würden.

Dies gilt nicht, wenn der in Anspruch Genommene aus dem gleichen Grunde nicht verpflichtet ist, seiner Ehefrau oder seinen Kindern den standesmäßigen Unterhalt zu gewähren, oder wenn durch die Ersatzleistungen sein Fortkommen oder das seiner Ehefrau oder Kinder unbillig erschwert würde.

§ 23. Der Unterhalts- oder Ersatzpflichtige kann auf Antrag des vorläufig oder endgültig verpflichteten Fürsorgeverbandes im Verwaltungswege zum Kostenersatz oder zur Erfüllung seiner Unterhaltspflicht angehalten werden.

Bestreitet er die Unterhaltspflicht, so kann die Verwaltungsbehörde vorbehaltlich des ordentlichen Rechtswegs die Unterhaltspflicht feststellen. Zuständigkeit und Verfahren bestimmt das Land. Die Entscheidung ist vorläufig vollstreckbar...

§ 25. Das Land bestimmt im Rahmen der reichsrechtlichen Vorschriften, inwieweit ein Hilfsbedürftiger, der zu hinreichendem Vermögen oder Einkommen gelangt, die aufgewendeten Kosten dem Fürsorgeverbande zu ersetzen hat. Der Ersatzanspruch kann auch gegenüber dem Erben des Hilfsbedürftigen geltend gemacht werden; er gilt als Nachlaßverbindlichkeit (§ 1967 BGB).

§ 29. Das Reichsgesetz über den Unterstützungswohnsitz in der Fassung vom 30. Mai 1908 (Reichsgesetzbl. S. 381) wird aufgehoben...

§ 30. § 5 des Gesetzes über die Freizügigkeit vom 1. November 1867 (Bundesgesetzbl. S. 55) wird durch folgende Vorschrift ersetzt:

Einem Hilfsbedürftigen, dem Armenfürsorge gewährt wird, kann die Fortsetzung des Aufenthalts in einer Gemeinde versagt werden, wenn diese nicht im Bezirke des endgültig verpflichteten Fürsorgeverbandes liegt und die Übernahme durch den endgültig verpflichteten Fürsorgeverband verlangt werden kann (§ 14 der Verordnung über die Fürsorgepflicht vom 13. Februar 1924 (Reichsgesetzbl. 1 S. 103). Die Versagung muß sich zugleich gegen die Personen richten, deren gleichzeitige Übergabe oder Übernahme nach der angeführten Verordnung verlangt werden muß.

Dies gilt nicht für uneheliche, vollverwaiste oder getrennt von beiden Elternteilen untergebrachte eheliche Minderjährige.

3. Reichsgrundsätze über Voraussetzung, Art und Maß der öffentlichen Fürsorge vom 4. Dezember 1924 (RGBl I S. 765)

Notwendig ergänzt und zugleich erweitert wurde die Fürsorgepflichtverordnung gemäß ihres § 6 durch die Reichsgrundsätze über Voraussetzung, Art und Maß der öffentlichen Fürsorge (RGr).

3.1 Aus der Vorgeschichte

Den ersten Entwurf der Reichsgrundsätze (Referentenentwurf) hatten Reichsarbeitsministerium und Reichsinnenministerium gemeinsam verfaßt und, zur Vorbereitung einer nach Würzburg einberufenen Konferenz, am 23. Februar 1924 mit einem Begleitschreiben verteilt, in welchem die Leitgedanken dieses Entwurfs folgendermaßen zusammengefaßt waren:

Der Entwurf umschreibt in seinem ersten Abschnitt zunächst im Hinblick auf die bisherige gesetzliche Entwicklung die verschiedenen Gruppen der Hilfsbedürftigen, die durch § 1 der Fürsorgepflichtverordnung erfaßt werden. Er stellt sodann für den Begriff der Hilfsbedürftigkeit allgemeine Voraussetzungen auf, die einheitlich für die gesamten Kreise der Hilfsbedürftigen gelten.

Ein zweiter Abschnitt bringt allgemeine Bestimmungen über Art und Maß der Fürsorge. Hierbei wird der Tatsache Rechnung getragen, daß die Fürsorge für die einzelnen Personengruppen je nach den gegebenen Voraussetzungen, namentlich unter Berücksichtigung der Altersgruppen, verschiedenartig zu gestalten ist. Für die soziale Fürsorge für Kriegsbeschädigte und Kriegshinterbliebene wird in einer besonderen Anlage der Inhalt der bisherigen Bestimmungen zusammengefaßt...

Es ist die Auffassung der Reichsregierung, daß unter keinen Umständen, auch nicht angesichts der zweifellos vorhandenen finanziellen Schwierigkeiten, die Fürsorge für die durch Krieg und Kriegsfolgen in Not geratenen Kreise – es kommen hier neben den Kriegsbeschädigten und Kriegshinterbliebenen vor allem die Sozial- und Kleinrentner in Betracht –, namentlich soweit die Notlage durch die Tätigkeit der Geschädigten oder ihrer Familienangehörigen im Dienste der Allgemeinheit eingetreten ist, auf den Stand der allgemeinen Armenpflege herabgedrückt werden darf. In der Art der Behandlung der Fälle, insbesondere bei der persönlichen Betreuung und Beratung der Hilfsbedürftigen, in der Auswahl der Fürsorgemittel wird sich auch für die Zukunft ein wesentlicher Unterschied gegenüber der bisherigen Armenpflege erhalten müssen[203]).

Auf der von beiden Reichsministerien zum 5.–6. März 1924 nach Würzburg zur Beratung über den Referentenentwurf einberufenen Konferenz mit Vertretern der Landesregierungen, der kommunalen Spitzenverbände, der Spitzenverbände der freien Wohlfahrtspflege und des Deutschen Vereins legte Dr. Polligkeit als dessen Vorsitzender einen Gegenentwurf vor und begründete ihn. Aus diesem Gegenentwurf sei hier zitiert[204]):

§ 1. Den in § 1 Abs. 1 und 2 Fürsorgepflichtverordnung bezeichneten Gruppen von hilfsbedürftigen Personen ist nach näherer landesgesetzlicher Regelung eine der Eigenart ihres Notstandes entsprechende, im übrigen aber einheitliche Fürsorge zu gewähren.

§ 2. Die Fürsorge hat die Aufgabe, bei bedürftigen Personen der Notlage rechtzeitig, dauernd und gründlich abzuhelfen und bei vorübergehender Notlage dem Eintritt dauernder Hilfsbedürftigkeit entgegenzuwirken.

§ 3. Die Verpflichtung der in § 3 Fürsorgepflichtverordnung bezeichneten Behörde oder Stelle gegenüber dem Hilfsbedürftigen tritt mit der Kenntnis des Tatbestandes seiner Notlage ein und ist nicht von der Stellung eines förmlichen Antrages abhängig.

§ 4. Hilfsbedürftig ist, wer wegen mangels eigener Mittel und Kräfte oder in Folge eines besonderen Notstandes den notwendigen Lebensbedarf für sich oder seine unterhaltsberechtigten Angehörigen nicht beschaffen kann und ihn weder von unterhaltpflichtigen Angehörigen noch unterstützungspflichtigen Dritten erhält.

Der notwendige Lebensbedarf besteht in dem, was zur Erhaltung des Lebens, der

Gesundheit und der Arbeitskraft, sowie zur Erziehung und Ausbildung erforderlich ist...

§ 5. Die Fürsorge hat den notwendigen Lebensbedarf des Hilfsbedürftigen sicherzustellen. Sie hat:

1. den erforderlichen Lebensunterhalt, insbesondere Obdach, Nahrung, Kleidung und Pflege zu gewähren;
2. die erforderliche Kranken-, Schwangeren- und Wöchnerinnenhilfe zu leisten;
3. die zur Erhaltung oder Wiederherstellung der Arbeitsfähigkeit erforderliche Fürsorge zu gewähren, nötigenfalls die Vermittlung geeigneter Arbeitsgelegenheit zu übernehmen;
4. für die erforderliche Erziehung und Erwerbsbefähigung von Minderjährigen zu sorgen.

§ 6. Die Entscheidung über die Art der Fürsorge steht grundsätzlich im Ermessen der Behörde oder Stelle, die gemäß § 3 Fürsorgepflichtverordnung zuständig ist...

Alle diese Grundsätze stimmten überein mit früheren Forderungen des Deutschen Vereins und entsprachen seiner Auffassung von sozialer Fürsorge (vgl. I. Teil, 5. Themenkreis). Von einer Trennung in Armenfürsorge und Kriegsfolgenfürsorge war hier nicht die Rede, sondern nur von einer einheitlichen Fürsorge, hinsichtlich deren Dr. Polligkeit in seiner Begründung vorbrachte:

Bei der Beurteilung der Möglichkeit und Zweckmäßigkeit einer einheitlichen Fürsorge ist zu beachten, daß eine solche durchaus nicht im Widerspruch mit der Forderung einer Berücksichtigung der Eigenart des individuellen Notstandes steht und sich auch ohne Schwierigkeit mit einer Forderung nach Differenzierung bestimmter Kreise von Hilfsbedürftigen sowohl in bezug auf Voraussetzung als auf Art und Maß der Unterstützung verträgt[205]).

Damit im Sinnzusammenhang stand seine Begründung des „notwendigen Lebensbedarfs" anstelle des im Referentenentwurf vorgeschlagenen „unentbehrlichen Lebensunterhalts":

Der Begriff „unentbehrlicher Lebensunterhalt" hat in dem bisherigen Recht der öffentlichen Armenpflege die Auslegung und Handhabung gefunden, daß darunter ein allgemeingültiges Maß an Fürsorge verstanden wird, das weniger auf individuelle Sonderbedürfnisse als auf den Lebensbedarf abgestellt ist, den jemand braucht, um sein Leben zu fristen. Der Begriff des „notwendigen Lebensbedarfs", namentlich wie er sich in der neueren Gesetzgebung (vgl. Erwerbslosenfürsorge) eingebürgert hat, legt umgekehrt das Schwergewicht auf die Berücksichtigung der Sonderbedürfnisse der einzelnen Unterstützten, entspricht also eher dem allgemeinen Grundsatze, daß die Fürsorge der Eigenart des Notstandes angepaßt sein solle. Diese Begriffsauslegung gestattet ohne Schwierigkeit, in der Bemessung der Fürsorge bei Kriegsbeschädigten und Kriegshinterbliebenen, Kleinrentnern, Sozialrentnern und dgl. ihre berechtigten Sonderbedürfnisse im Einzelfall zu berücksichtigen. Auch würde vermieden, daß die Praxis bei Verwendung des Begriffs des „unentbehrlichen Lebensunterhalts" sich zu stark an die bisherige Auslegung im armenrechtlichen Sinne anlehnt[206]).

Im Verlauf der Würzburger Konferenz zogen die beiden Reichsministerien ihren Referentenentwurf am 6. März zurück; und auf dem sich sofort anschließenden Deutschen Fürsorgetag am 7.–8. März 1924 in Frankfurt am Main vereinbarten sie mit den dort ebenfalls anwesenden Vertretern von Landesregierungen und mit dem Deutschen Verein eine Kommission, die sogenannte Zehner-Kommission, zur weiteren Vorbereitung der Reichsgrundsätze.

Die Zehner-Kommission bestand aus Sachverständigen der Reichsregierung und des Deutschen Vereins; sieben Kommissionsmitglieder, also die große Mehrheit, waren zugleich Vorstandsmitglieder des Deutschen Vereins. Zum Vorsitzenden wurde Dr. Horion, Landeshauptmann der Rheinprovinz, Düsseldorf, gewählt; er gehörte dem Hauptausschuß des Deutschen Vereins seit 1909, dem Vorstand seit 1921 an. Stellvertretender Vorsitzender wurde Oberbürgermeister Cuno, Hagen i. W., Mitglied des Hauptausschusses des Deutschen Vereins seit 1896, Vorstandsmitglied seit 1921; und Schriftführer war Dr. Polligkeit, Vorsitzender und Geschäftsführer des Deutschen Vereins. Weitere Vorstandsmitglieder: Staatsrat Dr. Lohse, Hamburg (seit 1906 im Hauptausschuß, seit 1912 im Vorstand des Deutschen Vereins, 1921–22 Vereinsvorsitzender); Dr. Marie Baum, Oberregierungsrat, Karlsruhe (seit 1909 im Hauptausschuß, seit 1921 im Vorstand des Deutschen Vereins; 1919 Mitglied der Weimarer Nationalversammlung, bis 1921 Reichstagsabgeordnete); Stadtrat Dr. Heimerich, Nürnberg (seit 1921 Vorstandsmitglied); Dr. Lenné, Caritasdirektor, Köln (seit 1919 im Hauptausschuß, seit 1921 Vorstandsmitglied). Dazu: Ministerialrat Dr. Pokrantz vom Preußischen Ministerium für Volkswohlfahrt, Berlin; Ministerialrat Dr. Geiger vom Ministerium für soziale Fürsorge, München; Landrat Dr. Kracht, Heide in Holstein.

Zum ersten Mal war insoweit der Deutsche Verein direkt mit der Ausarbeitung eines Reichsgesetzestextes beauftragt. Die Kommission legte ihren Beratungen den von Dr. Polligkeit in Würzburg vorgebrachten Gegenentwurf zugrunde und überreichte ihre nach nur fünf Sitzungen fertige Fassung am 10. Juli 1924 der Reichsregierung. Diese hielt im wesentlichen zwar am Kommissionsentwurf fest, trug aber auch ihre von ihm abweichende Gesetzesabsicht in ihn hinein, indem sie die Reichsgrundsätze teilte in einen Abschnitt „A. Fürsorge im allgemeinen" und einen Abschnitt „B. Besondere Bestimmungen" und den Abschnitt B gliederte in „a) für Kleinrentner, Sozialrentner und die ihnen Gleichgestellten" und „b) für Kriegsbeschädigte und Kriegshinterbliebene". Infolgedessen enthält der endgültige Text der Reichsgrundsätze einen Kompromiß zwischen individueller Fürsorge und Gruppenfürsorge.

3.2 Aus dem Gesetzestext

A. Fürsorge im allgemeinen

§ 1. Die Fürsorge hat die Aufgabe, dem Hilfsbedürftigen den notwendigen Lebensbedarf zu gewähren. Sie muß dabei die Eigenart der Notlage berücksichtigen. Sie soll den Hilfsbedürftigen tunlichst in den Stand setzen, sich und seinen unterhaltsberechtigten Angehörigen den Lebensbedarf selbst zu beschaffen.

§ 2. Die Fürsorge muß rechtzeitig einsetzen; sie ist nicht von einem Antrag abhängig. Sie muß der Notlage nachhaltig entgegenwirken und zu verhüten suchen, daß vorübergehende Not zu dauernder wird.

§ 3. Um drohende Hilfsbedürftigkeit zu verhüten, kann die Fürsorge auch vorbeugend eingreifen, besonders um Gesundheit und Arbeitsfähigkeit zu erhalten. Bei Minderjährigen kann sie, soweit dazu nicht die Jugendhilfe berufen ist, auch eingreifen, um Störungen der körperlichen, geistigen oder sittlichen Entwicklung zu verhindern.

§ 4. Die Fürsorge soll auch Einrichtungen für Hilfsbedürftige, besonders solche zur Beschäftigung Erwerbsbeschränkter, fördern, wenn sie die Einzelfürsorge entlasten, sparsam wirtschaften und die öffentlichen Mittel zweckentsprechend verwenden.

§ 5. Hilfsbedürftig ist, wer den notwendigen Lebensbedarf für sich und seine unterhaltsberechtigten Angehörigen nicht oder nicht ausreichend aus eigenen Kräften und Mitteln beschaffen kann und ihn auch nicht von anderer Seite, insbesondere von Angehörigen, erhält.

§ 6. Zum notwendigen Lebensbedarfe gehören
a) der Lebensunterhalt, insbesondere Unterkunft, Nahrung, Kleidung und Pflege,
b) Krankenhilfe sowie Hilfe zur Wiederherstellung der Arbeitsfähigkeit,
c) Hilfe für Schwangere und Wöchnerinnen,
außerdem
d) bei Minderjährigen, Erziehung und Erwerbsbefähigung,
e) bei Blinden, Taubstummen und Krüppeln Erwerbsbefähigung.
Nötigenfalls ist der Bestattungsaufwand zu bestreiten.

§ 7. Jeder Hilfsbedürftige, auch der nicht voll arbeitsfähige, muß seine Arbeitskraft zur Beschaffung des notwendigen Lebensbedarfs für sich und seine unterhaltsberechtigten Angehörigen einsetzen. Die Fürsorge soll ihm, soweit möglich, Gelegenheit dazu bieten. Schwerbeschädigte soll sie geeignetenfalls mit Hilfe des Reichsgesetzes über die Beschäftigung Schwerbeschädigter unterbringen. Ob dem Hilfsbedürftigen eine Arbeit billigerweise zugemutet werden kann, soll nach Lebensalter, Gesundheitszustand, häuslichen Verhältnissen und, soweit angängig, auch nach der beruflichen Ausbildung beurteilt werden; das gilt besonders auch dann, wenn die Hilfe durch Anweisung von Arbeit gewährt oder von deren Leistung abhängig gemacht werden soll (§ 19 der Verordnung über die Fürsorgepflicht).

Frauen soll Erwerbsarbeit nicht zugemutet werden, wenn dadurch die geordnete Erziehung ihrer Kinder gefährdet würde; auch sonst sind bei Frauen die Pflichten besonders zu berücksichtigen, die ihnen die Führung eines Haushalts oder die Pflege von Angehörigen auferlegt.

§ 8. Zu den eigenen Mitteln, die der Hilfsbedürftige einsetzen muß, ehe ihm die Fürsorge Hilfe gewährt, ist sein gesamtes verwertbares Vermögen und Einkommen zu rechnen, besonders Bezüge in Geld oder Geldeswert aus gegenwärtigem oder früherem Arbeits- oder Dienstverhältnis und aus Unterhalts- oder Rentenansprüchen öffentlicher oder privater Art.

Als verwertbar gelten nicht Gegenstände, die zur persönlichen Fortsetzung der Erwerbstätigkeit unentbehrlich sind.

Die Fürsorge soll, besonders bei alten, bei noch nicht erwerbsfähigen und bei erwerbsbeschränkten Personen, die vorherige Verwertung kleiner Vermögen oder Vermögensteile nicht erlangen, wenn dadurch die Not des Hilfesuchenden oder seiner unterhaltsberechtigten Angehörigen erheblich verschärft oder zur dauernden würde.

Bei Prüfung der Hilfsbedürftigkeit, der Art und des Umfanges der Hilfe bleiben Zuwendungen außer Ansatz, die die freie Wohlfahrtspflege oder ein Dritter zur Ergänzung der öffentlichen Fürsorge gewährt, ohne dazu eine rechtliche oder eine besondere sittliche Pflicht zu haben. Dies gilt nicht, wenn die Zuwendung die wirtschaftliche Lage des Unterstützten so günstig beeinflußt, daß öffentliche Fürsorge ungerechtfertigt wäre.

Ebenso soll bei Personen, die trotz vorgerückten Alters oder trotz starker Beschränkung ihrer Erwerbsfähigkeit unter Aufwendung besonderer Tatkraft einem Erwerbe nachgehen, ein angemessener Betrag des Arbeitsverdienstes Ansatz bleiben; das gilt besonders bei Blinden, Hirnverletzten und anderen Schwererwerbsbeschränkten.

§ 9. Muß die Fürsorge eintreten, weil das Vermögen oder Einkommen des Hilfesuchenden vorerst nicht verwertet werden kann oder soll, so kann sie ihre Hilfe ausdrücklich von der Verpflichtung abhängig machen, die aufgewendeten Kosten zurückzuzahlen. Dasselbe gilt, wenn der Hilfsbedürftige später Vermögen oder hinreichendes Einkommen zu erwarten hat. Sie kann zugleich verlangen, daß die Zurückzahlung sichergestellt wird, besonders durch Abschluß von Rentenverträgen, Bestellung von Hypotheken und Verpfändung von Vermögenswerten.

Die Zurückzahlung soll in der Regel nur ausbedungen werden, wenn sie voraussichtlich ohne besondere Härte möglich ist.

Wird Zurückzahlung aus dem Nachlaß ausbedungen, so ist auf unterhaltsberechtigte Angehörige Rücksicht zu nehmen, die beim Tode des Hilfsbedürftigen selbst der öffentlichen Fürsorge anheimfallen würden. Dasselbe gilt gegenüber Geschwistern oder anderen Personen, mit denen der Hilfsbedürftige in häuslicher Gemeinschaft gelebt hat oder die ihn ohne rechtliche Verpflichtung und ohne entsprechende Gegenleistung, wenn auch in der Erwartung einer Zuwendung von Todes wegen, unterstützt oder gepflegt haben.

§ 10. Was im Einzelfall im Rahmen des notwendigen Lebensbedarfs (§ 6) an Hilfe zu gewähren ist, hat sich nach der Besonderheit des Falles zu richten, namentlich nach Art und Dauer der Not, nach der Person des Hilfsbedürftigen und den örtlichen Verhältnissen.

Bei Störungen der körperlichen, geistigen oder sittlichen Entwicklung Minderjähriger ist die Hilfe so ausreichend zu bemessen, daß gründliche und dauernde Abhilfe zu erwarten ist.

§ 11. Die Hilfe kann in Geld, Sachleistung oder persönlicher Hilfe bestehen und in offener oder geschlossener (Anstalts-)Pflege gewährt werden. In einer Anstalt oder einer fremden Familie soll der Hilfsbedürftige nur untergebracht werden, wenn sein körperlicher, geistiger oder sittlicher Zustand besondere Maßnahmen zur Heilung, Pflege oder Bewahrung erfordert. Zwangsweise darf dies nur geschehen, wenn ein Gesetz es gestattet.

§ 12. Schwangeren und Wöchnerinnen (§ 6c) sind je nach Art und Grad der Hilfsbedürftigkeit ärztliche Behandlung, Entbindungskostenbeitrag und Wochengeld, Wöchnerinnen, die ihr Kind stillen, außerdem Stillgeld zu gewähren. Die Hilfe soll ihnen das sicherstellen, was die Reichsversicherungsordnung den Familienangehörigen eines Versicherten gewährt (Familienwochenhilfe). An die Stelle barer Beihilfen können auch Sachleistungen treten.

§ 13. Bei Arbeitsscheu oder offenbar unwirtschaftlichem Verhalten sind die Voraussetzungen der Hilfsbedürftigkeit aufs strengste zu prüfen sowie Art und Maß der Fürsorge auf das zur Fristung des Lebens Unerläßliche zu beschränken. Bei Hilfsbedürftigen, die den berechtigten Anordnungen der zuständigen Stellen beharrlich zuwiderhandeln, kann entsprechend verfahren werden.

Bei Arbeitsscheu oder offenbar unwirtschaftlichem Verhalten kann die Hilfe auf Anstaltspflege beschränkt, offene Pflege aber abgelehnt werden.

Wird die Fürsorge einem Hilfsbedürftigen gegenüber beschränkt, so ist, soweit möglich, zu verhüten, daß davon seine Angehörigen oder andere Hilfsbedürftige mitbetroffen werden, mit denen er in häuslicher Gemeinschaft lebt.

B. Besondere Bestimmungen

a. Für Kleinrentner, Sozialrentner und die ihnen Gleichstehenden

§ 14. Bei alten oder erwerbsunfähigen Personen, die infolge eigener oder fremder Vorsorge ohne die eingetretene Geldentwertung nicht auf die öffentliche Fürsorge angewiesen wären (Kleinrentner), ist bei Prüfung der Hilfsbedürftigkeit, der Art und des Umfanges der Hilfe auf ihre früheren Lebensverhältnisse Rücksicht zu nehmen, dabei aber auch die allgemeine Verschlechterung der Lebenshaltung des deutschen Volkes zu beachten. Das gilt besonders, wenn die Hilfe in einer Anstalt oder durch Anweisung von Arbeit gewährt oder von deren Leistung abhängig gemacht werden soll.

Als erwerbsunfähig ist ein Kleinrentner dann anzusehen, wenn er infolge körperlicher oder geistiger Gebrechen nicht nur vorübergehend außerstande ist, sich durch Arbeit einen wesentlichen Teil seines Lebensbedarfs zu beschaffen.

§ 15. Die Fürsorge soll bei Kleinrentnern insbesondere nicht abhängig gemacht werden vom Verbrauch oder der Verwertung

a) kleinerer Vermögen,

b) eines angemessenen Hausrats, wobei die bisherigen Lebensverhältnisse des Hilfsbedürftigen zu berücksichtigen sind,

c) von Familien- und Erbstücken, deren Entäußerung den Hilfsbedürftigen besonders hart treffen würde, oder deren Verkehrswert außer Verhältnis zu dem Werte steht, den sie für den Hilfsbedürftigen oder seine Familie haben,

d) von Gegenständen, die zur Befriedigung geistiger, besonders wissenschaftlicher oder künstlerischer Bedürfnisse dienen und deren Besitz nicht Luxus ist,

e) eines kleinen Hausgrundstücks, das der Hilfsbedürftige ganz oder zum größten Teil zusammen mit bedürftigen Angehörigen bewohnt und das nach seinem Tode diesen weiter als Wohnung dienen soll.

Auch sonst soll von der Verwertung des Vermögens und von der Sicherstellung des Ersatzes abgesehen werden, wenn dies eine besondere Härte für den Hilfsbedürftigen oder seine unterhaltsberechtigten Angehörigen bedeuten würde.

§ 16. In entsprechender Weise wie die Kleinrentner sind alte oder invalide oder berufsunfähig gewordene Rentner der Arbeiter- oder Angestelltenversicherung zu betreuen...

§ 17. Den Kleinrentnern können alte oder durch geistige oder körperliche Gebrechen erwerbsunfähig gewordene Personen gleichgestellt werden, die trotz wirtschaftlicher Lebensführung auf die öffentliche Fürsorge angewiesen sind...

b. Für Kriegsbeschädigte und Kriegshinterbliebene

§ 18. Kriegsbeschädigten und Kriegshinterbliebenen gegenüber (§ 20) soll jede Art der Fürsorge wenigstens die Rücksichten nehmen, die für Kleinrentner vorgeschrieben sind (§§ 14 und 15)...

§ 21. Die soziale Fürsorge für einen Beschädigten umfaßt auch die Familienmitglieder, deren Ernährer er gewesen ist oder ohne die Dienstbeschädigung voraussichtlich geworden wäre.

§ 22. Die soziale Fürsorge gewährt ihre Hilfe in der Regel nur, wenn die Notlage mit der Dienstbeschädigung oder dem Verluste des Ernährers zusammenhängt; der Zusammenhang wird angenommen, soweit nicht das Gegenteil offenkundig oder nachgewiesen ist. Auch ohne diesen Zusammenhang kann sie eintreten, wenn es besondere Gründe der Billigkeit rechtfertigen.

§ 23. Die soziale Fürsorge gewährt ihre Hilfe auch dann, wenn zwar der Beschädigte oder die Hinterbliebenen selbst oder ein unterhaltpflichtiger Angehöriger die Leistungen aus ihrem Einkommen oder Vermögen bestreiten könnten, es aber unbillig wäre, dies zu verlangen.

Bei Prüfung der Hilfsbedürftigkeit und der Art und des Umfanges der Hilfe ist entgegenkommend zu verfahren; dabei ist besonders auch der Aufwand für Erziehung und Erwerbsbefähigung von Kindern zu berücksichtigen, der nach ihren

Anlagen und Fähigkeiten und nach der Lebensstellung der Eltern berechtigt ist.

Bei Prüfung, inwieweit ein Schwerbeschädigter den Lebensbedarf aus eigenen Mitteln bestreiten kann, soll die Schwerbeschädigtenzulage einschließlich des auf sie entfallenden Betrags an Ausgleichs- und Ortszulage in der Regel außer Betracht bleiben.

Mehrausgaben, die einem Schwerbeschädigten infolge seiner Beschädigung erwachsen, sollen angemessen berücksichtigt werden. Bei einer Witwe soll in der Regel die Rentenerhöhung außer Betracht bleiben, die sie erhält, weil sie erwerbsunfähig ist oder ein Kind zu versorgen oder das 45. oder ein höheres Lebensjahr vollendet hat.

§ 24. Die soziale Fürsorge hat zum Ziele, den Beschädigten tunlichst wieder erwerbsfähig zu machen und ihn dem Wirtschaftsleben zu erhalten, der Witwe die Fortführung ihres Hausstandes und die Erziehung und Ausbildung ihrer Kinder tunlichst aus eigenen Kräften zu ermöglichen und den Waisen die Erlangung einer ihren Fähigkeiten angemessenen Lebensstellung zu erleichtern.

§ 25. Die soziale Fürsorge hat den Beschädigten und Hinterbliebenen bei der Berufsausbildung und bei der Unterbringung und Erhaltung im Erwerbsleben beizustehen und behilflich zu sein, die Folgen einer erlittenen Dienstbeschädigung oder des Verlustes des Ernährers nach Möglichkeit zu überwinden oder zu mildern.

§ 26. Hat ein Beschädigter nach dem Reichsversorgungsgesetz einen Anspruch auf unentgeltliche berufliche Ausbildung, so muß ihm die soziale Fürsorge diese gewähren und während der Ausbildung auch den notwendigen Lebensbedarf für ihn und seine unterhaltsberechtigten Angehörigen, soweit er ihn nicht aus eigenen Mitteln beschaffen kann...

§ 27. Die soziale Fürsorge soll Beschädigte und Hinterbliebene in Versorgungs-, Fürsorge- und Familienangelegenheiten beraten oder diese Beratung vermitteln.

Sie soll für Berufsberatung, Arbeitsvermittlung und Arbeitsbeschaffung im Zusammenwirken mit den Arbeitsnachweisen sorgen und Schwerbeschädigte bei Wahrung ihrer Rechte aus dem Reichsgesetz über die Beschäftigung Schwerbeschädigter unterstützen.

In geeigneten Fällen soll sie auch die Ansiedlung und Selbständigmachung Beschädigter und Hinterbliebener, besonders kinderreicher Familien, fördern.

§ 28. Die soziale Fürsorge soll den dauernd erwerbsunfähigen Schwerbeschädigten die durch die Dienstbeschädigung verursachten körperlichen Beschwerden erleichtern, soweit dies nicht durch die Versorgungsheilbehandlung zu geschehen hat.

Soweit Beschädigte dauernder Pflege bedürfen, aber nicht auf Kosten des Reichs unter entsprechender Anrechnung der Versorgungsbedürfnisse Anstaltspflege erhalten, soll die soziale Fürsorge für angemessene Pflege und Unterkunft sorgen.

Während der Heilbehandlung eines Beschädigten soll die Fürsorge, wenn nötig, die Versorgungsleistungen durch Fürsorgemaßnahmen für ihn und seine Angehörigen ergänzen.

§ 29. Die soziale Fürsorge hat die Berufsausbildung von Waisen und von Kindern Schwerbeschädigter nachdrücklich zu fördern; sie soll dabei die Anlagen und Fähigkeiten des Kindes und die Lebensstellung der Eltern angemessen berücksichtigen.

Die soziale Fürsorge soll auch sonst auf die Erziehung von Waisen und von Kindern Schwerbeschädigter sowie auf die Pflege ihrer Gesundheit besonderes Gewicht legen und ihnen die Teilnahme an Einrichtungen der Gesundheits- und Erholungsfürsorge möglichst erleichtern.

§ 30. Für hilfsbedürftige nichtversicherte Hinterbliebene soll durch Vereinbarung mit den Krankenkassen oder auf andere Weise für die notwendige Krankenhilfe gesorgt werden.

§ 31. Um die wirtschaftliche Selbständigkeit Beschädigter und Hinterbliebener zu sichern, soll von der Möglichkeit, ihnen Darlehen gegen Verpfändung von Versorgungsgebührnissen zu gewähren, tunlichst Gebrauch gemacht werden.

Im übrigen soll die soziale Fürsorge ihre Hilfe nur dann von der Zurückzahlung der aufgewendeten Kosten abhängig machen, wenn es mit Rücksicht auf Art und Zweck der Fürsorgeleistungen und die gegenwärtigen oder zu erwartenden wirtschaftlichen Verhältnisse des Hilfesuchenden unbillig wäre, hiervon abzusehen; die berufliche Ausbildung, auf die ein Beschädigter nach dem Reichsversorgungsgesetz Anspruch hat (§ 26), darf sie nicht davon abhängig machen.

Wenn sich die soziale Fürsorge bei ihrer Hilfe nicht ausdrücklich die Zurückzahlung der aufgewendeten Kosten ausbedingt, kann sie Ersatz nicht verlangen.

§ 32. Die soziale Fürsorge soll allgemeine Einrichtungen, die auch Kriegsbeschädigten und Kriegshinterbliebenen zugute kommen, besonders fördern.

C. Schlußbestimmungen

§ 33. Die besonderen Bestimmungen über die Fürsorge für Erwerbslose werden durch diese Grundsätze nicht berührt.

§ 34. Ausländern ist im Falle der Hilfsbedürftigkeit Lebensunterhalt, insbesondere Unterkunft, Nahrung, Kleidung und Pflege sowie Krankenhilfe zu gewähren. Nötigenfalls ist der Bestattungsaufwand zu bestreiten. Die übrigen Bestimmungen gelten für Ausländer nur, soweit es die Reichsregierung mit Zustimmung des Reichsrats oder ein Staatsvertrag bestimmt.

§ 35. Die vorstehenden Grundsätze hindern die Länder und, soweit nicht landesrechtliche Vorschriften entgegenstehen, auch die Fürsorgeverbände nicht, den Hilfsbedürftigen darüber hinaus Hilfe zu gewähren ...

3.3 Die Reichsgrundsätze im Urteil des Deutschen Vereins

Im Hinblick auf die Reichsgrundsätze urteilte der Deutsche Verein:

Sie treten am 1. Januar 1925 in Kraft. Hiermit ist ein Mangel ausgeglichen, der die mit dem Erlaß der Reichsfürsorgepflichtverordnung erstrebten Reformen bei der Durchführung empfindlich hemmte. Mögen auch manche Forderungen der Praxis, namentlich die Forderung einer Vereinheitlichung des Fürsorgewesens, wie sie un-

ser Verein vertreten hat, in der endgültigen Fassung der Grundsätze nicht voll berücksichtigt worden sein, so begrüßen wir doch die Zusammenfassung des materiellen Fürsorgerechtes als einen wichtigen Fortschritt.

Bedeutsamer aber noch will es uns erscheinen, daß es, von Einzelheiten abgesehen, im ganzen gelungen ist, fortschrittliche Bestimmungen der Kriegsfolgenhilfe
nicht nur zu erhalten, sondern auch auf andere Gebiete des Fürsorgewesens zu
übertragen. In diesem Sinne ist der 1. Januar 1925 der Beginn eines neuen Abschnittes in der öffentlichen Fürsorge.

Statt jener schematisierenden Massenabfertigung in der Nachkriegszeit, die Verpflichtung zu sorgfältiger Prüfung und Berücksichtigung des Einzelfalles! Statt einer Armenpflege, die nicht erst im äußersten Notfall eintrat und ihre Leistungen
ohne Rücksicht auf die wirkliche Urache des Notstandes auf die Befriedigung des
augenblicklichen Notbedarfs einstellte, eine Fürsorge, die zu rechtzeitiger und
gründlicher Hilfe verpflichtet ist und es sich nicht nur als theoretisches Ziel vornimmt, den Hilfsbedürftigen wirtschaftlich wieder selbständig zu machen! Am
stärksten kommt dies zum Ausdruck in der Betonung des Gedankens, bei Fürsorgemaßnahmen auf die Erhaltung und Wiederherstellung der Arbeitskraft zu achten,
bei bestimmten Gruppen für Erwerbsbefähigung zu sorgen und Erwerbsbeschränkten in Ergänzung ihrer eigenen Bemühungen zur Verwertung ihrer Arbeitskraft behilflich zu sein.

Neben der qualifizierten Hilfeleistung an Kindern und Jugendlichen, die auch
von dem Gedanken einer aufbauenden Fürsorge beherrscht ist, steht eine besonders
geartete Fürsorge für alte und erwerbsunfähige Personen, die wegen ihrer Hilflosig-
keit besondere Rücksichten in ihrer Versorgung verlangen. In der Fürsorge für die
Opfer der Geldentwertung und des Krieges hat sich die Regierung von dem Bestreben leiten lassen, ihnen die in den bisherigen Sondergesetzen zugesicherten Leistungen zu erhalten[207]).

Die Erörterung der Frage, ob die Entwicklung des öffentlichen Fürsorgewesens
in Deutschland zu einer Vereinheitlichung oder zur Aufrechterhaltung der bisherigen Gruppenfürsorge führt, ist mit dem Erlaß der neuen Reichsgrundsätze in ein
entscheidendes Stadium getreten. Äußerlich betrachtet scheint die Fassung der
Reichsgrundsätze für die Aufrechterhaltung der Gruppenfürsorge zu sprechen. Bei
näherer Prüfung zeigt sich aber, daß in der Einteilung in Abschnitt A „Fürsorge im
allgemeinen" und Abschnitt B „Besondere Bestimmungen für Kleinrentner, Sozialrentner, Kriegsbeschädigte und Kriegshinterbliebene" sich wohl eine Differenzierung verschiedener Arten von Hilfsbedürftigen nach Voraussetzung, Art und Maß
der Fürsorge ausdrückt, diese Differenzierung jedoch nur in einem einheitlich aufgebauten System von Fürsorgeeinrichtungen und Organen durchführbar ist.

Die bisherige scharfe Trennung der in § 1 Reichsfürsorgepflichtverordnung unter
a–f aufgeführten Fürsorgezweige von der Armenfürsorge ist beseitigt. Es ist auch
nicht möglich, etwa die ausschließlich aufgrund der Bestimmungen in Abschnitt A
der Grundsätze gewährte Fürsorge als Armenfürsorge zu bezeichnen. Die Bestimmungen dieses Abschnitts gehen über den Rahmen der bisherigen Armenpflege bewußt hinaus, teils durch Erweiterung des Personenkreises (Wochenfürsorge, hilfs-

bedürftige Minderjährige, Schwererwerbsbeschränkte), teils durch Änderung von Voraussetzung, Art und Maß der Fürsorge.

Nicht ohne Grund ist entsprechend den Vorschlägen im Kommissionsentwurf an keiner Stelle das Wort „Armenfürsorge" gebraucht. Ist es aber damit aus der Terminologie des Fürsorgewesens und seiner Organisation verschwunden? In der Beantwortung dieser Frage liegt die Entscheidung über die Zielrichtung und weitere Entwicklung unserer Fürsorge...

Der Grundsatz der Individualisierung, an dessen Durchführung die Hilfsbedürftigen selbst das größte Interesse haben, läßt sich vollkommen nur verwirklichen, wenn sich die Einteilung in der Organisation der Fürsorge nicht auf das äußere Merkmal gleichartiger Ursachen der Verarmung, sondern gleichartiger Notstände und gleichartiger Mittel in der Hilfeleistung stützt. Es ist keine zufällige Entwicklung, daß zunächst in den größeren Städten schon vor Veröffentlichung der neuen Reichsgrundsätze sich deutlich eine Loslösung der Organisation von der bisherigen Gruppeneinteilung bemerkbar macht, zugleich eine Verschmelzung zu einem einheitlichen, wohlabgestuften System, dessen Gliederung sich an sachliche Gesichtspunkte anlehnt, etwa gleichmäßige Behandlung der Arbeitsfürsorge für Erwerbsbeschränkte, unabhängig ob es sich um Kriegsbeschädigte, Invaliden- oder Unfallrentner, Kleinrentner oder Personen mit angeborenen Gebrechen handelt; ferner Gesundheitspflege in offener Fürsorge, wobei ebensowenig nach der Zufälligkeit einer Zugehörigkeit zu einer bestimmten Gruppe unterschieden werden kann.

Auch die Entscheidung, welche Fälle bürokratisch durch die zentrale Amtsstelle und welche anderen im Außendienst durch berufliche oder ehrenamtliche Kräfte behandelt werden, wird sich mehr danach richten, welche Fälle sich für die eine oder andere Art der Behandlung mehr eignen, als danach, welcher Personengruppe im Sinne der Reichsgrundsätze der einzelne Fall angehört. Wenn jetzt z. B. in Fortsetzung früherer Gepflogenheit Fälle der bisherigen Armenpflege den ehrenamtlichen Helferstab, solche der Klein- und Sozialrentnerfürsorge den bürokratisch geführten Amtsstellen übertragen wurde, so wird die Entwicklung schon mit Rücksicht auf zweckmäßigere Ausnutzung der vorhandenen Kräfte dahin führen, daß das sogenannte Straßburger System [vgl. I. Teil, 3. Themenkreis] auf alle Arten von Hilfsbedürftigen angewandt wird.

Vom Einzelfall wird es daher abhängen, ob man ihn erstmalig oder dauernd von der zentralen Amtsstelle aus betreut oder durch Berufskräfte des Außendienstes oder ehrenamtliche Pfleger. Es lassen sich z. B. durchaus keine stichhaltigen Gründe dafür angeben, daß etwa Kleinrentner oder Sozialrentner nicht durch ehrenamtliche Kräfte betreut werden können, wie umgekehrt, daß nur besonders qualifizierte Bürokräfte sich dafür eignen. Das wird für verschiedene Individuen dieser Gruppen verschieden lauten, wie es sogar in einem einzelnen Fall im Laufe der Zeit wechseln kann.

Die seit längerer Zeit in unseren Kreisen erhobene Forderung, das in dem Straßburger System fortgebildete Elberfelder System den derzeitigen Verhältnissen neu anzupassen, drängt jetzt auf eine sofortige Lösung. Eine möglichst vollkommene Individualisierung der Fürsorge hängt untrennbar mit einer Vereinheitlichung der

Organisation in der örtlichen Fürsorge und mit der Fortbildung des Straßburger Systems zusammen... Zusammenfassend kommt man zu der Ansicht, daß die neuen Reichsgrundsätze uns ein wesentliches Stück vorwärts bringen werden in der Richtung einer inneren und äußeren Vereinheitlichung des Fürsorgewesens, die keineswegs, wie gelegentlich behauptet wurde, eine Nivellierung bedeutet, sondern ein auf dem Prinzip der Individualisierung aufgebautes einheitliches System der Fürsorge[208]).

3.4 Zum § 33a RGr mit der Bestimmung über Richtsätze (RGBl I S. 332)

„Je unklarer ein Gesetz ist, um so wichtiger ist es, seine Entstehungsgeschichte zu kennen. Denn nur diese Kenntnis vermag oft in Zweifelsfällen den Schlüssel zur rechten Auslegung zu bieten. Zudem läßt die Entstehungsgeschichte der Novelle zur RFV deutlich erkennen, wie hier aus unbedeutenden Anfängen, die man nicht sofort unterbunden hat, schrittweise größeres und verhängnisvolleres geworden ist." So beginnt der Deutsche Verein in seinem Nachrichtendienst vom August 1925[209]) seine scharfe, zuletzt erfolgreiche Polemik gegen eine vom Reichstag am 14. Juli 1925 mit Zweidrittel-Mehrheit beschlossene Novelle zur Reichsfürsorgepflichtverordnung folgenden Wortlautes:

Bei der Festsetzung von Unterstützungen öffentlich-rechtlicher Art bleiben von dem Einkommen der Hilfsbedürftigen aus den Bezügen aufgrund der sozialen Versicherungsgesetze und der Fürsorgegesetze mindestens drei Viertel des Betrages, bis zu 270 Reichsmark, außer Einsatz. (Reichsdrucksache Nr. 1173)

Ihren Ursprung hatte diese Novelle in der Aufwertungsgesetzgebung, die, inzwischen weit zurückliegend, heutzutage nicht mehr zu interessieren braucht. Hingegen von weiterhin aktuellem Interesse ist, was aus dieser Novelle schließlich geworden ist.

Am 27. Juli beschäftigte sich der Reichsrat mit dem vom Reichstag beschlossenen Gesetzentwurf. Der Berichterstatter führte dabei aus, daß gegenüber dem Entwurf außerordentliche Bedenken von seiten der Länder geltend gemacht wurden; einmal wäre der fundamentale Satz, daß eine individuelle Fürsorge Platz greifen müsse, durchbrochen, ebenso auch der Gedanke, daß die Fürsorge nur dann eintreten solle, wenn alle eigenen Mittel erschöpft seien; auch sei die Fassung des Gesetzes ganz unmöglich[210]).

Trotzdem wurde das „Gesetz zur Abänderung der Verordnung über die Fürsorgepflicht" am 12.8.1925 vom Reichstag beschlossen. Daraufhin richtete der Deutsche Verein am 17. August 1925 eine Eingabe an die Reichsregierung betreffend Novelle zur RFV[211]):

Der unterzeichnete Verein richtet... an eine hohe Reichsregierung die Bitte,

1. dahin wirken zu wollen, daß unter Wahrung der in Artikel 74 der Reichsverfassung vorgeschriebenen Frist von drei Monaten die Verkündung des obengenannten Gesetzes durch den Herrn Reichspräsidenten bis zu dem spätest möglichen Zeitpunkt hinausgeschoben wird;

2. einen Gesetzentwurf vorzubereiten, durch welchen... die obige Novelle zur Reichsverordnung über die Fürsorgepflicht aufgehoben wird;

3. aufgrund von § 6 der Reichsverordnung über die Fürsorgepflicht mit Zustimmung des Reichsrats die Reichsgrundsätze über Voraussetzung, Art und Maß der öffentlichen Fürsorge durch Aufnahme einer Zusatzbestimmung zu ergänzen, die den Kleinrentnern, Sozialrentnern und den ihnen Gleichstehenden bei Prüfung der Hilfsbedürftigkeit, der Art und des Umfangs der Hilfe die in § 14 der Reichsgrundsätze gebotene Rücksichtnahme auf ihre früheren Lebensverhältnisse entsprechend den Absichten des Reichstags sicherstellt.

Aus der Begründung:

1. Der Beschluß des Reichstags beruht auf dem anzuerkennenden Wunsche, angesichts der zu befürchtenden Rückwirkung der neuesten Steuer- und Zollgesetzgebung auf die Lebenshaltung der minderbemittelten Schichten ausreichende Fürsorgeleistungen bei den öffentlich unterstützten Personen, insbesondere bei den Kleinrentnern, Sozialrentnern und den ihnen Gleichstehenden sicherzustellen. Der Reichstag hat zur Erreichung dieses Zieles aber nicht den richtigen Weg beschritten, wobei ihm allen Anschein nach weder die der Durchführung des Gesetzes entgegenstehenden fürsorgerischen Bedenken noch die finanziellen Folgen bewußt gewesen sind...

2. Die Novelle ist unvereinbar mit den Reichsgrundsätzen über Voraussetzung, Art und Maß der öffentlichen Fürsorge (RGr) und bedeutet nicht eine Ergänzung, sondern eine Durchbrechung des Grundsatzes in §§ 5 und 8 RGr, wonach der Hilfsbedürftige seine eigenen Mittel einsetzen muß, ehe ihm die Fürsorge Hilfe gewährt...

3. Mit Notwendigkeit muß im Falle der Durchführung der Novelle eine wesentliche Erweiterung des Kreises der öffentlich unterstützten Personen eintreten, ohne daß dazu vom Standpunkt der Fürsorge ein durchschlagender Grund vorliegt...

4. Die einseitig, über Gebühr erfolgende Begünstigung einzelner Gruppen von Hilfsbedürftigen führt zu einer schweren Benachteiligung der übrigen Unterstützten und bei den begrenzten Mitteln der öffentlichen Fürsorge zu einer nicht zu verantwortenden Einschränkung der Leistungen in der Jugendfürsorge und Gesundheitsfürsorge...

5. Während eine Gesundung unserer Volkswirtschaft und unseres Volkslebens eine stärkere Anspannung der Selbstverantwortung und der Selbsthilfe verlangt, ist die Novelle geeignet, in der Bevölkerung den Willen zur Selbsthilfe zu schwächen und dazu zu verleiten, daß ohne dringende Notwendigkeit öffentliche Hilfe in Anspruch genommen wird...

9. Es ist ein Gesetzentwurf vorzubereiten, welcher die Novelle zur RFV... auf-

hebt. Gleichzeitig sind aufgrund von § 6 der RFV mit Zustimmung des Reichsrats die Reichsgrundsätze über Voraussetzung, Art und Maß der öffentlichen Fürsorge durch Aufnahme einer Bestimmung zu ergänzen, die den Kleinrentnern, Sozialrentnern und den ihnen Gleichstehenden bei Prüfung der Hilfsbedürftigkeit, der Art und des Umfangs der Hilfe die in § 14 RGr gebotene Rücksichtnahme auf ihre früheren Lebensverhältnisse entsprechend den Absichten des Reichstags sicherstellt...

10. Die Annahme des Reichstages, daß die Fürsorgeverbände durch Anrechnung von Renten- und Aufwertungsbezügen auf die Unterstützungssätze sich einseitig zum Nachteil der Unterstützten entlasten wollen ist – von Ausnahmen abgesehen – unberechtigt. Bei den gespannten Etats der Fürsorgeverbände sind diese darauf angewiesen, Ersparnisse solcher Art zur Hebung der Fürsorgeleistungen insgesamt und in Einzelfällen zu benutzen. Es ist ein verhängnisvoller Fehler, alle Fürsorgeverbände durch Zwangsvorschriften nach Art der Novelle der RFV einengen zu wollen, um einzelne leistungswillige Fürsorgeverbände zur Erfüllung ihrer gesetzlichen Pflichten anzuhalten...

Tatsächlich folgte die Reichsregierung insofern den Argumenten des Deutschen Vereins, als sie dem Reichstagsbeschluß ihre Zustimmung verweigerte und die Novelle nicht in Kraft treten ließ. Statt dessen verfügte sie mit Billigung des Reichsrates unter dem 7. September 1925 eine Novelle zu den Reichsgrundsätzen, und zwar den § 33a als Zusatzbestimmung (RGBl I S. 332):

§ 33a RGr. Die Oberste Landesbehörde oder die von ihr bestimmten Stellen setzen den örtlichen Verhältnissen angepaßte Richtsätze für die Bemessung des notwendigen Lebensunterhalts der Hilfsbedürftigen fest. Für Sozial- und Kleinrentner und ihnen Gleichstehende (§ 14 bis 17) müssen diese Sätze so bemessen sein, daß der Hilfsbedürftige entsprechend den Bestimmungen der §§ 14 und 16 gegenüber der allgemeinen Fürsorge eine angemessene Mehrleistung erhält. Diese Mehrleistung soll... in der Regel wenigstens ein Viertel des allgemeinen Richtsatzes betragen...

Hatte insofern der Deutsche Verein sich gegenüber dem Reichstage zwar durchgesetzt, so konnte andererseits der ohne seine Mitwirkung zustande gekommene § 33a RGr ihn nicht völlig befriedigen:

Die Bestimmung des § 33a RGr tritt mit sofortiger Wirkung in Kraft. Ihre sofortige Durchführung wird gleichwohl auf Hindernisse stoßen, weil die darin geforderte Aufstellung von Richtsätzen zunächst nach Vorarbeiten verlangt und ihre Handhabung sich vielerorts, wo bisher Richtsätze nicht in Gebrauch waren, erst einleben muß. Dennoch bedeutet es nicht nur eine formale Pflicht, sondern eine innere Notwendigkeit, die neue Bestimmung sinngemäß und unverzüglich durchzuführen.

Dabei wollen wir durchaus nicht verschweigen, daß der § 33a ein weiteres Sichentfernen von dem Grundgedanken des Fürsorgewesens bedeutet, die Gefahr einer schematisierenden Gruppenfürsorge statt einer auf dem Gedanken der Individualisierung aufgebauten einheitlichen Fürsorge. Wenn wir somit für eine Durchführung des § 33 a RGr eintreten, so geschieht es nicht unter Preisgabe des von uns unverändert für richtig gehaltenen Grundgedankens, daß die *Art des Notstandes*, nicht die Zugehörigkeit zu einer nach Verarmungsursachen unterschiedenen Gruppe für die Beurteilung der Hilfsbedürftigkeit und die Bemessung der Unterstützung entscheidend ist. Nicht die Nivellierung der gesamten Fürsorge streben wir mit der Propagierung ihrer Vereinheitlichung an, wie uns so oft mißdeutend nachgesagt wird, sondern die Hervorhebung des Gedankens, daß nach Lage des Einzelfalles und nach der Eigenart des Notstandes Fürsorge zu gewähren ist...

Vergleicht man § 33 a RGr mit der Novelle zur RFV, so verdient § 33 a vom fürsorgerischen Standpunkt aus unbedingt den Vorzug, weil er sich dem System der RFV anpaßt und dieses nicht, wie es bei der Novelle der Fall ist, völlig durchbricht... In vieler Beziehung stellt sogar § 33 a die Sozialrentner günstiger, als es die Novelle getan hätte... Indem § 33 a eine höhere Bemessung der Richtsätze für Sozialrentner um ein Viertel vorschreibt, erstreckt sich diese Begünstigung auch auf die unterhaltsberechtigten Angehörigen des Sozialrentners (Ehefrau und Kinder), denn es ist zu beachten, daß die Bedürftigkeit des Sozialrentners nach § 5 RGr zu bejahen ist, wenn er den notwendigen Lebensbedarf für sich und seine unterhaltsberechtigten Angehörigen aus eigenen Kräften und Mitteln nicht beschaffen kann. Es sind demnach nicht nur die Richtsätze für alleinstehende Personen entsprechend zu erhöhen, sondern auch die der Familienzuschläge[212]).

Ohne Bezugnahme auf den „Tarif" im Elberfelder System (vgl. I. Teil, 3. Themenkreis) waren also durch den § 33 a nunmehr „Richtsätze" sozialgesetzlich statuiert worden; ihnen ähneln heutzutage die „Regelsätze" nach § 22 Bundessozialhilfegesetz. Was war unter jenen Richtsätzen zu verstehen? Der Deutsche Verein gab folgende Erläuterung:

Das Kernstück des neuen § 33 a RGr ist zweifellos die zwingende Vorschrift, Richtsätze für die Unterstützung Hilfsbedürftiger festzusetzen. Nun besagt zwar das bloße Festsetzen von irgendwelchen Richtsätzen noch recht wenig, vielmehr kommt es darauf an, die Richtsätze derart zu gestalten, daß sie wirklich im Sinne des mit § 33 a verfolgten Zweckes wirksam werden. Das ist ganz unerläßlich dort, wo eine höhere Verwaltungsstelle unmittelbar auf die Gestaltung der Richtsätze untergeordneter Verbände Einfluß ausübt und also einheitliche Gesichtspunkte haben muß, nach denen sie geldmäßig verschieden hohe Richtsätze beurteilen und miteinander vergleichen kann...
Der § 33 a hat zweifellos die Aufgabe, die vom Reichstag beschlossene Novelle zur RFV überflüssig zu machen. Nur wenn es durch loyale Durchführung des § 33 a gelingt, die Bedenken und das Mißtrauen des Reichstags gegen die Fürsorgeverbände zu verstreuen, werden diese vor den Lasten und Unmöglichkeiten der Novelle bewahrt werden. Nun war aber einer der leitenden Gedanken des Reichstages, gewisse äußere Sicherheiten zu schaffen für eine ordnungsmäßige Erfüllung der

Fürsorgepflicht. Diesem Zweck, solche Sicherheiten zu schaffen, sollen jetzt die pflichtmäßig aufzustellenden Richtsätze dienen...

Was heißt „Richt"-Satz? In der Fürsorgepraxis begegnete man bisher Unterstützungssätzen verschiedenster Art. „Mindestsätze" sind solche, die in jedem Falle gewährt werden müssen, jedoch nach Bedarf überschritten werden dürfen. „Höchstsätze" stellen die äußerste Grenze dessen dar, was gegeben werden darf; im gleichen Sinne spricht man von „Ausschlußsätzen". Dazwischen liegt das, was man „Regel-", „Normal-" oder „Richtsätze" nennt. Diese letzten drei Bezeichnungen dürften sich in ihrer Bedeutung ziemlich decken...

Richtsätze sind weder Höchst- noch Mindestsätze; man soll sich nach ihnen richten, wie man sich seinerzeit auch nach den „Richtpreisen" (im Unterschied zu den Höchstpreisen) richten sollte. Sie wollen einen gewissen Durchschnittsfall berücksichtigen, wobei man sich von vornherein bewußt ist, daß viele Fälle sich tatsächlich mit diesem Durchschnittsfall nicht decken. Man geht also von der Vorstellung aus, daß dort, wo Mangel des notwendigen Lebensbedarfs vorliegt, und keinerlei sonstiges Einkommen vorhanden ist, der Richtsatz in der Regel diejenige Summe darstellt, mit der jener Mangel behoben werden kann.

Richtsätze sind also Anhaltspunkte für die ausübenden Organe für die Bemessung der zu gewährenden Unterstützung, Anhaltspunkte, nicht mehr und nicht weniger. Das bedeutet: sie dürfen im Einzelfall *über*- aber auch *unter*schritten werden. Die Gründe, *warum* im Einzelfalle Über- oder Unterschreitung erfolgt, sind zweierlei Art.

Einmal kann die Abweichung vom Richtsatz von der *Bedarfsseite* her veranlaßt werden, d. h. der subjektiv bedingte notwendige Lebensbedarf verlangt unter- oder überdurchschnittliche Fürsorgeleistung. Oder aber die Abweichung kann von der *Deckungsseite* her veranlaßt werden, indem nämlich irgendwelche sonstigen Einkünfte vorhanden sind, die das Maß der notwendigen Hilfe herabsetzen...

Die Festsetzung von Richtsätzen bedeutet mithin keineswegs ein Festlegen auf eine bestimmte Unterstützungshöhe. Freilich weckt die Publizität von Richtsätzen bei der hilfsbedürftigen Bevölkerung, was psychologisch verständlich ist, leicht die Vorstellung, als wenn diese Richtsätze eigentlich stets gewährt werden müßten. Dem liegt etwas richtiges zugrunde, wenn man in den Richtsätzen gewissermaßen eine Typisierung des normalen notwendigen Lebensunterhaltes sieht und wenn man nun verlangt, daß einem jeden dieser notwendige Lebensunterhalt sichergestellt werden soll. Insofern ist es durchaus statthaft, wenn... die Hilfsbedürftigen in den Richtsätzen „Richtungspunkte für das Maß ihrer Ansprüche" sehen. Daß die Unterstützung im Einzelfall von den Richtsätzen abweicht, wird man den Hilfsbedürftigen jeweils durch Aufrechnung ihrer sonstigen Einkünfte oder dergleichen leicht verständlich machen können.

In § 33 a heißt es: „Richtsätze für die Bemessung des *notwendigen Lebensunterhalts*." Schon daraus geht hervor, daß die Richtsätze nicht alle möglicherweise auftretenden notwendigen Bedürfnisse der Hilfsbedürftigen treffen sollen und wollen. Man muß vielmehr grundsätzlich *neben* den Richtsätzen die Möglichkeit und Berechtigung von *Sonderleistungen* der Fürsorge anerkennen, aus denen etwaige besondere Krankenhilfe, Erwerbsbefähigung, Erziehungsbedürfnisse usw. (§ 6b–e RGr) gedeckt wird.

Nach Aussonderung dieser nicht in den Richtsatz gehörenden Sonderleistungen fragt sich, was der „Lebensunterhalt" in sich schließt. § 6a RGr nennt hier „insbesondere Unterkunft, Nahrung, Kleidung und Pflege". Hier nun bestanden und bestehen Meinungsverschiedenheiten, ob der Richtsatz sich auf alle diese Bedarfsfaktoren beziehen oder aber den Wohnbedarf ausschließen soll. Die meisten der bisher üblichen Richtsätze beabsichtigten eine Abgeltung aller jener Bedarfsfaktoren einschließlich Wohnbedarf. Demgegenüber vertrat Stadtrat Binder-Bielefeld und mit ihm der westfälische Arbeitsausschuß den Standpunkt, daß die Deckung des Wohnbedarfs nicht in die Richtsätze hineingehöre, weil dieser individuell völlig verschieden sei und sich nicht typisieren lasse wie etwa der Nahrungsbedarf. Dem muß man theoretisch zustimmen, und wir haben seinerzeit gerade in dieser Unterscheidung Binders zwischen Richtsatz (= Hauptunterstützung) und Nebenleistung (= Miete) einen besonders wertvollen theoretischen Fortschritt gesehen.

Nachdem aber nunmehr durch § 33a bereits in der Hauptunterstützung eine Differenzierung zwischen allgemeinen und Klein- und Sozialrentnerfürsorgesätzen vorgeschrieben ist, scheint es uns nicht mehr angängig, den Wohnbedarf, die Miete, aus dem Richtsatz gänzlich herauszulassen; denn in dem schichtweise differenzierten Wohnbedarf liegt ja der innerlich berechtigste Grund für eine differenzierte Behandlung der verschiedenen Gruppen, und man kann deshalb unmöglich die Differenzierung sowohl in der Hauptunterstützung als auch in der Miete durchführen. Man kommt also zu dem Ergebnis, daß man einen theoretischen Wohnbedarf konstruiert, den man in den Richtsatz mit einbezieht. Wo dann im Einzelfall die im Richtsatze für das „Obdach" gewährte Summe zur Deckung der tatsächlichen Miete nicht ausreicht, muß eben individualisierende Überschreitung des Richtsatzes erfolgen.

Zusammenfassend: Der Richtsatz soll berücksichtigen den Aufwand für Nahrung, Obdach, Reinigung, Beleuchtung, Instandsetzung und Instandhaltung von Kleidern, bescheidene Genußmittel und sonstige kleine Bedürfnisse.

Was daneben an einmaligen besonderen Bedürfnissen befriedigt werden muß, Neubeschaffung größerer Kleidungsstücke, Winterbedarf, ärztliche Behandlung, Heilmittel, Erwerbsbefähigung, Berufsausbildung, Erholungsfürsorge, all das muß neben den Richtsätzen durch gesonderte *Neben- oder Sonderleistungen* gewährt werden[213].

Da noch immer die Novelle zur RFV drohte, andererseits der § 33a RGr schon in Kraft gesetzt war, beschloß der Deutsche Verein, den 39. Deutschen Fürsorgetag vorzeitig einzuberufen und „als Verhandlungsgegenstand eine Erörterung über den § 33a RGr und die Stellungnahme zur Novelle zur RFV vorzusehen". Auf diesem Fürsorgetag wurden am 14. Oktober 1925 in Breslau die vom Deutschen Verein schon veröffentlichten Stellungnahmen bestätigt[214].

4. Zum Gesetz über Arbeitsvermittlung und Arbeitslosenversicherung vom 16. Juli 1927 (RGBl I S. 187)

4.1 Aus der Vorgeschichte

Drei allgemeinen Lebensrisiken wirkten seit Bismarck die Reichssozialversicherungen entgegen: Krankheit, Invalidität, Alter. Jedoch, das vierte im Industriezeitalter ebenso allgemeine Lebensrisiko, nämlich die von Wirtschaftskrisen verursachte Arbeitslosigkeit, blieb bis 1927 der Fürsorge überantwortet.

Freilich war vor und nach dem Ersten Weltkrieg die Arbeitslosenfürsorge resp. Erwerbslosenfürsorge jeweils anders fundiert. Vor dem Krieg trat die gesetzliche Armenfürsorge ein, darüber hinaus entwickelte die soziale Fürsorge als Ausdrucksform kommunaler und privater Sozialpolitik spezifische Maßnahmen, z.B. Arbeitsnachweise.

Hingegen sofort nach dem Krieg wurde die Erwerbslosenfürsorge reichsgesetzlich geregelt und ausdrücklich der Armenfürsorge entzogen. Das am 12. November 1918 neu geschaffene Reichsamt für die wirtschaftliche Demobilmachung erließ schon am folgenden Tag die grundlegende, später mehrmals novellierte Verordnung über Erwerbslosenfürsorge vom 13. November 1918 (RBGl S. 1305):

§ 1. Zur Unterstützung von Gemeinden oder Gemeindeverbänden auf dem Gebiete der Erwerbslosenfürsorge werden Reichsmittel bereitgestellt.

§ 2. Die Gemeinden sind verpflichtet, eine Fürsorge für Erwerbslose einzurichten, der sie nicht den Rechtscharakter der Armenpflege beilegen dürfen.

§ 5. Zuständig für die Gewährung der Erwerbslosenfürsorge ist die Gemeinde des Wohnortes des Erwerbslosen oder der Gemeindeverband, in dessen Bezirk der Wohnort belegen ist...

§ 8. Erwerbslose sind verpflichtet, jede nachgewiesene geeignete Arbeit auch außerhalb des Berufs und Wohnorts... anzunehmen, sofern für die nachgewiesene Arbeit angemessener ortsüblicher Lohn geboten wird, die nachgewiesene Arbeit die Gesundheit nicht schädigt, die Unterbringung sittlich bedenkenfrei ist und bei Verheirateten die Versorgung der Familie nicht unmöglich wird...

§ 10. Die Gemeinden oder Gemeindeverbände können die Erwerbslosenfürsorge von weiteren Voraussetzungen (Teilnahme an der Allgemeinbildung dienenden Veranstaltungen, fachlicher Ausbildung, Besuch von Werkstätten und Lehrkursen und dergleichen), insbesondere für Jugendliche, abhängig machen...

§ 13. Für die Durchführung der Erwerbslosenfürsorge sind Fürsorgeausschüsse zu errichten, zu denen Vertreter der Arbeitgeber und Arbeitnehmer in gleicher Zahl hinzugezogen werden müssen...

Die im nächsten Jahr beschlossene Weimarer Verfassung kündigte in Artikel 163 weitere Reichsgesetze an: „Jedem Deutschen soll die Möglichkeit gegeben werden, durch wirtschaftliche Arbeit seinen Unterhalt zu erwerben. Soweit ihm angemessene Arbeit nicht nachgewiesen werden kann, wird für seinen notwendigen Unterhalt gesorgt. Das Nähere wird durch besondere Reichsgesetze bestimmt." Zunächst freilich war die Reichsregierung bemüht, in der Zeit größter wirtschaftlicher Not die Folgen unfreiwilliger Arbeitslosigkeit mittels Verordnungen zu lindern. Zwei von ihnen seien hier hervorgehoben. Beide stehen am Anfang jeweils anderer Arten gesetzlicher Arbeitslosenhilfe.

Die Verordnung über die Aufbringung der Mittel für die Erwerbslosenfürsorge vom 13. Oktober 1923 (RGBl I S. 946) enthält den Wendepunkt zur Arbeitslosenversicherung, indem sie Arbeitgeber und Arbeitnehmer zu den Leistungen der Erwerbslosenfürsorge heranzieht und in diesem Zusammenhang bestimmte Aufgaben der gesetzlichen Krankenkasse überträgt:

§ 1. Die Mittel, die zur Bekämpfung der Arbeitslosigkeit sowie zur Fürsorge für Erwerbslose erforderlich sind, werden... durch Beiträge von Arbeitgebern und Arbeitnehmern sowie durch Zuschüsse der Gemeinden aufgebracht...

§ 2. Beitragspflichtig sind die Arbeitnehmer, die aufgrund der Reichsversicherung oder bei einer knappschaftlichen Krankenkasse für den Fall der Krankheit pflichtversichert sind, und ihre Arbeitgeber.

Die Höhe der Beiträge setzt der Verwaltungsausschuß des öffentlichen Arbeitsnachweises... für seinen Bezirk in Bruchteilen der Beiträge zur Krankenversicherung fest...

§ 3. Die Beiträge sind als Zuschläge zu den Krankenkassenbeiträgen und mit diesen zu entrichten...

Die Krankenkassen führen die Beiträge unverzüglich an die Verwaltungsgemeinde des öffentlichen Arbeitsnachweises ab, in deren Bezirk sie ihren Sitz haben...

Die so zusammengebrachten Mittel der Erwerbslosenfürsorge sollten aber nicht allein individueller Unterstützung dienen, sondern auch für Notstandsarbeiten verwendet werden. Insofern bereiteten die Bestimmungen des Reichsarbeitsministers über öffentliche Notstandsarbeiten vom 17. November 1923 (RGBl I S. 1111) bereits den freiwilligen Arbeitsdienst vor, der später durch Notverordnung vom 5. Juni 1931 eingeführt wurde (s. u.):

1. Notstandsarbeiten im Sinne dieser Bestimmungen sind Arbeiten, die mit Mitteln der Erwerbslosenfürsorge gefördert werden...

2. Besondere Förderung verdienen Notstandsarbeiten, die geeignet sind, die Menge einheimischer Nahrungsmittel, Rohstoffe und Betriebsstoffe zu vermeh-

ren... Maßnahmen, denen ein volkswirtschaftlicher Wert fehlt, sind grundsätzlich nicht zu unterstützen...

3. Träger von Notstandsarbeiten sind Körperschaften des öffentlichen Rechtes, gemischt wirtschaftliche Unternehmungen und private Unternehmungen, alle diese, soweit ihre Tätigkeit nicht auf Erwerb gerichtet ist...

4.2 Zum Gesetzestext

In seinen Grundzügen vollendet wurde das deutsche Sozialversicherungswerk, nunmehr viergliedrig, durch das umfangreiche Gesetz über Arbeitsvermittlung und Arbeitslosenversicherung (AVAG) vom 16. Juli 1927. Hatten die früheren Sozialversicherungsgesetze jene historische Wende vom liberalen Rechtsstaat zum sozialen Rechtsstaat markiert, so wurde nun mit dem Arbeitslosenversicherungsgesetz ein weiterer großer Schritt auf dem Wege zum sozialen Rechtsstaat getan.

Schon vor der Jahrhundertwende war die damals auch vom Deutschen Verein scharf zurückgewiesene, im liberalen Rechtsstaat aber geradezu doktrinär verkündete Lehrmeinung durch Wirtschaftskrisen entkräftet worden, wonach jedermann zu jeder Zeit einen Arbeitsplatz finden könne, falls er nur wolle. Diese These immanent war das moralische Werturteil: Wer arbeitslos sei, trage selbst die Schuld. Insofern konnten alle Ursachen von Arbeitslosigkeit ohne Rücksicht auf objektive, insbesondere wirtschaftliche Gegebenheiten subjektiv reduziert werden auf ein vorausgesetztes Charakterproblem des Betroffenen. Infolgedessen ließ Arbeitslosigkeit sich ebenso wie Armut als Schande auffassen. Trotz jahrzehntelanger Aufklärungsarbeit, an welcher der Deutsche Verein sich intensiv beteiligte, wäre sehr wahrscheinlich im öffentlichen Bewußtsein der keiner Arbeitslosigkeit ausgesetzten Gesellschaftsschichten jenes ganz undifferenzierte Werturteil haften geblieben, wenn nicht der Krieg und vor allem der Nachkrieg mit seiner Massenarbeitslosigkeit ein gründliches Umdenken erzwungen hätte.

Endgültig statuierte nun das neue Sozialversicherungsgesetz einen Rechtsanspruch auf Arbeitsvermittlung und Arbeitslosenunterstützung. Aber nicht allein dadurch wirkte es nachhaltig auf die Arbeitslosenfürsorge ein. Deren Situation glich jetzt derjenigen, in welcher sich einst die Armenfürsorge nach Inkrafttreten der früheren Sozialversicherungsgesetze befunden hatte. In dem Maße, in dem sie finanziell erheblich entlastet wurde, konnte sie um so mehr sich ihren Spezialaufgaben widmen.

Aus dem Gesetz über Arbeitsvermittlung und Arbeitslosenversicherung seien die wichtigsten Paragraphen zitiert:

§ 1. (1) Träger der öffentlichen Arbeitsvermittlung und Arbeitslosenversicherung im Deutschen Reiche ist die Reichsanstalt für Arbeitsvermittlung und Arbeitslosenversicherung... (3) Die Reichsanstalt ist eine Körperschaft des öffentlichen Rechtes.

§ 2. (1) Die Reichsanstalt gliedert sich in die Hauptstelle, in die Landesarbeitsämter und die Arbeitsämter... (3) Jede Gemeinde muß von einem Arbeitsamt erfaßt sein.

§ 26. (1) Nach Bedarf sind bei den Arbeitsämtern, den Landesarbeitsämtern und der Hauptstelle der Reichsanstalt Fachabteilungen zu bilden...

§ 58. (1) Die Arbeitsvermittlung hat dahin zu wirken, daß freie Stellen durch möglichst geeignete Arbeitskräfte besetzt werden. Dabei sind einerseits die besonderen Verhältnisse der freien Arbeitsplätze, andererseits die berufliche und körperliche Eignung sowie die persönlichen und Familienverhältnisse und die Dauer der Arbeitslosigkeit des Bewerbers zu berücksichtigen, soweit die Lage des Arbeitsmarktes es gestattet. (2) Die Berufsberatung hat einerseits die körperliche und geistige Eignung, die Neigung und die wirtschaftlichen und Familienverhältnisse der Ratsuchenden, andererseits die Lage des Arbeitsmarktes und die Berufsaussichten angemessen zu berücksichtigen. Sie hat die Interessen eines besonderen Berufs allgemeinen wirtschaftlichen und sozialen Gesichtspunkten unterzuordnen.

§ 59. (1) Arbeitsvermittlung und Berufsberatung sind unparteiisch, insbesondere ohne Rücksicht auf die Zugehörigkeit zu einer Vereinigung, auszuüben. Die Frage nach der Zugehörigkeit zu einer Vereinigung ist untersagt... (3) Den Arbeitsnachweisen ist es untersagt, einen Arbeitnehmer zum Zwecke der Nichteinstellung ungünstig zu kennzeichnen oder sonst an einer Maßregelung von Arbeitnehmern oder an einer entsprechenden Maßnahme gegen Arbeitgeber mitzuwirken...

§ 60. (1) Die Reichsanstalt übt die Arbeitsvermittlung und Berufsberatung unentgeltlich aus...

§ 61. Arbeitsvermittlung und Berufsberatung für Frauen sind in der Regel durch Frauen auszuüben. Es sind dafür nach Möglichkeit besondere Abteilungen für Frauen unter weiblicher Leitung zu errichten.

§ 62. (1) Soweit ein Tarifvertrag besteht, darf die Vermittlung beteiligter Arbeitnehmer an beteiligte Arbeitgeber, sofern dem Arbeitsvermittler die Beteiligung bekannt ist, nur zu tariflich zulässigen Bedingungen erfolgen. (2) Soweit der Abschluß eines Arbeitsvertrages gegen die im Beruf ortsüblichen Mindestlohnsätze verstoßen würde, hat der Arbeitsvermittler eine Vermittlung abzulehnen. Im übrigen hat sich der Vermittler einer Einwirkung auf die Lohnhöhe zu enthalten...

§ 69. Für den Fall der Arbeitslosigkeit ist versichert:

1. Wer aufgrund der Reichsversicherungsordnung oder des Reichsknappschaftsgesetzes für den Fall der Krankheit pflichtversichert ist,
2. wer aufgrund des Angestelltenversicherungsgesetzes pflichtversichert ist und der Pflicht zur Krankenversicherung nur deswegen nicht unterliegt, weil er die Verdienstgrenze der Krankenversicherung überschritten hat,
3. wer der Schiffsbesatzung eines deutschen Seefahrzeugs angehört...

§ 81. Das Versicherungsverhältnis Versicherungspflichtiger beginnt mit dem

Tage des Eintritts in die versicherungspflichtige Beschäftigung oder mit dem Erlöschen der Versicherungsfreiheit.

§ 82. Das Versicherungsverhältnis Versicherungspflichtiger erlischt mit dem Ausscheiden aus der versicherungspflichtigen Beschäftigung.

§ 87. Anspruch auf Arbeitslosenunterstützung hat, wer
1. arbeitsfähig, arbeitswillig, aber unfreiwillig arbeitslos ist,
2. die Anwartschaft erfüllt hat,
3. den Anspruch auf Arbeitslosenunterstützung noch nicht erschöpft hat.

§ 88. (1) Arbeitsfähig im Sinne des § 87 ist, wer imstande ist, durch eine Tätigkeit, die seinen Kräften und Fähigkeiten entspricht und ihm unter billiger Berücksichtigung seiner Ausbildung und seines bisherigen Berufs zugemutet werden kann, wenigstens ein Drittel dessen zu erwerben, was geistig und körperlich gesunde Personen derselben Art mit ähnlicher Ausbildung in derselben Gegend durch Arbeit zu verdienen pflegen...

§ 89. Wer Krankengeld, Wochengeld oder eine Ersatzleistung empfängt, die an die Stelle dieser Bezüge tritt, erhält daneben keine Arbeitslosenunterstützung.

§ 90. (1) Wer sich ohne berechtigten Grund trotz Belehrung über die Rechtsfolgen weigert, eine Arbeit anzunehmen oder anzutreten, auch wenn sie außerhalb seines Wohnorts zu verrichten ist, erhält für die Dauer der auf die Weigerung folgenden vier Wochen keine Arbeitslosenunterstützung. (2) Ein berechtigter Grund liegt nur vor, wenn 1. für die Arbeit nicht der tarifliche oder, soweit ein solcher nicht besteht, der im Beruf ortsübliche Lohn gezahlt wird, oder 2. die Arbeit dem Arbeitslosen nach seiner Vorbildung oder früheren Tätigkeit oder seinem körperlichen Zustand oder mit Rücksicht auf sein späteres Fortkommen nicht zugemutet werden kann, oder 3. die Arbeit durch Ausstand oder Aussperrung frei geworden ist, für die Dauer des Ausstandes oder der Aussperrung, oder 4. die Unterkunft gesundheitlich oder sittlich bedenklich ist, oder 5. die Versorgung der Angehörigen... nicht hinreichend gesichert ist. (3) Nach Ablauf von neun Wochen seit Beginn der Unterstützung oder während einer berufsüblichen Arbeitslosigkeit kann der Arbeitslose die Annahme und den Antritt einer Arbeit nicht mehr aus dem Grunde verweigern, weil sie ihm nach seiner Vorbildung oder seiner früheren Tätigkeit nicht zugemutet werden könne, es sei denn, daß ihm die Ausübung erhebliche Nachteile für sein späteres Fortkommen bringen würde...

§ 91. (1) Für Arbeitslose unter 21 Jahren, bei denen die Voraussetzungen einer Berufsumschulung oder -fortbildung nicht gegeben sind, und für Arbeitslose, die aufgrund des § 101 Krisenunterstützung erhalten, ist die Unterstützung von einer Arbeitsleistung abhängig, soweit dazu Gelegenheit besteht. (2) Den Arbeitslosen dürfen nur solche Arbeiten zugewiesen werden, die 1. sonst überhaupt nicht oder nicht zu dieser Zeit oder nicht in diesem Umfang ausgeführt werden würden, 2. gemeinnützig sind, insbesondere hilfsbedürftigen Personenkreisen zugute kommen, 3. ihnen nach ihrem Lebensalter, ihrem Gesundheitszustand und ihren häuslichen Verhältnissen zugemutet werden können, 4. ihre Vermittlung in Arbeit nicht verzögern, 5. ihnen keine Nachteile für ihr späteres Fortkommen bringen...

§ 92. (1) Wer sich ohne berechtigten Grund weigert, sich einer Berufsumschulung oder -fortbildung zu unterziehen, die geeignet ist, ihm die Aufnahme von Arbeiten zu erleichtern, ohne daß ihm dadurch Kosten erwachsen, erhält für die Dauer der auf die Weigerung folgenden vier Wochen keine Arbeitslosenunterstützung...

§ 94. (1) Arbeitslose, deren Arbeitslosigkeit durch einen inländischen Ausstand oder eine inländische Aussperrung verursacht ist, erhalten während des Ausstandes oder der Aussperrung keine Arbeitslosenunterstützung...

§ 95. (1) Die Anwartschaftszeit ist erfüllt, wenn der Arbeitslose in den letzten 12 Monaten während 26 Wochen in einer versicherungspflichtigen Beschäftigung gestanden hat...

§ 99. (1) Der Anspruch auf Arbeitslosenunterstützung ist erschöpft, wenn die Unterstützung für insgesamt 26 Wochen gewährt ist. Sie darf dann erst wieder gewährt werden, wenn die Anwartschaftszeit von neuem erfüllt ist...

§ 101. (1) In Zeiten andauernd besonders ungünstiger Arbeitsmarktlage hat der Reichsarbeitsminister nach Anhörung des Verwaltungsrats der Reichsanstalt die Gewährung der Arbeitslosenunterstützung als Krisenunterstützung... zuzulassen. Die Zulassung kann auf bestimmte Berufe oder Bezirke beschränkt werden. Die Höhe der Unterstützung und die Dauer ihrer Gewährung können beschränkt werden. (2) Die Krisenunterstützung erhalten Arbeitslose, die arbeitsfähig, arbeitswillig, aber unfreiwillig arbeitslos und bedürftig sind und entweder 1. die Anwartschaftszeit nach § 95 nicht erfüllt haben, aber in der dort bezeichneten Frist wenigstens 13 Wochen in einer versicherungspflichtigen Beschäftigung gestanden haben, oder 2. den Anspruch auf Arbeitslosenunterstützung nach § 99 erschöpft haben...

§ 103. (1) Die Arbeitslosenunterstützung besteht aus der Hauptunterstützung und den Familienzuschlägen für Angehörige...

§ 104. Die Höhe der Arbeitslosenunterstützung bestimmt sich nach dem Arbeitsentgelte.

§ 109. (1) Die Arbeitslosenunterstützung wird bar für die sechs Wochentage gewährt...

§ 110. (1) Die Arbeitslosenunterstützung wird nach Ablauf von sieben Tagen seit dem Tage der Arbeitslosmeldung gewährt...

§ 131. Arbeitslosigkeit wird in erster Linie durch Vermittlung von Arbeit verhütet und beendigt.

§ 137. Der Vorsitzende des Arbeitsamts kann Veranstaltungen zur beruflichen Fortbildung und Umschulung insoweit aus Mitteln der Reichsanstalt einrichten oder unterstützen oder das übliche Schulgeld für die Teilnahme zahlen, als sie geeignet sind, Empfänger von Arbeitslosenunterstützung der Arbeitslosigkeit zu entziehen.

§ 142. Die Mittel, welche die Reichsanstalt zur Durchführung ihrer Aufgaben benötigt, werden... durch Beiträge der Arbeitgeber und der Arbeitnehmer aufgebracht.

§ 143. (1) Zur Zahlung der Beiträge sind die Versicherten und ihre Arbeitgeber verpflichtet. (2) Versicherungspflichtige und ihre Arbeitgeber entrichten die Beiträge je zur Hälfte. Versicherungsberechtigte tragen die Beiträge allein.

§ 145. (1) Die Beiträge für Versicherungspflichtige sind zu entrichten: 1. soweit die Versicherten für den Fall der Krankheit versichert sind, als Zuschläge zu den Krankenkassenbeiträgen und mit diesen...

§ 147. (1) Die Krankenkassen führen die Beiträge unverzüglich an das Landesarbeitsamt ab, in dessen Bezirk sie ihren Besitz haben...

§ 168. (1) Den Antrag auf Arbeitslosenunterstützung hat der Arbeitslose persönlich bei dem Arbeitsamte zu stellen, in dessen Bezirk er bei der Arbeitslosmeldung seinen Wohnort hat. Hat der Arbeitslose keinen Wohnort oder konnte er sich infolge seiner Berufstätigkeit an seinem Wohnort in der Regel nicht aufhalten, so ist das Arbeitsamt zuständig, in dessen Bezirk er sich bei der Arbeitslosmeldung aufhält... (2) Wer sich in einem Orte aufhält um eine Beschäftigung auszuüben, die ihrer Natur nach auf einen Teil des Jahres beschränkt ist, begründet dadurch allein noch keinen Wohnort...

§ 169. (1) Männlichen unterstützungsberechtigten Arbeitslosen, die eine Lehrzeit beendigt haben, kann auf ihren Antrag vom Vorsitzenden des Arbeitsamtes ein Wanderschein ausgestellt werden, wenn das Wandern zur Erlangung einer geeigneten Beschäftigung und beruflichen Weiterbildung zweckmäßig erscheint... (3) Der Wanderschein begründet die Zuständigkeit zum Bezuge der Arbeitslosenunterstützung in den Orten der Wanderschaft...

§ 173. (1) Wer Arbeitslosenunterstützung empfängt, hat sich regelmäßig bei dem Arbeitsamte zu melden, um Arbeit zu erlangen...

§ 203. Leistungen, die nach diesem Gesetze gewährt werden, sind keine Leistungen der öffentlichen Fürsorge. Sie begründen nicht die Verpflichtungen, denen die Empfänger von Fürsorgeleistungen aufgrund der Verordnung über die Fürsorgepflicht vom 13. Februar 1924 unterworfen sind oder unterworfen werden können.

4.3 Der freiwillige Arbeitsdienst

Durch Notverordnung vom 5. Juni 1931 wurde ins Arbeitslosenversicherungsgesetz der § 139a eingefügt. Er wiederholt großenteils Bestimmungen über öffentliche Notstandsarbeiten vom 17. November 1923 (s. o.) und bringt sie in Zusammenhang mit Bestimmungen des § 139 AVAG:

§ 139. (1) Der Verwaltungsausschuß des Landesarbeitsamts kann zur Förderung von Maßnahmen, die geeignet sind, die Arbeitslosigkeit zu verringern, insbesondere zur Beschaffung zusätzlicher Arbeitsgelegenheit für die Arbeitslosen, Mittel der Reichsanstalt in Form von Darlehen oder Zuschüssen insoweit zur Verfügung stellen, als die Mittel der Reichsanstalt durch die Maßnahmen entlastet werden (wertschaffende Arbeitslosenfürsorge)... (4) Werden nach den Bestimmungen der Absätze 1–3 öffentliche Notstandsarbeiten gefördert, so kann der Verwaltungsausschuß des Landesarbeitsamts eine obere Grenze für die Entlohnung der Notstandsarbeiter festsetzen...

Neuartig im § 139a war die Bezugnahme auf den freiwilligen Arbeitsdienst:

§ 139a. (1) Der Reichsanstalt liegt es ob, den freiwilligen Arbeitsdienst zu fördern. Sie darf dafür Mittel der Arbeitslosenversicherung und der Krisenfürsorge insoweit einsetzen, als es mit Rücksicht auf die Beteiligung unterstützter Arbeitsloser angemessen ist. (2) Gefördert werden dürfen nur gemeinnützige zusätzliche Arbeiten, die ohne die Förderung auch nicht im Wege der Notstandsarbeiten bereitgestellt werden können, insbesondere Bodenverbesserungsarbeiten, Herrichtung von Siedlungs- und Kleingartenland, örtliche Verkehrsverbesserungen und Arbeiten, die der Hebung der Volksgesundheit dienen. (3) Träger der Arbeiten dürfen nur Körperschaften des öffentlichen Rechts und solche Vereinigungen oder Stiftungen sein, die nach ihrem Verbandszweck gemeinnützige Ziele verfolgen... Unternehmungen die auf Erwerb gerichtet sind, können nicht Träger der Arbeiten sein. (4) Die Beschäftigung im freiwilligen Arbeitsdienst begründet kein Arbeitsverhältnis im Sinne des Arbeitsrechts...

Der freiwillige Arbeitsdienst war reichsgesetzlich unter Mitwirkung des Deutschen Vereins entstanden. Im Januar 1931 hatte der Reichsarbeitsminister Dr. Stegerwald im Auftrag der Reichsregierung eine Sachverständigenkommission eingesetzt, welche ein Gutachten über alle grundlegenden Fragen der Bekämpfung der Arbeitslosigkeit und ihrer Folgen erstatten sollte. Zu den elf Mitgliedern dieser Kommission gehörte seitens des Deutschen Vereins dessen Vorsitzender Dr. Polligkeit[215]).

Das Zweite Teilgutachten der Gutachterkommission zur Arbeitslosenfrage hatte sich für eine Förderung des freiwilligen Arbeitsdienstes zur Milderung der Folgen der Arbeitslosigkeit ausgesprochen. Die Notverordnung vom 5. Juni des Jahres ist diesen Vorschlägen gefolgt und hat in einem neu eingeführten Paragraph 139a des AVAG bestimmt, daß der Reichsanstalt es obliege, den freiwilligen Arbeitsdienst zu fördern. Es fehlte indes im Gesetz an einer Begriffsbestimmung dieser in der Gesetzessprache bisher nicht bekannten Einrichtung. Es ist dem Reichsarbeitsminister überlassen, das nähere über Art, Höhe und Dauer der Förderung sowie über den Personenkreis und das Verfahren zu bestimmen[216]).

Anregungen und Vorbilder freiwilligen Arbeitseinsatzes waren der Kommission sowohl durch kommunale Sozialpolitik – z.B. Lübeck – als auch durch private Initiative – insbesondere der Anstalten Bethel – nahegelegt worden. Lübeck hatte mit Hilfe der Familienfürsorge, des Arbeitsamtes und der Jugendorganisation neuartige Arbeitslager für 19–21jährige Jugendliche eingerichtet und entsprechend einem ebenso neuartigen Programm produktive Arbeit mit Bildungsmaßnahmen, Spiel und Sport vereinigt; den Anstalten Bethel war der von Pastor Stratenwerth geleitete Umschulungsbetrieb Sigmarshof in der Paderborner Senne zu danken[217]). Diese und gleichartige Beispiele, dem Gesetzgeber durch die Gutachterkommission vermittelt, griff er in den Grundsätzen auf, unter denen der freiwillige Arbeitsdienst gefördert werden durfte; es mußte sich um gemeinnützige und zusätzliche Arbeiten handeln, die ohne die Förderung auch nicht im Wege der Notstandsarbeiten bereitgestellt werden konnten:

> Hauptbeispiele hierfür werden genannt, so Bodenverbesserungsarbeiten, Herrichtung von Siedlungs- und Kleingartenland, örtliche Verkehrsverbesserungen und Arbeiten, die der Hebung der Volksgesundheit dienen... Praktische Versuche in dieser Richtung sind da und dort im Entstehen, und wenn wir als ein Beispiel hierfür die von Pastor Stratenwerth bezugsweise den Betheler Anstalten geführten Bestrebungen erwähnen, so geschieht dies darum, weil hier ein Teil von dem, was den Gesetzgeber, wenn auch unklar vorschwebt, bereits auf dem Wege der Verwirklichung ist... Eine Vergleichsmöglichkeit [mit dem Betheler Sigmarshof, wo Jugendliche aus Industriestädten zur Landarbeit umgeschult wurden] besteht darin, daß sich der Gesetzgeber den freiwilligen Arbeitsdienst zum Teil als eine Maßnahme vorstellt, die auf weite Sicht hin die Seßhaftmachung des Dienstwilligen auf dem Lande bezweckt... So notwendig für einen Erfolg die finanzielle Unterstützung der öffentlichen Hand sein wird, sei es durch generelle Zuschüsse der Zentralinstanzen, sei es durch Zuschläge zur Unterstützung von örtlicher Seite, hat man den Eindruck, daß die Durchführung in der Hand der freien Wohlfahrtspflege oder von Verbänden und Vereinen wenigstens für den Anfang eine notwendige Voraussetzung ist. Der Grundsatz der Freiwilligkeit erfordert eine gewisse Verbindung der Dienstwilligen unter ideellen Gesichtspunkten. Daneben wird die Gewinnung von tüchtigen Führern eine wesentliche Rolle spielen. Als Formen bei der Durchführung haben sich bisher herausgebildet die Arbeitslager, die sich als mehr oder minder vorübergehende Maßnahmen darstellen und daneben die Umschulungsbetriebe, die auf weite Sicht hin hauptsächlich Jugendliche aus industriellen Verhältnissen auf die Landwirtschaft umstellen wollen. Eine ähnliche Unterscheidung macht sich das Zweite Teilgutachten der Gutachterkommission zu eigen[218]).

Zwei Auffassungen vom Sinn und Zweck der Arbeit liefen also nebeneinander her. Die eine Auffassung besagte, daß der Arbeitszweck im Gelderwerb liege, und der Zweck des Gelderwerbs in der privaten Existenzerhaltung. So gesehen, kam es schließlich für den Einzelnen weniger darauf an, daß er eine Arbeit seiner Wahl verrichte, sondern mehr darauf, daß er überhaupt eine Arbeit gegen zulängliches Entgelt finde. Dieses Prinzip rechtfertigte auch alle Maßnahmen zur Umschulung.

Die andere Auffassung betonte den ideellen Wert der Arbeit. Ein ideeller Wert kann z. B. darin bestehen, daß Arbeit zur Selbstbestätigung, Selbstverwirklichung, Selbsterfüllung dessen dient, der sie leistet. Darüber hinaus gibt es aber ideelle Werte, die mittels kollektiver Arbeit realisiert und kollektiv erlebt werden, so z. B. in freiwilliger Arbeit für das allgemeine Wohl. Solche Werte ließen sich den Notstandsarbeiten resp. dem freiwilligen Arbeitsdienst zuordnen, wie – hier exemplarisch angeführt – Pastor Stratenwerth bekundet[219]):

In unserer gegenwärtigen Wirtschaftslage kann die einzige Begründung des Arbeitsdienstes nur ideeller Art sein. Arbeitsdienst ist eine sittliche und erzieherische Aufgabe. Es gilt durch diesen Dienst, jungen Menschen, die wider alle Natur in den entscheidenden Jahren ihres Lebens zum Nichtstun verurteilt sind, Möglichkeit zur Betätigung zu schaffen. Arbeitsdienst muß infolgedessen die sittliche Kraft des einzelnen entfalten und wecken... Es handelt sich gleichzeitig darum, ein neues Verhältnis zur Arbeit zu schaffen, die wieder als sittliches Gut, nicht aber als Last oder im besten Falle als Handelsware, erkannt werden muß. Hand in Hand mit der Arbeit muß infolgedessen eine erzieherische Betreuung gehen. Die volle Auswertung der großen pädagogischen Möglichkeiten, die die Freiwilligkeit gibt, schaltet zugleich die Gefahr aus, daß diese Erziehung fürsorgerischer Art wird.

Obwohl mit dem Arbeitslosensicherungsgesetz verbunden, gehörte der freiwillige Arbeitsdienst seiner Eigenart gemäß nicht in dessen Zweckzusammenhang. Der gemeinsame Angelpunkt lag lediglich in der Bestimmung, wonach der Arbeitsdienst finanziert wurde aus dem Etat der Reichsanstalt. Eben jene Sonderstellung des freiwilligen Arbeitsdienstes erleichterte es später dem NS-Regime, ihn von der Arbeitslosenversicherung abzulösen, ihn in eine paramilitärische Organisation umzuwandeln und schließlich aus der Freiwilligkeit eine Dienstpflicht zu machen.

Zweiter Themenkreis: Zusammenwirken zwischen freier Wohlfahrtspflege, öffentlicher Hand und gesetzlicher Fürsorge

Sozialgesetzgebung und freie Wohlfahrtspflege erreichten in der Weimarer Republik binnen weniger Jahre und vielfach gemeinsam jenen Höhepunkt ihrer Entwicklung, der heutzutage in der Bundesrepublik Deutschland bereits als Standard gilt. Erstens kam es zu einem Miteinander von öffentlicher und privater Fürsorge, wie es vorher in diesem Umfange und dieser Grundsätzlichkeit nicht möglich gewesen war, zweitens zu einer Zusammenfassung fast aller privaten Vereinigungen und Einrichtungen in schließlich 7 Spitzenverbänden, von denen einige schon vor dem Krieg bestanden hatten, andere erst in der Nachkriegszeit gegründet wurden, und drittens zur intensiven Anerkennung der freien Wohlfahrtspflege seitens der Reichsregierung sowohl durch sozialgesetzliche Bestimmungen (vgl. 1. Themenkreis) als auch durch Subventionen.

1. Reichsgemeinschaft von Hauptverbänden der freien Wohlfahrtspflege; Spitzenverbände; „Liga"

Eingeleitet sei die nun folgende Darstellung mit einer vielsagenden Notiz
aus dem Nachrichtendienst des Deutschen Vereins, Juli 1925[220]:

Im Reichshaushaltsplan für 1925 war von der Reichsregierung zur Förderung der
Wohlfahrtspflege ein Posten von 6 Millionen Mark eingesetzt worden für Anstalten
und Einrichtungen der privaten Wohlfahrtspflege. Dieser Betrag ist im Haushalts-
ausschuß des Reichstags auf 12 Millionen erhöht worden. Die Begründung im
Reichshaushaltsplan hierzu lautet folgendermaßen:
„Die Mittel sollen verwendet werden zur weiteren Stützung und Förderung der
Anstalten und Einrichtungen der privaten Wohlfahrtspflege, und zwar in erster Li-
nie für diejenigen, die den Reichsspitzenverbänden (Centralausschuß für die Innere
Mission, Deutscher Caritasverband, Zentralwohlfahrtsstelle der deutschen Juden,
Deutsches Rotes Kreuz, Vereinigung der freien privaten gemeinnützigen Wohlfahrtseinrichtungen Deutschlands, Hauptausschuß für Arbeiterwohlfahrt, Zentralwohlfahrtsausschuß der christlichen Arbeiterschaft) angeschlossen sind...
Die Anstalten der privaten Wohlfahrtspflege, die in der Kriegs- und Nachkriegszeit, namentlich während der Inflation, besonders schwer beeinträchtigt wurden,
vermögen sich nur langsam zu erholen, da die Gebefreudigkeit des Auslands fast
versiegt, und die des Inlands noch gänzlich gelähmt ist. Der geschwächte gesundheitliche Zustand des Volkes stellt aber gleichzeitig erhöhte Forderungen an die Anstalten, während die große Verarmung weiten Kreisen der Pflegebedürftigen keine
Möglichkeit bietet, den zur Deckung der Selbstkosten der Anstalten erforderlichen
Pflegesatz zu zahlen. Eine Stützung und Förderung der Anstalten angesichts der
fortdauernden schwierigen Verhältnisse ist daher im Interesse der Volksgesundheit
und der öffentlichen Wohlfahrtspflege unumgänglich notwendig."
In Fortführung der bereits in vergangenen Jahren geübten Praxis sollen die
Reichsspitzenverbände als Vermittler in der Zuteilung dieser Reichsmittel an einzelne Anstalten und Einrichtungen benutzt werden...
Ein für die weitere Entwicklung der freien Wohlfahrtspflege wichtiger Zusammenschluß hat sich in der vor kurzem erfolgten Gründung einer „Deutschen Liga
der freien Wohlfahrtspflege" vollzogen. Dieser Liga sind bisher folgende 5 Verbände beigetreten: Centralausschuß für Innere Mission, Deutscher Caritasverband,
Zentralwohlfahrtsstelle der deutschen Juden, Fünfter Wohlfahrtsverband, Zentralwohlfahrtsausschuß der christlichen Arbeiterschaft. Die Liga „will durch Austausch von Erfahrungen eine zweckmäßige Zusammenarbeit und gegenseitige
Unterstützung der Mitglieder vermitteln, zur wissenschaftlichen Erforschung der
Notstände, ihrer Ursachen und der Mittel zu ihrer Abhilfe beitragen, an der Gesetzgebung, soweit sie die Wohlfahrtspflege berührt, mitarbeiten, den Mißbrauch
von Formen und Namen der freien Wohlfahrtspflege zu eigennützigen Zwecken
verhindern und die Stellung der freien Wohlfahrtspflege im öffentlichen Leben wahren und dauernd festigen, insbesondere darauf hinwirken, daß öffentliche und freie

Wohlfahrtspflege in Formen zusammenarbeiten, die der Selbständigkeit beider gerecht werden".

Die unter Mitwirkung des Deutschen Vereins im Frühjahre 1921 begründete Reichsgemeinschaft von Hauptverbänden der freien Wohlfahrtspflege, die als eine Arbeitsgemeinschaft für bestimmte Aufgaben gedacht war, soll im gegenseitigen Einverständnis der beteiligten Organisationen aufgelöst werden.

Tatsächlich hatte der Deutsche Verein mit der 1921 von ihm herbeigeführten Reichsgemeinschaft die Entwicklung eingeleitet, die 1925 zur Deutschen Liga führte. Deshalb sei jetzt hier zuerst auf die Reichsgemeinschaft eingegangen, deren Vorsitz und Geschäftsführung beim Deutschen Verein lag.

1.1 Die Reichsgemeinschaft von Hauptverbänden der freien Wohlfahrtspflege unter Führung des Deutschen Vereins

Gegenüber der Vorkriegszeit, als die private Fürsorge in Tausende meistens lokale Vereinigungen verschiedenster Art und Herkunft zersplittert war, bedeutete kurz nach dem Krieg das Auftreten großer Organisationen privater Wohlfahrtspflege einen Wendepunkt ihrer Geschichte. Dazu nun Dr. Polligkeit als Vorsitzender sowohl des Deutschen Vereins als auch der Reichsgemeinschaft in einem Aufsatz, mit welchem er 1921 sie der Öffentlichkeit vorgestellt hat[221]):

Das seit langen Jahren erstrebte Ziel, unsere ebenso vielseitig entwickelte wie stark zersplitterte freie Wohlfahrtspflege einheitlich zusammenzufassen, drängt unter den gegenwärtigen Verhältnissen auf eine rasche und gründliche Lösung. War es in früheren Zeiten in erster Linie der Wunsch, durch bessere Ordnung Störungen im Zusammenarbeiten zu vermeiden, so ist es heute ein Gebot der Selbsterhaltung, denn auch die private Wohlfahrtspflege leidet stark unter der gegenwärtigen Krise. In einer Zeit, in der dauernd steigende Volksnot zu dauernd steigenden Anforderungen an die Wohlfahrtspflege führt, sieht sich diese in ihrer Leistungsfähigkeit bedroht. Seit dem unglücklichen Kriegsausgang hat sich ihre Lage dauernd verschärft... Erfreulicherweise wächst die Einsicht für die Notwendigkeit einer planmäßig betriebenen Gemeinschaftsarbeit zusehends. Die Ohnmacht des einzelnen gegenüber dem großen Druck der Zeit wird immer fühlbarer... So findet ein Zusammenschluß der freien Wohlfahrtspflege größere Bereitwilligkeit als je zuvor, er hat unter den veränderten Zeitverhältnissen erweiterte Ziele und vergrößerte Wirkungsmöglichkeiten...
Als Mitglieder der neuen Reichsgemeinschaft der Deutschen Wohlfahrtspflege sind die großen Reichsvereinigungen gedacht, die nicht einzelne Gebiete, sondern das gesamte Gebiet der Wohlfahrtspflege zum Gegenstand ihrer Tätigkeit machen.

In der Reichsgemeinschaft bilden sie einen Bund, mit der Aufgabe, in Fragen gemeinsamen Interesses gemeinsam zu beraten und, sofern eine Verständigung erzielt wird, gemeinsam vorzugehen. Ein Autoritätsverhältnis gegenüber den Mitgliedsorganisationen beansprucht die Reichsgemeinschaft nicht und bindet dieselben nicht an Mehrheitsbeschlüsse. Die in gemeinsamer Beratung erarbeiteten Entscheidungen können für die einzelnen Mitglieder erst bindende Gültigkeit erlangen, nachdem sie von den satzungsmäßigen Organen angenommen und bestätigt sind...

Wichtiger als diese Frage der Verfassung der Reichsgemeinschaft ist die nach den nächsten praktischen Aufgaben... Hierzu rechnen wir...: Finanzierung der freien Wohlfahrtspflege, Beschaffung geschulter Mitarbeiter und die Organisation eines planmäßigen Zusammenwirkens. Unter diesen möchten wir die Frage der Finanzierung der Wohlfahrtspflege wiederum am dringendsten ansehen...

Der am 12. März 1921 in Berlin gegründeten Reichsgemeinschaft gehörten an (in alphabetischer Reihenfolge):

- Arbeitsgemeinschaft sozialhygienischer Reichsfachverbände,
- Caritasverband für das katholische Deutschland,
- Centralausschuß für Innere Mission der deutschen evangelischen Kirche,
- Deutsche Zentrale für Jugendfürsorge,
- Deutscher Verein für ländliche Wohlfahrts- und Heimatpflege,
- Deutscher Verein für öffentliche und private Fürsorge,
- Zentralausschuß für Auslandshilfe.

Die Geschäftsführung wurde dem Deutschen Verein übertragen, der gleichzeitig für das laufende Jahr als präsidierende Mitgliedsvereinigung gewählt wurde, seine Geschäftsstelle war also auch diejenige der Reichsgemeinschaft.

Waren es zunächst nur die Fragen der Finanznot der Wohlfahrtspflege und der Ausbildung zur sozialen Berufsarbeit, die das Interesse der Reichsgemeinschaft auf sich zogen, so kamen in der Folgezeit hinzu: der Plan eines Hilfswerks zur Unterstützung alter Leute mit unzureichendem Einkommen und der Plan einer großen Ausstellung „Jugendnot und Jugendhilfe".

Die hereinbrechende wirtschaftliche Not veranlaßt zahlreiche Behörden zu mechanischen Abstrichen in den Haushaltsplänen zuungunsten der Wohlfahrtspflege. Dieser Vorgang und die außerordentliche Steigerung der Material- und Betriebskosten haben den Zusammenbruch vieler Wohlfahrtsorganisationen mit sich gebracht oder in bedrohliche Nähe gerückt. Die privaten Pflege- und Erziehungsanstalten leiden in besonderem Maße unter dieser Entwicklung... Der Deutsche Verein für öffentliche und private Fürsorge hat es zur Vorbereitung seiner am 27.–29. Oktober des Jahres [1921] stattfindenden Tagung unternommen, eine Erhebung über die Aufwendungen der Städte und der übrigen Kommunalverbände für die Wohlfahrtspflege zu veranstalten. In Ergänzung dieser Arbeit erforscht die Reichsgemeinschaft die Bestrebungen, die eine Erleichterung in der Finanzierung der privaten Wohlfahrtspflege herbeiführen können[222]).

Auf dem 37. Deutschen Fürsorgetag[223]) faßte Dr. Polligkeit die wichtigsten allgemeinen Probleme in den Leitsätzen zwei und fünf zusammen:

2. Die Krise kann nur überwunden werden, wenn es der privaten Wohlfahrtspflege gelingt:
a) die soziale Hilfsbereitschaft immer breiterer Volkskreise zu beleben;
b) ihren Aufgabenkreis mit ihrer Leistungsfähigkeit in Einklang zu bringen;
c) durch Verbesserung der Methoden der Fürsorge, durch vermehrte Schulung der beruflichen und ehrenamtlichen Kräfte sowie durch planmäßiges Zusammenwirken die Leistungen auf einen höchstmöglichen Wirkungsgrad zu steigern;
d) sich neue Einnahmequellen zu erschließen;
e) ihre Ausgaben wirtschaftlicher zu gestalten.
5. Die wirkungsvolle Ausnutzung der verfügbaren Kräfte und Mittel wird dadurch gehemmt, daß
a) die Methoden in der Fürsorge häufig nicht planmäßig genug auf vorbeugende Arbeit, rechtzeitige Erfassung der Hilfsbedürftigen und gründliche Abhilfe gerichtet sind;
b) die Arbeitsbeziehungen der Einrichtungen der privaten Wohlfahrtspflege untereinander und mit den Einrichtungen der öffentlichen Wohlfahrtspflege noch nicht entsprechend den Anforderungen der Jetztzeit zu einer geordneten Arbeitsgemeinschaft zusammengefügt sind;
c) unter dem Druck der Zeitverhältnisse zahlreiche ehrenamtliche Kräfte ihre Mitarbeit nicht mehr zur Verfügung stellen können, neue erst gewonnen und geschult werden müssen;
d) die berufsmäßigen und ehrenamtlichen Kräfte in vielen Orten nicht die erforderliche Schulung für die gesteigerten Anforderungen an die Mitarbeit in der Wohlfahrtspflege erhalten.

1.2 Spitzenverbände und „Liga der freien Wohlfahrtspflege"

Die Reichsgemeinschaft hatte ihren Zweck erfüllt, als sie größtenteils aufging in der am 22. Dezember 1924 von fünf Reichsspitzenverbänden gegründeten Deutschen Liga der freien Wohlfahrtspflege. Von den weiteren beiden Reichsspitzenverbänden schloß sich ihr das Deutsche Rote Kreuz an. Insgesamt wurden reichsgesetzlich folgende sieben Reichsspitzenverbände ausdrücklich anerkannt und im § 8 der Dritten Verordnung zur Durchführung des Gesetzes über die Ablösung öffentlicher Anleihen vom 4. Dezember 1926 (RGBl I S. 494) namentlich aufgeführt:
– Central-Ausschuß für die Innere Mission der deutschen evangelischen Kirche (gegründet 1848)
– Deutscher Caritasverband (gegründet 1896)
– Zentralwohlfahrtsstelle der deutschen Juden (gegründet 1917)
– Deutsches Rotes Kreuz (gegründet 1869, neu gegründet 1921)
– Fünfter Wohlfahrtsverband (1920 gegründet als Vereinigung der freien

privaten gemeinnützigen Kranken- und Pflegeanstalten, 1924 umbe-
nannt in: Fünfter Wohlfahrtsverband, 1932 umbenannt in: Deutscher
Paritätischer Wohlfahrtsverband)   .
– Hauptausschuß für Arbeiterwohlfahrt (gegründet 1919)
– Zentralwohlfahrtsausschuß der christlichen Arbeiterschaft (gegründet
1921).
Alle Spitzenverbände der freien Wohlfahrtspflege waren (und sind) Mitglieder des Deutschen Vereins. Im Jahre 1927 gehörten knapp 97% aller
Anstalten und Einrichtungen der freien Wohlfahrtspflege zu einem dieser
Spitzenverbände. Deren Bedeutung für die deutsche Fürsorge offenbart
auf der hier folgenden Seite die statistische Übersicht (Stichtag: 31. Dezember 1928)[224]). Sie ist aufschlußreich in vieler Hinsicht. Bei den von
ihr ausgewiesenen „Kräften" handelt es sich nur um hauptamtlich resp.
berufsmäßige Mitarbeiter, nicht um ehrenamtliche Kräfte.

2. Subventionierung der Spitzenverbände

Das Zusammenwirken von öffentlicher und privater Fürsorge war in der
Weimarer Republik schon dadurch bedingt, daß die freie Wohlfahrtspflege
vom Reich subventioniert wurde (vgl. I. Teil, 3. Themenkreis); dazu Dr.
Franz Kloidt seitens der Spitzenverbände[225]):

Das durch die neue Reichsverfassung einerseits und die starke organisatorische
Konzentration innerhalb der freien Wohlfahrtspflege andererseits geschaffene Ineinandergreifen von öffentlicher und freier Wohlfahrtspflege findet selbstverständlich auch in finanzieller Hinsicht Ausdruck. Stiftungen und Kapitalvermögen waren
der freien Wohlfahrtspflege durch die Kriegsfolgen fast vollständig verloren gegangen. Finanzierung durch eine große Anzahl kleiner Mitgliedsbeiträge war zunächst
völlig unmöglich. Da also überhaupt ein öffentliches Interesse bestand, die in der
freien Wohlfahrtspflege angesammelten Kräfte und Werte nicht dem Zusammenbruch zu überlassen, so mußten öffentliche Mittel eingesetzt werden. Insbesondere
wurden durch die finanzielle Krise der Inflation die zahlreichen Anstalten der freien
Wohlfahrtspflege erfaßt, deren Arbeit sich zum großen Teil auf Stiftungen und Kapital gründete. Gleichzeitig aber stellte die außerordentlich gesteigerte Not gerade
an das Anstaltswesen ganz neue Forderungen, so daß die Schwierigkeiten dadurch
noch größer wurden. Während der ganzen Kriegs- und ersten Nachkriegsjahre waren kaum neue Anstalten errichtet. Die vorhandenen waren in keiner Weise ausge-
bessert oder ausgebaut worden. So sah sich das Reich gezwungen, in großzügigen
Aktionen Kapital bereitzustellen... Diese etatsmäßig bewilligten Mittel wurden
durch das Reichsarbeitsministerium als Kredite an die freie Wohlfahrtspflege, und
zwar in der Hauptsache an deren Spitzenorganisationen verteilt und von letzteren

Die Spitzenverbände. Einrichtungen und Mitarbeiter
(Stand: 31. Dezember 1928)

	Geschlossene Fürsorge			Halboffene Fürsorge			Offene Fürsorge		Gesamtzahl der Einrichtungen	Gesamtzahl der Kräfte
	Einrichtungen	Betten	Kräfte	Einrichtungen	Plätze	Kräfte	Einrichtungen	Kräfte		
1. Centralausschuß für Innere Mission	3979	204796	33121	3417	199040	7460	18796	6686	26192	47267
2. Deutscher Caritasverband	3793	239448	62037	3660	237406	10417	24856	7634	32309	80088
3. Zentralwohlfahrtsstelle der deutschen Juden	221	9313	1988	84	4547	210	3008	137	3313	2335
4. Deutsches Rotes Kreuz	414	17037	4450	735	37055	1105	27387	4620	28536	10175
5. Fünfter Wohlfahrtsverband	510	42575	8157	262	15200	1000	318	304	1090	9461
6. Hauptausschuß für Arbeiterwohlfahrt	989	59345	6101	437	10965	1219	3558	989	4984	8309
7. Zentralwohlfahrtsausschuß der christlichen Arbeiterschaft	1712	23309	3752	155	5625	366	1505	108	3372	4226
a) Organisierte freie Wohlfahrtspflege	11618	595823	119606	8750	509838	21777	79428	20478	99796	161861

wiederum durch Vermittlung der ihnen nachgeordneten Organisationen in Anstalten investiert...

Wir sehen also zwischen den Zentralstellen des Reiches und der freien Wohlfahrtspflege eine Zusammenarbeit, die in sich eine Subventionierung der freien Wohlfahrtspflege durch das Reich einschließt. Zu diesen Kreditmitteln kommen noch gewisse andere direkte Beihilfen des Reiches an die zentralen Organisationen durch verschiedene etatsrechtlich geregelte Zuwendungen. Zu einem großen Teil dienen diese Aufwendungen dazu, die Ausbildung und Weiterbildung der wohlfahrtspflegerischen Kräfte zu sichern und den organisatorischen Apparat der freien Wohlfahrtspflege aufrecht zu erhalten.

Die Subventionierung der freien Wohlfahrtspflege seitens des Reiches setzt sich fort durch die Länderorganisationen bis hinunter in die kleinen Verwaltungskörperschaften. So wie sich organisatorisch die freie Wohlfahrtspflege nach unten hin durch Gruppen, Verbände und Hilfskräfte verbreitert, so treten auch zu den Subventionen, die das Reich den Spitzenverbänden gibt, in den einzelnen Instanzen der Länder, Provinzen, Sozialversicherungsträger, Gemeinden und Gemeindeverbänden weitere Subventionierungen hinzu...

Die Frage war nun, „ob und inwieweit ein Anrecht der freien Wohlfahrtspflege auf Subventionierung besteht"[226]):

Das z. Z. geltende Grundgesetz der Wohlfahrtspflege, die Reichsfürsorgepflichtverordnung vom 13. Februar 1924, gibt in seinem § 5, Abs. 3 die gesetzliche Grundlage. Wenn in diesem Absatz von den Fürsorgeverbänden gefordert wird, daß sie „eigene Einrichtungen nicht neu schaffen, soweit geeignete Einrichtungen der freien Wohlfahrtspflege ausreichend vorhanden sind", so ist damit auf eine finanzielle Verquickung von öffentlicher und freier Wohlfahrtspflege hingewiesen. Der Kommentar Wölz-Ruppert-Richter, der wohl in erster Linie maßgebend sein darf für die Feststellung der Absicht, die der Gesetzgeber mit der getroffenen Formulierung hatte, läßt keinen Zweifel darüber, daß aufgrund dieses Absatzes der RFV ein allgemeines Anrecht der freien Wohlfahrtspflege auf Subventionierung besteht, wenngleich ein formales Recht nicht vorhanden ist. Das Reichsjugendwohlfahrtsgesetz formuliert dieses Anrecht weitaus deutlicher in seinem § 6, wo es ausdrücklich heißt, daß das Jugendamt „die freiwillige Tätigkeit zur Förderung der Jugendwohlfahrt unter Wahrung ihrer Selbständigkeit und ihres Charakters zu unterstützen, anzuregen und zur Mitarbeit heranzuziehen" hat.

Aus diesen gesetzlichen Bestimmungen, deren Einzelauslegung vielfach umstritten ist, darf jedenfalls geschlossen werden, daß die Frage nach der inneren Berechtigung, die der Bezug von kommunalen Subventionen für die freie Wohlfahrtspflege hat, zu bejahen ist. Es handelt sich – wo die Verhältnisse entsprechend gelagert sind – nicht um ein formales Recht, aber um ein moralisches Anrecht, dem von seiten der öffentlichen Wohlfahrtspflege Rechnung zu tragen ist...

Wenn eine Einrichtung der freien Wohlfahrtspflege infolge der allgemeinen wirtschaftlichen Lage oder durch besondere notwendige Aufwendungen für Neuanschaffung, Neueinrichtung, Erweiterung u. ä. in finanzielle Teilschwierigkeiten kommt, so ist es aufgrund von § 5 RFV Abs. 3 Pflicht der öffentlichen Wohlfahrtspflege, hier stützend einzugreifen. Denn es ist selbstverständlich billiger, eine vorhandene – in sich gute – Einrichtung durch eine Subvention zu erhalten oder für einen Neubau beispielsweise die Zinsendeckung zu übernehmen, als die gesamten Kosten für eine Neueinrichtung, Weiterführung und Erweiterung von Anstalten aufbringen zu müssen.

Die Vertreter der freien Wohlfahrtspflege haben sich, soweit überhaupt Äußerungen über die Frage der Subventionierung durch kommunale Gelder vorliegen, für eine solche im gewissen Rahmen und unter gewissen Voraussetzungen ausgesprochen. In dem 1912 auf der Jahresversammlung des Deutschen Vereins gehaltenen Referat fordert Dr. Levy [vgl. I. Teil, 3. Themenkreis] die freie Wohlfahrtspflege auf, „sich auch bei den öffentlichen Körperschaften mehr und mehr die finanzielle Unterstützung zu erringen, die sie erwarten kann [Schriften des Deutschen Vereins, 28. Heft, Leipzig 1912, S. 81]. 1921 fordert Dr. Polligkeit in einem Referat „Der Einfluß der Finanznot auf die private Wohlfahrtspflege in den Städten" [Schriften des Deutschen Vereins, Neue Folge, Heft 2, 1922, S. 106] eine Erhöhung der städtischen Fonds für Subventionierungen derart, daß dieselben sich zur Erhaltung der privaten Fürsorge ausreichend gestalten... Schließlich ist auf das hinzuweisen, was der Generalsekretär der Deutschen Liga der freien Wohlfahrtspflege, Dr. Vöhringer, in seinem Referat über „Sparmaßnahmen unter möglichster Aufrechterhaltung des Gesamtstandes der Fürsorge für die Verhältnisse der freien Wohlfahrtspflege" [Schriften des Deutschen Vereins, Neue Folge, Heft 8] im Jahre 1926 besonders hervorhebt, daß nämlich die Zahl der ehrenamtlichen Kräfte und die Höhe der privaten Geldspenden aus wirtschaftlichen und auch ideellen Gründen zurückgegangen sei, während andererseits durch die Notwendigkeit beamteter Kräfte ein Mehrbedarf an Mitteln auch für die freie Wohlfahrtspflege seit der Umwälzung vorliege...

Man weist verschiedentlich daraufhin, daß in manchen anderen Ländern solche Subventionierung... nicht stattfinde. Demgegenüber ist festzustellen, daß für Deutschland in Konsequenz des vorhandenen engmaschigen Netzes staatlicher Wohlfahrts- und Sozialpolitik notwendigerweise auch die Wohlfahrtspflege in die staatliche Finanzwirtschaft hineingezogen wird. Die Anerkennung der Leistungen der freien Wohlfahrtspflege und die dauernde Benutzung derselben auch durch die öffentliche Wohlfahrtspflege bedingt eine gelegentliche Krisenunterstützung oder auch eine dauernde Beihilfe durch die öffentliche an die freie Wohlfahrtspflege.

3. Zusammenwirken öffentlicher und privater Fürsorge

3.1 Gemeinsame „Fürsorgestellen"

Abgesehen von der Subventionierungsfrage bedingten die angeführten §§ 6 RJWG und 5 RFV eine direkte Zusammenarbeit zwischen öffentlicher und privater Fürsorge; dazu Dr. J. Sunder[227]):

Die Reichsverordnung über die Fürsorgepflicht... sieht in ihrem § 5 zwei Formen vor, in denen öffentliche und freie Wohlfahrtspflege zueinander in Beziehung treten können. Einmal können die öffentlichen Fürsorgebehörden Aufgaben, die ihnen selbst obliegen, an Verbände oder Einrichtungen der freien Wohlfahrtspflege übertragen, damit diese die Aufgaben erfüllen; das ist eine Form der Zusammenarbeit, die sich naturgemäß nur unter besonderen, relativ seltenen Verhältnissen verwirklichen läßt. Dann aber – und die zweite ist eine Angelegenheit, die überall im Deutschen Reich praktisch wird und eine Lösung verlangt – sollen zum Zweck eines fruchtbringenden allgemeinen Hand-in-Hand-Arbeitens und wechselseitigen Anregens die öffentlichen „Fürsorgestellen... Bindeglied zwischen öffentlicher und freier Wohlfahrtspflege sein; sie sollen darauf hinwirken, daß öffentliche und freie Wohlfahrtspflege sich zweckmäßig ergänzen und in Formen zusammenarbeiten, die der Selbständigkeit beider gerecht werden" (§ 5, Abs. 4).

Nur von dieser zweiten, allgemeinen Form der Zusammenarbeit soll hier die Rede sein. Daß die öffentlichen Fürsorgestellen Bindeglied zwischen öffentlicher und freier Wohlfahrtspflege sein sollen, ist, wie der angeführte Wortlaut des § 5 zeigt, eine reichsgerichtlich festgelegte Pflicht; der § 5 Abs. 4 ist eine sogenannte Soll-Vorschrift, d. h. eine zwar streng verpflichtende Vorschrift, bezüglich deren Durchführung, des „Wie", jedoch der Reichsgesetzgeber nicht alle Einzelheiten selbst angeordnet hat, sondern den Ländern und den Verwaltungsorganen Freiheit läßt...

Was das Reichsrecht anlangt, so... sollen die Fürsorgestellen Bindeglied zwischen öffentlicher und freier Wohlfahrtspflege sein. Man fragt sofort: Was ist die „Fürsorgestelle"?

Das Wort „Fürsorgestelle" kommt in der Fürsorgepflichtverordnung nur zweimal vor, außer in dem obigen § 5 noch in § 27; auch sonst ist es in anderen reichsrechtlichen Gesetzen, Verordnungen usw. sehr selten. Eine ausdrückliche Definition des Begriffes „Fürsorgestelle" ist nirgend gegeben. Wohl aber ist in den beiden Fällen, in denen die Fürsorgepflichtverordnung das Wort gebraucht, jedesmal in Klammer angefügt: „(3)"; offenbar soll man also aus dem Wortlaut des § 3 der Verordnung die Bedeutung des Begriffes Fürsorgestelle entnehmen können. Dieser § 3 nun beginnt folgendermaßen: „Welche Behörden die sonstigen Stellen die Aufgaben der Landes- und Bezirksfürsorgeverbände durchzuführen haben, bestimmt das Land." Daraus ergibt sich: Für die Fürsorgestellen sind diejenigen Verwaltungsorgane zuständig, die die Aufgaben der Fürsorgeverbände, d. h. also die öffentliche Fürsorge, praktisch durchzuführen haben; was für Verwaltungsorgane das sein sollen, das zu bestimmen ist der Ländergesetzgebung überlassen.

Man muß also unterscheiden zwischen dem Fürsorge*verband* und der Fürsorge-*stelle*. Der Fürsorgeverband ist der eigentliche Rechtsträger, der die gesetzlichen Fürsorgeaufgaben zu „erfüllen" hat; es gibt bekanntlich die (kleineren) Bezirksfür-sorgeverbände und die (größeren, zusammenfassenden) Landesfürsorgeverbän-de... Die Fürsorgestelle ist das Verwaltungsorgan des Fürsorgeverbandes, das die Fürsorgeaufgaben „durchzuführen" hat. Von welcher Beschaffenheit diese Behörde sein soll, ist reichsrechtlich nicht im einzelnen bestimmt worden; jedoch ergeben sich aus der Fürsorgepflichtverordnung gewisse Anhaltspunkte, die bei der Rege-lung durch die Länder beachtet werden müssen.

... Ist die Fürsorgestelle lediglich eine bürokratische Behörde, d. h. eine Dienst-stelle, ein Büro mit verschiedenen Berufsbeamten; oder aber ist sie eine kollegiale Behörde, d. h. ein Kollegium von mehreren beamteten und nichtbeamteten fach-männischen Persönlichkeiten, dem dann natürlich zur praktischen Erledigung der Geschäftsführung wiederum ein Büro mit Beamten oder Angestellten zur Verfü-gung steht?... Die Entscheidung, ob die Fürsorgestelle im bürokratischen oder im kollegialen Sinne aufzufassen ist, ist natürlich von außerordentlicher Bedeutung...

Tatsächlich ist unser gesamtes neueres Verwaltungsrecht, beginnend mit den Steinschen Reformen vor mehr als 100 Jahren..., auf dem Prinzip der Selbstverwal-tung, d. h. der Beteiligung der Bürgerschaft an der Verwaltung, aufgebaut. Soll also – nach dem Willen des Reichsgesetzgebers – auch die Verwaltung der öffentlichen Fürsorge kollegial, nach dem Grundsatz der Selbstverwaltung durchgeführt wer-den?...

Es liegt nahe, hier an das verwandte Gebiet der öffentlichen Jugendwohlfahrts-pflege zu denken. Hier ist bekanntlich von Reichswegen (durch das Reichsjugend-wohlfahrtsgesetz) die Bildung solcher Spezialkollegien, der Jugendämter, vorge-schrieben. Denn das Jugendamt ist ja nicht ein „Amt" im Sinne einer Amtsstelle, ei-nes Büros, sondern im Sinne eines amtlichen Kollegiums, dessen Zusammensetzung durch Reichsgesetz bis ins einzelne festgelegt ist. Es ist zweifellos verwunderlich, daß der Reichsgesetzgeber trotz der ganz ähnlichen Verhältnisse für die allgemeine öffentliche Wohlfahrtspflege solche Bestimmungen nicht ausdrücklich getroffen hat. Immerhin darf man in der reichsrechtlich erfolgten kollegialen Gestaltung der analogen Jugendwohlfahrts-„Stellen" einen Anhaltspunkt dafür erblicken, daß im Sinne des Reichsgesetzgebers auch die allgemeinen Fürsorgestellen einen kollegialen Charakter haben sollen.

Im großen ganzen blieb es den Gemeinden überlassen, Satzungen für je-weils ihre Fürsorgestellen zu beschließen. In einer Übersicht über „Formen des örtlichen Zusammenwirkens von öffentlicher und privater Fürsorge" erinnerte der Deutsche Verein[228]) in seinem Nachrichtendienst 7/1925 dar-an, daß jetzt im wesentlichen erfüllt sei, was er seit Jahrzehnten angestrebt habe:

Die Bestimmung der Grenzen zwischen öffentlicher und privater Fürsorge ist ein Problem, das unseren Verein von 1880 an wiederholt beschäftigt hat. Er hat die Lö-sung von Anfang an nicht nur darin gesucht, bestimmte Aufgaben als mehr oder minder geeignet der öffentlichen oder privaten Fürsorge zuzuweisen, sondern die Forderung aufgestellt, daß die beiderseitigen Bestrebungen einander ergänzen, ihre Träger miteinander in Fühlung sein müssen. Am eingehendsten hat sich eine Tagung des Deutschen Vereins in Hamburg im Jahre 1890 mit dem Problem befaßt und Leitsätze aufgestellt, die dem Gesichtspunkt der Scheidung einerseits, der gleichzeitigen Zusammenfassung und wechselseitigen Verbindung andererseits Rechnung tragen [Schriften des Deutschen Vereins, Band 15, S. 77 ff]. Als die Formen eines geregelten Zusammenwirkens der öffentlichen und privaten Fürsorge werden bezeichnet:

a) „Eine Zusammenfassung durchaus gleichartiger Wohltätigkeitsbestrebungen durch Verschmelzung; nicht gleichartiger, aber verwandter Bestrebungen durch Herstellung einer gemeinsamen Oberleitung.

b) Die wechselseitige Vertretung der Organe der öffentlichen und privaten Armenpflege in der Leitung der öffentlichen und privaten Armenpflege-Einrichtungen.

c) Die Herstellung eines geregelten Meinungsaustausches zwischen den sämtlichen Organen der öffentlichen und privaten Armenpflege, insbesondere durch gegenseitige Kenntnisgabe der Zwecke der einzelnen Veranstaltung, durch Zusammenkünfte behufs Besprechung über Erfahrungen und wichtige Fragen aus dem Gebiete des Armenwesens, durch gegenseitige Bekanntgabe der gewährten Unterstützungen. Als ein geeignetes Mittel zur Förderung eines Meinungsaustausches im vorberegten Sinn ist eine übereinstimmende Bezirkseinteilung der beiderseitigen Organisationen zu bezeichnen.

d) Die Herstellung einer allen Organen der Armenpflege und Wohltätigkeit zugänglichen Auskunftsstelle.

e) Eine Zusammenfassung der privaten Armenpflege in Betreff der Beschaffung der Mittel für dieselbe.

f) Daß sich die öffentliche Armenpflege in geeigneten Fällen der Privatarmenpflege bedient. "

Die seitherige Entwicklung hat sich im wesentlichen in der Richtung dieser Gedanken bewegt und an vielen Orten zu einem Zusammenarbeiten in verschiedenen Formen geführt. Es erscheint uns nicht möglich, eine bestimmte Form des Zusammenwirkens als die beste zu bezeichnen, vielmehr werden die Formen je nach den örtlichen Verhältnissen und der geschichtlichen Entwicklung verschieden sein müssen. Ein Zusammenwirken ist auf fast allen Einzelgebieten der Fürsorge und in allen Teilen der Durchführung möglich, sowohl in der Organisation wie in der Einzelarbeit. Wir versuchen nachstehend, einzelne der örtlichen Organisationsformen, die uns typisch zu sein scheinen, an der Hand von Beispielen aus neuerer Zeit zu kennzeichnen...

(1) Hauptausschuß der privaten und öffentlichen Wohlfahrtspflege

In Mönchengladbach ist ein „Hauptausschuß für private und öffentliche Wohlfahrtspflege" gebildet worden, der sich aus folgenden Mitgliedern zusammensetzt: den sämtlichen Mitgliedern des städtischen Wohlfahrtsausschusses, den Vertretern der freien Wohlfahrtspflege, und zwar des Caritasverbandes, der Inneren Mission, des Zentralverbandes deutscher Juden, des Hauptausschusses der Arbeiterwohl-

fahrt, des Zentralausschusses der christlichen Arbeiterschaft, des Krankenkassen-
verbandes, den Vertretern der Bezirke, dem Stadtarzt und dem leitenden Beamten
des Wohlfahrtsamtes. Dieser Ausschuß besteht *neben* dem durch die Stadtverordneten gebildeten städtischen Wohlfahrtsausschuß. Letzteren liegt die Durchführung des § 1 RFV und die Verfügung über die durch den Haushaltsplan für die Fürsorge bereitgestellten Mittel ob. Die Aufgaben des Hauptausschusses für private
und öffentliche Wohlfahrtspflege sind dagegen folgende:
a) Die Verhältnisse der hilfsbedürftigen Bevölkerung jeglichen Alters, ganz allgemein zu beobachten und Maßnahmen zur Abhilfe für die offene und geschlossene Fürsorge zu erforschen, gegebenenfalls anzuwenden oder bei den zuständigen Stellen anzuregen.
b) Die Verbindung zwischen privater und öffentlicher Wohlfahrtspflege herzustellen, das gedeihliche Hand-in-Hand-Arbeiten sicherzustellen und Sorge zu tragen, daß beide Arten der Wohlfahrtspflege sich zweckentsprechend ergänzen.
c) In Übereinstimmung mit dem städtischen Wohlfahrtsausschuß Grundsätze über
Voraussetzung, Art und Maß der Fürsorge im Sinne der reichs- und landesrecht-
lichen Bestimmungen aufzustellen und auf eine gleichmäßige Durchführung der
Fürsorge im Stadtgebiet zu achten.
d) Die Beschlußfassung bei Übertragung gemäß § 5, Abs. 2 der Fürsorgepflichtverordnung.
e) Die Bildung von Unter- bzw. Fachausschüssen für einzelne Fürsorgegebiete.
f) Die Wahrung der Interessen der Wohlfahrtspflege in der Öffentlichkeit.
g) Die Vertiefung des Interesses für Wohlfahrtspflege bei allen in der Wohlfahrtspflege Tätigen.

(2) Arbeitsgemeinschaften zwischen öffentlicher und privater Fürsorge (Wohlfahrtsverbände)
Dieser Typus ist der verbreitetste ... Es ist meist die Form der losen Arbeitsgemeinschaft, unter voller Wahrung der Selbständigkeit der Mitglieder gewählt. Soweit der Verband eigene Mittel hat, ist die Verfügung darüber dem geschäftsführenden Ausschuß zum Teil nur bis zu einer von der Mitgliederversammlung bestimmten Höhe gestattet (Lüdenscheidt). Mehrheitsbeschlüsse sind verschiedentlich zulässig (Wittenberge), binden aber zum Teil nur die geschäftsführenden Organe,
während es den Mitgliedern freisteht, wie weit sie sie in ihrem eigenen Wirkungskreis durchführen wollen (Tilsit). Die Form des rechtsfähigen Vereins ist nur vereinzelt gewählt worden (Erfurt) ...

Als Musterbeispiel wird Landau (Pfalz) mit einer Satzung aus dem Jahre
1925 angeführt:

Gemäß § 5 RFV und § 9 RJWG schließen sich zusammen: das Städtische Wohlfahrtsamt, Arbeitsamt, Versicherungsamt, die Bezirksfürsorgeverwaltung Lan-
dau-Land und Edenkoben, die Ortskrankenkassen Landau-Stadt und -Land, der
Frauenverein vom Roten Kreuz, Verein für Fraueninteressen, die Vereinigten evangelischen Vereine, Caritasverband Landau, die Vereinigten israelitischen Wohltä-
tigkeits- und Fürsorgevereine Landau, der Verein Arbeiterwohlfahrt, die Wohltä-

tigkeitsvereine der christlichen Arbeiterschaft, die Jugendfürsorge und Jugendpflegevereine, die freiwilligen Sanitätskolonnen. Zweck des Zusammenschlusses ist die Forderung des gesamten Fürsorgewesens...

Ergänzend seien zwei weitere „Arbeitsgemeinschaften zwischen behördlicher und freier Wohlfahrtspflege" vorgestellt[229]):

Berlin: „Zentralarbeitsgemeinschaft der öffentlichen und freien Wohlfahrtspflege in Berlin." Aus dem Arbeitsprogramm: I. Planmäßige Durchführung der Wohlfahrtspflege in Berlin in gegenseitiger Ergänzung und Stärkung. Sie erfolgt in paritätischer Zusammenarbeit unter Anerkennung und Wahrung der Selbständigkeit beider Teile. II. Die Zentralarbeitsgemeinschaft soll bei allen bedeutungsvollen Angelegenheiten der öffentlichen und freien Wohlfahrtspflege mitarbeiten. Vor allem: 1. bei der planmäßigen Gestaltung aller Zweige der Wohlfahrtspflege; 2. bei der Durchführung gesunder Methoden in der Wohlfahrtsarbeit und in der Aufbringung der Mittel; 3. bei gesetzgeberischen Fragen des Reiches und der Länder; 4. bei der Durchführung neuer Wohlfahrtsaktionen, insbesondere von Sammlungen... In den 20 Verwaltungsbezirken werden Bezirksarbeitsgemeinschaften gebildet.

Königsberg in Ostpreußen: „Wohlfahrtsgemeinschaft", Arbeitsgemeinschaft zwischen dem Wohlfahrtsamt und den konfessionellen und interkonfessionellen freien Wohlfahrtsorganisationen. Zweck: Zuführung neuer Kräfte zur Mitarbeit, Geldbeschaffung für allgemeine Zwecke, Ausnützung der verfügbaren Räume zur Unterbringung Bedürftiger u. a.

Nachdem der Deutsche Verein im zitierten Artikel des Nachrichtendienstes unter 3. „Zusammenschlüsse der privaten Wohlfahrtspflege" vorgeführt hat, kommt er zu sprechen auf:

(4) Übertragungsprinzip (§ 5 RFV, § 11 RJWG)
Kiel: Eine Arbeitsgemeinschaft der öffentlichen und freien Wohlfahrtspflege ist 1924 gegründet worden. Der Zusammenschluß hat einzelne Mitglieder der freien Wohlfahrtspflege veranlaßt, dort ergänzend einzusetzen, wo die öffentliche Wohlfahrtspflege aus Mangel an Mitteln oder Kräften versagen muß. Einzelne Vereine haben bestimmte Aufgaben übernommen. Insbesondere arbeitet der Vaterländische Frauenverein mit auf dem Gebiete der Säuglingspflege... Weiter veranstaltete er Kurse zur Heranbildung ehrenamtlicher Helferinnen für das Gesamtgebiet der Wohlfahrtspflege...

3.2 Das Winterhilfswerk 1931/32

Die bis heute größte Gemeinschaftsaktion der privaten und öffentlichen Fürsorge war das – damals neuartige, zum ersten Mal durchgeführte – Winterhilfswerk 1931/32, das der Deutsche Verein so vorstellte[230]):

Der „Aufruf zur Winterhilfe", der im September dieses Jahres durch alle Zeitungen ging, von dem Reichspräsidenten und der Reichsregierung zusammen mit der Deutschen Liga der freien Wohlfahrtspflege unterzeichnet, stellt in gewissem Sinne ein Gegenstück und eine Ergänzung zu den Notverordnungen dieses Krisenjahres dar. Was die Notverordnungen mit Gesetzeszwang anstreben: die Streckung des Volksvermögens und -einkommens, um Reich, Länder und Gemeinden vor dem Zusammenbruch zu bewahren und zur Erfüllung ihrer Aufgaben zu befähigen, das fordert auch der Aufruf zur Winterhilfe, wenn er sich – ohne Gesetz und Zwang – an das Gewissen und das Verantwortungsbewußtsein jedes einzelnen Menschen wendet. Der Aufruf zur Winterhilfe war eine moralische Notverordnung, die sich heute im ganzen Reich, in Stadt und Land, auswirkt.

Der Reichskanzler [Dr. Brüning, Zentrumspartei] hat am 22. November in einer Rundfunkrede diese Forderungen erneut an die Öffentlichkeit gerichtet und zur Begründung der Notwendigkeit einer großen Volkshilfe darauf hingewiesen, daß die Maßnahmen, die Reich, Länder und Gemeinden zur Linderung der Not bieten können, „nur die unterste Grenze der Fürsorge darstellen können", sie schützen den einzelnen wohl vor dem allerschlimmsten, die freie Wohlfahrtspflege müsse aber, soweit es nur irgend möglich sei, zur Mithilfe an der Bekämpfung der großen Not herangezogen werden. Wie weit der Reichskanzler dabei den Begriff „freie Wohlfahrtspflege" auslegt, ging aus den Worten hervor: „Ein jeder, der sich noch nicht selbst in Not befindet, hat gerade in den nächsten Wochen und Monaten die Pflicht, über das Sorgen für sich selbst und die Seinen hinaus den Notleidenden zu helfen, die ohne eigenes Verschulden aus dem Schaffenskreis, aus Arbeit und Verdienst ausgeschaltet wurden." Der Aufruf schloß mit den Worten: „Das große Hilfswerk dieses Winters soll getragen werden von dem Geiste der gegenseitigen Verantwortung, und dem Geiste des Zueinanderstehens und des Helfenwollens. In ihm muß sich das unwandelbare Gesetz der Schicksalsverbundenheit erfüllen."

War im September, als der erste Aufruf erging, die Lage der auf öffentliche Hilfe Angwiesenen schon ernst und im Hinblick auf die Wintermonate besorgniserregend, die Notverordnungen vom 6.10. und 9.12. haben sie nicht verbessert. Die Einschränkungen der Arbeitslosenhilfe und die auf Grund der 3. Notverordnung in allen Fürsorgeverbänden vorgenommene Senkung der Unterstützungssätze haben das Wort des Kanzlers wahr gemacht, daß die öffentliche Fürsorge nur noch die unterste Grenze des zur Erhaltung des Lebens notwendigen zu bieten vermag. Mehr denn je gewinnt der Appell an das Volksgewissen an Bedeutung, mehr denn je sind weite Kreise der schuldlos aus Arbeit und Verdienst ausgeschalteten Menschen auf das Hilfswerk des gesamten Volkes angewiesen.

Der Widerhall, den diese Aufrufe, denen Aufrufe der Länder und von zahlreichen Organisationen und Verbänden folgten, gefunden haben, ist groß. Im ganzen Reich sind Winterhilfsaktionen entstanden, Hilfsgemeinschaften gegründet worden, die unter dem Namen Volkshilfe, Notgemeinschaft etc. und in den verschiedenartigsten Organisationsformen alle dem gleichen Ziel dienen, durch Einspannen jedes einzelnen Helferwillens und jedes kleinen und kleinsten Opferbeitrags in ein großes Liebeswerk die nicht verdienende Bevölkerung vor Hunger und Verzweiflung zu bewahren.

Eingeschaltet in dieses Winterhilfswerk wurde die Bundesbahn:

Schon bei den einleitenden Besprechungen über die Winterhilfe wurde von den Vertretern der Ligaverbände immer wieder betont, daß die Möglichkeit einer großen Hilfsaktion mit der Gewährung der Frachtfreiheit für die Winterhilfeliebesgaben stehe und falle. Da auch die Reichsregierung sich dieser Auffassung anschloß, hat die Hauptverwaltung der Deutschen Reichsbahngesellschaft den angesichts ihrer eigenen schwierigen Lage wirklich hochherzigen Entschluß gefaßt, für die Gegenstände des unmittelbaren Lebensbedarfs, d. h. für alle Lebensmittel, Kleidungs- und Wäschestücke und ebenso auch für Heizmaterialien Frachtfreiheit zu gewähren, wenn diese zugunsten von Hilfsbedürftigen direkt geschenkt oder mit Spendenmitteln der Winterhilfe bezahlt waren[231]).

Eingeschaltet wurde ferner die Reichswehr:

Neben der Mithilfe der Deutschen Reichsbahn-Gesellschaft war an allen Standorten der Reichswehr die Mithilfe der Wehrmacht von besonderer Bedeutung. Zu Beginn der Winterhilfsarbeit hat das Reichswehrministerium an die Reichswehr und die Reichsmarine Anweisung gegeben, ihre Transportmittel für den Liebesgabentransport zur Verfügung zu stellen und die Winterhilfe nach Kräften zu fördern. Dies ist in weitestem Ausmaße geschehen. Während die Bahntransporte hauptsächlich für größere Entfernungen in Frage kamen, wurde die Hilfe der Reichswehr besonders für den Transport von Liebesgaben aus der näheren Umgebung in die notleidenden Städte und für den Transport der Liebesgaben von der Bahn zur Verfügungsstelle praktisch und hat auf diesen Gebieten die Winterhilfe ganz wesentlich gefördert. Daneben hat sich die Reichswehr in hervorragendem Maße an den Kleidersammlungen beteiligt. Diese im Rahmen der Winterhilfe so wichtigen Sammlungen wären in dem Umfang, in dem sie durchgeführt wurden, ohne die Reichswehr nicht denkbar gewesen. Sie sind durch die Reichswehr eigentlich erst recht populär geworden. In allen Bilderzeitungen kehrten während des Winters die Fotos der kleidersammelnden Reichswehr immer wieder. Auch die Bereitstellung von Feldküchen, ja sogar von Köchen, war mancherorts eine wesentliche Unterstützung bei der Durchführung der Hilfsmaßnahmen. Vielfach hat die Reichswehr auch durch Konzerte und ähnliche Veranstaltungen unmittelbar Geldbeiträge für die Winterhilfe geworben, und endlich haben sich die Angehörigen der Reichswehr durch persönliche Opfer, Einrichtung von Speisungen aus ihren eigenen Mitteln, Abgabe von Brot und ähnlichem in den Dienst der Winterhilfe gestellt[232]).

Weiterhin eingeschaltet wurde die Polizei:

Neben die Mithilfe der Reichswehr trat die der Polizei. In den Gebieten, in denen nach dem Friedensvertrag von Versailles Reichswehr nicht stationiert werden darf, trat die Schutz- bezugsweise Landespolizei ganz allgemein an die Stelle der Reichswehr und stellte sich und ihre Hilfsmittel in derselben Weise in den Dienst der Winterhilfe. Aber auch in den übrigen deutschen Gebieten hat sich die Polizei aktiv an der Winterhilfe beteiligt[233]).

Außerdem beteiligten sich die gesamte Presse, die Lichtspieltheater, der Rundfunk:

Zu den Aufgabenkreisen, die die Liga sich zur Durchführung der Winterhilfsmaßnahmen gesetzt hatte, gehörte auch die Einrichtung und Durchführung einer zentralen Propaganda... Als Wahlspruch der Winterhilfe [wurde] ein Wort genommen, daß diesen Gemeinschaftsgedanken in besonderer Weise zum Ausdruck brachte: „Wir wollen helfen..." Dieser Wahlspruch ist auch weithin aufgenommen und hat an seinem Teil dazu beigetragen, das Bewußtsein der Gemeinsamkeit zu wecken und zu festigen... Eine große Rolle bei den Propagandamaßnahmen nahm naturgemäß die Tagespresse ein. Von der führenden großen Presse bis zu den Lokalzeitungen und den Sonntags- und Kirchenblättern ließ sich die Bereitwilligkeit feststellen, in weitgehendem Maße sich der Winterhilfe zur Verfügung zu stellen, und häufig genug haben die Zeitungen andere Interessen zurückgestellt und unter Opfern zur Förderung der Winterhilfe dienende Stoffe aufgenommen... Die Pressearbeit begann mit einer Pressebesprechung am 12. September 1931 in der Reichspressestelle, in der der damalige Staatssekretär des Reichsarbeitsministeriums... und der Generalsekretär der Deutschen Liga der freien Wohlfahrtspflege... den Plan der Winterhilfe entwickelten. Im Verlauf des Winters wurden nach Bedarf Artikel und kurze Notizen einem großen Teil der Tagespresse unmittelbar übermittelt, teils auch durch die bekannten Nachrichtenbüros verbreitet. Eine besondere Beachtung fanden Reproduktionen von Worten zur Winterhilfe, die um Weihnachten der Herr Reichspräsident [Hindenburg] und im Februar der Reichskanzler Dr. Brüning zur Verfügung stellten...
Außer der... Diapositiv-Propaganda in den Lichtspieltheatern wurden des öfteren geeignete Szenen aus der Winterhilfsarbeit, wie z. B. Speisungen, Kleidersammlungen durch die Reichswehr, den Wochenschauen gezeigt. Eine Firma forderte eine Reihe von Persönlichkeiten des öffentlichen Lebens auf, in der von ihr herausgegebenen Wochenschau zu dem Aufgabenkreis der Winterhilfe zu reden...
Von besonderer Wichtigkeit war, sowohl für die Arbeit der Reichszentrale der Winterhilfe wie für die Landeszentralen, der Gebrauch des Rundfunks. Auf Veranlassung des Reichsministeriums des Innern bildete sich eine „Reichsrundfunkkommission für die Winterhilfe", die aus je einem Vertreter des Reichsministeriums des Innern, des Reichsarbeitsministeriums und des Preußischen Staatsministeriums, aus dem Intendanten des Deutschlandsenders, dem Intendanten der Berliner Funkstunde und einem Vertreter der freien Wohlfahrtspflege bestand. Ihre Aufgabe war einmal, die zentralen Rundfunkdarbietungen zu organisieren, dann aber auch die Verbindung mit den einzelnen Sendegesellschaften durch die seitens der Länderregierungen dort ernannten Vertrauensleute aufzunehmen.
Den Beginn der gesamten Winterhilfsaktion kennzeichnete eine auf alle deutschen Sender übertragene Rundfunkfeier am 15. September 1931, in deren Mittelpunkt eine Ansprache des damaligen Reichsinnenministers Dr. Wirth und einiger

Vertreter der freien Wohlfahrtspflege standen. Noch zweimal nahmen Vertreter der Reichsregierung im Laufe des Winters das Wort zur Unterstützung der Hilfsaktion, und zwar am 22. November Reichskanzler Dr. Brüning und am 23. Februar Reichsarbeitsminister Dr. Stegerwald[234]).

Zur Zusammenarbeit mit den Wohlfahrtsbehörden und den örtlichen Organisationen:

Es ist bezeichnend, daß die meisten der eingesandten Berichte zusammengestellt und verantwortlich unterschrieben sind von den örtlichen Wohlfahrtsämtern, Wohlfahrtsdezernenten, Bürgermeistern, Landräten usw. Wirklich lag in der Mehrzahl der Fälle mindestens die Geschäftsführung, oft auch der Vorsitz der örtlichen Winterhilfsausschüsse bei einer Amtsperson der öffentlichen Wohlfahrtspflege[235]).

Die Formen, das Ausmaß und die Intensität der Zusammenarbeit zwischen den in den Ortsausschüssen vereinigten Stellen, Gruppen und Verbänden war örtlich sehr verschieden. Aufs Ganze gesehen heben sich etwa acht Grundformen ab...:

1. „Die Gemeinde tut alles allein": Die Gemeinde ruft auf, nimmt die Spenden entgegen, verteilt von Gemeinde wegen an die Bedürftigen. Daneben entfalten die Verbände, jeder still für sich, ihre eigene Winterhilfsarbeit.

2. „Zentrale gemeinschaftliche Sammlung – zentrale Verteilung": Die ganze Werbe- und Sammeltätigkeit wird von der Arbeitsgemeinschaft als solcher betrieben. Das Spendenaufkommen fließt in einen gemeinsamen Topf und kommt durch die Arbeitsgemeinschaft als solche direkt an die Bedürftigen zur Verteilung...

3. „Zentrale gemeinschaftliche Sammlung – Verteilung durch die Verbände": Die ganze Werbe- und Sammeltätigkeit wird von der Arbeitsgemeinschaft als solcher betrieben. Das Spendenaufkommen fließt in einen gemeinsamen Topf, wird aber von der Arbeitsgemeinschaft schlüsselmäßig an die angeschlossenen Verbände weitergeleitet und von diesen selbständig verteilt...

4. „Die Gemeinschaftstätigkeit beschränkt sich auf Erfassung des neutralen Spenderkreises": Die Verbände sammeln selbständig in den eigenen Topf und verteilen selbständig. Dagegen wirbt und sammelt die Arbeitsgemeinschaft, als neutrale Stelle, überall dort, wo weltanschauliches Ansprechen nicht zweckmäßig erscheint...

5. „Die Gemeinschaftstätigkeit beschränkt sich auf die Zuweisung bestimmter Funktionen an die einzelnen Verbände": So z.B. wird in einem Ort die Kleidersammlung und -verwertung ausschließlich von den Rot-Kreuz-Gruppen durchgeführt; die Speisungseinrichtungen nimmt die Frauenhilfe in Regie; die Geldsammlung in einem bestimmten Stadtteil oder bei bestimmten Bevölkerungsschichten ist ausschließlich Sache der Caritas usw. Über dies delegationsweise erworbene Spendengut verfügt die Arbeitsgemeinschaft...

6. „Die Gemeinschaftstätigkeit beschränkt sich auf bestimmte einzelne Sammel- und Fürsorgeaktionen": So z.B. werden lediglich einzelne Haus- und Straßensammlungen, die Kleidersammlung und -verwertung, die Finanzierung und der Be-

trieb von Speisungseinrichtungen gemeinschaftlich durchgeführt. In allem übrigen sind die Verbände völlig selbständig.
    7. „Die Verbände tun bis auf die gemeinsame allgemeine Werbung alles allein".
Jeder Verband sammelt selbständig in die eigene Kasse und verteilt selbständig...
Gemeinsam geschieht die allgemeine Werbung: „Gebt zur Winterhilfe!" (d. h. jeder
an den ihm nahestehenden Verband). – Die Behörde wirkt höchstens bei dieser Gemeinschaftswerbung mit.
    8. „Die Verbände tun alles allein"; lediglich bei der Verteilung erfolgt eine gegenseitige Verständigung durch gemeinsame Kartothek (die z. B. beim Wohlfahrtsamt geführt wird)... Im übrigen geschieht alles Werben, Sammeln usw. von den Verbänden völlig selbständig. Die Behörde ist dabei unbeteiligt[236]).

„Die Schlußzahlen für das Deutsche Reich weisen – wohlgemerkt für 55 % der deutschen Bevölkerung – das stattliche Meldeergebnis von rd. 12,9 Millionen RM Bargeldspenden, 10,5 Millionen RM Sachwertspenden, insgesamt also 23,4 Millionen RM aus"[237]), – ein in Anbetracht der allgemeinen Armut und der extrem hohen Kaufkraft der Reichsmark bemerkenswertes Resultat, aber noch bemerkenswerter war, daß, wie angegeben, „55 % der Reichsbevölkerung diese Spendenwerte der Arbeitsgemeinschaften aufgebracht haben"[238]): Es war, abgesehen von Reichstagswahlen, die weitaus größte und vor allem freiwillige Volksaktion der Weimarer Republik.

4. Zur Weiterentwicklung des Sozialberufs

Hauptsächlich zwei Faktoren haben in der Weimarer Republik die Weiterentwicklung des Sozialberufs einerseits maßgeblich bestimmt, andererseits beeinflußt: Der erste Faktor war die staatliche Anerkennung verbunden mit Prüfungsvorschriften, der zweite Faktor die Zulassung männlicher Schüler zu Wohlfahrtsschulen, so daß es seit 1926/27 außer staatlich anerkannten Wohlfahrtspflegerinnen auch staatlich anerkannte Wohlfahrtspfleger (Fürsorger, Sozialbeamte) gab.

4.1 Staatliche Anerkennung als Wohlfahrtspflegerin/Wohlfahrtspfleger

Wesentlich vorangetrieben wurde diese Entwicklung von einem Vorstandsmitglied des Deutschen Vereins, nämlich Dr. Alice Salomon (Mitglied des Hauptausschusses seit 1910, Vorstandsmitglied 1921–1928, dann Ehrenmitglied); sie leitete von 1917–1925 die von ihr herbeigeführte Konferenz Sozialer Frauenschulen:

Der Gedanke, die Ausbildung zur sozialen Arbeit und damit die Sozialen Schulen
staatlich zu ordnen, tauchte etwa gleichzeitig in zwei preußischen Ministerien auf.
Es war das im Jahre 1916. Das Ministerium des Innern... wollte die Ausbildung
von Kreisfürsorgerinnen regeln, zu diesem Zweck Ausbildungsanstalten anerkennen und eine staatliche Prüfung einführen. Das Kultusministerium, das... die Angelegenheiten der Kindergärtnerinnen und Jugendleiterinnen bearbeitete, wollte einen Beruf schaffen, dessen Angehörige zur Aufsicht über die Anstalten der Kinderfürsorge befähigt wären und die diese Fürsorge für einen größeren Bezirk organisieren und beeinflussen könnten... Als gegen Ende des Jahres 1916 der Plan einer
Konferenz Sozialer Frauenschulen Deutschlands Gestalt annahm, wurden Vertreter der beiden genannten Ministerien dazu eingeladen... Die Aussprache zwischen
den Leitern der Schulen und den Vertretern der Ministerien gestaltete sich aber
ziemlich schwierig, da der Vertreter des Kultusministeriums den Begriff „soziale
Berufsarbeit" und den universalen Charakter der Schulen ablehnte und die Auffassung vorbrachte, daß die Leiter der Schulen eine ganze Reihe verschiedenartigster
Dinge zusammenfaßten. Der Vertreter des Ministeriums des Innern... warnte vor
einem Zuviel an theoretischer Ausbildung und erklärte, das Ministerium würde solche Bestrebungen nicht unterstützen... Von seiten der Schulen wurde erwidert,
daß jede Sozialbeamtin etwas von der Armengesetzgebung, der Kinderschutzge-
setzgebung, der Versicherungsgesetzgebung wissen müsse... Immerhin führte die
Teilnahme der Herren aus den Ministerien an der Sitzung wenigstens insoweit zu
einem Ergebnis, als der Plan, zwei verschiedene Prüfungsordnungen für zwei verschiedene Aufgabengebiete – sozialhygienische und sozialpädagogische – vorzubereiten, fallengelassen wurde... Am 10. September 1918 wurde ein Erlaß betreffend
Vorschriften über die staatliche Prüfung von Fürsorgerinnen vom Preußischen Minister des Innern und vom Minister der geistlichen und Unterrichtsangelegenheiten
herausgegeben... Die Schulen, an denen staatliche Prüfungen abgehalten werden
sollten, mußten als Ausbildungsstätten eine staatliche Anerkennung von den beiden
Ministerien erhalten. Voraussetzung dafür war, daß sie hinsichtlich ihrer Lehrpläne, Lehrkräfte und Einrichtungen sowie in sonstiger Beziehung eine hinreichende
Gewähr für eine ordnungsgemäße Ausbildung der Fürsorgerin boten... Wenige
Wochen nach Erlaß der Prüfungsvorschriften erfolgte die Staatsumwälzung, durch
die andere Männer an die Spitze der Ministerien gestellt wurden, und später wurde
das Ministerium für Volkswohlfahrt gegründet, das statt des Ministeriums des Innern federführend wurde[239]).

Das mit umfangreichen Kompetenzen ausgestattete, fortschrittlich gesinnte und sehr leistungsfähige Preußische Ministerium für Volkswohlfahrt
war am 1. November 1919 neu gebildet worden; Ende der Weimarer Republik nahm es auf seinen zahlreichen Arbeitsgebieten, zu denen u. a. die öffentliche Fürsorge und auch die Wohlfahrtsschulen gehörten, eine führende
Position ein. Im Einvernehmen mit der Konferenz der Sozialen Frauenschulen Deutschlands erließ es am 22. Oktober 1920 eine neue Prüfungsordnung, die noch voraussetzte, daß soziale Schulen selbstverständlich so-

ziale Frauenschulen wären; deshalb ist in der Prüfungsordnung, deren wichtigste Bestimmungen jetzt folgen, nur von Wohlfahrtspflegerinnen die Rede:

§ 1. Staatliche Prüfungen von Wohlfahrtspflegerinnen finden an Unterrichtsanstalten statt, die als Wohlfahrtsschulen staatlich anerkannt sind.

Eigens hervorzuheben ist der § 4. Er „betrifft einen Umschwung, der sich zwischen dem Erlaß der Vorschriften von 1918 und dem von 1920 vollzogen hatte. Während noch 1918 der erfolgreich abgeschlossene Besuch eines Lyzeums als die Form der Schulbildung galt, die grundsätzlich zur Vorbedingung für den Zugang zu einer sozialen Frauenschule gemacht wurde..., ebnete die neue Prüfungsordnung der Volksschülerin den Weg."[240])

§ 4. Dem Zulassungsgesuch [zur Prüfung] sind beizufügen:...
(4.) der Nachweis des erfolgreich abgeschlossenen Besuches eines Lyzeums oder der entsprechenden Klasse einer anderen höheren Lehranstalt, einer anerkannten Mädchenmittelschule oder einer höheren Mädchenschule, deren Abgangszeugnis dem einer Mädchenmittelschule als gleichwertig anerkannt ist, einer Volksschule mit nachfolgender praktischer Berufsausbildung; Absolventinnen der Volksschule und solche Bewerberinnen, die nicht den Nachweis des Abschlusses der in Frage kommenden Schulbildungen erbringen können, werden zur Prüfung zugelassen, wenn sie vor dem Eintritt in die Wohlfahrtsschule eine schulwissenschaftliche Vorprüfung nach staatlichen Vorschriften ablegen...

§ 8. Die Prüfung zerfällt in einen schriftlichen und mündlichen Teil...

§ 11. Die mündliche Prüfung zerfällt in zwei Teile:
(1) in die Prüfung in den allgemeinen Fächern der Wohlfahrtspflege sofern sie nicht Gegenstand des Hauptfaches sind:
a) Allgemeine Gesundheitslehre,
b) Spezielle Gesundheitslehre,
c) Seelenkunde,
d) Erziehungslehre,
e) Volksbildungsfragen,
f) Volkswirtschaftslehre,
g) Sozialpolitik und Sozialversicherung,
h) Staats- und Rechtskunde,
i) Wohlfahrtskunde;
(2) in die Prüfung in den Hauptfächern, die ein umfassendes und vertieftes Wissen in den aufgezählten Gebieten feststellen soll:
a) Gesundheitsfürsorge; sie umfaßt die soziale Gesundheitslehre und soziale Gesundheitsfürsorge;
b) Jugendwohlfahrtspflege; sie umfaßt Jugendpflege, Jugendfürsorge, Kleinkinder- und Schulkinderfürsorge;
c) Allgemeine und wirtschaftliche Wohlfahrtspflege; sie umfaßt Sozialpolitik, Wirtschaftsfürsorge, Arbeits- und Berufsfragen...

§ 17. Nach bestandener Prüfung hat die Bewerberin ein Probejahr in der praktischen sozialen Arbeit abzuleisten. Der Regierungspräsident – in Berlin der Polizei-
präsident – ist verpflichtet, eine Bescheinigung der unteren Verwaltungsbehörde
(Landrat, Magistrat, Bürgermeister) oder des Kreisarztes oder der Leitung einer der
Wohlfahrtspflege dienenden Stelle, die vom Regierungspräsidenten als Ausbildungsstätte anerkannt ist, über die Bewährung und Führung der Bewerberin während dieser Zeit einzufordern. Aufgrund dieser Bescheinigung erfolgt die *staatliche
Anerkennung als Wohlfahrtspflegerin*, falls die Bewerberin das 24. Lebensjahr vollendet hat...

§ 23. Diese Vorschriften treten am 1. November 1920 in Kraft.

Erst einige Jahre später – am 1. Februar 1926 in Sachsen, am 4. April 1927
in Preußen – wurde durch Verordnung resp. Erlaß der jeweiligen Regierung
auch Männern die Schülerschaft an Wohlfahrtsschulen gestattet. Im preußischen Erlaß heißt es u. a.:

I. Wohlfahrtspfleger (Fürsorger, Sozialbeamte), die auf dem Gebiete A. der Jugendwohlfahrtspflege oder B. der Wirtschafts- und Berufsfürsorge oder C. der allgemeinen Wohlfahrtspflege tätig sind, können die staatliche Anerkennung als
Wohlfahrtspfleger (Fürsorger, Sozialbeamte) für das betreffende Hauptfach (A–C)
erhalten, falls sie den Lehrgang einer... zur Ausbildung von Wohlfahrtspflegern
(Fürsorgern, Sozialbeamten) versuchsweise zugelassenen Anstalt besucht und nach
bestandener Prüfung sich mindestens ein Jahr in praktischer sozialer Arbeit, die auf
einem Gebiete des für die Prüfung gewählten Hauptfaches liegen muß, bewährt haben.

IV. Wohlfahrtspfleger (Fürsorger, Sozialbeamte), die mindestens drei Jahre auf
einem Gebiet A. der Jugendwohlfahrtspflege oder B. der Wirtschafts- und Berufsfürsorge oder C. der allgemeinen Wohlfahrtspflege hauptberuflich tätig sind, können die staatliche Anerkennung als Wohlfahrtspfleger (Fürsorger, Sozialbeamte) für
das betreffende Hauptfach (A–C) durch Teilnahme an einem... zur Vorbereitung
von Wohlfahrtspflegern (Fürsorgern, Sozialbeamten) auf die staatliche Prüfung zugelassenen Nachschulungslehrgang und Bestehen der Abschlußprüfung erwerben.

Die erste Wohlfahrtsschule für Männer wurde an der Hochschule für Politik in Berlin unter dem Namen: „Sozialpolitisches Seminar, Wohlfahrtsschule und Wirtschaftsschule" eingerichtet und erhielt im April 1927 die
staatliche Anerkennung; die Ausbildung dauerte 4 Hochschulsemester, denen mindestens ein halbes Jahr lang eine Praktikantentätigkeit und zwei bis
drei Monate die Mitarbeit in einem Erziehungsheim folgen mußte.

Jedoch, in Sachsen waren bereits 1922 die drei Sozialen Frauenschulen
auch männlichen Sozialbeamten zugänglich gemacht worden; und mit Erlaß vom 1. Februar 1926 wurde endgültig die für Frauen geltende Regelung
auch der Männerausbildung zugrunde gelegt. Ebenso verfuhr Thüringen;
in der Ministerialbekanntmachung über die Ausbildung, Prüfung und An-

erkennung der Wohlfahrtspfleger(innen) vom 6. Juli 1928 wurden für Männer und Frauen grundsätzlich dieselben Ausbildungsvorschriften festgelegt.

Zunächst unabhängig von staatlicher Regelung wurden Wohlfahrtspfleger ausgebildet an der Wohlfahrtsschule des Stephanstiftes in Hannover-Kleefeld (seit 1927), an der Wohlfahrtsschule des Evangelischen Johannesstiftes in Berlin-Spandau, an der Wohlfahrts- und Erzieherschule der Brüderanstalt des Rauhen Hauses in Hamburg, an der Caritaswohlfahrtsschule in Aachen (seit 1927) sowie an der Berufsschule für Wohlfahrtspflege in Freiburg im Breisgau (seit 1930), einer Gründung des Deutschen Caritasverbandes.

Da für das Schulwesen die Länder zuständig waren, mußten sie die gegenseitige Anerkennung der staatlichen Prüfung vereinbaren. Prüfungsordnungen, welche der preußischen vom 22. Oktober 1920 entsprachen, waren nacheinander erlassen worden in Hamburg am 8. März 1921, Baden am 17. März 1921, Mecklenburg-Schwerin am 1. Juli 1921, Sachsen am 21. Januar 1922, Bremen am 15. September 1922, Württemberg am 9. Oktober 1923, Bayern am 10. März 1926. Schließlich wurde eine allgemeine Abmachung sämtlicher Länder herbeigeführt durch das Reichsministerium des Innern am 6. Dezember 1926:

1. Als staatlich anerkannte Wohlfahrtspflegerin im Sinne dieser Vereinbarung gelten
a) solche Wohlfahrtspflegerinnen, die in einem Lande die staatliche Anerkennung aufgrund der für die Gesundheitsfürsorge, Jugendwohlfahrtspflege oder für wirtschaftliche und Berufsfürsorge vorgeschriebenen fachtechnischen Ausbildung, des Besuchs einer staatlich anerkannten Wohlfahrtsschule (Soziale Frauenschule) mit mindestens zweijährigem Lehrgang, einer staatlichen Prüfung und einer einjährigen Probezeit erlangt haben;
b) solche Wohlfahrtspflegerinnen, die von den Ländern aufgrund der Ausnahme- und Übergangsbestimmungen in den von ihnen erlassenen Prüfungsordnungen... staatlich anerkannt worden sind.
2. Die in einem Lande staatlich anerkannten Wohlfahrtsschulen gelten auch in einem anderen Lande als solche, vorausgesetzt, daß sie mindestens zweijährigen Lehrgang haben.
5. Bei Anerkennung nach 1b wird die Anerkennung in der Regel von dem Lande ausgesprochen, in dem die Praxis ausgeübt worden ist...

4.2 Das grundlegende Konzept einer Wissenschaft von der sozialen Arbeit

Die Prüfungsordnungen beschränkten sich zwar auf Grundsatzvorschriften, konnten aber, da sie im wesentlichen übereinstimmten, dem Sozialberuf insofern schon eine gewisse Einheitlichkeit verschaffen; dazu Dr. Alice Salomon[241]):

Der Charakter der Schulen ist im wesentlichen durch die Prüfungsordnung festgelegt. Vor allem ist die äußere Struktur dadurch geordnet. Immerhin bleibt ein Spielraum für die innere Ausgestaltung der Ausbildung. Jede Schule trägt ihr eigenes Gesicht. Örtliche Verhältnisse, die Träger der Anstalt, Leiter und Lehrkörper drücken ihr den besonderen Stempel auf. Gemeinsam ist ihnen allen das Lehrziel und der Lehrstoff. Gemeinsam ist die Tatsache, daß sie sowohl Wissen vermitteln, wie zum Handeln anleiten. Sie befassen sich mit der Wissenschaft nicht um der reinen Erkenntnis, sondern um der Praxis willen. Und sie treiben Praxis, die wieder sich nicht selbst genug sein darf, sondern in große geistige und kulturelle Zusammenhänge hineingestellt werden muß, wenn sie ihren Zweck erfüllen soll. Und beides, Wissen und Handeln, Denken und Tun muß auf einer Weltanschauung ruhen. Die Schule muß zu einem klaren, festen Lebensziel, zu sozialen Lebensidealen hinführen, ohne die man die Schüler wohl zu einem verwaltungsmäßigen Dienst, aber zu keiner wahren volkspflegerischen Arbeit führen kann...

Diese allgemeine geistige Grundlage erhält in den einzelnen Schulen ihre besondere Prägung durch den Träger. Unter den Schulen, die der Konferenz [der Sozialen Frauenschulen] angehören, werden [1927] 9 von interkonfessionellen Vereinen, 7 von öffentlichen Körperschaften, 9 von evangelischen Verbänden und 5 von katholischen Verbänden getragen. Für die konfessionelle Schule ist es gegeben, im Unterricht an eine einheitliche Weltanschauung anknüpfen zu können.

Die anderen Schulen müssen durch die Einheitlichkeit des Geistes, in dem der Unterricht erteilt wird, ihren Schülerinnen helfen, sich eine solche zu erarbeiten. Wenn die Schulen den Anspruch erheben, ihre Schülerinnen zu einer Kulturleistung befähigen zu wollen, so genügt es nicht, Kenntnisse und eine gewisse Technik für die Berufsausübung zu vermitteln, wie das schließlich eine Schneiderakademie auch tut. Sondern sie müssen die Schülerinnen dazu führen, ihre Haltung zu sozialen Nöten und sozialen Strömungen aus der eigenen geistig-seelischen Mitte herauszufinden. Sonst wird die soziale Arbeit, die Arbeit für lebendige Menschen ist, zum Handwerk, zu bürokratischem Tun...

Aber noch fehlte – im Jahre 1927 – das grundlegende Konzept einer Wissenschaft von der sozialen Arbeit:

Der theoretische Lehrplan ist in bezug auf die Unterrichtsgegenstände durch das Ministerium festgelegt. Doch sind bisher verbindliche Lehr- und Unterrichtspläne nicht vorhanden. Selbst die Zahl der theoretischen Unterrichtsstunden ist nicht geregelt...

Dabei ergaben sich immer wieder zwei Schwierigkeiten. Die eine besteht darin, daß die Methode der sozialen Praxis noch nicht wissenschaftlich erarbeitet ist, und die Lehrmeinungen, denen sie folgt, noch nach den richtigen Wegen suchen. Ferner ist eine Wissenschaft von der Wohlfahrtspflege erst im Entstehen begriffen. Jeder

Lehrer ist also gezwungen, nach subjektiven Gesichtspunkten Auswahl und Behandlung des Stoffes vorzunehmen.

Die zweite Schwierigkeit liegt darin, daß auch der Stoff der anderen Unterrichtsfächer, die auch an Universitäten gelehrt werden, nicht ohne weiteres auf die Sozialen Schulen übernommen werden kann; daß er unter ganz besonderen Gesichtspunkten dafür bearbeitet werden müßte. Es ist ein Unterschied, ob man Hygiene lehrt, um Ärzte oder um Fürsorgerinnen auszubilden; Nationalökonomie im Hinblick auf die Arbeit des Forschers, des Gelehrten, oder im Hinblick auf die Beeinflussung unwirtschaftlicher Menschen oder die Hilfe für Menschen, deren wirtschaftliche Grundlage unzureichend ist; Psychologie, um Lehrer und Kindergärtnerinnen auszubilden, oder um Fürsorgerinnen zu befähigen, Menschen zu beurteilen, die irgendwie mit dem Leben nicht fertig werden. Das läßt sich auf fast alle Gegenstände des Lehrplanes anwenden[242]).

Das erste – und bis heute mustergültig gebliebene – Konzept einer Wissenschaft von der sozialen Arbeit lag den „Richtlinien für die Lehrpläne der als Wohlfahrtsschulen staatlich anerkannten Sozialen Frauenschulen"[243]) zugrunde, welche das Preußische Ministerium für Volkswohlfahrt im Einvernehmen mit der Konferenz der Sozialen Frauenschulen am 10. April 1930 erlassen hat. Diese Richtlinien, ab 1. Juni 1930 für den Unterricht an allen staatlich anerkannten Wohlfahrtsschulen in Preußen maßgebend, waren zustandegekommen nach jahrelangen Vorarbeiten, an denen sich seitens des Deutschen Vereins beratend auch Dr. Polligkeit beteiligte; in den vom Preußischen Ministerium für Volkswohlfahrt schon 1926 herausgegebenen „grundsätzlichen Fragen zur Ausgestaltung der staatlich anerkannten Wohlfahrtsschulen" hatte er maßgeblich „das Lehrziel der staatlich anerkannten Wohlfahrtsschulen unter besonderer Berücksichtigung der praktischen Anforderungen an den Beruf" abgehandelt.

Infolge der Richtlinien war nunmehr in Preußen – also in weit mehr als der Hälfte des Deutschen Reiches – die Ausbildung zum Sozialberuf, und insofern auch der Sozialberuf selbst, solide fundiert. Umfassend benennen und gliedern sie den vielfältigen Ausbildungsinhalt; zugleich lassen sie erkennen, welcher Ausbildungsstand für die Fürsorgerin sowie, ihr parallel, für den Fürsorger angestrebt werden sollte.

Zitiert seien hier aus dem Stoffplan der Unterstufe die „Grundlagen der Wohlfahrtspflege":

A. Allgemeine Grundlagen.
1. Ziel und Funktionen der Wohlfahrtspflege.
– Wohlfahrtspflege und Wohlfahrtspolitik.
– Zusammenhang mit Kultur-, Wirtschafts- und Sozialpolitik.
– Ziel der Wohlfahrtspflege: Beseitigung von Notständen individueller und allge-

meiner Art. Erhalten und Entwickeln der Kräfte des Hilfsbedürftigen zu selbständiger Lebensführung. Mitwirkung an der Hebung der Volkskultur.
– Funktionen der Wohlfahrtspflege: Verwahren, Versorgen, Heilen, Retten, Verhüten, Schützen, Fördern und Aufbauen.
2. Der Hilfsbedürftige.
– Erscheinungsformen der Not, ihre Ursachen und ihre Folgen für den Einzelnen und die Gesellschaft.
– Die Wesensart des Hilfsbedürftigen und der hilfsbedürftigen Familie.
3. Die Hilfe.
– Die Formen der Hilfe: Offene, geschlossene und halboffene Fürsorge, dargestellt in ihrer Abhängigkeit von Notstand und Ursache.
4. Der Helfer.
– Die Persönlichkeit des Helfers, sachliche und persönliche Anforderungen an den Helfer.
– Die Triebkräfte zur Hilfe, anknüpfend an die geschichtlichen Grundlagen.
– Die organisierten Träger der öffentlichen und freien Wohlfahrtspflege.
5. Überblick über die einzelnen Zweige der Wohlfahrtspflege.
B. Geschichtliche Grundlagen.
...
C. Gesetzliche Grundlagen.
I. Die Fürsorgepflichtverordnung und die Reichsgrundsätze über Voraussetzung, Art und Maß der öffentlichen Fürsorge.
1. Grundgedanken der neuen Fürsorgegesetzgebung:
– Leistungsfähige Träger, einheitliche Behörden, vereinfachte Zuständigkeitsregelung.
– Zusammenarbeit von öffentlicher und freier Wohlfahrtspflege und Zusammenarbeit mit den Trägern der Sozialversicherung.
– Mitwirkung der Hilfsbedürftigen.
– Die Unterhaltspflicht, die Arbeitspflicht.
– Betonung vorbeugender Fürsorge.
2. Die Fürsorgeträger und Fürsorgebehörden und ihre Aufgaben:
– Bezirks- und Landesfürsorgeverbände;
– die Bezirksfürsorgestelle;
– das Wohlfahrts-(Fürsorge)amt.
3. Die Landesfürsorgestelle:
– das Landeswohlfahrts(-Fürsorge-)amt;
– der Fürsorge- oder Wohlfahrtsausschuß.
4. Die Voraussetzungen und Leistungen der öffentlichen Fürsorge.
– Umfang der Hilfe: Notwendiger Lebensbedarf.
– Methoden der Hilfe: Individuelle Fürsorge; vorbeugende, aufbauende, durchgreifende, nachgehende Fürsorge.
– Besondere Grundsätze und Leistungen für einzelne Gruppen von Hilfsbedürftigen: Kinder, Jugendliche, Frauen (Wöchnerinnen und Mütter), Kleinrentner, Sozialrentner, alte Leute, Kriegsbeschädigte und -hinterbliebene, kinderreiche Familien.

- Die Bedeutung und Aufgabe der Berufs- und Arbeitsfürsorge.
5. Örtliche Zuständigkeit, Aufenthaltsprinzip; besondere Zuständigkeit.
6. Verfahren, Beschwerde und Aufsicht.
II. Einführung in das Reichsjugendwohlfahrtsgesetz.
1. Entstehungsgeschichte des Gesetzes.
2. Grundgedanken des Gesetzes:
- Das Recht des Kindes auf Erziehung.
- Staatliche Bürgschaft in der Form der öffentlichen Jugendhilfe.
- Schaffung besonderer Erziehungsbehörden als Träger der öffentlichen Jugendhilfe.
3. Das Gesetz: Besprechung der einzelnen Abschnitte:
- Jugendwohlfahrtsbehörden,
- Aufgabengebiete und örtliche Zuständigkeit,
- Aufbau und Verfahren,
- Schutz des Pflegekindes,
- Vormundschaftswesen,
- Schutzaufsicht und Fürsorgeerziehung.
D. Bürokunde.
1. Schriftverkehr bei einer Verwaltungsstelle.
2. Vernehmung, Aufnahme des Antrags, Aktennotiz, Niederschrift, formularmäßige Erledigung.
3. Kartei, Listenführung, Statistik.
4. Abfassung von Eingaben und Anträgen.

Aus den Richtlinien für die Oberstufe sei hier hinsichtlich des II. Teiles – die Praxis der Wohlfahrtspflege – zitiert:

A. Die Fragen und Aufgaben der Wohlfahrtspraxis in ihrer Gesamtheit.
I. Aufbau und Zusammenwirken der Träger und Organe der Wohlfahrtspflege.
1. Wesen und Bedeutung zweckmäßiger Organisation als Grundlage planmäßiger Arbeitsteilung und planmäßigen Zusammenwirkens.
2. Aufbau und Gliederung der Träger der öffentlichen Fürsorge, der Sozialversicherung und des Versorgungswesens.
3. Aufgaben, Organisation und Verfahren von Arbeitsgemeinschaften örtlicher und überörtlicher Art.
4. Die Bildung der gemeindlichen Amtsstellen der wirtschaftlichen Fürsorge, Jugendfürsorge und Gesundheitsfürsorge in Stadt- und Landkreisen (nach Reichsrecht, Landesrecht und Gemeindeverfassungsrecht).
5. Das städtische und ländliche Wohlfahrtsamt als Typus der Zusammenfassung und Arbeitsteilung in der Wohlfahrtspflege.
6. Die Familienfürsorge als Organisationsform in der Wohlfahrtspflege.
7. Aufbau und Gliederung der freien Wohlfahrtspflege nach fachlichen und örtlichen Gesichtspunkten.
8. Arbeitsteilung und Zusammenwirken im Verhältnis zwischen freier Wohlfahrtspflege und öffentlicher Wohlfahrtspflege in Stadt und Land.

II. Einführung in die Ideenwelt und das Wirken der freien Wohlfahrtspflege.
1. Innere Mission.
2. Caritas.
3. Jüdische Wohlfahrtspflege.
4. Arbeiterwohlfahrt.
5. Humanitäre Wohlfahrtspflege.
III. Familienfürsorge:
1. Begriff: Ziel und Aufgabe.
2. Die Bedeutung der Familienfürsorge im Rahmen der Familien- und Volkskultur. Erhaltung und Stärkung von Gesundheit, wirtschaftlicher Leistungsfähigkeit und Erziehungskraft der Familie.
3. Bisherige Entwicklung der Familienfürsorge.
4. Die Arbeitsmethoden:
   a) Soziale Diagnose,
   b) Aufstellung und Durchführung des Hilfsplans; vorbeugende, aufbauende und nachgehende Fürsorge,
   c) Technik.
5. Organisation der Familienfürsorge in Stadt und Land.
   a) Eingliederung der Familienfürsorge in Wohlfahrts-, Jugend- oder Gesundheitsamt. Abgrenzung des Personenkreises der Hilfsbedürftigen bei getrennten Ämtern,
   b) Familien- und Fachfürsorge: Abgrenzung und Ergänzung,
   c) Gestaltung der Familienfürsorge bei zentralisierter oder dezentralisierter Wohlfahrtspflege,
   d) Innen- und Außendienst: Verwaltungs- und Fürsorgearbeit.
6. Die Arbeitskräfte.
   a) Die Wohlfahrtspflegerin:
   aa) Das Arbeitsmaß,
   bb) Stellung und Befugnisse innerhalb der Dienststelle,
   cc) Die persönliche Einstellung;
   b) Die amtlichen Mitarbeiter: In der eigenen Amtsstelle (Bezirksbeamte, Sekretäre usw.); in anderen, verwandten Amtsstellen (z.B. der Amtsarzt),
   c) die nebenamtlichen Kräfte (Ärzte, Geistliche, Lehrer, Gemeindeschwestern, Hebammen usw.) und die ehrenamtlichen Helfer:
   aa) Gewinnung,
   bb) Schulung,
   cc) Verwendung.
IV. Anleitung zum Gebrauch der Fachliteratur als Grundlage der Fortbildung.
B. Die Durchführung der Fürsorgepflichtverordnung des Reichs-Jugendwohlfahrtsgesetzes und des Jugendgerichtsgesetzes.
I. Die Praxis der Fürsorge für die wirtschaftlich Hilfsbedürftigen.
1. Inhalt der Fürsorgepflicht der Bezirksfürsorgeverbände.
   – Vorläufige und endgültige Fürsorgepflicht;
   – Prüfung der Hilfsbedürftigkeit und Bemessung der Unterstützung;

- Richtsätze für die Unterstützung und ihre Handhabung;
- Anrechnung vorhandener Einkünfte.

  Unterstützungsformen:
- Bar- und Sachleistungen in der offenen Fürsorge;
- Arbeits- und Berufsfürsorge für Erwerbsbeschränkte und Arbeitslose;
- Geschlossene Fürsorge: Formen und Voraussetzungen.

2. Inhalt der Fürsorgepflicht der Landesfürsorgeverbände
....

3. Erstattung des Fürsorgeaufwandes
...

4. Rechte und Pflichten des Unterstützten:
   a) Beschwerderecht,
   b) Arbeitspflicht,
   c) Erstattungspflicht.

5. Sonderbehandlung einzelner Gruppen:
   a) Wochenfürsorge,
   b) Fürsorge für Minderjährige,
   c) Erwerbsbefähigung von Blinden, Taubstummen und Krüppeln,
   d) Fürsorge für Kriegsbeschädigte, Kriegshinterbliebene, Kleinrentner und Sozialrentner,
   e) Fürsorge für obdachlose Einzelpersonen und Familien,
   f) Fürsorge für unwirtschaftliche und asoziale Personen.

II. Die Praxis der Jugendwohlfahrtspflege.

1. Die sozialpädagogische Idee des Jugendamtes.
- Einheitliche Verantwortung für die Erziehung der dem Jugendamt anvertrauten Kinder;
- Die Erziehungsfunktionen des Jugendamts gegenüber Gruppen besonders gefährdeter Kinder und die Erziehungsfunktion vorbeugender Art.

2. Der Pflegekinderschutz.
- Die Pflegestelle, Mindestforderungen in pädagogischer, hygienischer und wirtschaftlicher Hinsicht;
- Die Prüfung und Genehmigung der Pflegestellen durch das Jugendamt;
- Pflegestellenvermittlung;
- Die laufende Überwachung der Pflegestellen;
- Die Beaufsichtigung der Pflegekinder durch das Jugendamt und ihre Verknüpfung mit der Beaufsichtigung der Mündel durch das Jugendamt als Amtsvormund und Gemeindewaisenrat;
- Die Beaufsichtigung der von anderen Behörden untergebrachten Kinder und der auswärts untergebrachten Kinder (Kinder in Erholungsfürsorge);
- Aufsicht über Pflegekinder in Anstalten;
- Beaufsichtigung der durch Vereine untergebrachten Pflegekinder.

3. Vormundschaftswesen.
- Die Funktionen von Amtsvormundschaft und Einzelvormundschaft;
- Vereins- und Anstaltsvormundschaft;

– Gesetzliche und bestellte Vormundschaft;
– Die Aufgaben des Amtsvormundes
...
4. Fürsorge für gefährdete und verwahrloste Jugendliche.
– Verwahrlosung und Kriminalität Jugendlicher als soziale, pädagogische und
  rechtliche Tatbestände.
– Das Eintreten öffentlicher Erziehung und Erziehungsaufsicht; Erziehungshilfe
  in der eigenen Familie und bei Entfernung des Minderjährigen aus seiner Familie.
– Aufgaben und Methoden der Fürsorgeerziehung.
– Die Behandlung straffälliger Jugendlicher: Das Jugendgericht, die Jugendgerichtshilfe, Erziehungsmaßnahmen und Strafe, Schutzaufsicht und Bewährung.
– Die Zusammenarbeit des Jugendamts mit den Polizeibehörden in der Fürsorge
  für gefährdete und verwahrloste Jugendliche (§ 3 Ziffer 8).
5. Die vorbeugenden Aufgaben des Jugendamts.
– Die Mitwirkung des Jugendamts in der Erziehungsfürsorge für Kriegerwaisen
  und Kinder von Kriegsbeschädigten und in der Beaufsichtigung von gewerblich
  tätigen Kindern und Jugendlichen (§ 3 Ziffer 6 und 7).
– Die Durchführung der Aufgaben des Jugendamts aus § 4: Förderung und Schaffung von Anstalten und Einrichtungen im Dienst des Mutterschutzes, der Säug-
  lings- und Kleinkinderfürsorge.
– Die Aufgaben des Jugendamts in der Fürsorge für Schulkinder und schulentlas-
  sene Jugendliche: Kinderhorte, Schulgesundheitsfürsorge, Erholungsfürsorge,
  insbesondere örtliche Erholungsfürsorge.
– Jugendpflege und Jugendbewegung.
– Beratung von Jugendlichen.
– Schutz der Jugend gegen Schmutz und Schund und bei Lustbarkeiten. Licht-
  spielgesetz. Gaststättengesetz.
C. Die Anstaltserziehung.
...
D. Sondergebiete.
– Wohnungsfürsorge.
– Soziale Gerichtshilfe und die übrige Straffälligenfürsorge.
– Gefährdetenfürsorge und Bewahrung asozialer Personen.

Ebenso detailliert gegliedert war der Stoffplan: Volkswirtschaft, Sozialpolitik, Allgemeine und Spezielle Psychologie, Allgemeine und Spezielle
Pädagogik, Gesundheitslehre, Gesundheitsfürsorge, Rechtskunde, Verwaltungskunde, Anstaltsfürsorge, Turnen und Gymnastik. Allein aus der
Allgemeinen Psychologie sei hier der Einleitungsteil skizziert:

I. Kurze geschichtliche Einführung in die Grundfragen und Hauptrichtungen der
   heutigen Psychologie:
– Weltanschauungs- und Erfahrungspsychologie.
– Erfahrungspsychologie als

a) Naturwissenschaftlich gerichtete (experimentelle) Psychologie des ursächlichen Erklärens: Elementenpsychologie; zugleich Bewußtseinspsychologie;
b) Geisteswissenschaftlich gerichtete Psychologie des Verstehens oder Struktur-(Gestalt)Psychologie; Tiefenpsychologie; das Verhältnis dieser Richtungen zueinander.

II. Hinweis auf die für den sozialen Beruf wichtigsten Einzelgebiete dieser Richtungen:
   a) Das allgemein menschliche Seelenleben: allgemeine Psychologie;
   b) Das Seelenleben des Kindes, Jugendlichen, Erwachsenen, Greises: Entwicklungs- und Lebensalterpsychologie;
   c) Das anormale Seelenleben; die seelische Eigenart der Geschlechter, der Berufe und Stände, der Masse, des Arbeits- und Wirtschaftslebens in seiner Abhängigkeit von der Seelenverfassung des Arbeitenden usw.: Differentielle oder spezielle Psychologie.

III. Bedeutung der Seelenkunde für den sozialen Beruf: Sie hilft den Fürsorgebedürftigen richtig verstehen und behandeln; sie bildet eine Hautpgrundlage aller Volkserziehungsarbeit sowie der Berufsberatung, sozialen Gerichtshilfe, Polizeifürsorge, Jugendpflege usw.

4.3 Zur Berufslage der Fürsorgerin

Dem Erlaß der Richtlinien war um fünf Jahre vorausgegangen der 39. Fürsorgetag in Breslau, auf welchem der Deutsche Verein am 16. Oktober 1925 „Die Berufslage der Fürsorgerinnen in der öffentlichen Fürsorge in Preußen" behandelt hat:

Die in der letzten Zeit immer häufiger werdenden Klagen über die Zahl der körperlichen und seelischen Zusammenbrüche unter den Fürsorgerinnen und die Erkenntnis der Bedeutung gerade dieses Berufsstandes für die Erfüllung der wichtigsten Aufgaben der Wohlfahrtspflege haben den Deutschen Verein bestimmt, diese Frage in den Kreis seiner Betrachtungen zu ziehen und auf der Breslauer Tagung zur Verhandlung zu stellen. Das Vorhaben des Deutschen Vereins wurde dadurch begünstigt, daß das Preußische Ministerium für Volkswohlfahrt von den gleichen Beweggründen geleitet, die den Verein zur Inangriffnahme der Frage veranlaßten, eine amtliche Umfrage bei den einzelnen Fürsorgeverbänden über die Berufslage der Wohlfahrtspflegerinnen veranstaltete... Die Ergebnisse der Umfrage sind in einem zu dem genannten Thema erscheinenden Vorbericht für die Breslauer Tagung... verarbeitet[244]).

Ergebnisse dieser Umfrage hatte Frau Ministerialrat Weber, Berlin, als Berichterstatterin des Deutschen Vereins in ihrem Breslauer Vortrag eingearbeitet:

Zur Frage des Arbeitsgebiets der Fürsorgerinnen ergibt die Statistik, daß die Spezialfürsorge gegenüber einer auf mehrere Arbeitsgebiete sich erstreckenden Fürsorge stark zurücktritt. Eine größere Bedeutung hat die Spezialfürsorge nur als Gesundheitsfürsorge. Überraschend gering ist die Zahl der Spezialfürsorgerinnen auf dem Gebiete der Erziehungsfürsorge.

Die Erklärung für dieses Ergebnis liegt wohl in dem Umstand, daß gerade auf diesem Gebiete die private Wohlfahrtspflege umfassend tätig ist... Familienfürsorgerinnen, die in allen Aufgabengebieten der Außenfürsorge tätig sind, bilden nur etwa ein Drittel der Gesamtzahl...

Die Entwicklung in der Art des Arbeitsgebietes der Wohlfahrtspflegerinnen ist bereits deutlich zu sehen, so daß man schon von einer Tendenz sprechen kann. Die Familienfürsorge wird das übliche System in der Außenfürsorge der Zukunft sein. Sie muß es auch sein, weil nichts selbstverständlicher und gebieterischer ist als die Berücksichtigung der Familie beim Aufbau unseres Volkes... Dem Grundgedanken der Familienfürsorge widerspricht nicht, daß, vor allem in der Großstadt, vielleicht auch später in den mittleren Städten und den großen Landkreisen, ihr System ergänzt wird durch Spezialarbeit auf einzelnen besonders schwierigen Gebieten. Ich nenne nur die Arbeitsvermittlung und Berufsfürsorge und die Gefährdetenfürsorge. Es wird aber immer dabei zu berücksichtigen sein, in welchem Umfang die private Wohlfahrtspflege imstande ist, bestimmte Arbeitsgebiete ganz oder teilweise selbst zu leisten.

Erkennt man an, daß die Familienfürsorge das herrschende System der Außenfürsorge sein soll und in Zukunft sein wird, dann erhebt sich gebieterisch die Frage, welches Maß an körperlicher und seelischer Kraft von einer Fürsorgerin verlangt werden kann...

Hinsichtlich der Angaben über die Art des Dienstes weist die Statistik zweifellos Mängel auf. Durch die Begriffe „Außen- und Innendienst" ist nicht, wie beabsichtigt war, die klare Entscheidung zwischen fürsorgerischer und verwaltungsmäßiger Arbeit eingetreten. Trotzdem kann man vieles zwischen den Zeilen lesen. Für die Zukunft müßte bei allen Bestimmungen über die Art des Dienstes der Fürsorgerinnen maßgebend sein, daß sie nicht nur als Ermittlungsbeamte beschäftigt werden, daß sie andererseits aber auch nicht durch ein Übermaß von Schreibwerk und Büroarbeit von ihren wichtigsten fürsorgerischen Aufgaben ferngehalten werden.

Es gibt wohl keine allgemein gültige Lösung für die Frage der Vereinigung von Außen- und Innendienst in der Hand einer Fürsorgerin. Immerhin aber wird eine zweckmäßige Lösung maßgebend bestimmt werden durch das System der Außenfürsorge. Auf jeden Fall ist der Nachdruck darauf zu legen, daß die Fürsorgerin volle Verantwortung für ihre Arbeit und den entsprechenden Einfluß auf die Gestaltung der Fürsorgemaßnahmen im Einzelfall hat[245]).

Aus den Diskussionsbeiträgen:

[Dr. Gudula Kall, Düsseldorf] Für die Arbeit der Fürsorgerinnen ist es meines Erachtens von ausschlaggebender Bedeutung, daß sie die volle Verantwortung für ihre Arbeit tragen. Wenn sich die alte Armenpflege so lange halten konnte, so war das nur möglich, weil ihr im Elberfelder System zwei Grundgedanken eigen waren: Die Übertragung der letzten Entscheidung und damit der Verantwortung an den Pfleger, sowie die Erteilung der Befugnisse an ihn, innerhalb gewisser Grenzen über die bereitgestellten Mittel frei zu verfügen. Die Armenpfleger des Elberfelder Systems waren an vielen Orten besser gestellt als unsere heutigen Wohlfahrtspflegerinnen. Soll die Arbeit lebendig und fruchtbar gestaltet werden, müssen wir den Fürsorgerinnen wieder die volle Verantwortung geben. In diesem Sinne keine Nachermittlung nach erfolgter Ermittlung durch die Wohlfahrtspflegerin, d. h. kein Nachsenden von Beamten oder ehrenamtlichen Pflegern in die Familie, in die die Wohlfahrtspflegerin hineingegangen ist!... Die Fürsorgerin trägt die Verantwortung in der Kleinarbeit. Sie soll aber auch zu der Organisationsarbeit herangezogen werden...

Ein Wort zu dem Verhältnis der Innen- und Außenbeamten in der sozialen Arbeit. Tatsache ist, daß die Innenbeamten – meist die männlichen Sozialbeamten – vielerorts die Arbeit der Wohlfahrtspflegerinnen nicht genügend kennen und infolgedessen nicht die richtige Stellung zu ihr einnehmen. Tatsache ist aber auch, daß viele Wohlfahrtspflegerinnen die Bedeutung des sozialen Innendienstes nicht richtig einschätzen, weil sie über die Arbeit nicht richtig unterrichtet sind. Die Aufklärung beider Gruppen über die gegenseitige Arbeit tut not. Befruchtend für die Zusammenarbeit ist die Veranstaltung gemeinsamer Konferenzen und Lehrgänge[246]).

Auch im Hinblick auf das schwierige Verhältnis zwischen Außendienst und Innendienst bahnten die Richtlinien des Preußischen Ministerium für Volkswohlfahrt eine – vom Lehrplan her – neue Entwicklung an, nämlich die Ausbildung der Wohlfahrtpflegerin/Fürsorgerin sowohl für den Außendienst als auch für den Innendienst.

DRITTER TEIL: AUS DER ZEIT VON 1933 BIS 1945

Das Recht, das einst lt. Reichsverfassung von 1871, Art. 15, beim Bundespräsidenten lag, nämlich nach eigenem Ermessen den Reichskanzler zu ernennen und zu entlassen, konnte notfalls lt. Weimarer Reichsverfassung bei entsprechender Interpretation des Art. 48 dem Reichspräsidenten zustehen. So hatten während der Weltwirtschaftskrise, welche das Deutsche Reich erschütterte, insbesondere Franz v. Papen und General v. Schleicher auch ohne Reichstag, aber gestützt auf den Reichspräsidenten, mittels Notverordnungen regiert. Auf dem Höhepunkt der Krise wurde Adolf Hitler als Führer der Nationalsozialistischen Deutschen Arbeiterpartei (NSDAP) am 30. Januar 1933 zum Reichskanzler berufen. Damit war das Ende der Weimarer Republik gekommen.

Denn sofort, noch am selben Tage, machten er und seine Parteigänger aus dem legalen Akt der Ernennung zum Reichskanzler eine „Machtergreifung" im Sinne nationalsozialistischer Revolution. Binnen eines Jahres wurde das Reich umgestaltet zu einer Variante des neuzeitlichen totalen Staates. Wie andere totale Staaten im damaligen Europa war der NS-Führerstaat gekennzeichnet durch omnipotente Souveränität einer natürlichen Person, in diesem Falle Hitlers, ferner durch die Alleinherrschaft einer politischen Partei, in diesem Falle der NSDAP, deren Programm den Charakter einer Glaubenslehre erhielt und als Heilslehre galt, und schließlich durch die rigorose Unterdrückung oder Verfolgung aller andersdenkenden Staatsbürger, insbesondere der demokratisch gesinnten. Hinzu kam im NS-Staat die systematische, vor dem Volk geheimgehaltene Vernichtung derjenigen Bevölkerungsgruppen, welche ohne ihr Verschulden, ja ohne ihr Wissen der Führer zum Tod bestimmte. Die erste Opfergruppe am Anfang dieser Vernichtungsaktionen bestand aus Fürsorge-Klienten (s. u.).

1. Der NS-Führerstaat

Soweit die Entwicklung zum Führerstaat mit seiner Kommando-Struktur durch verfassungsändernde Gesetze gestützt wurde, begann sie mit dem Gesetz zur Behebung der Not von Volk und Reich vom 24. März 1933 (RGBl I S. 141):

(Art. 1) Reichsgesetze können außer in dem der Reichsverfassung vorgesehenen Verfahren auch durch die Reichsregierung beschlossen werden... (Art. 2) Die von der Reichsregierung beschlossenen Reichsgesetze können von der Reichsverfassung abweichen... Die Rechte des Reichspräsidenten bleiben unberührt. (Art. 3) Die von der Reichsregierung beschlossenen Reichsgesetze werden vom Reichskanzler ausgefertigt und... verkündet... (Art. 4) Verträge des Reiches mit fremden Staaten, die sich auf Gegenstände der Reichsgesetzgebung beziehen, bedürfen nicht der Zustimmung der an der Gesetzgebung beteiligten Körperschaften...

Die Länder wurden, nachdem ihre Parlamente durch Gesetz vom 31. März 1933 (RGBl I S. 153) aufgelöst worden waren, unmittelbar Hitler unterstellt, der sie durch die von ihm ernannten Reichsstatthalter verwalten ließ; zum Statthalter in Preußen ernannte er sich selbst. Das Zweite Gesetz zur Gleichschaltung der Länder mit dem Reich vom 7. April 1933 (RGBl I S. 173), das sogenannte Reichsstatthaltergesetz, bestimmte:

§ 1 (1) In den deutschen Ländern, mit Ausnahme von Preußen, ernennt der Reichspräsident auf Vorschlag des Reichskanzlers Reichsstatthalter. Der Reichsstatthalter hat die Aufgabe, für die Beobachtung der vom Reichskanzler aufgestellten Richtlinien der Politik zu sorgen. Ihm stehen folgende Befugnisse der Landesgewalt zu: 1. Ernennung und Entlassung... der Landesregierung, 2. Auflösung des Landtags und Anordnung der Neuwahl..., 3. Ausfertigung und Verkündung der Landesgesetze..., 4. '... Ernennung und Entlassung der unmittelbaren Staatsbeamten und Richter..., 5. das Begnadigungsrecht.

Dasselbe Gesetz ließ nach § 5 zunächst Preußen im Reich aufgehen:

§ 5 (1) In Preußen übt der Reichskanzler die in § 1 genannten Rechte aus... (2) Mitglieder der Reichsregierung können gleichzeitig Mitglieder der Preußischen Landesregierung sein.

Den Abschluß brachte in dieser Hinsicht das Gesetz über den Neuaufbau des Reiches vom 31. Januar 1934 (RGBl I S. 75):

Art. 1: Die Volksvertretungen der Länder werden aufgehoben. Art. 2 (1) Die Hoheitsrechte der Länder gehen auf das Reich über, (2) die Landesregierungen unterstehen der Reichsregierung. Art. 3: Die Reichsstatthalter unterstehen der Dienstaufsicht des Reichsministers des Innern.

Ausdrücklich statuierte Art. 4 desselben Gesetzes: „Die Reichsregierung kann neues Verfassungsrecht setzen." Diese Bestimmung, die nur bestätigte, was tatsächlich längst geschehen war, lieferte insofern einen Beleg dafür, daß derartige Gesetze die obwaltende Wirklichkeit lediglich begleiteten oder sie nachträglich zu legalisieren hatten. Vollends dem NS-Führerstaat unterworfen und ihm eingegliedert wurde das Reichsvolk mittels überall gegenwärtiger Partei-Organisationen. Auch deren Alleinherrschaft war gesetzlich fundiert, und zwar durch das Gesetz gegen die Neubildung von Parteien vom 14. Juli 1933 (RGBl I S. 479):

§ 1. In Deutschland besteht als einzige politische Partei die Nationalsozialistische Deutsche Arbeiterpartei. § 2. Wer es unternimmt, den organisatorischen Zusammenhalt einer anderen politischen Partei aufrecht zu erhalten, oder eine neue politische Partei zu bilden, wird, sofern nicht die Tat nach anderen Vorschriften mit einer höheren Strafe bedroht ist, mit Zuchthaus bis zu 3 Jahren oder mit Gefängnis von sechs Monaten bis zu drei Jahren bestraft.

So lange noch der Reichspräsident lebte, dessen Rechte das Gesetz zur Behebung der Not von Volk und Reich vom 24. März 1933 ausdrücklich nicht betraf, war auch die „Einheit von Partei und Staat" im Deutschen Reich nicht ganz vollendet. Insbesondere war die Reichswehr vereidigt auf den Reichspräsidenten. Aber er starb hochbetagt am 2. August 1934. Noch während er starb, beschloß Hitler das Gesetz über das Staatsoberhaupt des Deutschen Reiches vom 1. August 1934 (RGBl I S. 747):

§ 1. Das Amt des Reichspräsidenten wird mit dem des Reichskanzlers vereinigt. Infolgedessen gehen die bisherigen Befugnisse des Reichspräsidenten auf den Führer und Reichskanzler Adolf Hitler über. Er bestimmt seinen Stellvertreter.

§ 2. Dieses Gesetz tritt mit Wirkung von dem Zeitpunkt des Ablebens des Reichspräsidenten von Hindenburg in Kraft.

Am nächsten Tag folgte Hitlers Erlaß vom 2. August 1934 (RGBl I S. 751), wonach das Reichspräsidentenamt aufgehoben war und Hitler als Reichsoberhaupt sich „Führer und Reichskanzler" nannte. Die Reichswehr ließ er auf sich vereidigen. – Was übrigens den Reichsrat betraf, so hatte über ihn bereits das Gesetz über die Aufhebung des Reichsrats vom 14. Februar 1934 (RGBl I S. 89) entschieden.

2. Unterwerfung der freien Wohlfahrtspflege und des Deutschen Vereins unter die NSDAP

Die großen Sozialgesetze der Weimarer Republik blieben in Kraft, insbesondere die Fürsorgepflichtverordnung mit den Reichsgrundsätzen und die Arbeitslosenversicherung; alle Sozialbehörden setzten ihre Tätigkeit fort. Ohnehin unterstand die öffentliche Fürsorge jetzt, im NS-Führerstaat, auch dessen Verwaltung. Hingegen der privaten Wohlfahrtspflege bemächtigte sich mehr oder minder die NS-Volkswohlfahrt (NSVW, später nur: NSV).

2.1 Die NS-Volkswohlfahrt und die neue „Reichsgemeinschaft der freien Wohlfahrtspflege"

Hitlers Verfügung vom 3. Mai 1933, die NSV betreffend, lautet:

Die NS-Volkswohlfahrt (e. V.) wird hiermit als Organisation innerhalb der Partei für das Reich anerkannt. Sie ist zuständig für alle Fragen der Volkswohlfahrt und der Fürsorge und hat ihren Sitz in Berlin.

Über die Organisation der NS-Volkswohlfahrt informierte der Deutsche Verein seine Mitglieder ohne Kommentar:

Die Organisation ist im Anschluß an die politische Organisation der NSDAP (Ortsgruppe, Kreis, Gau) aufgebaut. Im Bereich der Ortsgruppen sind NSVW-Gruppen weiter eingesetzt, die gemäß den Anweisungen ihrer vorgesetzten Stellen im Einvernehmen mit der politischen Ortsgruppenleitung arbeiten. Für den Bereich des Kreises, der mehrere Ortsgruppen umfaßt, sind NSVW-Bezirksleiter bestellt, die im Einvernehmen mit der politischen Kreisleitung zu arbeiten haben. Sie führen insbesondere, das ist ausdrücklich gesagt, die notwendigen Verhandlungen mit den zuständigen Kommunalbehörden.
In der Gauinstanz steht der Gauleiter der NSVW, der im Einvernehmen mit der politischen Gauleitung arbeitet. Zur ständigen Mitarbeit und zur Gewährleistung einer engen Verbindung ordnen die NS-Frauenschaft, die NS-Jugendorganisationen und die NS-Kriegsopferversorgung nach Anweisungen ihrer Reichsleitung je einen Vertreter oder eine Vertreterin in die Gauleitung der NSVW ab (Beirat). Die Gauleiter dieser Organisationen müssen für die in ihrem Gaugebiet zu lösenden Aufgaben auf dem Gebiete der Volkswohlfahrt und Fürsorge im Einvernehmen mit dem Gauleiter der NSVW handeln.
Der Gauleiter der NSVW ist für den Verkehr mit allen Organisationen der freien Wohlfahrt des Gaugebietes zuständig. Er verhandelt mit ihnen nach Anweisung der Reichsleitung und gibt ihnen die Richtlinien für ihre Arbeitsweise nach dem von der Reichsleitung herausgegebenen Anordnungen. Die von der Reichsleitung oder von einer Landesregierung der NSVW-Gauleitung zugewiesenen Mittel werden ebenso wie die in einem Gau für Arbeiten auf dem Gebiete der Volkswohlfahrt und Fürsorge durchgeführten Sammlungen oder Lotterien von der NSVW-Gauleitung verteilt. Was im übrigen die Gewinnung von Geldmitteln anlangt, so wird ausdrücklich vermerkt, daß Wohltätigkeitsveranstaltungen im alten Fahrwasser nicht am Platze sind...
Aus der Satzung und den Richtlinien der NS-Volkswohlfahrt ergeben sich folgende Grundsätze:
I. Organisatorisch:
1. ständiges Einvernehmen mit den politischen Stellen der NSDAP,
2. planvolles Zusammenarbeiten mit
  a) allen in Frage kommenden Parteiorganisationen wie NS-Frauenschaft, HJ, BdM, KOV,

b) allen behördlichen Fürsorgestellen und Organisationen der freien Wohlfahrtspflege,
3. führende Mitarbeit in allen gesetzlichen Kommissionen und Ausschüssen,
4. ausgedehnte Heranziehung ehrenamtlicher Helfer nach planmäßiger Schulung,
5. Aufrechterhaltung des fachlich geschulten Personals in den Ämtern.
II. Inhaltlich:
1. ausreichende Hilfe für den gesunden in Not geratenen Menschen unter ständiger
Betonung des Gedankens der Verpflichtung des Einzelnen gegenüber dem gesamten Volk,
2. Lebendigmachung des nationalsozialistischen Gedankengutes in allen Erzie-
hungsaufgaben,
3. bevorzugte Einzelgebiete: Ernährungsfürsorge, Gesundheitsfürsorge, Erho-
lungspflege.
4. Ziel ist: die gesamte soziale Arbeit von der nationalsozialistischen Weltanschauung her von Grund auf neu zu gestalten[247]).

Weiteren Aufschluß über „den neuen Geist in der Wohlfahrtspflege" gaben die im Mai 1933 veröffentlichten „Richtlinien für die Arbeit" der NS-
Volkswohlfahrt:

Der Führer hat durch seine Verfügung vom 3. Mai 1933 die NS-Volkswohlfahrt
als führende und zuständige parteiamtliche Organisation für das gesamte Gebiet der
Wohlfahrtspflege und Fürsorge im deutschen Reich bestimmt.
Wie auf allen Gebieten, ist es auch auf dem Gebiete der Wohlfahrtspflege und
Fürsorge notwendig, daß nationalsozialistisches Denken und Wollen ihren Ausdruck finden. Die Art der sozialen Arbeit in den zurückliegenden Jahren wurde aus
einem liberalistisch-marxistischen Ungeist heraus betrieben, so daß wir jetzt vor einem Trümmerhaufen stehen. Der Versuch, einen sozialen Wohlfahrtsstaat aufzu-
richten, hat unser ganzes Volk wirtschaftlich und seelisch an den Rand des Abgrun-
des gebracht...
Der bisherige „Wohlfahrtsstaat" schwächte das Verantwortungsgefühl gegenüber dem einzelnen Volksgenossen durch Züchtung von Unterstützungsempfängern. Im Volke wurde die Auffassung großgezogen, daß allein das Wohlfahrtsamt
dazu da sei, zu helfen. Auch nicht-notleidende Kreise entzogen sich ihrer Pflicht
dem Nächsten gegenüber, indem sie meinten, zur Hilfe sei nur die Wohlfahrt berufen. Der in Not Befindliche muß wieder dazu erzogen werden, daß er neben seinem
Recht an die Volksgemeinschaft die Pflicht anerkennt, selbst zur Besserung seines
Zustandes beizutragen. Denn das Recht an die Volksgemeinschaft kann nie größer
sein als die Verpflichtung, die der einzelne der Volksgemeinschaft gegenüber auf
sich nimmt...
Von der ungesunden Verweichlichung und dem übertriebenen Ich-Denken wird
eine Umkehr der Erziehung zum Volksbewußtsein, zur Gemeinschaft und zum
führenden Opfergedanken stattfinden müssen. Die Haltung der Reformpädagogen
in den letzten Jahren führte zur Verneinung, zur Auflockerung und zur Auflösung.
Nationalsozialistische Jugendfürsorge muß gegen Verwahrlosung und Aufsässig-

keit aufbauen auf dem Willen der Jugend zur Zucht, zur Gemeinschaft, zur Ehre. Aus dem gleichen Gedanken der aufbauenden Arbeit wird die Fürsorge für die Mutter als Trägerin der völkischen Zukunft eine weitere hohe Aufgabe sein[248]).

Zwei der sieben Spitzenverbände wurden zerschlagen und die meisten ihrer Einrichtungen sofort der NSV einverleibt, nämlich die Arbeiterwohlfahrt und der Zentralwohlfahrtsausschuß der christlichen Arbeiterschaft. Einen weiteren Spitzenverband, nämlich den Deutschen Paritätischen Wohlfahrtsverband, übernahm die NSV vollständig. Die Zentralwohlfahrtsstelle der deutschen Juden ging allmählich mit den deutschen Juden zugrunde. Übrig blieben der Centralausschuß für Innere Mission, der Deutsche Caritasverband und das Deutsche Rote Kreuz. Gemeinsam mit der NSV wurden sie in der neuen „Reichsgemeinschaft der freien Wohlfahrtspflege" zusammengefaßt und der Reichsleitung der NSDAP unterstellt. Kommentarlos veröffentlichte die Zeitschrift „Freie Wohlfahrtspflege", Organ der bisherigen Liga, in ihrem Heft vom Juni/Juli 1933[249]) folgende Mitteilung, deren Wortlaut den Eindruck hervorruft, als sei alles, worüber hier berichtet wird, freiwillig geschehen:

> In einem feierlichen Akt übergab am 27. Juli 1933 der bisherige Präsident der Deutschen Liga der freien Wohlfahrtspflege... die Führung der freien Wohlfahrtspflege in Deutschland an den Präsidenten der neu gebildeten „Reichsgemeinschaft der freien Wohlfahrtspflege Deutschlands"...
> In der „Reichsgemeinschaft der freien Wohlfahrtspflege" hat sich die NS-Volkswohlfahrt e. V. mit der bisherigen Liga der Wohlfahrtspflege zusammengeschlossen, um unter Führung des neuen, von der Reichsleitung der NSDAP betrauten Präsidenten... die Aufgabe zu lösen, zu der sie im neuen Staat nach dem Willen des Führers berufen ist. Das bedeutet zunächst eine Vereinheitlichung. An Stelle der bisherigen sieben wird es künftig nur noch die vier in der Reichsgemeinschaft zusammengeschlossenen Spitzenverbände der freien Wohlfahrt geben:
> 1. NS-Volkswohlfahrt (einschließlich Deutscher Paritätischer Wohlfahrtsverband)...
> 2. Central-Ausschuß für Innere Mission...
> 3. Deutscher Caritasverband...
> 4. Deutsches Rotes Kreuz...
> Aufgabe der Reichsgemeinschaft wird es sein, neben der Vereinfachung im Betriebe der Wohlfahrtspflege, überall den Gedanken der Planwirtschaft durchzusetzen, unwirtschaftliche Anstalten auszumerzen und aus den verbleibenden Einrichtungen bei größtmöglicher Ausnutzung das höchste an Leistungen herauszuholen...

Hervorgehoben sei als besonderer Zweck dieser neuen Reichsgemeinschaft, „unwirtschaftliche Anstalten auszumerzen" und „bei größtmögli-

cher Ausnutzung das höchste an Leistungen herauszuholen" – ein Hinweis
auf diejenige Wendung, die jetzt der Fürsorge zugedacht war (s. u.).

2.2 Der Deutsche Verein

Zwei Jahre später wurde der Deutsche Verein, nachdem er in seiner Tätigkeit schon bis aufs äußerste gehemmt und eingeschränkt worden war,
ebenfalls „gleichgeschaltet" und zugleich reduziert auf eine „wissenschaftliche Forschungsstelle". Ihm verordnete Hilgenfeldt, Leiter des Hauptamtes für NS-Volkswohlfahrt, eine neue Satzung. „Das Hauptamt für Volkswohlfahrt ist seinerzeit vom Führer eingesetzt worden, damit für das Gesamtgebiet der Wohlfahrtspflege nach national-sozialistischen Grundsätzen eine einheitliche klare Linie gefunden werde."[250])
Die neue Satzung, die am 14. August 1935 von der nach Berlin einberufenen Mitgliederversammlung ohne Gelegenheit zur Aussprache hingenommen wurde, hatte folgenden Wortlaut:

§ 1. Unter dem Namen „Deutscher Verein für Armenpflege und Wohltätigkeit"
im Jahre 1880 begründet, 1912 unter diesem Namen eingetragen, hat der Verein seinen Namen im Jahre 1919 in „Deutscher Verein für öffentliche und private Fürsorge
e. V." geändert. Er ist im Vereinsregister des Amtsgerichts Berlin eingetragen. Sitz
des Vereins ist Berlin.
§ 2. Der Verein verfolgt den Zweck, die Praxis der Wohlfahrtspflege dadurch zu
fördern, daß er nach wissenschaftlichen Grundsätzen die Erfahrungen auf diesem
Gebiet sammelt und verarbeitet. Diesem Zweck dienen:
a) Die Herausgabe einer Zeitschrift,
b) die Anstellung oder Anregung von wissenschaftlichen Untersuchungen,
c) die Herausgabe einer wissenschaftlichen Schriftenreihe,
d) die Erteilung von Auskünften aus dem Aufgabengebiet der Wohlfahrtspflege.
§ 3. Mitglieder des Vereins können alle physischen und juristischen Personen,
sowie alle nicht eingetragenen Vereine und Gesellschaften des bürgerlichen Rechts
werden, die sich zur Zahlung eines festen Jahresbeitrags verpflichten. Über die
Aufnahme entscheidet der Vorsitzende...
§ 4. Die Höhe des jährlichen Mitgliedsbeitrags bestimmt der Vorsitzende. Alle
Mitglieder erhalten kostenlos das Vereinsorgan, den Nachrichtendienst.
§ 5. Organe des Vereins sind: 1. der Vorsitzende, 2. der Beirat, 3. die Mitgliederversammlung.
§ 6. Der Vorsitzende und sein Stellvertreter werden von dem Hauptamtsleiter des
Hauptamtes für Volkswohlfahrt bei der Reichsleitung der NSDAP berufen. Der
Vorsitzende leitet die Tätigkeit des Vereins im Sinne des § 2 der Satzung und setzt
den jährlichen Haushaltsplan nach Anhörung des Beirats fest. Vorstand im Sinne
des § 26 BGB ist der Vorsitzende, im Behinderungsfalle sein Stellvertreter.

§ 7. Der Vorsitzende beruft einen Beirat. Die Berufung der Beiratsmitglieder erfolgt jeweils auf drei Jahre. Dem Beirat gehört der Geschäftsführer des Vereins an. Bei grundlegenden Entscheidungen ist der Beirat zu hören. Die Einberufung des Beirats erfolgt durch den Vorsitzenden.

§ 8. Der Vorsitzende ernennt den Geschäftsführer und stellt ihn hauptamtlich an. Der Geschäftsführer führt die gesamten Geschäfte des Vereins nach den Weisungen des Vorsitzenden.

§ 9. Der Vorsitzende kann für die einzelnen Arbeitsgebiete des Vereins Fachausschüsse berufen. Die Ergebnisse der Arbeit in den Fachausschüssen sind dem Beirat mitzuteilen.

§ 10. Die Mitgliederversammlung wird vom Vorsitzenden einberufen, wenn der Vereinszweck es erfordert... Die Tagesordnung wird vom Vorsitzenden bestimmt. Die Mitgliederversammlung wird von dem Vorsitzenden geleitet...²⁵¹).

Eröffnet hatte die Mitgliederversammlung der noch gewählte Vorsitzende und Geschäftsführer Prof. Dr. Polligkeit. Nach Annahme der Satzung verlas er pflichtgemäß ein Schreiben des Hauptamtsleiters Hilgenfeldt vom vorangegangenen Tage, dem 13. August:

Unter der Voraussetzung, daß der mir vorgelegte und von mir gebilligte Satzungsentwurf des Deutschen Vereins für öffentliche und private Fürsorge die Zustimmung der morgen stattfindenden Mitgliederversammlung findet, berufe ich hiermit gemäß § 6 dieser Satzung zum Vorsitzenden des Deutschen Vereins für öffentliche und private Fürsorge den Amtsleiter Pg. [= Parteigenossen] Hermann Althaus in Berlin. Die Ernennung seines Stellvertreters behalte ich mir vor²⁵²).

Sofort übernahm Amtsleiter Althaus den Vorsitz und hielt eine vorbereitete Rede, in der es u. a. hieß:

Nachdem der Hauptamtsleiter Pg. Hilgenfeldt mich zum Vorsitzenden des Deutschen Vereins für öffentliche und private Fürsorge berufen hat, ist es meine Aufgabe, eine Neugestaltung und geistige Umformung des Deutschen Vereins in die Wege zu leiten... Es erscheint daher angebracht, die neue Arbeit des Vereins zu skizzieren und dabei zugleich einen Blick auf seine vergangene Entwicklung zu werfen...

Der deutlich erkennbare Einfluß, den die Tätigkeit des Vereins... auf die Gestaltung der Gesetzgebung und Verwaltung in der öffentlichen Fürsorge, darüber hinaus aber auch auf die Bestrebungen der Liebestätigkeit ausgeübt hat, ist nicht zum wenigsten dem starken Vertrauen zu verdanken, das sich der Verein durch seine ebenso gründliche wie sachliche Arbeitsweise erworben hat. Die von ihm über seine Jahresversammlungen veröffentlichten Berichte bilden ein Schrifttum, dessen Studium auch heute noch sachlichen Wert hat, weil die grundsätzlichen Fragen vielfach die gleichen geblieben sind.

Wie die Gründung des Vereins der Initiative eines engeren Kreises von Persönlichkeiten zu verdanken war, die von der Notwendigkeit einer Reform der Armenpflege erfüllt waren, so hat auch die äußere Gestaltung des Vereins das Gepräge einer echten Arbeitskameradschaft erhalten und auf die Dauer bewahrt, einer Arbeitskameradschaft von Persönlichkeiten, die – in ihrem Endziel einig – diesem wohl auf verschiedenen Wegen zustreben mochten, aber in gemeinsamer Gesinnung sich untereinander und mit dem Verein verbunden fühlten. Unabhängig von politischer oder religiöser Einstellung, unabhängig auch davon, ob das engere Arbeitsgebiet in der öffentlichen oder privaten Fürsorge lag, hatte jeder das Bestreben, der gemeinsamen Sache zu dienen...

Nach dem Kriege tauchte auf Grund einer Schrift von Dr. Polligkeit, die unter dem Titel „Formen der Arbeitsgemeinschaft zwischen den Zentralbehörden der staatlichen Wohlfahrtspflege und Zentralvereinigungen der freien Wohlfahrtspflege" erschien, der Gedanke auf, den Deutschen Verein zu einem Treffpunkt für die geistigen Strömungen und fachlichen Bewegungen auf allen Einzelgebieten des Fürsorgewesens zu machen. Das erforderte eine Neuorientierung des Arbeitsprogramms. Schon durch die Änderung des Vereinsnamens, die 1919 erfolgte, sollte zum Ausdruck gebracht werden, daß der Verein in seiner Zielsetzung sich dem Wandel der Zeitverhältnisse anpassen wollte. Die Begriffe „Armenpflege und Wohltätigkeit" waren schon vor dem Kriege überholt und inhaltlich, wenn auch nicht immer der Bezeichnung nach, durch die Begriffe „öffentliche und private Fürsorge" ersetzt worden...

Die Entwicklung des Vereins in der Nachkriegszeit trieb ihn in starkem Maße in die fürsorge-politische Richtung. Das lag nicht zuletzt in den Zeitverhältnissen begründet, die im parlamentarischen Hin und her der Meinungen nach einem ruhenden Pol in der Erscheinungen Flucht suchten und den Deutschen Verein als eine Art von „Ausgleichsstelle" betrachteten.

Dieser Aufgabe ist der Verein seit der Machtergreifung durch den Nationalsozialismus enthoben. Nur die NSDAP ist die Trägerin der politischen Willensbildung, und für das Gebiet der Wohlfahrtspflege ist das Hauptamt für Volkswohlfahrt vom Führer selbst als zuständig erklärt worden. Daraus ergibt sich, daß es heute z.B. nicht mehr Aufgabe des Deutschen Vereins sein kann, die Arbeitsgemeinschaft zwischen öffentlicher und freier Wohlfahrtspflege herbeizuführen. Der Deutsche Verein ist... eine wissenschaftliche Forschungsstelle, die die Praxis der Wohlfahrtspflege dadurch zu fördern hat, daß sie – wie es in § 2 der neuen Satzung heißt – die Erfahrungen auf diesem Gebiete sammelt und verarbeitet. Das gibt dem Verein den Charakter einer Studiengemeinschaft, die objektiv, unter Benutzung wissenschaftlicher Methoden, bestimmte Probleme der Wohlfahrtspflege untersucht und die Ergebnisse ihrer Arbeit den zuständigen Stellen zugänglich macht...

Der Führer hat alle, die guten Willens sind, zur Mitarbeit aufgerufen. Seinem Rufe folgen wir. Jeder hat an seinem Arbeitsplatz die Arbeit zu leisten, die ihm zugewiesen wird. Es kommt nicht darauf an, ob diese Arbeit nach außen in Erscheinung tritt oder nicht. Wertvoll wird die Arbeit nur dadurch, daß sie mit restloser Hingabe für das nationalsozialistische Deutschland und in steter Opfergesinnung für unser deutsches Volk geleistet wird. Mögen alle, die an der neuen Aufgabe des Deutschen Vereins mitzuwirken haben, diesen Gedanken der Pflichterfüllung voranstellen! Dann, glaube ich, werden wir das uns aufgetragene Werk zur Vollendung bringen. Heil Hitler![253])

Bemerkenswert für die damaligen Zeitverhältnisse ist der Schlußsatz des im Nachrichtendienst des Deutschen Vereins ohne Kommentar veröffentlichten Berichtes über diese Mitgliederversammlung:

Mit einem Dank und Sieg-Heil auf den Führer und Reichskanzler Adolf Hitler, der als Retter Deutschlands auch die Grundlage für eine nationalsozialistische Volkswohlfahrtspflege geschaffen habe, schloß der [neue] Vorsitzende [Althaus] die Versammlung[254]).

Damit war zu jener Zeit die Geschichte des extrem demokratischen und bis dahin selbständigen Deutschen Vereins zu Ende. Obwohl er dem Namen nach weiter bestand, hatte seine nunmehrige Existenz als bloße Forschungsstelle keine innere Verbindung mehr mit seiner großartigen Vergangenheit. Welche Forschungsaufgaben er noch erhalten würde und welcher Dienststelle er sie mitzuteilen hatte, das bestimmte jetzt und künftig ein Amtsleiter innerhalb der NS-Hierarchie gemäß Weisung des Hauptamtsleiters, der wiederum an Führerbefehle gebunden war. Tatsächlich erhielt der Deutsche Verein während der nun folgenden Jahre keine nennenswerte Arbeitsaufgabe zugewiesen. Der neue Geschäftsführer wurde zum 1. Juli 1936 ernannt und löste Prof. Dr. Polligkeit, dem bis dahin noch die Geschäftsführung belassen worden war, ab.

3. Die Wendung von der Fürsorge zur Anti-Fürsorge

Die Kontinuität deutscher Fürsorge-Tradition wurde im NS-Führerstaat jäh unterbrochen, das Fürsorgeprinzip widerrufen, der Fürsorge-Klient aus einem Subjekt zum Objekt gemacht. Aufschluß über die neue Zielrichtung und die ihr zugeordneten Leitgedanken geben zwei programmatische Artikel der inzwischen unter NS-Aufsicht gebrachten Zeitschrift „Freie Wohlfahrtspflege" als jetzigem Organ der „Reichsgemeinschaft" (s. o.). Beide Artikel nehmen u. a. Bezug auf das Gesetz zur Verhütung erbkranken Nachwuchses vom 14. Juli 1933 (s. u.). Den ersten Artikel hatte Prof. Dr. Theodor Geiger, Braunschweig, verfaßt[255]):

Die Fürsorge versuchte bisher, ihren Schützling wirtschaftlich zu machen, soweit das für möglich gehalten wurde. Sie hat damit der Gesamtheit im Falle des Erfolges einen Dienst geleistet, aber sie übte ihr Werk im Interesse des Schützlings selbst. Wenn sie sich grundsätzlich darauf umstellt, der Gesamtheit, nicht dem einzelnen Hilfsbedürftigen, zu dienen, so wird sie in ihrer Tätigkeit eine gewisse Schwenkung machen. Es mag für den Unwirtschaftlichen eine Wohltat sein, wenn er sich leidlich nutzbringend betätigen kann. Stellt sich aber die Fürsorge grundsätzlich darauf ein,

nicht ihm wohlzutun, sondern der Gesamtheit zu nützen, so wird sie
a) den Versuch hebender Hilfe ganz unterlassen, wo nach unserer Erfahrung der
   Erfolg sehr unwahrscheinlich ist,
b) sie wird auf hebende Maßnahmen von vornherein verzichten, wo deren Kosten
   in keinem Verhältnis zum möglichen Erfolg stehen. Sie beschränkt sich dann
   besser auf bloße Fristung.

In diesem Sinn sind Klagen darüber, daß die Erziehung eines zeitlebens minder-
tauglich bleibenden Hilfsschülers weit mehr kostet als die eines normal Begabten,
durchaus berechtigt...
    Es ist heute möglich, durch höchste technische Verfeinerungen das Leben armse-
ligster Geschöpfe bedeutend zu erleichtern – die Frage ist nur, ob die Gesamtheit für
das Wohlbefinden ewig Unwirtschaftlicher unverhältnismäßig hohe Ausgaben tragen darf, wenn sie gleichzeitig bei Versorgung mittelloser Leistungsfähiger knau-
sern muß. Bestimmte Grenzen lassen sich nicht angeben, aber der Gesichtspunkt
muß in der Fürsorge für persönlich Unwirtschaftliche walten. Sie mögen noch so
sehr zu bedauern sein, das ist kein Grund, sie umweltlich mehr zu begünstigen, als
es zur nackten Lebenserhaltung unbedingt nötig ist. Ich übergehe hier die Frage,
wie weit man in der Lebenserhaltung selbst gehen, ob man in näher bestimmten Fällen den Tod eintreten lassen, statt ihn mit äußerster Kunst hinauszögern soll...

Jedoch:

    Selbst das denkbar vollkommenste System der Ausmerze wird niemals, und wenn
es durch tausend Jahre fortgesetzt wird, alle Fälle von Erbminderwertigkeit ausschließen... Zu allen Zeiten also werden ausmerzende Erbpflege und zusätzliche
Umwelthilfe nebeneinander nötig sein... Die zusätzliche Umwelthilfe aber hat in
jeder Generation von neuem die zwei Aufgaben: Menschen unterdurchschnittli-
chen Leistungswertes leidlich brauchbar zu machen..., außerdem aber die dauernd
Unbrauchbaren leidlich durchzuschleppen, weil sonst nur die Wahl bliebe, sie entweder zu töten oder sie zum Schaden der Gesamtheit sich selbst zu überlassen.

So war die Alternative ausgesprochen, die „dauernd Unbrauchbaren"
entweder durchzuschleppen oder zu töten, allerdings die Tötung noch
nicht empfohlen. Sinngemäß dieselbe, wenn auch behutsamer formulierte
Alternative richtete sich u. a. gegen die Krüppel, so vorgebracht von Direktor P. J. Briefs, Hochheim, im März 1934[256]) unter der Überschrift: „Das
vertretbare und notwendige Maß von Krüppelfürsorge im nationalsozialistischen Staat":

    Vom eugenischen Standpunkte aus wurde wiederholt die Frage formuliert: Be-
deutet nicht der Körperbehinderte eine Beeinträchtigung der Volkskraft und einen
Schaden an der Volksgesundheit? Ist es nicht besser, diese minderwertigen Volksgenossen sich selbst oder einem langsamen, natürlichen Absterben zu überlassen,
als sie mit Aufwendung bedeutender Mittel fürsorgerisch zu betreuen?

Denn:

> Die nationalsozialistische Weltanschauung, die nunmehr auch unser Fürsorge-
> wesen durchdringt, hat mit dem Neben- und Durcheinander der verschiedenen
> Fürsorgezweige und deren öffentlich-rechtlichen und caritativen Trägern und Mit-
> arbeitern aufgeräumt... Die Fürsorge ist nicht mehr, wie in der vergangenen Zeit,
> ausschließlich für den Hilfsbedürftigen da, sondern sie ist mitten hineingestellt in
> die hohen, weitschauenden Aufgaben unseres völkischen Staates. Der geistige In-
> halt des deutschen Fürsorgewesens ist ein anderer geworden:
> Eigenwohl hat sich dem Gemeinwohl unterzuordnen; das Fürsorgewesen hat
> nicht nur der Gegenwart zu dienen, sondern ist hineingebaut in den ewigen Fluß der
> Geschlechterfolge, für deren Wohlergehen es verantwortlich gemacht wird...
> Volksgesundheitsdienst im neuen Staat ist Leistungssteigerung der Gesunden,
> Krankheitverhütung und Krankenheilung, den Gesetzen der Rassen- und Erbbio-
> logie unterstellt. Von dieser positiven Gesundheitsfürsorge ist einerseits die Pflege
> der geistig gesunden, aber unheilbar Kranken und Siechen und andererseits die Be-
> wahrung der geistig und moralisch Minderwertigen zu trennen[257].

Das heißt, im Januar 1934 wurde die Alternative, „Minderwertige" entweder durchzuschleppen oder zu töten, nicht nur unverhohlen ausgesprochen, sondern auch als geläufig vorausgesetzt. Tatsächlich war sie nicht
neu; denn schon 1920 hatten Karl Binding und Alfred Hoche ihre weitbe-
kannte Programmschrift veröffentlicht: „Die Freigabe der Vernichtung lebensunwerten Lebens. Ihr Maß und ihre Form"[258]. Der Inhalt dieser
Schrift hat im NS-Führerstaat dessen Fürsorgepolitik beeinflußt, sofern
diese negativ war; ohne jene Schrift ist die sogenannte „Euthanasie"-Aktion
nicht zu verstehen.

4. Binding und Hoche: „Vernichtung lebensunwerten Lebens"

Nicht nur ihres Titels und Inhalts wegen erhielt die Thesenfolge von Binding und Hoche über die „Freigabe der Vernichtung lebensunwerten Lebens" eine Schlüsselposition in der neueren deutschen Geschichte, sondern
auch deshalb, weil beide Verfasser jeweils auf ihrem Fachgebiet anerkannte
Autoritäten waren: Karl Binding ein vor dem Ersten Weltkrieg führender
Strafrechtslehrer, Hoche ein maßgeblicher Ordinarius für Psychiatrie an
der Universität Freiburg im Breisgau. Zwei Intentionen haben Binding und
Hoche kombiniert: „Euthanasie" (= „leichter Tod") als Hilfeleistung, und
„Vernichtung lebensunwerten Lebens", insbesondere unheilbar Kranker,
allein aus ökonomischen Gründen.

Die erste Intention ist neuzeitlicher Herkunft und zielt auf Euthanasie im

Sinne von Gnadentod, der sich, wenn man so will, als Akt besonderer Fürsorge auffassen läßt. Gemeint ist, daß bei unheilbar Kranken durch ärztliche Einwirkung mittels geeigneter Medikamente der Tod herbeigeführt wird, um – populär gesprochen – „den Leidenden von seiner Qual zu erlösen". Das Für und Wider ist hier nicht zu untersuchen. Wer heutzutage sich für eine solche ärztliche Maßnahme erklärt, der setzt mit Selbstverständlichkeit voraus, daß der unheilbar Kranke, unter schwersten körperlichen Schmerzen leidend aber geistig gesund, selbstverantwortlich den Arzt zur „Sterbehilfe" auffordert.

Die zweite, völlig andersartige und bei sogenannten Naturvölkern oder z. B. im antiken Sparta verwirklichte Intention zielt auf Tötung derjenigen Gemeinschaftsmitglieder, welche als öffentliche Last gelten – seien es körperlich oder geistig Schwerbehinderte, die nicht sich selbst helfen können, seien es arbeitsunfähig gewordene Alte oder als „minderwertig" deklarierte Bevölkerungsgruppen. Solche von den neueren Kulturvölkern als barbarisch verurteilte, fortschreitend durch spezielle Fürsorge ins Gegenteil umgewandelte und erst wieder im NS-Führerstaat als „eugenische Maßnahme" gerühmte Verhaltensweise haben nun aber Binding und Hoche zu rechtfertigen sich bemüht, und zwar durch Verbindung einer eigenmächtigen Modifikation des Euthanasiegedankens mit einem radikalen Nützlichkeitsstandpunkt.

Gerichtet ist die verhängnisvolle Schrift gegen alle nicht mehr zurechnungsfähige Geisteskranke, insbesondere „unheilbar Blödsinnige". Diese Menschen seien, so beteuert Hoche, nur noch „Ballastexistenzen", bloße „Viertels- und Achtels-Kräfte", ein unerträglicher Dauerschaden der Volkswirtschaft; der Aufwand, der solchen „Idioten", solchen „Defektmenschen" in Einrichtungen öffentlicher und privater Fürsorge zugutekomme, fehle anderswo für „wertvolle" Menschen: „Nehmen wir für den Einzelfall die durchschnittliche Lebensdauer von 50 Jahren an, so ist leicht zu ermessen, welches ungeheure Kapital in Form von Nahrungsmitteln, Kleidung und Heizung dem Nationalvermögen für einen unproduktiven Zweck entzogen wird." Daß sie volkswirtschaftlich „lebensunwert" sind und sie „vernichtet" werden müssen, um „die Volksgemeinschaft, das Vaterland" von ihnen zu befreien, das ist für beide Autoren selbstverständlich. Zu beantworten bleibt allein die Frage, wie die Vernichtung juristisch zu begründen sei.

Binding, der Strafrechtler, beantwortet sie. Sein Stichwort hat ihm Hoche, der Psychiater, geliefert: Die unheilbar Geisteskranken sind „geistig Tote". Falls sie noch geistiges Leben besäßen, wäre es strafbar, sie zu töten, darauf besteht auch Binding; da sie aber schon tot sind, wenn auch nur „geistig tot", und man einen Toten nicht nochmals töten kann, so verwirft Binding hier den strafrechtlich relevanten Ausdruck „Tötung" und spricht statt dessen von „Vernichtung". Bloße „Vernichtung" erklärt Binding für straffrei. – Im übrigen betont auch er den nationalökonomischen Nutzeffekt solcher dem Strafrecht entzogenen Vernichtungsmaßnahme.

Mit beiden Argumenten hatten im NS-Führerstaat sich Wortführer kirchlichen Widerstands gegen Hitlers Euthanasie-Aktion auseinanderzusetzen, so Friedrich von Bodelschwingh, dem es gelang, die Euthanasie-Aktion von Bethel abzuwehren. „Wo liegt der eigentliche tiefe Grund dieses ganzen unheilvollen Geschehens?" fragt sein gleichnamiger Neffe in den „Evangelischen Dokumenten zur Ermordung der ‚unheilbar Kranken' unter der national-sozialistischen Herrschaft in den Jahren 1939–1945"[259]); und sogleich kommt er auf Karl Binding zu sprechen. Seine Auseinandersetzung mit Bindings Argumentation ist selbst ein Dokument geistigen und geistlichen Widerstands:

Der entscheidende Satz steht gleich auf der zweiten Seite der Abhandlung [über die Freigabe der Vernichtung lebensunwerten Lebens]: „Von einer Macht, der er nicht widerstehen kann, wird Mensch für Mensch ins Dasein erhoben. Mit diesem Schicksal sich abzufinden, das ist seines Lebens Beruf. Wie er dies tut, das kann innerhalb der engen Grenzen seiner Bewegungsfreiheit er nur selbst bestimmen. *Insoweit ist er der geborene Souverän über sein Leben.*" Das heißt doch, das Erste Gebot „Ich bin der Herr, dein Gott, du sollst nicht andere Götter haben neben mir", kommt hier nicht in Betracht... Damit wird dem Deich, der die Menschen vor dem Chaos schützen soll, die Festigkeit genommen. Zwar versucht *Binding* mit der ganzen Akribie und Gründlichkeit, wie sie einem anerkannten Strafrechtslehrer anstehen, den Deich des Rechts, der das Leben schützt, intakt zu erhalten. Er führt alle Sicherungen ein, die von einem absolut integren Rechtsdenken aus überhaupt möglich sind, um etwaige Mißbräuche auszuschließen. Aber es ist erschütternd zu sehen, wie dieses ganze stabile Bauwerk, von innen her unterhöhlt, zusammenbrach, als die Flut kam. Man kann eben nicht ungestraft die Souveränität Gottes gegen die des Menschen austauschen. „Wenn der Mensch hinsichtlich seines Lebens in der Auseinandersetzung mit einem übermächtigen Schicksal der geborene Souverän über sein Leben ist, so folgt daraus, daß sein souveränes Handeln von keiner anderen menschlichen Macht beurteilt werden kann." Souverän ist Herr in seinem eigenen Land, der Mensch in seinem eigenen Leben. Tötet er sich also, so ist das kein strafrechtliches Delikt. Aber jetzt ist *Binding* sehr vorsichtig: Er verurteilt scharf die von einigen Seiten proklamierte Fassung, als habe der Mensch ein *Recht*, sich selbst zu töten. Er sagt: „Nein, unter keinen Umständen." Denn wenn der Mensch ein Recht hätte, sich zu töten, dann würde also der, der ihn an seiner Selbsttötung hindert, sich strafbar machen, und der sich selbst töten will, hätte das Recht der Notwehr, wenn jemand anders in seine Souveränitätsrechte eingreift. Auch deshalb darf es kein Recht auf Tötung geben, weil dann dem offenbaren Unrecht Tür und Tor geöffnet würden, z. B. wenn jemand etwa berechtigt sei, sich durch Selbsttötung der Begleichung einer Schuld oder sonst eines Auftrages, der ihm obliegt, zu entziehen oder eine Rentenzahlung an Hinterbliebene durch Selbsttötung zu erzwingen. Darum befürwortet *Binding* unter der Überschrift: „Souveränität über sein Leben" nur die *Straflosigkeit* des Selbstmordes, wie sie übrigens in dem Strafrecht der meisten europäischen Länder bereits verankert war und ist.

Wenn mit dem Wort „Souverän über sein Leben" der schützende Deich unterminiert ist, geht der Bohrgang weiter, unaufhaltsam: Wie nun, fragt *Binding*, wenn ein Mensch aus *beachtlichen* und *sittlich unanfechtbaren Gründen* sterben will und das also straffrei sein muß, er aber diesen seinen Tod nicht selbst bewerkstelligen kann und er darum andere um ihre Mithilfe bitten muß? Als beachtliche Gründe nennt er unerträgliche Qualen, das „Versinken in den seelischen Tod der Umnachtung". Und hier sagt nun *Binding:* Auch dies muß unter das Gesetz der Straffreiheit gestellt werden. Wenn hier aus solchen beachtlichen Gründen ein Wunsch auf Getötetwerden entsteht, dann wird also der Helfer in dieser Sache straffrei gesetzt. Dieses Handeln wird unter eine strenge Prüfungspflicht gestellt. Wer in dieser Weise also mithilft, einen Tötungswunsch zu erfüllen, ist nach *Binding* gesetzlich verpflichtet zu prüfen, ob die Lage dieses betreffenden Menschen wirklich so hoffnungs-, so aussichtslos ist oder ob der Tötungswunsch nicht vielleicht durch eine vorübergehende Depression bedingt oder aus anderen nicht stichhaltigen Gründen unberechtigt ist. *Irren sich die Helfer bei der Tötung, so sind sie nach Bindings Forderung strafrechtlich wegen fahrlässiger Tötung zur Verantwortung zu ziehen.*

Man sieht, wie sorgfältig *Binding* vorgeht und wie ernsthaft er gegen jede leichtfertige oder gewissenlose Haltung die ganze Strenge des Gesetzes einsetzt. Aber trotzdem ist kein Aufhalten. *Binding* muß weiter fragen: Wie, wenn ein Verunglückter bewußtlos ist und andere für ihn entscheiden müssen, ob er der Wohltat teilhaftig werden darf, nicht mehr zu furchtbarem Leiden erwachen zu müssen? Darf, wenn der Tod die einzige Erlösung ist, der Freund und Helfer sich weigern, den Weg zu dieser Erlösung zu öffnen? Gebietet ihm dies nicht das Mitleid und die Güte seines Herzens, das es nicht mit ansehen kann, wie ein Mensch wehrlos einem untragbaren Leiden ausgeliefert wird? Hier erscheint nun erstmals bei *Binding* der Mensch als Erlöser. Wir werden sehen, wie verhängnisvoll der Mensch als Ersatz für Gott zu wirken beginnt. *Binding* spricht dem Helfer, der anstelle des bewußtlosen Schwerverunglückten den Wunsch, sterben zu dürfen, ausspricht und dementsprechend das weitere veranlaßt, ebenfalls Straffreiheit zu. Diese Straffreiheit ist aber ebenso streng an die Pflicht sorgfältigster Prüfung gebunden. Auch hier hebt der später nachgewiesene Irrtum die Straffreiheit auf. Es hilft dem Helfer in diesem Fall auch nicht, daß er in bester Meinung, etwa überwältigt von seinem Mitleid, die Tötung veranlaßt hat. Irrtum ist unter keinen Umständen ein Entschuldigungsgrund! Man fragt sich natürlich, wie eine mit Sicherheit irrtumslose Prüfung in der Kürze der zur Verfügung stehenden Zeit praktisch durchgeführt werden soll.

Aber dieser Fall des Schwerstverunglückten ist nur eine Vorstation vor der letzten Station, auf die es *Binding* eigentlich ankommt. Es ist die massenhaft vorkommende Lage, die darin besteht, daß ein Mensch entweder von Geburt an verblödet ist oder im Verlauf einer Krankheit hoffnungslos in Verblödung versinkt. Hier wird also der verblödete Mensch seiner Souveränität gar nicht mehr inne, er kann sie auch in keiner Weise mehr betätigen. Noch dringlicher als in den bisher geschilderten Fällen tritt hier die Frage auf, ob nicht andere Menschen die Pflicht haben, stellvertretend den Antrag auf Beendigung eines Lebens zu stellen, das kein menschliches Leben ist, weil entweder ein solches nie vorhanden war oder der Seelentod infolge der sich vollendenden Verblödung bereits eingetreten ist.

Auch diese Frage bejaht *Binding*. Alles Vorhergehende war ja nur der Weg, um zu dieser Antwort zu kommen. Alle vorher geschilderten Fälle sind ja nur höchst selten vorkommende Ausnahmesituationen. Mit der Frage nach der Lebensbeendigung der verblödeten Menschen ist *Binding* bei seinem wirklichen Thema. Denn hier handelt es sich um viele Tausende von Menschen. Hier geht es nicht um verzweifelte Sonderfälle, sondern um eine große, das ganze Volk ideell und materiell sehr spürbar angehende Frage: *Ist die Tötung der großen Anzahl der Verblödeten und der nicht mehr zurechnungsfähigen Geisteskranken eine – mangels anderer Hilfen – erlaubte, straffreie Erlösungstat?* Wie nach dem sorgfältigen Vorgehen *Bindings* bei den zu dieser Frage hinführenden Vor-Situationen nicht anders zu erwarten, schaltet *Binding* hier noch weitere und stärkere Garanten der Rechtssicherheit ein. Nie verliert *Binding* aus dem Auge, daß Tötung grundsätzlich ein absolut strafwürdiges Tun ist und darum nie und nimmer zu einem Recht werden kann. Tötung bleibt bei *Binding* immer Unrecht. Er fragt nur, ob das Weiterlebenlassen der Blöden nicht auch Unrecht ist. So hat nach *Binding* der Mensch sich zu entscheiden, welches Unrecht er tun soll. Er plädiert dafür, die Tötung als das kleinere Unrecht zu wählen und es straffrei zu lassen. Als Garanten für die Richtigkeit einer solchen Entscheidung, die nie generell, sondern immer nur nach sorgfältiger Prüfung des Einzelfalls getroffen werden kann, müssen stärkere Autoritäten heran als nur der mitleidige, vom ausweglosen Leiden erlösende Mitmensch, nämlich *der Lebenswert, die Volksgemeinschaft, das Vaterland. Sie messen den Lebensbeitrag eines kranken Menschen und prüfen, ob dieser Beitrag der Gegenleistung wert sei, die Familie und Volksgemeinschaft in Gestalt von Pflegearbeit und Pflegekosten aufbringen...*

Die Erwägungen, die von diesen Souveränen [Binding und Hoche] angestellt werden, sind die bekannten: Hat es Sinn, daß „wertvolle" gemeinschaftsfähige Menschen sich lebenslang um solche Kranke bemühen, mit denen keine wirkliche Gemeinschaft mehr möglich ist? Es wird hierbei nicht bestritten, daß es eine rührende Bindung und Hingabe etwa einer Pflegerin an ein idiotisches Kind geben kann, aber es wird hinzugefügt, daß diese eine echte Gemeinschaft nicht darstellen könne, sondern etwa der Gemeinschaft und Zuneigung zu vergleichen sei, die ein spielendes Kind gegenüber seiner Puppe entwickelt! Ist es darum recht, wenn eine um ihre wirtschaftliche Existenz ringende Nation... Milliarden für Kranke ausgibt, die nichts zum Existenzkampf des deutschen Volkes beitragen? Es geht um das Heil des Volkes. Die Volksgemeinschaft hat dieses Heil in ihrer Hand, wenn auch nur in der bescheidenen Form der Beendigung von hoffnungslosen und unnützen Leiden. So überzeugt *Binding* ist, daß die Vernichtung lebensunwerten Lebens mit Recht straffrei gelassen werden muß, so erschütternd ist es, bei ihm nachzulesen, wie hier der anerkannte Rechtslehrer seines Volkes am Ende seines Lebens – er stirbt über der Drucklegung dieses Buches – ... alle Sicherungen einzubauen sich bemüht, die eine mißbräuchliche Handhabung der Vernichtung lebensunwerten Lebens ausschließen. Wie um gleichsam sein Gewissen zu entlasten, spricht er wohlbedacht nicht von „Tötung", sondern von „Vernichtung" lebensunwerten Lebens, denn es handelt sich ja nach seiner Meinung überhaupt nicht mehr um wirkliches Leben. Leben, das für den Souverän keinen Wert mehr hat, existiert eben nicht, ist gar nicht fähig, „getötet" zu werden, man kann es nur „vernichten". Ich schildere jetzt nicht alle Rechtssicherungen, die jeden Irrtum oder Mißbrauch nach menschlichem Ermessen ausschließen sollen, sondern gebe nur noch *einen* Grundsatz *Bindings* wieder, der die ganze Entschlossenheit *Bindings* zeigt, den Willen des Souveräns, so wie er ihn versteht, unter allen Umständen zu respektieren. Er lautet: *Die Brechung eines noch vorhandenen Lebenswillens ist verboten!* Wo also ein verblödeter Kranker noch Freude an seinem Leben bekundet, fällt er zwar objektiv unter die Kategorie „lebensunwert"; da er aber mit einem letzten Funken seiner Selbstbestimmung zum Ausdruck bringt: „Ich habe Freude an meinem noch so armen Leben", ist sein Leben für Dritte absolut unantastbar.

... Abschließend, kommen wir zu dem Ergebnis: Daß *Binding* und seine Freunde... Schrittmacher einer unheilvollen und absolut bösen Entwicklung wurden, hat seinen letzten Grund darin, daß mit der Außerkraftsetzung des Ersten Gebotes von der alleinigen Herrschaft Gottes der alles Leben schützende Deich unterwühlt wurde. Darum waren alle nachträglichen Sicherungen wirkungslos.

Wie konnte es geschehen, daß sich nun ... dieses unheilvolle Geschehen durchsetzte? Wir bauen auf dem Ergebnis des ersten Abschnittes auf. Es sind sehr humane Götter, die an Stelle des lebendigen Herrn in seine Majestät gesetzt werden: die bedächtige rechtliche Erwägung, die Pflicht gesetzlichen Mitleids, die sorgfältige Prüfung des Wertes eines Menschen für die Gesellschaft, der letztlich wertvolle Mensch, die lebenswichtige Gesellschaft, das um seine Erhaltung ringende Volk. Das werden die Götter, die hier leise eingeführt werden... Das Furchtbare ist, daß diese...Götter in Wirklichkeit Götzen sind. Sie hören nicht, sie sehen nicht, sie reden nicht, das besorgen ihre Priester, die Priester der Götzen, die sich – wie es bei Daniel geschrieben steht – zur Nachtzeit mästen an den Speisen, die den Götzen dargebracht werden, und die dann bei Tage sagen, was die Götter nach ihrer Meinung sagen sollen. Diese Priesterschaft war 1920 noch nicht da, sie sollte erst mit dem Dritten Reich kommen. Einstweilen war die Welt beeindruckt von dem ehrwürdigen Grabstein, den der Mitverfasser dieses Buches, der Professor Dr. *Hoche,* seinem Freunde *Binding* am Eingang des besprochenen Buches gesetzt hat: „Während des Druckes dieser Schrift ist Geheimrat *Binding* abgerufen worden. Das Echo, welches seine Ausführungen finden werden, antwortet der Stimme eines Toten. Ich darf bekunden, daß die Fragen, mit denen unsere Abhandlung sich beschäftigt, dem Verstorbenen Gegenstand eines von lebhaftestem Verantwortungsgefühl und tiefer Menschenliebe getragenen Nachdenkens gewesen sind."

Das waren nun die rechten Töne, mit denen dann die Priester des Dritten Reiches Anhänger für ihre Pläne zunächst unter dem engsten Kreis der Führung, dann aber in immer weiteren Kreisen der Bevölkerung warben... Man wird es dem Leibarzt *Adolf Hitlers*, Dr. *Brandt*, glauben müssen, daß ihm in meinem Onkel, Fritz von Bodelschwingh [Pastor Friedrich (Fritz) v. Bodelschwingh, 1877–1946, Sohn des Gründers von Bethel, leitete Bethel von 1910–1946] der erste ernsthafte Warner in dieser Sache begegnet sei.

5. Zwangssterilisation und Euthanasie-Aktion

Obwohl Binding und Hoche mit ihrer Schrift im Rechtsstaat der Weimarer Republik meistens auf Ablehnung gestoßen oder gar nicht ernstgenommen worden waren, hatten sie doch einen Bann gebrochen. Und sie hatten auch Anhänger gefunden, vor allem Adolf Hitler. Er erweiterte die von Binding und Hoche vorgetragene Vernichtungslehre durch nationalsozialistische Rassendoktrin; so erklärte er 1929 auf dem Nürnberger Reichsparteitag: „Würde Deutschland jährlich eine Million Kinder bekommen und 700 000 bis 800 000 der Schwächsten beseitigen, dann würde am Ende das Ergebnis vielleicht sogar eine Kräftesteigerung sein. Das Gefährlichste ist, daß wir selbst den natürlichen Ausleseprozeß abschneiden (durch Pflege der Kranken und Schwachen)... Der klarste Rassen-Staat der Geschichte, Sparta, hat diese Rassengesetze planmäßig durchgeführt".[260])

Der Leitgedanke, den Hitler von Binding/Hoche bezogen und mit der NS-Eugenik vereinigt hatte, besagte also bei ihm: Wer „lebensunwertes Leben" vernichtet, der dient dem Volk, indem er es rassisch verbessert; der dient ferner dem Staat, indem er ihn von „Ballastmenschen" befreit; und der bewahrt einen beträchtlichen Teil des Volkseinkommens davor, daß es für „Defektmenschen" vergeudet wird.

Sobald aber die Frage nach Vernichtung „lebensunwerten" oder „minderwertigen" Lebens gestellt und zustimmend beantwortet war, schloß die nächste Frage sich an, wer als minderwertig zu gelten habe. Binding und Hoche hatten sich noch mit Geisteskranken begnügt. Tatsächlich begann im NS-Führerstaat die sogenannte Euthanasie-Aktion mit der Vernichtung von Geisteskranken. Jedoch, nachdem das eigens entwickelte Verfahren, nämlich die Tötung in Gaskammern, sich „bewährt" hatte, ließ es sich auch auf diejenigen Bevölkerungsgruppen anwenden, über die nach Maßgabe der NS-Ideologie generell das Urteil „minderwertig" und folglich „lebensunwert" verhängt worden war.

Um die Vernichtungsaktionen durchzuführen, hat Hitler den Krieg abgewartet. Denn vor dem Volke wollte er sie geheimhalten; und unter Kriegsbedingungen ließ ihre Geheimhaltung sich eher erreichen als im

Frieden. Anders verhielt es sich mit der ihnen um einige Jahre vorangehenden Zwangssterilisation unheilbar Kranker: Das Sterilisationsgesetz wurde schon am 14. Juli 1933, also kurz nach der „Machtergreifung", beschlossen und am 25. Juli 1933 bekanntgemacht.

5.1 Das Gesetz zur Verhütung erbkranken Nachwuchses vom 14. Juli 1933 (RGBl I S. 529) und der Widerstand dagegen

Das Gesetz zur Verhütung erbkranken Nachwuchses wurde auch als „Sterilisationsgesetz" bezeichnet; denn gesetzlich verhütet werden sollte erbkranker Nachwuchs durch Sterilisation, gegebenenfalls auch ohne Wunsch und Wissen des Betroffenen. Neben dem „Unfruchtbarzumachenden" selbst konnte dessen gesetzlicher Vertreter oder der zuständige beamtete Arzt oder Anstaltsleiter die Sterilisierung beantragen. Das „Sterilisationsgesetz" erfaßte: angeborenen Schwachsinn, Schizophrenie, zirkuläres (manisch-depressives) Irresein, erbliche Fallsucht (Epilepsie), erblichen Veitstanz (Huntingtonsche Chorea), erbliche Blindheit, erbliche Taubheit, schwere körperliche Mißbildung sowie schweren Alkoholismus.

Ärzte und Anstaltsleiter hatten Anzeigepflicht, wenn ihnen eine Person bekannt wurde, auf die die Bestimmungen zutrafen. Die Erbgesundheitsgerichte als Antragsstelle hatten Ermittlungen anzustellen und Urteile zu fällen. War die Unfruchtbarmachung beschlossen, dann mußte der Eingriff binnen zweier Wochen erfolgen, andernfalls die Polizei zu Zwangsmaßnahmen greifen. Es war verboten, Patienten aus Heil- und Pflegeanstalten zu entlassen, ehe der Eingriff vorgenommen war.

Inhaltlich war damals dieses Gesetz nicht so neuartig, wie es heutzutage nachträglich scheint. Vielmehr war die Sterilisation unheilbar Kranker, vor allem Geisteskranker, seit langem öffentlich diskutiert worden. Deshalb hatte Papst Pius XI. sich veranlaßt gesehen, in seiner Enzyklika „Casti connubii" vom 13. Dezember 1930 ausdrücklich zu erklären:

Es gibt nämlich einige, die allzu besorgt um die Erreichung eugenischer Ziele sind. Sie möchten nicht nur gewisse heilsame Ratschläge geben, die sich darauf beziehen, wie man dem zukünftigen Nachwuchs Gesundheit und Tüchtigkeit sichern könne – ein solches Bemühen würde in keiner Weise der gesunden Vernunft widersprechen – nein, sie möchten überdies dem eugenischen Ziel jedem anderen, auch von einer höheren Ordnung, gegenüber den Vorrang geben. Sie verlangen daher, daß man durch öffentliche Autorität allen die Ehe verbietet, von denen nach den Normen und Wahrscheinlichkeiten der Wissenschaft aus erblicher Übertragung voraussichtlich minderwertiger Nachwuchs entstehen dürfte, auch wenn diese

Menschen an sich geeignet sein sollten, eine Ehe einzugehen. Ja, sie gehen so weit, selbst aufgrund eines Gesetzes gegen den Willen des betreffenden Menschen alle jene der natürlichen Fähigkeit, Nachwuchs zu haben, durch erblichen Eingriff zu berauben. Nicht etwa als blutige Strafe für ein begangenes Verbrechen, noch auch, um zukünftige Verbrechen gegenüber Menschen zu verhüten, sondern um gegen alles Recht und alle Gerechtigkeit für die öffentliche Gewalt eine Freiheit in Anspruch zu nehmen, die sie weder hat noch haben kann[261]).

Damit war entschieden, daß Sterilisation aus eugenischen Gründen unvereinbar sei mit der katholischen Sittenlehre; und die NS-Reichsregierung sah, jenes Gesetzes wegen, einen Konflikt mit der katholischen Kirche voraus. Nachdem sie am 14. Juli sowohl dem Konkordat mit dem Heiligen Stuhl zugestimmt als auch das Sterilisationsgesetz beschlossen hatte, zögerte sie dessen Veröffentlichung bis zum 25. Juli hinaus, um nicht das Konkordat zu gefährden. Dann aber riskierte sie den Konflikt. Bischöflicher Widerspruch bewirkte nur, daß die Durchführungsverordnung, erlassen am 5. Dezember 1933 (RBl I S. 1021), eine Ausnahmeregelung vorsah, wonach die Zwangssterilisation nicht angewendet werden sollte auf Kranke, die in einer geschlossenen Anstalt verwahrt wurden, sowie bei Lebensgefahr und nicht vor dem 10. Lebensjahr. Hans-Josef Wollasch faßt die dann folgenden Vorgänge so zusammen[262]):

Während die Verantwortlichen beim Deutschen Caritasverband bezüglich der Anzeigepflicht auch der caritativen Anstalten in Unsicherheit und Sorge waren, lehnte die katholische Publizistik die Gesetzesregelung der Zwangssterilisation weiterhin, wenn auch zurückhaltend, ab. Nachdem Kardinal Bertram, der die katholischen Belange im Gesetz unzureichend berücksichtigt sah, auch von Vizekanzler Franz von Papen nur ausweichende und hinhaltende Antwort erhielt, empfahl er den deutschen Bischöfen, in der Kanzelverkündigung des üblichen Ehehirtenbriefes am 2. Sonntag nach Epiphanie folgenden aktuellen Absatz einzufügen:
„In der Frage der Sterilisierung gelten für die Gläubigen die von der höchsten kirchlichen Autorität verkündeten Grundsätze des christlichen Sittengesetzes. Gemäß den Weisungen des Heiligen Vaters erinnern wir daran: Es ist nicht erlaubt, sich selbst zur Sterilisation zu stellen oder Antrag zu stellen auf Sterilisation eines anderen Menschen. Das ist Lehre der katholischen Kirche. Dankbar anerkennen wir jede Rücksichtnahme auf diesen Grundsatz."
Diese im Grunde unpolemische, jedoch die Vorschrift der Antragstellung treffende Äußerung löste den scharfen Protest des Innenministeriums in Berlin aus. [Der Reichsinnenminister] Frick, der durch die Predigtüberwachung allerorts über die Breitenwirkung der Hirtenbriefe im Bilde war, sah sich bewogen, telegraphisch und brieflich gegenüber den Kardinälen Bertram und Faulhaber seinem „lebhaften Befremden darüber Ausdruck [zu] geben, daß die Auffassung der katholischen Kirche nunmehr öffentlich in einer so schroffen Form zum Ausdruck gebracht wurde, wie es in den Kanzelverlesungen des 14. Januar des Jahres geschehen ist. Die Reichs-

regierung kann es nicht ruhig hinnehmen, wenn in einer für die Zukunft des deutschen Volkes lebenswichtigen Frage der gegensätzliche kirchliche Standpunkt in einer Weise herausgestellt wird, daß der naturnotwendig damit verbundene Anspruch auf Folgepflicht der Gläubigen jedenfalls in seiner seelischen Auswirkung als Aufforderung zum Ungehorsam gegen das Reichsgesetz gewertet werden muß". Auch das Sicherheitsamt des Reichsführers SS erblickte in der bischöflichen Verlautbarung eine Aufforderung zum Ungehorsam gegen ein Reichsgesetz, die örtlich – so in Hamburg – bereits zu Schwierigkeiten bei den Vorbereitungen zur Durchführung des Gesetzes geführt habe.

Noch bevor Kardinal Faulhaber den Einspruch Fricks zurückwies, rechtfertigte der Vatikan vor der Reichsregierung Tatsache und Art der Kanzelverkündigung vom 14. Januar und erhob Einspruch gegen die Behinderung kirchlicher Publikation. Angesichts der Unfruchtbarkeit des Meinungsaustausches stellte er unmißverständlich fest: „Die der Frage der Zwangssterilisation und dem diesbezüglichen deutschen Reichsgesetze gewidmeten Teile des staatlichen Promemoria offenbaren eine so weitgehende grundsätzliche Gegensätzlichkeit der beiderseitigen Standpunkte, daß der Heilige Stuhl eine prinzipielle Erörterung für unergiebig erachten muß. Seine eigene, im göttlichen Recht begründete Stellungnahme ist unabänderlich."

Trotzdem wurde das Gesetz durchgeführt. Wollasch schätzt vorsichtig, „daß von 1933 bis 1939, vom Erlaß des Gesetzes zur Verhütung erbkranken Nachwuchses bis zum Kriegsanfang, ... über 200 000 Menschen, vom Staat als Gefahr für die Gesundheit und Reinheit des Volkskörpers eingestuft, unfruchtbar gemacht worden sind", und er fährt fort:

Angewandt auch in den Konzentrationslagern zur Ausschaltung rassischer und politischer Gegner, war die Sterilisierungsaktion innerhalb der rassepolitischen Planung der Nationalsozialisten jedoch nur Auftakt, Vorstufe zum Euthanasieprogramm, von dem sie 1939 abgelöst wurde[263]).

5.2 Die NS-„Euthanasie"-Aktion und der Widerstand gegen sie

Schon im Zusammenhang mit der Zwangssterilisation war der Verdacht laut geworden, daß eine ihr folgende Vernichtungsaktion nicht auszuschließen sei. Warnend erklärte Kardinal Faulhaber in seinem Fastenhirtenbrief vom 1. Februar 1934:

Es könnte ein Arzt auf den Gedanken kommen, die schmerzlose Tötung unheilbar Kranker, auch der Geisteskranken, erspare dem Staat große Fürsorgemittel und diene deshalb dem Wohl des Volkes. Aber wirtschaftliche Rücksichten können niemals ein Sittengesetz außer Kraft setzen[264]).

Und Erzbischof Conrad Gröber, Freiburg, sagte 1937 in dem von ihm herausgegebenen „Handbuch der religiösen Gegenwartsfragen"[265]) unter

Bezugnahme auf die von Binding und Hoche benutzte Terminologie und Argumentation, die Vernichtung „lebensunwerten Lebens" sei eine echte Tötungshandlung, die objektiv unsittlich sei. Die Anschauung, es handele sich nur um halbe, Viertels- oder Achtelskräfte, sei abzulehnen. Auch diesen kranken Menschen gelte die absolute Achtung vor dem Leben des Menschen.

Hitler, zur Vernichtung „lebensunwerten Lebens" längst entschlossen, war nach Erfahrung mit dem Sterilisationsgesetz auf allgemeinen Widerstand gefaßt; um öffentliche Unruhe zu vermeiden, verschob er sein Vorhaben bis zum Krieg:

> Im Jahre 1935 sagte Hitler dem Reichsärzteführer Wagner, daß, wenn ein Krieg sein soll, er diese Euthanasie-Frage aufgreifen und durchführen werde, weil er der Meinung war, daß ein solches Problem im Krieg zunächst glatter und leichter auszuführen ist, da offenbar Widerstände, die von kirchlicher Seite zu erwarten waren, in dem allgemeinen Kriegsgeschehen nicht diese Rolle spielen würden, wie sonst[266]).

Tatsächlich ließ Hitler die Vernichtungsaktion zwar schon im Frühjahr und Sommer 1939 vorbereiten, aber erst nach Kriegsausbruch beginnen; und anders als im Falle der Zwangssterilisation, für die er – als der NS-Führerstaat sich noch im Aufbau befand – ein Reichsgesetz erlassen hatte, schloß er jetzt die Öffentlichkeit aus.

Von den drei Kanzleien, über die er verfügte – Reichskanzlei, Parteikanzlei und Führerkanzlei – bediente er sich zum Zwecke der Vernichtungsaktion seiner Führerkanzlei. Ein Satz, niedergeschrieben auf seinem privaten Briefpapier und Ende Oktober 1939 zurückdatiert auf den 1. September desselben Jahres, den Tag des Kriegsbeginns, genügte ihm, um Philipp Bouhler, Leiter der Führerkanzlei seit 1934, und seinen Begleitarzt Dr. Karl Brandt mit der Aktion zu beauftragen:

> Reichsleiter Bouhler und Dr. med. Brandt sind unter Verantwortung beauftragt, die Befugnisse namentlich zu bestimmender Ärzte so zu erweitern, daß nach menschlichem Ermessen unheilbar Kranken bei kritischster Beurteilung ihres Krankheitszustandes der Gnadentod gewährt werden kann. gez. Adolf Hitler[267])

Im Wortlaut folgte dieses Dokument anscheinend den einst von Karl Binding (s. o.) aufgestellten Regeln über „Form und Maß der Vernichtung lebensunwerten Lebens": Unheilbar Kranke sollten unter der Bedingung ausgelöscht werden, daß Ärzte ihnen ihren Lebensunwert bescheinigt hatten; und das Tötungsverfahren galt als „Euthanasie".

Jedoch, der wahre Beweggrund, warum überhaupt eine Vernichtung unheilbar Kranker gleichsam empfohlen wurde, lag ja im volkswirtschaftlichen Nutzeffekt. Erhält – wie im NS-Führerstaat – das Utilitaritätsdenken die Oberhand, dann kann „Euthanasie" sich gewiß nicht auf „tiefe Menschenliebe" beziehen, sondern nur noch auf das Tötungsverfahren selber: „Euthanasie" zwar, um „Ballastmenschen" loszuwerden, aber mittels eines „leichten Todes" durch Medikamente oder, wie im NS-Führerstaat, meistens durch tödliches Gas.

Zugleich bedingte der Utilitaritäts-Standpunkt seine eigene Interpretation von „unheilbar Kranken". Gemeint waren nun Menschen, die aus irgendwelchen Gründen nicht den materiellen Gegenwert ihrer Existenz durch Arbeitsleistung zu erbringen vermochten, sozusagen unheilbar Arbeitsunfähige oder, wenn nicht ganz arbeitsunfähig, so doch mit nur unzulänglicher Arbeitskraft ausgestattet und in diesem Sinne lediglich „Viertelsmenschen" oder „Achtelsmenschen".

Gegenüber der Utilitaritätsgesinnung konnten auch Bindings Versuche zu Rechtsgarantien (s. o.) nicht standhalten, und die zweiteilige NS-Euthanasieaktion ging unbedenklich über sie hinweg. Der erste Teil trug, da die Führerkanzlei sich in der Berliner Tiergartenstraße 4 befand, den Tarnnamen „T 4"; die zweite, die ihr folgte, war getarnt mit dem Aktenzeichen „14 f 13".

Um „T 4" geheim zu halten, wurden nicht nur alle an ihr Beteiligten zum Stillschweigen verpflichtet und für den Fall einer Zuwiderhandlung mit dem Tode bedroht, sondern auch die schon bereitstehenden Organisationen so benannt, daß sie ein Nichteingeweihter für menschenfreundlich halten konnte:

- Die „Reichsarbeitsgemeinschaft Heil- und Pflegeanstalten" hatte durch Fragebögen, die zunächst keinen Argwohn erregten, alle Insassen der Anstalten und Heime zu erfassen;
- die „Gemeinnützige Stiftung für Anstaltspflege" war zuständig für Finanzierung und Personal;
- die „Gemeinnützige Krankentransportgesellschaft GmbH" transportierte in ihren meist grauen Omnibussen mit verhangenen Fenstern die zur Vernichtung bestimmten Erwachsenen, Jugendlichen und Kinder in die Vernichtungsanstalten;
- der „Reichsausschuß zur wissenschaftlichen Erfassung von erb- und anlagebedingten schweren Leiden" war speziell für die Vernichtung von Kindern und Jugendlichen verantwortlich.

Organisatorisch wurde – in der Regel – die Vernichtung der Erwachsenen getrennt von derjenigen der Kinder und Jugendlichen durchgeführt. Formal hielten sich die NS-Ärzte, welche anhand der Fragebögen über Tod und Leben der Betroffenen zu entscheiden hatten, sich an Bindings Bedingung, wonach „lebensunwertes Leben" nur dann vernichtet werden dürfe, wenn medizinisch jeder Heilerfolg auszuschließen sei. Aber die Prüfung selbst geschah nach Maßgabe des Nützlichkeitswertes. „Positive Begutachtung", durch ein handschriftliches Kreuz auf dem Fragebogen markiert, bedeutete: Tod.

Auf dem Fragebogen war u. a. anzugeben, seit wann der Kranke sich in der Anstalt befinde, seit wann er krank sei, ob er geisteskranke Blutsverwandte habe; dann die Diagnose (Hauptsymptome; ob bettlägerig, ob sehr unruhig, ob in festem Haus, ob ein körperlich unheilbares Leiden vorliege, ob der Kranke kriegsbeschädigt sei, ob es sich bei ihm um Schizophrenie, Schwachsinn, Epilepsie handele oder um eine senile Erkrankung); welche Therapie mit welchem Erfolg angewandt wurde und ob demnächst mit Entlassung zu rechnen sei. Anfänglich beachtete mancher Anstaltsleiter diese bereits im Sommer 1939 ausgesandten Fragebögen gar nicht:

Als Direktor der Heilanstalt Zwiefalten erhielt ich [Prof. Dr. med. Gruhle] im Sommer 1939 eine große Zahl von Formularen, die eine Menge Fragen für jeden einzelnen Kranken stellten. Ich konnte der Zusammenstellung keinen Sinn und Zweck entnehmen und legte den Stoß unausgefüllt zur Seite, da ich nur eine – nicht dringliche – Statistik vermutete. Am 20. 11. 1939 rückte ich zum Militär ein und hatte mit der Angelegenheit nichts mehr zu tun. Im Frühsommer 40 erreichten mich die ersten Gerüchte über die Tötung von Geisteskranken. Es hieß, daß die beteiligten Chefärzte unter Androhung der Todesstrafe vom Ministerium zur Verschwiegenheit verpflichtet worden seien.
Bald hörte man nicht nur durch Ärzte Näheres, sondern die Leute fingen offen an davon zu reden ... Die Bedeutung der „grauen Wagen" wurde schnell bekannt. Man sprach von der ungehemmten Roheit, mit der die Begleiter der Wagen beim Einladen verfuhren. Die Insassen der Heilanstalten selbst erfaßten bald den Sinn der sogenannten Verlegungen ... Beim Abholen der Kranken sollen sich die traurigsten Szenen abgespielt haben. In den Heilanstalten tauchten Kommissionen auf, deren Mitglieder unter Decknamen reisten ... Das [Reichsinnen-]Ministerium gab ein Verbot der Entlassung von Kranken aus den Anstalten heraus, in der Hoffnung, dadurch zu verhindern, daß einige der Aktion entgingen[268]).

Da trotz des Geheimhaltungs-Befehls sich allmählich herumsprach, welchen Zweck die Fragebögen und die ihr folgenden Maßnahmen hatten, erfolgte in immer mehr Anstalten die ebenfalls heimliche Gegenwehr:

In den frühen Sommermonaten des Jahres 1940 begannen großzügige und zuerst planlos erscheinende Krankenverlegungen innerhalb aller Heil- und Pflegeanstalten und aller ähnlichen Einrichtungen ... Die Leitungen der caritativen Anstalten betrieben aus diesem Grunde massenhafte Entlassungen von Kranken nach Hause, verbesserten und verfälschten zugunsten ihrer bisherigen Pfleglinge die Diagnosen. Schließlich aber half alles nichts. Die Mehrzahl der Kranken landete eben doch in großen staatlichen Anstalten, wo sie dann meist schon zum zweiten Male listenmäßig erfaßt und aufgrund ihrer Diagnose einer der damals betriebenen vier Anstalten zugeführt wurden, wo sie den Tod erlitten. Man sprach immer von vier oder fünf derartigen Anstalten, die in Betrieb seien: Grafeneck bei Münsingen, Wiesloch, Sonnenstein, Pirna bei Dresden, außerdem Hartheim bei Linz (Österreich). Meistens wurden zuerst die israelitischen Patienten diesen Exekutionsanstalten zugeschickt. Die allerersten Bestimmungen über das zu vernichtende Leben waren ziemlich weitgreifend. Alle Kranken, die nach § 42 b (Sicherungsverwahrung) des Strafgesetzbuches eingewiesen waren, ob arbeitsfähig oder nicht, wurden vernichtet, ferner alle diejenigen Kranken, die schon fünf Jahre in Anstalten waren; man mußte hier einen Patienten schon als wirklich vollwertige Arbeitskraft hinstellen, bis es gelang, ihn freizubekommen. Außerdem blieben auch anfangs Kriegsteilnehmer völlig unberücksichtigt. Die einen wurden also wegen ihres schon seit Jahren bestehenden unheilbaren Leidens vernichtet, die anderen wegen ihrer grundsätzlichen Arbeitsunfähigkeit, wieder andere, weil sie in ihrer Geistesstörung irgendeine Straftat begangen haben. Es ist bekanntgeworden, daß besonders in der ersten Zeit des Jahres 1940 viele durchaus arbeitswillige und arbeitsfähige Kranke zur Vernichtung verurteilt waren...

Vor der Anstalt, in der ich [Dr. med. Kraus] mich augenblicklich befinde [Zwiefalten], fuhren immer wieder große graue und rote Omnibusse vor, d. h. man fuhr sie schließlich in den Garten um sie von der Straße wegzubekommen. Die ganze Ortschaft horchte immer auf. Hunderte von Kranken warteten in nordürftigen Unterkünften (auf blankem Stroh!) auf ihre letzte Fahrt. Manchmal waren sie wie die Heringe auf Stroh geschichtet. Eine Reihe starb meist schon während der Wochen des Wartens auf den Weitertransport. Die Kranken stammten aus allen Kategorien: Vollidioten mit allen möglichen körperlichen Gebrechen, Debile mit körperlichen Fehlern (bislang von konfessionellen Schwestern aufs beste betreut!), oft Leute, die schon unter den Strapazen der Verschickung schwersten gesundheitlichen Schaden nahmen. An eine wirkliche Pflege war bei diesen Massen überhaupt nicht mehr zu denken...

Waren die großen Autos vorgefahren, so mußte die Verladung reibungslos vor sich gehen. Jeder Kranke hatte mit Tintenstift eine Nummer auf den Unterarm bekommen, diese Nummer wurde jeweils vom Transportleiter nach dem Einladen des Kranken in den Wagen aus seiner Liste gestrichen...

Von einem Augenzeugen (Arzt) wurde mir der Hergang der eigentlichen Exekution folgendermaßen geschildert: Gleich nach Eintreffen der Transporte wurden die Kranken einer letzten Überprüfung anhand der Krankengeschichte durch zwei Ärzte unterzogen. Nackt mußten die Kranken vor den Ärzten erscheinen, man habe im voraus die gewählte „Todesursache" aktenmäßig vermerkt oder gegebenenfalls die Zurückschickung des Kranken aus irgendwelchen Gründen veranlaßt. Dann wurden die zur Vernichtung bestimmten Kranken sofort in einen Raum verbracht, der mit einem Röhrensystem versehen und hermetisch abzuschließen war. Durch Gucklöcher in der Türe habe man aber alle Vorgänge beobachten können. In diesem Raum brachte man ca. 75 Mann. Nach dreiviertel Stunden konnte der Raum bereits wieder geöffnet und die Leichen entfernt werden. Der Tod war unterdessen durch Kohlenoxydvergiftung eingetreten. Die völlig nackten Leichen wurden dann der Verbrennung auf Rosten zugeführt... Die Asche wurde später in einer Urne den Angehörigen unter Bekanntgabe irgendeiner Todesursache zugesandt. Anfangs hatte man offenbar alle möglichen Methoden auf toxikologischem Gebiete versucht, Injektionsmethoden etc. Man soll sogar im Falle des Nichtgelingens oder des Nicht-Ausreichens der einen oder anderen Methode zum Revolver gegriffen haben. Bei einer derartigen Gelegenheit sei eine „Pflegerin" tödlich verletzt worden.

Das nächste Gebiet um die ehemalige Pflegeanstalt Grafeneck war durch einen Zaun und durch Polizeiposten abgesperrt... Es gab keine öffentliche Verordnung oder Gesetz, man wußte nur vom Hörensagen, daß Regierungskreise der Sache eine unbedingt positive Einstellung entgegenbrächten und daß es für Beteiligte ratsam wäre, sehr vorsichtig mit irgendwelchen Äußerungen zu sein, da es einem den Kopf kosten könne. Ich selbst habe überhaupt nie eine diesbezügliche ministerielle Anweisung oder ähnliches gesehen, die Übermittlungen an die hiesige Direktion (Zwiefalten war quasi Sammellager für Grafeneck!) vollzog sich immer mündlich hinter verschlossenen Direktionstüren...

Auffallend war der Umstand, daß die Zivilbevölkerung meist bessere Kenntnis von den Geschehnissen hatte als die Anstaltsärzte, die an sich völlig im Dunkeln gehalten wurden und eigentlich keinerlei Initiative ergreifen konnten, da man ja eine Organisation geschaffen hatte, die selbständig arbeitete. Daß natürlich positiv eingestellte Anstaltsdirektoren weitgehend ins Vertrauen gezogen wurden und sich ihrerseits „bewähren" konnten, war klar...

Ich selbst war Zeuge von erschütternden Szenen, die sich anläßlich von Besuchen in meinem Dienstzimmer abspielten, als ich den Leuten, die von irgendwoher reisten, eröffnen mußte, daß ihre Angehörigen mit unbekanntem Ziel am soundsovielten abgeholt worden waren. Meistens wußten die Leute sofort, was es geschlagen hatte. Ohnmachtsanfälle waren an der Tagesordnung. Die ganzen Vorwürfe mußte man über sich ergehen lassen, obwohl man an der Sache so gut wie unbeteiligt war. Man mußte den Leuten immer antworten: Ich weiß nicht mehr und nicht weniger wie Sie – eben nur das, was die Spatzen vom Dach pfeifen. Die Leute konnten und wollten es immer gar nicht glauben, daß diese ganze Aktion eigentlich nicht Sache der jeweiligen Anstalten sei. Das Ansehen des ganzen Psychiaterstandes erlitt allerschwerste Einbuße[269]).

Vergeblich hatte Hitler das Bekanntwerden seiner Aktion in der Öffentlichkeit verhindern wollen. Sobald sie bekannt worden war, setzte der Widerstand ein, beginnend mit Erfahrungen aus Württemberg, das zuerst von der Aktion betroffen worden war. Der Central-Ausschuß der Inneren Mission beauftragte Pastor Paul Gerhard Braune (seit 1922 Leiter der Bodelschwingh'schen Anstalten in Lobetal und seit 1932 gleichzeitig Vizepräsident des Central-Ausschusses) bei der Reichsregierung zu protestieren. Gemeinsam mit Pastor D. Friedrich von Bodelschwingh, seit 1910 Nachfolger seines Vaters als Leiter der Bodelschwingh'schen Anstalten und seit

Mai/Juni 1933 designierter Reichsbischof der Deutschen Evangelischen
Kirche, intervenierte er im Mai/Juni 1940 erfolglos bei vier Reichsministern
und verfaßte daraufhin eine Denkschrift für Hitler mit dem Datum vom 9.
Juli 1940. (Vier Wochen später, am 12. August, wurde Pastor Braune vom
Sicherheitsdienst verhaftet.) Gleichzeitig, am 8. Juli 1940, wandte sich
Amtsgerichtsrat Kreyssig aus Brandenburg an der Havel beschwerdefüh-
rend an den Reichsjustizminister:

> Jeder... weiß wie ich, daß die Tötung Geisteskranker demnächst als eine alltägli-
> che Wirklichkeit ebenso bekannt sein wird, wie etwa die Existenz der Konzentra-
> tionslager. Das kann gar nicht anders sein.
> Recht ist, was dem Volke nutzt. Im Namen dieser furchtbaren, von allen Hütern
> des Rechtes in Deutschland noch immer unwidersprochenen Lehre sind ganze Ge-
> biete des Gemeinschaftslebens vom Rechte ausgenommen, z. B. die Konzentra-
> tionslager, vollkommen nun auch die Heil- und Pflegeanstalten... Das Bürgerliche
> Recht besagt nichts darüber, daß es der Genehmigung des Vormundschaftsrichters
> bedürfe, wenn ein unter Vormundschaft oder Pflegschaft und damit unter einer
> richterlichen Obhut stehender Geisteskranker ohne Gesetz und Rechtsspruch vom
> Leben zum Tode gebracht werden solle. Trotzdem glaube ich, daß „der Obervor-
> mund", wie die volksverbundene Sprechweise den Vormundschaftsrichter nennt,
> unzweifelhaft die richterliche Pflicht hat, für das Recht einzutreten. Das will ich
> tun[270]).

Weit verbreitet, auch in der Wehrmacht, wurde der Brief des württembergischen Landesbischofs D. Theophil Wurm an den Reichsinnenminister
Frick vom 19. Juli 1940; da heißt es u. a.:

> Das Christentum hat es sich von jeher zur Aufgabe gemacht, im Blick auf den,
> von dem es heißt: „Er trug unsere Krankheit und lud auf sich unsere Schmerzen",
> der Kranken und Elenden sich anzunehmen. Gegenüber der Roheit eines primitiven
> Heidentums wurde der Mensch als Mensch und nicht als Tier behandelt. Die Fort-
> schritte der Heilkunde wurden in den Anstalten der christlichen Liebestätigkeit
> auch für die geistig Erkrankten nutzbar gemacht. Wesentliche Fortschritte sind ge-
> rade auch von Spezialärzten in Anstalten der Inneren Mission wie in staatlichen An-
> stalten ausgegangen...
> Wird nun aber eine so ernste Sache wie die Fürsorge für Hunderttausende leidende
> und pflegebedürftige Volksgenossen lediglich vom Gesichtspunkt des augenblickli-
> chen Nutzens aus behandelt und im Sinne einer brutalen Ausrottung dieser Volks-
> genossen entschieden, dann ist damit der Schlußstrich unter eine verhängnisvolle
> Entwicklung gezogen und dem Christentum als einer das individuelle und das Ge-
> meinschaftsleben des Volkes bestimmenden Lebensmacht endgültig der Abschied
> gegeben... Alle Konfessionen sind darin einig, daß der Mensch oder das Volk die
> ihm durch das Vorhandensein pflegebedürftiger Menschen auferlegte Last als von
> Gott auferlegt zu tragen hat und nicht durch Tötung dieser Menschen beseitigen
> darf.

Ich kann nur mit Grausen daran denken, daß so, wie begonnen wurde, fortgefahren wird. Der etwaige Nutzen dieser Maßregeln wird je länger je mehr aufgewogen werden durch den Schaden, den sie stiften werden. Wenn die Jugend sieht, daß dem Staat das Leben nicht mehr heilig ist, welche Folgerungen wird sie daraus für das Privatleben ziehen? Kann nicht jedes Roheitsverbrechen damit begründet werden, daß für den Betreffenden die Beseitigung eines anderen von Nutzen war? Auf dieser schiefen Ebene gibt es kein Halten mehr... Entweder erkennt auch der nationalsozialistische Staat die Grenzen an, die ihm von Gott gesetzt sind, oder er begünstigt einen Sittenverfall, der auch den Verfall des Staates nach sich ziehen würde[271]).

Am kürzesten und zugleich in der Sache erschöpfend faßte alles, was zu sagen war, Pfarrer Leube, Schussenried, in einem Schriftsatz zusammen, den er als Vertrauensmann der „Württembergischen Arbeitsgemeinschaft evangelischer Seelsorger an Gemüts- und Nervenkranken" im Oktober 1940 dem Reichsinnenminister Frick und dem Reichsgesundheitsführer Dr. Conti zuschickte:

1. Die Maßnahmen der Lebensvernichtung, welche unter strengstem Geheimnis bleiben sollten, sind in breiter Öffentlichkeit bekanntgeworden. Kinder wie Erwachsene wissen darum und sprechen davon.

2. Es ist ein offenes Geheimnis, daß die Mitteilungen an die Angehörigen über den unerwarteten und plötzlichen Tod des in eine andere Anstalt verlegten Kranken in wichtigen Punkten nicht der Wirklichkeit entsprechen. Das Vertrauen in die Glaubwürdigkeit amtlicher Angaben ist dadurch im Volk erschüttert.

3. Soldaten, welche aus dem Feld auf Urlaub in die Heimat kommen und davon hören, sind entsetzt und fragen: „Was tut man dann mit uns?" Sie fühlen sich für die Zukunft nicht mehr ihres Lebens sicher, ihre Opferfreudigkeit leidet Not; denn sie erfahren, daß auch Kameraden, welche im Weltkrieg ihre geistige Gesundheit verloren haben, Opfer der Maßnahmen geworden sind.

4. Rentenempfängern und Pensionären, welche lebenslang ihre Zeit und Kraft treu und fleißig eingesetzt haben, graut es vor ihrer Zukunft, weil das Recht auf Leben nicht mehr gesichert sei.

5. Auf dem Pflegepersonal in den Anstalten liegt ein schwerer Druck. Nicht nur, daß jeder neue Abschied eines Transportes zunehmende seelische Erschütterung im Innersten verursachte: Die besten unter dem Personal verlieren die Freude an dem Beruf, dem sie mit aufopfernder Liebe sich hingaben, und trachten danach, loszukommen; denn ihre Arbeit ist ja entwertet. Für gewissenlose Pfleger aber wächst die Versuchung, störende und unangenehme Kranke kurzerhand zu beseitigen.

6. Selbst Ärzten wird ihr Beruf entleidet. Denn der Gesichtspunkt der Heilung und Pflege der Kranken ist Nebensache geworden. Dadurch ist der Ernst und die Vertrauenswürdigkeit des auf Heilung und Erhaltung des Lebens gerichteten ärztlichen Wirkens erschüttert und in Frage gestellt. Die von ihnen geforderte Mitwirkung zur Durchführung der Maßnahme ist für die persönliche Verantwortung gewissenhafter Ärzte geradezu untragbar.

7. Von den Pfleglingen weiß eine größere Anzahl, als man denken möchte, um

die Maßnahme. Teils sprechen sie es offen und grimmig aus, teils befinden sie sich in ständiger Angst, daß eines Tages das gleiche Los sie treffe. Wie sich dies auf Geist und Gemüt der Labilen unter ihnen auswirkt, braucht nicht besonders gesagt zu werden.

8. Auf der Bevölkerung im allgemeinen lastet um der Maßnahme willen schwerer Druck und düstere Sorge. Auch hat sich die Einstellung zur Heilanstalt gewandelt. Wurden bisher Kranke, welche das Unglück hatten, geistig zu erkranken, der Heilanstalt mit Vertrauen zu treuen Händen übergeben, so suchen jetzt die Familien erkrankte Angehörige von der Anstalt fernzuhalten oder aus ihr herauszubekommen, damit ihnen die Maßnahme der Lebensvernichtung erspart bleibe[272]).

Noch konnte die NS-Führung meinen, daß sie die im Volk wachsende Unruhe beherrsche. Die Aktion wurde ausgedehnt über das ganze Reich. Da hielt der Bischof Clemens August Graf von Gahlen in Münster am 3. August 1941 jene Predigt, deren Wirkung „ungeheuer" und für Partei und Staat, wie es ein westfälischer NS-Ortsgruppenleiter am 11. August ausdrückte, „moralisch verheerend" war[273]):

Allgemein herrscht der an Sicherheit grenzende Verdacht, daß diese zahlreichen unerwarteten Todesfälle von Geisteskranken nicht von selbst eintreten, sondern absichtlich herbeigeführt werden, daß man dabei jener Lehre folgt, die behauptet, man dürfe sogenanntes lebensunwertes Leben vernichten, also unschuldige Menschen töten, wenn man meint, ihr Leben sei für Volk und Staat nichts mehr wert. Eine furchtbare Lehre, die die Ermordung Unschuldiger rechtfertigen will, die die gewaltsame Tötung der nicht mehr arbeitsfähigen Invaliden, Krüppel, unheilbar Kranken, Altersschwachen grundsätzlich freigibt!... Jene unglücklichen Kranken müssen sterben, weil sie nach dem Urteil irgendeines Arztes, nach dem Gutachten irgendeiner Kommission, „lebensunwert" geworden sind: weil sie nach diesem Gutachten zu den „unproduktiven" Volksgenossen gehören! Hier handelt es sich um Menschen, unsere Mitmenschen, unsere Brüder und Schwestern, arme Menschen, kranke Menschen. Aber haben sie damit das Recht auf das Leben verwirkt, hast du, habe ich nur so lange das Recht zu leben, so lange wir produktiv sind, so lange wir von anderen als produktiv anerkannt werden?
Wenn man den Grundsatz aufstellt und anwendet, daß man den unproduktiven Mitmenschen töten darf, dann wehe den Invaliden, die im Produktionsprozeß ihre Kraft, ihre gesunden Knochen eingesetzt, geopfert und eingebüßt haben! Wenn man die unproduktiven Mitmenschen gewaltsam beseitigen darf, dann wehe unseren Soldaten, die als Schwerkriegsverletzte, als Invaliden und Krüppel zurückkehren! Wenn einmal zugegeben wird, daß Menschen das Recht haben, unproduktive Mitmenschen zu töten, und wenn es jetzt auch zunächst nur arme und wehrlose Geisteskranke trifft, dann ist grundsätzlich der Mord an allen unproduktiven Menschen, also an den unheilbar Kranken, den arbeitsunfähigen Krüppeln, den Invaliden der Arbeit und des Krieges, dann ist der Mord an uns allen, wenn wir alt und altersschwach und damit unproduktiv werden, freigegeben.
Dann braucht nur irgendein Geheimerlaß anzuordnen, daß das bei den Geistes-

kranken erprobte Verfahren auch auf andere „Unproduktive" auszudehnen ist, daß es auch bei den unheilbar Lungenkranken, bei den Altersschwachen, bei den Arbeitsinvaliden, bei den schwerkriegsverletzten Soldaten anzuwenden sei. Dann ist keiner von uns seines Lebens sicher, irgendeine Kommission kann ihn auf die Liste der „Unproduktiven" setzen, die nach ihrem Urteil „lebensunwert" geworden sind, und keine Polizei wird ihn schützen und kein Gericht wird seine Ermordung ahnden und den Mörder der verdienten Strafe übergeben. Wer kann dann noch Vertrauen zu einem Arzt haben, vielleicht meldet ihn der Arzt als „unproduktiv" und erhält die Anweisung, ihn zu töten!

Es ist nicht auszudenken, welche Verwilderung der Sitten, welches allgemeine gegenseitige Mißtrauen bis in die Familien hineingetragen wird, wenn diese furchtbare Lehre geduldet, angenommen und befolgt wird. Wehe dem Menschen, wehe unserem deutschen Volke, wenn das heilige Gottesgebot „du sollst nicht töten", das der Herr unter Donner und Blitz auf dem Berge Sinai verkündet hat, das Gott unser Schöpfer von Anfang an in die Gewissen der Menschen geschrieben hat, nicht nur übertreten wird, sondern wenn diese Übertretung sogar geduldet und ungestraft ausgeübt wird!

Entgegen Bindings Behauptung (s. o.), daß die „Vernichtung lebensunwerten Lebens" nicht strafbar sei, berief Bischof Gahlen sich auf das Strafgesetzbuch:

Noch hat Gestzeskraft der § 211 des Strafgesetzbuches, der bestimmt: „Wer vorsätzlich einen Menschen tötet, wird, wenn er die Tötung mit Überlegung ausgeführt hat, wegen Mordes mit dem Tode bestraft..." ... Es ist mir... versichert worden, daß man im Reichsministerium des Innern und auf der Dienststelle des Reichsärzteführers Dr. Conti gar keinen Hehl daraus macht, daß tatsächlich schon eine große Zahl von Geisteskranken in Deutschland vorsätzlich getötet worden ist und in Zukunft getötet werden soll. Das Reichsstrafgesetzbuch bestimmt in § 139: „Wer von dem Vorhaben eines Verbrechens wider das Leben glaubhafte Kenntnis erhält und es unterläßt, der Behörde oder dem Bedrohten hiervon zur rechten Zeit Anzeige zu machen, wird... bestraft." Als ich von dem Vorhaben erfuhr, Kranke aus Mariental abzutransportieren, um sie zu töten, habe ich am 28. Juni [1941] bei der Staatsanwaltschaft beim Landgericht in Münster und beim Herrn Polizeipräsidenten in Münster Anzeige erstattet durch eingeschriebenen Brief...[274])

Auch darüber unterrichtete Bischof Gahlen am 3. August 1941 seine in der Lamberti-Kirche zu Münster versammelte Gemeinde. „In den folgenden Wochen und Monaten [beschäftigte der „Fall Gahlen"] die führenden Stellen des NS-Reiches bis hin zu Hitler, der sich damals ausschließlich im Führerhauptquartier bei Rastenburg (Wolfsschanze) aufhielt"; und „trotz aller Vorstöße bestimmter Parteikreise, die der Meinung waren, der Bischof müsse kurzerhand gehängt werden", ist der „Fall Gahlen" niemals „gelöst" worden[275]).

Der Predigttext verbreitete sich durch Deutschland gleichsam wie ein

Lauffeuer. „Welche mittelbaren und unmittelbaren Wirkungen die ... Predigt ... hatte, läßt sich vor allem auch daraus ersehen, daß in vielen Gegenden Deutschlands katholische Geistliche und ... auch evangelische Pfarrer es sich nun zur Aufgabe machten, ihre Gemeinden auf die Greuel der Krankenermordungen hinzuweisen, z. B. in Jugendstunden, Gemeindeabenden und Gruppenabenden mit Soldaten ... Auch Radio Vatikan unterstützte den Kampf Graf von Gahlens, den es als einen Kampf gegen den neuen Paganismus [„Heidentum"] würdigte, in dem das Hakenkreuz durch das Kreuz Christi ersetzt werde. Gleichzeitig erinnerte der Sender an die Pflicht der Bischöfe, furchtlos die Worte des Apostels zu wiederholen, man müsse Gott mehr gehorchen als den Menschen"[276]). In der Denkschrift der deutschen Bischöfe an die Reichsregierung vom 10. Dezember 1941 hieß es demgemäß: „Wir deutschen Bischöfe werden nicht nachlassen, gegen die Tötung Unschuldiger Verwahrung einzulegen"[277]).

Schließlich gab Hitler – scheinbar – nach. Im August 1941 ließ er Brandt telefonisch Bouhler mitteilen, daß „T 4" nunmehr „abzustoppen" sei. Tatsächlich wurde die Aktion eingeschränkt, keinesfalls beendet; es folgte ihr die sogenannte „wilde Euthanasie". Erstens galt Hitlers Abstoppungs-Befehl offenbar nur Erwachsenen, die in deutschen Heil- und Pflegeanstalten bis dahin der Vernichtung entgangen waren, indes Kinder und Jugendliche auch in Deutschland weiterhin umgebracht wurden („Kinder-Euthanasie"); und zweitens bezog er sich im wesentlichen auf das Tötungsverfahren: Anstatt in Gaskammern wurde der Tod zunehmend durch Medikamente oder durch Verhungern herbeigeführt. Am Beispiel der Caritas und fortgesetzt katholischen Widerstandes führt Hans-Georg Wollasch auf[278]):

Trotz dem „offiziellen" Abstoppen der Euthanasie wurden bis Ende 1942 aus fünf katholischen Anstalten durch insgesamt 12 Verlegungen 1150 Pfleglinge gewaltsam herausgenommen, und als im Frühjahr 1943 auf einen neuerlichen Erlaß des Reichsinnenministers hin noch einmal versucht wurde, Verlegungen in großem Umfang durchzusetzen, traf es bis Kriegsende weitere 10 katholische Einrichtungen, die durch insgesamt 43 Transporte 1987 Geisteskranke verloren.

Diesem Erlaß des Innenministers in Berlin vom 9.11.1942 war die Bestellung eines Reichsbeauftragten für die Heil- und Pflegeanstalten vorausgegangen, der sämtliche Anstalten, auch die konfessionellen, „planwirtschaftlich" zusammenzufassen und zu kontrollieren hatte, wofür wiederum umfangreiche statistische Nachforschungen angestellt wurden. Ein Beispiel: Im Juli/August 1942 bereisten Obermedizinalrat Dr. Ratka und Medizinalrat Dr. Schneider die Heil- und Pflegeanstalten in Südbaden, um an Ort und Stelle die Richtigkeit von Angaben über Krankenbestände, Arbeitsverhältnisse, Diagnosen usw. zu überprüfen. In dem Reisebericht heißt es dann: „Abgesehen von den Anstalten in Herten b[ei] Lörrach und Wespach b[ei] Salem/Bodensee sind sowohl in bezug auf Aufnahme der Ärztekommission als auch hinsichtlich der Untersuchungen keinerlei Schwierigkeiten entstanden"; hervorgehoben werden wiederholte Weigerungen des Direktors Vomstein und der „durchaus negativ eingestellten Oberin" in Herten – ähnlich bei der Oberin in Wespach – bezüglich der Vorlage von Akten und der Ermöglichung von Untersuchungen. Der Runderlaß vom 9.11.1942, der von allen Anstalten die halbjährliche Ablieferung detaillierter Meldebogen über den genauen Krankenstand forderte, schreckte das mißtrauisch gebliebene Pflegepersonal und die Träger der Heime auf. Zu offenkundig war der fatale Anklang an die gleichermaßen eingeleitete Euthanasieaktion von 1939/40. Die Weigerung einzelner Einrichtungen zur Einsendung der Meldebogen (etwa der St. Josephs-Anstalt in Herten oder des Adalbert-Hospitals in Oppeln) fand vollen Rückhalt in der zwischen den Bischöfen vereinbarten Stellungnahme:

„Der deutsche Episkopat hegt auf Grund bisheriger schmerzlicher Erfahrungen begründete Befürchtung, daß eine neue Erfassung des Krankenbestandes in den Heil- und Pflegeanstalten den Zwecken der sog[enannten] Euthanasie dient. Demgemäß muß das hiesige Ordinariat die Auskunftserteilung über geisteskranke Insassen kirchlich-karitativer Anstalten den Anstaltsleitungen gegenüber, wenn diese Auskunftserteilung aller Wahrscheinlichkeit nach als Unterlage für Einleitung des sog[enannten] Euthanasie-Verfahrens dient, als Mitwirkung zur Übertretung des fünften Gebotes des kraft göttlicher Einsetzung verpflichtenden Dekalogs als sittlich nicht erlaubt bezeichnen."

Der Vorsitzende der Bischofskonferenz, Kardinal Bertram, hielt dem Reichsminister des Innern in einer längeren Eingabe den Euthanasiezweck seines Rundschreibens mit klaren Worten vor, handelte sich jedoch lediglich die von Subalternen gezeichnete lapidare Antwort ein:

„Anstalten, welche wegen ihres Charakters als Heil- und Pflegeanstalten meiner Aufsicht unterstehen, haben den von mir erteilten Weisungen auf alle Fälle nachzukommen und insbesondere Aufschluß über den Geisteszustand ihrer Insassen zu geben. Im übrigen bemerke ich, daß mein Rundschreiben vom 9. November 1942 – IV g 8796/42 – 5100 – den Anstalten nur eine bereits bestehende Verpflichtung in Erinnerung bringt. Gerade die Erweiterung der Meldepflicht, die Sie als Grund Ihrer Befürchtungen anführen, hätte Sie darauf hinweisen müssen, daß dieses Rundschreiben lediglich aus mit der Bewirtschaftung des Anstaltsraumes zusammenhängenden Gründen ergangen ist."

Mit dem gemeinsamen Hirtenbrief der deutschen Bischöfe vom 12.9.1943 unter dem Thema „Zehn Gebote als Lebensgesetz der Völker" scheinen die großen öffentlichen Proteste der katholischen Kirche gegen die Euthanasie zu versiegen. Die spektakulären Verlegungstransporte, die vor allem im Mai 1943 noch einmal in schreckenerregender, hektischer Weise zugenommen hatten, waren eingestellt worden (nur in den Heimen in Herxheim und Neuß fuhren von September 1943 bis Januar 1945 noch viermal die grauen Omnibusse vor und holten 166 Kranke zur Tötung). Eine Erklärung dafür dürfte in der Anbahnung des totalen Krieges durch die Rückschläge im Osten und die Bombenangriffe auf die deutschen Städte liegen. Wie die nationalsozialistischen Machthaber nach einem siegreich beendeten Kriege ihre

Auseinandersetzung mit Christentum und Kirche und auch ihre rassenhygienische Praxis weitergeführt haben würden, läßt sich unschwer erraten.

Über die Euthanasie-Aktion der letzten Kriegsjahre berichtete die Krankenschwester P. Kneißler aus ihrer Erfahrung:

Ich war fast ein Jahr in Grafeneck und weiß nur von wenigen Fällen, in denen die Patienten nicht vergast wurden. In den meisten Fällen bekamen die Patienten vor der Vergasung eine Einspritzung von 2 ccm Morphium-Skopolamin. Diese Einspritzungen wurden durch den Arzt verabreicht. Die Vergasung wurde durch bestimmte ausgewählte Männer vorgenommen. Dr. Hennecke sezierte einige der Opfer. Auch idiotische Kinder zwischen 6 und 13 Jahren waren in dieses Programm eingeschlossen.
Nach der Schließung von Grafeneck kam ich nach Hadamar und war dort bis 1943. In Hadamar wurde die gleiche Arbeit fortgesetzt mit dem Unterschied, daß man mit der Vergasung aufhörte und die Patienten durch Veronal, Luminal und Morphium-Skopolamin tötete. Ungefähr 75 Patienten wurden täglich getötet.
Von Hadamar wurde ich nach Irrsee bei Kaufbeuren versetzt, wo ich meine Arbeit fortsetzte. Dr. Valentin Faltlhauser war der Direktor dieser Anstalt. Dort wurden die Patienten sowohl durch Einspritzungen, als auch durch Tabletten getötet. Dieses Programm wurde bis zum Zusammenbruch Deutschlands durchgeführt[279]).

Die Bilanz bis Kriegsende:

Die Befolgung von Hitlers Gnadentoderlaß hinterließ eine grauenvolle Bilanz: Bis zum Widerruf des Erlasses im August 1941 waren etwa 70000 Menschen in den Gas-Duschräumen und Krematoriumskellern der Anstalten in Grafeneck bei Münsingen, Hadamar bei Limburg, Hartheim bei Linz, Brandenburg, Sonnenstein bei Pirna, Irsee bei Kaufbeuren, Berneburg an der Saale ermordet worden; weitere 30000 bereits „positiv" begutachtete Meldebogen harrten ihrer Erledigung. Einschließlich der „wilden" Euthanasie dürfte bis Kriegsende die Zahl von 100000 Opfern annähernd erreicht worden sein. Das würde bedeuten, daß von den 280000 bis 300000 Geisteskranken, die in den über 900 Anstalten Deutschlands untergebracht waren, jeder dritte durch die nationalsozialistische Euthanasie ums Leben gekommen wäre[280]).
Für Erwachsene folgte auf „T 4" jetzt die Aktion „14 f 13", so genannt nach einem Aktenzeichen des Inspekteurs der Konzentrationslager beim Reichsführer SS, d.h. der Amtsgruppe D im SS-Wirtschafts-Verwaltungs-Hauptamt. Ärzte und Vernichtungspersonal der „Euthanasie"-Aktion wurden zunächst gegen deutsche Konzentrationslager eingesetzt, insbesondere Dachau, Sachsenhausen, Buchenwald, Mauthausen, Auschwitz, Flossenbürg, Groß-Rosen, Neuengamme, Niederhagen, darüber hinaus aber freiwerdendes Vernichtungspersonal in den Ostgebieten:

Völlig unabhängig von dieser im Reich stattfindenden Ausrottung... fanden in den Ostgebieten selbst Massenvernichtungen von Juden, Polen, Russen statt, bei denen keinerlei ärztlicher Vorwand als Begründung gesucht wurde... Es ist... fest-zustellen, daß Gaskammern und Personal der Euthanasie-Aktion zu diesem Zwecke „abgestellt" wurden und diese die Erfahrung der Vergasung der Geistes-kranken benutzten[281]).

Die Aktion „14 f 13" war, kurz gesagt, das Bindeglied zwischen der vorläufig ab-geschlossenen „Euthanasie"-Aktion in Deutschland und den Massenvernichtungs-lagern im Osten. Auf dem Territorium des alten Polens, im Generalgouvernement und in den sogenannten eingegliederten Gebieten, sollte sich eine Kette von Todes-fabriken erheben, dazu bestimmt, auch den letzten Juden... zu vernichten. Ein Zu-fall hatte Himmler auch die dazu notwendige Mannschaft geliefert. Noch ehe [Reichsstatthalter] Greiser [im „Reichsgau" Wartheland] den Reichsführer um Hilfe bei der Liquidierung „seiner" Juden gebeten hatte, war jene Mordaktion zu Ende gegangen, die unter dem Namen „Euthanasie" 100000 Geisteskranke und... „lebensunwerte" Menschen beseitigte. Dabei taten sich auch einige von dem Reichs-führer-SS und Chef der Deutschen Polizei ausgeliehene SS-Führer und Kriminalbe-amte hervor, die ihre Opfer mit Gas umbrachten. Ihr Anführer war der Kriminal-oberkommissar Christian Wirth..., der in der Kanzlei des Führers, der Gehirnzen-trale des Euthanasie-Projektes, als der eigentliche Henker galt. Wirth arbeitete in den Todesanstalten des Euthanasie-Unternehmens mit Kohlenmonoxydgas; er tö-tete die Opfer rasch und lautlos. Als nun Himmler Anfang 1942 den Reichsarzt-SS Dr. Ernst Grawitz fragte, wie man die Millionen polnischer Juden am schnellsten liquidieren könne, wies ihn der Äskulap-Jünger auf den arbeitslosen Kriminalober-kommissar hin. Himmler ließ sich den Gasexperten kommen und gab ihm Order, sein Werk in Polen fortzusetzen. Wirth meldete sich kurz darauf bei dem Lubliner SS- und Polizeiführer Odilo Globocnik, den Himmler im Rahmen der sogenannten „Aktion Reinhard" mit der Liquidierung des polnischen Judentums beauftragt hat-te. Wirth machte sich an die Arbeit"[282]). [Die „Aktion Reinhard", zu welcher „die Aktion 14 f 13" übergeleitet hatte, war nach dem SD-Chef Reinhard Heydrich be-nannt worden.]

6. Deutsches Gerichtsurteil nach dem Zweiten Weltkrieg

Nach dem Zweiten Weltkrieg und anschließend an den Nürnberger Pro-zeß gegen die noch lebenden höchsten Vertreter der Euthanasie-Aktion „standen in mehreren deutscherseits geführten Verfahren die übrigen In-stanzen... vor Gericht... Die 4. Strafkammer des Landgerichtes in Frank-furt am Main... behandelte in ihrer Urteilsbegründung zum Verfahren ge-gen Ärzte, Pflegepersonal und Angestellte der Euthanasie-Anstalt Hada-mar vom 24. Februar bis 21. März 1947 ausführlich die Frage der Gesetzes-kraft des Euthanasieerlasses Hitlers (4a Jf 3/46 – 4 KLf 7/47):

Zu dieser gesetzlichen Grundlage steht fest, daß weder der Erlaß Hitlers noch ir-gendein anderes Gesetz jemals veröffentlicht worden ist. Sie sind im Gegenteil mit allen Mitteln streng geheim gehalten worden, und es war unter schwersten Strafandrohungen verboten, nach außen darüber zu sprechen. Deshalb befanden sich die schriftlichen Unterlagen in den Händen ganz weniger Personen, die diese unter keinen Umständen weitergeben durften.

Aus dieser Heimlichkeit hat die Anklagebehörde den Gesetzen schon jede formelle Gesetzeskraft abgesprochen, sie deshalb als rechtsunwirksam und damit die Handlungen der Angeklagten als objektiv rechtswidrig bezeichnet. Das ist jedoch nach Auffassung des Gerichts unter Berücksichtigung der damaligen staatspolitischen Machtverhältnisse mindestens angreifbar und kann deshalb allein die Ungültigkeit des Gesetzes nicht begründen. Sowohl die Verlautbarung vom 1. September 1939, als auch die Geheimhaltung sind von dem damaligen Staatsoberhaupt, der tatsächlich Träger einer allumfassenden Staatsgewalt gewesen ist, ausgegangen. Unter Berücksichtigung dieser staatsrechtlichen Verhältnisse wird diesen sogenannten Gesetzen eine rein formelle Gesetzeskraft möglicherweise zuzubilligen sein. Trotzdem spricht das Gericht diesen Gesetzen jede Rechtsgültigkeit und damit Rechtsverbindlichkeit aus nachstehenden Gründen ab...

Es gibt ein über den Gesetzen stehendes Recht, das allen formalen Gesetzen als letzter Maßstab dienen muß. Es ist das Naturrecht, das der menschlichen Rechtssatzung unabdingbar und letzte Grenzen zieht. Es gibt letzte Rechtssätze, die so tief in der Natur verankert sind, daß sich alles, was als Recht und Gesetz, Moral und Sitte gelten soll, im letzten nach diesem Naturrecht, diesem über den Gesetzen stehenden Recht, auszurichten hat... Sie müssen deshalb einen unerläßlichen und fortwährenden Bestandteil dessen bilden, was menschliche Ordnung und menschlicher Sinn schließlich als Recht und Gesetz bezeichnen... Verstößt ein Gesetz hiergegen und verletzt es die ewigen Normen des Naturrechts, so ist dieses Gesetz seines Inhalts wegen nicht mehr dem Recht gleichzusetzen. Es entbehrt nicht nur der verpflichtenden Kraft für den Staatsbürger, sondern es ist rechtsungültig und darf von ihm nicht befolgt werden...

Einer dieser in der Natur tief und untrennbar verwurzelten letzten Rechtssätze ist der Satz von der Heiligkeit des menschlichen Lebens und dem Recht des Menschen auf dieses Leben, das der Staat als Kulturnation nur fordern darf auf Grund eines Richterspruchs oder im Kriege. Die Gesetze Adolf Hitlers über die sogenannte Euthanasie verstießen aber in krasser Form gegen diesen letzten Naturrechtssatz, mißachteten das Recht von der Heiligkeit des menschlichen Lebens und stellten sich damit außerhalb jeden Rechts. Diese Gesetze verstießen gegen alle Grundsätze von Gerechtigkeit, Sittlichkeit und Moral und lösten diese Grundlagen des menschlichen Zusammenlebens auf, weil sie den einen Teil zum Leben und den anderen zum Tode bestimmten... Daraus ergibt sich, daß die über die sogenannte Euthanasie ergangenen Erlasse oder auch Gesetze rechtsunwirksam sind, kein Recht geschaffen und somit niemals materielle Gesetzeskraft erlangt haben[283]).

Damit war das abschließende Urteil gesprochen auch über Karl Bindings Argumentation zugunsten der „Vernichtung lebensunwerten Lebens".

VIERTER TEIL: AUS DER ZEIT VON 1945/1949 BIS 1980

Am Ende des verlorenen Krieges begann die deutsche Gegenwart. Zugleich mit dem NS-Führerstaat war das Deutsche Reich untergegangen. An dessen Stelle traten nach vierjähriger Nachkriegszeit zwei neue deutsche Staaten: Hier die Bundesrepublik Deutschland, hervorgegangen aus den amerikanischen, britischen, französischen Besatzungszonen, dort die Deutsche Demokratische Republik (DDR), hervorgegangen aus der sowjetrussischen Besatzungszone.

Einleitung: Aktivitäten des Deutschen Vereins 1946–1980, eine Übersicht

Was die Fürsorge weitesten Sinnes betrifft, so wurde sie in den Westzonen resp. der Bundesrepublik, wo seit 1946 wieder der Deutsche Verein tätig ist, nach anderen Lebensbedingungen weitergeführt als in der Sowjetzone resp. der DDR.

Die Bundesrepublik bezieht ihr Selbstverständnis nicht allein aus ihrer aktuellen Existenz, sondern auch aus historischen Zusammenhängen mit der Weimarer Republik und dem Deutschen Reich von 1871 bis zurück zur Frankfurter Nationalversammlung von 1848.

Dieselben Zusammenhänge, sofern sie die Sozialgeschichte und vor allem die Geschichte der deutschen Fürsorge einschließen, verkörpert auf seine Art der Deutsche Verein als ein nunmehr hundertjähriges Kontinuum; aus ihnen heraus lebt er, und sie setzt er fort.

So war es der Deutsche Verein, der – überzonal – während der Nachkriegsjahre bis zur Gründung der Bundesrepublik, als das einheitliche deutsche Fürsorgerecht zu zersplittern drohte, die Rückkehr zur Einheitlichkeit forderte und die Fürsorgerechtsvereinbarung auf den Weg brachte (vgl. den 1. Themenkreis).

Einheitliches Fürsorgerecht hieß für ihn aber nicht bloß die Fortdauer grundlegender Gesetze aus der Weimarer Republik, insbesondere der Fürsorgepflichtverordnung mit Reichsgrundsätzen sowie des Reichsjugendwohlfahrtsgesetzes, sondern zugleich auch deren Neufassung im Sinne einer Sozialreform. Entgegen der Ungunst aller Verhältnisse bereitete er schon während der Nachkriegsjahre ein zeitgemäß fortschrittliches Fürsorgesystem vor; schrittweise verwirklicht, erweitert, modifiziert wurde es unter seiner oft maßgeblichen Mitarbeit nach Gründung der Bundesrepublik (vgl. die ersten drei Themenkreise).

In einer Beurteilung, die heute als Zwischenbilanz anmutet, erklärte 1960

Franz Schmerbeck als Vorsitzender des Sozialausschusses des Deutschen Landkreistages[284]):

Im Deutschen Verein wurden in den zurückliegenden Jahren die Voraussetzungen und Grundlagen für die Neuordnung des Fürsorgerechts geschaffen. In seinen Fachausschüssen wird gerade jetzt ... eifrig an den einzelnen Vorschriften des Bundessozialhilfegesetzes gearbeitet, das die Zusammenfassung und Modernisierung unseres Fürsorgerechts bringen soll. Wer selbst an dieser Arbeit teilnimmt, kann erst richtig ermessen, wieviel Wissen und Erfahrung, Bereitschaft und Fähigkeit zum Ausgleich, Geduld und Fleiß notwendig ist, um die vielfachen unterschiedlichen Meinungen, die im Deutschen Verein erörtert werden, aufeinander abzustimmen.

Der Deutsche Verein, sagte Schmerbeck ferner, ist „Sprachrohr der öffentlichen und privaten Fürsorge, der in den Landkreisen und kreisfreien Städten praktizierten individuellen Hilfe und der Liebestätigkeit der freien Wohlfahrtspflege"; entsprechend groß ist das Gewicht, „das man den Stellungnahmen und Verlautbarungen des Deutschen Vereins beim Gesetzgeber, in der Bundesregierung wie in den Landesregierungen, in der Praxis der öffentlichen Fürsorge wie der freien Wohlfahrtspflege beimißt".

Wie einst bei den großen Fürsorgegesetzen der Weimarer Republik die gesetzgebenden Körperschaften aufs engste mit dem Deutschen Verein zusammengearbeitet hatten, so arbeiten in der Bundesrepublik deren gesetzgebende Körperschaften mit ihm zusammen. Nicht nur das Bundessozialhilfegesetz ist wesentlich aus dem Deutschen Verein hervorgegangen (vgl. den 2. Themenkreis), nicht nur die fortschreitende Reform des Jugendhilferechts beruht großenteils auf seinen Vorarbeiten und seiner Mitarbeit. Vielmehr erstreckt sein Einfluß sich auch auf zahlreiche Spezialgesetze.

Eine Erklärung seiner einzigartigen Position liegt darin: Zu seinen aktiven Mitgliedern gehören sowohl der Bund als auch die Länder, sowohl die Spitzenverbände der Kommunen und Landkreise als auch die Spitzenverbände der freien Wohlfahrtspflege (von denen nach Kriegsende die Arbeiterwohlfahrt und der Deutsche Paritätische Wohlfahrtsverband wiederhergestellt, die Zentralwohlfahrtsstelle der Juden in Deutschland neugegründet wurden). Ihre Vertreter beraten und beschließen in Fachgremien des Deutschen Vereins (s. u.).

Seine Stellungnahmen, Gutachten, Empfehlungen beziehen sich aber keineswegs nur auf Gesetze oder Gesetzesvorhaben. Denn in weit größerem Umfang als während der Weimarer Republik oder gar vor dem Ersten Weltkrieg hat der Deutsche Verein nach Gründung der Bundesrepublik seine Aktivitäten auf alle Bereiche der Sozial- und Jugendhilfe resp. der sozialen Arbeit ausgedehnt.

Unverändert freilich blieb seit nunmehr hundert Jahren seine Hauptaufgabe: Mittler zu sein zwischen Theorie und Praxis. Seine Mittlertätigkeit erfüllt er heutzutage auch durch Lehrgänge und Kurse seines Fortbildungswerkes für Sozialarbeiter und Verwaltungsfachkräfte, seiner Akademie für Jugendarbeit und Sozialarbeit, seines Fortbildungswerkes für sozialpädagogische Fachkräfte sowie durch seine Studientagungen (vgl. den 4. Themenkreis). Auf dem Gebiete der Fort- und Weiterbildung von Fachkräften sozialer Berufe ist er mit seiner dafür zuständigen Abteilung und mit den dafür bestimmten Einrichtungen seines Hans-Muthesius-Hauses die größte zentrale Institution der Bundesrepublik.

Dieser Leistung, die er im Zusammenwirken mit Bund, Ländern, Kommunen, Landkreisen und freier Wohlfahrtspflege erbringt, entspricht sein tätiges Interesse für Sozialberufe überhaupt, Ausbildungsfragen eingeschlossen (vgl. den 4. Themenkreis).

Unabhängig von der Abteilung „Fort- und Weiterbildung" geschieht die vielseitig gegliederte Arbeit des Deutschen Vereins in seinen Fachausschüssen und deren Arbeitskreisen. Fachausschüsse, von Fall zu Fall im Hinblick auf bestimmte Sozialprobleme gebildet, hatte es seit 1919 im Deutschen Verein gegeben. Ebenfalls zunächst auf Zeit wurden ab 1950 wieder Fachgremien geschaffen, die sich dann aber zu Dauereinrichtungen entwickelten:

Der ... Vorstand des Deutschen Vereins hat ... am 13. 11. 1950 beschlossen, zur Vorbereitung gesetzgeberischer Maßnahmen auf dem Gebiete des Fürsorgewesens zwei Fachausschüsse zu bilden, einen für die allgemeinen Fragen des Fürsorgewesens (Fachausschuß I) und einen für die Probleme der Entwurzelten und Nichtseßhaften (Fachausschuß II)...

Auf dem Deutschen Fürsorgetag 1950 in Marburg hat Ministerialdirigent Dr. Kitz (Bundesministerium des Innern) die Mitarbeit des Deutschen Vereins für die Vorarbeiten zur Reform des Fürsorgerechts, zur Wandererfürsorge und zu einem Bewahrungsgesetz erbeten. Die Aufgaben der beiden Fachausschüsse werden umfassender sein, da erst aus einer Erörterung der allgemeinen Probleme die Folgerungen für die Gesetzgebung gezogen werden können.

Der Fachausschuß I wird die Aufgabe haben, das Prinzip und die Bedeutung der Fürsorge in Deutschland neu zu formulieren und auf dieser Grundlage Vorschläge für ein Bundesfürsorgegesetz zu machen.

Der Fachausschuß II wird einen Überblick über die Probleme der Entwurzelten und Nichtseßhaften und über die Ziele der sozialen Hilfe für diesen Personenkreis gewinnen müssen und dann zu untersuchen haben, wie die Gesetzgebung sich mit den Entwurzelten und Nichtseßhaften zu befassen hat, insbesondere ob die bisherigen Forderungen nach einem Bewahrungsgesetz und einem Wandererfürsorgegesetz aufrecht zu erhalten sein werden.

Die Fachausschüsse haben die Aufgabe, die Beschlußfassung des Vorstandes und des Hauptausschusses in der Form von Empfehlungen, Denkschriften und formulierten Gesetzesentwürfen mit Begründung vorzubereiten[285]).

Heute (Stand: September 1979) gibt es folgende 11 Fachausschüsse und 11 Arbeitskreise mit insgesamt 422 Mitgliedern, 56 ständigen Gästen und 5 weiteren sachverständigen Gästen:

Fachausschuß I – Allgemeine Fragen des Fürsorgewesens und der Sozialpolitik
Arbeitskreis I/1 „Einsatz des Einkommens, Unterhaltspflicht und Kostenersatz"
Arbeitskreis I/2 „Aufbau der Regelsätze"
Arbeitskreis I/3 „Sozialgesetzbuch"
Arbeitskreis I/4 „Finanzierungsfragen"
Fachausschuß II – Hilfen für Gefährdete
Fachausschuß III – Altenhilfe
Arbeitskreis III/1 „Nomenklatur der Veranstaltungen, Dienste und Einrichtungen
    der Altenhilfe"
Fachausschuß IV – Organisation sozialer Dienste
Arbeitskreis IV/1 „Ambulante sozialpflegerische Dienste"
Fachausschuß V – Hilfen für psychisch Kranke
Fachausschuß VI – Soziale Berufe
Arbeitskreis VI/1 – „Aufgaben und erforderliche Qualifikationen in den Feldern
    sozialer Berufe"
Arbeitskreis VI/2 „Fachschulen für Sozialpädagogik"
Arbeitskreis VI/3 „Praxisorientierte Ausbildung der Sozialarbeiter und Sozialpäd-
    agogen"
Fachausschuß VII – Jugend und Familie
Arbeitskreis VII/1 „Pflege- und Heimkinder"
Fachausschuß VIII – Hilfen für Behinderte
Fachausschuß IX – Jugend- und Familienrecht
Fachausschuß X – Sozialplanung
Arbeitskreis X/1 „Hilfen für die Arbeit mit dem Bundesbaugesetz"
Arbeitskreis X/2 „Erhebung von Sozialdaten"
Fachausschuß XI – Öffentlichkeitsarbeit

Darüber hinaus verzeichnet der vom Geschäftsführer Walter Schellhorn erstattete Geschäftsbericht 1978/1979 noch folgende Fachgremien[286]):

Arbeitsgruppe „Leistungen bei Pflegebedürftigkeit"
Arbeitsgruppe „Hilfen für gefährdete Frauen"
Arbeitsgruppe „Hilfen für Landfahrer"
Arbeitsgruppe „Nichtseßhaftenhilfe"
Arbeitsgruppe „Obdachlosenhilfe"
Arbeitsgruppe „Straffälligenhilfe"
Arbeitsgruppe „Suchtkrankenhilfe"
Ad-hoc-Arbeitsgruppe „Referentenentwurf einer Werkstättenverordnung"
Ad-hoc-Arbeitsgruppe „Änderung des § 185 RVO"

Ad-hoc-Arbeitsgruppe „Aus, Fort- und Weiterbildung der Sozialarbeiter/Sozial-
    pädagogen im Bereich der Versorgung psychisch Kranker
    und Behinderter"
Ad-hoc-Arbeitsgruppe „Sozialtherapie in der Sozialarbeit"
Ad-hoc-Arbeitsgruppe „Klassifizierung der Sozialberufe"
Ad-hoc-Arbeitsgruppe „Ausbildungsordnung für Altenpfleger"
Gesprächsrunde „Psychotherapeutengesetz"

Aufschlußreich ist die Zusammensetzung der Fachausschüsse. Beispiel-
haft sei hier diejenige der jetzigen Fachausschüsse I und II genannt (Stand:
September 1979).

Im Fachausschuß I – Allgemeine Fragen des Fürsorgewesens und der Sozialpolitik – wirken u. a. Persönlichkeiten mit, die aus den folgenden Institutionen kommen:

Deutscher Städtetag
Deutscher Landkreistag
Deutscher Städte- und Gemeindebund
Landkreistag Baden-Württemberg
Landschaftsverband Rheinland
Landeswohlfahrtsverband Hessen
Landeswohlfahrtsverband Württemberg-Hohenzollern

–

Bundesministerium für Jugend, Familie und Gesundheit (ständiger Gast)
Bayerisches Staatsministerium für Arbeit und Sozialordnung
Arbeits- und Sozialbehörde der Freien und Hansestadt Hamburg
Ministerium für Soziales, Gesundheit und Sport Rheinland-Pfalz
Sozialministerium Niedersachsen
Sozialministerium Schleswig-Holstein
Senator für Soziales, Jugend und Sport, Bremen
Senator für Arbeit und Soziales, Berlin
Sozialhilfeverwaltung Bezirk Oberpfalz

–

Arbeiterwohlfahrt
Deutscher Caritasverband
Deutscher Paritätischer Wohlfahrtsverband
Deutsches Rotes Kreuz
Diakonisches Werk

–

Kreis Siegen
Stadtverwaltung Bochum
Stadtverwaltung Essen
Stadtverwaltung Duisburg
Stadtverwaltung Stuttgart

Im Fachausschuß II – Hilfen für Gefährdete – wirken u. a. Persönlichkeiten mit, die aus folgenden Institutionen kommen:

Arbeiterwohlfahrt
Deutscher Caritasverband
Deutscher Paritätischer Wohlfahrtsverband
Diakonisches Werk – Innere Mission und Hilfswerk-EKD
–
Sozialdienst katholischer Frauen
Sozialdienst katholischer Männer
Bundesarbeitsgemeinschaft für Nichtseßhaftenhilfe
Gesamtverband der Suchtkrankenhilfe
–
Arbeits- und Sozialbehörde der Freien und Hansestadt Hamburg
Landeswohlfahrtsverband Württemberg-Hohenzollern
Landkreisverband Bayern
Landschaftsverband Rheinland
–
Landratsamt Lörrach
Pflegeamt Stadt Frankfurt/Main
Sozialamt Stadt Offenbach
Stadtverwaltung Unna
–
Fachhochschule Münster
Institut für Gerichtliche und Sozial-Psychiatrie der Universität Marburg
Justizvollzugsanstalt Aichach
–
Ständige Gäste sind:
Bundesministerium für Jugend, Familie und Gesundheit
Bundesministerium der Justiz
Sozialdienst für Nichtseßhafte

Nach Wiedereinrichtung der Fachausschüsse gingen und gehen in der Regel aus ihnen die jeweils vom Vorstand verabschiedeten Stellungnahmen, Empfehlungen, Thesen, Vorschläge, Prüfungsergebnisse des Deutschen Vereins hervor, von denen hier eine Auswahl in chronologischer Reihenfolge – einschließlich der ersten Nachkriegsjahre – angeführt sei:

1946
– Gutachten zur Frage der Reform des Fürsorgerechts[287])
1947
– Entwurf eines Gesetzes über Aufbau und Verfahren der Jugendwohlfahrtsbehörden[288])
– Denkschrift vom 30. September 1947 über eine Teilreform des Fürsorgerechts[289])

- Stellungnahme zur Neufassung der Polizeiverordnung zum Schutz der Jugend[290])
1949
- Entschließung des Vorstandes des Deutschen Vereins zur Vorranggesetzgebung des Bundes[291])
- Vorschlag für einen einheitlichen Flüchtlingsbegriff[292])
1950
- Denkschrift für die Vorbereitung einer Reform des Jugendwohlfahrtsrechts[293])
1951
- Entschließung des Vorstandes zu den §§ 25 bis 27 des Bundesversorgungsgesetzes[294])
- Entschließung des Vorstandes zu der Frage der Nichtanrechnung von Sozialrenten auf die Leistungen der öffentlichen Fürsorge[295])
- Gutachten zur Reform des Jugendstrafrechtes[296])
1952
- Grundsätze des Hauptausschusses zu den Fragen der Gewährung von gesetzlich geregelten Kinderbeihilfen[297])
- Stellungnahme zum Regierungsentwurf und den Änderungsvorschlägen des Bundesrats eines Änderungsgesetzes zum RJGG[298])
1955
- Vorschläge für die Durchführung des Gesetzes zur Bekämpfung der Geschlechtskrankheiten[299])
- Empfehlungen zur Ausgestaltung eines beruflichen Rehabilitationsprogrammes für behinderte Personen[300])
- Untersuchung: Zuständigkeit des Bundes auf dem Gebiete der Jugendwohlfahrt und rechtliche Möglichkeit der Errichtung eines Bundesjugendamtes[301])
- Empfehlungen für die Bekämpfung des Dirnenunwesens durch örtliche Arbeitskreise[302])
- Gutachtliche Stellungnahme zur Vorbereitung der Verwaltungsvorschriften nach § 11a RGr. (Aufbau der Richtsätze)[303])
1959
- Denkschrift über die psychisch Kranken[304])
1961
- Stellungnahme zum Entwurf einer Novelle zum RJWG[305])
- Gutachten über den Einfluß des BSHG auf den Fortbestand der Fürsorgerechtsvereinbarung, soweit in ihr ein Schiedsverfahren vereinbart worden ist[306])
- Hauspflege [Schaffung des neuen sozialen Frauenberufes der Hauspflegerin][307])
1962
- Vorschlag zur Gestaltung des Regelsatzsystems[308])
1963
- Vorschlag für ein „Bundesgesetz über gesetzliche Vertretung und Betreuung Volljähriger"[309])
- Stellungnahme zur rechtlichen Abgrenzung von Sozial- und öffentlicher Jugendhilfe[310])
- Empfehlungen für die Anwendung der §§ 84 ff. BSHG[311])

1964
- Empfehlungen zur zeitgemäßen Gestaltung psychiatrisch-neurologischer Einrichtungen[312])
1965
- Empfehlungen zur Heranziehung Unterhaltspflichtiger[313])
- Die Dorfhelferin[314])
1967
- Erklärung zum Urteil des Bundesverfassungsgerichts vom 18. Juli 1967[315])
- Stellungnahme zum Bericht der Sozialenquête-Kommission über die soziale Sicherung in der Bundesrepublik Deutschland[316])
1968
- Stellungnahme zum Entwurf des Finanzänderungsgesetzes 1967[317])
- Ausbildungs- und Prüfungsordnung für Altenpflegerinnen[318])
1969
- Stellungnahme zum Entwurf eines Zweiten Gesetzes zur Änderung des Bundessozialhilfegesetzes[319])
- Empfehlungen des Deutschen Vereins zur Abgrenzung von Arten der Sozialhilfe untereinander[320])
- Stellungnahme zur Errichtung von Fachhochschulen für Sozialarbeit und Sozialpädagogik[321])
- Empfehlungen zur Planung, Schaffung und Erhaltung von Spiel- und Erholungsanlagen für Jugend und Familie[322])
1970
- Empfehlungen über die Einrichtung von Beratungsstellen für Behinderte in den Gesundheitsämtern[323])
- Nomenklatur von Einrichtungen der Altenhilfe[324])
1971
- Stellungnahme zur Änderung des BSHG[325])
- Empfehlungen zur Einführung eines Muttergeldes[326])
- Empfehlungen für den Einsatz des Vermögens in der Sozialhilfe und der öffentlichen Jugendhilfe[327])
- Grundthesen zu einem neuen Jugendhilferecht[328])
1972
- Empfehlungen für die Gewährung allgemeiner Zuwendungen für Hauspflege- und Familienpflegeeinrichtungen[329])
- Empfehlungen zur Berücksichtigung der Gesundheitsvor- und -fürsorge in der Ausbildung der Sozialarbeiter[330])
- Einzelthesen zu einem neuen Jugendhilferecht. Erster Teil[331])
- Empfehlungen zur Reform der Kleinkind-Erziehung[332])
1973
- Zusammenstellung der möglichen Funktionen eines Sozialassistenten[333])
- Stellungnahme zum Zeugnisverweigerungsrecht und zur Schweigepflicht für die in der Sozialarbeit und Sozialpädagogik tätigen Personen[334])
- Empfehlungen für die Gewährung von Taschengeld nach dem BSHG[335])
- Einzelthesen zu einem neuen Jugendhilferecht. Zweiter Teil[336])

1974
- Empfehlungen zur praktischen Ausbildung für Sozialarbeiter/Sozialpädagogen (grad.)[336a])
- Empfehlung für die Bemessung des erhöhten Taschengeldes nach § 21 Abs. 3 Satz 3 BSHG[337])
- Stellungnahme zum Referentenentwurf des Gesetzes für Jugendhilfe[338])
- Ausarbeitung zur Aus-, Weiter- und Fortbildung der Sozialarbeiter in der Psychiatrie[339])
- Empfehlungen für die Gewährung von Krankenkostzulagen in der Sozialhilfe[340])

1976
- Überlegungen zur Projektarbeit im Fachbereich Sozialwesen an Fachhochschulen[341])
- Stellungnahme zur Neufestsetzung des Regelbedarfs für nichteheliche Kinder[342])
- Empfehlungen zur praktischen Ausbildung für Sozialarbeiter/Sozialpädagogen (grad.): Berufspraktikum (Langzeitpraktikum)[343])
- Ausarbeitung zur Lage der Suizidprophylaxe in der Bundesrepublik Deutschland[344])
- Untersuchungen über Inhalt und Bemessung des gesetzlichen Mehrbedarfs nach dem BSHG[345])
- Empfehlungen zur Teamarbeit in sozialen Diensten[346])
- Vorschläge zur Weiterentwicklung der Sozialhilfe[347])

1977
- Empfehlungen zur Bemessung des Pflegegeldes für Pflegekinder[348])
- Beratungsergebnisse über Auswirkungen von Vorschriften des Sozialgesetzbuches – Allgemeiner Teil – (SGB-AT) auf die Sozialhilfe und auf die Jugendhilfe[349])
- Empfehlungen für die Aus- und Fortbildung der Familienpflegerin/Hauspflegerin unter dem Aspekt ihrer Mitarbeit in der Hilfe für psychisch Kranke[350])
- Stellungnahme zum Entwurf einer Anpassungsverordnung aufgrund des Gesetzes zur vereinfachten Abänderung von Unterhaltsrenten[351])
- Stellungnahme zur Ausbildung von Diplom-Pädagogen an Universitäten und Pädagogischen Hochschulen[352])
- Empfehlungen über die Fortbildung im Bereich der Öffentlichkeitsarbeit[353])
- Beratungsergebnisse über Auswirkungen des Krankenversicherungs-Kostendämpfungsgesetzes und des Zwanzigsten Rentenanpassungsgesetzes auf die Sozialhilfe[354])
- Untersuchungen über Bekleidungs- und Heizungshilfen sowie Weihnachtsbeihilfen[355])
- Begriffsanalytische Untersuchungen zu einem neuen Jugendhilferecht[356])

1978
- Empfehlungen zur Bemessung des Lebensunterhalts für Minderjährige im Haushalt ihrer Großeltern[357])
- Stellungnahme zum Referentenentwurf des Jugendhilfegesetzes 1977[358])
- Vorschläge zur Änderung der §§ 185 (häusliche Krankenpflege) und 376b RVO[359])

- Stellungnahme zum Anteil der Fächer Sozialmedizin und Psychopathologie in der Ausbildung von Sozialarbeitern und Sozialpädagogen[360])
- Empfehlung zur Überarbeitung der Rahmenvereinbarung der KMK (1967) über die Aus-, Fort- und Weiterbildung des Erziehers[361])
- Stellungnahme zum Bericht über die Lage der Psychiatrie in der Bundesrepublik Deutschland[362])
- Stellungnahme zum Entwurf eines Gesetzes zur Sicherung des Unterhalts von Kindern alleinstehender Mütter und Väter durch Unterhaltsvorschüsse oder -ausfalleistungen (Unterhaltsvorschußgesetz)[363])
- Empfehlungen für die Heranziehung Unterhaltspflichtiger [Vollständige Überarbeitung der Empfehlungen von 1965][364])

1979
- Stellungnahme zur Neuregelung des Jugendhilferechts[365])
- Stellungnahme zum Entwurf eines Gesetzes zur Beschleunigung von Verfahren und zur Erleichterung von Investitionsvorhaben im Städtebaurecht[366])
- Nomenklatur der Veranstaltungen, Dienste und Einrichtungen der Altenhilfe[367])
- Stellungnahme zum Regierungsentwurf eines Sozialgesetzbuches (SGB) – Jugendhilfe –[368])
- Empfehlung für eine – bundeseinheitliche – Ausbildungsordnung für Altenpfleger[368a])

1980
- Empfehlungen zur Bemessung des Lebensunterhalts für Minderjährige im Haushalt ihrer Großeltern und anderer Verwandter[369])
- Vorschlag zur Gewährung von Beihilfen zur Beschaffung von Lernmitteln für Schüler[370])

Eigene Bedeutung haben die vom Deutschen Verein veranlaßten oder aus ihm hervorgegangenen Forschungen, größeren Untersuchungen und Gesamtdarstellungen, von denen hier eine Auswahl wiederum in chronologischer Reihenfolge einzeln genannt sei:

1953
- Zur Ausbildung der deutschen Sozialarbeiter, im Auftrag des Deutschen Vereins verfaßt von Dr. Erna Magnus[371])

1954
- Umfrage des Deutschen Vereins über die Mitarbeit der ehrenamtlichen Kräfte im Aufgabenbereich der öffentlichen Fürsorge, bearbeitet im Seminar für Fürsorgewesen und Sozialpädagogik der Universität Frankfurt am Main (Direktor: Prof. Dr. Hans Scherpner) von Gerd Neises[372])

1955
- Öffentliche Einkommenshilfe und Richtsatzpolitik, von Prof. Dr. Hans Wilhelm Bansi, Dipl.-Kaufmann Dr. Wilhelm Bierfelder, Ltd. Regierungsdirektor Dr. Peter J. Deneffe, Oberregierungsrat Willi Hoppe, Prof. Dr. Heinrich Kraut, Ministerialrat a. D. Carl Ludwig Krug von Nidda, Prof. Dr. Dr. Konrad Lang, Re-

gierungsrätin Dr. Gertrud Löber, Prof. Dr. Hans Muthesius, Regierungsdirektorin Dr. Käthe Petersen, Günther Pehl, Privatdozent Dr. Herbert Wilhelm[373])

1960
– Das Jugendamt im gesellschaftlichen Wirkungszusammenhang. Ein Forschungsbericht von Martin Rudolf Vogel[374])

1961
– Die Situation der sozialen Berufe in der sozialen Reform, von Dr. Eva Koblank[375])

1965/1968
– Die Lage der Mütter in der Bundesrepublik Deutschland. Ein Forschungsbericht von Reinhold Junker, 3 Teile in 4 Bänden[376])

1966
– Rehabilitation von Behinderten in Deutschland. Aus der Arbeit des [damaligen] Fachausschusses IV – Ständiger Ausschuß für gemeinsame Fragen der Fürsorge und der Arbeitsverwaltung – unter der Leitung von Präsident Dr. Valentin Siebrecht[377])

1967
– Koordination und Kooperation als Arbeitsprinzip beim Vollzug der öffentlichen Hilfen, von Dr. Franz Flamm[378])

1971
– Die tatsächlichen Berufsvollzüge der Sozialarbeiter – Daten und Einstellungen – von Dipl.-Sozialwirt Inge Helfer[379])
– Sozialwesen und Sozialarbeit in der Bundesrepublik Deutschland, von Dr. Franz Flamm [Die 3., neu bearbeitete und erweiterte Auflage 1980 unter dem Titel: „Sozialwesen und soziale Arbeit in der Bundesrepublik Deutschland"][380])

1976
– Das Unterhaltsrecht und die Sozial- und Jugendhilfe. Ein Forschungsbericht von Dr. Robert Imlau und Ute Leitner mit einem Anhang von Günter Brühl[381])
– Leitfaden für kommunale Sozialplanung, von Martin Berthold, Ursula Feldmann, Hans-Joachim Franke, Hartmut Großhans, Paul Jülich, Dietrich Kühn, Dieter von Lölhöffel[382])

1978
– Pflegekinder in der Bundesrepublik Deutschland. Ein Forschungsbericht von Reinhold Junker, Alois Leber, Ute Leitner unter Mitarbeit von Lieselotte Bieback[383])

Loseblattsammlung
– Gesamtverzeichnis der Einrichtungen auf dem Gebiete der Psychiatrie, Kinder- und Jugendpsychiatrie, Neurologie, Neurochirurgie, Psychotherapie, Psychosomatik, Psychohygiene, Heilpädagogik, Geriatrie, verfaßt und redigiert von Prof. Dr. Caspar Kulenkampff und Dr. Evamarie Siebecke-Giese[384])

Als Forschungsarbeit eigener Art mit unmittelbar praktischen Konsequenzen seien hier die umfangreichen, langwierigen Untersuchungen des Deutschen Vereins über das Richtsatzsystem resp. Regelsatzsystem besonders vorgestellt. Zum ersten Mal in der Geschichte der deutschen Fürsorge wurde 1955, als der Deutsche Verein seine damaligen Untersuchungs-Ergebnisse veröffentlichte, der „notwendige Lebensbedarf" objektiv nach wissenschaftlichen Erkenntnissen sozialpolitischen Gegebenheiten dargelegt:

Der Fürsorge obliegt die Deckung des „notwendigen Lebensbedarfs", und dieser ist „nicht lediglich das zum Lebensunterhalt unbedingt Notwendige", sondern schließt ein „das zur Wiederherstellung der Gesundheit und der Arbeitsfähigkeit Gebotene"...

Über einen Zeitraum von 150 Jahren hinweg zeigt eine umfassende Literatur die Versuche der fürsorgerischen Praxis auf, den notwendigen Bedarf nach objektiven Grundsätzen zu bestimmen. Von diesen Bemühungen zeugen auch zahlreiche Schriften des Deutschen Vereins. Die Wissenschaft nahm bis heute keine einheitliche Haltung an. Einige Nationalökonomen und Statistiker lehnen bis zum heutigen Tage, sich auf prinzipielle Bedenken stützend, eine wissenschaftliche Erörterung dieser Fragen ab, und andere Fachvertreter bedauerten, daß die für solche Aussagen erforderlichen Untersuchungen und Befunde noch ausstehen. Die Ansicht, daß es die ausschließliche Aufgabe der Politiker sei, über die Höhe der Fürsorgeleistungen zu entscheiden und sich dabei ausschließlich vom Gewissen leiten zu lassen, wurde nicht gerade selten vertreten.

Die Erweiterung der Reichsgrundsätze durch § 11 a ermächtigte den Bundesminister des Innern, im Einvernehmen mit dem Bundesminister der Finanzen und dem Bundesminister für Arbeit und mit Zustimmung des Bundesrates Verwaltungsvorschriften über den Aufbau der Richtsätze einschließlich der Beihilfen für Unterkunft und über ihr Verhältnis zum Arbeitseinkommen zu erlassen. Diese gesetzliche Regelung ermöglichte es, den Versuch zu unternehmen, den notwendigen Lebensbedarf im Sinne des § 6 (1) a Reichsgrundsätze inhaltlich zu bestimmen und darüber hinaus noch neue Vorschläge über den Aufbau der Richtsätze vorzutragen.

Ein Arbeitskreis des Deutschen Vereins hat sich dieser Aufgabe unter Hinzuziehung von Wissenschaftlern unterzogen. Die Ergebnisse dieser Arbeiten sind der Öffentlichkeit mit der Schrift „Öffentliche Einkommenshilfe und Richtsatzpolitik" [s. o.] vorgelegt worden... In geraffter Weise möge ein Katalog die Vielfältigkeit der erforderlichen Überlegungen aufzeigen, ohne diese jedoch zu erschöpfen:

– physiologische:
Nahrungsbedarf
körperliches Wohlbefinden, Wohnung und Kleidung
Gesundheit
– hygienische:
Reinigung und Körperpflege
– soziale (mitmenschliche):
Lebensstandard
Gerechtigkeit der Leistungsbemessung
normiertes Recht als Minimalprogramm „gesellschaftlicher Ordnungsvorstellungen"

– wirtschaftliche
Bedarfsdeckung im Haushalt
Verhältnis von Real- und Nominaleinkommen
Kaufkraft der Unterstützungsleistung
„Auffanggrenze"
– finanzwirtschaftliche:
Belastbarkeit des Existenzminimums durch Abgaben und Steuern
Sozialhaushalt von Bund, Ländern und Gemeinden (Finanzkraft der Träger)
– verwaltungs- und personalpolitische:
Anwendung der Ergebnisse in der Verwaltungspraxis
– erzieherische:
Wirtschaftlichkeit des Haushalts und damit verbundene planmäßige und rationale Verwendung der Unterstützungsleistung; laufende und einmalige Leistungen?
Geld- oder Sachleistungen?
– kulturelle:
Vorstellung über die Persönlichkeit und ihre Einordnung in die von Menschen selbst geschaffene Welt
– ethische:
Verpflichtung des einzelnen und der Gesellschaft gegenüber hilfsbedürftigen Mitbürgern
... Die Schrift wird abgeschlossen mit einer Zusammenfassung der Ergebnisse des Arbeitskreises „Aufbau der Richtsätze" [heute: Aufbau der Regelsätze], die zugleich die Stellungnahme des Vorstandes des Deutschen Vereins mit einbezieht [s. o. Stellungnahmen, Empfehlungen usw. des Deutschen Vereins unter 1955]. Unternimmt man abschließend den Versuch, dasjenige hervorzuheben, was die Schrift an neuen Einsichten vermittelt, so wird das folgende zu nennen sein:
1. Der Begriff „notwendiger Lebensbedarf", bisher vieldeutig und verschwommen, erhält eine klare Inhaltsbestimmung.
2. Diese Inhaltsbestimmung erfolgt unter Berücksichtigung einheitlicher Gesichtspunkte und mit der Möglichkeit, die Ergebnisse laufend durch sozialstatistische Erhebungen zu überprüfen.
3. Fast alle in diesem Zusammenhang relevanten Fragen sind zur Erörterung gestellt... Die noch bestehenden Wissenslücken wurden aufgezeigt und der Anstoß für weitere Untersuchungen, vor allem in Landkreisen, gegeben.
4. Bei sachkundiger Nutzung des Materials können weitere Erörterungen nunmehr in sachlicher Form geführt werden, wodurch die politische Atmosphäre eine Entspannung erfahren kann.
5. Das erarbeitete Material kann und wird verwendet für andere wichtige sozialpolitische Fragen, so z. B. den Familien-Lastenausgleich.
... Weitere Untersuchungen sind im Gange... Diese Würdigung soll abgeschlossen werden mit dem Hinweis auf eine erste kritische Stellungnahme [W. Auerbach: Öffentliche Einkommenshilfe und Richtsatzpolitik. In: Sozialer Fortschritt, Heft 10, Jg. 1955], in der es heißt, daß einige der Beiträge dieser Schrift so bedeu-

tend seien, daß diese auf Jahre hinaus zum Handwerkszeug des Sozialpolitikers gehören werde. Auch für alle anderen Träger öffentlicher Einkommenshilfen wird es sich lohnen, über diese Fragen sich Klarheit zu verschaffen, da innerhalb der Neuordnung der sozialen Leistungen die Ordnung der öffentlichen Einkommenshilfen ein wesentlicher Bestandteil sein wird.[385])

Mit Inkrafttreten des BSHG, § 22, wurden die früheren „Richtsätze" abgelöst durch „Regelsätze":

Der Vergleich ergibt, daß die Regelsätze darin mit den Richtsätzen der öffentlichen Fürsorge übereinstimmen, daß für beide der Bedarf des Hilfeempfängers die maßgebende Grundlage bildet. Der Bedarf hat diese entscheidende Bedeutung, da er ein Grundprinzip der Sozialhilfe (§ 2 BSHG) und vorher der öffentlichen Fürsorge darstellt.

Die Regelsätze unterscheiden sich aber von den Richtsätzen der öffentlichen Fürsorge, jedenfalls wenn von deren ursprünglichem Zweck ausgegangen wird. Nach ihrem ursprünglichen Zweck sollten die Richtsätze als Anhaltspunkte für eine gerechte und gleichmäßige Beurteilung des Einzelfalles dienen; d. h. sie sollten als Maßstab zur Ermittlung des Bedarfs bei durchschnittlichen Lebensverhältnissen Verwendung finden.

Die Richtsätze haben jedoch den Charakter des „Anhaltspunktes" oder des „Maßstabes" immer mehr verloren. Die Entwicklung ging dahin, daß die laufenden Leistungen zum Lebensunterhalt im Regelfall ohne weiteres in Höhe der Richtsätze gewährt wurden. Damit wurden die Richtsätze einem Regelbedarf gleichgestellt.

Das Bundessozialhilfegesetz verwendet wegen dieser Entwicklung nicht mehr die Bezeichnung „Richtsätze". Es ist auch nicht möglich, Richtsätze als Maßstab zur Ermittlung eines Bedarfs anzuwenden. Der im Bundessozialhilfegesetz verwendete neue Begriff „Regelsätze" statt „Richtsätze" soll zum Ausdruck bringen, daß feste Sätze für gleichgelagerte (Regel-)Fälle angewendet werden sollen. Die Regelsätze haben den Zweck, für Fälle des Regelbedarfs eine einheitliche Leistungshöhe zu sichern...

Die nach den vorstehenden Ausführungen wichtige Gestaltung der Regelsätze erfordert Regelungen über den Inhalt und den Aufbau der Regelsätze und über ihr Verhältnis zum Arbeitseinkommen. Diese Regelungen werden in der Verordnung zur Durchführung des § 22 BSHG vom 20. 7. 1962 in der Fassung vom 10. 7. 1971 (RegelsVO) getroffen. Die Ermächtigung zum Erlaß dieser Verordnung ergibt § 22 Abs. 2 BSHG.

Der Regelsatzverordnung liegen die Ergebnisse von Untersuchungen zugrunde, die der Deutsche Verein 1955, 1962 und 1970 durchgeführt hat...

An den drei Untersuchungen... haben sich beteiligt: Vertreter der Stadt- und Landkreise und der Kommunalen Spitzenverbände, der obersten Sozialbehörden der Länder, der überörtlichen Träger der Sozialhilfe, der Verbände der freien Wohlfahrtspflege, des Max-Planck-Institutes für Ernährungsphysiologie, des Statistischen Bundesamtes und des Hessischen statistischen Landesamtes, ferner ein Vertreter des Bundesministeriums des Innern, später des Bundesministeriums für Jugend, Familie und Gesundheit.

[Die Untersuchungen 1955 und ihre Folgen]
Die Untersuchungen des Jahres 1955 standen im Zusammenhang mit der im Rahmen der Sozialreform angestrebten Neuordnung der sozialen Einkommenshilfen. Für diese Neuordnung hatten die damals geltenden Fürsorgerichtsätze eine besondere Bedeutung, da sie – entsprechend der Sachlage jetzt bei den Regelsätzen – über die öffentliche Fürsorge hinausgehend für eine Reihe weiterer sozialer Hilfen bestimmend waren. Außerdem bestand das Bestreben, die sozialen Einkommenshilfen außerhalb der öffentlichen Fürsorge so zu regeln, daß sie in ihrer Höhe über den Richtsatzunterstützungen der öffentlichen Fürsorge liegen würden. Das alles machte Prüfungen insbesondere über die Zusammensetzung und das Ausmaß der Fürsorgerichtsätze erforderlich... In den Untersuchungen 1955 wurde zum ersten Mal für die Richtsätze ein Warenkorb aufgestellt.
Die Ergebnisse der Untersuchungen 1955 haben dazu geführt, daß der bis dahin geltende Runderlaß des Reichsministers des Innern und Reichsministers für Arbeit vom 31. 10. 1941 über öffentliche Fürsorge, insbesondere Aufbau der Richtsätze... aufgehoben und durch die Verwaltungsvorschriften des Bundesministers des Innern vom 23. 12. 1955 über den Aufbau der Fürsorgerichtsätze und ihr Verhältnis zum Arbeitseinkommen... ersetzt wurde. Außerdem hatten die Ergebnisse der Untersuchungen eine erhebliche Erhöhung der Fürsorgerichtsätze zur Folge...

[Die Untersuchungen 1962 und ihre Folgen]
Die Untersuchungen des Jahres 1962 mußten wegen des bevorstehenden Inkrafttretens des Bundessozialhilfegesetzes vom 30. 6. 1961 eingeleitet werden. Von den Vorschriften des Bundessozialhilfegesetzes gaben die §§ 1 Abs. 2 und 22 Abs. 2 Anlaß zu neuen Untersuchungen. Dieser Anlaß bestand beim § 22 Abs. 2 BSHG, weil in dieser Bestimmung dem Bundesminister des Innern (jetzt Bundesminister für Jugend, Familie und Gesundheit) auferlegt wird, durch Rechtsverordnung Vorschriften über Inhalt und Aufbau der Regelsätze und über ihr Verhältnis zum Arbeitseinkommen zu erlassen, und weil für diese Rechtsverordnung Vorschläge des Deutschen Vereins ausgearbeitet werden sollten. Bei diesen Ausarbeitungen mußte als Ausgangsbasis von der gegenüber den bisherigen Vorschriften neuen Bestimmung des § 1 Abs. 2 BSHG ausgegangen werden, nach der es Aufgabe der Sozialhilfe ist, dem Empfänger der Hilfe ein Leben zu ermöglichen, das der Würde des Menschen entspricht.
Die Untersuchungen kamen zu dem Ergebnis, daß der 1955 aufgestellte Warenkorb in seiner Zusammensetzung nicht den Anforderungen genügte, die nach den Anschauungen von 1962 an eine Hilfe zur Ermöglichung einer Lebensführung zu stellen sind, die der Würde des Menschen entspricht. Daher wurde 1962 ein neuer Warenkorb aufgestellt. Die aus dem neuen Warenkorb sich ergebenden Vorschläge über Inhalt und Aufbau der Regelsätze und ihr Verhältnis zum Arbeitseinkommen hatten zur Folge, daß die Verwaltungsvorschriften von 1955 aufgehoben und daß neue Vorschriften in der Verordnung zur Durchführung des § 22 BSHG vom 20. 7. 1962 (RegelsVO) erlassen wurden. Aufgrund dieser neuen Vorschriften und unmittelbar aufgrund des Warenkorbes 1962 kam es zu Regelsätzen, die wesentlich über den bisherigen Richtsätzen lagen.

[Die Untersuchungen 1970 und ihre Folgen]
1970 waren zum dritten Mal Untersuchungen notwendig. Dieses Mal lag der
Grund darin, daß Wandlungen in den Anschauungen darüber eingetreten waren,
welches Ausmaß eine Hilfe zur Ermöglichung einer Lebensführung haben muß, die
der Würde des Menschen entspricht... Die Untersuchungen des Jahres 1970 ergaben, daß – aufgrund der gewandelten Anschauungen – die Zusammensetzung des
Warenkorbes 1962 verändert werden mußte. Der daraufhin neu aufgestellte Warenkorb hatte wiederum zweierlei Auswirkungen. Einmal hat er zu Vorschlägen über
eine Erweiterung der in die Regelsätze einzubeziehenden Bedarfsgruppen (Leistungen zum Lebensunterhalt) und zu Vorschlägen über eine Änderung des Aufbaus der
Regelsätze geführt; diese Vorschläge sind in der Verordnung zur Änderung der
Durchführungsverordnung zu § 22 BSHG (RegelsVO) vom 10. 5. 1971 berücksichtigt worden. Zum anderen hatten der Warenkorb 1970 und die veränderte Regelsatzverordnung eine erneute Erhöhung der Regelsätze zur Folge.[386])

Jeweils nach einigen Jahren wird das Regelsatzsystem gründlich überprüft. Zur Zeit sind beim Deutschen Verein neue Untersuchungen im
Gange. –

Aber der Deutsche Verein beschränkt seine Tätigkeit nicht auf die Bundesrepublik. Vielmehr ist er auch mit dem Internationalen Rat für soziale
Wohlfahrt (International Council on Social Welfare – ICSW –) verbunden
durch seine Abteilung „Deutscher Landesausschuß des ICSW". Dazu sei
aus dem Geschäftsbericht 1978/79 des Deutschen Vereins zitiert:

Um Stellenwert und Bedeutung der internationalen Kooperation im Feld der sozialen Arbeit zu unterstreichen, wurden 1976 ergänzend die Aufgaben der Beobachtung und Auswertung der Entwicklung der sozialen Arbeit im Ausland sowie Förderung der internationalen Zusammenarbeit in diesem Bereich in die Satzung des
Deutschen Vereins aufgenommen. Zum gleichen Zeitpunkt wurde der Deutsche
Landesausschuß des ICSW, der bisher nur über den Vorstand des Deutschen Vereins mit ihm institutionell verbunden war, stärker in den Deutschen Verein inte-
griert. Die DLA-Geschäftsstelle wurde als Abteilung der Geschäftsstelle des Deutschen Vereins für alle seine über den nationalen Bereich hinausgehenden Aktivitäten
verantwortlich. Für den Deutschen Landesausschuß wurde ein ständiger besonderer Vorstandsausschuß gebildet.
Damit wurde der Deutsche Verein Mitglied des Internationalen Rates für soziale
Wohlfahrt (ICSW), dem auf Weltebene derzeit 80 Nationalkomitees angehören, die
jeweils die Gesamtheit der sozialen Bestrebungen in ihren Ländern repräsentieren.
Der ICSW wurde 1928 in Paris gegründet und konnte während der Weltkonferenz
in Jerusalem 1978 seines 50jährigen Bestehens gedenken. Er besitzt als internationale nichtstaatliche Organisation (NGO) beratenden Status bei den Vereinten Na-
tionen sowie den anderen wichtigsten übernationalen Organisationen, die im So-
zialbereich tätig sind. Die Stellungnahmen des ICSW zu aktuellen sozialen Frage-
stellungen gehen in die Entscheidungsprozesse dieser Organisationen ein.

Wie Umfang und Vielfalt der vom Deutschen Verein geleisteten Arbeit seit Gründung der Bundesrepublik andauernd wuchs, so stieg die Anzahl seiner Publikationen. Während der ersten 83 Jahre seines Bestehens hatte er seine Schriften bei verschiedenen Verlagen erscheinen lassen; seit dem 1. April 1963 veröffentlicht er sie – heute: 4 Schriftenreihen und 2 Zeitschriften – im Eigenverlag.

Regelmäßig wiederkehrende Höhepunkte im Dasein des Deutschen Vereins sind die von ihm veranstalteten Deutschen Fürsorgetage. Ursprünglich handelte es sich um seine Jahresversammlungen, die bis 1917 auch als „Deutsche Armenpflegetage" bezeichnet und ab 1920 „Deutsche Fürsorgetage" genannt wurden. Obwohl alle diese Tagungen seit 1880 durchgezählt werden – die 25. Jahresversammlung fand 1905 statt –, ist die Zahl 100 noch nicht erreicht, weil seit langem die jährliche Reihenfolge nicht mehr gewahrt werden konnte. Um so mehr ist Bedeutung und Teilnehmerzahl der Fürsorgetage gestiegen. In der Bundesrepublik pflegt der Bundespräsident die Fürsorgetage mit Grundsatz-Ansprachen zu eröffnen.

Die Gesamtthemen der Deutschen Fürsorgetage seit 1946 geben – schlagwortartig – Aufschluß über jeweils aktuelle Tendenzen und Hauptprobleme der Fürsorge während der Nachkriegsjahre und in der Bundesrepublik Deutschland:

- 1946 (Frankfurt am Main): „Aufgaben der Fürsorge zur Überwindung der deutschen Volksnot"
- 1947 (Rothenburg ob der Tauber): „Kriegsfolgenhilfe" – „Wie erhalten und schaffen wir ein einheitliches deutsches Fürsorgerecht?"
- 1949 (Bielefeld): „Fürsorge im Dienst der wirtschaftlichen und sozialen Sicherung der Bevölkerung" – „Genügt... unser geltendes Fürsorgerecht den Anforderungen der Nachkriegszeit? Genügt unser geltendes Jugendwohlfahrtsrecht den Anforderungen der Nachkriegszeit?"
- 1950 (Marburg): „Die erschütterten Grundlagen der praktischen Fürsorge"
- 1951 (Recklinghausen): „Wohlfahrtsstaat – ja und nein –"
- 1952 (Stuttgart): „Die Mitverantwortung der Fürsorge gegenüber der menschlichen Arbeitskraft"
- 1953 (Hannover): „Der Beitrag der Fürsorge zur Stärkung der Familie"
- 1955 (Frankfurt am Main): „Fürsorge und Sozialreform"
- 1957 (Essen): „Die Neuordnung eines Fürsorgerechts als Teil einer Sozialreform"
- 1959 (Berlin): „Die Fürsorge in der gewandelten Welt von heute. Neue Aufgaben – neue Wege"
- 1961 (Mannheim): „Die Fürsorge im Spannungsfeld der Generationen"
- 1963 (München): „Die Mutter in der heutigen Gesellschaft"
- 1965 (Köln): „Vier Jahre Bundessozialhilfegesetz und Jugendwohlfahrtsgesetz – Wege in die Zukunft"

- 1967 (Hamburg): „Der behinderte Mensch in unserer Zeit – Vorbeugung, Heilung, Linderung –"
- 1969 (Essen): „Die Fürsorge im sozialen Rechtsstaat – Standort, Forderungen und Möglichkeiten –"
- 1973 (Stuttgart): „Soziale Arbeit im sozialen Konflikt"
- 1976 (Dortmund): „Selbsthilfe und ihre Aktivierung durch die soziale Arbeit"
- 1980 (Frankfurt am Main): „Soziale Arbeit – Soziale Sicherheit. Aufgaben, Probleme, Perspektiven"

Wie 1980 auf dem Deutschen Fürsorgetag in Frankfurt am Main die nun schon hundertjährige Leistung des Deutschen Vereins gewürdigt wird, so war 1955 ebenfalls in Frankfurt am Main auf dem Deutschen Fürsorgetag jenes Jahres seines fünfundzwanzigjährigen Bestehens gedacht worden. Aus der Begrüßungsansprache des damaligen Vorsitzenden Prof. Dr. Hans Muthesius sei hier zitiert[386a]):

Was lernen wir aus der Geschichte des Deutschen Vereins? Ich möchte zwei Gesichtspunkte jetzt hervorheben. Erstens: es ist ein *und*-Verein; am wichtigsten ist in dem Namen des Deutschen Vereins eigentlich das Wort „*und*", weil es die Verbindung zwischen der öffentlichen und der freien Wohlfahrtspflege darstellt. Weil damit zum Ausdruck kommt, daß der Deutsche Verein eine Stätte der Zusammenarbeit zwischen diesen beiden Trägern von Fürsorgearbeit darstellt, die ohne Rücksicht auf sonstige Verschiedenheiten, die ohne Rücksicht auf Ausgangspunkte verschiedener Art sich auf der Ebene des Deutschen Vereins zusammenfinden, um gemeinsam dort zu wirken.

Der zweite Gesichtspunkt: es ist ein *deutscher* Verein. Als im Jahre 1880 die damaligen Gründer das Wort „Deutscher Verein" schufen, waren andere Zeiten als heute. Wenn wir heute sagen, es ist ein deutscher Verein, so meinen wir damit, daß wir stellvertretend auch für diejenigen mitagieren, denen es verwehrt ist, heute unmittelbar zu uns zu gehören. Dies auszusprechen war mir ein Bedürfnis insbesondere in den Zeiten, die wir augenblicklich gemeinsam durchleben.

Erster Themenkreis: Nachkriegsjahre bis zur Gründung der Bundesrepublik

Den Krieg überdauert hatte trotz aller Schwierigkeiten die deutsche Selbstverwaltungsstruktur vor allem der Kommunen und Landkreise, und zwar, wie sich zeigte, gegebenenfalls unabhängig von früheren deutschen Ländern und deren Grenzen. Gestützt auch auf diese Selbstverwaltung als Kontinuum konnten die Siegermächte jeweils innerhalb ihrer Besatzungszonen frühere deutsche Länder wiederherstellen oder neue formieren.

In der amerikanischen Zone wurden die einst preußischen Provinzen Kurhessen und Nassau mit dem ehemaligen Volksstaat Hessen, aber ohne dessen links-rheinische Gebiete, zum neuen Land Hessen („Großhessen") zusammengeschlossen. Bayern verlor die Rheinpfalz an das neugebildete, in der französischen Zone gelegene Land Rheinland-Pfalz, zu dem auch der südliche Teil der früheren Rheinprovinz hinzukam. Weiterhin umfaßte die französische Zone den jeweils südlichen Teil von Baden und Württemberg mit Hohenzollern. Hingegen Nordbaden und Nordwürttemberg, in der amerikanischen Zone gelegen, wurden zum Land Württemberg-Baden vereinigt. Bremen mit Bremerhaven war amerikanische Enklave in der britischen Zone, die aus den neugeschaffenen Ländern Niedersachsen (Hannover, Oldenburg, Braunschweig) und Nordrhein-Westfalen (Westfalen, nördliche Rheinprovinz, Lippe-Detmold) sowie aus Schleswig-Holstein und Hamburg bestand. Alle Länder erhielten im November/Dezember 1946 nach Landtagswahlen parlamentarische Länderregierungen und demokratische Länderverfassungen; die anglo-amerikanischen Besatzungszonen wurden ab 1. Januar 1947 wirtschaftlich gemeinsam verwaltet. (Nach Gründung der Bundesrepublik wurden durch Volksabstimmung vom 6. Dezember 1951 die drei südwestdeutschen Länder vereinigt zum neuen Land Württemberg-Baden; und am 1. Januar 1957 kam infolge der Volksabstimmung vom 23. Oktober 1955 das Saargebiet als eigenes Land – „Saarland" – hinzu.)

Die Sowjetzone, bestehend aus den ehemaligen Ländern resp. Provinzen Thüringen, Sachsen, Mark Brandenburg, Mecklenburg-Schwerin, Mecklenburg-Strelitz, Vorpommern, nahm eine andere Entwicklung.

Eigens in vier Besatzungszonen – „Sektoren" – wurde Groß-Berlin als ehemalige Reichshauptstadt geteilt. Nach Gründung der beiden neuen deutschen Staaten erhielt schließlich die Gesamtheit der drei westlichen Sektoren de facto den Charakter eines Landes mit enger Verbindung zur Bundesrepublik, indes der Ostsektor an die Sowjetzone angeschlossen und Regierungshauptstadt der DDR wurde.

1. Der Deutsche Verein fordert nach seiner Wiederherstellung ein einheitliches deutsches Fürsorgerecht

Noch im Kriege, als längst abzusehen war, daß der NS-Führerstaat einer totalen Niederlage entgegenging und er in seinen Zusammenbruch das ganze deutsche Volk hineinreißen werde, bereitete sich Prof. Dr. Polligkeit, Vorsitzender und Geschäftsführer des Deutschen Vereins zur Zeit der Weimarer Republik, in Frankfurt am Main auf die Nachkriegsjahre mit Wiederherstellung des Deutschen Vereins und mit den zu erwartenden Fürsorgeaufgaben vor. Daran erinnerte Prof. Dr. Ludwig Neundörfer, Nachfolger Polligkeits als Leiter des Frankfurter Soziographischen Instituts, 1951 im Nachrichtendienst des Deutschen Vereins[387]):

> Es war im Jahre 1943, in der Zeit, als Krieg und NS-Regime jeden lauten sorgenden Gedanken um die Zukunft des deutschen Volkes verbot, da fand sich um Dr. Polligkeit ein kleiner Kreis von Menschen im Soziographischen Institut Frankfurt zusammen. Sie wollten vordenken, was geschehen müsse, wenn der Krieg zu Ende sei. Es handelte sich nicht um politische Programme. Aber es war diesem Kreis klar, daß außerordentliche Anstrengungen gemacht werden müßten, um das aus allen Fugen geratene Zusammenleben und Werken der Menschen wieder zu ordnen.
> Es wurde vorausgesehen, daß zu diesem Zeitpunkt Not und Chaos herrschen werde: in den Städten Wohnungen und Arbeitsstätten zerstört, Millionen von Evakuierten über ganz Deutschland zerstreut, viele an dem Ort ihrer vorläufigen Unterkunft ohne Existenzmittel; eine fremde Besatzung im Lande, der Rückstrom von Millionen von Soldaten, die Fremdarbeiter im Lande, im Gefolge von alledem Wohnungsmangel, Arbeitsmangel und Hunger. Nicht vorausgesehen werden konnte das Einströmen von mehr als sieben Millionen Flüchtlingen [Vertriebenen] in das westdeutsche Gebiet.
> Man darf nicht zu früh Geschichte schreiben wollen. Aber was damals in diesem Kreis in wöchentlichen Zusammenkünften durchdiskutiert und von einzelnen in zum Teil umfangreichen Denkschriften niedergelegt wurde, was so in immer neuem Angehen, im strategischen Denken des „Gesetzt-den-Fall" sich klar an Erkenntnissen und möglichen Maßnahmen herausschälte, hat sicher seine praktischen Auswirkungen besonders in der ersten Phase des Wiederaufbaus gehabt. Die meisten Mitglieder dieses Kreises wurden unmittelbar nach dem Zusammenbruch der NS-Regierung in verantwortliche Verwaltungsstellen berufen und sahen sich dort vor Probleme gestellt, die sie gemeinsam vorbedacht hatten...

Zum Oberbürgermeister von Frankfurt am Main wurde 1945 Dr. Kurt Blaum ernannt; hauptsächlich er hatte einst, 1917, als ein Wortführer des Deutschen Vereins dessen Programm sozialer Sicherung erarbeitet (vgl. I. Teil, 5. Themenkreis). Da auch Polligkeit sich in Frankfurt befand, so erfolgte am 11. April 1946 die Wiederherstellung des Deutschen Vereins von

Frankfurt aus. Den stellvertretenden Vorsitz übernahm Dr. Blaum, den Vorsitz wieder Dr. Polligkeit:

> Zum zweiten Male ist mir die Leitung des altbewährten Deutschen Vereins für öffentliche und private Fürsorge anvertraut worden und wiederum nach einem verlorenen Kriege. Wiederum stehen wir vor der schwierigen Aufgabe, das deutsche Fürsorgewesen so zu gestalten, daß es außerordentlichen Notständen begegnen kann...
> Ziel und Arbeitsweise des Vereins sind die gleichen, wie sie in § 2 der Vereinssatzung von 1919 angegeben sind [vgl. I. Teil, Abschlußthema]... Wer heute in der Fürsorgearbeit steht, an leitender oder ausführender Stelle, empfindet täglich aufs neue die steigende Verantwortung seiner Tätigkeit. Nötig sind rasche und zielsichere Entscheidungen, obwohl Größe und Schwere der Aufgaben und ihre ständige Veränderung bei ungeklärter Gesamtlage eine sorgsame, unter Umständen zeitraubende Prüfung voraussetzen. Hier den Erfahrungsaustausch zu vermitteln, Zweifelsfragen zu klären, erfolgreiches Vorgehen einzelner zur allgemeinen Beachtung bekanntzugeben, schließlich in fortschreitender Beobachtung der weiteren Entwicklung des Fürsorgewesens einen Gesamtüberblick zu geben: das sind die Dienste, die wir... getreu der jahrzehntelangen Tradition unseres Vereins zu leisten haben werden.
> Aus der Erfahrung der Träger und Organe des Fürsorgewesens ein zuverlässiges Bild von den herrschenden Notständen und den notwendigen Hilfen, nicht zuletzt aber auch von den Schwierigkeiten einer Hilfeleistung zu beschaffen, ist eine wichtige Vorstufe für die Gesetzgebung, die das geltende Fürsorgerecht zeitgemäß zu gestalten hat. Unser Verein kann und wird nicht ein Gesetzgeber sein wollen. Wie es aber in der Vergangenheit, in besonderem Maße nach dem Ersten Weltkrieg, ihm gelungen ist, bewährte Grundsätze im Fürsorgerecht zu erhalten und ohne starres Haften an Vergangenem bessere Wege zu suchen, wo veränderte oder neue Aufgaben es erforderten, so müssen wir uns bestreben, heute in gleichem Sinne Vorarbeiten zu leisten. Um so notwendiger ist dies zur Zeit bei dem Fehlen eines Organs der Gesetzgebung für ein reichseinheitliches Fürsorgerecht, dessen wir um so mehr bedürfen, als die bestehende und noch für längere Zeit andauernde Fluktuation der Bevölkerung eine sichere Rechtsgrundlage im Fürsorgewesen fordert. Grundsätzliche Unterschiede des Fürsorgerechtes in den einzelnen Ländern und Zonen würden eine solche Rechtssicherheit zum Schaden der notleidenden Bevölkerung zerstören[388].

Unversehens stand der Deutsche Verein vor der Notwendigkeit, seine alte Forderung nach einem einheitlichen deutschen Fürsorgerecht zu erneuern:

> Ein einheitliches deutsches Fürsorgerecht muß unser Ziel bleiben. Eingedenk der Tatsache, daß der hohe Stand des deutschen Fürsorgewesens bis 1933 neben der Wirksamkeit von Staat und Gemeinde auf diesem Gebiete auch der ebenso vielseitigen wie tatkräftigen freien Wohlfahrtspflege zu verdanken ist und wir jetzt uns darauf stützen dürfen, daß diese seit Kriegsende wieder zur vollen Entfaltung gelangt

ist, will unser Verein auch ihre Sorgen und Nöte sich zu eigen machen, aus ihren Erfahrungen lernen und ihrer planmäßigen Zusammenarbeit mit der öffentlichen Fürsorge dienen. Wir sind uns der Größe der Verantwortung bewußt, welche der Verein in Gegenwart und Zukunft zu tragen hat[389]).

Auf die bedrohte Einheitlichkeit des deutschen Fürsorgerechts richtete der Deutsche Verein sein Hauptbestreben, und welcher Erfolg ihm dabei beschieden war, das stellte anläßlich des Deutschen Fürsorgetages in Bielefeld vom 12.–14. September 1949 ausdrücklich Heinrich Treibert, Präsident des Deutschen Landkreistages, fest:

Die Besatzungszonen sind entgegen den ursprünglichen Erklärungen der Besatzungsmächte Verwaltungszonen mit ihrem eigenen Gewicht geworden, und auf einer Reihe von Gebieten wurden vorher im gesamtdeutschen Raum einheitlich geordnete Rechtsgebiete auseinandergeführt und in ihnen ganz verschiedenes neues Recht und neue Zuständigkeiten geordnet. Angesichts dieser Tatsache muß es als ein für die Lösung der Nachkriegsaufgaben auf diesem Gebiet ganz gewichtiges Positivum gewertet werden, daß im Fürsorgerecht die Einheitlichkeit, wenigstens in den drei Westzonen, also im Gebiet der heutigen Bundesrepublik Deutschland, gewahrt geblieben ist. Das ist nicht zuletzt ein Verdienst des Deutschen Vereins...
Es wurde nicht nur die Einheitlichkeit des Rechts unter Weitergeltung der Reichsfürsorgepflichtverordnung gewahrt, sondern auch in organisatorischer Hinsicht änderte sich nichts. Der Aufbau (Bezirksfürsorgeverbände und Landesfürsorgeverbände) blieb auch in der Zuordnung der Zuständigkeiten und des Wirkungsbereiches und der sie tragenden Gebietskörperschaften (Kreise, Länder, ehemalige Provinzen oder Landeskommunalverbände) bestehen. Damit aber wurde auf dem Gebiete der Fürsorge ein an sich unfruchtbarer Leerlauf vermieden, blieben alle Reibungen, die zunächst neue Organisationsformen und neue Zuständigkeiten mit sich bringen, ausgeschaltet. Die Fürsorgeorgane konnten sich sofort den drängenden Aufgaben aus dem Zusammenbruch und seinen Folgen widmen... Und wo völlig neuartige Aufgaben auftraten, wie die Fürsorge für die Flüchtlinge, war es durchaus möglich und gegeben, sie als echte Fürsorgaufgabe organisch in die bestehende Organisation einzuordnen und auf Experimente mit besonderen Flüchtlingsverwaltungen zu verzichten... Wir sind seit den Tagen des Erlasses der Reichsfürsorgepflichtverordnung durch so viele Katastrophen, Erschütterungen und Ungeheuerlichkeiten geschritten, daß wir kaum noch die Fähigkeit haben, vor einem, wenn auch unfaßbaren Ereignis, wie es allein schon die Not und das Schicksal der Ausgewiesenen ist, zu erschrecken[390]).

Indem der Deutsche Verein auf die Erhaltung eines einheitlichen Fürsorgerechts hinwirkte, wahrte er – entgegen anderen damals vorherrschenden Tendenzen – eine Tradition deutscher Geschichte, an welcher er selbst seit seinem Bestehen intensiv mitgearbeitet hatte. Folgende Überlegung für die Nachkriegszeit veröffentlichte er im Nachrichtendienst des Deutschen Vereins vom Juni 1947[391]):

Eine Gefährdung liegt zunächst in der Aufsplitterung der Gesetzgebungskompetenzen zwischen Kontrollrat, Zonenregierungen und Ländern. Kontrollratsgesetze setzen Übereinstimmung der vier Besatzungsmächte voraus. Macht der Kontrollrat von seinem Gesetzgebungsrecht keinen Gebrauch, so ist es den Zonenregierungen vorbehalten, ob sie einheitliche Vorschriften für die Zone erlassen oder die Regelung den einzelnen Ländern überlassen wollen. Die Länder haben auf dem Gebiet des Fürsorgerechts bereits Vorschriften erlassen, die voneinander abweichen und deren nachträgliche Koordinierung schwierig ist.

Die Lage war sogar noch schwieriger als vor dem Ersten Weltkrieg, als der Deutsche Verein ein Reichsfürsorgegesetz („Reichsarmengesetz") auf dem Umweg über die Ausführungsbestimmungen der Einzelstaaten zum Unterstützungswohnsitzgesetz angestrebt hatte. Denn jetzt lag im System von Zonenregierungen und Länderregierungen die Vorherrschaft bei den Siegermächten, die ihrerseits jeweils eigene Ordnungsprinzipien mitgebracht hatten. Die fortdauernde Allgemeingültigkeit von Fürsorgepflichtverordnung und Reichsgrundsätzen mußte jedenfalls in den drei Westzonen noch grundsätzlich abgestimmt werden. Deshalb trat der Deutsche Verein für eine Vereinbarung ein:

Eine Schwierigkeit der Ländergesetzgebung liegt in der Beschränkung ihrer Geltung auf das Gebiet des Landes. Die fürsorgerechtlichen Beziehungen der Länder und ihrer Fürsorgeverbände zu anderen Ländern und Fürsorgeverbänden derselben oder einer anderen Zone müssen aufeinander abgestimmt werden. Dies ist möglich durch übereinstimmende Gesetze, durch Staatsverträge oder durch formlose Vereinbarung... In dem Sozialausschuß des Deutschen Städtetages hat man sich kürzlich für die Form der Vereinbarung ausgesprochen[392]).

Zugleich bezeichnete der Deutsche Verein den Hauptinhalt einer solchen anzustrebenden Vereinbarung:

Die Sicherung der Einheitlichkeit des Fürsorgerechts ist um so wichtiger, weil in der nächsten Zeit eine grundsätzliche Änderung infolge des Strukturwandels der hilfsbedürftigen Bevölkerung erforderlich wird. Die bisherige Fürsorgegesetzgebung geht davon aus, daß der Hauptteil der hilfsbedürftigen Bevölkerung seßhaft war, während die Zahl der Hilfsbedürftigen, die außerhalb ihres Wohnorts zu unterstützen waren, verhältnismäßig gering war. Infolgedessen war es möglich, die finanziellen Beziehungen zwischen den Fürsorgeverbänden durch ein System des individuellen Lastenausgleichs zwischen dem vorläufig fürsorgepflichtigen Verband und dem endgültig verpflichteten Verband zu regeln. Heute gehört aber ein wesentlich größerer Teil der hilfsbedürftigen Bevölkerung zu den Nichtseßhaften. Bereits in den letzten Kriegsjahren hat eine Fluktuation der Bevölkerung größten Ausmaßes durch Evakuierungen, Betriebsverlagerungen usw. begonnen. Seit 1945 hat sich diese Binnenwanderung durch die Ausweisungen aus den Ostgebieten noch wesentlich verstärkt. Es ist anzunehmen, daß auch nach Abhebung der Depressionskrise eine starke Binnenwanderung bestehen bleiben wird.

Diesen veränderten Verhältnissen ist das bisherige System des individuellen Lastenausgleichs nicht gewachsen. Die heutigen Wirtschafts- und Verkehrsverhält-
nisse erfordern eine Unterstützung durch den Fürsorgeverband des _tatsächlichen
Aufenthalts_ ohne Geltendmachung von Ersatzansprüchen gegen einen endgültig
verpflichteten Fürsorgeverband, jedoch unter Übernahme eines großen Teiles der
Fürsorgekosten auf die Länder, soweit die Fürsorge durch die Kriegsereignisse bedingt ist[393]).

Damit war im Hinblick auf die künftige _Fürsorgerechtsvereinbarung_ deren Hauptpunkt genannt: die Ersetzung des „gewöhnlichen Aufenthalts“,
den einst die Fürsorgepflichtverordnung gegenüber dem Unterstützungswohnsitz als Verbesserung eingeführt hatte, durch den jetzt zeitgemäßen
„tatsächlichen Aufenthalt“. Ehe es zu dieser Vereinbarung kam (s. u.), richtete der vom Deutschen Verein am 16. Juni 1947 in Rothenburg ob der
Tauber veranstaltete Deutsche Fürsorgetag eine Entschließung an die Landesregierungen, in der es u. a. hieß:

Die Einheitlichkeit des deutschen Fürsorgerechts ist zur Zeit gefährdet, da nach
Kriegsende die Gesetzgebungsbefugnis auf den Alliierten Kontrollrat, die Militärregierungen der Besatzungszonen und die einzelnen Länder übergegangen ist. Bei
der seit Jahren bestehenden Fluktuation großer Teile unserer Bevölkerung, die sich
bei einer Wiederbelebung der deutschen Wirtschaft verstärken wird, sind Unterschiede in wesentlichen Fragen des Fürsorgerechtes, insbesondere hinsichtlich der
Träger und Organe der öffentlichen Fürsorge nicht zu verantworten. Im Bewußtsein des Ernstes der wirtschaftlichen und sozialen Lage unseres Volkes richten die
Teilnehmer des Deutschen Fürsorgetages in Rothenburg im Juni 1947 an die Landesregierungen die dringende Bitte, bei der Abänderung oder Neuschaffung fürsorgerechtlicher Bestimmungen die Einheitlichkeit des deutschen Fürsorgerechtes dadurch zu wahren, daß sie in den grundsätzlichen Fragen eine Übereinstimmung im
Wege der Vereinbarung herbeiführen. Unerläßlich ist ferner, daß wegen der territo-
rialen Geltung der Landesgesetze die Gegenseitigkeit in der gleichmäßigen Behandlung der Hilfesuchenden gewährleistet wird. Darüber hinaus hält der Deutsche Fürsorgetag es für notwendig, daß bei Schaffung einer deutschen Zentralverwaltung,
die sich auf dem Gedanken der Einheit der deutschen Wirtschaft aufbaut, ihr auch
die Gesetzgebungsbefugnis auf dem Gebiet der Sozial- und Fürsorgepolitik gegeben
wird[394]).

2. Die Fürsorgerechtsvereinbarung (FRV)

Einzelheiten einer Vereinbarung hatten der Deutsche Städtetag, der
Deutsche Landkreistag und der Deutsche Verein prinzipiell schon entworfen. Zur Zusammenarbeit der kommunalen Spitzenverbände mit dem
Deutschen Verein besagte die Präambel einer gemeinsamen Entschließung
vom 17. Mai 1947 in Frankfurt am Main:

Zwischen dem Deutschen Städtetag, dem Deutschen Landkreistag und dem Deutschen Verein für öffentliche und private Fürsorge hat von jeher eine enge Zusammenarbeit auf allen gemeinsamen Sachgebieten bestanden. Ein einheitliches Vorgehen, namentlich in Fragen der Gesetzgebung, ist heute wegen der Gefahr der Zersplitterung mehr denn je nötig. Die kommunalen Spitzenverbände und der Deutsche Verein sind daher übereingekommen, die Zusammenarbeit noch enger zu gestalten als bisher[395]).

Von den Einzelpunkten der Entschließung seien hier zitiert:

1. Zwingende und allgemeine wirtschaftliche und sozialpolitische Erwägungen führen zu der Forderung, das geltende Fürsorgerecht in seiner bisherigen reichsrechtlichen Fassung zunächst unverändert beizubehalten. Notwendige und zeitbedingte Änderungen des Fürsorgerechts mögen auf dem Boden einer Vereinbarung geschehen...

4. Die unter Ziffer 1 vorgesehenen Vereinbarungen müßten von dem Grundsatz ausgehen, vorübergehend den Unterschied zwischen vorläufiger und endgültiger Fürsorgepflicht aufzuheben.

5. Genaue Einzelvorschläge sollen vom Sozialausschuß des Städtetages, vom Landkreistag und vom Deutschen Verein für öffentliche und private Fürsorge ausgearbeitet werden.

Am 29./30. August 1947 gründeten die Landesfürsorgeverbände der Vereinigten Westzonen gemeinsam mit den kommunalen Spitzenverbänden und dem Deutschen Verein die „Arbeitsgemeinschaft der Landesfürsorgeverbände der Vereinigten Westzonen"; und wieder wurde in der ersten Entschließung dieser Arbeitsgemeinschaft (Ziffer 3) eine einheitliche deutsche Fürsorgegesetzgebung oder ersatzweise eine Vereinbarung im Verwaltungswege gefordert:

Es bestand Einmütigkeit, daß eine unabdingbare Voraussetzung für eine wirksamere Bekämpfung der steigenden sozialen Not unseres Volkes die Beibehaltung einer einheitlichen deutschen Fürsorgegesetzgebung ist... Solange eine Anpassung des deutschen Fürsorgerechts an die neuen Sozialbedürfnisse durch eine zentrale gesetzgebende Gewalt nicht möglich ist, fordert die Konferenz eine Koordination der einschlägigen Ländergesetzgebung oder den beschleunigten Ersatz einer solchen durch Vereinbarung im Verwaltungswege[396]).

Die Absicht, ohne ängstliche Rücksichtnahme auf Zonengrenzen und Ländergrenzen zu einem einheitlichen Fürsorgerecht mittels einer Vereinbarung zurückzukehren, ließ zuerst sich von der britischen Zone aus verwirklichen. Dort wurde am 18. September 1947 in Steinhude auf einer Tagung, an welcher die Fürsorgedezernenten, die Fürsorgeverbände und Vertreter der Länder teilnahmen, die Fürsorgerechtsvereinbarung beschlossen, „die die Rechtsbeziehungen der Fürsorgeverbände untereinander wieder auf eine sichere und einfache Grundlage stellte, ohne einer gesetzlichen Ge-

samtregelung vorzugreifen". Über diese Fürsorgerechtsvereinbarung berichtete der Deutsche Verein:

Sie stand vor der Frage einer radikalen Beseitigung der Unterscheidung zwischen
vorläufiger und endgültiger Fürsorgepflicht oder eines grundsätzlichen Übergangs
zum Prinzip des tatsächlichen Aufenthalts unter Aufrechterhaltung der Erstattungspflicht für bestimmte Ausnahmefälle, namentlich Fälle der Anstaltsfürsorge.
Sie entschied sich für die letztere Lösung. Sie enthält weiter den Grundsatz, daß
auch in diesen Ausnahmefällen eine Erstattung zwischen Fürsorgeverbänden nur
insoweit zugelassen wird, als nicht der Fürsorgeaufwand vom Lande im Rahmen eines Ausgleichs für kriegsursächliche Fürsorgelasten erstattet wird. Von den 58
Stadtkreisen und 136 Landkreisen der britischen Zone sind fast alle der Fürsorgerechtsvereinbarung (FRV) beigetreten... Außerdem gehören Bremen und Bremerhaven der FRV an.
Das eingeführte schiedsgerichtliche Verfahren durch Spruchstellen und eine zentrale Spruchstelle hat sich bewährt. In der zentralen Spruchstelle ist ein Ersatz für
das Bundesamt für das Heimatwesen geschaffen worden.
In der britischen Zone hat von vornherein der Wunsch nach einer Ausdehnung
auf die amerikanische Zone bestanden, selbstverständlich unter Berücksichtigung
notwendiger landesrechtlicher Sondervorschriften. Die Fürsorgeverbände Bayerns
haben die Fürsorgerechtsvereinbarung mit geringen Änderungen und einer Sonderregelung für Bayern bereits angenommen. Sie gilt für die Beziehungen zwischen den
beigetretenen bayerischen Fürsorgeverbänden mit Wirkung vom 1.10.1948...
Die in der FRV erzielte Verwaltungsvereinfachung kann zugleich als ein Vorläufer der künftigen Gesetzgebung angesehen werden, einerlei ob die Fürsorgegesetzgebung künftig zur Vorranggesetzgebung des Bundes gehören wird, wie zu hoffen
steht, oder ob sie zur Zuständigkeit der Länder gehören wird. In beiden Fällen
brauchen wir die FRV. Im ersten Falle wird noch geraume Zeit bis zum Anlaufen
der Bundesgesetzgebung vergehen. Im zweiten Falle muß einer weiteren Zersplitterung des Fürsorgerechts vorgebeugt werden. Es ist also in jedem Falle notwendig,
die FRV auf die amerikanische Zone auszudehnen. Hierfür müssen gewisse Grund-
voraussetzungen gegeben sein. Dazu gehört eine einheitliche Regelung der Kriegsfolgenhilfe in den Ländern und die Aufhebung des Erstattungsverbots der britischen Militärregierung gegenüber anderen Zonen, die in Aussicht gestellt ist[397]).

Der vorstehende Bericht wurde im Frühjahr 1949 verfaßt und enthält insofern eine Rückschau. Deren unmittelbarer Anlaß war, daß am 3. Mai
1949 in Weinheim an der Bergstraße ein Arbeitskreis, der sogenannte
Weinheimer Arbeitskreis, bestehend aus Fürsorgesachverständigen der
kommunalen Spitzenverbände, der Sozialministerien der Länder der britischen und amerikanischen Zone und des Deutschen Vereins, eine neue
Fürsorgerechtsvereinbarung der britischen und amerikanischen Zone beschlossen hatte:

Das *Rahmenabkommen* sieht vor, daß die Neufassung der FRV auf der Grundlage der Gegenseitigkeit vom 1.7. 1949 an angewendet wird auf die fürsorgerechtlichen Beziehungen der beitretenden Fürsorgeverbände der Länder Bayern, Hessen und Württemberg-Baden zueinander und zu den der FRV bereits beigetretenen Fürsorgeverbänden der britischen Zone und des Landes Bremen... Allen deutschen Fürsorgeverbänden, die das Rahmenabkommen nicht mit abgeschlossen haben, steht der Beitritt zu ihm offen, ohne Rücksicht darauf, ob sie ihren Sitz in einem Lande der britischen und amerikanischen Zone haben oder in einem anderen Lande. Es können also auch Fürsorgeverbände der französischen Zone und die Stadt Berlin beitreten...

Der neue Wortlaut der FRV selbst enthält gegenüber der bisherigen Fassung nur wenige Änderungen. Die Neufassung ist in drei Teile gegliedert. Der erste Teil enthält Vereinbarungen über Zuständigkeit und Kostenersatz..., der zweite Teil bringt eine Neufassung der Hamburger Vereinbarung vom 15. 12. 1942, der dritte Teil Bestimmungen über ein schiedsrichterliches Verfahren in Fürsorgestreitsachen. Der vierte Teil der alten Fassung ist in das Rahmenabkommen übernommen worden.

Der wichtigste Abschnitt ist der erste Teil. Er enthält in Ziffer 1 wie bisher die grundsätzliche Abkehr von der Unterscheidung zwischen vorläufiger und endgültiger Fürsorgepflicht. § 7 FRV wird in folgender Fassung angewendet:
„Jeder Hilfsbedürftige muß von dem Bezirksfürsorgeverband unterstützt werden, in dessen Bereich er sich befindet."

Diese Regelung bedeutet... einen weitgehenden Verzicht der Fürsorgeverbände auf Kostenersatzansprüche gegenüber anderen Fürsorgeverbänden, der nur zumutbar ist, wenn die kriegsursächlichen Fürsorgelasten durch die Länder befriedigend ausgeglichen werden... Der in Ziffer 1 niedergelegte Grundsatz des reinen Aufenthalts kann aber nicht ausnahmslos durchgeführt werden. Schutzbestimmungen für besondere Fälle müssen erhalten bleiben...

Der zweite Teil der Fürsorgerechtsvereinbarung enthält... Bestimmungen... über das Erstattungsverfahren...

Der dritte Teil der FRV regelt ein schiedsgerichtliches Verfahren in Fürsorgestreitsachen. Nach der Ziffer 33 werden Streitigkeiten zwischen Fürsorgeverbänden über die öffentliche Fürsorge für Hilfsbedürftige (Fürsorgestreitsachen) im schiedsgerichtlichen Verfahren durch die von den Fürsorgeverbänden errichteten Spruchstellen in Fürsorgestreitigkeiten (Ziffer 35) entschieden. [Ziffer 35 nennt sechs Spruchstellen in den Ländern Nordrhein-Westfalen, Niedersachsen, Hamburg, Bayern, Hessen, Württemberg-Baden.] ... Gehören die Parteien zu den Zuständigkeitsbereichen verschiedener Spruchstellen, so entscheidet... eine beim Landesfürsorgeverband Hamburg gebildete zentrale Spruchstelle... Der zentralen Spruchstelle können von den Spruchstellen auch Fälle von grundsätzlicher Bedeutung unterbreitet werden... Die Spruchstellen werden künftig ihre Entscheidungen den Sozialministern der Länder mitteilen, damit diese Kenntnis von den sich herausbildenden Grundsätzen erhalten. Die Entscheidungen der zentralen Spruchstelle werden vorläufig auszugsweise in unserem Nachrichtendienst [= dem „Nachrichtendienst des Deutschen Vereins für öffentliche und private Fürsorge"] veröffentlicht, bis ein eigenes Organ hierfür zur Verfügung steht[398]).

Verglichen mit der umständlichen Prozedur, welche seinerzeit dem „gewöhnlichen Aufenthalt" in der Fürsorgepflichtverordnung vorangegangen war (vgl. II. Teil, 1. Themenkreis), hatte sich in der Fürsorgerechtsvereinbarung der tatsächliche Aufenthalt relativ leicht bewerkstelligen lassen. Er wurde auf dem Deutschen Fürsorgetag 1949 in Bielefeld auch kritisch betrachtet, so von Heinrich Treibert, der in seinem Referat die Frage beantwortete: „Genügt auf dem Gebiet der wirtschaftlichen Fürsorge in Landkreisen unser geltendes Fürsorgerecht den Anforderungen der Nachkriegszeit?":

Immer schon haben die Fürsorgebehörden die Letztverpflichtung des für den gewöhnlichen Aufenthalt des Hilfsbedürftigen zuständigen Bezirksfürsorgeverbandes als den Gang der Verwaltung erschwerend und auch für den Lastenausgleich unter den Bezirksfürsorgeverbänden zwecklos gehalten. Die Fürsorgerechtsvereinbarung, die an die Stelle des gewöhnlichen Aufenthaltes den tatsächlichen setzen will, lag sozusagen auf dem Wege. Und doch ist sie zur jetzigen Zeit problematisch und folgenschwer für die ländlichen Bezirksfürsorgeverbände, also für die Landkreise und Gemeinden. Die Einführung des tatsächlichen Aufenthaltes anstelle des gewöhnlichen verpflichtet den Bezirksfürsorgeverband, in dem sich der Hilfsbedürftige jeweils aufhält, endgültig zur Fürsorge. Ein solcher Wechsel setzt voraus, daß die Bevölkerung in der Masse seßhaft bleibt und daß die Fluktuation sich nur in begrenztem Ausmaße hält, daß Gruppenwanderungen oder gar Massenwanderungen unterbleiben. Ist unsere Bevölkerung aus den Wanderungen der Kriegs- und Nachkriegswirren schon zur Ruhe gekommen?... Daher muß sich die Fürsorgerechtsvereinbarung oder eine Änderung der gesetzlichen Bestimmungen darauf beschränken, für die gewöhnlichen Fälle von Wohnsitzwechsel und Wanderung, also für die Wanderung einzelner Personen und Familien, die nicht zu den Gruppen der Flüchtlinge, Evakuierten und Ost-West-Wanderer gehören, den tatsächlichen Aufenthalt maßgebend sein zu lassen, bis zur Ausdehnung auf die vorgenannten Gruppen zu einem später zu bestimmenden Zeitpunkt, nachdem die Eingliederung, also die Seßhaftmachung dieser Gruppen, durchgeführt ist... Ich gebe zu, daß dann nicht mehr viel übrigbleibt für eine Änderung des gewöhnlichen Aufenthaltes[399]).

Die Fürsorgerechtsvereinbarung besteht – nunmehr in der Fassung vom 26. Mai 1965[400]) – noch heute, da vor allem ihr dritter Teil das Bundessozialhilfegesetz ergänzt. Als der Entwurf des BSHG vorlag, stellte und beantwortete der Deutsche Verein die Frage: „Beeinflußt die Verkündung des Bundessozialhilfegesetzes den Fortbestand der Fürsorgerechtsvereinbarung, soweit in ihr ein Schiedsverfahren vereinbart worden ist?"[401]

Die durch den Entwurf des Bundessozialhilfegesetzes beabsichtigte Neuregelung des Fürsorgerechts wirft die Frage der Fortgeltung der Fürsorgerechtsvereinbarung vom 3.5.1949 auf. Da der Deutsche Verein an dem Zustandekommen dieser Vereinbarung maßgebend beteiligt war, haben sich Vertreter der beteiligten Kreise an ihn mit der Bitte um Klärung dieser Frage gewandt. Daraufhin fand unter dem Vorsitz von Professor Dr. Muthesius eine erste Besprechung am 4.11.1960 in Bonn statt; der Deutsche Verein wurde schließlich um die Erstattung eines Gutachtens gebeten...

[Ergebnis des Gutachtens]

Teil III der Fürsorgerechtsvereinbarung gilt als selbständige Schiedsvereinbarung auch dann weiter, wenn die Fürsorgerechtsvereinbarung im übrigen insgesamt durch das Bundessozialhilfegesetz „gegenstandslos" wird. Zur Lösung von der Schiedsvereinbarung bedarf es demnach in jedem Falle einer Kündigung im Sinne des Artikels 3 III des Abkommens betr. den Beitritt... vom 3. Mai 1949.

3. Zum Grundgesetz der Bundesrepublik Deutschland vom 23. Mai 1949 (BGBl. S. 1)

Am 23. Mai 1949 wurde das Grundgesetz (GG) der Bundesrepublik verkündet, dessen Kenntnis hier vorausgesetzt sei. Im Unterschied zur Weimarer Reichsverfassung enthält es keinen Katalog sozialpolitischer Staatsaufgaben, jedoch im Art. 20, Abs. 1, den Verfassungsgrundsatz: „Die Bundesrepublik Deutschland ist ein demokratischer und sozialer Bundesstaat"; und Art. 28, Abs. 1, definiert den Gesamtzusammenhang von Bund und Ländern als „sozialen Rechtsstaat":

[Art. 28, Abs. 1] Die verfassungsmäßige Ordnung in den Ländern muß den Grundsätzen des republikanischen, demokratischen und sozialen Rechtsstaates im Sinne dieses Grundgesetzes entsprechen...

Eigens genannt wird im Art. 74 die öffentliche Fürsorge als ein Gegenstand „konkurrierender Gesetzgebung":

[Art. 74] Die konkurrierende Gesetzgebung erstreckt sich auf folgende Gebiete: ... 7. die öffentliche Fürsorge...

Diese Zuordnung der öffentlichen Fürsorge zur konkurrierenden Gesetzgebung anstatt zur Vorranggesetzgebung des Bundes war entgegen dem Verfassungsentwurf (Art. 36) von den Militärgouverneuren der Westzonen bewirkt worden und sofort, noch ehe das Grundgesetz fertiggestellt war, auf Widerspruch des Deutschen Vereins gestoßen. Sein Protestschreiben vom 25. März 1949 richtete er an den Parlamentarischen Rat in Bonn[402]):

Der Vorstand des Deutschen Vereins für öffentliche und private Fürsorge hat in seiner Sitzung vom 25. März ds. Jhrs. in Frankfurt a. M. mit tiefer Besorgnis davon Kenntnis genommen, daß die Militärgouverneure der Westzonen die in Art. 36 des

Grundgesetzes vorgesehene Vorranggesetzgebung des Bundes beanstandet und eine
starke Einschränkung gefordert haben. Die gesamte öffentliche Fürsorge gehört
nach Art. 36 Abs. 1 Ziff. 7 des Entwurfs zur Vorranggesetzgebung. Wenn der Forderung der Militärgouverneure unverändert stattgegeben würde, würde dies für die
öffentliche Fürsorge einen Rückschritt nicht nur in die Zeit vor der Weimarer Verfassung von 1919, sondern sogar in die Zeit vor der Verfassung des Norddeutschen
Bundes von 1867 bedeuten. Das aber ist untragbar. Seit dem Unterstützungswohnsitzgesetz vom 6. Juni 1870 besteht in Deutschland ein in seinen Grundzügen
einheitliches Fürsorgerecht, das sich durch das Ineinandergreifen von Reichsgesetzgebung, Landesgesetzgebung und Selbstverwaltung der Gemeinden und Gemeindeverbände auf das Beste bewährt hat. Die gleiche Rechtseinheitlichkeit auf dem
Gebiete der Jugendwohlfahrtspflege, die nach jahrzehntelangen Bemühungen 1922
erreicht worden ist, würde damit ebenfalls gestört...
   Der Vorstand des Deutschen Vereins für öffentliche und private Fürsorge hält
sich für berufen und verpflichtet, auf die Folgen einer Einschränkung der Vorranggesetzgebung des Bundes auf dem Gebiete der öffentlichen Fürsorge hinzuweisen.
Wird die Möglichkeit der Bundesgesetzgebung auf diesem Gebiet eingeschränkt, so
würde nur übrig bleiben, die notwendige Einheitlichkeit und Gleichmäßigkeit
durch Koordinierung der Fürsorgemaßnahmen der Länder zu erstreben, die aber,
wie die Erfahrungen seit der Besetzung zeigen, immer schwierig und mit einem
Ausmaß von Arbeit verbunden ist, das besser produktiveren Aufgaben zugewandt
werden sollte.

Der Deutsche Verein stand nicht allein. Dasselbe wie er forderten in einer
Entschließung vom 18. März 1949 die Vertreter der Jugendwohlfahrtsbehörden, der Spitzenverbände der freien Wohlfahrtspflege und der Jugendverbände der Westzonen sowie Berlins; und die Dekane der westdeutschen
rechtswissenschaftlichen Fakultäten verlangten in ihrer Stellungnahme vom
18. März 1949 die Wahrung der Rechtseinheit[403]). Nachdem das Grundgesetz verkündet war, prüfte der Deutsche Verein den Art. 74 in Verbindung
mit Art. 72:

Für die Aufrechterhaltung der Einheit des deutschen Fürsorgerechts ist es von
großer Tragweite, in welcher Weise im Grundgesetz für die Bundesrepublik
Deutschland die Gesetzgebungskompetenzen zwischen dem Bund und den Ländern abgegrenzt werden. Der Abschnitt VII „Die Gesetzgebung des Bundes" regelt
die ausschließliche Gesetzgebung des Bundes und die konkurrierende Gesetzgebung. Die öffentliche Fürsorge gehört zur konkurrierenden Gesetzgebung (Art. 74,
Ziff. 7). Der Entwurf des Verfassungskonvents von Herrenchiemsee und der
Grundgesetzentwurf des Parlamentarischen Rates wollten ursprünglich den Begriff
„konkurrierende Gesetzgebung" durch den Begriff „Vorranggesetzgebung" ersetzen. Das endgültige Grundgesetz kehrt zu dem Begriff der konkurrierenden Gesetzgebung zurück, der auf die Weimarer Verfassung vom 11.8.1919 zurückgeht.
Damit wurde in der Staatsrechtswissenschaft der Teil der Gesetzeskompetenz bezeichnet, der nicht zur ausschließlichen Gesetzgebung des Reiches gehörte (Art. 7

der Weimarer Verfassung). Die Weimarer Verfassung hatte die im Art. 7 genannten Gegenstände der Gesetzgebung aber ausdrücklich als Gesetzgebung des Reiches bezeichnet. Sie hatte ferner in Art. 12 das Verhältnis von Reichsgesetzgebung und Landesgesetzgebung wie folgt geregelt: „Solange und soweit das Reich von seinem Gesetzgebungsrechte keinen Gebrauch macht, behalten die Länder das Recht der Gesetzgebung. Dies gilt nicht für die ausschließliche Gesetzgebung des Reichs". Das neue Grundgesetz kehrt im Art. 70 das Verhältnis zwischen Ländern und Bund um. Es bestimmt in Art. 70 Abs. 1: „Die Länder haben das Recht der Gesetzgebung, soweit dieses Grundgesetz nicht dem Bunde Gesetzgebungsbefugnisse verleiht." Der föderative Charakter des Bundes kommt also weit stärker zum Ausdruck als in der Weimarer Verfassung. Auch der Art. 72, der das Verhältnis des Bundes zu den Ländern in der konkurrierenden Gesetzgebung regelt, schränkt die Gesetzgebung des Bundes stärker ein als die Weimarer Verfassung. Der Abs. 1 deckt sich inhaltlich mit Art. 12 Abs. 1 der Weimarer Verfassung. Er bestimmt: „Im Bereiche der konkurrierenden Gesetzgebung haben die Länder die Befugnis zur Gesetzgebung, solange und soweit der Bund von seinem Gesetzgebungsrechte keinen Gebrauch macht." Dann folgen aber im Abs. 2 wesentliche Einschränkungen der Bundesgesetzgebung, die teilweise auf die … Forderung der Militärgouverneure auf Einschränkung der Bundesgesetzgebung zurückgehen…

Auf dem Gebiet der öffentlichen Fürsorge ist die Rechtslage demnach so, daß die Länder die Befugnis zur Gesetzgebung haben, solange und soweit der Bund von seinem Gesetzgebungsrecht keinen Gebrauch macht, daß aber der Bund die Gesetzgebung ausüben kann, soweit die Wahrung der Rechtseinheit sie erfordert oder soweit ein anderer in Art. 72, Abs. 2, Ziff. 1–3 genannter Grund für die Übernahme der Gesetzgebung auf den Bund besteht.[404])

Den Ausschlag gab, ob der Bund zuständig war für die Fürsorgepflichtverordnung und das Reichsjugendwohlfahrtsgesetz:

Die Frage, ob bestehendes Recht Bundesrecht oder Landesrecht wird, ist für Gegenstände der konkurrierenden Gesetzgebung in Art. 125 geregelt. Dieses Recht wird innerhalb seines Geltungsbereiches Bundesrecht
1. soweit es innerhalb einer oder mehrerer Besatzungszonen einheitlich gilt,
2. soweit es sich um Recht handelt, durch das nach dem 8. 5. 1945 früheres Reichsrecht abgeändert worden ist.
Danach werden die Fürsorgepflichtverordnung und das Reichsjugendwohlfahrtsgesetz Bundesrecht.[405])

4. Leitsätze für eine bundeseinheitliche Fürsorgerechtsreform

Bereits 1946 hatte der Deutsche Verein auf Ersuchen des Hessischen Ministeriums für Arbeit und Wohlfahrt ein Gutachten zur Reform des Fürsorgerechts erstellt und sich, nach Lage der Dinge, zunächst auf Vorschläge für eine Teilreform der Fürsorgepflichtverordnung beschränkt („Einheitliche Reform der Fürsorge"⁴⁰⁶). Die meisten dieser Vorschläge einschließlich des tatsächlichen Aufenthaltes sind dann der Fürsorgerechtsvereinbarung zugutegekommen resp. in ihr aufgegangen.

Sobald die Bundesrepublik gegründet war und sobald feststand, daß der Bund zuständig war für die Fürsorgepflichtverordnung nebst Reichsgrundsätzen und Reichsjugendwohlfahrtsgesetz, konnte der Deutsche Verein an eine bundeseinheitliche Reform des gesamten Fürsorgerechts denken. Leitsätze solcher Reform erbrachte der Deutsche Fürsorgetag vom 12. bis 14. September 1949 in Bielefeld; sie dokumentieren den Übergang von der eigentlichen Nachkriegszeit zur damals erst zu erwartenden Fürsorgegesetzgebung des Bundes⁴⁰⁷).

Alle ihre Verfasser waren dem Deutschen Verein besonders eng verbunden: Prof. Dr. Hans Muthesius, noch Beigeordneter des Deutschen Städtetages, übernahm im nächsten Jahr den Vorsitz des Deutschen Vereins als Nachfolger von Prof. Dr. Wilhelm Polligkeit; Heinrich Treibert, damals Präsident des Deutschen Landkreistages, gehörte seit 1946 zum Hauptausschuß und wurde 1952 in den Vorstand gewählt; Frau Elisabeth Zillken, damals Vorsitzende des Katholischen Fürsorgevereins für Mädchen, Frauen und Kinder, war Mitglied des Hauptausschusses schon 1930, wurde 1950 Vorstandsmitglied und ist heute Ehrenmitglied des Deutschen Vereins; Dr. Niemeyer, Stadtverwaltungsrat, war seit 1947 und Dr. Wientgen, Kreisdirektor, seit 1949 im Hauptausschuß.

– Genügt auf dem Gebiet der wirtschaftlichen Fürsorge unser geltendes Fürsorgerecht den Anforderungen der Nachkriegszeit?

Leitsätze des Referenten Heinrich Treibert

1. Die Reichsfürsorgepflichtverordnung bildet wie bisher die Grundlage der Fürsorge; ihre grundlegenden Bestimmungen bleiben aufrechterhalten.

2. Die Wiedereinführung einer differenzierten Gruppenfürsorge ist abzulehnen, dagegen hat sich die Art der Fürsorge nach der Art des Notstandes zu richten.

3. a) Dem Fürsorgeberechtigten ist ein allgemeiner Rechtsanspruch auf Gewährung von Fürsorge beim Vorliegen von Hilfsbedürftigkeit zu geben.

b) Die Entscheidungen der Fürsorgebehörden unterliegen der Möglichkeit der Nachprüfung durch die Verwaltungsgerichte, die für diese Entscheidungen durch Beisitzer aus den Kreisen der Hilfsbedürftigen und der Fürsorgebehörden zu ergänzen sind.

4. Die Universalität und Subsidiarität der öffentlichen Fürsorge muß erhalten bleiben.

Die seither den Kleinrentnern und anderen Gruppen gewährten Erleichterungen sind allgemein auf alle Fürsorgeberechtigten auszudehnen und unter Anpassung an die Zeitumstände zu erweitern.

5. Eine Änderung der gesetzlichen Bestimmungen über den gewöhnlichen Aufenthalt durch Ersetzung durch den tatsächlichen Aufenthalt muß sich darauf beschränken, nur die gewöhnlichen Fälle von Wohnsitzwechsel und Wanderung zu erfassen. Die Ausdehnung auf Evakuierte, Flüchtlinge und Ost-Westwanderer kann erst dann erfolgen, wenn diese Gruppen in die seßhafte Bevölkerung vollständig eingegliedert sind. Für die Folge ausgeschlossen bleiben alle Veränderungen des Wohnsitzes als Folge von Katastrophen, Eingriffen höherer Gewalt, behördlichen Anordnungen, Zwangshandlungen oder Kriegsereignissen.

6. Die teilweise durch die Nachkriegsverhältnisse ineinander geflossenen Aufgaben der Landesfürsorgeverbände und der Bezirksfürsorgeverbände sind wieder nach ihren gesetzten Zuständigkeiten zu trennen.

7. Die Delegation von Fürsorgeaufgaben vom Bezirksfürsorgeverband auf die Einzelgemeinde darf nur dort erfolgen, wo in der Gemeindeverwaltung mindestens eine hauptberufliche Fürsorgefachkraft dieses Sachgebiet bearbeitet.

8. a) Die Fürsorgeverbände sollten darauf Bedacht nehmen, daß wieder durchweg geschulte Fachkräfte die Fürsorgeaufgaben wahrnehmen.

b) Die Familienfürsorge ist wieder auf- und auszubauen unter Zugrundelegung des Verhältnisses von *einer* in der Familienfürsorge im Außendienst tätigen Fachkraft auf je 10 000 Einwohner.

c) Den Fürsorgebehörden sollte es zur Aufgabe gemacht werden, mit den anderen für eine umfassende Durchführung der Fürsorgeaufgaben in Betracht kommenden Stellen eng zusammen zu arbeiten, gegebenenfalls Arbeitsgemeinschaften zu bilden.

9. Die Fürsorgeverbände bzw. deren Gebietskörperschaften sollten durch geeignete Maßnahmen der Finanzpolitik in den Stand gesetzt werden, die für die Durchführung der öffentlichen Fürsorge erforderlichen Mittel selbst zu bewilligen und zu verwalten.

10. In Ausführung des § 5 der Reichsfürsorgepflichtverordnung sollte die freie Wohlfahrtspflege in stärkerem Maße durch Übertragung von Aufgaben zur Durchführung der Fürsorge herangezogen werden.

– Genügt auf dem Gebiete der Jugendwohlfahrtspflege unser geltendes Fürsorgerecht den Anforderungen der Nachkriegszeit?

a) Leitsätze von Beigeordnetem Dr. Hans Muthesius, Köln

I. Zielsetzung und Arbeitsweise unserer gegenwärtigen Jugendwohlfahrtspflege weisen nicht unerhebliche Mängel auf. Sie beruhen vor allem darauf, daß wir die Jugendwohlfahrtspflege weithin als Verwaltungszweig, als Vollzug von gesetzlichen Anordnungen und nicht in erster Linie als eine sozialpädagogische und familienfürsorgerische Aufgabe sehen.

II. Diese Mängel würden durch ein neues Bundesjugendwohlfahrtsgesetz nicht behoben, da sie nicht aus Fehlern des RJWG hervorgehen, sondern daraus, daß die guten Gedanken dieses Gesetzes nicht überall voll verwirklicht sind.

III. Darüber hinaus muß klargestellt werden, daß viele entscheidende Grundlagen der Jugendwohlfahrtspflege überhaupt nicht durch den Gesetzgeber geschaffen oder auch nur beeinflußt werden können, insbesondere die persönliche Haltung der in ihr Tätigen zur Arbeit, die innere Bereitschaft der Familien zur Mitarbeit, die Selbsthilfebestrebungen der Jugend, der Aufbau und die Tätigkeit der Jugendverbände, die Tätigkeit der freien Jugendwohlfahrtspflege.

IV. Im gegenwärtigen Augenblick kann unser Hauptanliegen also nicht die Forderung nach Ersatz des RJWG durch ein neues Bundesjugendwohlfahrtsgesetz sein, vielmehr ist zu fordern:

1. von uns allen die Besinnung auf die Grenzen, die rechtlichen Regelungen auf dem Gebiet der Jugendwohlfahrtspflege gezogen sind, und die Pflege und Förderung aller Kräfte und Bestrebungen, die jenseits rechtlicher Regelung Sinngehalt, Zielsetzung und Praxis gestalten und beleben;

2. von der Selbstverwaltung die Reform der Jugendämter bei gleichzeitiger Neugestaltung der Rechtsgrundlage (§ 9 RJWG);

3. von den zuständigen Bundesinstanzen die Inangriffnahme einer systematischen Vorbereitung für ein neues Bundesjugendwohlfahrtsgesetz in planmäßiger Zusammenarbeit mit uns allen.

V. Bei der Reform der Jugendämter ist insbesondere zu beachten:

1. die Eingliederung des Jugendamtes in die Selbstverwaltung;

2. der Aufgabenbereich der Jugendämter in der Jugendfürsorge und Jugendpflege;

3. die Personalfrage, deren entscheidende Bedeutung nicht überall erkannt ist.

VI. Die Verantwortung für die Gesetzgebung auf dem Gebiet der Jugendwohlfahrtspflege trägt die Bundesrepublik, da die Jugendwohlfahrtspflege unter Art. 74, Nr. 7 des Grundgesetzes fällt und die Voraussetzungen für das konkurrierende Gesetzgebungsrecht nach Art. 72, Abs. 2, gegeben sind.

VII. Innerhalb der Bundesregierung sollte das Bundesinnenministerium zuständig sein.

b) Leitsätze von Frau Elisabeth Zillken, Dortmund

I. Was fehlt an *Hilfe und Hilfseinrichtungen*, um der Notlage unserer Jugend abzuhelfen?

1. Genügend Kindergärten, Horte, Tagesheime für Kinder erwerbstätiger Mütter oder Kinder in unzureichenden Wohnungen.

2. „Offene Tür" oder „Soziale Treffpunkte" für Schulentlassene, die ihre Freizeit nicht zu Hause verbringen können (Ortsfremde und Jugendliche in unzureichenden Wohnungen), auch als Ergänzung der Schutzaufsicht.

3. Systematische, gründliche und planvolle Hilfe und Zusammenarbeit der Helfenden für „ziellos Wandernde" (Jungen und Mädchen).

4. Ausreichender, den heutigen Verhältnissen entsprechender Jugendschutz, sowohl im Raum der Arbeit als auch im öffentlichen Leben.

5. Der Wille, bestehende Gesetze wirksam anzuwenden, weil es an der klaren öffentlichen Meinung von der Notwendigkeit auf diesem Gebiet mangelt.

6. Die notwendige Stütze und Förderung der Familie als des ersten und wichtigsten Lebens- und Erziehungskreises.

7. Ausreichende geistige Bildung unserer Jugend und Nachholen des Versäumten für die jungen Eltern.

8. Verantwortungsbewußtsein der gesamten „Erziehergeneration" (damit sind alle gemeint, die biologisch dieser Generation angehören) für die heranwachsende Generation. Der junge Mensch, der sich leiblich und seelisch gesund entwickeln soll, bedarf der leiblichen Pflege, aber auch einer Umwelt, in der Wahrheit und Recht, Glaube und Liebe die herrschenden und anerkannten Werte sind. Diese Umwelt zu gestalten, gehört zu den Pflichten der Erziehergeneration. Diese ist auch verantwortlich für die Ausfüllung der Lücke, die durch Fehlen, Schwäche oder Versagen der Familie entsteht.

II. Zu welchen Hilfeleistungen brauchen wir *gesetzliche Bestimmungen?*

1. Um die rechtliche Verpflichtung der Jugendwohlfahrtsbehörden entsprechend den heutigen Bedürfnissen klarzustellen und die notwendigen Haushaltsmittel zu sichern: Aufhebung der Notverordnung vom 14.2.1924 mit Ausnahme der Bestimmungen, die den Abschn. V RJWG und ein damals geplantes Reichsjugendamt betreffen.

2. Zur wirksamen Erfassung und Behandlung der zahlreichen Fälle von Spätverwahrlosung in der Nachkriegszeit: Heraufsetzung der Altersgrenzen für Anordnung und Beendigung der Fürsorgeerziehung.

3. Zum Zwecke einer planmäßigen und wirksamen Hilfe für ziellos wandernde Jugendliche: Schaffung der notwendigen einheitlichen Rechtsgrundlage und der erforderlichen sozialpädagogischen Stützpunkte.

4. Zur Sicherung einer gleichmäßigen und leistungsfähigen Organisation der Jugendwohlfahrtsbehörden (Jugendämter, Landesjugendämter) eine baldige Schließung der Lücke, die durch die Nichtanwendbarkeit des § 9 RJWG in der Fassung vom 1.2.1939 entstanden ist. Die Neufassung muß in einem Sinne erfolgen, der das Verantwortungsbewußtsein der Familie und der ganzen Erziehergeneration stärkt. Primat der volklichen Kräfte – Anregung und Stütze, Koordinierung und Ergänzung dieser Kräfte und Ausfüllung der Lücken durch die staatlichen Kräfte, die in realer Gesamtschau der Not und der Hilfsmöglichkeiten das tragfähige Gerüst für eine verantwortungsbewußte Haltung und Tätigkeit der ganzen Erziehergeneration bilden müssen.

5. Einheitliche Jugendschutzgesetze:

a) für den Jugendlichen im Raum der Arbeit, die nicht nur Arbeits- und Urlaubszeit regeln, sondern auch seine menschliche Bildung schützen. Industrie, Handel und Gewerbe sind, soweit sie junge Menschen beschäftigen, für ihre Erziehung mitverantwortlich.

b) Einheitliche Regelung der Bestimmungen, die wir mit den Worten „polizeilicher Jugendschutz" und „Schutz vor Schmutz und Schund" bezeichnen.

III. Wichtiger als alle gesetzlichen Bestimmungen ist die Liebe und Verantwortung des Volkes für seine Jugend – ist die echte, persönliche Hilfe des väterlichen, mütterlichen Menschen und die Weckung und Pflege dieser Liebe und Hilfsbereitschaft.

– Ziele, Arbeitsformen und Arbeitsweise der Familienfürsorge
a) Leitsätze von Stadtverwaltungsrat Dr. Niemeyer, Bielefeld

1. Jede Fürsorgemaßnahme ist nicht isoliert auf den einzelnen Hilfsbedürftigen abzustellen, sondern in organischer Verknüpfung mit der Familie, der der Bedürftige angehört, durchzuführen. Hierfür ist die Familienfürsorge die anerkannt beste Form des fürsorgerischen Außendienstes.

2. Für die erfolgreiche Arbeit einer Familienfürsorgerin ist es nötig, daß sie alle Tätigkeiten der wirtschaftlichen, gesundheitlichen und erzieherischen Fürsorge zugleich ausübt und sich eine Vertrauensstellung bei der Bevölkerung durch das Geben persönlicher Hilfe erwirbt.

Eine Familienfürsorgerin beschränkt sich nicht auf die Erledigung der ihr von den einzelnen Dienststellen (Fürsorgeamt, Jugendamt, Gesundheitsamt) erteilten Aufträge, sondern muß auch selbständig handeln können.

3. Voraussetzung hierfür ist, daß

a) ihr Arbeitsmaß sowohl nach der räumlichen Seite (Bezirkseinteilung) und der zu betreuenden Bevölkerungszahl in diesem Bezirk angemessen ist. Für Großstädte wird hierfür die Zahl von 7000 bis 9000 Einwohner als Grenze angesehen. Ist hierdurch eine größere Zahl von Fürsorgerinnen notwendig als bisher, so werden hierbei durch die erhöhte individuelle Fürsorgearbeit die öffentlichen Fürsorgemittel sparsamer verwaltet und erhöhte zukünftige Ausgaben durch das rechtzeitige Erkennen von Notständen vermieden.

b) ihr sachlich fürsorgerisches Aufgabengebiet nicht durch sachfremde Arbeiten (Büro- und technische Arbeiten) eingeschränkt wird,

c) für bestimmte Aufgabengebiete auch Spezialfürsorgerinnen eingesetzt werden, die in Verbindung mit der Familienfürsorge stehen und nach der Arbeitsweise der Familienfürsorge arbeiten.

4. Da die Familienfürsorge das verbindende Prinzip der wirtschaftlichen, erzieherischen und gesundheitlichen Fürsorge darstellt, und allen sozialen Ämtern (Fürsorgeamt, Jugendamt, Gesundheitsamt) in gleicher Weise dienstbar sein soll, ist sie aus der Ebene eines Amtes herauszulösen und alle Familienfürsorgerinnen sind unter die Leitung einer fachlich ausgebildeten und persönlich geeigneten weiblichen Kraft (Leiterin der Familienfürsorge) zu stellen.

5. Der Schwerpunkt der Familienfürsorge liegt bei der vorbeugenden Erziehungsfürsorge. Die Familienfürsorge soll daher dem Dezernat Sozialamt und nicht dem Gesundheitsamt unterstehen, wenn nicht bereits in dem Sozialamt sämtliche Fürsorgeaufgaben der wirtschaftlichen, erzieherischen und gesundheitlichen Fürsorge zusammengefaßt sind.

6. Die Fürsorge ist Angelegenheit der Selbstverwaltung. Bis zu einer Regelung in einem neuen Bundesfürsorgerecht ist es dringende Aufgabe der Selbstverwaltung (Städte und Kreise), die Familienfürsorge organisch in die sozialen Ämter unter gleichzeitiger Umgestaltung des Innendienstes auf das Wesen der Familienfürsorge einzubauen.

b) *Leitsätze von Kreisdirektor Dr. Wientgen, Burgsteinfurt*

I. Die Familienfürsorge ist auch für die Landkreise die bestmögliche Form der fürsorgerischen Betreuung, weil sie dem Grundsatz der größtmöglichen Individualisierung unter gleichzeitiger Wahrung des ökonomischen Prinzips Rechnung trägt und die Kräfte und Werte, die in der Familie selbst beschlossen liegen, für die Behebung der vorhandenen Notstände nutzbar zu machen geeignet ist.

II. Da in zahlreichen Landkreisen Unklarheit und daher mangelndes Verständnis hinsichtlich der Zielsetzung und der Methode der Familienfürsorge besteht, gilt es, durch zielsichere Propaganda und durch beratende Tätigkeit der kommunalen Spitzenverbände die Überzeugung von der Notwendigkeit der Familienfürsorge in der Bevölkerung und bei den zuständigen Verwaltungsorganen der Landkreise zu wekken und zu fördern.

III. Folgende praktische Maßnahmen werden für die Durchführung der Familienfürsorge in den Landkreisen für erforderlich gehalten:

1. Im Außendienst:

a) Den gesamten fürsorgerischen Außendienst auf wirtschaftlichem, erzieherischem und gesundheitlichem Gebiete für je eine Familie in die Hand einer Fürsorgerin zu legen. Besonderer Spezialfürsorgerinnen bedarf es, von ganz besonders gelagerten Ausnahmefällen abgesehen, in Landkreisen in der Regel nicht.

b) Diese umfassende Fürsorge macht eine Vermehrung der Zahl der Kreisfürsorgerinnen und die Verkleinerung der Fürsorgebezirke erforderlich. Die Kreisfürsorgerinnen müssen derart auf die Städte und Gemeinden der Kreise verteilt werden, daß möglichst auf je einen Bezirk von ungefähr 10 000 Einwohnern eine Fürsorgerin entfällt.

c) Die Kreisfürsorgerinnen müssen sozialhygienisch, sozialpädagogisch und sozialwirtschaftlich hinreichend vorgebildet sein. Die zur Zeit in der Außenfürsorge tätigen Kräfte, die nur auf dem einen oder anderen Fürsorgegebiet ausgebildet sind, müssen durch geeignete Schulung einsatzfähig für alle drei Fürsorgezweige gemacht werden.

d) Die Fürsorgerinnen sind von allen Schreib- und technischen Arbeiten zu entlasten, und es sind hierfür besondere Kräfte einzustellen.

2. In den Verwaltungsstellen selbst möglichst weitgehende organisatorische Zusammenfassung der einzelnen Fürsorgezweige in der Landkreisverwaltung und innerhalb der Landkreisverwaltung in einem Sozialamt. Die Schaffung eines besonderen Amtes für Familienfürsorge oder die Schaffung der Stelle einer Oberfürsorgerin dürfte sich in Landkreisen mit Rücksicht auf die Weiträumigkeit und die weitgehende Delegation der Durchführung von Fürsorgeaufgaben auf kreisangehörige Orte erübrigen. Solange und soweit eine Zusammenfassung der Fürsorgegebiete aus gesetzlichen oder personellen Gründen nicht möglich ist, muß dafür Sorge getragen werden, daß der Einsatz der Fürsorgerinnen auf den drei Fürsorgegebieten in unmittelbarer Zusammenarbeit mit den zuständigen Leitern der Ämter erfolgt.

IV. Das Prinzip der Familienfürsorge macht eine enge Zusammenarbeit mit den Verbänden der freien Wohlfahrtspflege und mit sonstigen geeigneten ehrenamt-

lichen Helfern erforderlich; jedoch muß die Verantwortung für eine sachgemäße
Erledigung delegierter Fürsorgeaufgaben bei den zuständigen behördlichen Stellen
verbleiben.

Zweiter Themenkreis: Sozialhilferecht

Die Fürsorgerechtsreform, mit welcher sich seit 1950 der ihretwegen eingesetzte Fachausschuß I des Deutschen Vereins beschäftigte, sollte nicht für
sich allein erfolgen, sondern in größerem Zusammenhang. Die Zielvorstel-
lung machte 1957 der Deutsche Fürsorgetag in Essen durch sein Gesamt-
thema allgemein bekannt: „Die Neuordnung des Fürsorgerechts als Teil
einer Sozialreform".

1. Aus der Vorgeschichte der Neuordnung

Um die Reform vorzubereiten, bildete der Bundestag durch Beschluß
vom 21. Februar 1952 beim Bundesministerium für Arbeit und Sozialordnung einen Beirat für die Neuordnung der sozialen Leistungen. Der Beirat
errichtete verschiedene Arbeitsausschüsse, so im Winter 1955/56 den Arbeitsausschuß für Fragen der Fürsorge[408].

Aufgabe dieses Arbeitsausschusses war es, das Gesetz zu entwerfen, das
schließlich den Namen „Bundessozialhilfegesetz" erhielt (s. u.). Wie einst
in der Weimarer Republik die Zehner-Kommission zur Vorbereitung der
Reichsgrundsätze überwiegend aus Vertretern des Deutschen Vereins bestand, so in noch höherem Maße jetzt der Arbeitsausschuß. Von dessen 13
Mitgliedern gehörten damals oder später 12 dem Deutschen Verein an:
Professor Dr. Hans Muthesius, Vorsitzender des Arbeitsausschusses,
war (seit 1950) Vorsitzender des Deutschen Vereins. Die weiteren Mitglieder: Dr. Paul Collmer, Vizepräsident des Werkes Innere Mission und
Hilfswerk der Evangelischen Kirche in Deutschland (1957 in den Hauptausschuß des Deutschen Vereins, 1959 in dessen Vorstand gewählt); Walter
Henkelmann, Abteilungsleiter beim Bundesvorstand des Deutschen Gewerkschaftsbundes (im Hauptausschuß und Vorstand des Deutschen Vereins seit 1955); Dr. Wilhelm Kitz, Ministerialdirektor a. D. (Hauptausschuß seit 1949, Vorstandsmitglied seit 1955); Wyneken Kobus, Regierungsdirektor, Leiter des Niedersächsischen Landessozialamtes (im
Hauptausschuß seit 1953, im Vorstand seit 1959, nachmals stellvertretender
Vorsitzender); Direktor Lang, Landesversicherungsanstalt Oberbayern;

Dr. Theodor Marx, Stadtrat a. D. (im Hauptausschuß 1927–1933 und wieder ab 1947, Vorstandsmitglied seit 1950); Dr. Käthe Petersen, Regierungsdirektorin in der Sozialbehörde der Freien und Hansestadt Hamburg (im Hauptausschuß seit 1957, im Vorstand seit 1959, Vorsitzende des Deutschen Vereins von 1970 bis 1978); Dr. Prestel, Stadtrat, Leiter des Sozialamtes der Stadt Frankfurt am Main (Referent des Deutschen Vereins 1926 bis 1936, Vorstandsmitglied seit 1950); Dr. Alfred Rainer, Kreisobermedizinalrat (Vorstandsmitglied seit 1961); Dr. Hartwig Schlegelberger, Landrat (im Hauptausschuß und Vorstand seit 1958); Dr. Siebrecht, Präsident des Landesarbeitsamtes Südbayern (im Hauptausschuß seit 1955, im Vorstand seit 1958); Elisabeth Zillken, Vorsitzende des Katholischen Fürsorgevereins für Mädchen, Frauen und Kinder (im Hauptausschuß schon 1930, im Vorstand seit 1950, Ehrenmitglied des Deutschen Vereins seit 1971).

Aus den Beschlüssen des Arbeitsausschusses, die er am 13. Oktober 1958 vorlegte, wird weiter unten zitiert. Über den „Referentenentwurf eines Bundessozialhilfegesetzes" berichtete Ende 1958 Ministerialdirektor Johannes Duntze, Bundesministerium des Innern, dem Deutschen Verein[409]):

Hier beim Deutschen Verein, unter den Fachleuten der sozialen Wissenschaft und Praxis, bedarf es eigentlich keiner Rechtfertigung des Unternehmens, mit dem wir uns im Augenblick zu beschäftigen haben und dessen Ergebnis nun zur Diskussion steht, der Reform des Fürsorgerechtes...

Seitdem im Weimarer Staat in der Fürsorgepflichtverordnung und in den Reichsgrundsätzen die Prinzipien einer neuen vom Menschen ausgehenden und auf den Menschen abgestellten Fürsorge entwickelt wurden, hat das Streben nach der Intensivierung der Individualhilfe nicht nachgelassen. Nur die prekäre Finanzlage des Reichs und der Gemeinden nach der Inflation, die Massennotstände der ausgehenden zwanziger und beginnenden dreißiger Jahre verhinderten die Breitenwirkung der konzipierten Gedanken. Im nationalsozialistischen Staat blieben Fürsorgepflichtverordnung und Reichsgrundsätze im wesentlichen unangetastet. Den Gedanken einer Fürsorge lediglich um des Menschen willen durchzusetzen oder gar weiter zu entwickeln, lag allerdings nicht auf der Linie dieser Staatsführung. Seither haben sich Fürsorgepflichtverordnung und Reichsgrundsätze nach dem Zusammenbruch des Jahres 1945 als Rechtsgrundlage fürsorgerischer Praxis bewährt. Sie waren eine brauchbare Handhabe für die Füresorgeverbände, der Massennot jener Jahre zu begegnen und haben darüber hinaus auch die vielfältige Weiterentwicklung fürsorgerischen Handelns zu tragen vermocht. Doch schon damals hat sich, auf einem Teilgebiet wenigstens, die Reformbedürftigkeit des Fürsorgerechtes erwiesen. Die Rechtsbeziehungen unter den Fürsorgeverbänden wurden durch die Fürsorgerechtsvereinbarung verändert.

Darüber hinaus aber wurden auch die in der Fürsorgepflichtverordnung und in den Reichsgrundsätzen gebotenen Möglichkeiten sozialer Hilfe verfeinert und differenziert. Das Fürsorgerechtsänderungsgesetz zog die Folgerungen einmal aus der durch die Besatzungsmächte vorgenommenen Beseitigung der gehobenen Fürsorge und zum anderen aus der überall offenbar gewordenen Auseinanderentwicklung des Fürsorgerechts in den Ländern. Galt es hier wieder zu vereinfachen, so wurde dort anerkannt, daß es sozial gerechtfertigt sei, bestimmten Hilfsbedürftigen einen höheren Lebensstandard zuzubilligen. Der grundlegende neue Begriff des Mehrbedarfs wurde entwickelt und damit wurde auch auf der unveränderten systematischen Grundlage des bisherigen Rechts die Individualisierung der Hilfe einen bedeutenden Schritt vorwärts getrieben. Daneben haben sich überall in der Bundesrepublik auf örtlicher Basis, getragen von den jeweils dort gegebenen Impulsen neue Formen der Hilfe entwickelt, hier diese und dort jene, wozu die Arbeit der freien Wohlfahrtspflege mannigfache Beiträge leistete ...

Wesentlich bestimmend für den Entschluß, jetzt an eine Reform des Fürsorgerechtes heranzugehen, war jedoch die Erkenntnis von der tiefgreifenden sozialen Wandlung, die sich in den letzten Jahren auch in unserem Volk vollzogen hat und vollzieht. Berufeneren muß es überlassen bleiben, die Ursachen hierfür zu analysieren. Aber in diesem Zusammenhang kann ich mir nicht versagen, auf die Denkschrift der vier Professoren hinzuweisen, an der unser verehrter Herr Vorsitzender so maßgeblichen Anteil genommen hat, und die gerade in der Betrachtung und in der Aufnahme des gegenwärtigen sozialen Status eine außerordentlich klare Darstellung bietet.

Die bisherigen Ergebnisse und die übersehbaren Entwicklungstendenzen dieser sozialen Wandlung sollen jedoch in einem ihrer hauptsächlichen Momente dargestellt werden. Die Umstrukturierung der westlichen Völker, teilweise auch der östlichen, zur industriellen Massengesellschaft bringt ein qualitativ und quantitativ verstärktes Streben nach sozialer Sicherheit mit sich. Die Auflösung der bürgerlichen Gesellschaft, Vernichtung erworbenen und ererbten Eigentums durch Kriegsfolgen, die Zurückdrängung selbständiger und überaus starke Zunahme abhängiger Arbeit haben die Möglichkeiten der eigenen Vorsorge für die normalen wie die außergewöhnlichen Lebensrisiken entscheidend eingeschränkt. Die im Staat zusammengefaßte Gesellschaft ist immer in ständig wachsendem Maße in Anspruch genommen, um der als unabdingbar erkannten Würde des Menschen willen, die Lebensrisiken des Einzelnen mittragen und mit ausgleichen zu helfen. Der Ausbau des sozialen Sicherungs-Systems in der Richtung auf eine in jeder Hinsicht ausreichende Vorsorge für die Fälle von Krankheit, Invalidität, Alter, Arbeitslosigkeit und Unfall kommt nunmehr dem größten Teil der Bevölkerung zugute. Diese, von Albert Müller so bezeichnete, extensive Sozialpolitik bedarf nun der Ergänzung durch Intensivierung. Und hier wird nun der Standort moderner Fürsorge offenbar. Immer wird die Fürsorge der Ausfallbürge sein müssen in den Fällen wirtschaftlicher Not, in denen Hilfe aus Versicherung und Versorgung nicht geleistet werden kann. Aber der Kreis derjenigen Notleidenden, die auf Fürsorgeleistungen angewiesen sind, um ihren Lebensunterhalt gesichert zu sehen, hat sich doch verengt. Der Dienst am Zahlstellenschalter, der so häufig unberechtigterweise als Kriterium der Fürsorge angesehen wird, hat auf den Fürsorgeämtern an Umfang entscheidend verloren. Um so mehr wird die Fürsorge ihre Hilfe denjenigen zuwenden können und müssen, die infolge der Besonderheit ihrer Lebenslage von Arbeit und Verdienst, von sinnvoller Gestaltung ihres Lebens ausgeschlossen sind. Ihnen die Wege zum sinnerfüllten Leben zu weisen und zu ebnen, wird immer mehr als je Aufgabe der Fürsorge werden. Ein starker sozialpädagogischer Zug ohne jede Bevormundung wird durch die Arbeit der Fürsorge gehen müssen...

Im einzelnen hob Duntze folgende Gesichtspunkte hervor:

1. Das gesamte Leistungsrecht der öffentlichen Fürsorge soll in einem Gesetz zusammengefaßt werden. Das Körperbehinderten-Gesetz ist eingearbeitet, das im Entwurf dem Bundestag vorliegende Tuberkulosehilfegesetz nach dessen Verabschiedung einzuarbeiten, ist beabsichtigt.

2. Der Rechtsanspruch auf Gewährung von Sozialhilfe ist grundsätzlich nun auch im Gesetz zuerkannt, wobei jedoch die Bemessung der Hilfe nach Art und Umfang im pflichtmäßigen Ermessen des Fürsorgeträgers bleibt.

3. Nach wie vor bleibt öffentliche Hilfe nachrangig gegenüber der Selbsthilfe und der Hilfe anderer.

5. Die Gestaltung der Hilfe nach Lage des Einzelfalles beherrscht das Gesetz. Sie wird durch die Differenzierung der Leistungsarten mehr als bisher ermöglicht.

5. Die Leistungsarten werden vermehrt und erweitert.

6. Für alle Hilfen, außer derjenigen zum Lebensunterhalt, wird eine im einzelnen abgestufte Einkommensgrenze eingeführt, sofern nicht die Hilfen vom Einkommen überhaupt unabhängig sein sollen.

7. Die Pflicht des Hilfeempfängers zum späteren Ersatz empfangener Leistungen ist nur noch für Ausnahmefälle begründet.

8. Weiterhin sollen die sozialen Hilfeleistungen durch örtliche Träger, die Stadt- und Landkreise und überörtliche Träger, die vom Lande bestimmt werden, gewährt werden.

Drei Stationen auf dem Wege zur Fürsorgerechtsreform hatte Duntze genannt: Die Fürsorgerechtsvereinbarung, das Fürsorgerechtsänderungsgesetz, die „Professorendenkschrift". Ergänzt sei hier diese Auswahl noch durch das Bundesverwaltungsgerichtsurteil vom 24. Juni 1954 über den Rechtsanspruch auf Fürsorge. – Von der Fürsorgerechtsvereinbarung war bereits oben im 1. Themenkreis die Rede. Auf die drei anderen Ereignisse aus der Vorgeschichte der Reform ist jetzt kurz einzugehen.

1.1 Zum Gesetz über die Änderung und Ergänzung fürsorgerechtlicher Bestimmungen vom 20. August 1953 (BGBl. I S. 967)

Von den Bestimmungen des Fürsorgerechtsänderungsgesetzes auf dem Gebiete des materiellen Fürsorgerechts – der ersten größeren Reform dieses Rechtsgebietes seit der Gesetzgebung des Jahres 1924 – sind zwei besonders wichtig geworden; sie betreffen die Beseitigung der Gruppenfürsorge und den Mehrbedarf.

Beide Bestimmungen entsprachen alten und neuen Forderungen resp. Vorschlägen des Deutschen Vereins. Gegen die Gruppenbildung in der Fürsorge hatte der Deutsche Verein sich schon am 7. August 1924 in einem Gutachten gewandt. Er schlug damals vor, Art und Maß der Fürsorge allein von der Eigenart des individuellen Notstandes und den Besonderheiten des Einzelfalles abhängig zu machen, nicht von der Zugehörigkeit zu einer nach äußeren Merkmalen abgegrenzten Gruppe. Im Grunde ging es um das oft diskutierte Problem, ob und wie individualisierende Fürsorge von generalisierender Sozialpolitik abzugrenzen sei.

Der Antrag des Deutschen Vereins ist damals nicht verwirklicht worden. Anstelle einer einheitlichen Fürsorge für alle Hilfebedürftigen wurde eine Aufspaltung nach Gruppen eingeführt (vgl. II. Teil, 1. Themenkreis). Die Reichsregierung anerkannte bestimmten Personengruppen – den Kleinrentnern, Sozialrentnern, ihnen Gleichstehenden, Kriegsbeschädigten und Kriegshinterbliebenen – die meistens sogenannte „gehobene Fürsorge" zu, also grundsätzliche Mehrleistungen gegenüber dem Richtsatz der allgemeinen Fürsorge. Leitmotiv war, daß diese Gruppen durch allgemeine Ereignisse in Not geraten waren, insbesondere durch Krieg, Kriegsfolgen, Inflation. Insofern freilich war nicht nur jene Gruppenfürsorge, sondern ist jede Gruppenfürsorge überhaupt eher eine Realisationsform sozialpolitischen Versorgungsprinzips als des anders begründeten Fürsorgeprinzips.

Nach dem Zweiten Weltkrieg stellte sich dasselbe Problem in viel größerem Umfang. Es kamen neue Personengruppen hinzu, vor allem die mehr als 8 Millionen Vertriebenen, die ähnliche Tatbestände erfüllten und daher eine Gleichstellung mit den alten bevorzugten Gruppen im Rahmen der Fürsorge hätten beanspruchen können. Jedoch, die Militärregierungen der britischen und amerikanischen Besatzungszonen ordneten an, daß besondere Richtsätze der gehobenen Fürsorge für Gruppen von Hilfebedürftigen nicht mehr angewendet werden durften. In der französischen Besatzungszone setzte sich der Gedanke einer einheitlichen Fürsorge auch ohne Anordnung der Militärregierung durch. Für Großgruppen der Hilfebedürftigen, welche durch Krieg und Nachkrieg in Not geraten waren, sorgten eigene Bundesgesetze, z.B. das Lastenausgleichsgesetz und das Vertriebenengesetz.

Es war daher an der Zeit, durch eine bundeseinheitliche Regelung die durch Besatzungsrecht und Länderregelungen begonnene Entwicklung auf eine neue gesetzliche Grundlage zu stellen. Das Fürsorgerechtsänderungsgesetz hebt die Bestimmungen über besondere Richtsätze der gehobenen Fürsorge, die praktisch schon nicht mehr angewandt wurden, auf. Die Vorschriften über die soziale Fürsorge für Kriegsbeschädigte und Kriegshinterbliebene im Abschnitt B der Reichsgrundsätze wurden aufrecht erhalten. Artikel VII § 11 c bestimmt, daß die Vorschriften des BVG, „nach denen Berechtigten über die allgemeine Fürsorge hinausgehende Leistungen der sozialen Fürsorge zu gewähren sind", unberührt bleiben. Artikel VIII ändert außerdem eine Vorschrift, den § 23, aus diesem Abschnitt ab. Daraus folgt, daß die §§ 19–32 RGr gelten. Sie waren bisher nur durch die Verwaltungsvorschriften zu den §§ 25–27 BVG für anwendbar erklärt worden. Sie gelten nunmehr als gesetzliche Vorschriften.

Mit der Beseitigung der Gruppenfürsorge hat der Antrag des Deutschen Vereins aus dem Jahre 1924 eine späte Anerkennung gefunden.[410])

Festzuhalten ist, daß der Deutsche Verein sich niemals gegen einen die Richtsätze übersteigenden Mehrbedarf ausgesprochen hat. Im Gegenteil! Nur wollte er stets (vgl. II. Teil, 1. Themenkreis), daß zusätzlich zu den Richtsätzen der Mehrbedarf individuell, wenn auch nach typischen Merkmalen gewährt werden solle, und zwar entsprechene dem Subsidiaritätsprinzip.

In diesem Sinne leistete 1950/1951 sein Fachausschuß I grundlegende Vorarbeiten für das Fürsorgerechtsänderungsgesetz[411]):

Die Vorarbeiten bestanden in der Aufstellung von Merkmalen für Bedarfserhöhungen. Es wurden typische, für alle Hilfsbedürftigen maßgebende Tatbestände aufgestellt, bei deren Vorliegen die Zuerkennung eines höheren Lebensbedarfs gerechtfertigt erschien...

Das Fürsorgeänderungsgesetz hält an dem Grundsatz der Bemessung nach den Besonderheiten des Einzelfalles (Individualisierung) fest. Auch das Wesen der Richtsätze als Bedarfssätze bleibt unverändert. Was neu hinzutritt, ist die Feststellung des Bedarfs der Hilfsbedürftigen nach bestimmten, typischen Bedarfsmerkmalen. Der Fürsorgeverband hat nunmehr bei der Bedarfsermittlung die Richtsätze und die gesetzlichen Mehrbedarfsmerkmale zu beachten. Dazu tritt wie bisher die Beachtung der individuellen Umstände, die sich aus der Besonderheit des Falles ergeben.

Bei Schaffung der Reichsgrundsätze hatte man zunächst geglaubt, mit dem reinen Prinzip der Individualisierung auskommen zu können. Schon 1925 erwies sich das aber nicht als ausreichend. Das Prinzip der Individualisierung wurde durch die Einführung von Richtsätzen eingeschränkt (VO zur Änderung der Reichsgrundsätze vom 7. 9. 1925 – RGBl. I, S. 332). Die Richtsätze hatten die Bedeutung von Maßstäben zur Ermittlung des Regelbedarfs für durchschnittliche Lebensverhältnisse der Hilfsbedürftigen. Die Entwicklung ist nunmehr darüber hinaus geschritten durch Aufstellung typischer Tatbestände, bei deren Vorliegen die Zuerkennung eines über die allgemeinen Richtsätze hinausgehenden höheren Lebensbedarfs vorgeschrieben wird[412]).

1.2 Zum Urteil des Bundesverwaltungsgerichts vom 24. Juni 1954 – BVerwG V C 78, 54 –: Rechtsanspruch auf Fürsorge

Der Leitsatz, auf den es hier ankommt lautet: „Soweit das Gesetz dem Träger der Fürsorge zugunsten des Bedürftigen Pflichten auferlegt, hat der Bedürftige entsprechende Rechte." Aus den Gründen:

Das im Bundesgebiet einschließlich West-Berlin geltende Fürsorgerecht – die Fürsorgepflichtverordnung und die Reichsgrundsätze – kennt Leistungen, zu denen der Träger der Fürsorge verpflichtet, und solche, deren Gewährung in sein Ermessen gestellt ist. Die von dem Kläger geforderten Leistungen würden solche sein, zu deren Erfüllung der Träger der Fürsorge verpflichtet wäre. Die Vorschriften des Fürsorgerechts sprechen sich nicht ausdrücklich darüber aus, wem gegenüber diese Verpflichtung besteht, ob lediglich dem Staate oder auch dem Bedürftigen gegenüber, und ob dieser Pflicht ein Anspruch des Bedürftigen entspricht. Die Vorschriften bedürfen also insoweit einer Auslegung. Sie führte vor 1945 in Schrifttum und Rechtsprechung fast einmütig dazu, einen solchen Rechtsanspruch zu verneinen. Diese Ablehnung knüpfte nicht an eine ausdrückliche Bestimmung an, sondern beruhte auf hergebrachten sozialethischen Vorstellungen.

Das alte preußische Recht (Gesetz über Armenpflege vom 31.12.1842 – Pr. Ges.Samملg. 1843, S. 8 –) war nämlich stillschweigend von dem Grundsatz ausgegangen, daß die damals als Armenpflege bezeichnete Fürsorge dem Bedürftigen lediglich aus Gründen der öffentlichen Ordnung, nicht aber um seiner selbst willen zu gewähren sei… Dieser Grundsatz wurde später ohne Prüfung beibehalten, obwohl die wirtschaftlichen und sozialen Verhältnisse und die sozialethischen Wertungen sich gewandelt hatten, obwohl die Rechtsprechung längst die Wohlfahrtspflege von den polizeilichen Aufgaben des Staates geschieden hatte, und obwohl der Arme im öffentlichen Recht – z.B. durch die Gewährung des Wahlrechts – namentlich aber im neueren Fürsorgerecht seit der Verordnung von 1924 und ihren Änderungen durch das Gesetz vom 8.6.1926 (RGBl. I, S. 255) und die Notverordnung vom 5.6.1931 (RGBl. I, S. 279) eine veränderte Rechtsstellung erhalten hatte. Spätestens seit dem Inkrafttreten des Grundgesetzes ist die frühere Auffassung nicht mehr haltbar.

Die Leitgedanken des Grundgesetzes führen dazu, das Fürsorgerecht dahin auszulegen, daß die Rechtspflicht zur Fürsorge deren Träger gegenüber dem Bedürftigen obliegt und dieser einen entsprechenden Rechtsanspruch hat. Es braucht daher nicht geprüft zu werden, ob ein solches Recht durch neueres Landesrecht oder bestimmte Einzelvorschriften des Grundgesetzes geschaffen worden ist.

„Das Verfassungsrecht besteht nicht nur aus den einzelnen Sätzen der geschriebenen Verfassung, sondern auch aus gewissen, sie verbindenden, innerlich zusammenhaltenden allgemeinen Grundsätzen und Leitideen, die der Verfassungsgeber, weil sie das vorverfassungsmäßige Gesamtbild geprägt haben, von dem er ausgegangen ist, nicht in einem besonderen Rechtssatz konkretisiert hat" (Entscheidung des Bundesverfassungsgerichts vom 1.7.1953 – Samml. Bd. 2, S. 380). Eine solche Leitidee ist die Auffassung über das Verhältnis des Menschen zum Staat: Der Einzelne ist zwar der öffentlichen Gewalt unterworfen, aber nicht Untertan, sondern Bürger. Darum darf er in der Regel nicht lediglich Gegenstand staatlichen Handelns sein. Er wird vielmehr als selbständige, sittlich verantwortliche Persönlichkeit und deshalb als Träger von Rechten und Pflichten anerkannt. Dies muß besonders dann gelten, wenn es um seine Daseinsmöglichkeit geht.

Der Deutsche Verein konnte in einem Kommentar[413]) daran erinnern, daß er schon ein halbes Jahrhundert früher den Rechtsanspruch gefordert habe (vgl. I. Teil, 1. Themenkreis). Aber jetzt stand er zusammen mit allen Fürsorgeträgern vor einem ganz neuen Problem. Das Fürsorgerecht enthielt einen Rechtsanspruch noch nicht. Wer entschied nun im Zweifelsfall, ob und welche Hilfe zu gewähren sei: eine Sozialbehörde oder ein Gericht? Und wenn das Gericht: Wie sollte es Hilfenotwendigkeit und adäquate Hilfeleistung feststellen? Und wie im Hinblick auf die Sozialbehörde deren gesetzliche Fürsorgepflicht vom ebenfalls gesetzlichen Ermessen korrekt unterscheiden? War zu erwarten, daß behördliches Ermessen gegebenenfalls richterlichem Ermessen unterworfen würde? –:

Nach den Verwaltungsgerichtsgesetzen unterliegt der angefochtene Verwaltungsakt der richterlichen Nachprüfung nicht nur in rechtlicher Hinsicht, sondern auch in tatsächlicher Beziehung. Soweit die Behörde berechtigt ist, nach ihrem Ermessen zu handeln, sind ihre Maßnahmen grundsätzlich nicht gerichtlich nachprüfbar. Nur soweit geltend gemacht werden kann, daß die Behörde sich nicht innerhalb des ihr durch Gesetz gewährten Ermessensraumes gehalten hat (Ermessensüberschreitung) oder daß sie von dem Ermessen in einer dem Zwecke der Ermächtigung nicht entsprechenden Weise Gebrauch gemacht hat (Ermessensmißbrauch), ist das Gericht zur Kontrolle befugt.

Es ist daher wichtig, festzustellen, ob ein fürsorgerischer Tatbestand eine Rechtspflicht auslöst oder dem Ermessen der Fürsorgebehörde unterliegt. Der Tatbestand der Hilfsbedürftigkeit, der notwendigerweise gleichzeitig den Umfang der Hilfsbedürftigkeit enthält, kann nur eine Ermessensfrage sein. Diese Auffassung wird im NDV 1950, S. 270 ff. eingehend erörtert und gegen die verschiedentlich vertretene Auffassung, daß es sich um eine Rechtsfrage handle, verteidigt.

Durch die Aufstellung von Merkmalen für Bedarfserhöhungen im Fürsorgeänderungsgesetz vom 20. 8. 1953 ist die Ermessenssphäre eingeschränkt worden. Das Ermessen, das noch bei Erlaß der RFV bestand, war bereits durch die Richtsätze eingeengt worden. Nun ist eine weitere Einschränkung durch die Differenzierung nach gesetzlichen Mehrbedarfsmerkmalen eingetreten. Durch diese Normierung wurde zugleich der verwaltungsgerichtliche Schutz des Hilfsbedürftigen praktisch verstärkt. Die Beachtung der gesetzlichen Mehrbedarfsmerkmale unterliegt der richterlichen Kontrolle. Die Pflicht, die Hilfe nach der Besonderheit des Falles auszurichten, ist aber bestehen geblieben. Der Grundsatz des § 10 RGr (Individualisierung) wurde nicht beseitigt. Der Handhabung des Ermessens wurde aber eine vom Gesetz bestimmte Richtung gegeben. Wenn die Rechtsprechung diese Gesichts-

punkte beachtet – ohne Ermessensfreiheit keine Individualisierung – braucht die
Verwaltungsrechtsprechung nicht zu einer Beeinträchtigung der fürsorgerischen
Arbeit zu führen.

Trotz dieser vorsichtigen Schlußfolgerung des Deutschen Vereins war
auch ihm völlig klar, daß die Fürsorgerechtsreform, an welcher er arbeitete,
nun endlich den Rechtsanspruch bringen mußte.

1.3 Die Professorendenkschrift über „Neuordnung der sozialen Leistungen"

Der Bundeskanzler habe „vor einiger Zeit vier Professoren die Anregung
gegeben, in einer Denkschrift ihre gemeinschaftliche Meinung zu den
Grundsätzen einer Neuordnung der sozialen Leistungen niederzulegen",
so berichtet im Juni 1955 einer von ihnen, nämlich Muthesius, im Nachrichtendienst des Deutschen Vereins[414]). Gleichzeitig stellte er die Denkschrift und ihren Inhalt der Öffentlichkeit vor.

Kein Zufall, daß die erste Bekanntgabe nur wenige Tage, nachdem die
Denkschrift dem Bundeskanzler übergeben worden war, mittels des Deutschen Vereins erfolgte! Professor Dr. Hans Muthesius war dessen Vorsitzender; Professor Dr. Hans Achinger, nachmals stellvertretender Vorsitzender des Deutschen Vereins, war Mitglied des Hauptausschusses seit
1949, Vorstandsmitglied seit 1951; Professor Dr. Ludwig Neundörfer
stand dem Deutschen Verein nahe (s. o.) und gehörte dessen Hauptausschuß ab 1960 bis zu seinem Tode 1975 an. Der vierte im Bunde war Professor Dr. Höffner.

Aus der von Muthesius vorgenommenen Kurzfassung seien hier die Leitsätze zitiert; sie „fassen Untersuchungen über Wandel und Stand der Lebensverhältnisse in Deutschland von 1880 bis zur Gegenwart, die Darlegung der Prinzipien, die die Verfasser bei ihren Vorschlägen geleitet haben,
sowie die Erörterungen über Wirtschaft und Finanzen zusammen":

I. Die Verantwortung für die soziale Sicherung darf weder dem einzelnen allein
noch der Gesellschaft allein überlassen werden; denn der Mensch ist nicht nur eigen-
ständiges Individuum, sondern seinem Wesen nach sozial veranlagt, so daß Wohl
und Wehe des einzelnen und der Gesellschaft in Bindung und Rückbindung wech-
selseitig bedingt und verknüpft sind. Jeder einzelne wie auch jedes Sozialgebilde ist
und bleibt Notlagen des Mitmenschen gegenüber mitverantwortlich (Prinzip der
Solidarität).
II. Wie die Sozialgebilde nicht an sich reißen sollen, was der Einzelmensch aus eigener Kraft und Verantwortung zu leisten vermag, so sollen die umfassenderen Gebilde keine Aufgaben übernehmen, die von den kleineren Lebenskreisen gemeistert

werden können. Andererseits sind die größeren Sozialgebilde berechtigt und verpflichtet, hilfsweise und ergänzend einzugreifen, wenn die Kräfte des Einzelmenschen nicht ausreichen oder versagen (Prinzip der Subsidiarität).

III. Die Maßnahmen der sozialen Sicherung müssen zur Wahrung der Subsidiarität besonders in ihrer Auswirkung auf die Familie als Sorgeverband gesehen werden, weil durch die Art, wie solche Hilfe gewährt wird, die Familie gefördert oder geschwächt werden kann.

IV. Aufgabe des Staates im Bereich der sozialen Sicherung ist es:

a) die im Dienste der sozialen Sicherung stehenden gesellschaftlichen Gruppen und Einrichtungen durch allgemeingültige Regeln zu unterstützen und auf ihre nutzbringende Zusammenarbeit hinzuwirken,

b) selbständige gesellschaftliche Einrichtungen der sozialen Sicherung anzuregen und zu fördern,

c) staatliche Einrichtungen der sozialen Sicherung da zu schaffen, wo die zu lösenden Aufgaben die Kräfte der anderen Sozialgebilde übersteigen.

V. Ein Staat, der bei Kriegsfolgen, anderen Katastrophen sowie bei unvorhergesehenen Schicksalsschlägen für seine Bürger eintritt, ist deshalb noch kein „Versorgungsstaat". Die Tendenz zum Versorgungsstaat ist dagegen immer dann gegeben, wenn der Staat die Selbsthilfe und die Leistungskraft kleinerer Lebenskreise ausschließt, um Ansprüche des einzelnen auf soziale Sicherung unmittelbar zu befriedigen (Verletzung der Subsidiarität).

VI. In der gegenwärtigen industriellen Gesellschaft kann die soziale Sicherung infolge der wachsenden Marktbezogenheit der Bedarfsdeckung und der Eigentumslosigkeit breiter Schichten nicht mehr ohne gesellschaftliche Einrichtungen verwirklicht werden. Solche, auch staatliche, Einrichtungen sind inzwischen zu festen Bestandteilen der sozialen Wirklichkeit und des Lebensgefühls des einzelnen geworden.

VII. Der schnelle Wandel der gesellschaftlichen und wirtschaftlichen Verhältnisse im industriellen Zeitalter macht es notwendig, die Einrichtungen und Normen der sozialen Sicherung beweglich zu halten. Das gilt insbesondere für die in Geld ausgedrückten Leistungsversprechen und Ausschlußgrenzen.

VIII. Die heutige soziale Struktur berechtigt nicht mehr dazu, die Arbeitnehmer schlechthin als die wirtschaftlich Schwachen anzusprechen. Wirtschaftlich schwach sind trotz Selbständigkeit und Eigentum auch viele andere Erwerbstätige. Diesem Tatbestand hat eine Neuordnung der sozialen Sicherung Rechnung zu tragen, die damit Notlagen des selbständigen Mittelstandes gerecht würde.

IX. Die Abgrenzung von Sicherungsleistungen nach Personengruppen oder gesellschaftlichen Schichten wird da unmöglich, wo Aufgaben der Vorbeugung, zum Beispiel in der Jugendhilfe oder für die Erhaltung der Gesundheit, gegeben sind. Die einheitliche Ordnung nach sachlichen Erfordernissen statt nach Personengruppen schließt jedoch nicht aus, daß sich verschiedene Träger in solche Aufgaben teilen. Auch folgt daraus nicht, daß derartige Leistungen unterschiedslos und ohne Kostenbeteiligung für alle zur Verfügung gestellt werden müßten. Das Prinzip der Subsidiarität behält auch hier seine Geltung.

X. In der modernen Wirtschaftsgesellschaft muß dem einzelnen der Zusammen-

hang zwischen seiner wirtschaftlichen Leistung und seinem Einkommen bewußt
bleiben. Dieser Zusammenhang wird zerstört, wenn die zweite Einkommensvertei-
lung zugunsten der sozialen Sicherung einen so großen Anteil des Arbeitseinkom-
mens beansprucht, daß der Arbeitswille leidet.
XI. Alle Teile der Staatspolitik, nicht nur die Sozialpolitik im üblichen Sinne, verfolgen unter anderen auch sozialpolitische Ziele (z. B. die Wirtschaftspolitik, die
Finanzpolitik, die Kulturpolitik, die Wohnungspolitik). Der Gesetzgeber muß
deshalb die ganze Breite gesetzgeberischer Möglichkeiten im Auge behalten, wenn
er der sozialen Sicherung die richtige Gestalt geben will.
XII. Der soziale Fortschritt kann nicht darin gesehen werden, daß immer weitere
Teile der Existenzsicherung dem Staat übertragen werden. Es muß auf die Dauer das
Ziel sein, ein Höchstmaß persönlicher Eigenständigkeit für alle herbeizuführen und
zu erhalten.

2. Zum Bundessozialhilfegesetz vom 30. Juni 1961 (BGBl. I S. 815)

2.1 „Sozialhilfe" statt „Fürsorge"

„Es ist sehr merkwürdig", sagte Muthesius im Herbst 1961 zur Mitgliederversammlung des Deutschen Vereins, „daß das vollendetste Fürsorgegesetz, das die deutsche Sozialgesetzgebung kennt – und das ist das Bundessozialhilfegesetz – den Namen Fürsorge nicht mehr nennt. Das Wort Fürsorge ist aus dem Gesetz – wie wir alle wissen – bewußt und planmäßig aus-
gelassen worden"[415]).
   Auch Wörter können ihre Schicksale haben. Fast hundert Jahre lang
hatte „Fürsorge" keinen Anstoß erregt, allenfalls in Idealkonkurrenz mit
„Wohlfahrtspflege" gestanden, und sich als Leitwort behauptet; nun war es
in Mißkredit geraten.
   „Es ist kein Zufall, daß das BSHG das Wort Fürsorge nicht aufweist",
äußerte Muthesius anläßlich der Verkündung dieses Gesetzes[416]); „es ist
aber auf der anderen Seite selbstverständlich, daß das BSHG ein Gesetz im
Sinne des Grundgesetzes Artikel 74 Ziffer 7 ist: die konkurrierende Gesetzgebung erstreckt sich auf folgende Gebiete ... 7. ›die öffentliche Fürsorge‹.
Wollte man das bestreiten, so müßte man wohl das ganze Gesetz als verfassungswidrig ablehnen."
   Der Gesetzgeber hat mit allen Mitteln, die einem Gesetzgeber überhaupt zu Gebote stehen, versucht, die Fürsorgemethode zu beschreiben und zur Geltung zu
bringen. Beschreibung der Fürsorgemethode z. B. § 3 Abs. 1 und § 6 und an vielen
anderen Stellen. Der Abschnitt 8 ist nur verständlich aus dem Bestreben, das Fürsorgeprinzip zur Geltung zu bringen durch die Verteilung der Aufgaben auf die beiden Arten Träger und durch die Vorschrift über die Fachkräfte (§ 102). [417])

„Warum dann aber ein neuer Name, warum statt Fürsorge Sozialhilfe?"
fragt Muthesius. Die Begründung zum Entwurf [Drucksache Deutscher Bundestag, 3. Wahlperiode, Nr. 1799, S. 37] sagt dazu: „Der Entwurf setzt für seinen Bereich an die Stelle der in den geltenden Bestimmungen des Fürsorgerechts verwandten Bezeichnung „öffentliche Fürsorge" den Begriff „Sozialhilfe". Der Begriff öffentliche Fürsorge ist in der Öffentlichkeit noch nicht losgelöst von der Vorstellung der Armenfürsorge früherer Zeiten und wird überwiegend der richtsatzmäßigen Unterstützung für den Lebensunterhalt gleichgesetzt. Die eigentliche Bedeutung des neuen Gesetzes liegt aber auf dem Gebiet der Hilfe in besonderen Lebenslagen. Diese umfaßt eine Reihe von Leistungen, die im jetzigen Fürsorgerecht noch nicht ausdrücklich aufgeführt sind oder für die Sonderregelungen bestehen (z. B. Tuberkulosehilfe). Um den gewandelten Charakter des Gesetzes auch nach außen deutlich zum Ausdruck zu bringen, erscheint es notwendig, den vorgesehenen Leistungen und damit auch dem Gesetze selbst eine neue Bezeichnung zu geben. Die Bezeichnung Sozialhilfe ist gewählt worden, weil die einzelnen Leistungen – in Übereinstimmung mit dem geltenden Recht – im Gesetz als Hilfe bezeichnet werden und weil es sich um die Hilfe der Allgemeinheit für den Einzelnen handelt".

In dem schriftlichen Bericht des Ausschusses für Kommunalpolitik und öffentliche Fürsorge, der den Entwurf des BSHG beraten hat [Drucksache Nr. 2673, S. 3], erstattet von Frau Niggemeyer, findet sich nur der Vermerk „im Hinblick auf den neuen Inhalt des Gestzes stimmte der Ausschuß auch der vorgeschlagenen Bezeichnung des Gesetzes zu".

Es ist nicht das erste Mal, daß im Bereich sozialer Maßnahmen Reformen von Änderung von Benennungen und Bezeichnungen begleitet werden. Erinnerungen daran mögen im Augenblick zurückstehen. Jedenfalls ist dieses Mal den Trägern der Sozialhilfe, die die Träger der Fürsorge ablösen, eine besondere Verantwortung auferlegt: Die innere Rechtfertigung der Namensänderung, indem sie den Sinn des neuen Gesetzes erfüllen.[4187]

„Fürsorge" war ein Sammelname gewesen. Er ließ sich anwenden nicht nur auf Armenfürsorge und soziale Fürsorge einschließlich ihrer zahlreichen Fürsorgezweige, sondern auch auf Jugendfürsorge. „Einheitlichkeit der Fürsorge" konnte insofern heißen, alles was den Namen Fürsorge trug als ein trotz seiner Vielfalt zweckmäßig zusammenhängendes Ganzes auffassen.

Jetzt fehlt ein solcher Sammelname. „Sozialhilfe" ersetzt „öffentliche Fürsorge"; analog tritt „Jugendhilfe" an die Stelle von „Jugendfürsorge" und „Jugendwohlfahrt"; um auf den übergreifenden Zusammenhang hinzuweisen, muß man sich des umständlichen Ausdrucks „Sozial- und Jugendhilfe" bedienen, welcher den Gedanken an eine Addition nahelegt. (Vgl. aber die Bemerkungen über „soziale Arbeit" im 4. Themenkreis.)

2.2 Beschlüsse des Arbeitsausschusses für Fragen der Fürsorge

Kenntnis des Bundessozialhilfegesetzes darf hier vorausgesetzt werden, nicht aber Kenntnis derjenigen Beschlüsse, welche der Arbeitsausschuß für Fragen der Fürsorge (s. o.) in Vorbereitung des BSHG gefaßt hat. Diese Beschlüsse bieten noch heute eine vorzügliche Information über Sinn, Zweck und Inhalt des BSHG. Deshalb seien sie hier wenigstens auszugsweise mitgeteilt[419]):

Der Arbeitsausschuß für Fragen der Fürsorge, als Unterausschuß des Beirats für die Neuordnung der sozialen Leistungen tätig, hat sich die Aufgabe gestellt, im Rahmen der Neuordnung aller sozialen Leistungen Vorschläge für ein neues Fürsorgerecht zu machen. Folgende Grundsätze haben ihn dabei geleitet:
I.
1. Die Fürsorge hilft allen, die in ihrer Notlage sich nicht selbst helfen und Hilfe auch nicht von Dritten, vor allem von ihrer Familie oder von anderen Sozialleistungsträgern erhalten können.
2. Entsprechend den Grundforderungen eines sozialen Rechtsstaates ist das Ziel der Fürsorge, soweit irgend möglich den einzelnen und seine Familie von der Hilfe unabhängig zu machen und ihm und seiner Familie den Zugang zu einem Leben der Selbstbehauptung zu geben und zu erhalten oder, falls das nicht möglich ist, ihm und seiner Familie durch die Hilfe ein menschenwürdiges Dasein zu ermöglichen, insbesondere auch ein unzumutbares Absinken der Lebenshaltung als Folge eines besonderen Notstandes zu verhindern.
3. Die Fürsorge kann ihr Ziel nur erreichen, wenn sie ihre Hilfe der besonderen Lage des Einzelfalles anpaßt und den persönlichen Charakter der Hilfe wahrt. Nur so kann sie den Willen zur Selbsthilfe wecken und pflegen, indem sie die Voraussetzungen dafür zu schaffen und zu erhalten strebt.
4. Die Fürsorge fördert bei allen diesen Maßnahmen die Familie und andere soziale Bindungen des Hilfesuchenden.
5. Die Fürsorge tritt vorbeugend ein, um die Entstehung einer Notlage zu verhindern, aber auch nachsorgend, um die Wirkungen der Hilfe zu sichern.
6. Auf die Hilfe besteht grundsätzlich ein Rechtsanspruch.
II.
Anstelle des allgemeinen Hilfsbedürftigkeitsbegriffs des geltenden Rechts sind die Voraussetzungen der einzelnen Leistungsgruppen gesondert zu bestimmen.
1. Für die Leistungen zum unmittelbaren Lebensunterhalt kann es bei dem bisherigen Hilfsbedürftigkeitsbegriff mit vollem Einsatz des Einkommens verbleiben.
2. Für alle anderen Leistungen – z. B. für junge und alte Menschen, für Behinderte, für Pflegebedürftige, für Leistungen der Gesundheitsfürsorge usw. – sollten Einkommensgrenzen bestimmt werden.
3. Einkommen über diese Grenzen hinaus ist in angemessenem Umfange für Beiträge zu den Kosten in Anspruch zu nehmen; die bisherige sogenannte „Erstattungspflicht des Unterstützten" sollte grundsätzlich entfallen.

III.

Träger der neuen Fürsorge bleiben die Stadt- und Landkreise, die auch die neuen Aufgaben als Selbstverwaltungsaufgaben durchführen, sowie die überörtlichen Träger, die die Länder bestimmen, und zwar ebenfalls als Selbstverwaltungskörperschaften.

IV.

Die bisherigen Vorschriften über die Zusammenarbeit mit der freien Wohlfahrtspflege sind in das neue Gesetz zu übernehmen.

V.

Der Ausschuß hat sich für die Benennung des neuen Gesetzes als Sozialhilfegesetz entschieden, wenn es den unter I–IV genannten Grundsätzen entspricht und damit die Fürsorge zum vollwertigen Glied eines staatlich-geordneten Gesamtsystems sozialer Sicherungen macht, und wenn es weiter alle Fürsorgeleistungen umfaßt und Fürsorgesondergesetze damit ausschließt.

VI.

Die engen Verflechtungen aller Fürsorgeleistungen mit den erziehungsfürsorgerischen Leistungen der Jugendhilfe sowie den Maßnahmen der allgemeinen Gesundheitsfürsorge veranlassen den Ausschuß zu der Forderung, auf Grund einer einheitlichen Konzeption das Sozialhilfegesetz, ein Bundesgesundheitsgesetz sowie ein neues Jugendhilfegesetz anzustreben.

VII.

Der Ausschuß ist sich bewußt, daß seine Forderung, im Mittelpunkt der neuen Fürsorge müsse die persönliche Hilfe, die Hinführung des einzelnen zur Selbstbewältigung seines Lebens, die Förderung des Familienzusammenhalts, vorbeugende und nachsorgende Hilfe stehen, große neue Anforderungen an die Leistungsfähigkeit und Leistungsbereitschaft der Träger der Fürsorge stellt, insbesondere auch in bezug auf die Kräfte, denen die neuen Aufgaben anvertraut werden, ihre Auswahl und ihre Förderung.

[Allgemeine Vorschriften]
I. Die Rechtstellung des Hilfeempfängers
a) Rechtsanspruch auf Sozialhilfeleistungen

1. die Würde des Menschen gebietet es, auf Sozialhilfen grundsätzlich einen Rechtsanspruch zu gewähren. Er ist nach Grund, Inhalt und Umfang an dem Maßstab sozialer Gerechtigkeit orientiert und deshalb als Rechtsbegriff zwar unbestimmt, aber bestimmbar. Diese Auffassung entspricht der sozialen Staatszielbestimmung des Grundgesetzes.

2. Die sozialpolitische und die verfassungsgesetzliche Konzeption der Bundesrepublik als eines sozialen Rechtsstaates verpflichtet den Gesetzgeber zur näheren Ausgestaltung des Rechtsanspruches auf Sozialhilfe.

3. Sozialhilfe ist Verwaltung nach dem Maß des Menschen und damit der gesetzlichen Automation entzogen.

4. Die gesetzliche Ausgestaltung des Rechtsanspruches auf Sozialhilfe findet ihre verfassungsrechtliche Grenze in dem Grundsatz der Gewaltenteilung. Sie muß den

Bestand und den natürlichen Wirkungsbereich der vollziehenden Gewalt achten und wahren.

5. Der Rechtsanspruch auf Sozialhilfe richtet sich gegen den vom Gesetz zu bestimmenden Leistungspflichtigen öffentlichen Rechts. Diesem Träger der Sozialhilfe obliegt die Aufgabenverantwortung. Das gilt auch insoweit, als er sich zur Durchführung der ihm vom Gesetz übertragenen Aufgaben Dritter bedient. Soweit die Durchführung gesetzlicher Aufgaben Dritten übertragen wird, ist die Gesetzmäßigkeit der Verwaltung durch geeignete Vorkehrungen zu sichern. Der autonome Wirkungs- und Verantwortungsbereich der freien Wohlfahrtspflege bleibt unberührt.

b) Beteiligung der Hilfeempfänger an der Durchführung der Sozialhilfe

Die Rechte des Hilfeempfängers auf Beteiligung an der Durchführung der Sozialhilfe bleiben gewahrt, wenn die Vorschrift des geltenden Fürsorgerechts (§ 3 a RFV in der Fassung des FÄG) ohne Änderung in das Sozialhilfegesetz übernommen wird. Gegen eine Verstärkung der Beteiligung sprechen durchschlagende rechtliche und tatsächliche Gründe.

c) Pflichten des Hilfeempfängers

1. Ausgehend von der Stellung des Bürgers im sozialen Rechtsstaat soll das neue Recht der Sozialhilfe den Rechtsanspruch auf die Leistungen der Sozialhilfe grundsätzlich und für alle lebenswichtigen Leistungen einräumen und diese Hilfen sichern durch einen im Vergleich zum geltenden Fürsorgerecht umfassenden Ausbau der Rechtsgrundlagen.

Deshalb müssen in einem Bundesgesetz über Sozialhilfe auch die Pflichten dessen neu orientiert und festgelegt werden, der die Leistungen der Sozialhilfe in Anspruch nimmt. Dabei ist besonders zu würdigen, daß ein erheblicher Teil der neuen Hilfeleistungen ohne die entsprechende Verpflichtung des Empfängers undurchführbar wäre. Die Rechte und Pflichten des Hilfesuchenden und des Hilfeempfängers müssen in wechselseitige Abhängigkeit gebracht werden.

2. Das neue Recht der Sozialhilfe muß die Pflicht des Hilfesuchenden und Hilfeempfängers zum Ausdruck bringen, selbst – für seine Person und gegebenenfalls für seine Familie oder für Angehörige – in der immer möglichen Weise an der Erfüllung der Aufgabe mitzuwirken, die der Sozialhilfe jeweils gestellt ist. Jede Art solcher Mitwirkung setzt voraus, daß die Würde des Menschen gewahrt wird.

Vorbedingung für die Gewährung von Hilfeleistungen und ständige Voraussetzung für die Durchführung der Hilfe in jedem Stadium ist die am Verhalten des Hilfeempfängers zu erweisende Bereitschaft zur Mitwirkung und Selbsthilfe.

II. Die Rechtsstellung anderer Verpflichteter
a) Unterhaltspflicht

1. Die Unterhaltsverpflichtungen des bürgerlichen Rechts sind nicht einzuschränken.

2. Der Klärung im neuen Sozialhilfegesetz bedarf die Beziehung hilfsbedürftiger Angehöriger eines gemeinsamen Haushaltes zu den nicht hilfsbedürftigen Mitglie-

dern einer Haushaltsgemeinschaft, weil die bisherige Fürsorgepraxis teilweise in solchen Fällen von einer über das BGB hinausgehenden Unterhaltsverpflichtung ausgeht.

Die Klärung sollte zu folgenden Ergebnissen kommen:

aa) Eine Abänderung (Verschärfung) der Bestimmungen des Unterhaltsrechts des BGB etwa dadurch, daß aus der Haushaltsgemeinschaft eine Verpflichtung zu Unterhaltsleistungen abgeleitet wird, ist abzulehnen.

bb) Auch im Sozialhilfegesetz sollte von der Festlegung einer öffentlich-rechtlichen Unterhaltsverpflichtung für Haushaltsangehörige für den Fall der Hilfsbedürftigkeit eines Haushaltsangehörigen abgesehen werden.

cc) Dagegen sollte im künftigen Sozialhilfegesetz eine Vermutung als Rechtsgrundlage dafür geschaffen werden, daß der Träger der Fürsorge bei der Prüfung der Hilfsbedürftigkeit und bei der Bemessung von Fürsorgeleistungen bis zum Beweis des Gegenteiles davon ausgehen kann, daß leistungsfähige Haushaltsangehörige für hilfsbedürftige Haushaltsmitglieder sorgen. Hierunter würden auch eheähnliche Verhältnisse fallen.

3. Für das Maß der Heranziehung Unterhaltsverpflichteter sind die individuellen Verhältnisse zu berücksichtigen. Außer der finanziellen Leistungsfähigkeit des Unterhaltsverpflichteten sind die persönlichen Beziehungen zwischen ihm und dem Leistungsempfänger und gegebenenfalls Dienst- und Hilfeleistungen des Leistungsempfängers für den Unterhaltsverpflichteten von Bedeutung.

Soweit das Gesetz darüber keine näheren Bestimmungen enthält, sollen Richtlinien vorgesehen werden.

4. Die Leitsätze 1–3 gelten für Hilfen zum Lebensunterhalt. Ihre sinngemäße Anwendung auf die Sozialhilfen ist mit folgenden Einschränkungen vorzusehen:

aa) Der Unterhaltsverpflichtete ist nicht zu höheren Beiträgen zu den Kosten der Sozialhilfe heranzuziehen als für den Leistungsempfänger selbst festzusetzen wären. Der jeweilige Einkommensgrenzbetrag gilt auch für den Unterhaltspflichtigen.

bb) Die Heranziehung ist in der Regel auf gesteigert Unterhaltspflichtige zu beschränken.

b) Leistungen anderer Sozialleistungsträger im Verhältnis zu den Leistungen nach dem Sozialhilfegesetz

1. Soweit zwischen dem einzelnen und einem oder mehreren Sozialleistungsträgern Beziehungen bestehen, die auf besonderen Rechtsgrundlagen beruhen, gehen nach dem Grundsatz der Subsidiarität Leistungen dieses Sozialleistungsträgers („seines Sozialleistungsträgers") den Hilfen nach dem Sozialhilfegesetz vor. Dieser Grundsatz sollte als wichtiges Abgrenzungsprinzip im Sozialhilfegesetz zwingend zum Ausdruck gebracht werden.

2. Es sollte festgelegt werden, daß dieser Grundsatz nicht nur bei konkurrierenden Leistungen aufgrund von Rechtsansprüchen gilt. Auch Leistungen der anderen Sozialleistungsträger aufgrund von Soll- oder Kannvorschriften sollen nicht deshalb versagt werden dürfen, weil der Träger der Sozialhilfe gleiche oder ähnliche Leistungen aufgrund eines Rechtsanspruches zu gewähren hat.

3. Unberührt bleibt die Verpflichtung des Trägers der Sozialhilfe, in dringenden Notfällen zu helfen, wenn die Zuständigkeit eines anderen Sozialleistungsträgers erst der Klärung bedarf oder bei unbestrittener Zuständigkeit eines anderen Sozialleistungsträgers die nötige Hilfe nicht sofort gewährt wird.

III. Die Rechtsstellung der freien Wohlfahrtspflege
Der § 5 RFV enthält im wesentlichen, was bezüglich des Verhältnisses zwischen freier Wohlfahrtspflege und öffentlicher Fürsorge reichsrechtlich geregelt werden konnte. Diese Vorschrift hat sich im großen und ganzen bewährt. Ein Bundesgesetz über Sozialhilfe sollte diese bewährte Grundlage übernehmen.

[Die Leistungen der Sozialhilfe]
Die Sozialhilfe hat die Aufgabe
1. den Lebensunterhalt durch Gewährung der entsprechenden Mittel nach Maßgabe der dafür geltenden Bestimmungen in Fällen der Not zu gewähren (I. Teil),
2. die sonst erforderliche Hilfe in anderen Fällen einer Notlage oder drohenden Gefährdung der Existenz zu gewähren (II. Teil),
3. sozial gefährdeten Menschen die Führung eines geordneten Lebens in der Gemeinschaft zu ermöglichen (III. Teil).

Erster Unterabschnitt: Hilfen zum Lebensunterhalt
...
5. Zum Lebensunterhalt gehören Nahrung, Wohnung, notfalls Unterkunft, Kleidung und Wäsche, Koch- und Winterfeuerung, die notwendigen Aufwendungen für Reinigung und Körperpflege sowie für sonstigen persönlichen Bedarf, insbesondere zur Sicherung der Beziehungen zur Umwelt, außerdem der notwendige Hausrat.
Die Leistungen zum Lebensunterhalt sollen in der Regel Barleistungen sein.
6. Auf die Leistungen zum Lebensunterhalt ist ein Rechtsanspruch anzuerkennen.
7. Anspruch auf die Leistungen zum Lebensunterhalt nach dem Sozialhilfegesetz hat, wer die Mittel zur Bestreitung der erforderlichen Aufwendungen für sich und seine unterhaltsberechtigten Angehörigen nicht oder nicht ausreichend aus eigenen Kräften und Mitteln beschaffen kann und sie auch nicht von anderer Seite erhält. Die Bedürftigkeit für den Lebensunterhalt soll wie bisher nach dem Bedarf unter Berücksichtigung jeweils zutreffender Mehrbedarfszuschläge (Nr. 9, 3. Satz) bemessen werden.
8. Auf besondere Bestimmungen über die Folgen von gesellschaftswidrigem Verhalten, unwirtschaftlicher Lebensweise, Arbeitsverweigerung und Arbeitsscheu, Unterhaltssäumnis, kann nicht verzichtet werden. Die Vorschriften des § 13 RGr sind entsprechend auszugestalten.
9. Der Richtsatz als Bemessungsgrundlage für Leistungen für den laufenden Lebensunterhalt soll beibehalten werden.
Die Höhe der Richtsätze soll laufend auf Veränderungen der Kaufkraft und der allgemeinen Lebenshaltung überprüft werden.

Mehrbedarfszuschläge (§§ 11 b ff. Reichsgrundsätze) werden als Grundlage zur gleichmäßigen Bemessung der Leistungen im Prinzip anerkannt. Die Sicherung des Lebensunterhaltes darf nicht durch Auffanggrenzen beeinträchtigt werden.

Zweiter Unterabschnitt: Sozialhilfen

I. Allgemeines zur Frage fürsorgerechtlicher Einzelgesetze

Das geltende Fürsorgerecht sieht nur Rahmenvorschriften für die Hilfe bei einer sozialen Notlage oder einer drohenden Gefährdung vor. Es wird ein wesentliches Erfordernis der Neuordnung des Fürsorgerechts im Rahmen der Neuordnung der sozialen Leistungen sein, die Rechtsgrundlagen der Hilfe zeitgemäß in ausführlicher Weise zu bestimmen, ohne jedoch den Grundsatz der Individualisierung durch perfektionistische Regelungen zu beeinträchtigen...

Bei der Reform des Fürsorgerechts stellt sich die Frage der Einordnung der Spezialgesetzgebung in ein großes, einheitliches Recht der Sozialhilfe.

Die Schaffung einheitlichen Rechts der Sozialhilfe erscheint nötig und möglich. Die Einheitlichkeit des Fürsorgerechts wird nur da gesprengt, wo die Spezialgesetzgebung über den eigentlichen Fürsorgebereich hinausgeht...

II. Die Sozialhilfen im einzelnen

Im Sozialhilfegesetz ist die allgemeine Verpflichtung der Träger vorzusehen, in allen Fällen einer besonderen sozialen Notlage oder Gefährdung der sozialen Existenz geeignete Hilfe zu gewähren.

Für häufig zur Anwendung kommende Sozialhilfen ist aus Gründen der Rechtsgleichheit geboten, besondere Bestimmungen in das Gesetz aufzunehmen; außerdem gelten die allgemeinen Grundsätze.

Eine Bestimmung im Sinne des Abs. 1 ist notwendig als Generalvorschrift für die typischen und für Einzelhilfen in sozialen Notlagen, die durch die Sonderbestimmungen nicht erfaßt werden. Der Rechtsanspruch sowie Art und Maß der Hilfe in solchen besonderen Einzelfällen bestimmt sich nach den allgemeinen Grundsätzen.

Im übrigen ist kein Sozialhilfeträger gehindert, eine Hilfe zu gewähren, die über die vom Gesetz vorgesehene hinausgeht.

Die Gewährung der Sozialhilfen hängt von der Erfüllung verschiedener Voraussetzungstatbestände ab. Zu diesen Voraussetzungen gehört eine Einkommensgrenze, die in Form eines Geldbetrages im Gesetz festgelegt werden soll. Es soll eine Verpflichtung zur Anpassung dieser Grenzen an wirtschaftliche Veränderungen zum Ausdruck gebracht werden. Diese Anpassung soll nicht automatisch erfolgen; sie sollte durch Rechtsverordnung der Bundesregierung mit Zustimmung des Bundesrates erfolgen. Im Gesetz sollen als Gesichtspunkte für das Maß der Veränderung der Einkommensgrenzen die Entwicklung der Lebenshaltungskosten, der Löhne und des Volkseinkommens genannt werden. Ferner soll das Gesetz den Begriff des Einkommens definieren.

a) Hilfen der Gesundheitsfürsorge

...

aa) Für Schwangere und Wöchnerinnen

...

bb) Für den Säugling und das Kleinkind

...

cc) Für junge Menschen

...

dd) Für Volljährige

...

b) Krankenhilfe

1. Auf die Krankenhilfe nach dem Sozialhilfegesetz ist ein Rechtsanspruch zu geben.

2. Die Krankenhilfe umfaßt Krankenpflege und medizinische Rehabilitation.

...

c) Hilfe zur Erziehung

1. Im Rahmen der Neuordnung des Fürsorgerechts sind die individuellen Hilfen für junge Menschen, deren Entfaltung zur Lebenstüchtigkeit Not leidet oder erheblichen Gefährdungen ausgesetzt ist, den Grundsätzen der Gesamtneuordnung der sozialen Leistungen entsprechend zeitgemäß aus einer einheitlichen Konzeption – Fürsorgerecht, Jugendwohlfahrtsrecht, Gesundheitsrecht – auszugestalten.

...

3. Die Sozialhilfe hat die Aufgabe, die erforderlichen Hilfen zur Entfaltung der Persönlichkeit, insbesondere zur körperlichen, geistigen und sittlichen Tüchtigkeit zu gewährleisten...

Für das Recht der individuellen Hilfen zur Erziehung zu geistiger Tüchtigkeit einschließlich der Bestimmungen über Voraussetzung, Art und Maß der Hilfe und über die Rechtsstellung des Empfängers der Hilfe sind besondere Bestimmungen im Sozialhilfegesetz vorzusehen.

Insbesondere sind die Hilfen zur Ausbildung zu einem Beruf in der gleichen Weise, jedoch in einem besonderen Abschnitt des Sozialhilfegesetzes zu behandeln.

Die Hilfe zur Entwicklung zur sittlichen Tüchtigkeit bei drohenden oder bestehenden Erziehungsnotständen ist Aufgabe der Sozialhilfe, soweit im Einzelfall Kosten entstehen und soweit es sich nicht um Maßnahmen der Fürsorgeerziehung oder der freiwilligen Erziehungshilfe handelt.

4. Bei allen Hilfen zur Entwicklung der körperlichen, geistigen und sittlichen Tüchtigkeit bedarf der das ganze Recht der Sozialhilfe beherrschende Grundsatz der persönlichen Hilfe besonderer Berücksichtigung. Persönliche Hilfe in diesem Sinne ist Hilfe für das Kind durch die Familie, gegebenenfalls Hilfe für die Familie, aber niemals Hilfe für das Kind ohne Rücksicht auf die Familie.

5. Bei Gewährung von Hilfen nach Nr. 3 und 4 ist durch das Gesetz die Mitwirkung des Jugendamtes zu bestimmen, wenn nach Lage des Notstandes die Mitwirkung erforderlich ist und sofern das Jugendamt nicht selbst Träger dieser Hilfen ist. Außerdem sollte im Gesetz vorgesehen sein, daß der Träger der Sozialhilfe die Durchführung seiner Aufgaben auf dem Gebiet der Hilfe für junge Menschen ganz oder teilweise auf das Jugendamt übertragen kann.

d) Ausbildungsbeihilfen

1. Die Gewährung der Ausbildungsbeihilfe muß grundsätzlich einer endgültigen und allgemeinen Regelung vorbehalten bleiben. Die Sozialhilfe kann grundsätzlich nur Ausfallbürge sein. Sie soll umfassend nur helfen, solange eine allgemeine Regelung nicht vorliegt.

...

3. Hilfe zur Ausbildung umfaßt die Hilfe zur Ausbildung zu einem angemessenen Beruf oder für eine angemessene Tätigkeit, gegebenenfalls auch zum Besuch einere mittleren oder höheren Schule.

...

5. Wenn eine Befähigung zu einer Ausbildung zu einem Beruf nicht vorhanden ist, dann besteht die Hilfe darin, daß dem Betreffenden zu einer entsprechenden Tätigkeit verholfen wird.

6. Die Hilfe umfaßt die Kosten der notwendigen Ausbildung und die notwendigen Aufwendungen für den Lebensunterhalt, erforderlichenfalls unter Zubilligung eines begründeten Mehrbedarfs...

7. Auf Hilfe zur Ausbildung zu einem Lehr- oder Anlernberuf oder einer dem Jugendlichen entsprechenden Tätigkeit ist ein Rechtsanspruch einzuräumen.

8. Beihilfen zu einem Beruf, der den Besuch einer Fachschule voraussetzt, sollen im Sozialhilferecht den Charakter einer Regelleistung erhalten.

...

12. Es wird empfohlen, nähere Regelungen über Ausbildungsbeihilfen wie bisher durch Ermächtigung der Bundesregierung zu einer Rechtsverordnung mit Zustimmung des Bundesrates vorzusehen.

e) Hilfe durch Arbeit

1. Jeder Hilfesuchende, auch der nicht voll arbeitsfähige, muß seine Arbeitskraft zur Beschaffung seines notwendigen Lebensbedarfs für sich und seine unterhaltsberechtigten Angehörigen einsetzen.

Die bisherigen Ausnahmen gemäß RGr § 7, Nr. 3 sollen aufrechterhalten bleiben.

2. Die auf finale Hilfe gerichtete Sozialhilfe hat den Auftrag, die Arbeitsfähigkeit und Arbeitsbereitschaft des hilfesuchenden Menschen zu pflegen und zu erhalten und ihm zur Ausübung einer entsprechenden Arbeit oder Tätigkeit zu verhelfen.

3. Das Sozialhilfegesetz muß daher zum Ausdruck bringen, daß der Träger der Sozialhilfe dem Hilfesuchenden in Zusammenarbeit mit dem Arbeitsamt (§§ 37 Abs. 4, 39 Abs. 2 AVAVG) zu einer geeigneten und zumutbaren Arbeit als Lebensgrundlage zu verhelfen hat, wenn ihm dies selbst unmöglich ist. Ob dem Hilfsbedürftigen eine Arbeit billigerweise zugemutet werden kann, soll nach den in den §§ 7 RGr, 78 Abs. 2 AVAVG enthaltenen Grundsätzen beurteilt werden.

Zur Hilfe durch Arbeit gehört gegebenenfalls auch die Begründung oder Erhaltung einer selbständigen Existenz oder einer sonstigen Erwerbsmöglichkeit (vgl. unten f).

...

11. Die im vorstehenden bezeichneten Maßnahmen der Sozialhilfe haben in der

erforderlichen Zusammenarbeit mit den Dienststellen der Bundesanstalt für Arbeitsvermittlung und Arbeitslosenversicherung zu erfolgen.

f) Hilfe zur Erhaltung oder Schaffung einer selbständigen Existenz (Lebensgrundlage)
1. Unabhängig von den Maßnahmen der Rehabilitation und der Hilfe durch Arbeit hat die Sozialhilfe auch die Aufgabe, Hilfe zur Erhaltung oder Schaffung einer selbständigen Existenz zu gewähren, wenn und soweit dies wirtschaftlich sinnvoll erscheint. Hierbei ist von der individuellen Lage des Hilfesuchenden auszugehen. Die Hilfe ist insbesondere zu gewähren, wenn der Hilfesuchende eine geeignete und zumutbare Arbeitnehmertätigkeit nicht dauernd ausüben und dafür voraussichtlich auch nicht instandgesetzt werden kann, oder wenn die Schaffung oder Erhaltung einer selbständigen Existenz sich als die besser geeignete Maßnahme erweist, dem Hilfesuchenden zu einem Leben aus eigener Arbeit zu verhelfen.
...
3. Die Hilfe soll insbesondere gewährt werden durch persönliche und wirtschaftliche Beratung,
Vermittlung von Hilfen, Darlehen oder Krediten anderer, Hilfe bei der Beschaffung von Aufträgen,
Gewährung von Darlehen, von Zuschüssen oder Übernahme von Bürgschaften.

g) Rehabilitation
1. Zugunsten aller körperlich, geistig oder seelisch behinderten Personen sind die Maßnahmen zur Erhaltung, Besserung und Wiederherstellung der Erwerbsfähigkeit, ebenso wie zur Befähigung zu einem Leben in der Gemeinschaft oder zur Besorgung der eigenen Angelegenheiten der Hilfeberechtigten – im nachfolgenden kurz „Rehabilitation" genannt – im Rahmen der Neuordnung der öffentlichen Fürsorge zu vertiefen und auszubauen. Die Rehabilitationsmaßnahmen dienen in erster Linie der Entfaltung der Kräfte der Persönlichkeit und ihrer vollen Leistungsfähigkeit und damit zur Gestaltung eines erfüllten Lebens.
Unbeschadet der Erörterungen über die Schaffung eines besonderen Rehabilitationsgesetzes sollte das Prinzip der Rehabilitation im neuen Sozialhilfegesetz verankert werden, da es bereits in zahlreichen anderen Sozialgesetzen Berücksichtigung gefunden hat...
2. Die Rehabilitation sollte, soweit dies im Einzelfall gerechtfertigt ist, anderen Leistungen der Sozialhilfe, insbesondere finanziellen Hilfen von Dauercharakter, vorangehen.
Erst wenn die Mittel und Möglichkeiten der Rehabilitation erschöpft sind oder nicht zum Ziele führen, sollten andere Hilfen an ihre Stelle treten.
Jede Hilfe zur Rehabilitation setzt das Einverständnis des Hilfesuchenden voraus.
3. Das Recht der Rehabilitation sollte gegenüber den Einrichtungen der Arbeits- und Gefährdetenfürsorge und dem Recht der Ausbildungsbeihilfen für nicht behinderte Personen abgegrenzt werden. Allerdings sollte das Recht der Rehabilitation

auch für den Personenkreis derjenigen, die auf Grund ihrer Dissozialität Anpassungs- und Arbeitsschwierigkeiten haben, angewendet werden.

4. Erforderlich sind besondere Bestimmungen über Hilfen zum Lebensunterhalt des Rehabilitanden und seiner Angehörigen während der Durchführung von Rehabilitationsmaßnahmen einschließlich der wirtschaftlichen und sonstigen Hilfen nach erfolgter Ein- bzw. Wiedereingliederung.
...

k) Hilfe für alte Menschen

1. Die Verpflichtung des Volkes gegenüber seiner alten Generation – die Sicherung des Lebensbedarfs und die Berücksichtigung der besonderen geistig-seelischen Situation alter Menschen – weist auch der Sozialhilfe besondere Aufgaben zu.

2. Die Hilfen für alte Menschen sollten im neuen Sozialhilfegesetz zum Ausdruck gebracht werden dadurch, daß
aa) nach der Fassung der allgemeinen Grundsatzbestimmungen im Gesetz sowie aller für alte Menschen einschlägigen Einzelbestimmungen den besonderen Bedürfnissen der Alten Rechnung getragen werden kann,
bb) die besonders charakteristischen Hilfen für alte Menschen in einem eigenen Abschnitt des neuen Sozialhilfegesetzes zusammengefaßt werden.
Solche charakteristischen Hilfen sind:

3. Die Sozialhilfe soll durch alle geeigneten Mittel zu erreichen versuchen, daß die Zugehörigkeit zur Familie und zu anderen Gemeinschaften erhalten bleibt.

4. Die Sozialhilfe soll zu einer dem Leistungsvermögen des alten Menschen entsprechenden Arbeit, Tätigkeit oder Beschäftigung verhelfen, wenn eine solche Hilfe gewünscht wird oder im Einzelfall dem Ziel der Altershilfe besonders dienlich erscheint.

5. Hilfe ist zu leisten zu einer altersgemäßen Lebensführung und selbständigen Haushaltsführung und – im Rahmen der Möglichkeiten des Trägers der Sozialhilfe – zur Beschaffung einer für diesen Zweck geeigneten Wohnung.

6. Das Sozialhilfegesetz hat den besonderen Bedürfnissen der Alten zur Erhaltung der Gesundheit, auch durch vorbeugende Maßnahmen, Rechnung zu tragen, um die alten Menschen möglichst lange zur Besorgung der eigenen Angelegenheiten und zur Teilnahme am sozialen Leben zu befähigen.

7. Die Sozialhilfe soll sicherstellen, daß dem alten Menschen die Teilnahme an kulturellen und geselligen Veranstaltungen ermöglicht wird.

l) Hilfe zur Pflege

Aufgabe der Sozialhilfe ist es, gebrechlichen, alten und kranken Menschen Hilfe durch Pflege zu geben, wenn diese zur Behebung eines Notstandes oder zur Verhütung eines solchen notwendig ist und auf andere Weise nicht geholfen werden kann.

1. Die Hilfe zur Pflege als gesetzliche Leistung der Sozialhilfe für gebrechliche, alte und kranke Menschen umfaßt:
Pflege in der Häuslichkeit des Pflegebedürftigen,

Pflege in einem geeigneten Heim und in dringenden Fällen in einem Krankenhaus.

Die Hilfe zur Pflege ist solange zu gewähren, wie es zur Behebung des Notstandes
oder zur Verhütung eines solchen erforderlich ist.

2. Auf Hilfe zur Pflege soll ein Rechtsanspruch gegeben werden mit der Maßgabe,
daß der Leistungsträger darüber entscheidet, welche Leistungen im einzelnen nach
Lage des individuellen Notstandes gewährt werden.

3. Wird die Pflege durch Angehörige oder andere, dem Pflegebedürftigen nahe-
stehende Personen geleistet, so übernimmt die Sozialhilfe die durch die Pflege entstehenden Aufwendungen, soweit diesen Personen nicht zugemutet werden kann,
diese Aufwendungen selbst zu tragen.

4. In allen anderen Fällen der Pflege in der Häuslichkeit des Pflegebedürftigen hat
die Sozialhilfe die Kosten für eine Pflegeperson zu übernehmen oder eine solche
Pflegeperson zur Verfügung zu stellen.

m) Hilfe zur Hauspflege und Familienpflege
1. Aufgabe der Sozialhilfe ist es, Hilfe zur Betreuung von Familien oder Einzelpersonen in ihrer Häuslichkeit in pflegerischer, hauswirtschaftlicher und pädagogischer Hinsicht durch eine Pflegeperson zu geben, wenn diese Betreuung zur Behebung eines Notstandes oder zur Verhütung eines solchen notwendig ist und in
anderer Weise nicht abgeholfen werden kann.

Die Hilfe zur Hauspflege und Familienpflege ist zeitlich zu beschränken.

2. Wird die Hauspflege durch Angehörige oder andere Personen geleistet, so
übernimmt die Sozialhilfe die durch Hauspflege und Familienpflege entstehenden
Aufwendungen, soweit diesen Personen nicht zuzumuten ist, die Aufwendungen
selbst zu tragen.

3. In allen anderen Fällen besteht die Leistung der Sozialhilfe in der Übernahme
der Kosten für eine Hauspflegeperson oder in der Zurverfügungstellung einer solchen Pflegeperson...

n) Beratung in sozialen Fragen
Beratung der Hilfesuchenden oder des Hilfeempfängers ist als Teil der persönlichen Hilfe Pflichtaufgabe der Sozialhilfe.

Gleichwohl sollte die Beratung in sozialen Fragen im besonderen Teil des Lei-
stungsrechts der Sozialhilfe besonders festgelegt werden. Sie soll eine Hilfe sein, die
jedermann ohne Rücksicht auf die Höhe seines Einkommens in Anspruch nehmen
kann.

Die Hilfe soll Aufklärung und Beratung über das Sozialhilfegesetz selbst, aber
auch über andere Sozialgesetze umfassen, soweit dafür nicht eigene Auskunfts- und
Beratungsstellen bestehen...

Dritter Unterabschnitt: Hilfe für sozial Gefährdete

1. Die Hilfe für sozial gefährdete Personen – für Menschen, ohne Rücksicht auf
die Höhe ihres Einkommens, denen es infolge schwächerer Anlagen oder infolge

besonders ungünstiger Umstände und Umwelteinflüsse an der notwendigen inneren Festigkeit fehlt – ist ein Teilgebiet der Sozialhilfe und verlangt daher im Rahmen der Fürsorgerechtsreform ihre entsprechende Regelung. Sie hat eine sozialpädagogische bzw. sozialhygienische Aufgabe zu erfüllen, niemals aber Aufgaben der sozialen Gefahrenabwehr zu übernehmen.

2. Aufgabe der Hilfe ist, diesen Personen die Führung eines geordneten Lebens in der Gemeinschaft zu ermöglichen. Auch der schwache Mensch soll nach Möglichkeit befähigt werden, sein Leben selbst zu bestimmen und zu gestalten. Soweit es sich um Nichtseßhafte handelt, muß die Sozialhilfe die Seßhaftmachung nicht nur anbieten, sondern ihre Verwirklichung in der jeweils gebotenen Form sichern. In geeigneten Fällen soll die Ausbildung zu einem angemessenen Berufe oder zu einer sonstigen angemessenen Tätigkeit erstrebt werden.

3. Im Einzelfall kann sich persönliche Beratung und Betreuung, materielle Unterstützung oder der Versuch stationärer Behandlung, der Gewöhnung an regelmäßige Arbeit und gegebenenfalls der Ausbildung als das geeignete Mittel der Hilfe ergeben.

Bei der Bestimmung der Art der Hilfen sind die Ursachen der Notlage sorgfältig festzustellen und zu berücksichtigen. Die Hilfe soll rechtzeitig einsetzen...

[Die Träger der Sozialhilfe]
I. Allgemeines
1. Die Aufgaben der Sozialhilfe nach dem Sozialhilfegesetz sind von örtlichen und überörtlichen Trägern zu erfüllen.

2. Das Sozialhilfegesetz sollte festlegen:
aa) daß örtliche Träger der Sozialhilfe die kreisfreien Städte und die Landkreise sind,
bb) daß zu überörtlichen Trägern der Sozialhilfe von den Ländern Selbstverwaltungskörperschaften höherer Ordnung zu bestimmen sind.
Die Möglichkeit, Großstädte auf Antrag zu besonderen Landesfürsorgeverbänden zu bestimmen, soll im Sozialhilfegesetz nicht vorgesehen werden.
Die Aufgaben der Sozialhilfe sind Selbstverwaltungsaufgaben.

3. Das Sozialhilfegesetz muß den Landkreisen die Möglichkeit geben, Aufgaben der Sozialhilfe auf Gemeinden oder Gemeindeverbände im Rahmen des Landkreises nach Maßgabe ihrer Verwaltungs- und Leistungskraft zu übertragen. Dabei bleibt die Verantwortlichkeit des Landkreises gegenüber dem Hilfeempfänger unberührt.
...

III. Die überörtlichen Träger und ihre Aufgaben
Durch das Sozialhilfegesetz sollte die sachliche Zuständigkeit der überörtlichen Träger für folgende Aufgaben festgelegt werden:
1. Die in Anstalten durchzuführenden Aufgaben der Rehabilitation Behinderter.
2. Der anstaltmäßig zu gewährende Lebensbedarf für Personen mit bestimmten Leiden (anstaltsbedürftige Körperbehinderte, psychisch Kranke und Geisteskran-

ke, Geistesschwache, Epileptiker, Taubstumme und Blinde).
3. Die anstaltsmäßig zu gewährende Krankenhilfe für die unter 2) genannten Personen. Als Anstalten gelten auch Krankenhäuser, Heilstätten und Kuranstalten.
4. Die Tuberkulosehilfe.
5. Die Hilfe für Krebskranke, soweit Maßnahmen zur Sicherung des Heilerfolges (Ernährungs- und Pflegezulagen, Hauspflege, Genesungskuren) notwendig sind.

IV. Das Verfahren
Wie bisher in § 3 Abs. 2 RFV ist auch im Sozialhilfegesetz vorzusehen, daß das Land im Rahmen der bundesrechtlichen Vorschriften Verfahren, Beschwerde und Aufsicht regelt.

V. Die örtliche Zuständigkeit
Örtlich zuständig zur Gewährung von Leistungen der Sozialhilfe ist der örtliche Träger der Sozialhilfe, in dessen Bereich der Hilfesuchende sich befindet. Das Prinzip des tatsächlichen Aufenthalts bestimmt auch die örtliche Zuständigkeit des überörtlichen Trägers für Leistungen im Rahmen seiner sachlichen Zuständigkeit. Zur Zuständigkeit des örtlichen Trägers gehört auch die Hilfe in dringenden Notlagen, für die der überörtliche Träger sachlich zuständig ist. Er hat dem örtlichen Träger die aufgewendeten Kosten zu ersetzen.

VI. Die Lastenverteilung
1. Auf Regelung der Lastenzuständigkeit kann auch in einem zukünftigen Sozialhilfegesetz nicht verzichtet werden. Sie hat wie bisher die Aufgabe, die Lasten aus den Leistungen der Sozialhilfe sinnvoll und gerecht zu verteilen und sollte auf das Ziel gerichtet sein, den Vollzug zu vereinfachen, insbesondere Streitigkeiten über Zuständigkeit und Ausmaß der Kostenerstattung einzuschränken...
2. Die bewährte Grundlage für die Bestimmung der Lastenzuständigkeit – der gewöhnliche Aufenthalt –, die Beziehung des Fürsorgeberechtigten zur Gebietskörperschaft des Mittelpunktes seiner Lebensbeziehungen, ist beizubehalten.
3. Der Träger der Sozialhilfe, der einen Hilfeempfänger im Bereich eines anderen Trägers unterbringt, trägt den dort entstehenden Aufwand bis zu Beendigung der Hilfsbedürftigkeit.

3. Vorschläge des Deutschen Vereins zur Weiterentwicklung der Sozialhilfe

Genau fünfzehn Jahre nach Verkündigung des BSHG legte der Deutsche Verein unter seiner Vorsitzenden Frau Dr. Käthe Petersen umfangreiche, im Fachausschuß I detailliert ausgearbeitete Vorschläge zur Weiterentwicklung der Sozialhilfe vor[420]):

1. Der Auftrag
Der Bundesminister für Jugend, Familie und Gesundheit hat mit Schreiben vom

4.3.1974 den Deutschen Verein um Prüfungen über die Weiterentwicklung der Sozialhilfe gebeten. Der Hauptanlaß hierfür waren Bestrebungen auf Änderung des Bundessozialhilfegesetzes, bei denen Zweifel an der Übereinstimmung mit den Grundsätzen der Sozialhilfe bestanden. Als Beispiele führte der Bundesminister Bestrebungen zur Schaffung von versorgungsähnlichen Leistungen, auf Freilassung von Rententeilen und auf Einschränkungen der Heranziehung Unterhaltspflichtiger an. Außerdem wies er auf Bestrebungen zur Schaffung von Gesetzen hin, die zu einem Auseinanderfallen der bisher in einem Gesetz geregelten Sozialhilfe führen würden; als solche Gesetze nannte er ein einheitliches Rehabilitationsgesetz sowie eigene gesetzliche Regelungen über ein Erziehungsgeld und Unterhaltsvorschußkassen.

Der Auftrag hatte den Zweck, von einem oder einer Gruppe unabhängiger Sachverständiger Prüfungen grundsätzlicher Art durchführen zu lassen und in einer zusammenfassenden Darstellung Vorschläge – gegebenenfalls Alternativvorschläge – über eine zu erstrebende Weiterentwicklung der Sozialhilfe zu erhalten. Der Bundesminister beabsichtigt, aus diesen Vorschlägen in der gegenwärtigen Legislaturperiode Konsequenzen noch nicht zu ziehen. Vielmehr sollen die Prüfungen und ihre Ergebnisse mittelfristig angelegt sein. Sie sollen als Vorbereitung eines 4. Änderungsgesetzes aufgefaßt werden und als Material auch für weitere Gesetzgebungsvorhaben Verwendung finden können.

2. Entwicklungen nach Erteilung des Auftrages

Nach Erteilung des Aufrages waren zwei Entwicklungen von erheblicher Bedeutung:
– Erstens ist das Sozialgesetzbuch – Allgemeiner Teil – vom 11.12.75 (SGB-AT) erlassen worden und das Bundessozialhilfegesetz wurde Bestandteil des Sozialgesetzbuches. Außerdem haben beim Bundesminister für Arbeit und Sozialordnung die Vorarbeiten für die Harmonisierung des Bundessozialhilfegesetzes mit den übrigen Sozialleistungsgesetzen begonnen. Da diese Sozialleistungsgesetze in ihren Grundsätzen von der Sozialhilfe abweichen – sie regeln meist Sozialleistungen, die auf dem Versicherungs- oder Versorgungsprinzip beruhen –, muß aufmerksam darauf geachtet werden, daß die Harmonisierung nicht zu einer Beeinträchtigung der Besonderheiten der Sozialhilfe führt. Daher ist es auch für die Arbeiten am Sozialgesetzbuch erforderlich, die für die Sozialhilfe geltenden tragenden Prinzipien und damit den Standort der Sozialhilfe im Verhältnis zu den übrigen Sozialleistungen herauszustellen.

Die Prüfungen über die Harmonisierung sind aber von den Prüfungen über die Weiterentwicklung der Sozialhilfe zu unterscheiden. Eine Harmonisierung hat nicht das Ziel, zu einer Weiterentwicklung der Leistungen zu führen, und bei einer Weiterentwicklung kommt es nicht auf eine Harmonisierung mit anderen Sozialleistungen an. Wegen dieser Unterschiede in der Zielsetzung sieht der Deutsche Verein davon ab, in die Überlegungen zur Weiterentwicklung der Sozialhilfe Prüfungen über die Harmonisierung mit anderen Sozialleistungen einzubeziehen.
– Zweitens hat sich bei den Trägern der Sozialhilfe ein unerwartet großer Anstieg der Sozialhilfeaufwendungen gezeigt... Das ist um so alarmierender, als sich Bund,

Länder und die Stadt- und Landkreise in erheblicher Finanznot befinden. Diese Entwicklung zwingt bei vorzuschlagenden neuen Regelungen, wenn sie zu erhöhten Aufwendungen führen, in verstärktem Maße zu prüfen, ob die Mehraufwendungen finanziell realisierbar sind. Bei den bestehenden Regelungen – sie sind durch das 2. und 3. ÄndG zum BSHG z. T. erheblich erweitert worden – macht diese Entwicklung Untersuchungen notwendig, ob die Regelungen mit den Grundsätzen der Sozialhilfe übereinstimmen und ob sie den heutigen Lebensverhältnissen noch entsprechen. In Fällen, in denen das verneint wird und die Leistungen daher als nicht oder nicht mehr vertretbar anzusehen sind, muß deutlich auf die Notwendigkeit hingewiesen werden, die Leistungen einzuschränken oder wegfallen zu lassen. Im Deutschen Verein besteht Übereinstimmung, daß diese Untersuchungen im Rahmen des Auftrages des Bundesministers für Jugend, Familie und Gesundheit zur Prüfung der Weiterentwicklung der Sozialhilfe liegen. Übereinstimmung besteht im Deutschen Verein aber auch darüber, daß die prekäre Finanzlage nicht dazu führen darf, die Prüfungen über die Weiterentwicklung etwa auf einen Abbau der Sozialhilfeleistungen und auf eine Verneinung jeglicher Erweiterung von Leistungen auszurichten...

Den Vorschlägen vorangestellt wurden folgende „Grundprinzipien der Sozialhilfe":

Bei den Prüfungen sind folgende Grundprinzipien der Sozialhilfe herausgearbeitet worden:

1. Die Sozialhilfe im Verhältnis zu anderen Sozialleistungsbereichen

Die Sozialhilfe nimmt im Gesamtgefüge des gegliederten Sozialleistungssystems der Bundesrepublik Deutschland eine Sonderstellung ein. Sie verfolgt nicht wie die meisten der übrigen Sozialleistungsbereiche ein Einzelziel, z. B. eine Alterssicherung, die Sicherung bei Krankheiten oder die individuelle Förderung von Ausbildungen. Vielmehr hat die Sozialhilfe die umfassende Aufgabe, dem Hilfeempfänger die Führung eines Lebens zu ermöglichen, das der Würde des Menschen entspricht (§ 1 Abs. 2 BSHG). Diese Aufgabe setzt beim Hilfeempfänger nicht die Zugehörigkeit zu einer Personengruppe voraus etwa dahingehend, daß er Opfer für die Allgemeinheit erbracht haben muß. Auch auf die Gründe kommt es nicht an, die die Hilfe notwendig machen.

Die Leistungen müssen, um der umfassenden Aufgabe gerecht werden zu können, auf die Erfordernisse des Einzelfalles ausgerichtet und daher flexibel sein. Im Vordergrund steht die persönliche Hilfe (vgl. unten 5. und 6.).

2. Ermöglichung der Führung eines Lebens, das der Würde des Menschen entspricht

Was unter einer der Würde des Menschen entsprechenden Lebensführung zu verstehen ist, ist abhängig von den Lebensverhältnissen der vergleichbaren Bevölkerungsgruppen und den daraus sich ergebenden Anschauungen über den Inhalt eines menschenwürdigen Lebens. Die Lebensverhältnisse und dementsprechend die Anschauungen haben sich seit Erlaß des Bundessozialhilfegesetzes (1961) verändert.

Über das Ausmaß der Veränderungen sind in den Untersuchungen des Deutschen Vereins eine Reihe von Feststellungen getroffen worden... Außerdem wurde allgemein herausgestellt, daß sich die Lebensgewohnheiten vergleichbarer Bevölkerungsgruppen etwa entsprechend der Steigerung ihres Realeinkommens angehoben haben und daß sich immer mehr das Bewußtsein gefestigt hat, daß nach unserer freiheitlichen, demokratischen Rechtsordnung ein Leben nur dann für den einzelnen menschenwürdig ist, wenn er die Möglichkeit hat, die ihm grundgesetzlich garantierten Freiheitsrechte, insbesondere das Recht auf freie Entfaltung seiner Persönlichkeit (Art. 2 Abs. 1 GG), zu verwirklichen. Hierzu gehört, daß er zur Teilnahme am gesellschaftlichen, politischen, kulturellen und wirtschaftlichen Leben in der Lage ist. Daher hat die Sozialhilfe den Hilfeempfänger soweit wie möglich zu einer solchen Teilnahme zu befähigen. Hierbei muß er nach seinen Kräften mitwirken (§ 1 Abs. 2 BSHG). Das Bundessozialhilfegesetz ist daher ein Integrierungsgesetz, d. h. sein Ziel ist, Personen, die noch nicht, nicht voll oder nicht mehr in das Leben der Gemeinschaft eingegliedert sind, zu einer Eingliederung, so weit es möglich ist, zu verhelfen.

3. Verpflichtung des Hilfesuchenden zur Selbsthilfe

Es gehört zur Führung eines menschenwürdigen Lebens, mit Schwierigkeiten möglichst selbst zurecht zu kommen. Daher bestimmt § 2 Abs. 2 BSHG, daß Sozialhilfe nicht erhält, wer sich selbst helfen kann. Die Selbsthilfe umfaßt den Einsatz vor allem der eigenen Arbeitskraft, des Einkommens und des Vermögens.

4. Nachrang der Sozialhilfe

Erst wenn die Selbsthilfe des Hilfesuchenden nicht ausreicht und die erforderliche Hilfe auch nicht von anderen, besonders von Angehörigen oder von Trägern anderer Sozialleistungen erbracht wird, kann ein Bedarf an Sozialhilfe anerkannt werden. Der hierin liegende Nachrang verpflichtet die Träger der Sozialhilfe, als Garant zur Ermöglichung eines menschenwürdigen Lebens für den Fall bereit zu stehen, daß die eigenen Kräfte und Mittel des Hilfesuchenden oder Leistungen anderer nicht ausreichend sind.

Der Nachrang wird als ein tragendes Prinzip der Sozialhilfe in § 9 SGBAT bekräftigt, und die Bundesregierung hat in ihrem Bericht über die Rehabilitationsleistungen für Behinderte (BT-Drucks. v. 2.1.76, S. 19) erklärt, daß ein Verzicht auf die Anrechnung von Einkommen und Vermögen nicht in Betracht kommen könne. Ein solcher Verzicht würde „eine völlige Abkehr vom Grundprinzip der Sozialhilfe bedeuten, wonach diese aus allgemeinen öffentlichen Mitteln aufgebrachte Leistung nur demjenigen zugute kommen soll, bei dem zuvor alle Möglichkeiten der Selbsthilfe ausgeschöpft worden sind". Die Sozialhilfe darf daher keine Regelungen enthalten, nach denen Leistungen ohne Rücksicht auf die eigenen Kräfte und Mittel des Hilfeempfängers oder die Hilfe anderer zu erbringen sind. Für solche dem Grundprinzip der Sozialhilfe widersprechende Versorgungsleistungen würde außerdem dem Bund die Gesetzgebungskompetenz fehlen; er hat diese Kompetenz bei Versorgungsleistungen nur, soweit es um die Versorgung der Kriegsbeschädigten und Kriegshinterbliebenen geht (Art. 74 Nr. 10 GG).

Eine andere Frage ist, wie weit der Nachrang reicht. Die Untersuchungen des Deutschen Vereins haben zu dem Ergebnis geführt, daß der Nachrang auch künftig nicht dahingehend aufzufassen ist, daß der Hilfesuchende bei allen Bedarfslagen sein Einkommen und Vermögen voll einzusetzen hat. Vielmehr muß es bei den bisherigen Regelungen des Bundessozialhilfegesetzes verbleiben, wonach bei der Beurteilung, wie weit der einzelne sich selbst helfen kann, zwischen der Hilfe zum Lebensunterhalt und der Hilfe in besonderen Lebenslagen zu unterscheiden ist. Bei der ersten Hilfeart muß grundsätzlich der volle Einsatz des Einkommens und Vermögens verlangt werden, während bei der Hilfe in besonderen Lebenslagen ein Einsatz nur insoweit zu fordern ist, als die Aufbringung der Mittel zugemutet werden kann.

Das Ausmaß des Zumutbaren ist bei der Vielfalt der besonderen Lebenslagen unterschiedlich. Eine Grenze liegt darin, daß gesetzlich nicht generell vorgesehen werden darf, das Einkommen und Vermögen des Hilfesuchenden und der in § 28 BSHG genannten Angehörigen nicht oder nahezu nicht in Anspruch zu nehmen. Damit würde die Grenze zu den Versorgungsleistungen überschritten werden. Die vom Bundesminister für Jugend, Familie und Gesundheit genannten Bestrebungen, im Bundessozialhilfegesetz versorgungsähnliche Leistungen festzulegen, stimmen daher mit dem Grundatz des Nachranges der Sozialhilfe nicht überein.

5. Die persönliche Hilfe

Eine Ausnahme gilt für die persönliche Hilfe. Sie hat einen immateriellen Charakter, da sie vorwiegend Beratung und Beistand in persönlichen Angelegenheiten umfaßt... Notlagen, die eine solche Hilfe erfordern, können sich auch bei Personen mit Einkommen und Vermögen ergeben. Ihnen nutzt das Einkommen oder Vermögen in der Regel wenig, um dadurch aus eigener Kraft die Notlage bewältigen zu können... Da auch in diesen Fällen persönliche Hilfe zu leisten ist, müssen die Träger der Sozialhilfe ermächtigt sein, bei der Gewährung der persönlichen Hilfe das Einkommen und Vermögen des Hilfesuchenden unberücksichtigt zu lassen.

Hinzukommt, daß die Geltendmachung eines Aufwendungsersatzes schwierig, z. T. unmöglich ist. Bei der persönlichen Hilfe können die für den Einzelfall entstehenden Aufwendungen in der Regel nicht exakt beziffert werden. Die Träger der Sozialhilfe erbringen keine dem Hilfeempfänger unmittelbar zufließenden und daher ohne weiteres meßbaren Geld- oder Sachleistungen; vielmehr entstehen Personal- und sonstige Verwaltungskosten, bei denen es in der Regel nicht möglich ist, die auf den einzelnen Hilfeempfänger entfallenden Anteile festzustellen. Das gilt insbesondere, soweit die Träger der Sozialhilfe in der offenen Hilfe persönliche Hilfe leisten. Bei Gewährung persönlicher Hilfe in einer Anstalt oder einem Heim ist es eher möglich – aber es bleibt schwierig –, die Personal- und sonstigen Verwaltungskosten in einer Pauschalberechnung den einzelnen Hilfeempfängern anteilig zuzuordnen. Auch diese Sachlage rechtfertigt eine Ermächtigung der Träger der Sozialhilfe, das Einkommen und Vermögen des Hilfesuchenden unberücksichtigt zu lassen.

Unter anderem durch die persönliche Hilfe werden die Unterschiede der Leistungen der Sozialhilfe zu anderen Sozialleistungen geprägt. Dem Deutschen Verein erschien es daher besonders dringend, die Bestimmungen des Bundessozialhilfegesetzes daraufhin zu überprüfen, ob sie der Funktion und Reichweite der persönlichen Hilfe gerecht werden. Diese Prüfung hat dahin geführt, daß Anregungen zur Änderung der Vorschriften über die persönliche Hilfe ausgearbeitet worden sind...

6. *Individualisierung der Hilfe*

Eng mit der persönlichen Hilfe ist als weiteres Grundprinzip der Sozialhilfe die Individualisierung verknüpft. Dieses Grundprinzip, das mehr noch als der Nachrang für die Sozialhilfe wesensgemäß ist, gibt ihr Vielseitigkeit, Beweglichkeit und Anpassungsfähigkeit; es verleiht ihr eine Funktion, die in keinem anderen Sozialleistungsbereich erfüllt werden kann, nämlich bei den unterschiedlichsten Situationen eine auf den Einzelfall abgestellte Hilfe zu leisten, wenn es zur Wahrung der Menschenwürde erforderlich ist.

Die individuellen Leistungen müssen die Verhältnisse des Einzelfalles berücksichtigen. Art der Sozialhilfe sowie Art und Maß der Leistungen haben sich daher nach der Besonderheit des Einzelfalles, vor allem nach der Person des Hilfeempfängers, der Art seines Bedarfs und den örtlichen Verhältnissen zu richten (§ 3 Abs. 1 BSHG). Hierbei sollen auch die besonderen Verhältnisse der Familie des Hilfeempfängers berücksichtigt werden; die Sozialhilfe soll die Kräfte der Familie zur Selbsthilfe anregen und den Zusammenhalt der Familie festigen (§ 7 BSHG).

7. *Entscheidung nach pflichtmäßigem Ermessen*

Für die Individualisierung ist wesentlich, daß über Art und Maß der Leistungen nach pflichtmäßigem Ermessen zu entscheiden ist, soweit das Bundessozialhilfegesetz das Ermessen nicht ausschließt (§ 4 Abs. 2 BSHG). Einschränkungen des Ermessens finden sich bei mehreren Leistungen des Bundessozialhilfegesetzes. Nach den Prüfungen des Deutschen Vereins führen diese Einschränkungen z. T. zu Sozialhilfeleistungen, die dem Bedarf der Hilfeempfänger nicht entsprechen. Daher wird – um die Sozialhilfe beweglicher, anpassungsfähiger und dadurch individueller und bedarfsgerechter zu gestalten – bei einem Teil der Ermessenseinschränkungen angeregt, sie zu beseitigen oder abzuschwächen...

8. *Mitwirkung der freien Wohlfahrtspflege*

Ein weiteres Grundprinzip der Sozialhilfe liegt in der Mitwirkung der freien Wohlfahrtspflege. Die Regelungen des Bundessozialhilfegesetzes, die in § 17 Abs. 3 SGB-AT bestätigt werden, sind folgende:

Die Tätigkeit der freien Wohlfahrtspflege hat einen Vorrang. So sollen die Träger der Sozialhilfe von der Durchführung eigener Maßnahmen absehen, wenn die Hilfe im Einzelfall durch die freie Wohlfahrtspflege gewährleistet wird (§ 10 Abs. 4 BSHG). Außerdem sollen die Träger eigene Einrichtungen nicht neu schaffen, soweit geeignete Einrichtungen der freien Wohlfahrtspflege vorhanden sind, ausgebaut oder geschaffen werden können (§ 93 Abs. 1 BSHG). Auch bei der Beratung in sonstigen sozialen Angelegenheiten haben die Verbände der freien Wohlfahrtspflege Vorrang vor den Trägern der Sozialhilfe (§ 8 Abs. 2 Satz 2 BSHG). In ihrer Tätigkeit auf dem Gebiet der Sozialhilfe sollen die Verbände der freien Wohlfahrtspflege angemessen durch die Träger der Sozialhilfe unterstützt werden (§ 10 Abs. 3 Satz 2 BSHG). Die Mitwirkung der freien Wohlfahrtspflege steht unter dem Gebot der Zusammenarbeit. Die Träger der Sozialhilfe haben bei der Zusammenarbeit die Selbständigkeit der Kirchen und Religionsgesellschaften des öffentlichen Rechts sowie der Verbände der freien Wohlfahrtspflege in Zielsetzung und Durchführung ihrer Aufgaben zu achten (§ 10 Abs. 2 BSHG). Die Zusammenarbeit soll darauf gerichtet sein, daß sich die Sozialhilfe und die Tätigkeit der freien Wohlfahrtspflege wirksam ergänzen (§ 10 Abs. 3 Satz 1 BSHG).

Zahlreiche Anregungen des Deutschen Vereins zur Weiterentwicklung der Sozialhilfe, insbesondere seine 1976 veröffentlichten Vorschläge (s. o.), sind im Regierungsentwurf des 4. Änderungsgesetzes BSHG berücksichtigt worden, der zur Zeit (Januar 1980) dem Bundestag zur Beratung vorliegt.

Dritter Themenkreis: Jugendhilferecht

Sogleich nach Wiederherstellung begann der Deutsche Verein auch seine Arbeiten für eine Reform des Reichsjugendwohlfahrtsgesetzes. Schon im Oktober 1946 hatte er einen „Modellentwurf einer Novelle zum RJWG" fertiggestellt, der u. a. den „Jugendwohlfahrtsausschuß (JWA)" einführte[421]).

1. Der Modellentwurf einer Novelle zum RJWG von 1946

„Der Deutsche Verein hat getreu seiner traditionellen Mitarbeit am Werden und Wachsen des RJWG eine Novelle zum RJWG ausgearbeitet und dem beim Länderrat der amerikanischen Zone bestehenden Wohlfahrtsausschuß mit dem Vorschlag vorgelegt, den Entwurf den Ländern der amerikanischen Zone zu empfehlen. Vielleicht gelingt es, auch in anderen Zonen, insbesondere in der britischen Zone, zu entsprechenden Lösungen zu kommen"[422]). Der Länderrat nahm am 4. November 1947 den Entwurf an: „Der Länderrat hält eine Rechtsangleichung auf diesem Gebiete in den Ländern der US-Zone für wünschenswert; er billigt den vorgelegten Entwurf und empfiehlt den Ländern, das Gesetz auf dem verfassungsmäßigen Weg zu verabschieden"[423]).

Der Deutsche Verein hat sich bei der Aufstellung des Entwurfes von folgenden Gesichtspunkten leiten lassen:

a) Die Jugendwohlfahrtspflege soll eindeutig zu einer Aufgabe der Selbstverwaltung erklärt werden, damit deren Verwaltungskraft, örtliche Vertrautheit und Initiative der Jugendwohlfahrtspflege zugute kommt und die im Interesse der Förderung der Jugendwohlfahrt unentbehrliche Zusammenarbeit mit anderen Dienstzweigen der Selbstverwaltung (Fürsorgewesen, Gesundheitsfürsorge, Schulwesen) gewahrt wird. Verantwortung und Einfluß des Staates werden hierdurch keineswegs geringer. Das RJWG regelt das Verwaltungsgebiet der Jugendwohlfahrtspflege eingehend, z. T. bis in die technischen Einzelheiten hinein. Der Staat hat dafür Sorge zu tragen, daß die Jugendämter nach diesem Gesetz ihre Aufgaben erfüllen, hat also im Gegensatz zu manchen anderen Selbstverwaltungsangelegenheiten weitreichende Eingriffsmöglichkeiten.

b) Das Jugendamt als behördliche Dienststelle und der Jugendwohlfahrtsausschuß als sein kollegiales Organ müssen in ihren Funktionen voneinander abgehoben werden.

c) Der Jugendwohlfahrtsausschuß darf nicht nur beratend, er muß in grundsätzlichen und besonders wichtigen Angelegenheiten auch beschließend tätig werden.

d) Das Landesjugendamt ist an der staatlichen Aufsicht über die Jugendämter zu beteiligen, um als überörtliche Fachbehörde die Jugendämter wirksamer zu beraten und zu fördern.

Der Entwurf setzt an die Stelle der §§ 8, 9, 10 und 14 RJWG bis zu einer reichsgesetzlichen Änderung des RJWG neue Vorschriften. Er schreibt zunächst vor, daß für jede kreisfreie Stadt und für jeden Landkreis ein Jugendamt als *Einrichtung der gemeindlichen Selbstverwaltung* zu errichten ist; der Selbstverwaltungskörper hat eine Satzung für das Jugendamt aufzustellen. Das Jugendamt führt die laufenden Geschäfte, während dem Ausschuß, *für den der Name Jugendwohlfahrtsausschuß vorgeschlagen wird,* neben der selbstverständlichen beratenden Funktion das Beschlußrecht „über die grundsätzlichen und besonders wichtigen Angelegenheiten der Jugendwohlfahrtspflege" zuerkannt wird. Das Nähere hierzu soll die Satzung regeln. In einer besonderen Begründung hat der Deutsche Verein als Beispiel für das Beschlußrecht des Ausschusses genannt: Übertragung von Aufgaben des Jugendamtes auf die Freie Jugendwohlfahrtspflege nach den §§ 11 und 60 RJWG, die Ordnung des Pflegekinderwesens, die Übertragung vormundschaftlicher Obliegenheiten gem. § 32 Satz 2 RJWG, Grundsätze betreffend die Überleitung der Amtsvormundschaft auf Einzelvormünder, solche betreffend die Jugendgerichtshilfe und die Tätigkeit des Gemeindewaisenrats. Was die Zusammensetzung des Jugendwohlfahrtsausschusses betrifft, so greift der Entwurf auf die bewährten Vorschriften des RJWG zurück. Nach dem Entwurf müssen dem Ausschuß angehören: a) Mitglieder der Vertretung und des Vorstandes des Selbstverwaltungskörpers; b) Vertreter der im Bezirk des Jugendamtes wirkenden freien Vereinigungen für Jugendwohlfahrt und der Jugendverbände nach deren Vorschlag in Zahl von mindestens ⅖ der nicht von Amts wegen berufenen Mitglieder; c) ein Vertreter einer anerkannten Religionsgemeinschaft, wenn nicht ein solcher schon nach a) oder b) dem Ausschuß angehört; d) von Amts wegen der Leiter des Jugendamtes, ein ärztlicher Vertreter des Gesundheitsamtes, ein Lehrer und eine Lehrerin als Vertreter der Schulbehörde sowie ein Vertreter des Arbeitsamtes. *Neu ist die Vorschrift, daß un-*

ter den Mitgliedern des Ausschusses sich Frauen in angemessener Zahl befinden müssen, sowie, daß die Stellung des Leiters des Selbstverwaltungskörpers gegenüber dem Jugendamt und dem Ausschuß sich nach dem geltenden Gemeindeverfassungsrecht richtet. Wenn so nach dem Entwurf das Jugendamt als Dienststelle und der Ausschuß mit seinen beratenden und beschließenden Funktionen sorgfältig voneinander abgehoben sind, war eine besondere Bestimmung nötig, daß „Mitglieder des Jugendamtes", von denen das RJWG in den §§ 11 und 32 spricht, Mitglieder des Jugendwohlfahrtsausschusses sind.

Daß die Landesjugendämter als überörtliche Fachdienststellen angesichts der besonderen Jugendnot heute nötiger denn je sind, ist allgemeine Überzeugung.[424]).

...

Welche Gründe für den Abänderungsvorschlag maßgebend waren, teilen wir nachstehend mit. Das RJWG enthielt in Abschnitt II § 8 ff. Vorschriften über den Aufbau und das Verfahren der Jugendwohlfahrtsbehörden (Jugendamt und Landesjugendamt). § 8 schrieb zwingend die Errichtung von JÄ vor, und zwar derart, daß ein lückenloses Netz von JÄ im gesamten Reichsgebiet geschaffen werden sollte. Als „Einrichtungen von Gemeinden und Gemeindeverbänden" sollten sie die Träger der gesetzlich geregelten öffentlichen Jugendhilfe sein. Gemäß § 9 sollte Zusammensetzung, Verfassung und Verfahren des JA auf Grund landesrechtlicher Vorschriften durch eine Satzung des zuständigen Selbstverwaltungskörpers geregelt werden. § 9 Abs. 2 enthielt zwingende Vorschriften über den Inhalt der Satzung, soweit sie den verfassungsmäßigen Aufbau des JA betrifft. Leitender Grundgedanke des Gesetzgebers war, in dem JA eine Stelle zu schaffen, welche die bisher verschiedenen Behörden übertragenen Maßnahmen der öffentlichen Jugendhilfe in sich vereinigt, zugleich den Mittelpunkt für ein planmäßiges Zusammenwirken zwischen behördlicher und freier Jugendwohlfahrtspflege bildet. Die gesamten Maßnahmen der Jugendpflege und Jugendfürsorge sollten unter die einheitliche Verantwortung einer Fachbehörde gestellt werden, an deren Leitung Vertreter der öffentlichen und privaten Jugendhilfe gleichgeordnet beteiligt waren. Das JA erhielt damit den Charakter einer kollegialen Behörde, und zwar sowohl für laufende Geschäfte wie für solche grundsätzlicher Art. Die zwingende Vorschrift über eine kollegiale Amtsleitung im Sinne von § 9 bestand auch für den Fall, daß die Aufgaben des JA einer anderen der Wohlfahrtspflege dienenden Amtsstelle oder Einrichtung der Errichtungsgemeinde auf Grund von § 10 RJWG übertragen wurden. Für die Zusammensetzung dieser kollegialen Behörde galten die in § 9 Abs. 2 enthaltenen Vorschriften, wonach als stimmberechtigte Mitglieder des JA neben den leitenden Beamten in der Jugendwohlfahrt erfahrene und bewährte Männer und Frauen aller Bevölkerungskreise, insbesondere aus den im Bezirke des JA wirkenden freien Vereinigungen für Jugendwohlfahrt und Jugendbewegung zu berufen waren. Diese Vereinigungen hatten Anspruch auf zwei Fünftel der Zahl der nichtbeamteten Mitglieder. Eine den Bestimmungen des § 9 Abs. 2 entsprechende Mitwirkung der Vereinigungen für Jugendwohlfahrt und der Jugendbewegung war auch für den Fall vorgeschrieben, daß die Aufgaben des JA statt den gemäß §§ 9 und 10 gebildeten Amtsstellen einer anderen geeigneten Behörde übertragen wurden, wie es Art. 8

EGzRJWG in der Fassung der VO über das Inkrafttreten des RJWG vom 14. 2. 1924 (RGBl. I S. 110) für zulässig erklärt.

Diese in der damaligen gesetzlichen Regelung geforderte gleichgeordnete Beteiligung von Vertretern der behördlichen und der freien Jugendwohlfahrtspflege, sowie von bewährten und erfahrenen Männern und Frauen aller Bevölkerungskreise beweist, wie stark sich der Gesetzgeber von dem Grundgedanken bestimmen ließ, ein Organ zu schaffen, in dem sich zum Schutze unserer Jugend Verantwortung und Autorität einer Behörde mit dem Helferwillen aller Kreise der Bevölkerung vereinigen.

Bei der Durchführung des Gesetzes erwies sich, daß der Wille des Gesetzgebers nicht in vollem Umfange verwirklicht werden konnte. Die Rechtsprechung erklärte übereinstimmend, daß alle Beschlüsse des JA, auch solche in laufenden Geschäften, nur dann rechtsgültig seien, wenn sie von dem JA in seiner kollegialen Zusammensetzung gefaßt wurden. Dies war aber aus naheliegenden Gründen nicht möglich, da nicht einmal in den Städten, noch weniger in den Landkreisen dieses Kollegium ständig bereitstehen konnte. Infolgedessen wurde von Vertretern der freien Jugendwohlfahrtspflege die berechtigte Klage geführt, daß ihnen die kraft Gesetzes zustehende Mitwirkung nicht so gewährt werde, wie es der Gesetzgeber vorgesehen habe.

So bestand bereits vor 1933 sowohl in kommunalen Kreisen wie innerhalb der Vereinigungen der freien Jugendwohlfahrtspflege der Wunsch nach einer Änderung der Gesetzeslage. Von kommunaler Seite wurde vorgeschlagen, dem für täglich anfallende Aufgaben und Entscheidungen zu schwerfälligen kollegialen Organ nur eine beratende Stellung in grundsätzlichen Fragen einzuräumen, während die Leitung des JA mit allen einschlägigen Beschlüssen der Amtsstelle der Errichtungsgemeinde vorbehalten sein sollte. Aus den Kreisen der freien Jugendwohlfahrtspflege wurde der Anspruch aufrecht erhalten, an der Leitung des JA gleichgeordnet, zum mindesten bei Entscheidungen über grundsätzliche Fragen beteiligt zu sein, wenn auch zugegeben werden mußte, daß für die Erledigung der laufenden Geschäfte die kollegiale Form einer beschließenden Instanz ungeeignet sei.

Durch das Gesetz zur Änderung des RJWG vom 1. 2. 1939 (RGBl. I S. 109) erhielt § 9 eine neue Fassung, deren wesentlicher Inhalt darin bestand, daß die Geschäfte des JA von dem Bürgermeister nach den Vorschriften der DGO vom 30. 1. 1935 (RGBl. I S. 49) zu führen und zu seiner Beratung Beiräte zu bestellen seien. Bis zum Erlaß einer Deutschen Kreisordnung galt diese Bestimmung sinngemäß auch für die von Gemeindeverbänden eingerichteten JÄ. Hiernach wurde das JA als kollegiale Behörde beseitigt und seine Leitung nach dem sogenannten Führerprinzip dem Bürgermeister bzw. Landrat übertragen. Der Jugendamtsausschuß wurde lediglich auf eine beratende Stellung beschränkt.

Nach Kriegsende mußte diese zweifellos auf nationalsozialistischen Grundgedanken beruhende Regelung des § 9 als nicht mehr anwendbar angesehen werden. Es entstand dadurch im Aufbau und beim Verfahren der Jugendwohlfahrtsbehörden eine Lücke, und zwar in einem Augenblick, in dem angesichts der Jugendnot ein Netz von gut arbeitenden Jugendwohlfahrtsbehörden besonders nötig war.

Es ist nicht vertretbar, den gegenwärtigen Zustand weiterbestehen zu lassen, indem entweder JÄ Beschlüsse und Entscheidungen treffen, zu denen sie in formaler Hinsicht gesetzlich nicht legitimiert sind, oder aber solche Beschlüsse wegen der formalen Hindernisse unterbleiben, die im Interesse der Jugendlichen geboten wären. Der Gesetzentwurf hat den Charakter eines Musterentwurfs. Es bedeutet dies nicht nur die Achtung vor der freien Entscheidung der gesetzgebenden Körperschaften in den Ländern, sondern es ist auch sachlich begründet, weil die verfassungs- und verwaltungsrechtlichen Voraussetzungen, namentlich auf dem Gebiete des Gemeinderechtes in den einzelnen Ländern verschieden sind. Diese Verschiedenheiten müssen und können hingenommen werden, wenn nur die wesentlichen Teile der notwendigen Neuordnung übereinstimmen.[425])

Dieser Entwurf wurde zwar vom Länderrat angenommen und dadurch zum „Länderratsentwurf", aber mit Einschränkungen:

Die Frage, ob es möglich ist, innerhalb der Gemeindeverwaltungen einen willenbildenden Organismus in Funktion zu setzen, der sich nicht nur aus Mitgliedern der Vertretungskörperschaft zusammensetzt, ist bei den Erörterungen über die Inkraftsetzung des Länderratsentwurfes für eine Änderung des RJWG (vgl. ND 1948, S. 6) für eine Reihe von Ländern der damaligen Bizone verneint worden. Die sich hieraus ergebenden Schwierigkeiten waren eine der wesentlichsten Ursachen dafür, daß die damals verfolgten Bestrebungen nicht zum Erfolg kamen.[426])

2. Die Denkschrift von 1950 und die Novelle zum RJWG von 1953

Eine fortschreitende Reform des RJWG wurde erst in der Bundesrepublik möglich. Anschließend an den Fürsorgetag von 1949 in Bielefeld (vgl. 1. Themenkreis) bildete der Deutsche Verein einen besonderen Fachausschuß, welcher durch Vertreter der Arbeitsgemeinschaft für Jugendpflege und Jugendfürsorge (AGJJ) – jetzt: Arbeitsgemeinschaft für Jugendhilfe (AGJ) – erweitert und von Prof. Dr. Polligkeit geleitet wurde. Aus dem erweiterten Fachausschuß ging 1950 die „Denkschrift für die Vorbereitung einer Reform des Jugendwohlfahrtsrechts" hervor, verbunden mit dem „Entwurf eines Gesetzes zur Änderung von Vorschriften des RJWG"[427]).

Denkschrift und Gesetzesentwurf wiederholten – wenn auch mit anderen Worten und ausführlicher – im wesentlichen die Gedankengänge, welche der Deutsche Verein bereits 1947 in seinem Modellentwurf (s. o.) vorgebracht hatte. Aber jetzt war ihnen mehr Erfolg beschieden.

Denn Denkschrift und neuer Gesetzesentwurf wurden der Bundesregierung überreicht und dann zur Grundlage der ministeriellen und parlamentarischen Vorarbeiten für die Novelle zum RJWG vom 28. August 1953 (BGBl. I S. 1035):

Die Begründung zum Regierungsentwurf (Bt-Drucksache Nr. 3641) führt aus, daß der Gesetzestext und die Begründung sich weitgehend an die Denkschrift des gemeinsamen Fachausschusses anschließt[428]).

In einem Bericht über diese Novelle faßte der Deutsche Verein deren Inhalt mit seinen ihr vorangegangenen Überlegungen zusammen[429]):

Das Gesetz ... greift tief in die Organisation der Jugendwohlfahrtsbehörden und in das materielle Recht der öffentlichen Jugendhilfe ein. Das RJWG konnte sich aus zwei Gründen bisher nicht so auswirken, wie es den Zielen des Gesetzes entsprach. Unter dem Druck der Finanznot der Inflationszeit wurde das Gesetz mit starken Einschränkungen in Kraft gesetzt, insbesondere wurden wichtige Aufgaben der vorbeugenden Jugendhilfe ihres Pflichtcharakters entkleidet und zu Kannleistungen gemacht (Not-VO vom 14.2.1924). Später wurde ein schwerwiegender Eingriff in die Verfassung der Jugendämter vorgenommen. Die Mitwirkung der in der Jugendwohlfahrt erfahrenen Persönlichkeiten im Jugendamtsausschuß wurde aus einer beschließenden in eine nur beratende Tätigkeit umgewandelt (Gesetz vom 1.2.1939). Beide Maßnahmen haben hemmend auf die Entwicklung eingewirkt. Die Bedeutung der Novelle zum RJWG besteht darin, daß sie diese beiden nachteiligen Maßnahmen beseitigt und damit die von allen Seiten angestrebte Entwicklung zum lebendigen Jugendamt, zum Jugendamt als sozialpädagogische Einrichtung, fördert. Sie leitet eine neue Epoche ein, bei der es nun darauf ankommt, daß die in der Jugendwohlfahrt tätigen Persönlichkeiten und Stellen der öffentlichen und freien Jugendhilfe die Möglichkeiten wahrnehmen, die ihnen das Gesetz gibt. Wir geben nachstehend einen Überblick über die Hauptfragen, die das Gesetz regelt. Sie liegen teils auf materiell-rechtlichem, teils auf organisatorischem Gebiet. Wir stellen die ersteren voran.

I. Aufgaben der Jugendämter
1. Erweiterung der Pflichtaufgaben
    a) In den Aufgaben der Jugendämter tritt eine entscheidende Erweiterung ein. Die Bestimmung der Not-VO vom 14.2.1924 „Eine Verpflichtung zur Durchführung der im § 4 bezeichneten Aufgaben besteht nicht" wurde aufgehoben. Die Durchführung des § 4 ist Pflichtaufgabe geworden. Damit wurde einer wichtigen Forderung der Fachkreise entsprochen. Es handelt sich um folgende Aufgaben:
    1. Beratung in Angelegenheiten der Jugendlichen,
    2. Mutterschutz vor und nach der Geburt,
    3. Wohlfahrt der Säuglinge,
    4. Wohlfahrt der Kleinkinder,
    5. Wohlfahrt der im schulpflichtigen Alter stehenden Jugend außerhalb des Unterrichts,
    6. Wohlfahrt der schulentlassenen Jugend.
Die Aufgabe des Jugendamtes bei diesen Sachgebieten besteht darin, Einrichtungen und Veranstaltungen für sie anzuregen, zu fördern und ggf. zu schaffen. ...

2. Öffentliche Jugendhilfe als Aufgabe der Selbstverwaltung

Die öffentliche Jugendhilfe gemäß §§ 3 und 4 RJWG wird zur Selbstverwaltungs-
angelegenheit der Gemeinden und Gemeindeverbände erklärt (§ 8 Abs. 1 n. F.).
Dadurch soll die unentbehrliche Zusammenarbeit mit anderen Zweigen der Selbstverwaltung gesichert und die Vertrautheit der Kommunalverwaltung mit den
örtlichen Verhältnissen nutzbar gemacht werden. In den meisten Ländern des Bundesgebietes sind die Aufgaben der Jugendämter bereits Selbstverwaltungsangelegenheiten. Bedeutung hat die neue Vorschrift für Bayern, wo die Aufgaben der Jugendämter bisher Angelegenheiten des übertragenen Wirkungskreises waren (Art. 1
Abs. 2 des bayer. Jugendamtsgesetzes)...

II. Errichtung von Jugendämtern – Zuständigkeit

1. Jede kreisfreie Stadt und jeder Landkreis ist verpflichtet, ein Jugendamt zu errichten (§ 8 Abs. 2 n. F.) ...
2. Streitigkeiten über die Zuständigkeit von Jugendämtern werden, wenn die Jugendämter verschiedenen Ländern angehören, durch das Bundesverwaltungsge-
richt entschieden (§ 7 n. F.). An den Bestimmungen über die Zuständigkeit der Jugendämter hat sich nichts geändert.

III. Verfassung des Jugendamtes

Das RJWG alter Fassung (§ 9 Abs. 2 der Fassung von 1922) verstand unter dem
Jugendamt die kollegiale Körperschaft. Der § 9 Abs. 1 in der Fassung der Novelle
vom 1. 2. 1939 bestimmte, daß die Geschäfte des Jugendamtes vom Bürgermeister
oder Landrat zu führen waren und daß zu seiner Beratung ein Beirat bestellt wurde.
Diese Novelle verstand unter Jugendamt die Dienststelle der Verwaltung.
Die Novelle vom 28. 8. 1953 gibt dem § 9 Abs. 2 folgende Fassung: „Das Jugendamt besteht aus dem Jugendwohlfahrtsausschuß und der Verwaltung des Jugendamtes." Sie unterscheidet sich von den beiden früheren Fassungen dadurch, daß Jugendwohlfahrtsausschuß und Verwaltung des Jugendamtes voneinander abgehoben
und nebeneinander genannt werden. Dieser Vorschrift folgt als § 9 Abs. 3 folgende
Bestimmung: „Die Aufgaben nach diesem Gesetz werden durch den Jugendwohlfahrtsausschuß und durch die Verwaltung des Jugendamtes wahrgenommen." Die
Absätze 2 und 3 gehören zusammen...
Das RJWG bezeichnet an vielen Stellen „das Jugendamt" als diejenige Stelle, die
Aufgaben der öffentlichen Jugendhilfe durchführt. Z. B. sagt § 32: „Das Jugendamt
wird Vormund in den durch die folgenden Bestimmungen vorgesehenen Fällen
(Amtsvormundschaft)". Da das neue Jugendamt aus dem Jugendwohlfahrtsausschuß und der Verwaltung des Jugendamtes besteht, wirken grundsätzlich beide bei
der Durchführung der Amtsvormundschaft mit. Dabei richtet sich die Verteilung
der Funktionen nach den §§ 9 b und 9 c Abs. 1 (vgl. IV). Der § 32 spricht ferner im
Satz 2 von Mitgliedern des Jugendamtes. Das Jugendamt kann die Ausübung der
vormundschaftlichen Obliegenheiten einzelnen seiner Mitglieder oder Beamten
übertragen. Da nur der Jugendwohlfahrtsausschuß Mitglieder haben kann, ist die
Vorschrift dahin auszulegen, daß als Mitglieder des Jugendamtes die Mitglieder des
Jugendwohlfahrtsausschusses anzusehen sind.

IV. *Der Jugendwohlfahrtsausschuß*

Der Jugendwohlfahrtsausschuß (JWA) ist ein Fachausschuß der Gemeinde oder des Gemeindeverbandes zur Wahrnehmung der Aufgaben der Jugendwohlfahrt. Der JWA nimmt gegenüber den nach den Gemeindeverfassungsgesetzen zu bildenden Ausschüssen eine Sonderstellung ein. Die Bildung des JWA ist nicht Ermessenssache, sondern eine Pflicht der politischen Vertretungskörperschaften. Die Abgrenzung der Befugnisse des JWA gegenüber der Vertretungskörperschaft richtet sich nach besonderen Bestimmungen. Für den JWA ist eine bestimmte Zusammensetzung gesetzlich vorgeschrieben...

Der JWA befaßt sich „anregend und fördernd mit den Aufgaben der Jugendwohlfahrt" (§ 9 b Satz 1). Die Worte „anregend und fördernd" kommen bereits im § 4 Abs. 1 RJWG vor. Aus der Begründung zu § 4 ergibt sich, daß diese Worte in dem Sinne verstanden werden sollen: Nichtvorhandenes durch Anregungen ins Leben rufen und Vorhandenes fördern – tunlichst auch durch Unterstützung mit Geldmitteln. Mit den Worten „anregend und fördernd" in § 9 b ist vermutlich dasselbe gemeint. Darin erschöpft sich aber die Aufgabe des JWA nicht. Er hat außerdem die Aufgabe, in bestimmten Grenzen über die Angelegenheiten der Jugendhilfe zu beschließen (§ 9 b Satz 2). Das Beschlußrecht des JWA ist sowohl gegenüber der Vertretungskörperschaft als auch gegenüber der Verwaltung des Jugendamtes begrenzt. Der JWA ist in seiner Beschlußfassung gebunden durch die von der Vertretungskörperschaft erlassene Satzung, durch die von ihr gefaßten Beschlüsse und in finanzieller Hinsicht durch die im Haushaltsplan der Gemeinde oder des Gemeindeverbandes für Zwecke der Jugendhilfe bereitgestellten Mittel...

Gegenüber der Vertretungskörperschaft hat der JWA noch folgende Rechte: Er soll in Fragen der Jugendwohlfahrt vor jeder Beschlußfassung der Vertretungskörperschaft gehört werden und hat das Recht, an sie Anträge zu stellen (§ 9 b Satz 3). Im ersten Regierungsentwurf war ein Recht auf Anhörung vorgesehen. Auf Verlangen des Bundesrates wurde die Mußvorschrift in eine Sollvorschrift abgeschwächt. Die Bundesregierung sprach dabei allerdings die Befürchtung aus, daß die freien Kräfte sich aus der Mitarbeit im JWA zurückziehen könnten, wenn der JWA nicht gehört worden sei. Wir möchten glauben, daß die Vertretungskörperschaften den JWA in Angelegenheiten der Jugendwohlfahrt vor ihrer Beschlußfassung stets hören werden, auch wenn diese Bestimmung nur eine Sollvorschrift ist. Ein Recht auf Anhörung hat der JWA vor der Bestellung des Leiters der Verwaltung des Jugendamtes (§ 9 c Abs. 2).

Der JWA tritt nach Bedarf, zumindest sechsmal im Jahr zusammen. Der Regierungsentwurf hatte zunächst viermaliges Zusammentreten im Jahre für ausreichend gehalten. Erst der 33. Ausschuß hat die Zahl auf sechsmal im Jahr erhöht. Auf Antrag von mindestens einem Drittel der stimmberechtigten Mitglieder ist der JWA auf jeden Fall einzuberufen...

In dem neuen Jugendgerichtsgesetz vom 4. 8. 1953 (BGBl. I S. 751) ist inzwischen dem Jugendwohlfahrtsausschuß als solchem eine neue Aufgabe übertragen worden. Nach § 35 dieses Gesetzes hat er das Vorschlagsrecht für die Wahl der Jugendschöffen.

V. Die Personalbesetzung in der Verwaltung des Jugendamtes
Entscheidend für eine gute Durchführung der Jugendhilfe durch die Verwaltung des Jugendamtes ist die Besetzung der Dienststelle mit geeigneten Persönlichkeiten. Es ist daher besonders zu begrüßen, daß die Frage der Personalbesetzung in der Novelle geregelt worden ist. Das ist eingehender als in anderen sozialen Gesetzen geschehen. Für die Kriegsopferversorgung ist z. B. nur gesagt, daß die Beamten und Angestellten der Versorgungsverwaltung für ihre Aufgaben besonders geeignet sein sollen. Der § 9 c RJWG geht weiter. Zum Leiter der Verwaltung des Jugendamtes dürfen nur Personen bestellt werden, die auf Grund ihres Charakters, ihrer Kenntnisse, ihrer Erfahrungen und in der Regel auf Grund einer fachlichen Ausbildung eine besondere Eignung für die Jugendhilfe haben (§ 9 c Abs. 2). Darüber hinaus ist für die Auswahl und Ausbildung der in der Verwaltung des Jugendamtes auf dem Gebiete der Jugendwohlfahrt tätigen Fachkräfte – also aller Fachkräfte, nicht nur des Leiters der Verwaltung des Jugendamtes – die Aufstellung von Richtlinien und die Festlegung der allgemeinen Voraussetzungen für die Eignung durch die oberste Landesbehörde vorgesehen (§ 9 c Abs. 3) …

IX. Landesjugendämter
Die Durchführung der §§ 12–14 RJWG über das Landesjugendamt ist nicht mehr dem Ermessen der Länder überlassen, sondern eine Verpflichtung geworden (Artikel II der Novelle in Verbindung mit der Not-VO vom 14. 2. 1924). § 12 (Errichtung von Landesjugendämtern) und § 13 (Aufgaben der Landesjugendämter) sind im Wortlaut unverändert geblieben. Die Aufgaben des § 13 wurden bisher in manchen Ländern überhaupt nicht, in anderen Ländern von anderen Behörden wahrgenommen. Nunmehr werden sie auf allen Gebieten der Jugendwohlfahrt auf die Landesjugendämter übertragen.

§ 14 (Verfassung und Zusammensetzung der Landesjugendämter) wird durch die Novelle neu gefaßt, und zwar nach denselben Grundsätzen, die für die Neuordnung der Jugendämter maßgebend sind. Die Regelung ist in weitergehendem Umfang als bei den Jugendämtern der Landesgesetzgebung überlassen. Das ist bedingt durch die Verschiedenheit des Verwaltungsaufbaues. Die Landesjugendämter sind teils Einrichtungen von Gemeindeverbänden höherer Ordnung (Landschaftsverbände in Nordrhein-Westfalen), teils staatliche Einrichtungen.

Bundesrechtlich ist folgendes angeordnet: Es ist ein Landesjugendwohlfahrtsausschuß zu bilden. Die Aufgaben des § 13 werden durch den Landesjugendwohlfahrtsausschuß und durch die Verwaltung des Landesjugendamtes wahrgenommen. Das geschieht im Rahmen einer zu erlassenden Satzung und der dem Landesjugendamt zur Verfügung gestellten Mittel. Auch hier findet eine Aufgabenteilung zwischen Landesjugendwohlfahrtsausschuß und der Verwaltung des Landesjugendamtes statt. Die laufenden Geschäfte werden von dem Leiter der Verwaltung des Landesjugendamtes im Rahmen der Satzung und der Beschlüsse des Landesjugendwohlfahrtsausschusses geführt Die Aufgaben des Landesjugendwohlfahrtsausschusses sind nicht ausdrücklich genannt. Sie werden im Rahmen des § 13 durch die Satzung zu bestimmen sein …

3. Die Erhebung über das Jugendamt

Die Vorarbeiten für eine Reform des Sozialhilferechts und des Jugendhilferechts liefen lange Zeit parallel; dazu Prof. Dr. Hans Muthesius auf der Mitgliederversammlung des Deutschen Vereins am 17. Oktober 1958 in Freiburg im Breisgau:

Meine Damen und Herren, bei den Erörterungen über die Neuordnung aller sozialen Hilfen haben wir schon auf früheren Fürsorgetagen die Behauptung aufgestellt, daß im Rahmen einer solchen Neuordnung auch das Recht der Jugendhilfe neu geordnet werden müßte. Dieser Zusammenhang ist uns von manchen bestritten worden, und zwar mit dem Hinweis darauf, daß es sich bei der Jugendhilfe ja nicht um soziale Leistungen handelt, wie etwa in der Sozialversicherung, in der Versorgung und bei den materiellen Leistungen der öffentlichen Fürsorge; ein neues Jugendrecht müsse im Gesamtprogramm einer neuen Erziehungsbewegung gesehen werden. Daß wir aber eine Neuordnung des Rechts der Jugendhilfe brauchen, darüber sind wir alle einig. [430])

Der Deutsche Verein faßte beide Reformvorhaben in seinem Studienkreis „Soziale Neuordnung" zusammen, über den er Ende 1956 berichtete:

Der Deutsche Verein für öffentliche und private Fürsorge befaßt sich in der Gruppe II – Jugend – seines Studienkreises „Soziale Neuordnung" mit der Frage, inwieweit Maßnahmen der Sozialreform sich auf das Gebiet der Jugendhilfe zu erstrecken haben. Zu diesen Beratungen hat der Deutsche Verein Vertreter der obersten Landesjugendbehörden, des Bundesministeriums des Innern, der Kommunalen Spitzenverbände, der Freien Wohlfahrtspflege, der Arbeitsgemeinschaft für Jugendpflege und Jugendfürsorge, des Deutschen Gewerkschaftsbundes, der Bundesarbeitsgemeinschaft Jugendaufbauwerk, des Bundesjugendringes, der Bundesanstalt für Arbeitsvermittlung und Arbeitslosenversicherung und des Studentenwerks der Universität Frankfurt am Main hinzugezogen. [431])

Dieser Studienkreis hatte etwas entdeckt, was, wenn es ausgesprochen wird, geradezu selbstverständlich klingt, jedoch nicht selbstverständlich war:

Die Beratungen haben allgemein zu der Feststellung geführt, daß es zunächst einer Übersicht über den augenblicklichen Stand und die Entwicklung der Jugendamtsarbeit bedarf. Diese Übersicht soll durch einen Erhebungsbogen gewonnen werden. Die Vorarbeiten dafür stehen unmittelbar vor dem Abschluß. Die Erhebung bezieht sich nur auf Fragen, deren Beantwortung auf anderem Wege z. B. über die Statistik der öffentlichen Jugendhilfe der Länder, nicht zu erhalten ist. Der Fragebogen wird im Frühjahr 1957 an die Jugendämter des Bundesgebietes versandt werden. Die Kommunalen Spitzenverbände haben dem Plan des Deutschen Vereins zugestimmt. [432])

„Es ist zum ersten Male in der sozialen Verwaltungswissenschaft", sagte
Muthesius auf der Mitgliederversammlung 1958, „daß die Tätigkeit einer
bestimmten Gruppe von Behörden so genau unter die Lupe genommen
wird. Es geht also darum, mit modernen sozialwissenschaftlichen Methoden den Wirkungscharakter dieser behördlichen Arbeit darzulegen"[433]).
Wie konnten wir diesen Gedanken im Rahmen des Deutschen Vereins verwirklichen? Da bot sich uns die wunderbare Tatsache, daß, mit ganz geringen Ausnahmen, alle Träger deutscher Jugendämter Mitglieder unseres Vereins sind. Diese
Idee, eine solche Umfrage als eine Mitgliederumfrage des Deutschen Vereins zu unternehmen, befreite uns von einer Fülle von Komplikationen. Es war sehr erfreulich, zu sehen, daß alle beteiligten Stellen sich mit dieser Methode einverstanden er-
klärten, und daß es uns gelang, sie in einem Gremium zu versammeln, das die erste
Grundlage, nämlich den Fragebogen, erarbeitete. Das hat lange gedauert, das hat
manche Auseinandersetzungen gekostet, viele Formulierungsversuche, schließlich
aber ist es gelungen.
     Ich muß den Damen und Herren, die sich dieser Mühe unterzogen haben, auch
hier unseren herzlichen Dank aussprechen. Ich darf bemerken, daß auch Vertreter
der Länderregierungen und Vertreter der Bonner Stellen an diesen Vorarbeiten beteiligt waren... Jetzt tut es mir besonders leid, daß Herr Minister Wuermeling nicht
da ist. Denn ich würde ihm das jetzt gern persönlich sagen: Verehrter Herr Minister,
Sie haben uns das Geld für den ersten Akt dieser Unternehmung gestiftet... In den
maßgebenden Gremien der Deutschen Forschungsgemeinschaft hat man von diesem unserem Plan mit größtem Interesse Kenntnis genommen und sich entschlossen, den letzten Abschnitt der Unternehmung von sich aus zu finanzieren, nämlich
die Bereisung von Jugendämtern durch eine kleine Kommission von Sachverständigen. Diese Reisen, die eine Ergänzung der Umfrage und gleichzeitig eine Ergänzung
des Zusammenseins einer ausgesuchten Gruppe von Jugendämtern bedeutet, zusammengefaßt mit den Ergebnissen der Beratung, wird uns, so hoffe ich, ein gutes
Bild über den Wirkungsgrad der deutschen Jugendämter geben...
     Und nun, was so besonders erfreulich ist, die deutschen Jugendämter haben diese
ganze Aktion in einer Weise gedanklich unterstützt, wie wir es gar nicht hätten erwarten können. Fast alle Jugendämter haben eingesehen, was für Möglichkeiten ihrer eigenen Förderung und Entwicklung in einer solchen Untersuchung stecken.
Und manche Jugendämter haben uns geschrieben: Natürlich wissen wir, nicht alle
Jugendämter in Deutschland haben die gleiche Leistung, bewegen sich auf der gleichen Ebene. Aber wenn es einmal gelingt, festzustellen, warum die Hoffnungen, die
auf die Gründung der Jugendämter 1924 gesetzt waren, in manchen Fällen nicht voll
erfüllt sind, ist damit ein guter Ausgangspunkt für unsere Reformunternehmung geschaffen.
     Ehe diese empirische Erhebung abgeschlossen war und über sie die umfang-
fangreiche Gesamtdarstellung von Martin Rudolf Vogel [434]) als Schrift des
Deutschen Vereins erscheinen konnte, gab Prof. Dr. Rudolf Gunzert, Direktor der Abteilung Statistisch-empirische Methoden des Instituts für So-

zialforschung an der Universität Frankfurt/Main, auf der Mitgliederversammlung 1958 einige Zwischenergebnisse bekannt[435]). (Wo von ihnen die endgültigen Zahlen nennenswert abweichen, werden diese, der genannten Gesamtdarstellung entnommen, hier in eckigen Klammern hinzugesetzt.)

In der Bundesrepublik und West-Berlin gibt es z. Z. 691 Jugendämter. Davon sind 20,2 [20,9] v. H. Einrichtungen der kreisfreien Städte, 61,6 [62,5] v. H. solche der Landkreise, 16,5 [16,6] v. H. selbständige Jugendämter in kreisangehörigen Städten; zum Schluß seien die 1,7 v. H. Bezirksjugendämter von West-Berlin erwähnt, die, genau genommen, eine Kategorie für sich sind.

Bei einer Betrachtung nach Ländern ergibt sich, daß nicht Nordrhein-Westfalen, sondern Bayern mit 28 [27,6] v. H. die größte Zahl von Jugendämtern hat. Es folgen Nordrhein-Westfalen mit 24 v. H. Ämtern, Niedersachsen mit 14 [13,7] v. H., Baden-Württemberg mit 12 v. H., Rheinland-Pfalz mit 8 [8,2] v. H., Hessen mit 8 [7,2] v. H., Schleswig-Holstein mit 4 [7,2] v. H., das Saarland mit 2 [1,6] v. H., Bremen mit 2 und Hamburg mit einem Jugendamt. Auf die 12 Bezirks-Jugendämter in Berlin wurde schon hingewiesen.

Selbständige Jugendämter in kreisangehörigen Städten findet man vor allem in Nordrhein-Westfalen; dort machen sie mehr als 42 v. H. aller Jugendämter aus. In Niedersachsen gibt es 18, in Baden-Württemberg 10, in Rheinland-Pfalz 5, in Schleswig-Holstein 4, in Hessen und im Saarland jeweils drei dieser Ämter. In Bayern gibt es keine Jugendämter in kreisangehörigen Städten, was mit der relativ großen Zahl kleinerer kreisfreier Städte im Zusammenhang stehen dürfte...

Der erste Teil des Fragebogens befaßte sich mit dem Aufbau des Jugendamtes. Zunächst wird versucht, über den *Jugendwohlfahrtsausschuß* näheres zu erfahren. Der Jugendwohlfahrtsausschuß soll nach den Motiven der Novelle von 1953 ein „lebendiges" Jugendamt gewährleisten.

Die Novelle ist Ende September 1953 in Kraft getreten. Die Bildung der Jugendwohlfahrtsausschüsse erfolgte allerdings erst allmählich und es gibt heute noch 6 [6,1] v. H. Jugendämter *ohne* Jugendwohlfahrtsausschuß...

Eine praktisch bedeutsame Frage ist, ob der Leiter der Verwaltung (Oberbürgermeister, Landrat) bzw. sein Stellvertreter kraft Landesrechts oder Satzung Vorsitzender des Jugendwohlfahrtsausschusses ist, oder ob er von den Mitgliedern des Ausschusses gewählt wird. Das letztere ist bei 35 [31,8] v. H. der Jugendwohlfahrtsausschüsse der Fall...

Der Jugendwohlfahrtsausschuß kann selbstverständlich Unterausschüsse für besondere Aufgabengebiete einsetzen. Je „lebendiger" er seinem Wesen nach ist, desto größer wird das Bedürfnis nach Unterausschüssen sein. So sind denn auch bei 42 [39,4] v. H. aller Jugendwohlfahrtsausschüsse Unterausschüsse gebildet worden.

Sehr aufschlußreich ist die Tagungshäufigkeit der Jugendwohlfahrtsausschüsse. Nach § 9b JWG soll er mindestens sechsmal im Jahr tagen. In der Praxis ist man allerdings von dieser Minimalforderung noch weit entfernt. Es tagten:
gar nicht   5 [7,9] v. H.

bis zu dreimal	45 [43,4] v. H.
vier- bis sechsmal	41 [41,4] v. H.
über sechsmal	9 [7,3] v. H.

Wie man sieht, haben weniger als ein Zehntel der Ausschüsse öfter getagt, als das Gesetz es befiehlt. Andererseits haben sich 5 v. H. überhaupt nicht und 45 v. H. nur bis zu dreimal getroffen. Auch wenn man auf Werturteile verzichten will, muß man diese Ziffern doch mit einigem Bedauern zur Kenntnis nehmen, da der Gesetzgeber auf die Funktionstüchtigkeit und Initiative der Jugendwohlfahrtsausschüsse die größten Hoffnungen gesetzt hat.

Ergänzend sei erwähnt, daß zwischen der Tagungshäufigkeit und der Errichtung von Unterausschüssen eine echte Korrelation besteht. Durch eine Kombination der beiden Fragen läßt sich erkennen: Wer nicht öfters zusammenkommt, bildet auch weniger Unterausschüsse!...

Man sollte annehmen, daß eine Dienststelle von der Bedeutung des Jugendamtes stets über eine *Satzung* verfügt. In 84 v. H. aller Fälle trifft diese Vermutung auch zu, es bleibt aber ein immerhin beachtlicher Teil der Jugendämter, der noch keine Satzung besitzt. Geschäftsordnungen bzw. Zuständigkeitsordnungen für das Jugendamt sind dagegen selten. Es gibt sie lediglich bei 18 v. H. der Jugendämter. Der Rest glaubt, auf Geschäftsordnungen verzichten zu können. Soweit aber solche vorhanden sind, sind sie zumeist getrennt für die Verwaltung des Jugendamtes und für den Jugendwohlfahrtsausschuß. Nur 4 v. H. aller Ämter haben eine gemeinsame Geschäftsordnung für Jugendwohlfahrtsausschuß und Verwaltung des Jugendamtes.

[Verwaltung des Jugendamtes]

Der Fragebogen will zunächst einmal die Eingliederung des Jugendamtes in die Gemeinde- bzw. Kreisverwaltung klären. Als wichtigstes äußeres Kriterum wird erfragt, ob es ein „selbständiges Amt" sei, d. h. ob es direkt dem Leiter der Verwaltung (z. B. Oberbürgermeister oder Landrat) bzw. einem Dezernenten unterstellt ist. Diese Frage wurde zu 78 [80,3] v. H. bejaht...

Für die Leistungskraft eines Jugendamtes ist es von erheblicher Bedeutung, ob und inwieweit die Arbeitskraft des Leiters der Verwaltung noch für andere Zwecke in Anspruch genommen wird. In einem Drittel aller Fälle besteht eine Personalunion hinsichtlich der Leitung eines anderen Amtes. Meist ist dies andere Amt auch im Bereich der Sozialverwaltung im weiteren Sinne gelegen. Gelegentlich kommt es aber auch vor, daß das zweite Amt völlig andere Aufgabengebiete hat...

Nach diesen Feststellungen wendet sich der Fragebogen der Organisation der Sachbearbeitung zu. Die Bedeutung dieser Frage liegt auf der Hand. Unser Fragebogen unterschied nach den folgenden Systemen: Bezirkssystem, Buchstabensystem, Einteilung nach Sachgebieten, Einteilung nach anderen Systemen. Zu unserer Überraschung zeigte sich aber noch eine weitere Möglichkeit, nämlich: überhaupt ohne jegliche Systematik die anfallende Arbeit zu bewältigen. Dazu bekannten sich nicht weniger als 14 v. H. aller Jugendämter. Im übrigen sieht das Ergebnis wie folgt aus:

| Einteilung nach dem Bezirkssystem | 18 v. H. |

Einteilung nach dem Buchstabensystem	35 v. H.
Einteilung nach Sachgebieten	66 v. H.
Einteilung nach anderen Systemen	6 v. H.

Daß die Summe der Gliederungsziffern 100 übersteigt, ist die Folge der Tatsache, daß vor allem bei den größeren Ämtern gleichzeitig mehrere Systeme kombiniert angewendet werden, also z. B. Aufteilung zunächst nach Sachgebieten, dann nach Bezirken und schließlich nach Buchstaben...

Die nächste wichtige Organisationsfrage der Sachbearbeitung betrifft die Teilung zwischen Innen- und Außendienst. Etwa 60 v. H. der Ämter haben diese Teilung, während 40 v. H. keinen Unterschied machen...

Die Jugendämter, die keinen eigenen Außendienst haben (60 v. H.) – das ist etwas anderes als die oben erwähnte Teilung nach Innen- und Außendienst – lassen ihn entweder von den Fürsorgerinnen des Gesundheitsamtes erledigen (41 v. H.) oder durch das Fürsorgeamt (19 v. H.).

Eine *Familienfürsorge*, die schon seit Jahrzehnten als Kernstück einer modernen Wohlfahrtspflege gilt, gibt es bei einem vollen Drittel aller Träger der Jugendämter *nicht.*

Die Zuordnung bzw. Eingliederung der Familienfürsorge in die in Frage kommenden Ämter sieht wie folgt aus:

1. Familienfürsorge als selbständige Dienststelle	4 [3,3] v. H.
2. Familienfürsorge gehört zum Jugendamt	4 [4,8] v. H.
3. Familienfürsorge gehört zum Gesundheitsamt	30 [39,8] v. H.
4. Familienfürsorge gehört zum Fürsorgeamt	9 [9,2] v. H.
5. Sonstige Zuordnungen der Familienfürsorge	20 [16,5] v. H.
6. Keine Familienfürsorge vorhanden	33 [26,4] v. H.

[Zuständigkeit des Jugendamtes]

Dieser Teil des Fragebogens bemüht sich, etwaige Erkenntnisse über die Zuständigkeit der Jugendämter außerhalb ihrer klassischen Aufgabegebiete (§ 3 JWG) zu gewinnen... An der Spitze steht hier die grundsätzliche Frage, ob die *Jugendpflege* eine Abteilung oder ein Sachgebiet im Jugendamt sei. Diese Frage konnte erfreulicherweise von 92 v. H. aller Jugendämter bejaht werden...

Ein weiterer vielschichtiger Komplex wird mit der Frage angeschnitten, welches Amt für die in Teil C, Spalte 1 der Statistik der öffentlichen Jugendhilfe genannten Einrichtungen der öffentlichen Hand zuständig sei. Es handelt sich um Säuglingsheime, Dauerheime für Minderjährige, Kinderkrippen, -gärten und -horte, Genesungs- und Erholungsheime usw. Wir haben für die Antwort drei Möglichkeiten vorgesehen: alleinige Zuständigkeit des Jugendamtes, Zuständigkeit des Jugendamtes in Verbindung mit einer anderen Stelle bzw. einem anderen Amt und letztlich Zuständigkeit eines anderen Amtes *ohne* Verbindung mit dem Jugendamt. Die Auswertung zeigt eine verblüffende Vielzahl von Lösungen. Hier nur zwei Beispiele: Säuglingsheime waren nur bei 32 v. H. der Gebietskörperschaften vorhanden. Dort, wo es Säuglingsheime gibt, war das Jugendamt in 35 v. H. der Fälle allein zuständig, in Verbindung mit einem anderen Amt in 48 v. H. der Fälle; keinen Einfluß hat es in 17 v. H. der Fälle. Als weiteres Beispiel sollen die Kinderkrippen dienen.

Sie fehlen in 82 v. H. der Städte und Kreise. Die vorhandenen werden zu mehr als der Hälfte, 56 v. H., vom Jugendamt allein betrieben, zu 19 v. H. teilt das Jugendamt die Verantwortung mit einem anderen Amt. Volle 25 v. H. der Kinderkrippen werden aber von einem anderen Amt *ohne* jede Verbindung mit dem Jugendamt verwaltet. Meist handelt es sich dabei um die Gesundheitsverwaltung...
Der § 11 JWG sieht die Möglichkeit der Übertragung einzelner Aufgaben bzw. Aufgabengruppen an Verbände, Organisationen usf. vor. Welche Aufgaben übertragbar sind, ist bundesrechtlich nicht geregelt. Aus Untersuchungen in den Jahren vor 1933 ist bekannt, daß von dem Recht der Delegation nur ungern Gebrauch gemacht wurde. Meist handelte es sich damals um Gebiete wie Vorschlag von Pflegestellen, Benennung von Vormündern, Pflegern und ähnliches. Daran scheint sich auch heute nicht allzuviel geändert zu haben. Nur 18 v. H. der Jugendämter haben von der Delegationsmöglichkeit Gebrauch gemacht.

[Personal]
... Als nächsten Schritt haben wir das Personal nach Hauptaufgabengruppen nachgewiesen. Es waren tätig in

Jugendfürsorge	74 [72,2] v. H.
davon Innendienst	55 [56,6] v. H.
Außendienst	19 [15,6] v. H.
Jugendpflege	8 [9,2] v. H.
Allgem. Verwaltungsdienst	
(einschl. Rechnungswesen usw.)	18 [18,4] v. H.

Der Berufsausbildung des Leiters der Verwaltung des Jugendamtes wird größte Aufmerksamkeit zuzuwenden sein. Die Befragung führte zu folgendem Ergebnis:

Abgeschlossene Universitäts- bzw. Hochschulausbildung	2 [5,4] v. H.
abgeschlossene Ausbildung an einer sozialen bzw. sozial-pädagogischen Fachschule mit staatlicher Anerkennung	13 [10,7] v. H.
Verwaltungsprüfung des mittleren oder gehobenen Dienstes ·	65 [64,8] v. H.
Verwaltungsprüfung des mittleren oder gehobenen Dienstes und eine andere Ausbildung	14 [10,9] v. H.
sonstige fachliche Ausbildung	3 [2,9] v. H.
keine der genannten Vorbildungen	3 [3,2] v. H.

Der Fragebogen bemüht sich weiterhin, auch über die Ausbildung des in der Jugendfürsorge und in der Jugendpflege tätigen Personals Näheres zu erfahren. In der *Jugendfürsorge* haben über 39 v. H. der Bediensteten eine soziale Fachausbildung mit staatlicher Anerkennung. Drei Viertel davon sind Frauen. Eine Verwaltungsausbildung finden wir bei 22 v. H. des Personals. – In der *Jugendpflege* ist der Anteil der Bediensteten mit sozialer Fachausbildung schon höher. Leider erlaubt die zur Verfügung stehende Zeit keine eingehendere Darstellung.
Nach Eingang aller Fragebogen wird es in der endgültigen Veröffentlichung möglich sein, noch eine Reihe wichtigster Aussagen zu machen. Es können dann vor allem die Zusammenhänge zwischen der Zahl der Betreuten, der sozialen und ökonomischen Struktur der Stadt bzw. des Kreises und andererseits der personellen Ausstattung des Jugendamtes gezeigt werden. Erst dann wird sich ein Urteil dar-

über abgeben lassen, ob die Jugendämter personell ausreichend besetzt sind oder Personalmangel besteht. Eine Gliederung nach Größenklassen erleichtert die Vergleiche. Als Beispiel sei die durchschnittliche Zahl der Beschäftigten (ohne den Leiter des Jugendamtes) im folgenden wiedergegeben:

je Jugendamt

1. Landkreise
   bis zu 50 000 Einwohnern 3,2 Bedienstete
2. Landkreise
   von über 50 000–100 000 Einw. 6,6 Bedienstete
3. Landkreise
   von über 100 000 Einwohnern 11,9 Bedienstete
4. Kreisangehörige Städte
   mit selbständigen Jugendämtern 5,2 Bedienstete
5. Kreisfreie Städte
   bis 100 000 Einwohnern 9,8 Bedienstete
6. Kreisfreie Städte
   über 100 000 Einwohner 63,7 Bedienstete

[Fragen zur Jugendgesundheit]
Als erstes wird nach der Zahl der Beratungsstellen für Schwangere, Säuglinge, Kleinkinder und Schulkinder gefragt sowie nach der Zahl der durchgeführten Beratungen. Eine Gliederung nach den Trägern ist selbstverständlich. Dabei fanden wir, daß es so gut wie in jedem Kreis und erst recht in den Städten diese Beratungsstellen gibt (96 v. H.). Das Jugendamt ist allerdings nur in 6 v. H. der Fälle Träger. Die freie Wohlfahrtspflege ist mit 4 v. H. noch schwächer vertreten. Beratungsstellen der Sozialversicherung sind auf den fraglichen Gebieten so gut wie nicht mehr tätig. Die Gesundheitsämter hingegen sind in 86 v. H. der Fälle die Träger und haben damit eine quasi monopolistische Stellung...

Der nächste Absatz des Fragebogens befaßt sich mit der Kur-, Heil- und Genesungsfürsorge nach ärztlicher Indikation. Diese Maßnahmen werden in 80 v. H. der Städte und Landkreise durchgeführt...

Gleich eingehend wird die Erholungsfürsorge aus Anlaß sozialer Bedürftigkeit behandelt. Nur einige wenige der vielfältigen Ergebnisse sollen hier erwähnt werden. Erholungsfürsorge in Heimen wird von 77 v. H. der Städte und Kreise betrieben. Die Aufnahme in Familien als entsprechende Maßnahme ist mit 13 v. H. selten. Nicht sehr viel häufiger konnte die Stadtranderholung mit 17 v. H. beobachtet werden. Allerdings sind derartige Maßnahmen der Tageserholung wohl in der Hauptsache schon im Grundsätzlichen auf die großen Städte beschränkt. Überraschend oft wird von Zeltlagern berichtet. Diese moderne und doch so alte Form der Jugenderholung wird von 44 v. H. aller Städte und Kreise betrieben, und zwar z. T. in recht erheblichem Umfang.

Zweifellos hat diese Erhebung auf die Jugendämter zurückgewirkt und deren organisatorische Ausgestaltung während der Folgezeit bis heute beeinflußt. Die Fragebogen gaben ja jedem Amt eine Gelegenheit, sich aus der Alltagsarbeit heraus präzise über sich selbst zu besinnen.

Ich stehe auf dem Standpunkt, [sagte Muthesius 1958] daß wir das kommunale Jugendamt, das ja seit 1924 besteht und von dessen Leistungen wir heute gehört haben, daß wir das nicht als eine Selbstverständlichkeit annehmen dürfen, sondern daß wir uns schon bemühen müssen, erneut eine innere Begründung dafür zu finden. Es handelt sich also nicht darum, eine Erfindung des Jahres 1924 mit einigen kleinen Änderungen weiterzuführen, sondern es handelt sich darum, ganz von Anfang an neu zu überlegen, ob das auch für die geänderte soziale Wirklichkeit von heute die richtige Lösung ist. Ich nehme das Ergebnis meiner Überlegungen voraus, indem ich sage, ich bekenne mich auch heute zu der Idee des kommunalen Jugendamtes...

In dem Augenblick, in dem wir die Idee des kommunalen Jugendamtes bejahen, bejahen wir eine Reihe von Konsequenzen, über die sich die meisten noch nicht ganz klar sind. Die Konsequenz ist nämlich die, daß wir damit die Entwicklung der deutschen Jugendhilfe, soweit sie vom Jugendamt zu tragen ist, an das Schicksal der kommunalen Selbstverwaltung binden. Das Schicksal der kommunalen Selbstverwaltung ist damit entscheidend für die Entwicklung der Jugendhilfe, soweit sie eine jugendamtliche Aufgabe darstellt.[436])

4. Diskussion 1961 über den Regierungsentwurf einer Novelle zum RJWG (Bundesdrucksache Nr. 2226): Gesetzliches Verhältnis zwischen Trägern öffentlicher und freier Jugendhilfe

Dem Regierungsentwurf einer Novelle zum RJWG, aus dem dann das Jugendwohlfahrtsgesetz (JWG) vom 11. August 1961 hervorging, widmete der Deutsche Verein seine Hauptausschußtagung am 27./28. Januar 1961 in Bonn. Hier traten die gegensätzlichen Meinungen einander mit großer Härte entgegen, so erklärte später Muthesius als Vorsitzender des Deutschen Vereins und der Tagung, „ihre Begründungen hielten sich aber auf hohem Niveau und waren stets getragen von ehrlichem Bemühen um die Sache. Abgesehen von einer Fülle von Anregungen zu Einzelheiten der Novelle zeichneten sich in der Diskussion Möglichkeiten und Hoffnungen auf Auswege aus den durch die Gesetzesformulierung entstandenen Schwierigkeiten und Mißverständnissen in Grundsatzfragen ab"[437]).

Schon die Referate von Edwin Ostendorf, Oberstadtdirektor und Vorstandsmitglied des Deutschen Vereins; Emil Kemmer, MdB; Marta Schanzenbach, MdB; sowie die Stellungnahme von Bundesminister Dr. Franz-Josef Wuermeling hatten großenteils Diskussions-Charakter.

Als strittig erwiesen sich vor allem § 4 Absatz 3, Satz 2 und § 4 a des Regierungsentwurfs. Daß ihrer Bestimmungen wegen eine Verfassungsbeschwerde erfolgen werde, kündigte Ostendorf an. Insofern sind Zitate aus dessen Referat hier im Zusammenhang zu lesen mit Auszügen aus dem Urteil des Bundesverfassungsgerichts vom 18. Juli 1967 (s. nächstes Kapitel).

§ 4. (1) Aufgabe des Jugendamts ist ferner, Einrichtungen und Veranstaltungen anzuregen, zu fördern und gegebenenfalls zu schaffen für
1. Beratung in Angelegenheiten der Jugendlichen;
2. Mutterschutz vor und nach der Geburt;
3. Wohlfahrt der Kleinkinder;
5. Wohlfahrt der im schulpflichtigen Alter stehenden Jugend außerhalb des Unterrichts;
6. Wohlfahrt der schulentlassenen Jugend.

Zu den Aufgaben nach Satz 1 gehört es, im Rahmen der Einrichtungen und Veranstaltungen die notwendigen Hilfen zur Erziehung für einzelne Minderjährige anzuregen, zu fördern und gegebenenfalls zu gewähren.

(2) Zu den Aufgaben nach Absatz 1 gehört es auch, Einrichtungen und Veranstaltungen für das satzungsmäßige Eigenleben und die eigenverantwortliche Tätigkeit der Jugendverbände und sonstigen Jugendgemeinschaften zu fördern.

(3) Das Jugendamt hat darauf hinzuwirken, daß die für die Wohlfahrt der Jugend erforderlichen Einrichtungen und Veranstaltungen ausreichend zur Verfügung stehen. Soweit geeignete Einrichtungen und Veranstaltungen der Träger der freien Jugendhilfe vorhanden sind, erweitert oder geschaffen werden, ist von eigenen Einrichtungen und Veranstaltungen des Jugendamts abzusehen.

(4) Träger der freien Jugendhilfe sind die freien Vereinigungen der Jugendwohlfahrt, juristische Personen, deren Zweck es ist, die Jugendwohlfahrt zu fördern, die Jugendverbände und sonstige Jugendgemeinschaften sowie die Kirchen und die sonstigen Religionsgesellschaften öffentlichen Rechts.

(5) Träger der freien Jugendhilfe dürfen finanziell nur gefördert werden, wenn sie die Gewähr für eine zweckentsprechende und wirtschaftliche Verwendung der Mittel bieten.

(6) Die Bundesregierung wird ermächtigt, durch Rechtsverordnung mit Zustimmung des Bundesrates die Maßnahmen näher zu bezeichnen, die zur Erfüllung der in Absatz 1 und 2 genannten Aufgaben nach den praktischen Erfahrungen oder dem Stand der wissenschaftlichen Erkenntnis erforderlich sind.

§ 4 a. Einrichtungen und Veranstaltungen der Träger der freien Jugendhilfe sind unter Berücksichtigung der Eigenleistung nach den Grundsätzen zu fördern, die für die Finanzierung gleichartiger Einrichtungen und Veranstaltungen der Träger der öffentlichen Jugendhilfe gelten.

Die Hauptgesichtspunkte der kontroversen Meinungen gehen aus den nun folgenden Zitaten deutlich hervor[437]).

[Edwin Ostendorf]

Insgesamt zeigt sich für eine erste Betrachtung, daß die Bundesregierung mit dem vorgelegten Entwurf in der Reihe der Reformbestrebungen einen Standort ausgewählt hat, der sich durch einen bedenklichen *Abstand von den großen Leitgedanken* der bisherigen Reformbestrebungen kennzeichnet...

Von rechtstechnischen Verbesserungen der bestehenden Institute des RJWG abgesehen, kann von einer *wesentlichen Fort- und Neuentwicklung* in den vorhandenen Einzelinstituten des RJWG *nicht* die Rede sein; wobei durchaus anzuerkennen ist, daß die Novelle im Interesse der Praxis – vorhandene Handhaben gesetzlich zu stützen versucht. Eine rechtsstaatlich zu rechtfertigende Veranlassung zur Novellierung des vorgelegten Inhaltes erscheint damit kaum gegeben.

Das gesamte Gewicht der Novellierungsarbeit liegt nach allem in den Artikeln I u. II., von denen gesagt werden muß, daß sie allgemein als von „grundsätzlich politischer" Bedeutung empfunden werden. Die sonstigen Artikel können für unsere Betrachtung dahingestellt bleiben.

In diesen Artikeln allerdings meldet die Novelle erheblich Neues an, wenn nicht gar im Vergleich zum bisherigen RJWG völlig Andersartiges – auch wenn die Begründung zur Novelle versichert, daß das RJWG nur eine Ergänzung fände.

Was streben insbesondere § 4 Abs. 3 Satz 2 und § 4a der Novelle an? Als erste Kennzeichnung kann gesagt werden:

Es soll zur gesetzlichen Sicherung des Entwicklungsraumes der freien Verbände ein Nachrang der Gemeinden geschaffen werden unter gleichzeitiger Belastung der Gemeinden mit einem evtl. klagemäßig zu erwirkenden Kostenbeitrag zum Vorrang der autonom verbleibenden freien Verbände, obwohl der kommunale Selbstverwaltungscharakter aller Aufgaben der Jugendhilfe nach § 3 und 4 nach wie vor weiter besteht und nach wie vor das Jugendamt gemäß § 6 gesetzlich verpflichtet ist, zum Zwecke eines „planvollen Ineinandergreifens aller Organe und Einrichtungen der öffentlichen und freien Jugendhilfe" mit den Verbänden zusammen zu arbeiten.

Diese in den genannten Bestimmungen der Novelle entwickelten *sehr verschlungenen Pfade* – die nach Meinung der Initiatoren der Novelle der Gesetzgeber wandeln solle, um die Verbände vor der Übermacht der Gemeinden zu schützen und sie weiterhin zur Zusammenarbeit mit dem Jugendamt zu befähigen, stellen jedoch nach der Auffassung der Gemeinden gegenüber den Erfolgen der bisherigen, auf der Grundlage des alten RJWG beruhenden, Praxis gefährliche *Irrwege* dar, vor deren Betreten nicht ernst genug gewarnt werden kann.

Die Darlegung des Herrn Bundesministers Dr. Wuermeling in dem etwas tumultuarischen Teil der ersten Lesung der Novelle im Bundestag lassen nicht den geringsten Zweifel daran, daß das Motiv zur Novelle ein zuwendungsbereiter Schutz der Verbände ist. Die Seiten 7739–40 des Berichtes über die 135. Sitzung des Deutschen Bundesrates sprechen hier eine deutliche Sprache. Ich darf den Kernsatz der Ausführungen des Herrn Ministers zur notwendigen Zusammenarbeit der öffentlichen und freien Jugendhilfe zitieren:

„Weder Beamte noch kommunale Parlamente sollen gegenüber den freien Trägern machen können, was sie wollen, ohne an gesetzliche Schutzvorschriften zugunsten der schwächeren Partner gebunden zu sein."

Die gesamte Aussprache in dieser denkwürdigen Sitzung des Bundestages vermittelt – auch bei wiederholter Lektüre des Protokolls – den Eindruck, daß die *Frage nach dem gesetzgeberisch überhaupt Möglichen* für die Ausformulierung einer Ordnung zur partnerschaftlichen Zusammenarbeit sehr zu kurz gekommen ist und daß die überlegten Formulierungen des alten RJWG hier noch immer des Bedenkens wert sind...

Im Selbstverwaltungscharakter aller Aufgaben der Jugendwohlfahrt nach §§ 3 und 4 RJWG, der auch gewahrt bleiben soll, drückt sich *mehr* aus als nur eine rubrizierende Zuordnung bestimmter Aufgaben durch ein Gesetz auf eine Behörde als ihren Trägern. Das muß auch hier mit aller Entschiedenheit betont werden!

Aus diesem „*Mehr*" ist die These aufzustellen, daß die Bestimmungen § 4 III S. 2 u. § 4 a in einem Widerspruch materiellen öffentlichen Rechtes stehen zu den Bestimmungen des § 8 über den Selbstverwaltungscharakter der Jugendamtsaufgaben, wie zur Koordinationspflicht nach § 6...

Die Natur der Gemeinde als eines nichtstaatlichen Verbandes der bürgerschaftlichen Gesamtverantwortung offenbart für die Gewährung individuell und sozial veranlaßter Hilfen örtlichen Charakters den unlösbaren Widerspruch zwischen den dieses Problem behandelnden Bestimmungen des RJWG und den Bestimmungen der Novelle zum Nachrang der Gemeinden nach § 4 III Satz 2 und der Teilfinanzierung des Vorranges der Verbände nach § 4 a...

Die Entstehungsgeschichte der Bestimmungen zur Subsidiarität im alten RJWG klärt, daß in der Auffassung des RJWG keinerlei eigener Rang eines Verbandes aufgestellt worden, sondern ausdrücklich abgelehnt worden ist. Auch ist ein Vorrang vor der öffentlichen Jugendhilfe an keiner Stelle etwa durch eine aus dem Elternrecht abgeleitete fiktive Übertragung von Erziehungsrechten auf einen Verband begründet worden. Die vorherige Anrufung des freien Verbandes vor einem Tätigwerden durch die öffentliche Jugendhilfe wurde sehr bewußt vermieden. Der verantwortliche Entschließungsraum der öffentlichen Jugendhilfe sollte von Belastungen dieser Art ausdrücklich freigestellt bleiben. Als praktisch entscheidend wurde die vom Jugendamt wahrzunehmende Zusammenarbeit mit grundsätzlich gleichberechtigten Ortsverbänden angesehen.

Die Begründung der vorliegenden Novelle ist sonach unzutreffend; die Grundkonzeption des RJWG ist von der Novelle nicht beibehalten, sondern in das Gegenteil verkehrt worden...

Eine Rechtsgrundlage für den im § 4 Abs. 3 Satz 2 aufgestellten Vorrang kann – nach allem – ohne Verfassungsänderung nicht geschaffen werden; dieser Vorrang greift in die verfassungsrechtlich geschützte institutionelle Garantie der Selbstverwaltung ein...

Die sich aus § 4 a des Entwurfes ergebende Verpflichtung der Gemeinden, die Einrichtungen und Veranstaltung der Träger der freien Jugendhilfe nach den

Grundsätzen zu fördern, die für die Finanzierung gleichartiger Einrichtungen der Träger der öffentlichen Jugendhilfe gelten, ist geeignet, klagbare Rechtsansprüche auf Subventionierung zu begründen...

In unzulässiger Weise ist so durch § 4a in die Finanzhoheit der Gemeinden, die ein wesentlicher Bestandteil des durch Art. 28 Abs. 2 geschützten Selbstverwaltungsrechtes ist, eingegriffen: Der notwendige Zusammenhang zwischen Verwaltungsverantwortung und Finanzverantwortung wird in seinem Kern getroffen. Eine eigenverantwortliche Einsetzung von Finanzmitteln ist nicht mehr gesichert.

Der Entwurf selbst gibt für die in § 4a enthaltene Veränderung aller Grundsätze öffentlichen Finanzgebahrens nur eine Begründung dahin, „daß auf diese Weise die Steuergelder den Kindern und Jugendlichen in der Jugendhilfe möglichst gerecht und gleichmäßig zugute kommen" (S. 18/19 der Entwurfsbegründung). In erschreckender Weise ist der Unterschied zwischen öffentlicher und freier Jugendhilfe hier verkannt. In den Einrichtungen der freien Träger erhalten Kinder und Jugendliche keine öffentliche Jugendhilfe, sondern lediglich freie Jugendhilfe, die ja gerade dadurch charakterisiert wird, daß diese Hilfe aus freien gesellschaftlichen Kräften geleistet wird, wozu finanzielle und personelle Leistungen aus der verschiedensten Herkunft gehören. Die Förderung der freien Jugendhilfe kann sich nicht unmittelbar danach richten, in welchem Maß die öffentliche Jugendhilfe ihre eigenen Einrichtungen und Veranstaltungen finanziert oder ausstattet. Der tiefe unterschiedliche Charakter in den Bedarfslagen beider Aufgabenbereiche entfiele und aus der Förderung würde eine Bezahlung gemacht. Die Träger der öffentlichen Jugendhilfe würden, wenn § 4a Gesetz wird, unmittelbar eine Zahlstelle der freien Träger...

Nach den bislang gemachten Ausführungen ist zusammenfassend zu sagen: die Bestimmungen in § 4 Abs. III Satz 2 und § 4a der Novelle sind nach den Lebenssetzen, unter denen die Gemeinden handeln müssen – abgesehen von der offensichtlichen Verfassungswidrigkeit – für die Gemeinden unannehmbar. Angesichts der einmütigen Stellung der kommunalen Spitzenverbände ist damit eine besondere *gesetzgeberische Situation* entstanden...

[Emil Kemmer]

Die Kräfte der Gesellschaft, die nach Entfaltung drängen, zu ermutigen und zu fördern, also Hilfe zur Selbsthilfe zu leisten, dies muß auch das Anliegen der Novelle sein. Dabei verstehen wir unter Selbsthilfe nicht nur, was der einzelne Vater oder die einzelne Mutter für das Kind tut, darunter verstehen wir die ganze freie Initiative auf dem Gebiet der Jugendwohlfahrt. Der Bürger soll nicht bereits dann nach behördlicher Hilfe rufen, wenn er selbst – allein oder in einer frei gewählten Gemeinschaft des gesellschaftlichen Raumes – sich zu helfen vermag.

Damit berühre ich bereits die Problematik des heiß umstrittenen § 4 des Entwurfs.

Ich will hier nicht auf den akademischen Streit eingehen, ob die Verpflichtung des Jugendamtes, Einrichtungen und Veranstaltungen „gegebenenfalls zu schaffen" bereits nach geltendem Recht subsidiären Charakter hat. Die führenden Kommentare zum RJWG von Friedemann/Polligkeit, Muthesius, Potrykus und Riedel vertreten jedenfalls einmütig diesen Standpunkt. Aber darauf kommt es nicht an. Entscheidend ist, was der Gesetzgeber *heute* will, zu welchen Ordnungs- und Strukturprinzipien er sich bekennt.

Wir können nicht umhin, den § 4 Abs. 1 des Entwurfs vollauf zu bejahen, wenn wir ihn so verstehen, daß die freie Initiative zu ermutigen und zu fördern ist und Einrichtungen vom Jugendamt nur selbst zu schaffen sind, falls Anregungen und Förderung nicht zum Ziele führen. Wenn wir im Hinblick auf diese Regelung von einer Rangfolge sprechen, dann sehe ich sie in der wertmäßigen Einstufung der Aufgaben „anregen", „fördern", „selbstschaffen"...

Es ist gesagt worden, § 4 beschwöre für die freien Verbände die Gefahr der Überbelastung herauf, man möge sie doch nicht – wie Frau Keilhack es in der ersten Lesung ausdrückte – verbürokratisieren oder gar zur Korruption verleiten. Mit Recht hat Bundesminister Dr. Wuermeling demgegenüber ein solches grundsätzliches Mißtrauen gegenüber der freien Jugendhilfe zurückgewiesen, weil solche Gefahren voraussetzen, daß der Träger der freien Jugendhilfe, in dessen *freiem Belieben* es steht, in welchem Umfange er Aufgaben der Jugendhilfe übernehmen will, unverantwortlich handelt. Sei es, daß er unter Überschätzung seiner Kräfte darauf aus ist, aus egoistischen Motiven so viele Aufgaben wie möglich an sich zu ziehen, oder daß er sogar Förderungsmittel mißbraucht. Davon abgesehen, scheint mir diese Befürchtung aber auch deshalb nicht begründet zu sein, weil es in § 4 nicht um die Förderung zentraler Stellen – wie etwa bei der Förderung auf Grund des als Beispiel herangezogenen Bundesjugendplans – geht. Selbstverständlich kommt eine zentrale Führungsstelle ohne einen gewissen bürokatischen Apparat nicht aus. Nach § 4 jedoch werden einzelne Einrichtungen, Veranstaltungen oder Hilfen im örtlichen Bereich gefördert. Besteht die Förderung in einer finanziellen Zuwendung, so ist es sicherlich keine Überforderung des freien Trägers, wenn von ihm eine ordnungsgemäße Abrechnung verlangt wird, die er bisher auch immer gut und gerne gemacht hat...

Von einer Entmachtung oder Ausschaltung des Jugendamtes kann doch wirklich keine Rede sein, zumal das Jugendamt, wie es sich aus Absatz 3 Satz 2 ergibt, darüber zu befinden hat, ob die Einrichtungen und Veranstaltungen der freien Träger „geeignet sind" und „ausreichend" sind.

[Marta Schanzenbach]

Nach unserem Grundgesetz soll unser Staat ein sozialer Rechtsstaat sein. Er wird in dieser Novelle vertreten durch die Gemeinden, in denen die Bürger Einfluß nehmen und mitwirken. In der gemeinschaftlichen Selbstverwaltung tragen die Bürger Verantwortung für die Jugend in ihrem Bereich.

In Zeiten tiefster Not haben die Gemeinden ihre Bewährungsprobe bestanden. Als alle anderen staatlichen Einrichtungen versagten, boten die Gemeinden ihren Bürgern Schutz und Lebensmöglichkeit. Als in der Vergangenheit Armenfürsorge noch eine Sache der Polizei war, gab es Gemeinden, die sich ihrer hilfsbedürftigen Bürger aus menschlicher Verantwortung annahmen...

Es war für die Gemeinden gleichzeitig Anerkennung und Aufgabe, als sie 1922 mit der Schaffung der Jugendämter durch den Reichstag betraut wurden.

Wenn die Bundesrepublik in der vorliegenden Novelle die Vorrangigkeit der freien Jugendhilfeverbände gegenüber der gemeindlichen Jugendhilfe aus dem Gesetz von 1922 ableitet, kann diese Argumentation in Zweifel gezogen werden. Die Zentrumsabgeordnete Frau Dr. Agnes Neuhaus führte damals im Reichstag aus: „Wenn das Gesetz die Jugendfürsorge in ihrem ganzen Umfang auf behördlichen Boden stellt, so doch keineswegs in der Art, daß es die freie Wohlfahrtspflege verdrängt. Im Gegenteil, es verbindet vielmehr Behörden und freie Wohlfahrtspflege zu einem Ganzen und stellt sie vereint und geschlossen und darum in voller Wirkungsmöglichkeit in den Dienst unserer Jugend. Das ist die Tendenz, die durch das ganze Gesetz geht. Man müßte schon das Gesetz, ich möchte fast sagen: böswillig vergewaltigen, wenn man diese Zusammenarbeit ausschließen wollte."

Es ging damals nicht um die Vorrangstellung des einen oder anderen, sondern um das *Miteinander,* um die Zusammenarbeit der öffentlichen und der freien Jugendwohlfahrt. Bei der Beratung der Novelle zum RJWG 1953 wurde der Jugendwohlfahrtsausschuß geschaffen, in dem alle in der Jugendhilfe tätigen Kräfte vertreten sind. Wir wollten damals im Bundestag, daß das JA Mittelpunkt aller Bestrebungen der Jugendwohlfahrt sein sollte...

In einem demokratischen Staat haben die Eltern in der gemeindlichen Selbstverwaltung als Gemeindevertreter und im Jugendwohlfahrtsausschuß die besten Möglichkeiten, dafür zu sorgen, daß ihr Elternrecht nicht angetastet und die Erziehungskraft der Familie gestärkt und entwickelt wird. Nachdem es sich in Notzeiten – besonders nach dem 1. Weltkrieg – erwiesen hat, daß die freien Jugendwohlfahrtsverbände den durch die Zeit gestellten Aufgaben der Jugendhilfe *allein* nicht gerecht werden konnten, daß Doppelarbeit geleistet, Notwendiges nicht ausgeführt wurde und Konkurrenz anstelle von Kooperation zunahm, wurde das Jugendamt mit dem Jugendwohlfahrtsausschuß geschaffen, um alle in der Jugendhilfe tätigen Stellen zu sinnvoller Arbeit zusammenzuführen.

Soll das sinnvolle Miteinander nun zerstört werden?...

Die in der Novelle geplante Nachrangigkeit der öffentlichen gegenüber der freien Jugendhilfe ist nicht im Grundgesetz festgelegt. Die Novelle erweitert in unzulässiger Weise den Vorrang der Familie in der Erziehung zu einem Vorrang der Verbände. Nur ein leistungsfähiger Träger kann die Gewähr bieten, daß das Ziel des § 1 RJWG erreicht wird. Das kann nur die gemeindliche Selbstverwaltung sein. Dies ist keine staatliche Einflußnahme, wie es die Regierung darzustellen versucht.

Die Träger der öffentlichen Jugendhilfe handeln im öffentlichen Auftrag aller Bürger, die Vertreter der freien Verbände im Auftrag ihrer Mitglieder. Alles, was in der Gemeinde getan wird, untersteht der öffentlichen Kontrolle und die Möglichkeiten der Anregung und der Mithilfe aller Bürger sind unbegrenzt...

Durch die Ausübung des § 4 wird das demokratische Prinzip unserer Gemeindeordnung durchbrochen. Nachdem schon 1953 der Bundesgesetzgeber bei der Novelle das Kommunalrecht bei der Zusammensetzung des Jugendwohlfahrtsausschusses übergangen hat, erfolgt mit dieser Novelle ein weiterer Eingriff in das Recht der Gemeinden, ihre Angelegenheit in eigener Verantwortung zu regeln.

Die Vorrangigkeit der Verbände wird auch für den jungen Menschen eine Rechtsunsicherheit mit sich bringen. Denn Rechtsanspruch auf öffentliche Hilfe kann sich nur an die öffentliche Stelle – das Jugendamt richten. Die öffentliche Jugendhilfe erfüllt im Rahmen der gesetzlichen Bestimmungen und der hierfür zur Verfügung stehenden Mittel ihre Aufgabe. Diese Hilfe kann eingeklagt werden. Gegenüber der freien Jugendhilfe kann kein Rechtsanspruch geltend gemacht werden, sie ist frei in ihren Entscheidungen, sie kann gewähren oder ablehnen.

In der Geschichte unseres Vaterlandes nehmen die Verbände der freien Wohlfahrts- und Jugendwohlfahrtspflege und die Menschen, die darin tätige Nächstenliebe üben, einen Ehrenplatz ein. Die vorliegende Novelle will den freien Verbänden einen Vorrang gegenüber der öffentlichen Hilfe – dem Jugendamt – einräumen...

Freie Wohlfahrt und Jugendhilfe und öffentliche Sozial- und Jugendhilfe stützen sich gegenseitig in der Durchführung ihrer Aufgaben. Ab und zu haben die freien Wohlfahrtsverbände in den letzten Jahrzehnten immer wieder befürchtet, daß sie durch die Gemeinden in ihrem Wirken verdrängt werden könnten. Rückblickend kann jedoch die Erweiterung und Vertiefung ihres Tätigkeitsfeldes festgestellt werden. In Gesetzen ist den freien Verbänden ihre Selbständigkeit garantiert. In unserem sozialen Rechtsstaat wird ihre Eigenständigkeit geachtet und geschützt.

Es gehört zum Wesen dieses Trägers der freien Wohlfahrtspflege, daß er das Recht hat, im Einzelfall eine Hilfeleistung abzulehnen oder einen Hilfesuchenden abzuweisen. Genau so muß es ihr erlaubt sein, auf ganze fürsorgerische Aufgabengebiete zu verzichten. Der freien Jugendhilfe dürfen keine Bindungen auferlegt werden, die ihre Eigenständigkeiten angreifen oder gefährden. Freie Wohlfahrtsverbände und Gemeinden erlitten von 1933 bis 1945 dasselbe Schicksal. In einem guten Miteinander, als Freunde, haben sie sich seither entwickelt.

Nun stehen beide durch die Novelle zum RJWG und den Entwurf eines Sozialhilfegesetzes vor einer entscheidenden Wende. Und besorgt fragen wir, zu wessen Wohl, zu wessen Vor- und Nachteil. Genauso wie die freien Verbände auf eine erfolgreiche Tätigkeit zurückblicken können, haben auch die Gemeinden eine z. T. hervorragende Jugendarbeit vorzuweisen. Sie schufen Einrichtungen und Veranstaltungen für Kinder und Jugendliche, die allen Bürgern und den Verbänden zur Verfügung stehen und im Einvernehmen aller in der Gemeinde verantwortlichen Männer und Frauen geschaffen wurden. Nach dem § 4a der Novelle *sind* Einrichtungen und Veranstaltungen der Träger der freien Jugendhilfe nach den Grundsätzen zu fördern, die für die Träger der öffentlichen Jugendhilfe gelten.

Ich wiederhole noch einmal, daß durch die §§ 4 und 4a das Selbstbestimmungsrecht der Gemeinden entscheidend beschnitten wird.

Die Verbände wissen, daß dieser ihnen zugedachte Vorrang nicht nur Vorteile hat. Sie geraten in die Gefahr, ihre Initiative und ihre Selbständigkeit einzubüßen. Denn wer Beihilfen, Subventionen, also Steuermittel erhält, muß darüber Rechenschaft ablegen. Die Verbände wissen, wie stark sie verbürokratisiert werden und wie der Geldgeber indirekt auch auf die Reihenfolge der Durchführung der Aufgaben Einfluß nehmen wird...

Wenn die Novelle den Verbänden weitere Aufgaben übertragen wird, sind sie gezwungen, weit mehr als bisher ausgebildete hauptamtliche Kräfte anzustellen. Ehrenamtliche Helfer sind dieser umfassenden fachlichen Arbeit nicht gewachsen. Den Kern aller freien Jugendhilfe muß aber das ehrenamtliche Element bilden.

[Bundesminister Dr. Wuermeling] Was sind die wesentlichen positiven Punkte, um die es der Bundesregierung bei diesem Entwurf geht?...
Der erste wichtige positive Punkt ist uns der Paragraph 2 a, der eine noch klarere Herausstellung des Elternrechtes für diesen Gesetzentwurf sichert, dieses Elternrechtes, das vorn steht, das natürlich neben dem Rechte des Kindes steht. Wir bejahen den Paragraphen 1 durchaus und sind nicht etwa der Auffassung, daß dem Kinde keinerlei Rechte zustünden. Aber... hier geht es darum, daß im Paragraphen 2 a das Recht der Personensorgeberechtigten, und das sind ja in der Regel die Eltern, nochmals zum Ausdruck gebracht wird, die Grundrichtung der Erziehung des Kindes zu bestimmen. Da hier die Einschränkung gegeben ist, „sofern dadurch das Wohl des Kindes nicht gefährdet wird“, wüßte ich eigentlich nicht – da damit ja das Recht des Kindes, das beachtet werden muß, gesichert ist –, warum man gegen diese Formulierung Einwendungen erheben kann.
Der zweite Punkt: Es lag uns sehr daran, im Paragraph 4 Absatz 2, etwas deutlicher als in der bisherigen Formulierung zum Ausdruck zu bringen, daß es zu den Aufgaben der Jugendämter gehört, „Einrichtungen und Veranstaltungen für das satzungsmäßige Eigenleben und die eigenverantwortliche Tätigkeit der Jugendverbände und sonstigen Jugendgemeinschaften zu fördern“. Es ist also Aufgabe der Jugendpflege, den freien Verbänden zu helfen, auch mit finanziellen Mitteln zu helfen, ihre große Aufgabe besser erfüllen zu können...
Ja, und dann kommt der hauptsächlich umstrittene Paragraph 4 Absatz 3. Das wäre der dritte Punkt... Die Fassung der Vorschrift, wie sie jetzt im Gesetz steht, soll verdeutlichen, daß die eigene Tätigkeit des Jugendamtes gegenüber der privaten Betätigung, der freiwilligen Tätigkeit hier als eine subsidiäre gedacht ist. Das Jugendamt hat dafür zu sorgen, daß auf den einzelnen Gebieten der Jugendhilfe die erforderlichen Einrichtungen und Veranstaltungen getroffen werden, indem es Nichtvorhandenes durch seine Anregungen ins Leben zu rufen sucht, Vorhandenes fördert, und zwar tunlichst auch durch Unterstützung mit Geldmitteln – das war also alles damals schon dabei – und erst angesichts der Unmöglichkeit, daß ohne sein eigenes Eingreifen das Erforderliche ins Leben gerufen wird, selbst die nötigen Einrichtungen und Veranstaltungen schafft.
Der vierte Punkt: das ist die Präzision, wer Träger der freien Jugendhilfe ist, wobei es uns im besonderen Maße darauf ankam, die Kirchen, da sie diese Aufgaben seit langem erfüllen, ausdrücklich im Gesetz als Träger der freien Jugendhilfe anzusprechen.
Punkt fünf... ist der Absatz 6 des Paragraphen 4, der den Aufgabenkatalog betrifft...
Die freien Verbände stützen sich im wesentlichen auf das ehrenamtliche Element. Wir wollen alles tun, daß es in breitem Maße erhalten bleibt. Sie kommen aber nicht ohne hauptamtliche Kräfte aus, weshalb eine Förderung hauptamtlicher Kräfte bei

den freien Verbänden durchaus zu den Aufgaben der Jugendämter gehört und gehören muß.

[Aus der anschließenden Diskussion]
Besonders lebhaft entzündet sich die Diskussion an den in §§ 4, 4a enthaltenen Bestimmungen über die Subsidiarität der öffentlichen Jugendhilfe gegenüber der freien Jugendhilfe und die Subventionspflicht der öffentlichen Jugendhilfe gegenüber der freien Jugendhilfe.

Von allen Seiten wird zwar auf die Wichtigkeit, ja Unerläßlichkeit einer echten Partnerschaft zwischen Gemeinden und freien Verbänden hingewiesen. Verbände und Gemeinden müßten auf diesem Arbeitsgebiet nicht nebeneinander sondern miteinander wirken. Die ehrliche Bereitschaft zu einer solchen Zusammenarbeit wird von allen Seiten betont. (Oberbürgermeister Dr. Reschke [nachmals Vorsitzender des Deutschen Vereins]: „Wir Gemeinden lechzen geradezu nach Stellen, welche die Arbeit mit uns teilen." Pastor Suhr: „Die freie Entfaltung beider, der öffentlichen und privaten Jugendhilfe, muß unter genauerer Abgrenzung sichergestellt werden.") Die Gemeinden hätten ihre Bereitschaft zu guter Zusammenarbeit mit den Verbänden bisher durch ihre erheblichen Zuwendungen an diese bewiesen.

Der Formulierung der Novelle wird vorgeworfen, daß sie die Verbände und Gemeinden in einen Gegensatz bringe, ein Kampffeld zwischen Kommunalegoismus und Verbandsegoismus schaffe und den ideologischen Streit um die Stellung dieser beiden Partner zueinander für dauernd in die Ebene der praktischen Durchführung der Jugendhilfe verlagern werde...

Die Bestimmungen über die Subsidiarität und die Subventionspflicht der öffentlichen Jugendhilfe gegenüber der freien Jugendhilfe werden auch für verfassungswidrig gehalten, weil der Selbstverwaltung der Gemeinden dadurch die Möglichkeit zu eigener kraftvoller Betätigung genommen wird, was nach Art. 28 GG unzulässig sei. Die Einreichung von Verfassungsklagen wird in sichere Aussicht gestellt, falls die Novelle in dieser Form Gesetz werden sollte...

Von den Verfechtern der Novelle wird dem entgegengehalten, eine Monpolstellung der Verbände ergebe sich aus der Novelle nicht. Der § 4 stelle nur eine Verdeutlichung der bisher schon vorgeschrieben gewesenen Unterstützung der freien Verbände durch die öffentliche Jugendhilfe dar, § 4a stelle nur die Gleichberechtigung der freien und der öffentlichen Jugendhilfe klar, wobei eben der schwächere Partner vor dem Übergewicht der stärkeren geschützt werden müsse. Der § 4 enthalte nur eine grundsätzliche Subventionspflicht nach dem freien Ermessen der öffentlichen Jugendhilfe, wobei lediglich ein Ermessensmißbrauch gerichtlich nachgeprüft werden könnte.

[Schlußwort des Vorsitzenden]
Professor Dr. Muthesius dankt allen Beteiligten – insbesondere den Referenten – für ihre Mitwirkung an der Klarlegung und Vertiefung der behandelten Probleme und sagt zu, der an den Deutschen Verein ergangenen Bitte um Formulierungsvorschläge zur Überbrückung der in den Verhandlungen zutage getretenen gegensätzli-

chen Meinungen zu den Grundsatzfragen des Art. II nachzukommen. Diese Formulierungsvorschläge werden in dem Fachausschuß für Jugendfragen des Deutschen Vereins ausgearbeitet.

5. Zum Urteil des Bundesverfassungsgerichts vom 18. Juli 1967 soweit es das gesetzliche Verhältnis zwischen öffentlicher und freier Jugendhilfe betrifft

Das Bundessozialhilfegesetz (BSHG) und das Gesetz für Jugendwohlfahrt (JWG) sind fast gleichzeitig verkündet worden, das BSHG am 30. Juni 1961, das JWG (BGBl. I S. 1205) am 11. August 1961. Textkenntnis beider Gesetze darf hier vorausgesetzt werden. Sie enthalten Bestimmungen, die von Trägern der Sozialhilfe resp. der öffentlichen Jugendhilfe beanstandet und als verfassungswidrig begutachtet wurden. Deshalb erhoben im Jahre 1962 das Land Hessen, die Freie und Hansestadt Hamburg, die Freie Hansestadt Bremen sowie das Land Niedersachsen Normenkontrollklage und die Städte Dortmund, Darmstadt, Frankfurt am Main und Herne Verfassungsbeschwerde mit dem Antrag, diese Bestimmungen für nichtig zu erklären.

Aus der Begründung des Landes Hessen[339]):

1. Die §§ 8 Abs. 2 Satz 2, 10 Abs. 3 Satz 2 und Abs. 4 und 93 Abs. 1 Satz 2 Bundessozialhilfegesetz (BSHG) begründen in ihrer Zusammenschau einen Vorrang der freien Wohlfahrtspflege vor den öffentlichen Trägern der Sozialhilfe; dieser Vorrang soll durch die finanzielle Hilfe der zurückgedrängten öffentlichen Träger ausgebaut und gesichert werden.

2. Dadurch, daß der Bundesgesetzgeber eine Rangordnung zwischen den öffentlichen Trägern der Sozialhilfe und den Verbänden der freien Wohlfahrtspflege aufstellt und die Träger der Sozialhilfe mit Subventionspflichten zugunsten der Verbände der freien Wohlfahrtspflege belastet, hat er seine Kompetenz überschritten. Solche Regelungen gehören nicht mehr zur „öffentlichen Fürsorge" nach Art. 74 Nr. 7 GG.

Aus der Begründung der Stadt Dortmund, die §§ 5 Abs. 3 und 8 Abs. 3 JWG betreffend[340]):

Das angefochtene Bundesgesetz will den Gemeinden die Verpflichtung auferlegen, von eigenen Einrichtungen und Veranstaltungen der Jugendwohlfahrt abzusehen, soweit geeignete Einrichtungen und Veranstaltungen anderer Träger der Jugendhilfe zur Verfügung stehen. Auch sollen jene anderen Träger der Jugendhilfe unter Berücksichtigung ihrer Eigenleistungen nach denselben Grundsätzen und Maßstäben gefördert werden, wie sie für die Finanzierung der gemeindlichen Jugendhilfe gelten.

1. Diese Vorschriften bedeuten eine Funktionssperre zu Lasten der Gemeinden. Dadurch wird das Prinzip der Allzuständigkeit der Gemeinden für ihren örtlichen Wirkungskreis in seinem Wesensgehalt gekränkt. 2. Wesensentscheidend für die gemeindliche „Selbstverwaltung", die nicht nur Verwaltung, sondern als Gemeindefreiheit Selbstbestimmung bedeutet, ist die Finanzhoheit der Gemeinden.

Das Bundesverfassungsgericht wies in seinem fünf Jahre später ergangenen Urteil diese Anträge ab.

5.1 Aus der Urteilsbegründung

Zitiert seien hier aus der Urteilsbegründung solche Abschnitte, die als Sinn und Zweck der genannten Gesetzesbestimmungen eine enge Zusammenarbeit zwischen öffentlichen und freien Trägern feststellen[341]):

Die Antragsteller in den Normenkontrollverfahren und die beschwerdeführenden Städte sind der Meinung, daß die Vorschriften der §§ 5 Abs. 1 und Abs. 3 Satz 2, 7 und 8 Abs. 3 JWG sowie die §§ 8 Abs. 2 Satz 2, 10 Abs. 3 Satz 2 und Abs. 4 und § 93 Abs. 1 Satz 2 BSHG in verfassungswidriger Weise einen Vorrang zugunsten der freien Jugendhilfe und der freien Wohlfahrtspflege schüfen, der zu Lasten der Träger der öffentlichen Jugendhilfe und Sozialhilfe gehe. Diese Bestimmungen sind jedoch mit dem Grundgesetz vereinbar.

1. Das Jugendwohlfahrtsgesetz und das Bundessozialhilfegesetz gehen – wie ihre Vorläufer, das Reichsjugendwohlfahrtsgesetz von 1922 und die Verordnung über die Fürsorgepflicht von 1924 – davon aus, daß die Jugendhilfe und die Sozialhilfe zwar eine Aufgabe des Staates ist, daß aber der Staat diese Hilfe weder organisatorisch noch finanziell in ausreichendem Maße allein leisten kann. Es bedarf dazu vielmehr der gemeinsamen Bemühung von Staat und freien Jugend- und Wohlfahrtsorganisationen. Diese hergebrachte und durch Jahrzehnte bewährte Zusammenarbeit von Staat und freien Verbänden soll durch die Vorschriften gefördert und gefestigt werden.

a) Nach dem *Jugendwohlfahrtsgesetz* ist es Aufgabe des Jugendamts, die für die Wohlfahrt der Jugend erforderlichen Einrichtungen und Veranstaltungen anzuregen, zu fördern und gegebenenfalls zu schaffen (§ 5 Abs. 1 JWG). Es hat unter Berücksichtigung der verschiedenen Grundrichtungen der Erziehung darauf hinzuwirken, daß die für die Wohlfahrt der Jugend erforderlichen Einrichtungen und Veranstaltungen ausreichend zur Verfügung stehen. Soweit geeignete Einrichtungen und Veranstaltungen der Träger der freien Jugendhilfe vorhanden sind, erweitert oder geschaffen werden, ist von eigenen Einrichtungen und Veranstaltungen des Jugendamts abzusehen (§ 5 Abs. 3 Satz 1 und 2 JWG). Das Jugendamt muß aber dann, wenn Personensorgeberechtigte die vorhandenen Träger der freien Jugendhilfe nicht in Anspruch nehmen wollen, weil diese der von ihnen bestimmten Grundrichtung der Erziehung (§ 3) – z. B. in konfessioneller Hinsicht – nicht entsprechen, dafür sorgen, daß die erforderlichen Einrichtungen geschaffen werden (§ 5 Abs. 3 Satz 2 JWG). Daraus ergibt sich folgendes: Das Jugendamt muß zunächst prüfen, welche Einrichtungen und Veranstaltungen für die Wohlfahrt der Jugend nach den örtlichen Verhältnissen *erforderlich* sind und ob sie *ausreichend* zur Verfügung stehen. Das Jugendamt soll aber nur dann selbst Einrichtungen schaffen und Veranstaltungen vorsehen, wenn seine Anregungen und Förderungsmaßnahmen bei den Trägern der freien Jugendhilfe nicht zum Ziel führen; letzteres ist auch dann der Fall, wenn der freie Träger keine angemessene Eigenleistung aufbringen kann oder wenn die Einrichtung des freien Trägers deshalb für die örtlichen Bedürfnisse nicht als ausreichend angesehen werden kann, weil sie z. B. von einem Bekenntnis geprägt ist, dem in der Gemeinde nur eine Minderheit angehört. Es kann aber nicht angenommen werden, daß ein Gesetz, das öffentliche und private Jugendhilfe zu sinnvoller Zusammenarbeit zusammenführen will, die Gemeinden und Gemeindeverbände als Träger der Jugendämter durch die Vorschrift des § 5 Abs. 3 Satz 2 JWG zwingen will, bereits vorhandene öffentliche Einrichtungen zu schließen. Wo geeignete Einrichtungen der Jugendämter ausreichend zur Verfügung stehen, kann von ihnen weder eine Förderung neuer Einrichtungen der Träger der freien Jugendhilfe verlangt werden noch eine Schließung bereits vorhandener öffentlicher Einrichtungen zugunsten freier Einrichtungen, die erst noch neu geschaffen werden müßten. Derselbe Grundsatz des sinnvollen Einsatzes finanzieller Mittel und der Zusammenarbeit verbietet es aber auch, von den Gemeinden zu verlangen, daß sie von einem mit bescheidenen Mitteln möglichen Ausbau vorhandener eigener Einrichtungen absehen und statt dessen mit erheblich höherem Aufwand die Schaffung einer neuen Einrichtung eines Trägers der freien Jugendhilfe fördern. Umgekehrt soll das Jugendamt dort, wo *geeignete* Einrichtungen der Träger der freien Jugendhilfe bereits vorhanden sind, die schon allein gewährleisten, daß die für die Wohlfahrt der Jugend *erforderlichen* Einrichtungen *ausreichend* zur Verfügung stehen, keine Mittel für die Schaffung eigener Einrichtungen einsetzen, sondern vielmehr seine Mittel für die Förderung der freien Einrichtungen verwenden (§ 5 Abs. 1, § 7, § 8 JWG). Mit der Verwendung der unbestimmten Rechtsbegriffe „erforderlich", „ausreichend" und „geeignet" will der Gesetzgeber sicherstellen, daß Einrichtungen und Veranstaltungen für die Wohlfahrt der Jugend in einer den jeweiligen örtlichen Gegebenheiten angepaßten Weise und unter wirtschaftlich sinnvollem Einsatz öffentlicher und privater Mittel bereitgestellt werden. Die Gesamtverantwortung dafür, daß dieses Ziel des Gesetzes erreicht wird, trägt nach § 5 Abs. 1 JWG das Jugendamt.

b) Das *Bundessozialhilfegesetz* bestimmt in § 10 Abs. 2 zunächst, daß die Träger der Sozialhilfe – das sind im örtlichen Bereich nach § 96 Abs. 1 des Gesetzes die kreisfreien Städte und die Landkreise – mit den Kirchen und Religionsgesellschaften des öffentlichen Rechts sowie mit den Verbänden der freien Wohlfahrtspflege zusammenarbeiten sollen. Sie sollen die Tätigkeit der Verbände der freien Wohlfahrtspflege auf dem Gebiet der Sozialhilfe angemessen unterstützen (§ 10 Abs. 3 Satz 2). Wenn die Hilfe im Einzelfall durch die freie Wohlfahrtspflege gewährleistet wird, so sollen die Träger der Sozialhilfe von der Durchführung eigener Maßnahmen absehen (§ 10 Abs. 4). Sie sollen darauf hinwirken, daß die zur Gewährung der Sozialhilfe *geeigneten* Einrichtungen *ausreichend* zur Verfügung stehen und sollen eigene Einrichtungen nicht neu schaffen, soweit *geeignete* Einrichtungen der Träger der freien Wohlfahrtspflege vorhanden sind, ausgebaut oder geschaffen werden können (§ 93 Abs. 1). Die letztere Bestimmung war übrigens im wesentlichen schon in § 5 Abs. 3 der Verordnung über die Fürsorgepflicht von 1924 enthalten.

Auch diese Bestimmungen des Bundessozialhilfegesetzes, die fast wörtlich denen des § 5 Abs. 3 JWG entsprechen, verfolgen nicht den Zweck, der freien Wohlfahrtspflege schlechthin einen Vorrang vor der öffentlichen Sozialhilfe einzuräumen, sondern sie wollen die längst auch im Fürsorgewesen übliche und bewährte Zusammenarbeit zwischen den öffentlichen Trägern der Sozialhilfe und den freien Wohlfahrtsverbänden gewährleisten, um mit dem koordinierten Einsatz öffentlicher und privater Mittel den größtmöglichen Erfolg zu erzielen.

c) Die Ausführungen der beschwerdeführenden Städte und der freien Wohlfahrtsverbände in der mündlichen Verhandlung lassen erkennen, daß die Praxis die beiden Gesetze in der hier zugrunde gelegten Auslegung verstanden hat; demgemäß ist die schon vorher geübte Zusammenarbeit fortgeführt worden, ohne daß ernste Schwierigkeiten aufgetreten sind. Bei dieser Gesetzesauslegung erweisen sich die verfassungsrechtlichen Bedenken der Antragsteller gegen den sogenannten Vorrang der Träger der freien Jugendhilfe und Wohlfahrtspflege als unbegründet...

5. Die getroffene Regelung ist auch mit der Selbstverwaltungsgarantie des Art. 28 Abs. 2 Satz 1 GG vereinbar.

Art. 28 Abs. 2 Satz 1 GG gewährleistet den Gemeinden das Recht, alle Angelegenheiten der örtlichen Gemeinschaft im Rahmen der Gesetze in eigener Verantwortung zu regeln. Der Gesetzgeber darf dieses Recht nicht aufheben und die Verwaltung der Gemeindeangelegenheiten nicht den Staatsbehörden übertragen. Er darf die Selbstverwaltung auch nicht derart einschränken, daß sie innerlich ausgehöhlt wird, die Gelegenheit zu kraftvoller Betätigung verliert und nur noch ein Scheindasein führen kann. Nicht aber sind den Gemeinden die Selbstverwaltungsrechte in ihren Einzelheiten verbürgt (so BVerfGE 1, 167 [175] im Anschluß an die Entscheidung des Staatsgerichtshofs für das Deutsche Reich vom 10./11.12.1929, Lammers-Simons Band II, S. 107). Beschränkungen der Selbstverwaltung der Gemeinden sind mit Art. 28 Abs. 2 Satz 1 GG vereinbar, wenn sie deren Kernbereich unangetastet lassen.

a) § 5 Abs. 3 Satz 2 JWG, § 10 Abs. 4 und § 93 Abs. 1 Satz 2 BSHG, wonach die Träger der öffentlichen Jugendhilfe und der Sozialhilfe gehalten sind, von eigenen Maßnahmen oder Einrichtungen abzusehen, wenn geeignete Einrichtungen der freien Träger vorhanden sind und die erforderliche Hilfe durch diese gewährleistet ist, lassen den Kernbereich der Selbstverwaltung unangetastet.

Die Aufgabenbereiche der Jugendhilfe und der Sozialhilfe haben das Bild der heutigen gemeindlichen Selbstverwaltung entscheidend mitgeprägt. Aber es darf nicht übersehen werden, daß schon das Reichsjugendwohlfahrtsgesetz von 1922 in den §§ 1 Abs. 3, 4 Abs. 1 und 6 die freiwillige Mitarbeit der privaten Jugendhilfe vorausgesetzt und ihre Unterstützung und Förderung durch das Jugendamt angeordnet hat. Allerdings ist die Verpflichtung zur Durchführung der in § 4 RJWG bezeichneten Aufgaben im Hinblick auf die damalige finanzielle Notlage zunächst suspendiert

worden (Art. 1 Ziff. 4 der Verordnung über das Inkrafttreten des RJWG vom
14. 2. 1924, RGBl. I S. 110). Auf dem Gebiet der Sozialhilfe erklärt die Verordnung
über die Fürsorgepflicht von 1924 in § 5 Abs. 3 – der fast gleichlautend mit § 93
Abs. 1 Satz 2 BSHG ist –, daß die Fürsorgeverbände eigene Einrichtungen nicht
neu schaffen sollen, soweit geeignete Einrichtungen der freien Wohlfahrtspflege
ausreichend vorhanden sind. Auch diese Vorschriften haben den Umfang der beiden Bereiche abgesteckt und damit das Bild der heutigen gemeindlichen Selbstverwaltung mit bestimmt. Man kann daher nicht sagen, zum geschützten Kernbereich
der Selbstverwaltung gehöre kraft Herkommen, daß die Gemeinde auf dem Gebiet
der Jugend- und Sozialhilfe keinerlei gesetzliche Beschränkung ihres Aufgabenbereichs zugunsten der Tätigkeit der freien Jugendhilfe und der Wohlfahrtsverbände
hinzunehmen brauche. Außerdem bleibt den Gemeinden die Gesamtverantwortung dafür, daß in beiden Bereichen durch behördliche und freie Tätigkeit das Erforderliche geschieht. Wie schon unter Ziffer 1. ausgeführt, bringt die Regelung nur
eine Abgrenzung der Aufgaben zwischen Gemeinde und privaten Trägern, die
lediglich eine vernünftige Aufgabenverteilung und eine möglichst wirtschaftliche
Verwendung der zur Verfügung stehenden öffentlichen und privaten Mittel sicherstellen soll. Die Gemeinden sollen sich bei allen Planungen vorher vergewissern, ob
und inwieweit die freien Verbände die Aufgaben erfüllen können. Die freien Verbände andererseits könnten nicht mit einer Förderung eines Vorhabens durch die
Gemeinde rechnen, wenn sie, etwa aus reinem Prestigebedürfnis, eigene Einrichtungen schaffen würden, die ihrer Art nach den örtlichen Bedürfnissen nicht genügen können oder die nicht erforderlich sind, weil geeignete Einrichtungen der Gemeinde in ausreichendem Maße zur Verfügung stehen.

5.2 *Erklärung des Deutschen Vereins zum Urteil des Bundesverfassungsge-*
richts

Der Deutsche Verein begrüßte „die grundsätzlichen Ausführungen des
Bundesverfassungsgerichts zum Verhältnis der öffentlichen und freien
Wohlfahrtspflege als einer seit Jahrzehnten bewährten und geübten Zusammenarbeit". In einer vom Vorsitzenden Dr. Hans Reschke unterzeich-
neten Erklärung des Vorstandes vom 12. Oktober 1967 heißt es[342]):

1. Das Urteil des Bundesverfassungsgerichts sieht in den Bestimmungen des Ju-
gendwohlfahrtsgesetzes und des Bundessozialhilfegesetzes über das Verhältnis der
öffentlichen und freien Wohlfahrtspflege einen Auftrag des Gesetzgebers an die
öffentlichen und freien Träger, ihre bisher übliche und bewährte Zusammenarbeit
fortzusetzen und sie im Geiste der Partnerschaft und auf der Grundlage einer bewußt zu gestaltenden Ergänzung weiter auszubauen. Das Bundesverfassungsgericht hat sich im wesentlichen darauf beschränkt, diese Leitidee des sinnvollen und
ergänzenden Zusammenwirkens herauszustellen; es hat davon abgesehen, für diese
Zusammenarbeit starre Regeln aufzustellen oder die Aufgabengebiete der öffentli-

chen und der freien Träger jeweils im einzelnen abzustecken und ihre gegenseitigen Rechte und Pflichten durch eine höchstrichterliche Interpretation zu fixieren.

2. Der Vorstand des Deutschen Vereins für öffentliche und private Fürsorge begrüßt die grundsätzlichen Ausführungen des Bundesverfassungsgerichts zum Verhältnis der öffentlichen und freien Wohlfahrtspflege als einer seit Jahrzehnten bewährten und geübten Zusammenarbeit zum Wohle notleidender Mitbürger. Er begrüßt ferner die Zurückhaltung des Urteils in der Erörterung von streitigen Einzelfragen des Rechtsverhältnisses zwischen den öffentlichen und freien Trägern und sieht darin die Bekundung des Vertrauens des Höchsten Gerichts in die Bereitschaft und Fähigkeit dieser Träger, ihre Beziehungen als Partner bei der Erfüllung einer gemeinsamen Aufgabe auszugestalten, eine planvolle Zusammenarbeit zu begründen und ihre Funktionen jeweils von der gemeinsamen Aufgabe her unter Überwindung eines unangemessenen Kompetenz- und Vorrangdenkens zu bestimmen.

3. Der Vorstand des Deutschen Vereins für öffentliche und private Fürsorge hat jedoch mit Sorge feststellen müssen, daß die entscheidenden Darlegungen des Bundesverfassungsgerichts über die Zusammenarbeit öffentlicher und freier Träger der Wohlfahrtspflege nicht überall in ihrer Bedeutung erkannt werden, und daß darüber hinaus die vom Bundesverfassungsgericht offengelassenen Fragen vereinzelt bereits erneut zu Meinungsverschiedenheiten zwischen öffentlichen und freien Trägern geführt haben.

4. Der Vorstand des Deutschen Vereins für öffentliche und private Fürsorge fordert alle Beteiligten auf, zu verhüten, daß diese Meinungsverschiedenheiten das Verhältnis der Partner belasten, und daß nach Abschluß des Verfassungsstreites eine Fülle lokaler Auseinandersetzungen entsteht. Die Beteiligten sollten sich nunmehr in dem Bestreben zusammenfinden, dem Willen der Gesetze nach partnerschaftlicher Ergänzung und Koordination ihrer Bestrebungen Rechnung zu tragen, und gemeinsam die Fragen einer vertrauensvollen, sachgerechten und auf Dauer angelegten Zusammenarbeit lösen.

Um das künftige Verhältnis zwischen öffentlicher und freier Wohlfahrtspflege „in einem repräsentativen Gremium im Geiste der Partnerschaft" zu erörtern und zu erklären, beschloß der Vorstand des Deutschen Vereins „im Einvernehmen mit den Spitzenverbänden der freien Wohlfahrtspflege und den Repräsentanten der öffentlichen Aufgabenträger die Bildung eines paritätisch aus Vetretern der freien und der öffentlichen Wohlfahrtspflege zusammengesetzten Ausschusses des Deutschen Vereins". Dieser Vorstandsausschuß sollte „nach Maßgabe der Leitlinien des Urteils des Bundesverfassungsgerichts Empfehlungen für die Zusammenarbeit entwickeln und darüber hinaus dazu beitragen, daß Spannungen, die der langjährige Verfassungsstreit hinterlassen haben könnte, in dem Bemühen um die gemeinsame Aufgabe überwunden werden"[343]. Wesentlich zur Klärung der Verhältnisse trugen seitens des Deutschen Vereins auf der ersten Tagung des Ausschusses am 22. Februar 1968 zwei Grundsatzreferate bei, eines von Dr. Dieter Giese über den "Versuch einer rechtlichen Bestandsaufnahme" anschließend an das Urteil des Bundesverfassungsgerichts, und der andere von Frau Dr. Käthe Petersen über „dringende Fragen aus dem Urteil des Bundesverfassungsgerichts für die Praxis"[344]. Nur wenige Male brauchte der „Bundesverfassungsgerichts-Ausschuß" zu beraten; denn bald zeigt sich, daß die Zusammenarbeit zwischen öffentlichen und freien Hilfeträgern wie seit alters im Sinne partnerschaftlichen Einvernehmens weiterging.

6. Zur Fortentwicklung des Jugendhilferechts

In Fortsetzung der bewährten Tradition engen Zusammenwirkens von Regierung und Deutschem Verein bei sozialer Gesetzgebung ist er auch an der fortschreitenden Reform des Jugendhilferechts intensiv beteiligt; über seine Aktivitäten seit 1970 gibt Aufschluß der folgende, im Mai 1979 veröffentlichte Kurzbericht[345]):

Der Deutsche Verein hat eine umfangreiche Stellungnahme – über 200 Druckseiten – zum Gesetzentwurf der Bundesregierung Entwurf eines Sozialgesetzbuches (SGB) – Jugendhilfe – (Bundestagsdrucksache 8/2571 vom 14. Februar 1979) erarbeitet...

Diese Stellungnahme setzt die Überlegungen und Arbeiten im Deutschen Verein zur Reform des Jugendhilferechts fort.

Im Frühjahr 1970 bat das Bundesministerium für Jugend, Familie und Gesundheit den Deutschen Verein, eine Synopse der vorliegenden Vorschläge, Thesen und Fragenkataloge zur Neuordnung des Jugendhilferechts als Arbeitsgrundlage für die Jugendhilferechtskommission zu erstellen. Diese Synopse „Neuordnung des Jugendhilferechts" (2 Bände) konnte noch im Jahre 1970 abgeschlossen und dem Bundesministerium für Jugend, Familie und Gesundheit vorgelegt werden.

Gleichzeitig mit der Aufnahme der Tätigkeit der Jugendhilferechtskommission begann der Fachausschuß IX „Jugend- und Familienrecht" in Abstimmung mit Vertretern weiterer Fachausschüsse des Deutschen Vereins mit der Erarbeitung von Thesen zur Neuordnung der Jugendhilfe. Die Grundthesen wurden im Mai 1971 dem Bundesministerium für Jugend, Familie und Gesundheit überreicht und als Heft 2 der Arbeitshilfen – Schriftenreihe des Deutschen Vereins – veröffentlicht.

Aus den Grundthesen wurden Einzelthesen zur Neuordnung des Jugendhilferechts erarbeitet, die in 2 Teilabschnitten 1972 und 1973 vom Vorstand verabschiedet wurden.

Im März 1973 legte das Bundesministerium für Jugend, Familie und Gesundheit den von der Jugendhilferechtskommission erarbeiteten Diskussionsentwurf eines Jugendhilfegesetzes der Fachöffentlichkeit zur Stellungnahme vor. Der Deutsche Verein konnte in seiner Stellungnahme zum Diskussionsentwurf auf seine Grund- und Einzelthesen zu einem neuen Jugendhilferecht verweisen und nahm nur noch zu den Problemen Stellung, bei denen der Diskussionsentwurf und die Thesen abweichende Vorschläge enthielten.

Der erste Referentenentwurf des Gesetzes für Jugendhilfe – Stand April 1974 –, der sich wesentlich vom Diskussionsentwurf unterschied, machte die Ausarbeitung einer umfassenden Stellungnahme des Deutschen Vereins erforderlich. Das Ergebnis ist in der „Stellungnahme des Deutschen Vereins zum Referentenentwurf des Gesetzes für Jugendhilfe (JHG)" 1974, 123 Seiten, zusammengefaßt.

Im Anschluß an den fortgeschriebenen Referentenentwurf – Stand August 1974 – wurde der Entwurf eines Jugendhilfegesetzes in der 7. Legislaturperiode nicht weiterverfolgt; die Arbeiten wurden erst in der 8. Legislaturperiode wieder aufgenommen.

Der Deutsche Verein hat diese 2½jährige Pause der Gesetzgebungsarbeit dazu benutzt, um einen weiteren Beitrag für die Fortentwicklung des Jugendhilferechts zu leisten. Die Ergebnisse dieser 2½jährigen Arbeit des Deutschen Vereins sind in den „Begriffsanalytischen Untersuchungen zu einem neuen Jugendhilferecht" – Ergebnisse der Beratungen in Fachausschüssen und Arbeitsgruppen des Deutschen Vereins –, 1977, 175 Seiten, ersichtlich. Sie wurden ebenfalls dem Bundesministerium für Jugend, Familie und Gesundheit überreicht.

Mit Beginn der 8. Legislaturperiode wurde durch das Bundesministerium für Jugend, Familie und Gesundheit ein weiterer fortgeschriebener Referentenentwurf – Stand 31. Oktober 1977 – erarbeitet. In diesen Entwurf hat eine beachtliche Zahl von Vorschlägen des Deutschen Vereins aus früheren Stellungnahmen und aus den Begriffsanalytischen Untersuchungen Eingang gefunden. Doch machte die grundlegende Umgestaltung des Referentenentwurfs und eine große Zahl noch nicht geklärter Fragen eine weitere Stellungnahme nötig. Dies führte nach intensiven Beratungen in den Fachgremien des Deutschen Vereins, insbesondere im federführenden Fachausschuß IX „Jugend- und Familienrecht" zur „Stellungnahme des Deutschen Vereins zum Referentenentwurf des Jugendhilfegesetzes 1977" 1978, 165 Seiten, die im März 1978 dem Bundesministerium für Jugend, Familie und Gesundheit überreicht wurde.

Der Regierungsentwurf (Bundesratsdrucksache 517/78 vom 9. November 1978) führte zu weiteren intensiven Beratungen in 15 Sitzungen der beteiligten Fachausschüsse, Arbeitskreise und ad hoc-Gruppen des Deutschen Vereins. Als Ergebnis konnte die Stellungnahme vorgelegt werden, deren Teil A „Allgemeines" wir nachstehend abdrucken.

Teil B enthält die Stellungnahme zu den einzelnen Bestimmungen des Regierungsentwurfs – ca. 130 Seiten – und Teil C den Text der Vorschriften, zu denen Änderungen vorgeschlagen werden – ca. 60 Seiten –.

Teil A. Allgemeines

Die nachfolgende Stellungnahme des Deutschen Vereins für öffentliche und private Fürsorge zum Gesetzentwurf der Bundesregierung Entwurf eines Sozialgesetzbuches (SGB) – Jugendhilfe – (BT-Drucksache 8/2571) ist das Ergebnis intensiver Beratungen in seinen Fachgremien, insbesondere im federführenden Fachausschuß IX „Jugend- und Familienrecht" und den zur Beratung des Regierungsentwurfs gebildeten ad hoc-Ausschüssen. In Teilbereichen wurde der Entwurf mitberaten von den Fachausschüssen IV „Organisation sozialer Dienste", VI „Soziale Berufe" und VII „Jugend und Familie".

I. Zum Regierungsentwurf

1. Der Deutsche Verein vermerkt, daß im Regierungsentwurf zahlreiche Vorschläge aus seiner Stellungnahme zum Referentenentwurf 1977 berücksichtigt wurden. Der Regierungsentwurf deckt sich in seinen Grundpositionen weitgehend mit den Vorstellungen des Deutschen Vereins.

2. Im Bemühen, die zahlreichen zum Referentenentwurf 1977 eingegangenen Äußerungen und Änderungsvorschläge von Verbänden und Fachvereinigungen zu berücksichtigen, weist nun der Regierungsentwurf vielfach völlig neue oder stark veränderte Formulierungen in den einzelnen Bestimmungen auf, die teilweise auch materiell-rechtlich neue Ansätze darstellen.

Soweit der Regierungsentwurf die Anregungen des Deutschen Vereins zur Neuordnung des Jugendhilferechts nicht aufgegriffen hat, sind die bisherigen Vorschläge zum Teil in der vorliegenden Stellungnahme erneut unterbreitet worden. Als Folge der umfangreichen Veränderungen des Regierungsentwurfs ergaben sich bei einer sorgfältigen Analyse außerdem zahlreiche neue Fragen und Probleme, die eine Stellungnahme des Deutschen Vereins aufgrund einer Meinungsbildung in seinen Fachgremien erforderte.

3. Der Deutsche Verein hat es nicht bei einer allgemeinen Stellungnahme zum Regierungsentwurf bewenden lassen. Er macht vielmehr bereits detaillierte vorformulierte Vorschläge für textliche Änderungen, Streichungen und Neuformulierungen.

II. Stellungnahme des Bundesrates zum Regierungsentwurf

Der Deutsche Verein mußte bei seiner Stellungnahme auch dem Umstand Rechnung tragen, daß seine weiteren Vorschläge zur Gestaltung des neuen Jugendhilferechts im Gesetzgebungsverfahren nur noch über die gesetzgebenden Körperschaften des Bundestages und Bundesrates in den Gesetzentwurf Eingang finden können.

Aus diesem Grunde wurden auch der vom Bundesrat angenommene Antrag vom 21. Dezember 1978 (BR-Drucksache 517/6/78 [neu]) sowie die Länderanträge (BR-Drucksache 517/7/78) und insbesondere die Empfehlungen der Bundesratsausschüsse (BR-Drucksache 517/1/78) vom 11. Dezember 1978 teilweise in die Beratungen der Fachgremien einbezogen, soweit es die Kürze der Zeit erlaubte. Sie haben in dieser Stellungnahme des Deutschen Vereins einen Niederschlag gefunden.

III. Allgemeine Bemerkungen zur Stellungnahme des Deutschen Vereins zum Regierungsentwurf

1. Rechtsstellung der Personensorgeberechtigten und Minderjährigen in der Jugendhilfe

Zur Rechtsstellung der Eltern bzw. Personensorgeberechtigten im Entwurf des Jugendhilferechts konnte eine abschließende Stellungnahme noch nicht abgegeben werden.

Der Deutsche Verein vertritt hier den Standpunkt, daß eine Harmonisierung des neuen Jugendhilferechts mit dem ... Gesetz zur Neuregelung der elterlichen Sorge unverzichtbar ist.

Die Neuregelung des Rechts der elterlichen Sorge berührt die Zuerkennung eigener Rechte an Minderjährige im neuen Jugendhilferecht (Antragsrecht, Wunsch- und Wahlrecht sowie sonstige Mitwirkungsrechte, Anrufungsrecht und Klagerecht), wobei im politisch-parlamentarischen Raum vorgeklärt werden muß, inwieweit zur Gewährleistung des Rechts der elterlichen Sorge und zur Wahrung der Familienautonomie die Ausübung der genannten Rechte durch Minderjährige an die Zustimmung der Personensorgeberechtigten gebunden wird.

Durch die vorgesehene Koppelung der Voraussetzungen für die gerichtliche Anordnung von Hilfen zur Erziehung mit den Voraussetzungen des § 1666 BGB ist im gegenwärtigen Zeitpunkt noch nicht erkennbar, ob § 8 des JHG-Entwurfs der Korrektur bedarf, um nicht hinter das geltende Recht zurückzugehen.

Die Stellungnahme zu den genannten Fragen konnte nur unter diesem Vorbehalt abgegeben werden.

Für notwendig hält der Deutsche Verein auch – unabhängig von den vorstehend aufgeworfenen Fragen – eine klare Aussage über Elternverantwortung und Jugendhilfe...

2. Rechtsstellung der freien Träger der Jugendhilfe

Hinsichtlich der Regelung der Rechtsstellung der freien Träger der Jugendhilfe im Rahmen des gesetzlichen Beziehungsverhältnisses zu den öffentlichen Trägern der Jugendhilfe bleibt der Deutsche Verein bei seiner zum Referentenentwurf 1977 abgegebenen Stellungnahme... Er vertritt damit weiterhin die Auffassung, daß es zur Gewährleistung des freien Wunsch- und Wahlrechts der Leistungsberechtigten und damit zur Gewährleistung der Pluralität der Einrichtungen, Dienste und Veranstaltungen einer Schutzbestimmung für die freien Träger bedarf, wie dies von ihm vorgeschlagen wurde.

3. Gesetzgebungskompetenz des Bundes und der Bundesländer, Organisationsregelungen

Besondere Aufmerksamkeit wurde bei der Stellungnahme des Deutschen Vereins der Problematik des Umfanges und der Grenzen bundesrechtlicher Regelungen im Bereich der Jugendhilfe im Hinblick auf die Gesetzgebungskompetenz der Bundesländer gewidmet.

Dies gilt auch im Hinblick auf die Organisationshoheit der Bundesländer und der kommunalen Selbstverwaltung, insbesondere hinsichtlich bundesrechtlicher Bestimmungen im Bereich des Organisationsrechts, vor allem bei der Organisation sozialer Dienste und deren Mindestausstattung mit Fachkräften sowie bei der Frage der Errichtung von Sonderdiensten für bestimmte Aufgabenbereiche.

4. Regelung der Jugendarbeit und der Erziehung in Kindergärten

Das in Ziff. 3 Gesagte gilt auch für die Gestaltung des Leistungsbereiches „Förderung der Jugendarbeit". Der Deutsche Verein verbleibt bei seiner zum Referentenentwurf 1977 abgegebenen Stellungnahme... Seine Vorschläge über die Gestaltung der gesetzlichen Regelung gehen im Grundsatz nicht über das geltende Recht hinaus, bezwecken aber eine Umsetzung der bisherigen Regelungen in das neue Leistungsrecht und damit notwendigerweise eine nähere Konkretisierung. Die Gesetzgebungskompetenz des Bundes wird in diesem Rahmen für die Jugendarbeit seitens des Deutschen Vereins weiterhin für gegeben erachtet. Entsprechendes gilt für den Bereich der Erziehung in Kindergärten.

5. *Vereinfachung und Straffung des Gesetzes*
Es war schon bisher ein Anliegen des Deutschen Vereins, das neue Gesetz nicht durch bis ins einzelne gehende Regelungen zu überfrachten und den Gesetzestext zu straffen (vgl. Teil A, Ziff. IV der Stellungnahme zum Referentenentwurf 1977). Gleiches gilt für den Regierungsentwurf.
In der Stellungnahme zu den einzelnen Bestimmungen werden konkrete Vorschläge für eine solche Vereinfachung und Straffung des Gesetzes unterbreitet. Die Bemühungen waren insbesondere darauf gerichtet, Bestimmungen mit reinem Instruktionscharakter ohne Normgehalt sowie Bestimmungen mit überwiegendem Vollzugscharakter dem Landesrecht zur Regelung zu überlassen und eine Wiederholung gleicher gesetzlicher Normen in mehreren Gesetzesbestimmungen zu vermeiden. Besonderer Wert wurde auf Gemeinverständlichkeit, Klarheit und Kürze begrifflicher Bestimmungen gelegt. Die zahlreichen Vorschläge des Deutschen Vereins zur Vereinfachung und Straffung des Gesetzes lassen im übrigen die Substanz des Gesetzes unberührt.

6. *Verabschiedung des neuen Jugendhilferechts in dieser Legislaturperiode des Deutschen Bundestages*
Der Deutsche Verein ist nach wie vor der Meinung, daß die Vorarbeiten für ein neues Jugendhilferecht so weit vorangeschritten sind, daß eine Verabschiedung in dieser Legislaturperiode des Deutschen Bundestages möglich und wünschenswert ist. Jede weitere Verzögerung dieses Gesetzgebungswerks würde die von allen Beteiligten angestrebte Fortentwicklung und Verbesserung der Jugendhilfe gefährden.

Damit ist hier der Themenkreis „Jugendhilferecht" bis ans Jahr 1980 herangeführt. Die weitere Entwicklung bleibt abzuwarten.

Vierter Themenkreis: Soziale Berufe

Aus den letzten drei Jahrzehnten seien hinsichtlich sozialer Berufe hier fünf Hauptthemen ausgewählt: 1. „Sozialarbeit, Sozialarbeiter, soziale Arbeit", ergänzt durch „Sozialpädagogik, Sozialpädagogen"; 2. „Methoden der Sozialarbeit"; 3. Vermehrung sozialer Fachberufe; 4. Umwand-

lung der höheren Fachschulen in Fachhochschulen; 5. Fort- und Weiterbildung.

1. „Sozialarbeit, Sozialarbeiter, soziale Arbeit"

Als 1907 der Deutsche Verein den Sozialberuf herbeiführte (vgl. I. Teil,
3. Themenkreis), brachte er auch die Ausdrücke „soziale Arbeit" und „soziale Arbeiter" in Umlauf. Denn eben darauf legte er den größten Wert, daß
soziale Berufstätigkeit eine „Arbeit" eigener Art sei. Die Armenpflege in
Verbindung mit ihren sozialen Nachbargebieten, also in Verbindung mit
der sozialen Fürsorge, habe „früherer Zeit gegenüber ihren Grundcharak-
ter verändert, indem sie ihre rein caritative Basis verließ und sich zu einer
Arbeit entwickelte, einer Arbeit, die anstelle der mehr instinktartigen Re-
gung des guten Herzens die Forderung eines planmäßigen und systematischen Vorgehens setzte".

Um das Arbeitsgebiet zu kennzeichnen und um – vor allem – es nicht auf
Armenpflege einzugrenzen, wurde zugleich der Name „*soziale Arbeit*" angegeben, und demgemäß als Berufsbezeichnung – Mehrzahl – soziale Arbeiter: „Ist aber erst das Bedürfnis voll anerkannt und kann eine große Anzahl von Personen erst jetzt darauf rechnen, als *soziale Arbeiter* eine feste
Lebensstellung zu finden, dann wird man auch nicht länger säumen, sich
für solche Stellungen eine solide Vorbildung anzueignen und sich einer
Vorbereitung zu unterwerfen, wie sie bei allen anderen Berufen selbstverständlich ist."

Jedoch, diese Ausdrücke setzten sich nicht in dem Maße durch wie erwartet. In dem Standardwerk über „die Ausbildung zum sozialen Beruf"[346] stellte Alice Salomon 1927 fest, daß „die Worte ‚Wohlfahrtspflege',
‚Fürsorge' den Ausdruck ‚Soziale Arbeit' zurückgedrängt haben, aber für
die gleichen Dinge gebraucht werden". Folglich lautete die Berufsbezeichnung jetzt „Wohlfahrtspflegerin, Wohlfahrtspfleger" oder „Fürsorgerin,
Fürsorger".

Erst im Anschluß an den Zweiten Weltkrieg kehrten die hierzulande
schließlich fast vergessenen Ausdrücke „Sozialarbeit, Sozialarbeiter, soziale Arbeit" nach Deutschland zurück, jetzt freilich als Übersetzung der
anglo-amerikanischen Ausdrücke „social work" und „social worker"; aber
jetzt wurden sie sofort aufgegriffen und gern verbreitet.

Das Arbeits- und Sozialministerium Nordrhein-Westfalen führte durch
Erlaß vom 23. März 1959 (IV B 4 – 6910) den „Sozialarbeiter" amtlich
ein:

Die bisherigen Berufsbezeichnungen „Wohlfahrtspflegerin" und „Wohlfahrtspfleger" werden durch „Sozialarbeiter" ersetzt. Hiermit wird eine Bezeichnung
übernommen, die in der Praxis bereits eingeführt ist. Sie steht als Sammelbegriff für
eine Anzahl ebenfalls gebräuchlicher Berufsbezeichnungen, die von speziellen Aufgaben und Tätigkeiten abgeleitet sind, wie z. B. die Bezeichnung „Fürsorgerin, Jugendpfleger, Sozialberater, Berufsberater" usw.[347]).

Im ursprünglichen Sinn von 1907 wurde also „Sozialarbeiter" zum allgemeinen, auch die sozialen Fachberufe umfassenden Namen. Ihm entsprach als Arbeitsgebiet mit verschiedenen Arbeitsfeldern die nun ebenfalls
offizielle „Sozialarbeit", neben die bald die „Sozialpädagogik" trat.

Da man im Leben ja nicht alles auf einmal haben kann, so erwies auch die
Bezeichnung „Sozialarbeit" sich insofern unzulänglich, als sie, dem Sozialarbeiter zugeordnet, andere in sozialen Diensten tätige Fachkräfte, besonders Verwaltungsfachkräfte und deren Aufgaben eben nicht einbezog. War
„Sozialarbeit" einschließlich ihrer „Methoden" namentlich und sachlich
festgelegt auf das Berufsgebiet des Sozialarbeiters, dann mußte, um die Gesamtheit aller sozialen Tätigkeiten zu bezeichnen, ein entsprechend umfassender, auch der Sozialarbeit – und Sozialpädagogik – übergeordneter Ausdruck gesucht werden; und wiedergefunden wurde „soziale Arbeit".

Wer Anstoß an diesem Ausdruck nimmt, weil der sprachliche Unterschied zu „Sozialarbeit" auf ein Minimum reduziert ist, der kann wohl nicht
getadelt werden. „Soziale Arbeit" vereinigt Sozialhilfe und Jugendhilfe, hat
also dieselbe Bedeutung wie schon Anfang der zwanziger Jahre (s. o.).

In diesem Sinne war 1950 von „sozialer Arbeit" die Rede auf der V. Internationalen Konferenz für soziale Arbeit in Paris.

Eingeladen zu dieser Konferenz wurde Professor Dr. Polligkeit als Vorsitzender
des Deutschen Vereins „mit der Bitte, einen deutschen Landesausschuß einzuberufen. Unsere Mitglieder werden sich erinnern, daß Professor Dr. Polligkeit als
Vorsitzender des Deutschen Vereins bereits im Jahre 1932 die II. Internationale
Konferenz für soziale Arbeit in Frankfurt am Main vorbereitete, späterhin einer der
Vizepräsidenten des Ständigen Ausschusses der Konferenz und Vorsitzender des
Deutschen Landesausschusses war. Er hat diesen im April dieses Jahres neu konstituiert. Ihm gehören Vertreter aller Dienststellen und Fachkreise der sozialen Arbeit
an"[348]). [Der damals von der Geschäftsstelle des Deutschen Vereins verwaltete
Landesausschuß ist inzwischen dem Deutschen Verein als eigene Abteilung einge-
gliedert worden (vgl. die Einleitung zum IV. Teil).]

Der im Deutschen Verein formulierte Bericht des Landesausschusses
über die Situation der sozialen Arbeit in Deutschland enthielt – grundlegend – programmatische Gesichtspunkte für die weitere Entwicklung sozialer Berufstätigkeit speziell des „Sozialarbeiters" in der Bundesrepublik.
Obwohl der Bericht noch nicht definitorisch zwischen „sozialer Arbeit"

und „Sozialarbeit" unterschied, läßt sich eine solche Unterscheidung doch schon aus ihm herauslesen:

In Deutschland sind die Aufgaben der öffentlichen und der freien Sozialarbeit im allgemeinen nicht gegenständlich getrennt, sondern funktionell... Grundsätzlich sollte dabei der freien Sozialarbeit vorwiegend zufallen: Die Aktivierung der Sozialpolitik, das Experimentieren mit neuen Wegen und Weisen der Sozialarbeit, die psychologisch-pädagogische Intensivierung der Sozialarbeit und die Verknüpfung der Sozialarbeit mit dem Bemühen um tragfähige Wertordnungen und Menschenbilder... Die Gesetzgebung der letzten Jahrzehnte verankerte die Verantwortung der öffentlichen Wohlfahrtspflege und Sozialversicherung; sie schuf die Grundlagen für zahlreiche Spezialeinrichtungen der sozialen Arbeit und ihre Zusammenfassung in den Wohlfahrts-, Jugend- und Gesundheitsämtern. Hierbei wurde von Anfang an auch die organische Zusammenarbeit zwischen öffentlicher und freier Wohlfahrtspflege gesehen und gesetzlich verordnet...

Öffentliche und freie Wohlfahrtspflege haben gleicherweise Ausbildungsstätten für die soziale Berufsarbeit entwickelt. Lehrplangestaltung, Prüfungsordnung und staatliche Anerkennung des Berufs sind durch staatliche Vorschriften weitgehend geordnet. Wesentlich ist, daß sämtliche Ausbildungsstätten sowohl für die Tätigkeit in der öffentlichen als auch in der freien Wohlfahrtspflege ausbilden...

Ohne eine expressive Definition des Begriffes „Soziale Arbeit" geben zu wollen, betont der Landesausschuß, daß in Hinsicht auf den in Deutschland jetzt geltenden Gebrauch das Sozialpädagogische in den Begriff „Soziale Arbeit" einzubeziehen ist.

Die Sozialarbeit entbehrt in Deutschland noch der Anerkennung, die ihrer Wichtigkeit und ihrem Wunsch im sozialen Wirkungsgefüge zukommt. Um diesem Zustand entgegenzuwirken, werden folgende Maßnahmen als erforderlich betrachtet:

1. Die Herausarbeitung präziser Berufsbilder der verschiedenen Zweige sozialer Arbeit. Solche Berufsbilder werden den Sozialarbeitern selbst eine größere Sicherheit im Bewußtsein ihrer Aufgaben und ihrer Stellung im Sozialgefüge geben; und mit ihrer Hilfe kann der öffentlichen Meinung ein tieferes Verständnis für Eigenart und Bedeutung der Sozialarbeit vermittelt werden.

2. Die Formulierung und Begründung eines Anspruches auf die Besetzung aller Fachstellen mit sozialberuflichen Facharbeitern, die Bildung einer eigenen Gliederung des Sozialberufes mit ausreichenden, von der Sache her bestimmten Aufstiegsmöglichkeiten, die Festsetzung einer Besoldungsordnung für die sozialberuflichen Facharbeiter, die deren Ausbildung und Leistung gerecht wird.

3. Die Gestaltung der sozialberuflichen Ausbildung nach einheitlichen Maßstäben und ihre ständige Vervollkommnung; – ihre Ergänzung in verwaltungspraktischer Hinsicht einerseits und ihre Fundierung durch systematische sozialwissenschaftliche Forschung andererseits; – und die systematische sozialwissenschaftliche Schulung und Unterrichtung aller Träger der Berufe, die wesentlich an der Ordnung und Gestaltung des sozialen Lebens beteiligt sind (wie Juristen, Mediziner, Geistliche, Lehrer, Administratoren usw.).

Gerade in Deutschland hat sich durch die Ereignisse der letzten zwei Jahrzehnte die Einsicht in die Ganzheitlichkeit und gegenseitige Durchdrungenheit (Interpenetration) aller sozialen Zusammenhänge stark entwickelt. Im Gegensatz aber dazu ist eine entsprechende Zusammenarbeit (Interfunktion) der verschiedenen Berufszweige sozialer Arbeit noch immer schwer behindert durch eine sachlich überholte Spezialisierung der Sozialberufe (mitbedingt durch veraltete Prüfungsordnungen), durch eine übermäßige Institutionalisierung sozialer Arbeit, und durch die Hartnäckigkeit eines Ressort-Geistes, dem „Zuständigkeiten" mehr gelten als die Ganzheit menschlicher Schicksale.

Die Überwindung dieses Zustandes hat auf zweierlei Wegen zu geschehen: 1. Organisatorisch – etwa durch die Aufhebung der sinnwidrigen Trennung fürsorgerischer Außen- und Innendienste, durch den Ausbau der Familienfürsorge, durch eine Unterordnung der Verwaltung unter das Sozialfachliche, und durch die gleiche Grundlegung der Ausbildung für alle Zweige der Sozialarbeit; 2. funktionell und haltungsmäßig durch eine ständige und vertiefte persönliche Zusammenarbeit der Vertreter aller beteiligten Arbeitsgebiete („Teamwork").

Als bedeutungsvoll für die Sozialarbeit erwiesen sich insbesondere Fortschritte auf dem Gebiete der Medizin (z. B. Psychosomatik) und auf dem Gebiete der Psychologie, und zwar insbesondere der Tiefen- und der Sozialpsychologie, der Charakterologie und der Psychagogik. Allerdings ist zu warnen vor einer Überschätzung tiefenpsychologischer und psychotherapeutischer Aspekte, weil diese entgegen einer helferischen Zielsetzung zur schädlichen „Pathologisierung" sozialer und persönlicher Notstände beizutragen vermögen.

Eine systematische und einheitliche Übertragung der positiven medizinischen und psychologischen Fortschritte in die Sozialarbeit hat sich noch nicht vollzogen und vollzieht sich auch noch nicht überall. Vereinzelt aber hat sich die Kenntnis jener Fortschritte insbesondere in der Arbeit an und mit Jugendlichen, in der Heim-Erziehung und in der Erziehungsberatung schon angesiedelt und durchgesetzt. Als besonders positiv ist dabei die Gruppen-Psychologie zu beurteilen, deren weitere Auswertung in der Sozialarbeit wesentliche Ergebnisse verspricht. Zur Vertiefung des Wissens um die menschliche Persönlichkeit kann die Sozialarbeit insbesondere beitragen durch die systematische Sammlung und Auswertung der Erfahrungen aller sozialberuflichen Praktiker. Dazu ist erforderlich, daß diese im objektiven Beobachten und Beschreiben geschult und geübt werden, und daß ihnen Zeit und Gelegenheit gegeben wird, das in ihnen liegende, z. T. verschüttete, wertvolle Erfahrungsgut zu heben.

Auch für die zunehmende Besserung der Behebung sozialer Notstände gilt die Forderung systematischer Sammlung und Auswertung sozialberuflicher Erfahrungen. Ferner sind Erfolge zu erwarten davon, daß der Sozialarbeiter sich nicht bei der „Erledigung" des „Falles" beruhigt, sondern sich bemüht, den sozialen Umkreis der Hilfsbedürftigen, die Nachbarschaft, die Gemeinde helferisch zu aktivieren – die positiven Faktoren in deren Umwelten miteinander zu verknüpfen und die Bildung tragfähiger Gruppen (in Anlehnung an Idee und Gestalt der „Settlements") anzuregen. Auch dazu muß ihm „von Amts wegen" die erforderliche Zeit und Gelegenheit gegeben werden.

Schließlich ist die politische Verantwortung des Sozialarbeiters zu klären und zu stärken, so daß er die generellen Folgerungen aus seiner Arbeit den politischen Instanzen zuträgt, die generelle Maßnahmen zu treffen vermögen...

In Anbetracht der deutschen Nachkriegs-Situation erhielt jetzt die soziale Arbeit eine gesellschaftspolitische Bedeutung zugesprochen, wie sie ihr früher niemals – auch nach dem Ersten Weltkrieg nicht – so umfangreich übertragen worden war:

Zu einer Wiederherstellung soziologisch tragbarer Verhältnisse zu kommen, die das Funktionieren des Gemeinschaftslebens unter Wiederzusammenführung der auseinandergerissenen Familien ermöglichen, ist die deutsche *Zielsetzung* auf dem Gebiete der sozialen Arbeit der nächsten 10 Jahre. Diese Zielsetzung verlangt eine klare Linie, aber auch unendlich viel von innerer Wärme und Hilfsbereitschaft getragene Kleinarbeit zur Wiederherstellung des gegenseitigen Verstehens. Selbsthilfe, Nachbarschaftshilfe, freiwillige Zusammenarbeit zur Lösung gemeinsamer Probleme müssen wieder mehr in den Vordergrund treten. Auch die Entschädigung durch staatlich geregelten Lastenausgleich muß diesem Gedanken Rechnung tragen.

Damit sind an die zukünftigen deutschen Sozialbehörden in ihren Arbeitsmethoden und in ihrer sozial-ethischen Einstellung Anforderungen gestellt, die nur von wirklich dafür geeigneten Sozialarbeitern bewältigt werden können. So sehr in Deutschland finanzielle Grenzen für die soziale Arbeit gegeben sind, so dürfen diese Grenzen nicht dazu führen, daß die dringend notwendigen sozialen, insbesondere auch jugendfürsorgerischen Maßnahmen unterbleiben. Die zu treffenden Maßnahmen sind nicht nur materieller, sondern auch ideeller Art. Die soziale Arbeit in Deutschland muß für die Neugestaltung des Zusammenlebens der Menschen in einer freien Gesellschaft wirksam werden...

Der Sozialarbeiterberuf wurde geradezu als ein gesellschaftspolitischer Schlüsselberuf eingeschätzt:

Die bessere Anpassung an die Arbeitswelt ist zu erreichen dadurch, daß der Sozialarbeiter ständig darauf hinwirkt, daß anstelle schematischer „Stellenvermittlung" und „Arbeitsunterbringung" die Gesamtpersönlichkeit des arbeitenden Menschen im Mittelpunkt des Arbeitslebens gesehen wird. Dies führt folgerichtig zur Forderung eines systematischen Ausbaues der Betriebsfürsorge und der Anwendung psychologischer und gruppenpsychologischer Grundsätze in der sozialen Betriebsgestaltung...

Schon bei der Ausbildung des Sozialarbeiters ist darauf hinzuwirken, daß er eine lebendige Einsicht in Wesen und Funktion verwandter Berufe und in die Eingliederung seines Berufes in das gesamte Berufsgefüge überhaupt gewinnt. Bei der Bewertung der Vorpraktika sind verwandtberufliche Ausbildungen und Erfahrungen großzügig anzuerkennen. Das ist auch erforderlich, um mehr Männer für die soziale Arbeit zu gewinnen, die ihnen spezifische Wirkungsmöglichkeiten bietet – unter anderem z. B. die Arbeit als handwerklich geschulter Heimerzieher und in der Gegenwart besonders die Arbeit mit vaterlosen Kindern und Jugendlichen.

Die Ausbildungsstätten und die Dienststellen müssen enger zusammenarbeiten, um die verwandtberuflichen Wechselbeziehungen schon in der Ausbildung leben-

dig erscheinen zu lassen, und um die Auszubildenden schon mit dem Wesen der
Dienststellen, die Dienststellen mit Inhalt und Plan der Ausbildung und mit den
Fortschritten sozialberuflicher Erkenntnisse und Methoden vertraut zu machen, die
über die jungen Sozialarbeiter als belebende Impulse in die Ämter und Dienststellen
eindringen sollen.

Die Vertreter der Sozialarbeit und verwandter Berufe sind so häufig wie möglich –
z. B. in Form gemeinsamer Fortbildungslehrgänge – persönlich und fachlich zusammenzubringen.

Der Landesausschuß weist in diesem Zusammenhange darauf hin, daß in
Deutschland sozialberuflichen Facharbeitern ausschließlich keine Dienststellen
vorbehalten sind, daß aber diese Kräfte in der Außenfürsorge und bei spezifisch sozialpädagogischen Aufgaben, insbesondere der Heimerziehung, bevorzugt werden[349]).

2. „Methoden der Sozialarbeit"

Die Pariser Internationale Konferenz für Sozialarbeit und Sozialausbildung, Juli 1950, nahm in der deutschen Geschichte sozialer Berufe eine
Schlüsselposition ein. Ihre Ergebnisse erschienen dem Deutschen Verein so
wichtig, daß er sie nicht nur als Beilage zu seinem Nachrichtendienst veröffentlichte, sondern auch als Sonderpublikation verbreitete[350]). Anschließend an diese Konferenz übernahm die deutsche Sozialarbeit in der Bundesrepublik die amerikanischen Methoden vor allem des „casework" und
der „Supervision" sowie das „group work" und die „community organization".

Die Einzelhilfe einerseits (casework), Dienstleistungen für Menschen im Rahmen
einer Gruppe (group work) und schließlich Leistungen für Einzelmenschen und
Gruppen in direktem Zusammenhang mit der Entwicklung einer ganzen Gemeinschaft (community organization) unterscheidet die Sozialarbeit von anderen Berufen...

„Casework" ist die wesentlichste Methode der amerikanischen Sozialarbeit...
Zweifellos sind während der letzten Jahre auch „Gruppenpädagogik" (group work)
und „Zusammenarbeit für Gemeinschaftshilfe" (community organization) mehr
und mehr aufgetaucht, aber diese neueren Methoden waren ganz und gar nicht in
der Lage, die überragende Stellung des „casework" zu beeinträchtigen... Darum
kann man mehr oder weniger „casework" als eine Grundmethode für alle soziale
Arbeit betrachten...

Mindestens vier Elemente werden im „casework" unterschieden:

1. Das soziale Ziel ist ein besserer Ausgleich zwischen dem Betroffenen und seiner
Umgebung (oder einem Teil davon).
2. Das unmittelbare Ziel ist die Aktivierung oder Mobilisation der inneren Reser-

ven oder Fähigkeiten der Betroffenen einerseits und der Quellen der Gemeinschaftshilfe andererseits.

3. Dies wird durch eine bewußt entwickelte und angewandte Beziehung zwischen den Klienten und dem Sozialarbeiter ermöglicht.

4. Diese Beziehung wird aufgebaut und gepflegt und ihre Ziele werden durch Anwendung der Wissenschaft über menschliche Beziehungen und durch eine in besonderer Ausbildung erworbene Methode verfolgt.

Vergleichen wir diese Auffassung mit einem großen Gebiet unserer europäischen Praxis und Theorie, so tauchen u. a. folgende Unterschiede auf:

a) „Casework" beschränkt sich nicht darauf, eine Veränderung der äußeren Lebensbedingungen des Schützlings herbeizuführen. Mit Hilfe einer eingehenden Diagnose des Einzelfalles versucht es vielmehr den Einfluß der persönlichen Haltung des Klienten festzustellen sowie die für die Veränderung einer solchen Haltung erforderlichen Momente zur Lösung des Problems zu finden. Die Gefühlsmomente finden eine bessere Berücksichtigung, und so ist es „casework" möglich gewesen, die Lehren zu verstehen, welche die moderne Psychologie und Psychiatrie uns gegeben haben.

b) Auch in der europäischen Sozialarbeit wußte man etwas von der Existenz und der Bedeutung der Beziehung zwischen „Klient" und Sozialarbeiter; im modernen „casework" wird diese Beziehung jedoch viel bewußter eingesetzt, gerade weil es die Bedeutung der gefühlsmäßigen Faktoren klar erkennt.

c) Es ist selbstverständlich, daß diese ganz bewußte Anwendung der helfenden Beziehung nicht möglich ist, ohne tieferen Einblick seitens des Sozialarbeiters in die zusammenhängenden psychologischen Vorgänge und ohne eine stärkere Ausbildung der Persönlichkeit, wie sie üblicherweise in europäischen Schulen geboten wird.

Zum „casework" gehört die Technik des Interviews:

Der europäische Sozialarbeiter ist sich kaum des Einflusses bewußt, den seine eigene Haltung auf diejenige des Klienten ausübt, noch der Ängste des Klienten (ob sie hinter einer Aggressivität verborgen sind oder nicht) noch der „Ambivalenz" gegen irgendwelche „Hilfe". Was der Schutzbefohlene sagt und tut, wird meistens nach dem oberflächlichen Eindruck beurteilt; jeder Angriff wird als solcher gewertet (und oft vom Sozialarbeiter als ihn persönlich betreffend erachtet und dann in gleicher Weise erwidert) und auch jede scheinbare Willigkeit. Die Technik des Interviews zeigt uns sogleich einen weiteren interessanten Punkt des „casework": die diagnostische Fähigkeit. Nicht nur ist es erforderlich, das Interview so zu führen, daß der Betreffende Vertrauen gewinnt und seine wirklichen Probleme offen ausspricht, sondern der Sozialarbeiter muß auch die psychologischen Momente, die in dem Interview zutage treten, auslegen können...

Auf das Interview folgt die Diagnose und Therapie:

Was die Behandlung selbst anlangt, so betont „casework" die richtige Verbindung zwischen dem Klienten und dem Sozialarbeiter... „Casework" verlangt vom

Sozialarbeiter eine Haltung, welche von der allgemein üblichen Haltung ganz entschieden abweicht...

Anstelle der autokratischen Haltung verlangt „casework" eine im wesentlichen
demokratische Haltung: Nie kannst du ohne den Klienten handeln, nie gegen seinen
Willen, alles muß mit ihm zusammen getan werden, denn ohne seine Mitarbeit wird
seine äußere und innere Unabhängigkeit, die das eigentliche Ziel aller sozialen Arbeit ist, nie erreicht werden. Wir können auch keine „moralistische" Haltung ge-
brauchen, wobei der Betroffene von Anfang an das Urteil des Sozialarbeiters sieht
und fühlt und das Wachstum einer echten helfenden Beziehung ausgeschlossen
wird. Was wir brauchen, ist eine sogenannte urteilsfreie Haltung, eine Haltung,
welche den Klienten so annimmt, wie er kommt, und die vor allem danach trachtet,
ihn in seiner Lage zu begreifen.

Zum „casework" kommt die „Supervision":

Sobald im theoretischen Unterricht gewisse Arbeitsmethoden mit den Klienten
gelehrt werden, müssen wir darauf bedacht sein, daß die Studenten in der Praxis
dann auch die Möglichkeit bekommen, wenigstens einige der grundlegenden Prinzipien dieser Methoden zu verwirklichen, damit sie erfahren können, wie weit ihre
eigenen Kräfte sie schon in Kontakt mit dem Klienten tragen... Hierbei ist aber eine
sehr sorgfältige Überwachung und Anleitung erforderlich. Einmal wegen des Klienten, der der Behandlung durch den Lernenden ausgeliefert ist; andererseits muß
dem Studenten bei der Auslegung seiner Erfahrungen geholfen werden, damit er
seine Fehler sieht, die Ursache seines Versagens erkennt und seine Unsicherheit
überwinden lernt. „Supervision" sollte ein Vorgang sein, bei dem der Supervisor
dem jungen Studenten bei jedem Schritt folgt, hilft und, wenn notwendig, ihn führt;
gleichzeitig aber auch den Studenten seine Schritte selbst wählen läßt, wobei alle
„Interviews" des Studenten vorbereitet werden, zusammen mit ihm, und wobei
diese Schritte hinterher durchgesprochen werden. Dabei wird also dem Studenten
Schritt für Schritt geholfen, die Diagnose zu stellen, die Behandlung zu planen und
durchzuführen. Bei diesem Vorgang sollte der Supervisor dem Studenten bewußt
helfen, die in den theoretischen Kursen erlernten Begriffe und Grundsätze anzuwenden.

Diese „Methoden der Sozialarbeit" bedingen also ein besonders enges
Zusammenwirken von Theorie und Praxis, von Ausbildungsstätten und
Sozialen Diensten, wobei vor allem den Sozialbehörden, im Hinblick auf
„Ausbildungsleitung" und „Praxisberatung (Supervision)" eine beträchtli-
che Ausbildungs-Verantwortlichkeit übertragen wird (s. u. Akademiekurse
des Deutschen Vereins für Ausbildungsleitung und Praxisberatung).

Mehrmals hat der Deutsche Verein „Empfehlungen zur praktischen
Ausbildung für Sozialarbeiter/Sozialpädagogen (grad.)" verabschiedet und
in seinem Nachrichtendienst (NDV) bekanntgegeben. Zitiert seien hier die
Empfehlungen vom 16. Februar 1976[351]):

Seit Verabschiedung der Empfehlungen des Deutschen Vereins zum Berufspraktikum (vgl. NDV 3/1974) ist die Diskussion um die sachgerechte Gestaltung des Berufspraktikums weitergegangen; sie hat aber in der Sache nicht weitergeführt. Die Versuche sachgerechter Lösungen werden von Vorbehalten bei den Ausbildungsstätten gegenüber der Praxis einerseits und Vorbehalten der Praxis gegenüber den Ausbildungsstätten andererseits beeinflußt.

Schwierigkeiten ergeben sich darüber hinaus aus der zunehmenden Diskrepanz zwischen Studienplätzen an Fachhochschulen und Ausbildungsplätzen für Praktikanten. Diese zuletzt genannte zentrale Problematik bedarf unabhängig von den folgenden Vorschlägen zur Gestaltung des Berufspraktikums einer grundsätzlichen Behandlung und Lösung.

Der Deutsche Verein gibt dem zweiphasigen Ausbildungtyp den Vorzug. Unabhängig davon, ob in den einzelnen Bundesländern das Berufspraktikum (Praxissemester) nach dem ein- oder zweiphasigen Typ durchgeführt oder angestrebt wird, ist es aber unerläßlich, daß zwischen den Beteiligten (dem für die Ausbildung verantwortlichen Minister, den Fachministern, den öffentlichen und freien Anstellungsträgern als Ausbildungsinstitutionen für das Berufspraktikum und den Fachhochschulen) gemeinsam nach Lösungen für folgende Probleme gesucht wird:
- Information der Bewerber über Ausbildung und Berufsaussichten,
- Festlegung und Abgrenzung von Aufgaben und Verantwortlichkeiten zwischen Fachhochschulen und Praxisinstitutionen,
- Verständigung über Grundstandards unabhängig vom ein- und zweiphasigen Ausbildungtyp,
- Gewährleistung der Gleichwertigkeit der Ausbildung in beiden Typen (Freizügigkeit für die Absolventen),
- Klärung der Kosten- und Finanzierungsfragen im Zusammenhang mit dem Berufspraktikum (Praktikantenvergütung, Anleitung in den Dienststellen, Praktikumsinstitut).

Der Deutsche Verein versucht mit den „Empfehlungen zur praktischen Ausbildung für Sozialarbeiter/Sozialpädagogen (grad.)" einen Beitrag zur Lösung dieser Probleme zu leisten. Sie knüpfen, unter Berücksichtigung der inzwischen weitergegangenen Entwicklungen und Erfahrungen, an die Empfehlungen vom März 1974 an.

A. Zur Notwendigkeit des Berufspraktikums

Um die Berufsbefähigung der künftigen Sozialarbeiter/Sozialpädagogen (grad.) sicherzustellen, muß ihnen in einem langfristigen Einsatz Gelegenheit gegeben werden, ihre in der Hochschulausbildung erworbenen theoretischen Kenntnisse und praktischen Erfahrungen unter systematischer Anleitung in die Praxis umzusetzen und einzuüben.

Dies erfordert einen in sich geschlossenen Einsatz des Praktikanten unter Anleitung und Verantwortung eines Berufsträgers in der Praxisstelle in nicht mehr als zwei Institutionen. Soweit der einphasige Ausbildungtyp gilt, muß die theoretische Ausbildung im wesentlichen abgeschlossen und der Praktikant mit seinem erworbenen Wissen und seinen Grundfertigkeiten auf einen ersten beruflichen Ein-

satz vorbereitet sein. Dies wird in der Regel nicht vor Abschluß des 5. Semesters der
Fall sein.

B. *Ziel des Berufspraktikums*
- Verwendung theoretischer Kenntnisse in der praktischen Arbeit;
- Entwicklung und Vertiefung von Fähigkeiten mit Klienten/Adressaten, Behörden, Kollegen und Vorgesetzten sowie Angehörigen anderer Berufsgruppen umzugehen;
- Befähigung, Hilfe- und Planungsprozesse verantwortlich zu entwickeln und
  durchzuführen einschließlich der Anwendung der entsprechenden Rechtsgrundlagen;
- Befähigung, die beruflichen Einzelerfahrungen in größeren Zusammenhängen zu
  sehen und in das berufliche Handeln einzuordnen;
- Information über Organisation und Struktur sozialer Einrichtungen; das Kennenlernen der Entscheidungsorgane, des Kräftespiels innerhalb der Organisa-
  tionsstrukturen und der Verwaltungsabläufe im sozialen Bereich; die Befähigung
  zu realitätsgerechtem Handeln in diesen Strukturen;
- Befähigung zu ökonomischem Einsatz der eigenen Kräfte zum Zwecke eines
  effektiven Arbeitens;
- Reflexion beruflichen Handelns sowie Erfahrung eigener Stärken und Grenzen.

C. *Organisation des Berufspraktikums*
Sowohl für die Anstellungsträger als auch für die Praktikanten ist bei der Beset-
zung der Praktikumsstellen das Recht der freien Wahl zu gewährleisten.
Eine sachgerechte Organisation des Berufspraktikums erfordert:
- Ständige Ermittlung der Studienplatzkapazitäten an den Fachhochschulen und
  der Ausbildungskapazitäten bei den Praxisträgern;
- Beratung von Praxisinstitutionen, Gewinnung von Ausbildungsplätzen und, so-
  fern erforderlich, Anerkennung von Ausbildungsstellen;
- Erfassung von anerkannten Ausbildungsstellen;
- Genehmigung von Ausbildungsplänen;
- Beratung für Bewerber;
- Durchführung von Fachseminaren für Berufspraktikanten;
- Feststellung der erfolgreichen Ableistung des Berufspraktikums;
- Beratung und Fortbildung der anleitenden Fachkräfte und, soweit gewünscht,
  Vermittlung von Praxisanleitern/Supervisoren.

D. *Praktikumsinstitut*
Zur Übernahme der oben genannten Aufgaben bietet sich die Errichtung eines
Praktikumsinstituts an, dessen Ausgestaltung eine sachgerechte Kooperation zwischen Fachhochschulen und Institutionen der Praxis sichert. Das Institut sollte aus
einem „Ausbildungsrat", einer Kommission zur Feststellung der Voraussetzungen
für die staatliche Anerkennung („Anerkennungskommission") und den hauptamt-
lichen Mitarbeitern bestehen.

1. Zusammensetzung und Aufgaben des Ausbildungsrates
Der Ausbildungsrat setzt sich zusammen aus sachkundigen Vertretern
– der öffentlichen Träger der Jugendhilfe und/oder Sozial- und Gesundheitshilfe,
– der freien Träger der Jugendhilfe und/oder der Wohlfahrtspflege,
– der Lehrenden der Fachhochschulen aus den Fachbereichen Sozialarbeit/Sozialpädagogik.
Die Mitglieder des Ausbildungsrates werden auf Vorschlag der kommunalen Spitzenverbände, der Spitzenverbände der Freien Wohlfahrtspflege sowie der Fachhochschulen durch den zuständigen Fachminister berufen.
Der Leiter und zwei Fachkräfte nach Ziffer 3 des Praktikumsinstituts gehören dem Ausbildungsrat mit beratender Stimme an.
Der Ausbildungsrat beschließt über
– Richtlinien für Ausbildungspläne,
– Programme der Fachseminare,
– Fortbildungsprogramme für die anleitenden Fachkräfte,
– die Ordnung über die Feststellung der Voraussetzungen zur staatl. Anerkennung („Anerkennungsordnung"),
– die Einstellung haupt- und nebenamtlicher Fachkräfte.
Er schlägt außerdem dem zuständigen Fachminister die Mitglieder der „Anerkennungskommission" vor.

2. Zusammensetzung und Aufgaben der Anerkennungskommission
Die Anerkennungskommission setzt sich zusammen aus Mitgliedern, die auf Vorschlag des Ausbildungsrates vom zuständigen Fachminister berufen werden und einem Vertreter des zuständigen Fachministers. Das nähere über die Zusammensetzung der Kommission regelt die jeweilige Prüfungskommission des Landes.
Zu den Aufgaben der Anerkennungsordnung gehören:
– Feststellung des erfolgreichen Ablaufs des Berufspraktikums,
– Durchführung des Kolloquiums,
– förmliche Feststellung des Gesamtergebnisses.

3. Fachkräfte des Praktikumsinstituts und ihre Aufgaben
Die Fachkräfte des Instituts sollen graduierte Sozialarbeiter/Sozialpädagogen mit staatlicher Anerkennung und mehrjähriger vielfältiger Berufserfahrung sein und die Anerkennung als Praxisberater/Supervisor oder eine gleichwertige Qualifikation haben.
Die personelle Ausstattung der Institute ist entsprechend der Zahl der auszubildenden Berufspraktikanten vorzunehmen. Als Bemessungsgröße sollte eine Fachkraft pro 100 Berufspraktikanten angesetzt werden. Der Einsatz von Honorarkräften ist möglich.
Die Aufgaben der Mitarbeiter ergeben sich aus C und D.

E. Träger des Instituts
Das Institut soll als rechtlich unselbständige Organisationseinheit einem größeren Leistungsträger angegliedert werden. Als Träger empfehlen sich Kommunal-

verbände höherer Ordnung oder staatliche Mittelbehörden – im Falle des einphasigen Ausbildungstyps Fachhochschulen. Die regionale Zuständigkeit des Praxisinstitutes ist festzulegen.

F. Aufgaben der ausbildenden Praxisstelle
– Die Praxisstelle muß sicherstellen, daß die unter B. genannten Ausbildungsziele erreicht werden können.
– Die Ausbildungsstelle erstellt einen Ausbildungsplan für den Praktikanten und sorgt für ein entsprechendes Ausbildungsangebot.
– Im Ausbildungsplan ist der für den Praktikanten zuständige Ausbildungsleiter zu benennen.
– Die Ausbildungsstelle ist verpflichtet, über Verlauf und Ergebnis des Berufspraktikums zu berichten.

G. Anerkennungsverfahren
Im Anerkennungsverfahren hat der Praktikant nachzuweisen, daß er das Ausbildungsziel erreicht hat.

Bei der Feststellung der Voraussetzungen zur staatlichen Anerkennung sind die Ergebnisse des Berufspraktikums und des Kolloquiums zu berücksichtigen.

Einzelheiten sind in der Anerkennungsordnung zu regeln. Der Nachweis des erfolgreichen Anerkennungsverfahrens gilt als Voraussetzung für die staatliche Anerkennung.

Beim einphasigen Ausbildungstyp ist er Voraussetzung für die Zulassung zur Graduierung.

H. Nachbemerkungen
Der Deutsche Verein ist der Auffassung, daß ohne eine qualifizierte Fortführung der Ausbildung durch das Berufspraktikum die Gesamtausbildung ein Torso bleibt und die angestrebte Effektivität der Ausbildung von Sozialarbeitern/Sozialpädagogen für die Praxis der Sozial- und Jugendhilfe zwangsläufig ausbleiben muß. Im Verhältnis zu den Kosten der Gesamtausbildung sind die Kosten für ein Praktikumsinstitut gering, während ihr Nutzeffekt als vielfach größer einzuschätzen ist. Der Vorschlag zur Gründung von Praktikumsinstituten soll damit dazu dienen, die erheblichen Aufwendungen im Hochschulbereich für die Praxis überhaupt erst voll nutzbar zu machen.

3. Soziale Fachberufe

In der sehr umfangreichen, größtenteils von den deutschen Ländern finanzierten Untersuchung des Deutschen Vereins über „die Situation der sozialen Berufe in der sozialen Reform" (1961) beschreibt Dr. Eva Koblank[352] sechs Fachberufe gemäß damaliger Terminologie: Kinderpflegerin; Kindergärtnerin und Hortnerin; Jugendleiterin; Heimerzieherin und

Heimerzieher; Jugendpflegerin und Jugendpfleger; Sozialarbeiterin und Sozialarbeiter. Abgesehen davon, daß seitdem die Entwicklung der soziale Fachberufe, insbesondere der sozialpädagogischen, weitergegangen ist, gab resp. gibt es deren mehr als jene sechs. Eigens genannt seien hier nur zwei, denen der Deutsche Verein seit alters oder neuerdings sein förderndes Interesse vordringlich zugewandt hat: Familienpflegerin/Hauspflegerin und Altenpflegerin/Altenpfleger.

3.1 Familienpflegerin/Hauspflegerin

Zwar die Anfänge der Familienpflege/Hauspflege liegen schon im vorigen Jahrhundert; aber den Fachberuf der Familienpflegerin/Hauspflegerin hat erst der Deutsche Verein 1961 mit seiner Schrift über „Hauspflege"[353]) begründet:

Hauspflege ist in ihrer Bedeutung weithin noch nicht bekannt. Diese Schrift möchte deshalb näher über sie unterrichten. Sie wendet sich damit an die Abgeordneten auf der Ebene des Bundes, der Länder und der Kommunen, an Fürsorgebehörden, Träger der Sozialversicherung, Sozialpartner, Verbände der freien Wohlfahrtspflege, ebenso wie an alle Verbände, Einrichtungen und auch an Persönlichkeiten, die sich in ihrer Tätigkeit besonders mit jenen Notständen auseinanderzusetzen haben, deren Behebung Aufgabe der Hauspflege ist, mit der Bitte um ihre Mitarbeit und Förderung beim Aufbau und Ausbau der Hauspflege.

Hauspflege ist ein Gebiet der Sozialarbeit, das in der modernen Industriegesellschaft mit ihren veränderten Formen des menschlichen Zusammenlebens seine besondere Bedeutung hat. Der Mangel an Wohnraum, so drückend er sein kann, ist dabei nicht so entscheidend wie das Losgelöstsein von Menschen, die früher in eintretenden Notfällen selbstverständliche nachbarliche Hilfe leisteten. Heute sind viele Familien, ebenso wie die Alleinstehenden, auf fremde Hilfe angewiesen, wenn Erkrankung, Wochenbett, Abwesenheit der Mutter oder Gebrechlichkeit im Alter sie hindern, ihren häuslichen Obliegenheiten nachzukommen.

Verantwortliche Persönlichkeiten, Frauenorganisationen, die Verbände der freien Wohlfahrtspflege und Gemeinden haben den Notstand und die Aufgabe erkannt. So entwickelte sich ein neuer sozialer Frauenberuf: Die Hauspflegerin.

Begriffsbestimmung

Der „Arbeitskreis Hauspflege" beim Deutschen Verein für öffentliche und private Fürsorge hat sich seit 1955 intensiv mit den Fragen der Hauspflege beschäftigt und für die Tätigkeit der Hauspflege eine Formulierung gefunden, die das vielseitige Gebiet der Hauspflegearbeit gegenüber anderen Gebieten abgrenzt und in das System der sozialen Hilfen einordnet:

„Hauspflege ist die vorübergehende Betreuung von Familien oder Einzelpersonen in ihrer Häuslichkeit in pflegerischer, hauswirtschaftlicher und erzieherischer

Hinsicht durch eine Pflegeperson, die einem die Hauspflege ausübenden freien oder öffentlichen Träger angehört. Voraussetzung ihrer Tätigkeit ist ein durch Krankheit oder andere soziale Gründe verursachter Notstand, der weder durch die Gemeindeschwester noch durch eine Hausgehilfin zu beheben ist."

Aufgabe der Hauspflege

Die Notstände, zu deren Behebung die Hauspflegerin gerufen wird, stellen ihr folgende Aufgaben:

1. Häusliche Krankenpflege, Wochen- und Säuglingspflege

Da die Hauspflegerin in ihren Pflegen meist auf sich selbst gestellt ist und dem Kranken wie der Wöchnerin gegenüber pflegerischer und persönlicher Sicherheit bedarf, werden an sie besondere Anforderungen gestellt. Die Versorgung des Kranken, insbesondere die Durchführung ärztlicher Verordnungen unter oft sehr behelfsmäßigen Umständen, setzt in besonderem Maße Vertrautheit mit dem Gebiete der Krankenpflege voraus.

Daneben stellt die große Bedeutung, die der Diät in der Krankenpflege zukommt, der Hauspflegerin weitere wichtige Aufgaben. Die Hauspflegerin ist aber in der Regel keine geprüfte Krankenschwester, so daß z. B. Massagen und Injektionen den Fachkräften überlassen bleiben müssen.

2. Haushaltführung

Zur Haushaltführung gehört alles, was mit der Vertretung der Hausfrau und Mutter zusammenhängt. Die täglich anfallende Hausarbeit, das Kochen und Einkaufen, die Pflege der Wohnung, Kleidung und Wäsche, wie der Umgang mit dem Haushaltgeld, das in jedem Haushalt anders bemessen ist. Dadurch, daß für einen fremden Haushalt zwar die Verantwortung übernommen, aber doch seine Eigenart respektiert werden muß, stellt die Aufgabe immer erneut große Anforderungen an die Anpassungsfähigkeit der Hauspflegerin. Großer Hausputz, große Wäsche und andere schwere Hausarbeiten gehören nicht zum Aufgabengebiet der Hauspflegerin.

Im ländlichen Haushalt kommen die speziellen Aufgaben der Bäuerin hinzu (Dorfhelferin).

3. Pädagogisch-psychologische Hilfen

Zu diesem Aufgabenbereich gehört die Aufsicht und Erziehung der durch die Krankheit oder Abwesenheit der Mutter oft in ihrem Lebensrhythmus erheblich gestörten Kinder, die Sorge für den geordneten Tagesablauf, die Überwachung der Schularbeiten und sonstigen Pflichten der Kinder. Die Hauspflegerin trägt dazu bei, den Familienzusammenhalt zu stärken und kann damit Einfluß auf die Gestaltung des Familienlebens gewinnen. Diese wichtige Aufgabe stellt an die damit betraute Hauspflegerin hohe Anforderungen in bezug auf ihre charakterliche Festigkeit.

Besonderes psychologisches Verständnis fordert auch der Umgang mit alten Menschen. Durch Eingehen auf ihre besondere, von ihnen oft als sehr schwierig empfundene Situation kann die Hauspflegerin den alten Menschen dazu verhelfen, wieder Fähigkeiten zu entfalten, die zu einer besseren Lebensbewältigung führen. Dabei hat sie oft die Aufgabe, das Verständnis der Umgebung für ihren alten Pflegebefohlenen zu wecken und Kontakte mit der Umwelt wieder herzustellen. Sie kann versuchen, um einer Vereinsamung entgegenzuwirken, ihm Anschluß zu verschaffen an einen Altenklub, die Kirchengemeinde oder an eine Familie, die bereit ist, sich seiner anzunehmen.

Das Arbeitsgebiet der Hauspflege
Hauspflege wird bei folgenden Notständen gewährt:

1. Zur Vermeidung oder Abkürzung eines Krankenhausaufenthaltes
Die Hauspflege ermöglicht es, einen Kranken in seiner Häuslichkeit zu betreuen, oder ihn möglichst früh wieder aus dem Krankenhaus zu entlassen.

Dies ist von besonderer Wichtigkeit für

a) Mütter, deren Pflege die Hauspflegerin übernimmt, während sie gleichzeitig die Familie versorgt;

b) alte Menschen (Alleinstehende und alte Ehepaare), die von der Hauspflegerin gepflegt und versorgt werden, bis sie entweder wieder hergestellt sind, oder eine Heimaufnahme möglich ist;

c) alleinstehende Kranke, um sie nicht unnötig lange im Krankenhaus belassen zu müssen, oder um einen Krankenhausaufenthalt überhaupt zu vermeiden.

Dringliche und schwierige Aufgaben hat die Hauspflege auch bei der vorübergehenden Pflege chronisch Kranker (Carzinom-Pflegen, nachgehende Carzinom-Fürsorge, Multiple Sklerose usw.). Diese Art Pflegen nimmt ständig zu und die Patienten bedürfen besonderer Aufmerksamkeit. Erschwerend fällt dabei ins Gewicht, daß sich die an sich schon schweren Pflegen unter den meist behelfsmäßigen Mitteln der eigenen Häuslichkeit der Patienten vollziehen müssen.

In allen diesen Fällen bedeutet aber die Hauspflege eine Erleichterung für den Patienten, weil sie es ihm ermöglicht, in der eigenen Häuslichkeit gepflegt zu werden. Zudem werden auf diese Weise hohe Krankenhauskosten erspart und die ohnedies knappen Krankenhausbetten nicht unnötig lange in Anspruch genommen...

2. Zur Versorgung der Familie bei Abwesenheit der Mutter
Die Hauspflege übernimmt die Versorgung der Familie bei Abwesenheit der Mutter infolge eines Krankenhausaufenthaltes, Heilverfahrens oder Kuraufenthaltes, insbesondere während eines Aufenthaltes in einem Müttergenesungsheim. Dringend notwendige Behandlung (Operation usw.) und Wiederherstellung der Gesundheit und Arbeitskraft wird häufig überhaupt erst ermöglicht und die Genesung dadurch erheblich beschleunigt, daß die Mutter beruhigt über die Versorgung ihrer Familie sich der Behandlung unterziehen und ihrer Erholung hingeben kann.

3. Zur Versorgung der Wöchnerin und ihres Säuglings
Die Versorgung der Wöchnerin, des Säuglings und der übrigen Familienmitglieder ist ein besonders wichtiges Arbeitsgebiet der Hauspflege. Nach der Entbindung

hat die allzu frühe Belastung der Mutter durch den Haushalt und die anderen Kleinkinder nachgewiesenermaßen oft sehr nachteilige gesundheitliche Folgen für die
Wöchnerin, die bei einem Ausbau der Hauspflege vermieden werden können. Auch
wird in kinderreichen Familien die Hauspflegerin oft schon vor der Entbindung angefordert und so die Mutter bei der Versorgung der älteren Kinder entlastet.

4. Zur Versorgung erkrankter Alleinstehender
    Hauspflege tritt bei plötzlicher Krankheit auch zur Versorgung Alleinstehender
in ihrer Häuslichkeit ein. Daneben können auch Personen, die einen alten Menschen zu versorgen haben, für die Zeit einer Abwesenheit – Krankenhaus oder Erholungsaufenthalt – eine Hauspflegerin anfordern, der sie ihren Schützling in dieser
Zeit anvertrauen können.

5. Zur Versorgung der erkrankten Kinder von berufstätigen Müttern
    Bei Erkrankung der Kinder berufstätiger Mütter, die ihrem Arbeitsplatz nicht
fernbleiben können, tritt, wenn Nachbarschaftshilfe nicht gegeben ist, Hauspflege
ein, damit die kranken Kinder sich nicht selbst überlassen bleiben.

6. Zur Anleitung unerfahrener Mütter
    In Einzelfällen wird die Hauspflege auch zur Anleitung hauswirtschaftlich und
pädagogisch besonders unerfahrener Mütter tätig, um damit eine Sicherung der Familie zu bewirken.

Die Ausbildung der Hauspflegerin
    Die verschiedenartigen Aufgabengebiete, zwischen denen die Hauspflegerin von
einem Pflegefall zum anderen wechselt, erfordern eine sorgfältige und vielseitige
Ausbildung. Diese Ausbildung erfolgt daher theoretisch und praktisch in pflegerischer, hauswirtschaftlicher, pädagogischer und sozialer Hinsicht.
    Folgende Gebiete sind darin enthalten: Häusliche Krankenpflege, Säuglingspfle-
ge, Kinderpflege und Kindererziehung, Altenpflege, Hauswirtschaft, Ernährungslehre, Diätküche, Sozialkunde, Rechtsfragen des täglichen Lebens, Beschäftigungs-
lehre, Berufsethik, Lebenskunde u. a. Die Unterweisung in den letztgenannten
Fächern braucht die Hauspflegerin vor allem im Hinblick auf ihre persönliche
Vorbereitung für einen Beruf, der menschlich besonders anspruchsvoll ist. Die
Ausbildung der Hauspflegerin dauert ein Jahr und wird in eigens dafür errichteten
Ausbildungsstätten durchgeführt. Sie wird mit einer Abschlußprüfung beendet, der
ein einjähriges Berufspraktikum folgt.
    Ältere Berufsanwärterinnen, die in einem verwandten Beruf ausgebildet sind oder
bereits über umfassende Erfahrungen in der Hauspflege verfügen, können den gleichen Abschluß der Ausbildung erreichen durch Kurse, die in Verbindung mit einer
Ausbildungsstätte erfolgen.
    Da niemand in der Hauspflege ohne entsprechende Ausbildung oder Vorberei-
tung mitarbeiten soll, nehmen auch die ehrenamtlich oder nebenberuflich tätigen
Mitarbeiterinnen in der Hauspflege zu ihrer Unterweisung an den Kursen teil. Darüber hinaus erhalten alle Mitarbeiterinnen regelmäßige Weiterbildung.

Träger der Hauspflege

1. Hauspflege kann sowohl Aufgabe der freien als auch der öffentlichen Wohlfahrtspflege sein.

2. Die Träger der Hauspflege üben einen sozialen Dienst aus, der für alle Bevölkerungskreise verfügbar sein muß. Der Notstand, der ihm zugrunde liegt, muß nicht unbedingt Hilfsbedürftigkeit im Sinne der Fürsorgegesetzgebung voraussetzen. Er kann auch einfach bedingt sein durch den Mangel an helfenden Menschen, die verhindert sind, die erforderliche Hilfe zu leisten.

3. Die Hauspflegerin arbeitet stets im Auftrage eines Trägers, da ihre Auswahl, Ausbildung, Fortbildung und Vermittlung bzw. Bereitstellung ihn verlangen.

4. Dem Träger obliegt die Überwachung der Hauspflegetätigkeit, der Kontakt zwischen Familie, Hauspflegerin und Kostenträger, die Annahme und Beurteilung der Pflegen, die Auswahl der für die Pflegestelle am besten geeigneten Hauspflegerin, Abrechnung mit Hauspflegerin und Kostenträgern, Buch- und Kassenführung, Sozialversicherung der Hauspflegerinnen, Verhandlungen mit Behörden und Organisationen.

5. Die Träger der Hauspflege müssen bemüht sein, die Leitung einer solchen verantwortungsvollen und vielseitigen Tätigkeit einer geschulten und erfahrenen Persönlichkeit anzuvertrauen.

Weiter ausgestaltet wurde dieser Fachberuf seitens des Deutschen Vereins durch dessen „Empfehlungen für die Aus- und Fortbildung der Familienpflegerin/Hauspflegerin unter dem Aspekt ihrer Mitarbeit in der Hilfe für psychisch Kranke" vom 16. Februar 1977; sie gelten entsprechend auch für die Dorfhelferin[354]):

Die Familienpflegerin/Hauspflegerin begegnet in den von ihr versorgten Familien sehr häufig psychisch erkrankten oder psychisch gefährdeten Menschen. Dabei handelt es sich einmal um Fälle, in denen die psychische Erkrankung eines Familienmitgliedes Anlaß ihrer Tätigkeit in dieser Familie ist. Zum andern hat sie Gelegenheit und Möglichkeit, bei ihren Familieneinsätzen auffällige Verhaltensweisen zu erleben. Sie kann dazu beitragen, daß durch Einschaltung der Fachkräfte psychische Erkrankungen rechtzeitig erkannt werden, ärztliche Behandlung eingeleitet wird sowie die Familie zu einem Leben mit dem kranken Familienmitglied befähigt wird (Hilfe im Vorfeld der Früherkennung psychischer Erkrankungen).

Diese Mitarbeit der Familienpflegerin/Hauspflegerin im Rahmen der Hilfe für psychisch Kranke setzt entsprechende Grundkenntnisse voraus. Da jeder Familienpflegerin/Hauspflegerin in den von ihr versorgten Familien psychische Erkrankungen begegnen können, müssen diese Grundkenntnisse in die Lehr- und Stoffpläne der Ausbildungsstätten aufgenommen werden. Einsätze, die im Rahmen eines Therapieplanes speziell in Familien mit psychisch Kranken erfolgen, erfordern eine spezielle Fortbildung.

Für die Aus- und Fortbildung der Familienpflegerin/Hauspflegerin unter dem Aspekt der Mitarbeit in der Hilfe für psychisch Kranke wird folgende Empfehlung gegeben:

I. Ausbildung der Familienpflegerin/Hauspflegerin

In dem Lehrplan der Ausbildungsstätten für Familienpflegerinnen/Hauspflege-
rinnen müssen folgende Lehrinhalte berücksichtigt und durch geeignete Lehrkräfte
unterrichtet werden:

1. Überblick über die psychischen Erkrankungen und altersspezifischen Verhaltensweisen bei den einzelnen Krankheitsbildern.
2. Umgang mit psychisch Kranken und ihren Angehörigen, z. B. Besonderheiten
in der Gesprächsführung.
3. Erste Hilfe in Krisensituationen, z. B. bei Suicidgefahr.
4. Einrichtungen und Organisationen der Hilfen für psychisch Kranke.
Innerhalb der insgesamt zweijährigen Ausbildung sollten die unter 1. angegebe-
nen Lehrinhalte im ersten Ausbildungsjahr, die übrigen im zweiten Ausbildungsjahr (Berufspraktikum) gelehrt werden. (Vorschlag: mindestens zweimal 4–6 Dop-
pelstunden.)

II. Fortbildung

Im Fortbildungsangebot ist der Akzent „Hilfe für psychisch Kranke" in der
Weise zu berücksichtigen, daß die in der Ausbildung erworbenen Kenntnisse und
die inzwischen in der Praxis gemachten Erfahrungen systematisch ergänzt und angepaßt werden (themenbezogener Erfahrungsaustausch).

III. Fortbildung für besondere Aufgaben in den Familien mit psychisch Kranken

Ein Fortbildungs-Seminar von insgesamt 4 Wochen Dauer sollte sich gliedern
in
2 Wochen Vollzeitunterricht mit mindestens 30 Stunden und 2 Wochen Praktikum in der Psychiatriepflege.
Für den Zeitablauf empfiehlt sich ein Blockunterricht von 10 Tagen, danach 2
Tage Besichtigung mit entsprechender Einführung, an die sich die 2 Wochen Praktikum anschließen. Am Schluß des Lehrganges sollten 2 Tage Gelegenheit geben,
den Lehrstoff noch einmal zusammenzufassen, die im Praktikum gemachten Erfahrungen auszutauschen und das Seminar mit einem Colloquium abzuschließen.
Der theoretische Unterrichtsstoff sollte folgende Themen behandeln:
1. Die heutige Situation der Psychiatrie in der Bundesrepublik.
2. Die verschiedenen Formen der Schizophrenie, das Verhalten der daran Erkrankten und das Verhalten der Umwelt zu ihnen.
3. Die verschiedenen Formen von Depressionen, das Verhalten der daran Erkrankten und das Verhalten der Umwelt (z. B. „zudeckende" Gesprächsführung).
4. Was versteht man unter Neurose? Die verschiedenen Formen von neuroti-
schen Erkrankungen. Der Umgang mit neurotisch erkrankten Menschen.
5. Vorbeugung seelischer Erkrankungen im Kindes- und Jugendalter, in der Le-
bensmitte und im Alter.
6. Umgang mit psychisch gestörten alten Menschen.
7. Situation der Familien von psychisch Kranken und Hilfen zum Umgang mit
den Angehörigen.

8. Hilfen, die öffentliche und freie Träger anbieten können.
Der Unterricht sollte ergänzt werden durch Filme und Dias, sowie durch Fallbe-
sprechungen. Das Besichtigungsprogramm sollte Landeskrankenhäuser, psychia-
trische Kliniken, Tageskliniken und Einrichtungen der offenen Hilfe (Patienten-
klubs, Angehörigenklubs) umfassen.
Das Praktikum sollte weitgehend in der stationären psychiatrischen Pflege
durchgeführt werden und die Möglichkeit geben, verschiedene Arten von psychischen Erkrankungen kennenzulernen.

IV. Fortbildung der Einsatzleitung
Die Einsatzleitung der Familienpflege/Hauspflege-Station oder Sozialstation
sollte Grundkenntnisse in der Hilfe für psychisch Kranke haben, damit sie beurteilen kann, welche Familienpflegerin/Hauspflegerin sich für den Einsatz bei psychisch Kranken eignet. Außerdem muß sie die Verbindung zu den jeweiligen Fachkräften herstellen, wenn von diesen oder den speziellen Einrichtungen Hilfe für die
psychisch Kranken erforderlich wird. Es ist wegen des notwendigen engen Kontak-
tes wünschenswert, daß die Einsatzleitung in Verbindung zu einer offenen Einrichtung für psychisch Kranke steht.

3.2 Altenpflegerin/Altenpfleger

Den Fachberuf der Altenpflegerin/des Altenpflegers hat der Deutsche
Verein geschaffen. Im Juni 1965 veröffentlichte er das in seinem Fachausschuß III erarbeitete „Berufsbild" der Altenpflegerin; am 7. Juni 1968 verabschiedete er die ebenfalls von seinem Fachausschuß III formulierte[355)]
„Ausbildungs- und Prüfungsordnung für Altenpflegerinnen"; ihr folgte elf
Jahre später die „Empfehlung des Deutschen Vereins für eine – bundeseinheitliche – Ausbildungsordnung für Altenpfleger", vom Vorstand beschlossen am 6. Dezember 1979. Aus dieser Empfehlung ist auch der neue-
ste Stand des Berufsbildes zu ersehen:

Das Bemühen der Bundesländer, die Ausbildungsordnungen für Altenpfleger der
ständig fortschreitenden fachlichen Entwicklung anzupassen, hat zu einer Gefährdung der Einheitlichkeit des Berufsbildes geführt. Auch das anfangs bestehende
Einverständnis aller Länder, daß es sich um einen sozialpflegerischen Beruf handele,
ist nicht mehr gegeben. Dadurch ist auch die gegenseitige Anerkennung der Ausbil-
dungsabschlüsse und die berufliche Freizügigkeit der Altenpfleger in Frage gestellt.
Dies muß sich auf die Dauer negativ auf die Anziehungskraft dieses jungen und in
seiner Bedeutung ständig zunehmenden Berufes auswirken.
Der Deutsche Verein ist wiederholt auf diese bedenkliche Entwicklung hingewiesen und aus Fachkreisen gebeten worden, die damit zusammenhängenden Fragen zu
beraten. Als Ergebnis dieser Beratung ist festzustellen, daß von allen fachlich Beteiligten an der bisherigen Konzeption festgehalten wird, wonach der Beruf des Alten-

pflegers dem sozialpflegerischen Bereich zuzuordnen ist. Entscheidend hierfür ist die Tatsache, daß vielen zum Aufgabenfeld des Altenpflegers gehörigen Bedürfnissen und Schwierigkeiten des Alters nur durch die Verknüpfung gesundheitspflegerischer und sozialer Hilfen wirksam gerecht zu werden ist. Einverständnis besteht darüber, daß die Altenpfleger-Ausbildung in schulischer Form zu gestalten ist und daß die Ausbildungsstätten auch weiterhin in pluraler Trägerschaft stehen sollen.

Auf der Grundlage dieser Erkenntnisse wird hiermit der Entwurf einer Ausbildungsordnung vorgelegt, die den Erfordernissen einer modernen Berufsstruktur Rechnung trägt und den Rahmen für eine einheitliche Regelung der Länder bilden kann. Im Interesse der Bundeseinheitlichkeit sollten in den Ausbildungsordnungen der Länder insbesondere folgende Punkte übereinstimmend geregelt werden:

1. Zugangsvoraussetzungen;
2. zweijährige Dauer der Ausbildung mit einem integrierten Fachpraktikum von sechsmonatiger Dauer;
3. Stoffplan für den theoretischen Teil der Ausbildung einschließlich der praktischen Unterweisung;
4. Abschlußprüfung und staatliche Anerkennung.

Ausbildungsordnung für Altenpfleger

Ausbildungsziel

Ziel der Ausbildung des Altenpflegers ist es, ihm fachliche Kenntnisse und Fertigkeiten zu vermitteln, die ihn zur selbständigen und verantwortlichen Tätigkeit sowohl in Einrichtungen der Altenhilfe als auch in der offenen Altenhilfe befähigen, insbesondere zur

a) Betreuung alter Menschen in ihren persönlichen und sozialen Angelegenheiten und ggf. Begleitung bis zu ihrem Lebensende,

b) Hilfe zur Erhaltung und Aktivierung der eigenständigen Lebensführung,

c) Anregung und Anleitung zu Hilfen durch Familie und Nachbarschaft,

d) Pflege und Mitwirkung bei der Behandlung und der Rehabilitation kranker oder behinderter alter Menschen,

e) Gesundheitspflege und Ausführung ärztlicher Verordnungen, ggf. im Zusammenwirken mit anderen Berufsgruppen,

f) Mitwirkung bei der Freizeitgestaltung sowie bei Gemeinschaftsveranstaltungen.

Ausbildungsstätten

Die in den Bundesländern unterschiedliche Ressortierung bei den Kultus- bzw. Arbeits- und Sozialministerien läßt bedauerlicherweise einen einheitlichen Formulierungsvorschlag hier nicht zu. Im folgenden werden daher nur Hinweise für die inhaltliche Regelung über Ausbildungsstätten gegeben.

a) Ausbildungsstätten sind von einer Fachkraft mit einschlägiger Berufsausbildung und mehrjähriger pädagogischer Erfahrung hauptberuflich zu leiten,

b) die Ausbildungspläne sind nach einem staatlich vorgeschriebenen Rahmenlehrplan zu erstellen,

c) für den theoretischen und praktischen Unterricht müssen geeignete Lehrpersonen in ausreichender Zahl zur Verfügung stehen,

d) es müssen die notwendigen Räume und Einrichtungen sowie ausreichende Lehr- und Lernmittel vorhanden sein,

e) es müssen ausreichende Möglichkeiten zur Ableistung der erforderlichen Praktika in für die Ausbildungsziele geeigneten Einrichtungen der Altenhilfe sowie in Krankenhäusern bestehen.

Ausbildungsstätten, die die Voraussetzungen zu a) bis e) erfüllen, sind staatlich anzuerkennen. Die staatliche Anerkennung ist zurückzunehmen, wenn eine der genannten Voraussetzungen nicht mehr vorliegt oder wenn die Ausbildungsstätte aus anderen Gründen nicht mehr die Gewähr für eine ordnungsgemäße Durchführung der Ausbildung bietet.

Zulassung zur Ausbildung

1. Zur Ausbildung als Altenpfleger kann zugelassen werden, wer

a) einen Hauptschulabschluß oder eine gleichwertige Schulausbildung besitzt und

b) über eine abgeschlossene, mindestens zweijährige Berufsausbildung verfügt oder eine praktische Tätigkeit von mindestens dreijähriger Dauer nachweist – bei Abiturienten kann die praktische Tätigkeit um ein Jahr verkürzt werden – und

c) körperlich, geistig und persönlich für den Beruf des Altenpflegers geeignet ist.

2. Über die Zulassung entscheidet die Leitung der Ausbildungsstätte, an die auch das Zulassungsgesuch zu richten ist.

Dauer, Gliederung und Abschluß der Ausbildung

1. Die Ausbildung erstreckt sich über einen Zeitraum von 24 Monaten. Sie gliedert sich in fachtheoretische und fachpraktische Ausbildung. Die fachpraktische Ausbildung umfaßt Praktika während der fachtheoretischen Ausbildung und ein Fachpraktikum, das in der Regel im 2. Ausbildungsjahr abzuleisten ist.

2. Frühestens am Ende des ersten Ausbildungsjahres ist eine Zwischenprüfung abzulegen. Die Ausbildung endet mit der Abschlußprüfung als Altenpfleger und der staatlichen Anerkennung.

Lehrinhalte

In der fachtheoretischen Ausbildung sollten folgende Inhalte behandelt werden:

a) Allgemeiner und berufskundlicher Bereich: ca. 400 Stunden
Methodik und Technik des Lernens,
Berufskunde, Berufsethik
,Staatsbürgerkunde, Verwaltungskunde,
Rechtskunde, Recht der sozialen Sicherung,
Inhalt und Methoden der Altenhilfe.

b) Spezifisch gerontologischer Bereich: ca. 200 Stunden

Grundbegriffe der Gerontologie,
Ausgewählte Bereiche der Psychologie,
Sozialpsychologie, Soziologie.
c) Medizinisch-pflegerischer Bereich: ca. 600 Stunden
Gesundheitslehre,
Krankheitslehre,
Alterspsychiatrie,
Arzneimittellehre,
Ernährungslehre,
Pflege alter Menschen einschließlich Altenkrankenpflege.
d) Rehabilitativer Bereich: ca. 200 Stunden
Physiotherapie,
Bewegungstherapie,
Altengymnastik,
Beschäftigungstherapie,
Freizeitgestaltung.

                                                               1400 Stunden

Praktika während der fachtheoretischen Ausbildung
1. Die Praktika während der fachtheoretischen Ausbildung umfassen 1000 Stunden (25 Wochen). Sie werden grundsätzlich gleichgewichtig in stationären und offenen – möglichst auch in teilstationären – Bereichen der Altenhilfe abgeleistet. Mindestens 320 Stunden (8 Wochen) davon sollte der Schüler in einem Krankenhaus tätig sein. Er soll in dieser vielseitigen praktischen Ausbildung angeleitet werden, die in der fachtheoretischen Ausbildung erworbenen Kenntnisse in der Arbeit mit und an alten Menschen anzuwenden. Der Schüler soll zu allen Tätigkeiten herangezogen werden, die in unmittelbarem Zusammenhang mit dem Beruf des Altenpflegers stehen und das Erreichen des Ausbildungsziels fördern.
2. Einsatz und Art der Tätigkeit werden von der Ausbildungsstätte verantwortet.

Fachpraktikum
1. Nach Ablauf des ersten Ausbildungsjahres und bestandener Zwischenprüfung leistet der Schüler ein halbjähriges Fachpraktikum ab. Das Fachpraktikum wird von der Ausbildungsstätte gelenkt und verantwortet.
2. Sinn und Zweck des Fachpraktikums ist die fachliche und persönliche Bewährung des Schülers in der Praxis der künftigen Berufsarbeit. Ihm ist Gelegenheit zu geben, die erworbenen theoretischen Kenntnisse und praktischen Fertigkeiten anzuwenden und einzuüben. Er soll selbständig arbeiten, steht jedoch während des Fachpraktikums unter Anleitung eines staatlich anerkannten Altenpflegers oder einer Fachkraft mit gleichwertiger sozialer oder pflegerischer Ausbildung.
3. Die Einübung in den Beruf des Altenpflegers erfordert die kontinuierliche Anleitung während eines längeren zusammenhängenden Zeitraums. Die Praktikums-

stelle sollte daher nur aus Gründen gewechselt werden, die im Interesse der Ausbildung liegen.

Berufsbegleitende Ausbildung

Für in der Altenhilfe tätige Bewerber, denen die Teilnahme an der Vollzeitausbildung aus persönlichen oder familiären Gründen nicht möglich oder in unzumutbarer Weise erschwert ist, kann die Durchführung einer berufsbegleitenden Ausbildung zugelassen werden. Diese Ausbildung muß den gleichen Lehrstoff wie die Vollzeitausbildung umfassen. Nähere Einzelheiten einer solchen Sonderregelung sind von der zuständigen Behörde im Einzelfall festzulegen.

Sonderregelung der Ausbildung

1. Für Bewerber mit einer abgeschlossenen, mindestens zweijährigen Ausbildung in verwandten pflegerischen und sozialen Berufen kann die Ausbildungszeit auf Antrag auf insgesamt 16 Monate (12 Monate Besuch der Ausbildungsstätte und 4 Monate Fachpraktikum) verkürzt werden. Hierfür sind besondere Ausbildungsgänge anzubieten.
2. Über den Antrag entscheidet die zuständige Behörde.

4. Umwandlung der höheren Fachschulen in Fachhochschulen für Sozialarbeit/Sozialpädagogik

Höhere Fachschulen waren jedenfalls die preußischen Wohlfahrtsschulen seit 1922. Der Erlaß des Preußischen Ministeriums für Volkswohlfahrt vom 19.6.1922 besagte:

Um die Stellung der staatlich anerkannten Wohlfahrtsschulen innerhalb des gesamten Schulwesens zu bestimmen und ihre Eigenart den anderen Schulgattungen gegenüber zu kennzeichnen, erkenne ich sie... als höhere Fachschule an.

Erneuert wurde diese Bestimmung in Nordrhein-Westfalen durch Grunderlaß vom 23.3.1959:

Ausbildungsstätten sind die Wohlfahrtsschulen. Sie führen in Zukunft, der Ausbildungs- und Prüfungsordnung entsprechend, die Bezeichnung „Höhere Fachschulen für Sozialarbeit"[356].

Bereits 1950 war aber auf der Pariser Konferenz (s.o.) empfohlen worden, die sozialen Berufsschulen – wiederum nach amerikanischem Vorbild – mit akademischem Status auszustatten, sie also zu Universitäten resp. Fachhochschulen zu befördern. Zwei Jahrzehnte später leitete die Ministerpräsidentenkonferenz der deutschen Länder in ihrer Entschließung vom 31.Oktober 1968 über die „Neuordnung des Ingenieurschulwesens und vergleichbarer Bildungseinrichtungen" diese Entwicklung ein, die kurzfristig dazu führte, daß 1969/1970 die Ausbildung der Sozialarbeiter und Sozialpädagogen von der bis dahin zuständigen höheren Fachschule auf die Fachhochschule überführt wurde. Der Deutsche Verein verabschiedete am 3. Oktober 1969 eine Stellungnahme[357]):

> An der Vorarbeit und der Verabschiedung [dieser Stellungnahme] waren Vertreter von Bundes- und Länderministerien, der Gewerkschaften, der Ausbildungsstätten, der freien Wohlfahrtspflege und der kommunalen Spitzenverbände ebenso beteiligt wie die Berufsverbände, die Konferenzen der Höheren Fachschulen für Sozialarbeit und Sozialpädagogik, erfahrene Praktiker aus der sozialen Arbeit und Wissenschaftler.

In zwei Gremien des Deutschen Vereins war die Stellungnahme ausgearbeitet worden, im Fachausschuß VI – Soziale Berufe – und in der eigens zu diesem Zweck eingesetzten Vorstandskommission unter Vorsitz von Professor Wollasch. Aus der Stellungnahme sei hier zitiert:

> Wenn die technisch-wirtschaftlichen Berufe dem jeweils neuesten Stand der wissenschaftlichen Erkenntnis entsprechen und durch eine qualifizierte Ausbildung dahin geführt werden sollen, so trifft dies mit der gleichen Berechtigung auch für die Berufe der Sozialarbeiter und Sozialpädagogen zu, die unmittelbar auf den Menschen und damit zugleich auf die Gesellschaft bezogen sind. Die in der industriellen Gewerkschaft vorhandene höhere Bewertung des technisch-wirtschaftlichen Bereichs verdeckt leicht die gesellschaftliche Bedeutung von Berufsgruppen, deren Arbeit sehr häufig das Ziel hat, Menschen, die aus sehr verschiedenen Gründen den veränderten gesellschaftlichen Verhältnissen nicht gewachsen sind, zu helfen.
> Eine Berufspraxis, die diesem Ziel gerecht werden soll, bedarf einer Ausbildung, die mehrere wissenschaftliche Aspekte berücksichtigt und sie einander so zuordnet, daß ein ganzheitlicher Berufsvollzug ermöglicht wird. Die Praxis stellt an Sozialarbeiter und Sozialpädagogen trotz der Vielfalt ihrer Tätigkeiten übereinstimmende Anforderungen, die eine ebenso wissenschaftlich fundierte wie praxisbezogene Ausbildung nahelegen...
> Bei der Neuordnung des Deutschen Bildungswesens werden die bisherigen höheren Fachschulen für Sozialarbeit und Sozialpädagogik fortfallen. Daraus ergeben sich Probleme und Konsequenzen von großer Tragweite, die nicht übersehen werden dürfen. Der Deutsche Verein für öffentliche und private Fürsorge ist der Auffassung, daß diese Fragen beschleunigt und intensiv geprüft werden müssen.
> Eine Umstellung darf keine Lücken im Zugang von Bewerbern zu den Berufen „Sozialarbeiter" und „Sozialpädagoge" entstehen lassen... Vor allem bedürfen die Zulassungsbestimmungen für die Aufnahme in die Fachhochschulen einer flexiblen Gestaltung, um einen in quantitativer und qualitativer Hinsicht genügenden Berufsnachwuchs zu sichern.
> 2. Das Lehrangebot der Fachhochschule für Sozialarbeit und Sozialpädagogik muß die Praxisbezogenheit der Ausbildung gewährleisten...
> 3. Organisation und Lehrbetrieb der Ausbildung für Sozialarbeit und Sozial-

pädagogik müssen auf der Ebene der Fachhochschule der Eigenart dieser Berufe, wissenschaftliche Erkenntnisse in methodisch angelegtes soziales Handeln umzusetzen, entsprechen. Die Fachhochschulausbildung der Sozialarbeiter und Sozialpädagogen muß deshalb neben fundiertem Fachwissen auch ausreichende Praktikumserfahrungen während und nach dem Studium vermitteln...
4....
5. Die bisherigen höheren Fachschulen befinden sich weit überwiegend in freier oder kommunaler Trägerschaft. Das ist sachlich gerechtfertigt, hat sich bewährt und sollte weiterhin ermöglicht werden...
6. Für Sozialarbeiter und Sozialpädagogen im öffentlichen Dienst ergeben sich laufbahnrechtliche Fragen... Das Laufbahnrecht muß für die verschiedenen Sparten des gehobenen Dienstes nach gleichen Gesichtspunkten und zum gleichen Zeitpunkt angepaßt werden...
7. Die Errichtung von Fachhochschulen wirft vor allem für die freien Träger finanzielle Fragen auf, besonders im Hinblick auf die Besoldung der Fachhochschul-Absolventen...
8. Die Errichtung von Fachhochschulen macht Übergangsregelungen notwendig, die sich auf eine ausreichende Auslaufzeit der höheren Fachschulausbildung sowie auf die Stellung der Studenten und der Absolventen der bisherigen Ausbildung beziehen...

Von den weiteren Stellungnahmen, Vorschlägen, Überlegungen des Deutschen Vereins zum Fachhochschulstudium für Sozialarbeiter/Sozialpädagogen sind (s. o.) die Empfehlungen zur praktischen Ausbildung schon zitiert worden. Weiterhin erwähnt seien die Vorschläge, welche der Deutsche Verein am 1. August 1972 an die ständige Konferenz der Kultusminister und an die Sozialminister (Senatoren) der Länder bezüglich einer einheitlichen Regelung der Ausbildung richtete[358]):

Die Uneinheitlichkeit in der Regelung der Studiumsdauer und des Berufspraktikums führt zu Unzuträglichkeiten für die Sozialarbeiter. Besonders wird ihre Freizügigkeit und Austauschbarkeit beeinträchtigt. Daher ist die Bitte des Deutschen Vereins, eine Einheitlichkeit der Vorschriften über das Studium der Sozialarbeiter anzustreben, dringend. Für diese Vorschriften erscheint ein sechssemestriges Studium der Sachlage zu entsprechen. Allerdings muß sichergestellt sein, daß in dem sich an das Studium anschließenden berufspraktischen Jahr eine Förderung der Praktikanten durch eine Integration von Theorie und praktischer Arbeit erreicht wird. Das setzt eine enge Zusammenarbeit der Anstellungsträger der Praktikanten mit der Fachhochschule während des praktischen Jahres voraus...
Der Deutsche Verein tritt... dafür ein, an der Durchführung des Berufspraktikums die Fachhochschulen in größerem Maße und auch die Vertreter der Berufsverbände zu beteiligen. Außerdem hält der Deutsche Verein eine Prüfung der Praktikanten nach Abschluß des Berufspraktikums nicht für erforderlich. Die staatliche Anerkennung sollte vielmehr aufgrund eines Kolloquiums unter gebührender Berücksichtigung der Ergebnisse des Praktikums ausgesprochen werden.

Es folgten unter anderem:
- 1976 die Überlegungen des Deutschen Vereins zur Projektarbeit im Fachbereich Sozialwesen an Fachhochschulen[359]),
- 1977 die Stellungnahme des Deutschen Vereins zur Ausbildung von Diplompädagogen an Universitäten und Pädagogischen Hochschulen[360]),
- 1978 die Stellungnahme des Deutschen Vereins zum Anteil der Fächer Sozialmedizin und Psychopathologie in der Ausbildung von Sozialarbeitern und Sozialpädagogen[361]),
- 1978 die Empfehlungen des Deutschen Vereins zur Überarbeitung der Rahmenvereinbarung der ständigen Konferenz der Kultusminister der Länder (1967) über die Aus-, Fort- und Weiterbildung des Erziehers[362]).

Was die Projektarbeit betrifft, so setzt sie „die grundsätzliche Bereitschaft zur Zusammenarbeit zwischen Fachhochschulen und Praxisinstitutionen voraus. Die Anregung zur Durchführung von Projekten kann sowohl von der Praxis als auch von der Fachhochschule ausgehen. Sie schließt die Möglichkeit ein, neue Problemsituationen zu untersuchen und neue Ansätze und Formen von Hilfe zu entwickeln und zu erproben. Eine weitere Voraussetzung für Projektarbeit ist die kontinuierliche wissenschaftliche Begleitung durch Lehrende der Fachhochschulen und eine qualifizierte praktisch-methodische Anleitung und Beratung durch Praxisfachkräfte."

5. Fort- und Weiterbildung durch den Deutschen Verein

Wie vieles, was später groß und stattlich dasteht, fing 1953 die Fortbildungsarbeit des Deutschen Vereins gleichsam beiläufig an. Eine „kurze Notiz" im NDV 7/1953[363]) besagt:

Das Bundesministerium des Innern hat in Verbindung mit der HICOG Mittel zur Durchführung von Kursen für leitende Kräfte von Sozialverwaltungen der Stadt- und Landkreise bereitgestellt. Im Einvernehmen mit dem Deutschen Städtetag und dem Deutschen Landkreistag wurde der Deutsche Verein mit der Vorbereitung und Durchführung dieser Kurse beauftragt.

Diese Kurse, deren erste beide im Sommer 1953 stattfanden, wurden sogleich zur Dauereinrichtung. Nach neunjähriger Bewährung stellten sie die Grundlage des „Fortbildungswerkes" – jetzt: Fortbildungswerk für Sozialarbeiter und Verwaltungsfachkräfte – dar, das 1962 im Zusammenhang mit dem Inkrafttreten des Bundessozialhilfegesetzes und des Gesetzes für Jugendwohlfahrt auf Vorschlag des Bundesministeriums des Innern vom Deutschen Verein neu errichtet wurde[364]).

Ebenfalls im Hinblick auf das BSHG und das JWG beschloß der Deutsche Verein eine Akademie zu gründen, die „Akademie für Jugendarbeit und Sozialarbeit". Deren Träger war zunächst ein eigener, am 7. März 1966 eingetragener Verein. Seit ihrer Gründung als „Akademie des Deutschen Vereins" verstanden und sowohl sachlich als auch personell stets eng mit dem Deutschen Verein verbunden, ist sie am 1. Januar 1973 auch in rechtlicher Hinsicht in den Deutschen Verein eingegliedert worden.

Schließlich entstand 1974 auf Initiative des Bundesministeriums für Jugend, Familie und Gesundheit das bundeszentrale „Fortbildungswerk für Sozialpädagogen" – jetzt: Fortbildungswerk für sozialpädagogische Fachkräfte –, als dessen Träger der Deutsche Verein mit öffentlichen und freien Trägern vorschulischer Institutionen und Fortbildungseinrichtungen zusammenarbeitet.

Die Spezifika aller vom Deutschen Verein mit eigens entwickelter Methodik geleisteten Fortbildungs-Arbeit und deren Bedeutung für die soziale Arbeit überhaupt kommt in den „Grußworten der Bundesregierung" zum Ausdruck, die Karl Fred Zander, Staatssekretär im Bundesministerium für Jugend, Familie und Gesundheit, anläßlich des 500. Fortbildungslehrganges des Deutschen Vereins am 29. September 1975 an die Festversammlung richtete[365]):

Der Gedanke der Notwendigkeit beruflicher Fortbildung ist in unseren Tagen so fest in das Bewußtsein der Öffentlichkeit gedrungen, daß man sich bei einem Anlaß wie dem heutigen unwillkürlich die Frage vorlegt, welche Argumente, die bisher noch nicht dargelegt wurden, neu hinzugefügt werden können, um die Bedeutung beruflicher Fortbildung zu unterstreichen und um weitere Anregungen zu geben. Aber mir scheint, daß einige Überlegungen verdienen, gerade durch einen Vertreter der Bundesregierung öffentlich und besonders deutlich herausgestellt zu werden:

Als das Fortbildungswerk des Deutschen Vereins vor nunmehr über 22 Jahren seinen ersten Kursus durchführte, war der Gedanke der beruflichen Fortbildung keineswegs Allgemeingut der Gesellschaft, sondern war berufliche Fortbildung, ganz besonders auf dem Sektor des Sozialwesens, eine Pioniertat.

Wenn heute die Bedeutung beruflicher Fortbildung fast unumstritten ist – nur bei der Frage der Zuständigkeit, vor allem der des Bundes, gibt es hin und wieder Diskussionen –, dann ist das zu einem beträchtlichen Teil auch das Verdienst der soliden Fortbildungsarbeit des Deutschen Vereins. Daß einer der Anfänge organisierter und systematisierter Fortbildung beim Deutschen Verein lag, ist sicher kein Zufall. Es entspricht vielmehr der Logik, die in der Struktur eines solchen Verbandes liegt: In einem Kreis, in dem so viele Praktiker aus unterschiedlichsten Sachgebieten der Jugend- und Sozialarbeit und aus unterschiedlichen geistigen und politischen Standorten zusammenkamen, wurde zuerst die Unzulänglichkeit empfunden, die ein isolierter Berufsvollzug für den Betreffenden selbst, aber auch für die Jugend- und Sozialarbeit mit sich bringt.

So erwuchs aus einem Gedankenaustausch, einem Erfahrungsaustausch und einer gemeinsamen Analyse in der Praxis auftauchender Probleme die Fortbildung. Der Gedanke der Fortbildung wurde aus den *Bedürfnissen der Praxis* geboren, was ganz natürlich war, denn schließlich ist *sie selbst wiederum für die Praxis da*. Dieser Ansatz der Fortbildung ist ein Ansatz eigener Art, der seine Daseinsberechtigung hat und behält, der nicht in seiner Notwendigkeit aufgehoben oder auch nur beschränkt wird durch die Tatsache, daß nunmehr zusätzlich an den Ausbildungsstätten der sozialen Berufe, insbesondere an den Fachhochschulen, Fortbildung in das Aufgabenprogramm einbezogen worden ist.

Diese Fortbildung an den Fachhochschulen und an den sonstigen Ausbildungsstätten vermag in erster Linie den Studierenden Anschluß zu geben an die Weiterentwicklung, die die einzelnen Studienfächer und Studiengebiete während der Zeit der beruflichen Tätigkeit genommen haben.

Sie vermag jedoch nicht, einen Lernprozeß zu ersetzen, der aus der Praxis heraus für die Praxis kommt und der sich ausschließlich an der *praktischen beruflichen Tätigkeit der Teilnehmer orientiert*. Damit sage ich kein Wort gegen die Fachhochschulen und gegen die Notwendigkeit, wissenschaftsorientierte Fortbildung auch im Bereich der Fachhochschulen zu betreiben. Damit wende ich mich jedoch gegen eine falsche Theorie, die gelegentlich vorgetragen wird, nach der es ein einseitiges Angewiesensein der Praxis auf die Theorie gibt.

Folgt man dieser Ansicht, so ergibt sich folgendes: Die Wissenschaft macht neue Entdeckungen, und die Praxis hat allein die Aufgabe, sich nach diesen neuen Entdeckungen zu orientieren. Eine solche Vorstellung verabsolutiert eine an sich richtige Teilwahrheit; sie geht an der Tatsache vorbei, daß gerade auch im Bereich der Sozialwissenschaften die Gefahr der Entwicklung von Theorien im luftleeren Raum besteht.

Es ist deshalb notwendig, daß es Orte gibt, an denen neue Theorien gemessen und erprobt werden können, die den Prüfstand bilden zur Klärung der Frage, ob und gegebenenfalls was an einer neuen Theorie für die Bewältigung der Wirklichkeit brauchbar ist und was nicht.

So sind gerade *Orte der praxisverbundenen Fortbildung* wie das Fortbildungswerk, dessen 500. Lehrgang wir heute feiern, Orte der Bewährung von Theorien und der Entwicklung von Rückkopplungen, des Gewinnes von Anregungen für die Weiterentwicklung von Theorien. Hier kann man nicht nur lernen, welche Fehler in der Praxis aufgrund neu gewonnener besserer Theorien vermieden werden können, sondern hier kann man auch von Seiten der Wissenschaft lernen, welche Aussagen der Theorie fragwürdig sind – welche Verbesserungen also an den eigenen wissenschaftlichen Überlegungen angebracht werden müssen.

Lassen Sie mich diesen Gedanken noch einen weiteren Schritt fortführen: Was für die Wissenschaft gilt, gilt abgewandelt auch für die Politik. Das Fortbildungswerk ist auch ein Ort, an dem die Politiker und die Beamten aus Bund, Ländern und Gemeinden lernen können, wie die von ihnen konzipierten Gesetze, Verordnungen, Richtlinien und Beschlüsse in der Praxis wirksam sind: Ob sie sich bewähren und wo sie sich bewähren, wo Lücken sind und wo Fehlentwicklungen stattfinden.

Es ist mir eine angenehme Pflicht, hier mit Dankbarkeit darauf hinweisen zu können, daß auch die Bundesregierung für ihre Reformüberlegungen manche Anregung aus der Praxis erfahren hat, die hier in der Tätigkeit des Fortbildungswerkes erarbeitet und damit für den Politiker erfahrbar wurde.

Lassen Sie mich bitte noch eine weitere Überlegung vortragen, die mir für die Kennzeichnung der Arbeit des Fortbildungswerks wesentlich erscheint:

Entgegen der Auffassung mancher seiner Kritiker ist der Deutsche Verein *und insbesondere sein Fortbildungswerk zu keiner Zeit nur bewahrend tätig gewesen.* Das Fortbildungswerk war offen gegenüber allen neuen Überlegungen. Aber es war kein Anhänger der Veränderungen um jeden Preis. Denn – und das ist richtig – Veränderungen um ihrer selbst willen sind noch kein Wert, sondern bekommen erst dann Gewicht, wenn sie zur *Erreichung erstrebenswerter Ziele dienen.* Wahre Reformbemühungen und wahrer Fortschritt zeichnen sich gerade dadurch aus, daß man kritisch nicht nur gegen das Bestehende ist, sondern auch gegen das, was als Neues angeboten wird.

In diesem Sinne ist das Fortbildungswerk des Deutschen Vereins in seiner Tätigkeit wirklich kritisch gewesen im umfassenden Sinne des Wortes. Ich kann nur wünschen und hoffen, daß es diese Form seines Engagements an den Fragen der Zeit fortsetzt.

Diese kritische Haltung hat wesentlich beigetragen zu der Solidität der Arbeit, die hier geleistet wurde. Dafür zu dieser Stunde den Dank der Bundesregierung zum Ausdruck zu bringen, ist mir auch persönlich ein Bedürfnis. Ich verbinde dies mit der Zusicherung, daß die Bundesregierung sich voll bewußt ist, daß die Fortbildung ihren Stellenwert im Kreis der gesellschaftlichen Aufgaben behalten wird, auch wenn gegenwärtig die finanz- und haushaltspolitische Situation zu mancher Einsparung zwingen wird...

Heute sind die beiden Fortbildungswerke und die Akademie vereinigt in der „Abteilung Fort- und Weiterbildung" des Deutschen Vereins. Die definitorische Unterscheidung von Fortbildung und Weiterbildung ist 1969 aus didaktischen Erfahrungen der Akademie hervorgegangen[366]):

Fortbildung setzt bestimmte Fachkenntnisse im Berufsfeld voraus, auf denen sie aufbaut, während Weiterbildung auch Wissensgebiete umfaßt und dem Studierenden erschließt, die ihm bisher noch weitgehend unbekannt waren.

Auch über den derzeitigen Stand der drei Fachbereiche – Fortbildungswerk für Sozialarbeiter und Verwaltungsfachkräfte, Akademie für Jugendarbeit und Sozialarbeit, Fortbildungswerk für sozialpädagogische Fachkräfte – informiert zusammenfassend der Geschäftsbericht 1978/79:

In der Abteilung „Fort- und Weiterbildung" arbeiten die „Akademie für Jugendarbeit und Sozialarbeit", das „Fortbildungswerk für Sozialarbeiter und Verwaltungsfachkräfte" und das „Fortbildungswerk für sozialpädagogische Fachkräfte" personell und fachlich eng zusammen. Zielsetzung der Arbeit ist die Fort- und Weiterbildung von Sozialarbeitern, Sozialpädagogen, Verwaltungsfachkräften, Erziehern und anderen Fachkräften aus dem sozialen Bereich. In Lehrgängen, Kursen und Studientagungen werden Mitarbeiter aus dem gesamten Bundesgebiet in der zentralen Tagungsstätte, dem Hans-Muthesius-Haus in Frankfurt am Main, zusammengeführt.

Alle drei Fachbereiche arbeiten mit dem Ziel, gleichermaßen durch Erhöhung der beruflichen Kompetenz der Fachkräfte wie durch Einflußnahme auf die Strukturen sozialer Dienste und Einrichtungen zur Weiterentwicklung einer den Bedürfnissen und der Problemsituation der Klientsysteme entsprechenden Sozialarbeit und Sozialpädagogik beizutragen. Dabei wird versucht, die Anforderungen der Praxis, die Bedürfnisse der Teilnehmer und die Inhalte von Fortbildung aufeinander abzustimmen. Ausgehend von den konkreten Erfahrungen der Teilnehmer werden dabei in kurz-, mittel- und langfristigen Fort- und Weiterbildungsmaßnahmen Lernmöglichkeiten angeboten, die der Informationsvermittlung, der kritischen Reflexion des eigenen Arbeitsfeldes und der Förderung methodischen Arbeitens dienen. Lernziele und -methoden werden dabei an dem Kriterium der Praxiswirksamkeit für das berufliche Tun und der Eignung für Veränderungsprozesse zur Intensivierung der Hilfe gemessen.

Grundprinzip des Lernens ist die aktive Mitgestaltung der Lernprozesse durch die Teilnehmer. Daher stehen im Vordergrund der Arbeitsweisen Kleingruppenarbeit, Plenumsdiskussionen, Lehrgespräche, Rollen- und Planspiele sowie praktische Übungen mit Hilfe von Tonband- und Videoaufzeichnungen. Ziel der angewandten Methoden ist es, in einem offenen Arbeitsklima den Teilnehmern günstige Lernmöglichkeiten zu schaffen...

Fortbildungswerk für Sozialarbeiter und Verwaltungsfachkräfte

Die Veranstaltungen des Fortbildungswerkes wenden sich an Sozialarbeiter/Sozialpädagogen und Verwaltungsfachkräfte aus dem sozialen Bereich. Die Lehrgänge und Studientagungen stehen Mitarbeitern öffentlicher und freier Träger aus dem gesamten Bundesgebiet offen.

Im Berichtszeitraum wurden Studientagungen, einwöchige Lehrgänge und Blocklehrgänge angeboten.

Studientagungen führen Experten aus der Praxis, der Aus- und Fortbildung und der Wissenschaft aus der gesamten Bundesrepublik zusammen. Sie bieten Gelegenheit zu Auseinandersetzung über aktuelle Probleme wie z. B. grundlegende Veränderungen im rechtlichen Bereich oder in der Diskussion befindliche Methoden oder Modelle der Sozialarbeit. Ziel dieser Studientagungen ist es, Weiterentwicklungen anzuregen und zu fördern.

Einwöchige Lehrgänge greifen solche Themen auf, die sich nach der Erfahrung in einer Woche bearbeiten lassen. Sie tragen auch der Tatsache Rechnung, daß viele Mitarbeiter nicht länger als eine Woche aus ihrem Tätigkeitsbereich abkömmlich sind.

Für Arbeitsfelder, für die intensivere Fortbildungsangebote für nötig erachtet werden, werden mehrwöchige Lehrgänge angeboten. Diese Blocklehrgänge mit jeweils zwei oder drei Lehrgangsabschnitten von je einwöchiger Dauer in mehrmonatigem Abstand haben sich in den letzten Jahren als besonders lernintensiv erwiesen und sind auf starkes Teilnehmerinteresse gestoßen. In der zwischen den einzelnen Lehrgangswochen liegenden Zeit haben die Teilnehmer Gelegenheit zur Erprobung des Erarbeiteten im eigenen Arbeitsfeld. Rückmeldungen aus der Praxis eröffnen bei Blocklehrgängen die Möglichkeit, die Inhalte und Methoden noch näher an den Bedürfnissen der Teilnehmer und den Gegebenheiten der Arbeitsfelder zu orientieren...

Akademie für Jugendarbeit und Sozialarbeit

Der im Jahre 1973 in den Deutschen Verein integrierten Akademie für Jugendarbeit und Sozialarbeit obliegt die langfristige Weiterbildung von leitenden Mitarbeitern in der Sozial- und Jugendhilfe. Sie hat den Auftrag, als Umschlagplatz von Theorie und Praxis der Sozialarbeit insbesondere für leitende Mitarbeiter im Bereich der Jugendarbeit und Sozialarbeit zu dienen und für Teilnehmer und Dozenten ein Forum für eine Reflexion praktischer Sozialarbeit mit Hilfe wissenschaftlicher Erkenntnisse herzustellen. Sie hat dieses Ziel in bisher 16 zweijährigen berufsbegleitenden Akademiekursen konkretisiert, wobei neben einer Verbesserung der beruflichen Qualifikation auch Weiterentwicklungsprozesse in den Arbeitsfeldern der Teilnehmer angestrebt wurden.

Bei erfolgreicher Kursteilnahme verleiht die Akademie ein Diplom, in dem die Lehrinhalte des Kurses und die Studienarbeiten der Teilnehmer aufgeführt sind. Rückmeldungen aus der Praxis und nachgehende Auswertungen haben ergeben, daß diese Form der zusätzlichen Qualifikation sich in der Regel positiv im Bereich des beruflichen Aufstieges auswirkt.

Eine besondere Aufgabe im Rahmen der Akademie hat das Referat „Arbeits- und Fortbildungstagungen für Fachhochschullehrer im Fachbereich Sozialwesen".

Gegenwärtig gliedert sich die Arbeit der Akademie in folgende Referate:
1. Weiterbildungsreferat Akademiekurse Ausbildungsleitung und Praxisberatung (Supervision)
2. Weiterbildungsreferat Akademiekurse für leitende Mitarbeiter in der Sozial- und Jugendhilfe
3. Weiterbildungsreferat Akademiekurse für leitende Mitarbeiter im Bereich der Heimerziehung
4. Dokumentation
5. Arbeits- und Fortbildungstagungen für Fachhochschullehrer im Fachbereich Sozialwesen.

Fortbildungswerk für sozialpädagogische Fachkräfte

Im Rahmen der allgemeinen Zielsetzung von Fortbildung, berufliche Kompetenzen zu erhöhen, konzentriert sich das Fortbildungswerk für sozialpädagogische Fachkräfte auf Aufgaben von bundeszentraler Bedeutung...

Einer der wichtigsten Aufgaben des Fortbildungswerkes ist es, Innovationen und Modellentwicklungen im Elementarbereich zu unterstützen und möglichst voranzutreiben. Durch die Fortbildungsaktivitäten soll jede im Elementarbereich rele-

vante Adressatengruppe angesprochen werden. Vorteile dieser breiten Adressaten-
fächerung ergeben sich aus folgenden Punkten:
   – Es können Innovationen und Modellentwicklungen in den verschiedensten Bereichen aufgegriffen werden,
   – diese könnenn mit Entwicklungen in Theorie und Praxis verglichen werden,
und
   – über Fortbildungsveranstaltungen können Verknüpfungen auch organisatorischer Art zwischen den verschiedensten Bereichen erfolgen.
   Zudem sollen die Gesichtspunkte der Umsetzung des in der Fortbildung Gelern-
ten in die Praxis und des engeren Institutionsbezuges besonders berücksichtigt werden. Diese Konzeption strebt eine bessere Verknüpfung der Fortbildungsangebote
sowohl von den Inhalten als auch von den Organisationsformen her an.
   Die Praxisnähe der Fortbildung wird sichergestellt durch eine im Raum Frankfurt
durchgeführte Projektfortbildung; längerfristig sollen sich aus den Fortbildungsveranstaltungen Arbeitsgruppen bilden, die vom Fortbildungswerk betreut werden
und auch selbständig arbeiten. Darüber hinaus wird eine Anbindung des Fortbildungswerkes an die Praxis im Elementarbereich durch die Blocklehrgänge für sozialpädagogische Fachkräfte im Kindergarten erreicht. Adressaten dieser Fortbildung sind Erzieherinnen in der sozialpädagogischen Praxis.
   In der Projektfortbildung und den Blocklehrgängen sollen modellhafte Fortbil-
dungsformen entwickelt und praxisangemessene Angebote für Multiplikatoren erprobt werden. Auf der Basis der in diesen Fortbildungsaktivitäten gewonnenen Erfahrungen wird der wesentliche Schwerpunkt des Fortbildungswerkes, die Fortbildung für die Zielgruppe der Multiplikatoren im Elementarbereich, aufgebaut. Zu
diesen zählen Dozenten der Ausbildung, Fachkräfte der Fortbildung, Fachkräfte in
der Fach- und Praxisberatung im Elementarbereich sowie die Leitungskräfte in
Kindergärten. Bei Studientagungen sollen außerdem Experten des Elementarbe-
reichs zu notwendigen Klärungs- und Abstimmungsprozessen zusammengebracht
werden.
   Die in den verschiedenen Fortbildungsveranstaltungen gemachten Erfahrungen
werden in einer Dokumentation festgehalten und in Form von Veröffentlichungen
Interessenten zugänglich gemacht.

Abschlußthema: Die gegenwärtige Satzung des Deutschen Vereins

Satzung gem. Beschluß der Mitgliederversammlung am 25. 11. 1975 in Frankfurt am Main, für § 2 Abs. 2 bestätigt durch Beschluß der Mitgliederversammlung am 17. 2. 1976 in Frankfurt am Main

§ 1   Name und Sitz des Vereins

(1) Der im Jahre 1880 gegründete und seit 1912 in das Vereinsregister eingetragene „Deutsche Verein für Armenpflege und Wohltätigkeit" trägt seit 1919 den Namen „Deutscher Verein für öffentliche und private Fürsorge".

(2) Sitz des Vereins ist Frankfurt/Main.

(3) Geschäftsjahr ist das Kalenderjahr.

§ 2   Zweck

(1) Zweck des Vereins ist es, einen Mittelpunkt für alle Bestrebungen auf dem Gebiet der sozialen Arbeit, insbesondere der öffentlichen und freien Sozialhilfe, Jugendhilfe und Gesundheitshilfe in der Bundesrepublik Deutschland einschließlich Berlin (West) zu bilden.

(2) Seine Hauptaufgaben sind:

1. Anregung und Beeinflussung von Entwicklungen in der Sozialpolitik.

2. Erarbeitung von Empfehlungen für die Praxis der öffentlichen und freien sozialen Arbeit.

3. Gutachtliche Tätigkeit auf dem Gebiet des Sozialrechts.

4. Ständige Information der auf diesen Gebieten tätigen Personen und Förderung des Erfahrungsaustausches.

5. Fort- und Weiterbildung von Führungskräften und Mitarbeitern des sozialen Bereiches.

6. Förderung der für die soziale Arbeit bedeutsamen Wissenschaften.

7. Beobachtung und Auswertung der Entwicklung der sozialen Arbeit in anderen Ländern und Förderung der internationalen Zusammenarbeit.

8. Herausgabe von Schriften und sonstigen Veröffentlichungen zu Fragen des sozialen Bereichs.

(3) Der Verein erstrebt keinen Gewinn. Er verfolgt im Sinne der GemeinnützigkeitsVO vom 24. Dez. 1953 ausschließlich und unmittelbar sowohl nach der Satzung wie nach seiner tatsächlichen Geschäftsführung gemeinnützige Zwecke. Das gesamte Vermögen, die Einkünfte und Erträge haben diesen Zwecken zu dienen.

(4) Etwaige Gewinne dürfen nur für satzungsgemäße Zwecke verwendet werden. Die Mitglieder erhalten keine Gewinnanteile und in ihrer Eigenschaft als Mitglieder auch keine sonstigen Zuwendungen aus Mitteln des Vereins.

(5) Die Mitglieder dürfen bei ihrem Ausscheiden nicht mehr als ihre etwa eingezahlten Kapitalanteile und den reinen Wert ihrer etwa geleisteten Sacheinlagen zurückerhalten.

(6) Der Verein darf keine Person durch Verwaltungsausgaben, die dem Zweck des Vereins fremd sind, oder durch unverhältnismäßig hohe Vergütungen begünstigen.

§ 3 **Mitgliedschaft**
(1) Als Mitglied des Vereins kann der Vorstand aufnehmen:
a) Gemeinden, Gemeindeverbände, Bundesländer, sonstige Gebietskörperschaften, Behörden und Verwaltungen, Verbände, sonstige Organisationen und Einrichtungen,
b) natürliche Personen, die bereit sind, die Bestrebungen des Vereins zu fördern, und die sich zur Zahlung eines festen Jahresbeitrages verpflichten.
Der Aufnahmeantrag ist schriftlich zu stellen.
(2) Die Mitgliedschaft endet:
1. durch schriftliche Austrittserklärung mindestens 3 Monate vor Ende des Kalenderjahres,
2. durch Tod,
3. durch Ausschluß; über den Ausschluß entscheidet der Vorstand.
(3) Der Vorstand kann nach vorheriger Anhörung des Betroffenen den Ausschluß eines Mitgliedes beschließen, wenn es sich eines Verhaltens schuldig gemacht hat, das den Vereinszweck erheblich gefährdet, das Ansehen des Vereins erheblich beeinträchtigt oder seine Mitgliedsbeiträge nicht ordnungsgemäß bezahlt.
Gegen den Ausschließungsbeschluß des Vorstandes ist binnen einer Ausschlußfrist von 1 Monat die Anrufung des Hauptausschusses zulässig. Das Anrufen des Hauptausschusses hat aufschiebende Wirkung. Der Hauptausschuß entscheidet endgültig.
(4) Durch Beschluß des Hauptausschusses können auf Vorschlag des Vorstandes
a) Persönlichkeiten, die sich hervorragende Verdienste um die Vereinsarbeit erworben haben, zu Ehrenmitgliedern und
b) Ausländer, deren Mitwirkung für die Vereinsarbeit besonderen Erfolg verspricht, zu korrespondierenden Mitgliedern ernannt werden.

§ 4 **Mitgliedsbeiträge**
(1) Jedes Mitglied hat einen Jahresbeitrag zu entrichten, dessen Höhe vom Hauptausschuß bestimmt wird. Der Hauptausschuß kann eine Beitragsordnung erlassen.
(2) Ehrenmitglieder und korrespondierende Mitglieder sind nicht zur Zahlung eines Jahresbeitrages verpflichtet.

§ 5 **Rechte der Mitglieder**
(1) Jedes Mitglied ist berechtigt, an der Willensbildung im Verein durch Ausübung des Antrags-, Diskussions- und Stimmrechts in Mitgliederversammlungen teilzunehmen.
(2) Jedes Mitglied hat 1 Stimme.
Gemeinden, Gemeindeverbände und sonstige Gebietskörperschaften mit mehr

als 50 000 Einwohnern und ihre Verbände, die Bundesländer sowie Bundes- und Landesverbände der freien Wohlfahrtspflege und ihre Vereinigungen oberhalb der Kreisebene haben 3 Stimmen.

(3) Das Stimmrecht kann bei Abstimmungen und Wahlen, die von der Mitgliederversammlung durchzuführen sind, übertragen werden. Die Übertragung erfolgt durch Übergabe der Stimmkarte und Erteilung einer schriftlichen Vollmacht für die Ausübung des Stimmrechts auf der Rückseite der Stimmkarte. Eine Person darf insgesamt nicht mehr als 21 Stimmen abgeben.

(4) Ehrenmitglieder und korrespondierende Mitglieder haben die gleichen Rechte wie andere Mitglieder.

(5) Kein Mitglied darf mit dem Namen des Vereins Werbung betreiben.

§ 6 Organe des Vereins

Organe des Vereins sind:
1. die Mitgliederversammlung,
2. der Hauptausschuß,
3. der Vorstand.

§ 7 Mitgliederversammlung

(1) Die Mitgliederversammlung findet alle zwei Jahre statt. Außerordentliche Mitgliederversammlungen sind einzuberufen, wenn es der Vereinszweck erfordert oder wenn Mitglieder mit mindestens 1/4 der Gesamtstimmenzahl einen entsprechenden, schriftlich begründeten Antrag beim Vorstand stellen.

(2) Die Mitgliederversammlungen sind vom Vorstand schriftlich unter Angabe der Tagesordnung und Einhaltung einer Frist von in der Regel mindestens 4 Wochen einzuberufen.

§ 8 Aufgaben der Mitgliederversammlung

(1) Der Mitgliederversammlung obliegt:
1. Abnahme des Geschäftsberichtes des Geschäftsführers,
2. Wahl der Mitglieder des Hauptausschusses,
3. Erlaß einer Wahlordnung,
4. Beschlußfassung über Satzungsänderungen und die Auflösung des Vereins.

(2) Die Mitgliederversammlung ist ohne Rücksicht auf die Zahl der vertretenen Mitglieder beschlußfähig. Sie beschließt mit einfacher Mehrheit der vertretenen Stimmen; Stimmgleichheit gilt als Ablehnung.

(3) Satzungsänderungen können nur mit einer Stimmenmehrheit von 3/4 der vertretenen Stimmen beschlossen werden. Zur Auflösung des Vereins ist die Hälfte der Gesamtstimmenzahl erforderlich.

(4) Gültige Beschlüsse können nur zur Tagesordnung gefaßt werden.

(5) Über die Verhandlungen und Beschlüsse der Mitgliederversammlung ist eine Niederschrift zu fertigen, die von dem die Versammlung leitenden Vorsitzenden und dem Schriftführer zu unterzeichnen ist.

§ 9   Anträge an die Mitgliederversammlung

(1) Anträge zur Tagesordnung aus der Reihe der Mitglieder sind mindestens 14 Tage vor Zusammentritt der Mitgliederversammlung dem Vorstand schriftlich mit kurzer Begründung einzureichen. Der Vorstand entscheidet nach pflichtgemäßem Ermessen, ob fristgemäß gestellte Anträge auf die Tagesordnung gesetzt werden. Sie müssen es, wenn sie die Unterstützung von mindestens ¼ der Gesamtstimmenzahl haben.

(2) Nicht auf die Tagesordnung gesetzte Anträge sind der Mitgliederversammlung bekanntzugeben. Die Mitgliederversammlung kann mit einfacher Stimmenmehrheit beschließen, daß die nicht berücksichtigten Anträge noch in die Tagesordnung aufgenommen werden.

§ 10   Hauptausschuß

(1) Dem Hauptausschuß gehören höchstens 180 Mitglieder an. Die Mitglieder des Hauptausschusses werden von der Mitgliederversammlung auf 4 Jahre gewählt. Alle 2 Jahre ist die Hälfte der Hauptausschußmitglieder neu zu wählen. Wiederwahl ist zulässig.

(2) Der Hauptausschuß ist unter Mitteilung der Tagesordnung vom Vorstand alljährlich mit einer Einladungsfrist von in der Regel 4 Wochen einzuberufen; außerdem, wenn wichtige Vereinsangelegenheiten es erfordern, oder ¼ der Hauptausschußmitglieder einen schriftlich begründeten Antrag beim Vorstand stellen.

(3) Der Hauptausschuß ist ohne Rücksicht auf die Zahl seiner anwesenden Mitglieder beschlußfähig. Jedes Mitglied hat 1 Stimme. Die Beschlüsse werden mit einfacher Stimmenmehrheit der anwesenden Mitglieder gefaßt. Bei Stimmengleichheit gilt der Antrag als abgelehnt.

(4) Aufgaben des Hauptausschusses sind:

1. Bestimmung der Grundsätze der Vereinstätigkeit i. S. des § 2 der Satzung,

2. Wahl des Vorsitzenden und seiner 3 Stellvertreter sowie der übrigen Vorstandsmitglieder,

3. Beschlußfassung über den Haushaltsplan,

4. Abnahme der Jahresrechnung und Entlastung des Vorstandes,

5. Festsetzung der Mitgliedsbeiträge und Erlaß einer Beitragsordnung (vgl. § 4 Abs. 1 der Satzung).

(5) Über die Verhandlungen und Beschlüsse des Hauptausschusses ist eine Niederschrift zu fertigen, die von dem die Versammlung leitenden Vorsitzenden und dem Schriftführer zu unterzeichnen ist.

§ 11   Vorstand

(1) Der Vorstand besteht aus dem Vorsitzenden, seinen 3 Stellvertretern sowie 30 weiteren Mitgliedern. Dem Vorstand gehört weiterhin kraft Amtes der Geschäftsführer an (vgl. § 17 Abs. 3 der Satzung).

(2) Der Vorsitzende, seine Stellvertreter und die weiteren 30 Mitglieder werden auf die Dauer von 4 Jahren vom Hauptausschuß gewählt. Die Hälfte der Vorstandsmitglieder wird alle 2 Jahre neu gewählt; Wiederwahl ist zulässig.

(3) Aufgaben des Vorstandes sind:
1. Leitung der Geschäfte des Vereins,
2. Aufstellung des Haushaltsplanes,
3. Abgabe von Stellungnahmen des Deutschen Vereins,
4. Regelung der Rechtsverhältnisse der Mitarbeiter,
5. Einberufung der Mitgliederversammlung und des Hauptausschusses,
6. Einsetzen und Aufheben von Ausschüssen,
7. Aufnahme und Ausschluß von Mitgliedern.
Näheres regelt die Geschäftsordnung des Vorstandes.

(4) Der Vorstand bestimmt Ort und Zeit seines Zusammentritts. Der Vorsitzende lädt unter Bekanntgabe der Tagesordnung rechtzeitig ein. Wenn mindestens ¼ der Vorstandsmitglieder es schriftlich verlangen, muß er den Vorstand unverzüglich einberufen. In dringenden Fällen kann der Vorsitzende von sich aus den Vorstand einberufen.

(5) Der Vorstand ist ohne Rücksicht auf die Anzahl seiner anwesenden Mitglieder beschlußfähig. Jedes Vorstandsmitglied hat 1 Stimme. Die Beschlüsse werden mit einfacher Stimmenmehrheit der anwesenden Mitglieder gefaßt. Bei Stimmengleichheit gilt der Antrag als abgelehnt.

(6) Über die Sitzung des Vorstandes ist eine Niederschrift zu fertigen, die von dem Vorsitzenden und dem Schriftführer zu unterzeichnen und allen Vorstandsmitgliedern zuzuleiten ist.

(7) Die Vorstandsmitglieder erhalten die Auslagen ersetzt, die sie im Vereinsinteresse geleistet haben, soweit diese nicht anderweitig erstattet werden.

§ 12 Beratende Vorstandsausschüsse

(1) Der Vorstand kann aus seiner Mitte Ausschüsse zur Beschlußvorbereitung bilden und ihnen auch einzelne Angelegenheiten zur selbständigen Erledigung übertragen.

(2) Die Vorsitzenden und die Mitglieder der Ausschüsse werden vom Vorstand bestellt.

§ 13 Besondere Vorstandsausschüsse

(1) Der Vorstand kann für einzelne Aufgabenbereiche des Vereins besondere Vorstandsausschüsse bilden.

(2) Den besonderen Vorstandsausschüssen kann vom Vorstand die selbständige Beschlußfassung in dem jeweiligen Aufgabenbereich übertragen werden. Ausgenommen von der Übertragung sind die in § 11 Abs. 3 Nr. 2 bis 7 aufgeführten Aufgaben, die der Beschlußfassung durch den Vorstand vorbehalten bleiben. Der Vorstand hat weiter im Einzelfall ein Rückholrecht, wenn ihm dies unter dem Gesichtspunkt der Sicherung des Vereinszwecks geboten erscheint.

(3) Die Vorsitzenden und die Mitglieder der besonderen Vorstandsausschüsse werden vom Vorstand auf die Dauer von 4 Jahren bestellt; mit ihrem Ausscheiden aus dem Vorstand erlischt bei Vorstandsmitgliedern auch ihre Zugehörigkeit zum Ausschuß. In der Regel müssen mindestens die Hälfte der Ausschußmitglieder dem Vorstand angehören. Wenn es die Besonderheit des Aufgabenbereichs erfordert,

kann der Vorstand durch einstimmigen Beschluß ausnahmsweise auch einen geringeren Anteil von Vorstandsmitgliedern vorsehen. Die Vorsitzenden der Ausschüsse sind aus dem Kreis der Vorstandsmitglieder zu bestellen.

§ 14   Ständige besondere Vorstandsausschüsse

(1) Ständige besondere Vorstandsausschüsse i. S. von § 13 sind zu bilden für die Bereiche:

1. Deutscher Landesausschuß des Internationalen Rates für soziale Wohlfahrt (ICSW),
2. Fortbildung und Weiterbildung.

(2) Der Vorstandsausschuß Deutscher Landesausschuß des Internationalen Rates für soziale Wohlfahrt (ICSW) besteht aus 20 Mitgliedern. Davon sind die Hälfte Vorstandsmitglieder des Vereins, die andere Hälfte sonstige in der internationalen Sozialarbeit erfahrene Männer und Frauen. Stellvertretender Vorsitzender ist kraft Amtes der Leiter der für die internationale Zusammenarbeit in der Wohlfahrtspflege zuständigen Abteilung im dafür zuständigen Bundesministerium. Der Ausschuß nimmt die Aufgaben des Deutschen Nationalkomitees des Internationalen Rates für soziale Wohlfahrt (ICSW) wahr.

§ 15   Fachausschüsse, Arbeitskreise

(1) Zur Bearbeitung einzelner Fragen und Sachgebiete der sozialen Arbeit kann der Vorstand beratende Fachausschüsse bilden.

(2) Die Vorsitzenden der Fachausschüsse bestellt der Vorstand aus seiner Mitte für die Dauer ihrer Wahlzeit nach § 11 Abs. 2. Die Mitglieder der Fachausschüsse werden vom Vorsitzenden des Vereins für die Dauer der Wahlzeit des Vorsitzenden des Fachausschusses berufen.

(3) Die Fachausschüsse können zur Beratung einzelner Teilbereiche ihres Sachgebietes Arbeitskreise bilden. Die Bildung der Arbeitskreise bedarf der Zustimmung des Vorstandes.

§ 16   Vertretung des Vereins

Vorstand i. S. des § 26 BGB sind der Vorsitzende und seine 3 Stellvertreter. Sie sind jeder allein vertretungsberechtigt.

§ 17   Geschäftsführer

(1) Der Geschäftsführer wird vom Vorstand bestellt.

(2) Der Geschäftsführer führt die Geschäfte des Vereins gemäß der Satzung, der Geschäftsordnung des Vorstandes und den Beschlüssen der Vereinsorgane.

(3) Für die Dauer seiner Bestellung ist er Vorstandsmitglied.

§ 18   Deutscher Fürsorgetag

Der Verein veranstaltet in der Regel alle 3 Jahre den Deutschen Fürsorgetag. Die Teilnahme steht allen an der Förderung der sozialen Arbeit Interessierten offen. Der Vorstand bestimmt Ort, Zeit, Thema und Organisation des Deutschen Fürsorgetages.

§ 19 Zeitschrift

Zur Unterrichtung seiner Mitglieder über die Vereinsarbeit, über Stand und Fortentwicklung in der sozialen Arbeit sowie über den Stellenmarkt im sozialen Bereich gibt der Verein eine Zeitschrift heraus.

§ 20 Auflösung des Vereins

Bei Auflösung oder Aufhebung des Vereins oder bei Wegfall seines bisherigen Zwecks fällt das Vereinsvermögen gemäß einem Beschluß der Mitgliederversammlung an eine steuerbegünstigte Körperschaft oder eine Körperschaft des öffentlichen Rechts zur Verwendung für steuerlich anerkannte, ausschließlich und unmittelbar gemeinnützige Zwecke i. S. des § 2 der Satzung.

§ 21 Übergangsvorschriften zu § 11 (2)

Die Wahlperiode aller Vorstandsmitglieder endet 1976. Bei den 1976 durchzuführenden Vorstandswahlen ist die Hälfte der Vorstandsmitglieder auf 2 Jahre, die andere Hälfte auf 4 Jahre zu wählen.

ANMERKUNGEN

Abkürzungen: SDV = Schriften des Deutschen Vereins, KSDV = Kleinere Schriften des Deutschen Vereins, NDV = Nachrichtendienst des Deutschen Vereins

[1]) Die deutschen Bundesstaaten 1871–1918 (Stand 1890)

Name	Einwohner-zahl	km²	Hauptstadt
Königreiche			
Preußen	29 957 367	348 437	Berlin
Bayern	5 594 982	75 865	München
Sachsen	3 502 684	14 993	Dresden
Württemberg	2 036 522	19 504	Stuttgart
Großherzogtümer			
Baden	1 657 867	15 081	Karlsruhe
Hessen	992 883	7 682	Darmstadt
Mecklenburg-Schwerin	578 342	13 162	Schwerin
Oldenburg	354 968	6 424	Oldenburg
Sachsen-Weimar	326 091	3 595	Weimar
Mecklenburg-Strelitz	97 978	2 929	Neustrelitz
Herzogtümer			
Braunschweig	403 773	3 672	Braunschweig
Anhalt	271 963	2 294	Dessau
Sachsen-Meiningen	223 832	2 468	Meiningen
Sachsen-Koburg-Gotha	206 513	1 956	Gotha
Sachsen-Altenburg	170 864	1 324	Altenburg
Fürstentümer			
Lippe	128 495	1 215	Detmold
Reuß j. L.	119 811	826	Greiz
Schwarzburg-Rudolstadt	85 863	941	Rudolstadt
Schwarzburg-Sondershausen	75 510	862	Sondershausen
Reuß ä. L.	62 754	316	Gera
Waldeck	57 281	1 121	Arolsen
Schaumburg-Lippe	39 163	340	Bückeburg
Freie Städte			
Hamburg	622 530	414	
Bremen	180 443	256	
Lübeck	76 485	298	
Reichsland			
Elsaß-Lothringen	1 603 506	14 509	Straßburg
Bundesgebiet insgesamt			
	49 428 470	540 484	Berlin

²) Dr. jur. Emil Münsterberg: Generalbericht über die Tätigkeit des Deutschen Vereins für Armenpflege und Wohltätigkeit während der ersten 15 Jahre seines Bestehens 1880–1895, in: SDV 24 (1896) S. 1 ff
³) Die heutigen Anforderungen an die öffentliche Armenpflege im Verhältnis zu der bestehenden Armengesetzgebung. Verhandlungen. SDV 75 (1905) S. 21
⁴) ebda S. 18
⁵) ebda S. 15
⁶) Die heutigen Anforderungen an die öffentliche Armenpflege im Verhältnis zu der bestehenden Armengesetzgebung. Hauptberichte. SDV 73 (1905) S. 12–22
⁷) wie Anm. 3 S. 155
⁸) ebda S. 160
⁹) Das System der Armenpflege in Alt-Deutschland und den Reichslanden. Verhandlungen. SDV 28 (1896) S. 131
¹⁰) Handhabung von Bestimmungen betreffend den Verlust des Wahlrechts bei Empfang öffentlicher Armenunterstützungen. Hauptberichte. SDV 26 (1896) S. 38 f
¹¹) wie Anm. 9, S. 130
¹²) wie Anm. 10, S. 49 f
¹³) wie Anm. 9, S. 128 ff
¹⁴) ebda S. 133 f
¹⁵) ebda S. 121
¹⁶) ebda S. 123
¹⁷) wie Anm. 10, S. 39
¹⁸) ebda S. 39 f
¹⁹) ebda S. 33
²⁰) wie Anm. 6, S. 80
²¹) ebda S. 82
²²) wie Anm. 3, S. 98
²³) ebda S. 90 f
²⁴) Emil Münsterberg: Generalbericht über die Tätigkeit des Deutschen Vereins für Armenpflege und Wohltätigkeit während der esten 25 Jahre seines Bestehens 1880–1905. SDV 72 (1905) S. 69–73
²⁵) wie Anm. 10, S. 11 f
²⁶) Das System der Armenpflege in Alt-Deutschland und den Reichslanden. Hauptbericht. SDV 27 (1896) S. 3 f
²⁷) ebda S. 16 ff
²⁸) ebda S. 20 ff
²⁹) wie Anm. 9, S. 149
³⁰) wie Anm. 3, S. 109

³¹) ebda S. 99
³²) wie Anm. 6, S. 10
³³) Hardenbergs Denkschrift für König Friedrich Wilhelm III. über die Reorganisation des preußischen Staates, vom 12. September 1807. Ihr folgte das königlich-preußische Edikt „betr. den erleichterten Besitz und den freien Gebrauch des Grundeigentums sowie die persönlichen Verhältnisse der Landbewohner" vom 9. Oktober 1807.
³⁴) Um 1890 betrug lt. Reichsstatistik die Anzahl der Arbeiter in der Landwirtschaft 71,4 % der dort Erwerbstätigen, die Anzahl der im Bergbau, Industrie, Bauwesen beschäftigten Arbeiter 64 %, im Handel und Verkehr 46,3 %. Demgegenüber die Prozentzahlen der Angestellten: 0,8; 1,6; 9,0.
³⁵) Verbindung der öffentlichen und privaten Armenpflege. Hauptberichte. SDV 14 (1891) S. 3 f
³⁶) Antrag auf Einsetzung einer Kommission zur Prüfung der Frage, in welcher Weise die neuere soziale Gesetzgebung auf die Aufgaben der Armengesetzgebung und Armenpflege einwirkt. Verhandlungen. SDV 15 (1891) S. 136 ff
³⁷) Heinrich v. Poschinger: Bismarck-Portefeuille, 5 Bde., Stuttgart 1898 ff; Bd V, S. 125 (Zitat vom Ende 1878)
³⁸) Heinrich v. Poschinger: Fürst Bismarck und die Parlamentarier, 3 Bde., Breslau 1894 ff; Bd. III, S. 64 (Zitat vom 26. Juni 1881)
³⁹) Die politischen Reden des Fürsten Bismarck. Historisch-kritische Gesamtausgabe, besorgt von Horst Kohl, 14 Bde., Stuttgart 1892 ff; Bd. IX, S. 357 ff (Zitat vom 12. Juni 1882)
⁴⁰) wie Anm. 6, S. 149 ff
⁴¹) Zwangs-(Fürsorge)-Erziehung u. Armenpflege, Hauptberichte, SDV 64 (1903) S. 4
⁴²) ebda S. 3
⁴³) ebda S. 13
⁴⁴) ebda S. 13
⁴⁵) ebda S. 3
⁴⁶) ebda S. 2 f
⁴⁷) ebda S. 31
⁴⁸) Bericht über die neuere Entwicklung des Armenwesens im Auslande. Verhandlungen. SDV 40 (1898) S. 17

⁴⁹) ebda S. 16

⁵⁰) wie Anm. 6, S. 142

⁵¹) ebda S. 141 f

⁵²) ebda S. 85–93

⁵³) Gerhart Werner: 100 Jahre Hilfe von Mensch zu Mensch. In: Hilfe von Mensch zu Mensch. 100 Jahre Elberfelder Armenpflege-System 1853–1953. Herausgegeben im Auftrage der Stadtverwaltung Wuppertal o. J. [1953], S. 16 f

⁵³ᵃ) Die schematische Übersicht wurde 1979 ausgearbeitet von Inge Helfer, Dipl.-Sozialwirt, Referentin im Deutschen Verein.

⁵⁴) Das Elberfelder System. Festbericht aus Anlaß des 50jährigen Bestehens der Elberfelder Armenordnung. Erstattet von Stadtrat Dr. Münsterberg, Berlin. SDV 63 (1903) S. 5 ff

⁵⁵) wie Anm. 26, S. 10

⁵⁶) ebda S. 12

⁵⁷) wie Anm. 54, S. 19 ff

⁵⁸) Das Elberfelder System. Verhandlungen. SDV 67 (1903) S. 6

⁵⁹) wie Anm. 54, S. 44

⁶⁰) Ehrenamtliche und berufsamtliche Tätigkeit in der städtischen Armenpflege. Verhandlungen. SDV 20 (1894) S. 35 ff

⁶¹) ebda S. 38 f

⁶²) ebda S. 40 f

⁶³) ebda S. 43 ff

⁶⁴) ebda S. 51 ff

⁶⁵) ebda S. 57 f

⁶⁶) ebda S. 63 f

⁶⁶ᵃ) Die schematische Übersicht wurde 1979 ausgearbeitet von Inge Helfer, Dipl.-Sozialwirt, Referentin im Deutschen Verein.

⁶⁷) Christian Jasper Klumker: Fürsorgewesen und Einführung in das Verständnis der Armut und der Armenpflege. Leipzig 1918, S. 62 ff

⁶⁸) wie Anm. 54, S. 95

⁶⁹) Die Heranziehung von Frauen zur öffentlichen Armenpflege. Hauptberichte. SDV 25 (1896) S. 42

⁷⁰) wie Anm. 57, S. 31 f

⁷¹) wie Anm. 9, S. 94 f

⁷²) wie Anm. 69, S. 17

⁷³) ebda S. 2

⁷⁴) ebda S. 13 f

⁷⁵) Beschluß der 16. Jahresversammlung des Deutschen Vereins für Armenpflege und Wohltätigkeit vom 24. und 25. September 1896 in Straßburg im Elsaß über die Heranziehung von Frauen zur öffentlichen Armenpflege, in: SDV 28 (1896) S. 149 f

⁷⁶) wie Anm. 9, S. 94

⁷⁷) Alice Salomon: Die Ausbildung zum sozialen Beruf, Berlin 1927, S. 6 ff

⁷⁸) Alice Salomon: Zwanzig Jahre Soziale Hilfsarbeit, Karlsruhe 1913, S. 2 ff

⁷⁹) Die berufliche und fachliche Ausbildung in der Armenpflege. Hauptberichte. SDV 79 (1907) S. 1–12

⁸⁰) Fachliche und berufliche Ausbildung in der Armenpflege. Verhandlungen. SDV 83 (1907) S. 100

⁸¹) ebda S. 68

⁸²) ebda S. 68 ff

⁸³) wie Anm. 79, S. 28

⁸⁴) ebda S. 30

⁸⁵) ebda S. 30 f

⁸⁶) ebda S. 31

⁸⁷) ebda S. 31 ff

⁸⁸) ebda S. 33 f

⁸⁹) ebda S. 95 f

⁹⁰) wie Anm. 78, S. 73 f

⁹¹) wie Anm. 77, S. 9

⁹²) Organisation der freien Wohltätigkeit, Anlehnung derselben an die öffentliche Armenpflege. In: Stenographischer Bericht über die Verhandlungen in der Armenpfleger-Konferenz zu Berlin am 26. und 27. November 1880, S. 24

⁹³) ebda

⁹⁴) Verbindung der öffentlichen und privaten Armenpflege. Hauptberichte. SDV 14 (1891) S. 21

⁹⁵) wie Anm. 69, S. 24

⁹⁶) Handbuch der sozialen Wohlfahrtspflege in Deutschland. Aufgrund des Materials der Zentralstelle für Arbeiterwohlfahrtseinrichtungen bearbeitet von Prof. Dr. H. Albrecht. Berlin 1902, S. 51

⁹⁷) wie Anm. 6, S. 10

⁹⁸) Soziale Ausgestaltung der Armenpflege. Hauptberichte. SDV 54 (1901) S. 28

⁹⁹) wie Anm. 3, S. 136

¹⁰⁰) wie Anm. 6, S. 78

¹⁰¹) Die gesetzliche Regelung der Aufga-

ben der öffentlichen Armenpflege. Hauptberichte. SDV 97 (1912) S. 89 ff
[102]) ebda S. 68
[103]) ebda S. 70
[104]) Die Beschaffung der Geldmittel für die
Bestrebungen der freien Liebestätigkeit.
Hauptberichte. SDV 98 (1912) S. 79 ff
[105]) wie Anm. 2, S. 29 f
[106]) wie Anm. 104, S. 78
[107]) Zusammenwirken zwischen öffentlicher Armenpflege und organisierter Privatwohltätigkeit. Verhandlungen. SDV 15
(1891) S. 156 f
[108]) wie Anm. 2, S. 31
[109]) wie Anm. 94, S. 36 ff
[110]) wie Anm. 107, S. 88
[111]) Ein deutsches Reichsarmengesetz.
Grundlagen und Richtlinien. Bericht des
Sonderausschusses zur Vorbereitung eines
Armengesetzes. Hauptberichte. SDV 100
(1913) S. 1
[112]) ebda S. 139 f
[113]) wie Anm. 101, S. 6 ff
[114]) ebda S. 29
[115]) ebda S. 30
[116]) ebda S. 30 f
[117]) ebda S. 10 ff
[118]) wie Anm. 111, S. 16 ff
[119]) ebda S. 24 f
[120]) ebda S. 25 ff
[121]) ebda S. 25 ff
[122]) wie Anm. 101, S. 94 f
[123]) ebda S. 83
[124]) wie Anm. 111, S. 21
[125]) wie Anm. 101, S. 13
[126]) Ein deutsches Reichs-Armengesetz.
Grundlagen und Richtlinien. Verhandlungen. SDV 101 (1913) S. 111
[127]) wie Anm. 101, S. 83 ff
[128]) ebda S. 95
[129]) ebda S. 95
[130]) ebda S. 96
[131]) Die gesetzliche Regelung der Aufgaben der öffentlichen Armenpflege. Verhandlungen. SDV 99 (1913) S. 113 ff
[132]) wie Anm. 101, S. 96
[133]) wie Anm. 111, S. 144
[134]) wie Anm. 131, S. 100 ff
[135]) ebda S. 141 ff
[136]) ebda S. 147

[137]) wie Anm. 111, S. 145 ff
[138]) wie Anm. 126, S. 35 ff
[139]) ebda S. 37 f
[140]) Die Novelle zum Gesetz über den Unterstützungswohnsitz. Verhandlungen. SDV
76 (1906) S. 77
[141]) ebda S. 44 ff
[142]) wie Anm. 111, S. 152 ff
[143]) wie Anm. 126, S. 40 ff
[144]) ebda S. 134
[145]) ebda S. 139 f
[146]) ebda S. 130 f
[147]) ebda S. 47 f
[148]) ebda S. 50
[149]) ebda S. 67
[150]) wie Anm. 111, S. 137–166
[151]) Die Armenpflege nach dem Kriege.
Verhandlungen. SDV 105 (1917) S. 14 f
[152]) ebda S. 2 f
[153]) ebda S. 16 ff
[154]) ebda S. 18
[155]) ebda S. 23 ff
[156]) ebda S. 35 ff
[157]) ebda S. 37 f
[158]) ebda S. 68
[159]) ebda S. 69
[160]) ebda S. 70
[161]) ebda S. 71
[162]) ebda S. 71 ff
[163]) ebda S. 73 f
[164]) ebda S. 74
[165]) ebda S. 78 f
[166]) ebda S. 109
[167]) ebda S. 31 f
[168]) Die Übergangsfürsorge vom Krieg
zum Frieden. Vorschläge von Direktor Dr.
Blaum, Straßburg im Elsaß. SDV 106 (1917)
S. 29 ff
[169]) ebda S. 34
[170]) ebda S. 43
[171]) ebda S. 42
[172]) ebda S. 5
[173]) ebda S. 49
[174]) Die Übergangsfürsorge vom Krieg
zum Frieden. Verhandlungen. SDV 107
(1917) S. 78 f
[175]) ebda S. 200
[176]) ebda S. 201
[177]) ebda S. 206
[178]) ebda S. 207 f

179) Carl Ludwig Krug von Nidda: Wilhelm Polligkeit. Wegbereiter einer neuzeitigen Fürsorge. SDV 219 (1961) S. 60 f

180) Die Länder der Weimarer Republik, Stand 1. April 1929 (Bevölkerungsstand vom 16. Juni 1925)

	qkm	Wohnbevölkerung
Preußen	292 755,88	38 175 989
Bayern	76 420,50	7 477 894
Württemberg	19 507,63	2 580 235
Baden	15 070,87	2 312 462
Sachsen	14 992,94	4 992 320
Mecklenburg-Schwerin	13 126,92	674 045
Thüringen	11 724,39	1 609 300
Hessen	7 692,94	1 347 279
Oldenburg	6 423,98	545 172
Braunschweig	3 672,05	501 875
Mecklenburg-Strelitz	2 929,50	110 269
Anhalt	2 299,38	351 045
Lippe	1 215,16	163 648
Hamburg	415,26	1 152 523
Schaumburg-Lippe	340,30	48 046
Lübeck	297,71	127 971
Bremen	256,39	338 846
(Saargebiet)	(1 910,07)	(770 000)
Deutsches Reich	470 627,84	63 180 619

181) Das Reichsgesetz für Jugendwohlfahrt. Kommentar von Dr. E. Friedeberg†, Ministerialrat im Preußischen Ministerium für Volkswohlfahrt, und Dr. W. Polligkeit, Vorsitzender des Deutschen Vereins für öffentliche und private Fürsorge, Berlin 1923, S. 5 ff

182) wie Anm. 179, S. 51 f

183) wie Anm. 181, S. 1

184) Dr. Wilhelm Polligkeit: Die programmatische Bedeutung von § 1 RJWG. In: Fürsorge als persönliche Hilfe. Festgabe für Prof. Dr. Christian Jasper Klumker. Berlin 1929, S. 151 ff

185) Friedeberg-Polligkeit (wie Anm. 181), 2. Auflage, Berlin 1930, S. 39

186) ebda

187) Abänderungsvorschläge für den Vollzug des Reichsgesetzes für Jugendwohlfahrt. In: NDV 12/1923, S. 447

188) Dr. Hanna Hellinger: Innen- und Außendienst im städtischen Jugendamt. In: Fürsorge als persönliche Hilfe (wie Anm. 184), S. 110 ff

189) Vorarbeiten zur Reichsverordnung über die Fürsorgepflicht. Zweibändige Aktensammlung im Archiv des Deutschen Vereins.

190) ebda

191) ebda

192) ebda

193) ebda

194) ebda

195) Der Begriff des „gewöhnlichen Aufenthaltes". In: NDV 6/1923, S. 369

196) Gesetzliche Neuregelung der öffentlichen Wohlfahrtspflege. In: NDV 1922, Nr. 23 (maschinenschriftliches Exemplar)

197) Zur gesetzlichen Neuregelung der öffentlichen Wohlfahrtspflege. Bericht über eine Tagung des Hauptausschusses des Deutschen Vereins für öffentliche und private Fürsorge in Frankfurt am Main. In: Soziale Praxis und Archiv für Volkswohlfahrt, Jg. 1922, Nr. 26 (28. Juni 1922) Sp. 705 ff, 729 ff

198) wie Anm. 189

199) ebda

200) ebda

201) ebda
202) Dringlichkeitsantrag des Deutschen Vereins betr. Notgesetz über allgemeine Fürsorge. In: NDV 10/1923, S. 417 ff
203) wie Anm. 189
204) ebda
205) ebda
206) ebda
207) Die neuen Reichsgrundsätze über Voraussetzung, Art und Maß der Fürsorge. In: NDV 12/1924, S. 179 f
208) ebda S. 181 f
209) Die Entstehungsgeschichte des Gesetzes zur Abänderung der RFV. In: NDV 8/1925, S. 338 ff
210) ebda
211) Unsere Eingabe an die Reichsregierung betr. Novelle zur RFV. In: NDV 8/1925, S. 344 ff
212) Der neue § 33 a der Reichsgrundsätze. In: NDV 9/1925, S. 364 ff
213) Aufstellung von Richtsätzen nach einheitlichen Gesichtspunkten. In: NDV 9/1925, S. 369 ff
214) Der deutsche Fürsorgetag zur Reichstagsnovelle vom 12. August 1925 und zu § 33 a der Reichsgrundsätze. In: NDV 10/1925, S. 405 ff
215) Gutachterkommission zur Arbeitslosenfrage. In: NDV 2/1931, S. 51 f
216) Notverordnung und freiwilliger Arbeitsdienst. In: NDV 6/1931, S. 176 f
217) Zur Frage der Beschäftigung erwerbsloser Jugendlicher aus industriellen Verhältnissen der Landwirtschaft. In: NDV 4/1931, S. 100 f
218) wie Anm. 216
219) Pastor Stratenwerth: Der freiwillige Arbeitsdienst, seine Voraussetzungen und Möglichkeiten. In: Freie Wohlfahrtspflege, Juli 1931, S. 151 ff
220) Spitzenverbände der freien Wohlfahrtspflege. In: NDV 7/1925, S. 325
221) Soziale Praxis und Archiv für Volkswohlfahrt, Jg. 1921, Nr. 12 (23. März 1921), Sp. 307 f
222) Dr. Herbert Studders: Die Reichsgemeinschaft von Hauptverbänden der freien Wohlfahrtspflege. In: Soziale Praxis und Archiv für Volkswohlfahrt, Jg. 1921, Nr. 43

(26. Oktober 1921), Sp. 1126 ff
223) Krug von Nidda: Polligkeit (wie Anm. 179) S. 104. – Der 37. Deutsche Fürsorgetag fand 1921 in Weimar statt; seine Hauptthemen: „Die sittlichen Ziele und Grundlagen der Wohlfahrtspflege", und „Bericht über den Einfluß der Finanznot auf die öffentliche und private Wohlfahrtspflege in den Städten und auf dem Lande".
224) Handwörterbuch der Wohlfahrtspflege. 2. völlig neu bearbeitete Auflage 1929, Berlin 1929, S. 642 ff, Zitat S. 650
225) Dr. Franz Kloidt: Subventionierung der freien Wohlfahrtspflege durch die Kommunen. In: Freie Wohlfahrtspflege, Februar 1929, S. 466 ff
226) ebda
227) Dr. J. Sunder: Die Mitarbeit der freien Wohlfahrtspflege innerhalb der öffentlichen Fürsorgebehörden. In: Freie Wohlfahrtspflege, Mai 1926, S. 55 ff
228) Formen des örtlichen Zusammenwirkens von öffentlicher und privater Fürsorge. In: NDV 7/1925, S. 321 ff
229) Arbeitsgemeinschaften zwischen behördlicher und freier Wohlfahrtspflege. In: Die Wohlfahrtspflege im Deutschen Reiche. Ein Verzeichnis von Reichs-, Landes- und lokalen Zentralstellen der öffentlichen und freien Wohlfahrtspflege. Herausgegeben vom Archiv für Wohlfahrtspflege, Stuttgart 1925, S. 101 ff
230) Das Winterhilfswerk. In: NDV 12/1931, S. 370 ff
231) Erfahrungen und Ergebnisse des Winterhilfswerkes 1931/1932. In: Freie Wohlfahrtspflege, Juni/Juli 1932, S. 97 ff
232) ebda S. 113
233) ebda
234) ebda S. 116
235) ebda S. 133
236) ebda S. 128 ff
237) ebda S. 154
238) ebda S. 162
239) Alice Salomon: Die Ausbildung zum sozialen Beruf. Berlin 1927, S. 26 ff
240) ebda S. 46 f
241) ebda S. 52 ff
242) ebda
243) Richtlinien für die Lehrpläne der

Wohlfahrtsschulen. Herausgegeben vom Preußischen Ministerium für Volkswohlfahrt, Berlin 1930. Zitate: S. 28–34; 45
244) Die Berufslage der Fürsorgerinnen. In: NDV 9/1925, S. 386f
245) Bericht über die Verhandlungen des 39. Deutschen Fürsorgetages des Deutschen Vereins für öffentliche und private Fürsorge am 14., 15. und 16. Oktober 1925 in Breslau. SDV Neue Folge, Heft 7, Karlsruhe 1926, S. 125ff
246) ebda S. 132f
247) Die Richtlinien der NS-Volkswohlfahrt. In: NDV 7/1933, S. 160f
248) Der neue Geist in der Wohlfahrtspflege. Drei Dokumente. I. Grundsätze nationalsozialistischer Wohlfahrtsarbeit. In: Freie Wohlfahrtspflege, April 1933, S. 155f
249) Deutsche Liga der freien Wohlfahrtspflege – Reichsgemeinschaft der freien Wohlfahrtspflege Deutschlands. In: Freie Wohlfahrtspflege, Juni/Juli 1933, S. 134
250) Bericht über die Mitgliederversammlung des Vereins in Berlin. In: NDV 8/1935, S. 246
251) ebda S. 249
252) ebda S. 246
253) ebda S. 246ff
254) ebda S. 249
255) Prof. Dr. Theodor Geiger, Braunschweig: Die Fürsorge im Licht der Volksbiologie. In: Freie Wohlfahrtspflege, Januar 1934, S. 416ff; Zitat S. 426ff
256) Dr. Hellmut Eckhardt, stellvertretender Leiter der Reichsarbeitsgemeinschaft zur Bekämpfung des Krüppeltums, Berlin: Das vertretbare und notwendige Maß von Krüppelfürsorge im nationalsozialistischen Staat. In: Freie Wohlfahrtspflege, März 1934, S. 500ff; Zitat S. 507
257) ebda S. 500
258) Karl Binding und Alfred Hoche: Die Freigabe der Vernichtung lebensunwerten Lebens. Ihr Maß und ihre Form. Leipzig 1920
259) Evangelische Dokumente zur Ermordung der „unheilbar Kranken" unter der nationalsozialistischen Herrschaft in den Jahren 1939–1945. Herausgegeben im Auftrag von „Innere Mission und Hilfswerk der

Evangelischen Kirche in Deutschland" von Hans Christoph von Hase. Stuttgart 1964, S. 117ff
260) Völkischer Beobachter vom 7. August 1929
261) Kurt Nowak: „Euthanasie" und Sterilisierung im „Dritten Reich". Die Konfrontation der evangelischen und katholischen Kirche mit dem „Gesetz zur Verhütung erbkranken Nachwuchses" und der „Euthanasie-Aktion". Göttingen 1978 (Arbeiten zur Geschichte des Kirchenkampfes. Ergänzungsreihe Band 12), S. 109
262) Hans-Josef Wollasch: Beiträge zur Geschichte des Deutschen Caritas in der Zeit der Weltkriege, Freiburg i. Breisgau 1978, S. 197f
263) ebda S. 205
264) J. Neuhäusler: Kreuz und Hakenkreuz. Der Kampf des Nationalsozialismus gegen die katholische Kirche und der kirchliche Widerstand, München 1946, Teil II, S. 307f
265) Conrad Gröber (Hrsg.): Handbuch der religiösen Gegenwartsfragen, Freiburg i. Br. 1937, S. 379ff
266) Medizin ohne Menschlichkeit. Dokumente des Nürnberger Ärzteprozesses, herausgegeben und kommentiert von Alexander Mitscherlich und Fred Mielke, Heidelberg 1949, Taschenbuchausgabe Frankfurt/Main und Hamburg 1960 (Fischer Bücherei, Bücher des Wissens Nr. 332) S. 184. – Gerald Reitlinger: Die Endlösung. Ausrottung der Juden Europas 1939–1945. Aus dem Englischen ins Deutsche übertragen von J. W. Brügel. Berlin 1956. Taschenbuchausgabe (Kindler Taschenbücher Nr. 57, 58, 59) S. 118
267) Evangelische Dokumente (wie Anm. 259) S. 8
268) Die Ermordeten waren schuldig? Amtliche Dokumente der Direction de la Santé Publique der französischen Militärregierung. Ins Deutsche übersetzt von Victoria von Bülow. Baden-Baden o. J. (1947), S. 52f
269) ebda S. 41ff
270) Evangelische Dokumente (wie Anm. 259) S. 33
271) ebda S. 9ff

272) Die Ermordeten (wie Anm. 268) S. 48 f
273) Nowak (wie Anm. 261) S. 109
274) Heinrich Portmann: Der Bischof von Münster, Münster 1946, S. 143 ff – derselbe: Dokumente um den Bischof von Münster. Münster 1948, S. 141
275) Nowak (wie Anm. 261) S. 163
276) ebda S. 163 ff, 169
277) Ferdinand Strobel: Christliche Bewährung. Dokumente des Widerstandes der katholischen Kirche in Deutschland 1933–1945. Olten 1946, S. 299
278) Wollasch (wie Anm. 262) S. 218 ff
279) Mitscherlich (wie Anm. 266) S. 188
280) Wollasch (wie Anm. 262) S. 210
281) Mitscherlich (wie Anm. 266) S. 221
282) Heinz Höhne: Der Orden unter dem Totenkopf. Die Geschichte der SS. München 1967. Taschenbuchausgabe (Goldmann Sachbuch Nr. 11179) S. 344 f
283) Mitscherlich (wie Anm. 266) S. 222
284) Grußworte des Deutschen Landkreistages. In: NDV 10/1960, S. 320
285) Bildung von Fachausschüssen des Deutschen Vereins. In: NDV 12/1950, S. 265
286) NDV 1/1980, S. 1 ff
287) NDV 12/1946, S. 49 ff
288) NDV 3/1947, S. 25 und 1/1948, S. 6 ff
289) NDV 4–5/1948, S. 61 f
290) NDV 9/1948, S. 157 f, und 7/1949, S. 166 ff
291) NDV 4/1949, S. 61 f
292) NDV 4/1949, S. 80
293) NDV 6/1950, S. 125 ff
294) NDV 4/1951, S. 90
295) ebda
296) NDV 11/1951, S. 293 ff
297) NDV 4/1952, S. 90 f
298) NDV 5/1952, S. 133 ff
299) NDV 4/1955, S. 99 ff
300) NDV 4/1955, S. 101 ff
301) NDV 5/1955, S. 125 ff
302) NDV 6/1955, S. 163 ff
303) Öffentliche Einkommenshilfe und Richtsatzpolitik, SDV 203 (1955) – NDV 1/1956, S. 9 ff, und 2/1956, S. 54 ff
304) NDV 2/1959, S. 44 ff
305) NDV 4/1961, S. 112 ff
306) NDV 5/1961, S. 158 ff
307) NDV 11/1961, S. 383 ff
308) NDV 3/1962, S. 59 ff
309) NDV 3/1963, S. 127 ff
310) NDV 6/1963, S. 250 ff
311) NDV 11/1963, S. 533 f
312) NDV 7/1964, S. 342
313) Empfehlungen für die Heranziehung Unterhaltspflichtiger, mit Erläuterungen von Walter Schellhorn, Geschäftsführer des Deutschen Vereins. KSDV 17. (Von dieser Schrift ist 1978 die 2., völlig neu überarbeitete Auflage erschienen)
314) KSDV 20 (Die gegenwärtig vorliegende 2. Auflage erschien 1966)
315) NDV 11/1967, S. 347
316) NDV 1/1968, S. 1 ff
317) NDV 2/1968, S. 50
318) NDV 8/1968, S. 217 ff
319) NDV 2/1969, S. 36 ff
320) NDV 5/1969, S. 124 f
321) NDV 11/1969, S. 302 f
322) NDV 11/1969, S. 319 ff
323) NDV 10/1970, S. 260 f
324) Nomenklatur von Einrichtungen der Altenhilfe, mit einer Einleitung von Dr. Heinrich Braun. KSDV 42 (1979 ersetzt durch KSDV 65)
325) NDV 5/1971, S. 132 f
326) NDV 7/1971, S. 174 f
327) Empfehlungen für den Einsatz des Vermögens in der Sozialhilfe und der öffentlichen Jugendhilfe, mit Erläuterungen von Walter Schellhorn, Geschäftsführer des Deutschen Vereins. KSDV 46, und NDV 8/1971, S. 207
328) NDV 6/1971, S. 145 ff
329) NDV 6/1972, S. 158
330) NDV 6/1972, S. 162 f
331) NDV 12/1972, S. 309 ff
332) ebda S. 325 ff
333) NDV 6/1973, S. 148 ff
334) NDV 9/1973, S. 353
335) Empfehlungen für die Gewährung von Taschengeld nach dem Bundessozialhilfegesetz, mit Erläuterungen von Dr. Käthe Petersen, Vorsitzende des Deutschen Vereins. KSDV 49
336) NDV 8/1973, S. 201 ff
336a) NDV 3/1974, S. 60 f
337) NDV 7/1974, S. 172 f
338) NDV 8/1974, S. 202 ff

339) NDV 8/1974, S. 207

340) Empfehlungen für die Gewährung von Krankenkostzulagen in der Sozialhilfe, mit Erläuterungen von Dr. Käthe Petersen, und mit ärztlichen Beiträgen von Dr. med. Hans Rausch, Prof. Dr. Willi Wirths. KSDV 48

341) NDV 4/1976, S. 104 f

342) NDV 4/1976, S. 119

343) NDV 6/1976, S. 169 ff

344) NDV 6/1976, S. 171 f

345) Inhalt und Bemessung des gesetzlichen Mehrbedarfs nach dem Bundessozialhilfegesetz, mit Erläuterungen von Dr. Käthe Petersen, Vorsitzende des Deutschen Vereins. KSDV 55

346) Empfehlungen zur Teamarbeit in sozialen Diensten, mit Erläuterungen von Ursula Feldmann, Referentin im Deutschen Verein, und Walter Schellhorn, Geschäftsführer des Deutschen Vereins. KSDV 56

347) NDV 11/1976, S. 297 ff

348) NDV 4/1977, S. 96 f

349) NDV 4/1977, S. 98 ff

350) NDV 6/1977, S. 162 f

351) ebda S. 163

352) NDV 10/1977, S. 306 f

353) NDV 11/1977, S. 340 ff

354) ebda S. 346 ff

355) Bekleidungs- und Heizungshilfen sowie Weihnachtsbeihilfen. Empfehlungen zu Voraussetzungen und Maß auch weiterer einmaliger Leistungen zum Lebensunterhalt, bearbeitet und erläutert von Dr. Käthe Petersen, August Oestermann, Horst Klein, Walter Hanke. KSDV 60

356) Sonderveröffentlichung im Eigenverlag des Deutschen Vereins, Große Reihe, Frankfurt 1978

357) NDV 1/1978, S. 44 f

358) NDV 5/1978, S. 137 ff

359) NDV 6/1978, S. 169 f

360) NDV 9/1978, S. 257

361) ebda S. 258 f

362) NDV 1/1979, S. 1 ff

363) NDV 3/1978, S. 65 ff

364) vgl. Anm. 313

365) NDV 5/1979, S. 121 ff

366) ebda S. 123 ff

367) Nomenklatur der Veranstaltungen, Dienste und Einrichtungen der Altenhilfe, KSDV 65

368) Sonderveröffentlichung im Eigenverlag des Deutschen Vereins, Große Reihe, Frankfurt 1979

368a) NDV 3/1980

369) NDV 2/1980, S. 45

370) ebda S. 48

371) Frankfurt am Main 1953

372) NDV 5/1954, S. 192 f, S. 234 ff

373) SDV 203

374) SDV 215

375) SDV 218

376) Teil I. Mütter in Vollfamilien. 1. Halbband: Belastungen und Folgen. 2. Halbband: Vorstellungen und Ziele. Teil II. Mütter in Halbfamilien. Teil III. Praktische Konsequenzen. SDV 228

377) SDV 234

378) SDV 241

379) Arbeitshilfen, herausgegeben vom Deutschen Verein, Heft 3

380) SDV 250

381) Teil I. Materialien zu Stand und Tendenzen verwandtschaftlicher Hilfeleistungen in der Bundesrepublik Deutschland mit ausgewählten Daten zum internationalen Vergleich. Von Ute Leitner, Köln. Teil II. Das Unterhaltsrecht in anderen europäischen Ländern. Rechtsvergleichende Untersuchung. Von Dr. Robert Imlau, Frankfurt/Main. Anhang. Der gesetzliche Unterhaltsanspruch nach dem Recht der Bundesrepublik Deutschland. Kurzdarstellung. Von Günter Brühl, Wiesbaden. SDV 257

382) Sonderveröffentlichung im Eigenverlag des Deutschen Vereins

383) I. Einführung. II. Familien mit Pflegekindern – Kinder in Familienpflege. Ergebnisse einer Befragung von 440 Pflegefamilien. Von Ute Leitner, Trier. III. Die Sozialisation von Pflegekindern. Von Prof. Aloys Leber, Frankfurt/Main. IV. Die Außenbeziehung der Pflegefamilie und ihr Einfluß auf das Pflegeverhältnis. Von Lieselotte Bieback, Frankfurt/Main. V. Organisation und Funktion der Jugendämter in Pflegekinderwesen. Von Prof. Reinhold Junker, Koblenz. VI. Anhang. SDV 259

384) Die Loseblattsammlung mit regelmä-

ßigen Ergänzungslieferungen erscheint im Eigenverlag des Deutschen Vereins
385) NDV 1/1956, S. 9 ff
386) Die Regelsätze nach dem BSHG, ihre Bedeutung, Bemessung und Festsetzung, von Dr. Käthe Petersen, Vorsitzende des Deutschen Vereins für öffentliche und private Fürsorge. KSDV 43 (Frankfurt/Main 1972), S. 16 ff
386a) Fürsorge und Sozialreform. Gesamtbericht über den Deutschen Fürsorgetag 1955, Köln und Berlin 1956, S. 4 f.
388) Prof. Dr. W. Polligkeit: An unsere Mitglieder und Förderer! In: NDV 8/1946, S. 1 f
389) ebda S. 2
390) Fürsorge im Dienst der wirtschaftlichen und sozialen Sicherung der Bevölkerung. Verhandlungen und Ergebnisse des Deutschen Fürsorgetages 1949 in Bielefeld, herausgegeben von Prof. Dr. Wilhelm Polligkeit, München und Düsseldorf 1950, S. 49 f
391) Wie erhalten und schaffen wir ein einheitliches deutsches Fürsorgerecht? In: NDV 6–7/1947, S. 51 f
392) ebda
393) ebda S. 52
394) Entschließung des Deutschen Fürsorgetages in Rothenburg ob der Tauber am 16. Juni 1947. In: NDV 6–7/1947, S. 62
395) Entschließungen des Deutschen Städtetages und des Deutschen Landkreistages. In: NDV 6–7/1947, S. 62
396) Arbeitsgemeinschaft der Landesfürsorgeverbände der vereinigten Westzonen. In: NDV 9/1947, S. 81 f
397) Die neue Fürsorgerechtsvereinbarung der britischen und amerikanischen Zone. In: NDV 5/1949, S. 89 ff
398) ebda und NDV 6/1949, S. 125 ff
399) wie Anm. 390, S. 56 f
400) Ergänzung und Neufassung der Fürsorgerechtsvereinbarung. In: NDV 1/1964, S. 9 ff. – Vereinbarung über die Kostenerstattung im Jugendwohlfahrtsrecht und die Anwendung der Fürsorgerechtsvereinbarung. In: NDV 5/1964, S. 223 ff; NDV 10/1964, S. 479; NDV 3/1965, S. 105. – Fürsorgerechtsvereinbarung vom 26. Mai 1965, mit Verfah-

rensordnung der Spruchstellen für Fürsorgestreitigkeiten, eine Einführung und Anmerkungen von Walter Schellhorn. KSDV 19
401) Beeinflußt die Verkündung des Bundessozialhilfegesetzes den Fortbestand der Fürsorgerechtsvereinbarung, soweit in ihr ein Schiedsverfahren vereinbart worden ist? In: NDV 5/1961, S. 158 ff
402) Entschließung des Vorstands des Deutschen Vereins zur Vorranggesetzgebung des Bundes. In: NDV 4/1949, S. 61 f
403) ebda S. 62
404) Die öffentliche Fürsorge im Grundsetz. In: NDV 5/1949, S. 95 f
405) Neuordnung der Gesetzgebungskompetenzen in der öffentlichen Fürsorge. In: NDV 7/1949, S. 155 f
406) Einheitliche Reform der Fürsorgepflichtverordnung. In: NDV 12/1946, S. 49 ff
407) wie Anm. 390, S. 131 ff
408) Beschlüsse des Arbeitsausschusses für Fragen der Fürsorge beim Bundesministerium für Arbeit und Sozialordnung zur Fürsorgerechtsreform. In: NDV 12/1958, S. 301
409) Referentenentwurf eines Bundessozialhilfegesetzes, erster Vortrag: Ministerialdirektor Johannes Duntze, Bundesministerium des Innern, Bonn. In: NDV 1/1959, S. 14 f
410) Das Gesetz über die Änderung und Ergänzung fürsorgerechtlicher Bestimmungen I. In: NDV 9/1953, S. 253 ff
411) Nichtanrechnung von Einkommen oder Differenzierung der Fürsorge nach Bedarfsmerkmalen? In: NDV 8/1951, S. 217. – Entwurf eines Gesetzes über die Änderung und Ergänzung fürsorgerechtlicher Bestimmungen. In: NDV 4/1952, S. 99
412) wie Anm. 410
413) Das Recht auf Fürsorge. In: NDV 3/1954, S. 133 f
414) Neuordnung der sozialen Leistungen, eine vom Bundeskanzler angeregte Denkschrift. In: NDV 6/1955, S. 149 ff
415) Prof. Hans Muthesius: Der Deutsche Verein, das Bundessozialhilfegesetz und das Gesetz für Jugendwohlfahrt. In: NDV 12/1961, S. 426 ff
416) [Muthesius:] Sozialhilfe und Fürsorge. In: NDV 7/1961, S. 214 f

417) ebda
418) ebda
419) wie Anm. 408
420) Vorschläge zur Weiterentwicklung der Sozialhilfe. Sonderveröffentlichung des Deutschen Vereins, 1976
421) Die Novelle zum Reichsjugendwohlfahrtsgesetz. In: NDV 10/1953, S. 295 ff
422) Modellentwurf einer Novelle zum RJWG. In: NDV 3/1947, S. 25
423) Musterentwurf einer Novelle zum RJWG. In: NDV 1/1948, S. 6 ff
424) wie Anm. 422
425) wie Anm. 423
426) Die Grundgedanken der RJWG-Reform. In: NDV 2/1950, S. 25 ff
427) Denkschrift für die Vorbereitung einer Reform des Jugendwohlfahrtsrechts. In: NDV 6/1950, S. 125 ff
428) wie Anm. 421
429) ebda
430) Migliederversammlung 1958. Erhebung über die Entwicklung und den Stand der Jugendamtsarbeit. In: NDV 1/1959, S. 1 ff
431) Studienkreis „Soziale Neuordnung" Gruppe II – Jugend: Erhebung über die Entwicklung und den Stand der Jugendamtsarbeit. In: NDV 12/1956, S. 374
432) ebda
433) wie Anm. 430, S. 3
434) Martin Rudolf Vogel: Das Jugendamt im gesellschaftlichen Wirkungszusammenhang. Ein Forschungsbericht (wie Anm. 373)
435) wie Anm. 433
436) ebda
437) Tagung des Hauptausschuses am 27. und 28. Januar 1961: Gesetz zur Änderung und Ergänzung des Reichsjugendwohlfahrtsgesetzes – Bundestagsdrucksache Nr. 2226. In: NDV 3/1961, S. 69 ff
438) ebda
439) Antrag der Regierung des Landes Hessen auf Feststellung der Nichtigkeit von Vorschriften des Bundessozialhilfegesetzes vom 30. Juni 1961. In: NDV 9/1962, S. 325 ff
440) Verfassungsbeschwerde der Stadt Dortmund gegen das Bundesgesetz vom 11. August 1961 zur Änderung und Ergänzung des Reichsjugendwohlfahrtsgesetzes.

In: NDV 4/1962, S. 123 ff
441) Zur Verfassungsmäßigkeit von Bestimmungen des JWG und BSHG. Urteil des Bundesverfassungsgerichts vom 18. Juli 1967. KSDV 27 (1967), S. 23 ff
442) Erklärung zum Urteil des Bundesverfassungsgerichts vom 18. Juli 1967. In: NDV 11/1967, S. 347
443) ebda
444) Dr. Dieter Giese: Das Urteil des Bundesverfassungsgerichts vom 18. Juli 1967, Versuch einer rechtlichen Bestandsaufnahme. In: NDV 5/1968, S. 123 ff. – Dr. Käthe Petersen: Dringende Fragen aus dem Urteil des Bundesverfassungsgerichts vom 18. Juli 1967 für die Praxis. ebda S. 126 ff
445) wie Anm. 365
446) wie Anm. 239, S. 13
447) Dr. Eva Koblank: Die Situation der sozialen Berufe in der sozialen Reform. SDV 218 (1961)
448) V. Internationale Konferenz für soziale Arbeit. In: NDV 7–8/1950, S. 153 ff
449) ebda, S. 156 ff
450) Soziale Arbeit und soziale Ausbildung – international gesehen. Materialien von der Pariser Internationalen Konferenz für Sozialarbeit und Sozialausbildung, Juli 1950, in deutscher Übersetzung. Ausgewählt und herausgegeben von Prof. Dr. Hertha Kraus... Sonderbeilage des NDV 9/1950

451) wie Anm. 343
452) Koblank (wie Anm. 447)
453) Hauspflege. KSDV 1 (1961)
454) wie Anm. 350
455) wie Anm. 318
456) wie Anm. 447, S. 82 f
457) wie Anm. 321
458) Ausbildung der Sozialarbeiter. In: NDV 1/1973, S. 16
459) wie Anm. 341
460) wie Anm. 352
461) wie Anm. 360
462) wie Anm. 361
463) NDV 7/1953, S. 215
464) Verzeichnis der Fortbildungsveranstaltungen im 2. Halbjahr 1962 (Vorwort). In: NDV 9/1962, S. 342
465) 500. Fortbildungslehrgang des Deut-

schen Vereins, Grußworte der Bundesregierung. In: NDV 11/1975, S. 306 f

[466] Dr. Eberhard Orthbandt: Das „Frankfurter Modell": Fernstudium der Akademie
für Jugendarbeit und Sozialarbeit. In: NDV
2/1969, S. 40 ff

SACHWÖRTERVERZEICHNIS